感谢北京福瑞美林汽车销售服务有限公司对课题研究和本书出版提供的资助。

主 编 沈丹阳 吴德胜

执行主编 陈丽芬

2011~2016年

中国服务业
与服务经济全景报告

CHINA COMPREHENSIVE REPORT
2011-2016 ON
SERVICE INDUSTRY AND SERVICE ECONOMY

社会科学文献出版社
SOCIAL SCIENCES ACADEMIC PRESS (CHINA)

《2011～2016 年中国服务业与服务经济全景报告》
编 委 会

序

清华大学经管学院教授、国家统计局原副局长　许宪春

读者打开的这本《2011~2016年中国服务业与服务经济全景报告》，看似一本书，其实也是一个工程，一个很多研究单位甚至政府机构一直以来想做而未能做成的大工程。

所以称《2011~2016年中国服务业与服务经济全景报告》是一个大工程，首先因为这项研究是具有特别难度和特殊价值的科研攻关。尽管以沈丹阳、吴德胜教授为负责人的课题组力求以最短的时间和最少的人力、物力高效完成，实际上仍有来自30多个单位的近百位研究人员和各方面专家、学者参与其中，在搜集大量数据、应用大量资料的基础上，综合应用经济学、数学、统计学等学科的多种研究方法，进行了一年多的艰苦努力，才得以完成，可见其之不易。

称其为大工程，还在于此项研究成果体系完整、数据翔实、内容丰富，具有重要应用价值。现在读到的这本全景报告，由1个总报告和19个子报告构成，按国民经济行业分类对所有服务行业大类的营业规模、资产规模等十几个主要指标进行全口径计算、汇总、研究，全书数据指标总量达600多个，总字数超百万字，基本摸清或估算、分析出过去六年我国服务业及服务经济发展全貌，成为在国家统计部门权威统计数据之外极具参考意义的补充。而这方面，不管是政府、市场还是学界，国内外一直以来都有极大需求。

服务业领域涉及面广，体系庞杂，目前国家统计局和各相关主管部门统计并可公开数据有限，国内对我国服务经济发展全景现状的研究相对薄弱，一个重要原因正是受限于此。对服务业的系统研究，比较普遍地集中在金融、批发零售、交通运输、旅游、房地产等重点服务行业上，对其他许多新兴服务行业总体看还研究得不够深入，特别是全面情况分析不足，许多数据甚至是空白。已有的一些研究存在一个很突出的问题，即做不到以国民经济行业分类为基础，数据缺乏可比性。为此，能够有这么一本全面系统研究、汇总、分析中国服务业和服务经济情况的研究报告，为各级政府决策提供依据，为

企业制定战略提供参考，实属难能可贵。

从服务业统计研究和学术的角度看这项研究成果，比之国内已经出版的其他相关研究成果，其可贵之处体现在三个"首次"上。

一是首次把建筑业纳入服务业统计研究的范畴，接轨国际统计研究。联合国贸发会议及 OECD，以及世界贸易组织《服务贸易总协定》服务部门分类，都包含建筑和相关的工程服务。本全景报告研究对象参照国际标准，按照 2011 版国民经济行业分类，内容覆盖所有服务业 17 个门类、50 个大类、200 多个中类、400 多个小类，突破了以往服务业研究报告普遍只针对第三产业的框架。

二是首次以国民经济行业分类各服务行业大类为分析对象，对服务业包含的 50 个大类的营业规模、资产规模、法人单位、就业人数及工资总额、固定资产投资、税收缴纳、企业利润、全行业增加值、国内区域分布、对外投资、利用外资等 10 多个指标进行系统的数据汇总和分析，对缺失、无法统计或者无法获取的数据则应用各种数据推测方法进行估算。

三是首次对行业进行全口径的分析，不仅包括国家统计系统已经包含的规模以上或者限额以上的企业，还推算了规模以下或限额以下服务企业和其他经营者情况，为摸清我国服务业整体发展情况奠定了重要基础。

总之，作为国内第一个全面系统研究、分析、汇总中国服务业和服务经济现状情况特别是服务市场总规模和各服务行业市场容量与服务市场特征的最新报告与权威成果，我认为，本书的出版是一件非常令人欣喜的事，特向读者隆重推荐。

是为序。

前　言

　　本书是在厦门大学、中国科学院大学中国服务经济研究中心"'十二五'期间中国服务业与服务经济发展全景研究"课题成果基础上完成的一个自主研究报告，由课题负责人沈丹阳教授、吴德胜教授共同主编，陈丽芬研究员担任执行主编。

　　自主开展这一课题研究并将研究成果正式出版，主要有两方面考虑。

　　一方面，社会各界对中国服务业基本"家底"有大量应用需求和研究需求。2016年3月，经全国人大批准的《中华人民共和国国民经济和社会发展第十三个五年规划纲要》，根据中共十八届五中全会提出的建议，确定了"实现向服务业为主导的经济结构转型""加快推动服务业优质高效发展"的发展任务，把发展服务业作为"十三五"的战略重点。可以预见，中共十九大之后国家将会继续强化大力支持发展服务业的战略导向。当前和今后一个时期，各级政府和数以百万计的服务业企业及相关方面人员对中国各服务行业市场状况数据和深入分析的需求将越来越大。与此同时，中国服务业国际合作包括国际服务贸易、服务业对外投资、服务业利用外资等都呈高速发展势头，而且未来五至十年仍将保持高速发展的态势，因此，与中国开展服务合作的国外企业对中国服务业市场总体情况以及各服务行业情况，同样有极大的需求。

　　另一方面，真正能全景式展现中国服务业基本现状的研究报告基本空白。按我国2011版国民经济行业分类，服务业涉及20个行业门类96个大类中的17个门类、50个大类，包括200多个中类、400多个小类。由于种种原因，目前国家统计部门和各相关主管部门可公开的服务业细分数据非常有限，各方面研究需求难以得到充分满足，国内外对我国服务经济发展现状的研究梳理总体薄弱。国内各方面较为深入系统的统计与研究，比较普遍地集中在金融证券保险、批发零售、交通运输、旅游、房地产等少数服务行业上，对其他许多服务行业研究不够深入，对全面情况的反映与系统性分析明显不足，许多数据是空白。已有的一些总体性、概貌性研究，则普遍存在两个突出问题，一是不能以国民经济行业分类为基础，数据交叉重复或漏缺严重，缺乏可比性；二是以传统的第三产业为口径，而不是按国际通行的服务业统计范围进行分析，同样难以开展全面的国际比较。

基于上述考虑，"'十二五'期间中国服务业与服务经济发展全景研究"课题组在国家统计局和国务院相关部门以及相关行业协会数据基础上，进一步运用测算、推算、估算等国际通用研究方法，全面研究汇总出了"十二五"期间（2011~2015年）中国服务业市场总体规模和各服务行业的基本情况，描绘出一个完整的中国服务业和服务经济发展全貌。

课题成果包括1个总报告、19个子报告。其中，总报告主要综合反映全国服务业法人单位总数、总营业收入、总资产规模、工资总额、税收收入、利润总额等各行业共性指标的总规模，分析了中国服务经济存在的主要问题，以及国际服务贸易与服务业国际合作发展现状；各子报告全面反映国民经济行业分类中各服务业大类（个别细化到中类）的经济规模和结构特点，包括营业规模（销售额、营业额）、资产规模、法人单位（各类企业经营单位、经营户、事业单位等）、全行业增加值、就业人数、人才结构及工资总额、固定资产投资（存量与新增投资）、税收缴纳、企业利润、对外投资、利用外资、国内区域分布等情况，深入分析了各行业的发展趋势、规律以及存在的问题，个别子报告还进行了横纵比较、发展趋势、典型案例、行业图谱和地理信息系统等分析。

课题研究创新性地采用了聚成式联合研究模式。参与研究的包括两个层面人员，一是由国内高校和国家部委研究机构科研人员组成的课题撰写团队，二是由各国家相关部委、研究机构、行业协会、服务企业等专家组成的顾问团队。来自中国科学院大学、中国社会科学院研究生院、厦门大学、中国人民大学、北京物资学院、对外经济贸易大学、北京第二外国语学院等高校，商务部流通产业促进中心、商务部研究院、交通运输部规划研究院、农业部农村经济研究中心、中国人事科学研究院、国家卫生计生委卫生发展研究中心、中国教育科学研究院、中国环境科学研究院、中国贸促会研究院等国家部委研究机构的专家是课题撰写团队主体。国家统计局服务业司、商务部政策研究室、建设部政策法规司、教育部规划司、国家税务总局综合司、国家工商总局个体私营企业司、中国银监会宣传部等部委机构提供了咨询指导和数据支持。中国建筑业协会、中国工商银行总行、中国出口信用保险公司、中国交建公司、中国机械设备工程股份有限公司、申万宏源证券、恒荣国际投资有限公司等协会和企业相关专家也加入研究队伍。课题成果经过了几十轮的讨论修改论证，既有全体的讨论会，也有针对各行业的讨论会；既有线下面对面的交流，也应用了先进的视频工具反复进行线上讨论。参与研究的人员包含来自7个高校、20多个部门、40多个机构的近百位专家学者。

总报告和各子课题负责人分别是：总报告负责人沈丹阳、吴德胜、路红艳、黄雨婷；子课题一（中国建筑业发展情况）负责人温禾；子课题二（中国批发和零售业发展情况）负责人陈丽芬、黄雨婷；子课题三（中国交通运输、仓储和邮政业发展情况）负责人谭小平、王水平；子课题四（中国住宿和餐饮业发展情况）负责人陈丽芬、刘雨诗；子课题五（中国信息传输、软件和信息技术服务业发展情况）负责人周晋竹；子课题六（中国金融业发展情况）负责人吴德胜、朱曦、赵翔、王东、赵子涵；子课题七（中国房地产业发展情况）负责人王国田；子课题八（中国租赁和商务服务业发展情况）负责人许英明；子课题九（中国科学研究和技术服务业发展情况）负责人吴德胜、王舒娅、崔怡雯；子课题十（中国水利、环境和公共设施管理业发展情况）负责人吴德胜、张鸿雁、刘景洋；子课题十一（中国居民服务、修理和其他服务业发展情况）负责人毛军；子课题十二（中国教育发展情况）负责人吴德胜、孙诚、张鸿雁；子课题十三（中国卫生和社会工作发展情况）负责人张毓辉；子课题十四（中国文化、体育和娱乐业发展情况）负责人李嘉珊；子课题十五（中国农、林、牧、渔服务业发展情况）负责人曹慧；子课题十六（中国公共管理、社会保障和社会组织发展情况）负责人田永坡；子课题十七（中国开采辅助活动与金属制品、机械和设备修理业发展情况）负责人刘畅；子课题十八（中国国际服务贸易及承接国际服务外包发展情况）负责人聂平香；子课题十九（中国服务业国际投资合作发展情况）负责人聂平香。

本书在上述课题总报告和子课题的基础上，根据社会科学文献出版社出版要求做了认真编校，全书共 20 章。第一章是 2011～2016 年服务业发展情况，介绍了"十二五"期间及 2016 年中国服务业发展情况；第二章至第二十章在其余 19 个子课题报告的基础上编辑而成。

服务业和服务经济研究无止境，中国服务业需要反映的"全景"和研究内容远非本书所能穷尽。尽管课题组成员和本书编者已尽了最大努力，但囿于能力水平，以及资料和时间的局限，书中仍难免存在一些瑕疵和纰漏，特别是对其中一些数据的估算、推算、测算可能不一定很全面、精确，恳请读者特别是各方专家批评指正。

目 录

第一章
“十二五”期间和2016年中国
服务业发展情况

第一节 “十二五”期间中国服务业发展情况

“十二五”期间，随着我国工业化、新型城镇化进程加快，以及国家产业结构调整政策的引导，我国服务业进入快速发展阶段，服务业主导地位逐步确立，成为拉动国民经济增长的主要动力和新引擎，突出表现在如下方面。

服务业规模不断扩大，对经济增长贡献率稳步提高。服务业法人单位数从2011年的686.0万个增长到2015年的1175.3万个，年均增长13.5%。服务业资产总额、营业收入和利润总额三大指标分别在2012年、2013年和2015年突破300万亿元、100万亿元和10万亿元大关。服务业增加值占国内生产总值比重由50.9%提升到57.0%，对经济增长的贡献率从2011年的50.5%上升到2015年的60.5%，提升了10个百分点。

服务业结构不断优化，服务领域不断拓展。生产性服务业在国民经济和服务业中所占比重均呈现持续上升态势，信息传输、软件和信息技术服务业，金融业，租赁和商务服务业的增加值占GDP的比重分别从2011年的2.1%、6.3%、1.9%提高到2015年的2.6%、8.4%和2.7%。电子商务、快递、节能环保、健康服务、养老服务等新兴行业以及互联网金融、分享经济等新业态、新模式不断涌现。

服务业就业占比不断提升，对就业的贡献更加巩固，2015年末服务业就业人员占全国就业人员的比重为49.6%，比2011年末提高7.3个百分点，成为拉动社会就业总量上升的主要力量。

服务业利用外资和对外投资成效显著，服务贸易规模迅速扩大。服务业利用外资规模从2011年的671.5亿美元增长到2015年的920.1亿美元，占全国利用外资的比重由

55.7%上升到79.6%。服务业对外投资流量从504.8亿美元增长为1097.3亿美元，年均增长21.4%。服务贸易额由4191亿美元增长到7130亿美元，年均增长14.2%，占世界服务贸易总额的比重从2011年的5.2%增长到2015年的7.6%，世界排名从第四跃升为第二。

一 "十二五" 期间中国服务业市场和服务经济总量情况

（一）法人单位数快速增长，市场主体活力逐步释放

"十二五"期间，在服务业快速发展和商事制度改革推动下，服务业市场主体活力逐步释放，法人单位数从2011年的686.0万个增长到2015年的1175.3万个，年均增长13.5%。其中，企业法人单位数从2011年的439.9万个增长到2015年的847.5万个，增长了近1倍。新登记企业数量迅猛增长，2015年我国新登记注册服务业企业358.0万个，增长24.5%，占全部新登记企业总数的80.6%。

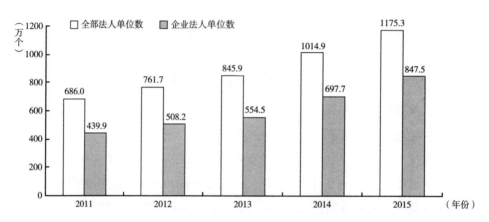

图1 "十二五"期间全国服务业法人单位数

资料来源：根据《中国第三产业统计年鉴》（2012～2016）和《中国统计年鉴》（2016）相关数据计算所得。

表1 "十二五"期间服务业按登记注册类型企业法人单位数及占比

单位：个，%

年份	企业法人单位数	内资		港澳台投资		外商投资	
		法人单位数	占比	法人单位数	占比	法人单位数	占比
2011	4398741	4311044	98.0	37420	0.9	50277	1.1
2012	5082158	4983359	98.1	42051	0.8	56748	1.1
2013	5544668	5459114	98.5	39446	0.7	46108	0.8
2014	6977282	6874956	98.5	47098	0.7	55228	0.8
2015	8475257	8367227	98.7	50034	0.6	58986	0.7

资料来源：根据《中国第三产业统计年鉴》（2012～2016）和《中国统计年鉴》（2016）相关数据计算所得。

按服务业登记注册类型分,"十二五"期间,内资企业一直占据主导地位,且内资企业法人单位数呈现快速增长态势,占服务业企业法人单位数的比重由 2011 年的 98.0% 提升到 2015 年的 98.7%。港澳台投资和外商投资企业法人单位数基本保持平稳增长,但占服务业企业法人单位数比重呈现下降趋势,分别从 0.9% 和 1.1% 下降到 0.6% 和 0.7%。

(二)营业规模持续扩大,经营能力明显提升

"十二五"期间,随着服务业行业结构不断优化和创新活力增强,全国服务业营业收入总额不断增加,年均增长 14.1%。2011 年为 82.7 万亿元,2013 年突破 100.0 万亿元大关,达到 119.5 万亿元,随后继续保持持续快速增长,到 2015 年超过 140.0 万亿元。

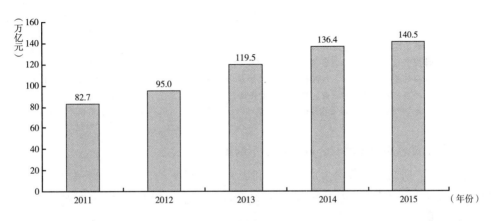

图 2 "十二五"期间服务业营业收入情况

注:服务业营业收入数据主要根据各行业大类测算数据汇总所得,其中,农、林、牧、渔服务业,公共管理、社会保障和社会组织缺乏营业收入的基础数据,且规模较小,忽略不计;建筑业,批发和零售业,住宿和餐饮业,金融业,房地产业,居民服务、修理和其他服务业,文化、体育和娱乐业主要以企业经营为主,且非企业法人单位和个体户营业收入在现有统计数据的基础上难以测算,故将企业法人单位营业收入视同全行业营业收入;开采辅助活动和金属制品、机械和设备修理业,交通运输、仓储和邮政业,信息传输、软件和信息技术服务业,租赁和商务服务业,科学研究和技术服务业,水利、环境和公共设施管理业,教育、卫生和社会工作的营业收入为全行业营业收入。

资料来源:根据第三次经济普查数据、《中国第三产业统计年鉴》(2012~2016)相关数据测算汇总所得。

(三)资产规模显著增长,资本内生能力增强

"十二五"期间,在信息技术快速发展和应用驱动下,服务业加速由劳动密集型产业向资本、技术密集型产业转型升级,全国服务业资产总额呈现快速增长态势,在 2012 年突破 300 万亿元大关后,以年均 15.5% 的增速继续保持稳步增长,2015 年达到 525.2 万亿元。

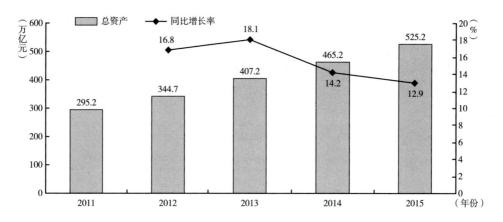

图3 "十二五"期间服务业资产总额及增速

注：服务业资产总额数据主要根据各行业大类测算数据汇总所得，其中农、林、牧、渔服务业，公共管理、社会保障和社会组织缺乏资产总额的基础数据，且规模较小，忽略不计；建筑业，批发和零售业，住宿和餐饮业，金融业，房地产业，居民服务、修理和其他服务业，文化、体育和娱乐业主要以企业经营为主，且非企业法人单位和个体户资产总额在现有统计数据的基础上难以测算，故将企业法人单位资产总额视同全行业资产总额；开采辅助活动和金属制品、机械和设备修理业，交通运输、仓储和邮政业，信息传输、软件和信息技术服务业，租赁和商务服务业，科学研究和技术服务业，水利、环境和公共设施管理业，教育、卫生和社会工作的资产总额为全行业资产总额。

资料来源：根据第三次经济普查数据、《中国第三产业统计年鉴》（2012~2016）相关数据测算所得。

（四）工资总额稳步增长，收入水平不断提高

"十二五"期间，受劳动力成本上升和服务业增长驱动，服务业城镇单位就业人员工资总额呈现快速增长趋势，由2011年的39853.2亿元增长到2015年的76801.3亿元，增长近1倍，占全国工资总额的比重提升到68.6%，对提高居民收入水平做出了显著贡献。其中，城镇国有单位和集体单位就业人员工资总额占比不断下降，由2011

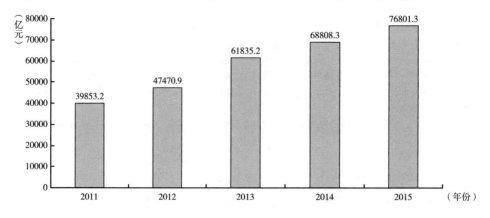

图4 "十二五"期间服务业城镇单位就业人员工资总额

注：2011~2014年采矿辅助活动和金属制品、机械和设备修理业的工资总额根据平均人员工资进行估算所得。

资料来源：《中国劳动统计年鉴》（2016）。

年的 61.3% 和 3.4% 分别下降到 2015 年的 48.0% 和 2.4%,而其他单位就业人员工资总额大幅增长,占比由 2011 年的 35.3% 提高到 2015 年的 49.6%。这充分说明"十二五"期间国家通过连续多次取消和下放行政审批事项,降低企业准入门槛,服务业市场化程度显著提升。

表 2 "十二五"期间服务业按单位类型城镇单位就业人员工资总额及占比

单位:亿元,%

年份	国有单位		集体单位		其他单位	
	工资总额	占比	工资总额	占比	工资总额	占比
2011	24105.5	61.3	1334.2	3.4	13856.0	35.3
2012	27679.5	59.0	1546.4	3.3	17659.1	37.7
2013	29448.6	48.1	1767.5	2.9	29975.1	49.0
2014	32174.7	47.1	1877.4	2.7	34250.9	50.1
2015	36629.6	48.0	1848.1	2.4	37870.3	49.6

注:按单位类型服务业城镇单位工资总额不包括农、林、牧、渔服务业,采矿辅助活动和金属制品、机械和设备修理业的工资总额。

资料来源:《中国统计年鉴》(2016)。

(五)税收收入逐年增加,对新增税收贡献突出

"十二五"期间,服务业税收逐年增加,占税收总额比重不断提高,服务业领域日益成为财政收入的重要来源。2015 年,全国税收收入 136021.8 亿元,服务业税收收入 82709.6 亿元,占比达 60.8%,比 2011 年提高了 7.8 个百分点,服务业对新增税收的贡献率高达 86.1%。

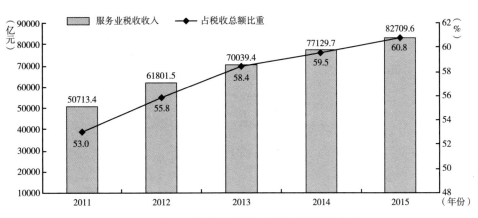

图 5 "十二五"期间服务业税收收入及其占比

资料来源:根据《中国税务年鉴》(2012~2016)相关数据计算所得。

(六)利润总额突破十万亿元,经营效益显著提升

"十二五"期间,服务业经营效益稳步提升,服务业利润总额以年均 14.6% 的增速

稳步增长，由 2011 年的 62964.8 亿元增长到 2014 年的 98401.0 亿元，2015 年突破 10 万亿元大关，达到 10.9 万亿元。

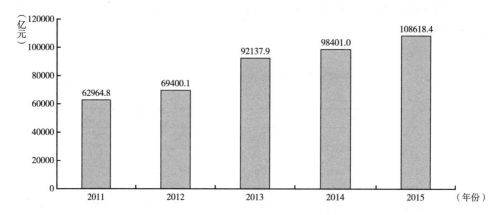

图6 "十二五"期间服务业利润总额情况

注：服务业利润总额数据主要根据各行业大类测算数据汇总所得，其中农、林、牧、渔服务业，卫生和社会工作，公共管理、社会保障和社会组织缺乏利润总额的基础数据，且规模较小，忽略不计；建筑业，批发和零售业，住宿和餐饮业，金融业，房地产业，居民服务、修理和其他服务业，文化、体育和娱乐业主要以企业经营为主，且非企业法人和个体户利润总额在现有统计数据的基础上难以测算，故将企业法人单位利润总额视同全行业利润总额；开采辅助活动和金属制品、机械和设备修理业，交通运输、仓储和邮政业，信息传输、软件和信息技术服务业，租赁和商务服务业，科学研究和技术服务业，水利、环境和公共设施管理业，教育的利润总额为全行业利润总额。

资料来源：根据第三次经济普查数据、《中国第三产业统计年鉴》（2012～2016）相关数据测算所得。

二 "十二五"期间服务业在国民经济中的位置及变化趋势

（一）服务业在国民经济中的地位显著提升

"十二五"期间，服务业增加值由 2011 年的 249025.1 亿元增长到 2015 年的

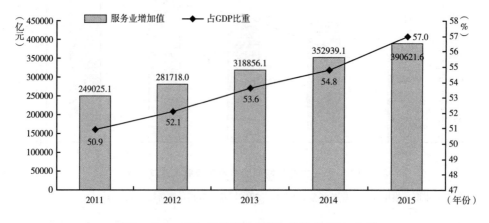

图7 "十二五"期间服务业增加值及占 GDP 比重

资料来源：根据《中国统计年鉴》（2016）计算所得。

390621.6亿元,年均增长13.3%,高出GDP年均增速2.6个百分点,占GDP的比重由50.9%提升到57.0%,跃升为国民经济第一大产业。

从服务业对经济增长贡献来看,"十二五"期间,服务业对经济增长贡献率持续攀升,从2011年的50.5%上升到2015年的60.5%,提升了10个百分点,表明服务业已成为经济增长的主要动力。

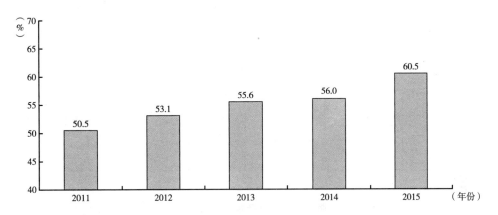

图8 "十二五"期间服务业对经济增长的贡献率

资料来源:根据《中国统计年鉴》(2016)相关数据计算所得。

(二)服务业固定资产投资增长较快

"十二五"期间,随着国家产业政策对服务业的倾斜和服务业市场潜力不断扩大,以及服务业较大的盈利机会对市场主体的"诱导性"投资增加,服务业全社会固定资产投资实现快速增长,由2011年的173607.7亿元增长到2015年的325155.7亿元,年均增长15.9%,占全社会固定资产投资的比重由55.7%提高到57.9%。

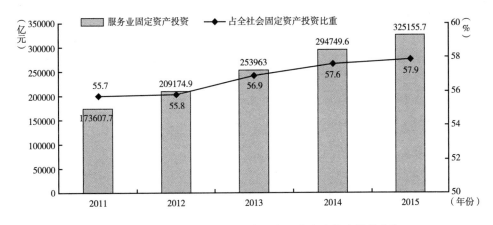

图9 "十二五"期间服务业全社会固定资产投资及其占比

资料来源:《中国第三产业统计年鉴》(2016)。

2011～2015年，服务业累计完成固定资产投资（不含农户）1216848.0亿元，占全部固定资产投资（不含农户）的比重由2011年的55.1%增加到57.4%。其中，新增固定资产投资（不含农户）迅猛增长，2015年突破20万亿元，占服务业固定资产投资（不含农户）的比重持续上升到63.3%。

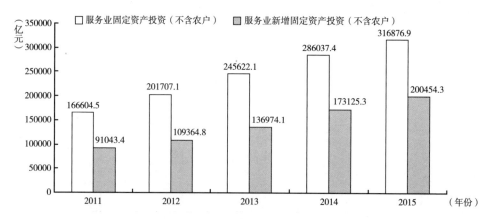

图10 "十二五"期间服务业固定资产投资与新增固定资产投资（不含农户）

资料来源：《中国第三产业统计年鉴》（2016）。

（三）对财政收入稳步增长贡献突出

"十二五"期间，服务业实现税收收入由2011年50713.4亿元增长到2015年82709.6亿元，占财政总收入的比重由48.8%提高到54.3%，服务业成为财政收入的主要来源。但总体来看，服务业税收对财政收入增量的贡献率波动较大，2012年服务业对财政收入贡献率超过80%，但受服务业"营改增"政策以及服务业平均税率低于制造业平均税率影响，2013年以来，随着服务业快速增长，服务业对财政收入增量的贡献率持续下降，到2015年降为46.9%。

表3 "十二五"期间服务业税收收入及对财政收入贡献情况

单位：亿元，%

年份	服务业税收收入	财政总收入	服务业占财政总收入比重	服务业对财政收入增量的贡献率
2011	50713.4	103874.4	48.8	49.2
2012	61801.5	117253.5	52.7	82.9
2013	70039.4	129209.6	54.2	68.9
2014	77129.7	140370	54.9	63.5
2015	82709.6	152269.2	54.3	46.9

资料来源：根据《中国税务年鉴》（2012～2016）和《中国统计年鉴》（2016）相关数据计算所得。

（四）推动消费结构向服务消费升级

"十二五"以来，随着服务业快速发展，服务供给能力增强，以信息技术为引领的信息消费、教育、旅游、健康、文化等服务消费成为新一轮消费热点，居民消费由追求物质的商品消费向追求享受和精神满足的服务消费转变，商品在居民消费结构中所占比重不断下降，服务性消费所占比重逐步上升。2015年我国人均交通通信、教育文化娱乐、医疗保健等服务消费支出所占比重分别由2013年的12.3%、10.6%和6.9%提高到13.3%、11.0%和7.4%。其中，电影消费异军突起，2015年电影总票房达到440亿元，较2014年全年票房高出近144亿元。

表4 "十二五"期间全国居民人均消费支出变化

单位：元

消费支出结构	2011 年	2012 年	2013 年	2014 年	2015 年
食品烟酒	3537.3	3820.6	4126.7	4493.9	4814.0
衣着	906.2	964.8	1027.1	1099.3	1164.1
居住	2629.6	2808.0	2998.5	3200.5	3419.2
生活用品及服务	683.5	742.5	806.5	889.7	951.4
交通通信	1268.3	1436.6	1627.1	1869.3	2086.9
教育文化娱乐	1133.6	1258.8	1397.7	1535.9	1723.1
医疗保健	714.3	807.1	912.1	1044.8	1164.5
其他用品及服务	270.9	296.6	324.7	358.0	389.2

注：国家统计局自2013年开始统计全国居民人均消费支出情况，2011年和2012年全国居民人均消费支出数据根据2013~2015年三年的平均增长率测算所得。

资料来源：《中国统计年鉴》（2016）。

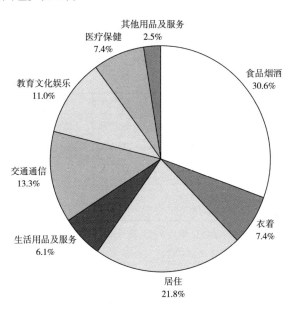

图11 2015年全国居民人均消费支出构成情况

资料来源：《中国统计年鉴》（2016）。

（五）服务业对就业的贡献更加巩固

"十二五"期间，服务业劳动就业占比不断提升。2015年末，服务业就业人员占全国就业人员比重为49.6%，比2011年末提高7.3个百分点。同时，服务业就业人员稳步增加，2011～2015年，服务业就业人员年均增长4.4%，比全国就业人员年均增长高出4.0个百分点，服务业成为拉动社会就业总量上升的主要力量。

表5　"十二五"期间全国服务业就业人员及其占比

单位：万人，%

年　份	全国就业人员	服务业就业人员	服务业就业人员占比
2011	76420	32304	42.3
2012	76704	32319	42.1
2013	76977	34633	45.0
2014	77253	36927	47.8
2015	77451	38417	49.6

资料来源：《中国统计年鉴》（2016）和《中国建筑统计年鉴》（2016）相关数据计算所得。

（六）全员劳动生产率实现稳步提高

按照传统理论，服务业存在"鲍莫尔病"问题，即相对于制造业，服务业劳动生产率难以提高。但实际上，随着技术的发展和应用，服务业劳动生产率呈现上升趋势。"十二五"期间，尽管第三产业劳动生产率相对于第二产业仍然偏低，但第三产业人均劳动生产率呈现快速提高趋势，并与第二产业劳动生产率的差距逐步缩小。

表6　"十二五"期间三次产业人均劳动生产率变动

单位：元/人

年份	第一产业	第二产业	第三产业
2011	17358.5	100709.2	79209.2
2012	19140.5	108518.1	89737.5
2013	21467.9	112712.9	100382.6
2014	24137.8	119797.9	103947.4
2015	26709.3	121459.9	109703.8

资料来源：根据《中国统计年鉴》（2016）相关数据计算所得。

总体来说，"十二五"期间，服务业全员劳动生产率稳步提高，2015年达到101679.4元/人，比上年提高6.4%。服务业全员劳动生产率的提升，不仅对经济增长具有重要促进作用，也进一步提升了经济发展质量。

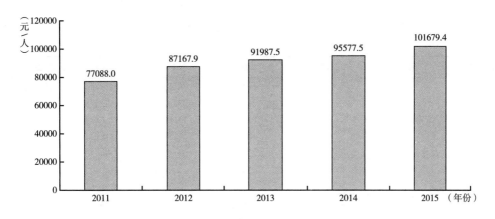

图12 "十二五"期间服务业全员劳动生产率变化情况

资料来源：根据《中国统计年鉴》（2016）相关数据计算所得。

三 "十二五"期间服务业行业结构情况与特点

（一）按法人经营单位分析

"十二五"期间，服务业各行业门类法人单位数均呈现稳步增长态势，批发和零售业，公共管理、社会保障和社会组织，租赁和商务服务业三大行业门类法人单位数最多，文化、体育和娱乐业，科学研究和技术服务业，租赁和商务服务业三大行业门类法人单位数增速最快。其中，批发和零售业法人单位数由2011年的227.6万个增长到2015年的419.9万个，增长了近1倍，占服务业全部法人单位数的比重由33.1%提高到35.7%。公共管理、社会保障和社会组织法人单位数由2011年的138.7万个增长到2015年的160.4万个，占服务业全部法人单位数的比重由20.2%下降到13.6%。租赁和商务服务业，文化、体育和娱乐业，科学研究和技术服务业法人单位数分别由2011年的68.8万个、10.3万个、28.4万个增长到2015年的144.1万个、29.7万个和66.1万个，年均增速为20.3%、30.4%和23.5%。

其中，包括批发和零售业，住宿和餐饮业，租赁和商务服务业，居民服务、修理和其他服务业四大行业门类的大商务服务业[①]法人单位数占全部服务业法人单位数的比重高达52.9%，说明大商务服务业市场开放程度较高，市场主体活力较强。

从服务业行业大类看，2015年，服务业法人单位数排在前10位的行业分别是批发业、零售业、商务服务业、房地产业、教育、软件和信息技术服务业、专业技术服务业、科技推广和应用服务业、房屋建筑业、卫生。其中，排在第一位的批发业法人单位

[①] 大商务服务业是由商务部主管的批发和零售业，住宿和餐饮业，租赁和商务服务业，居民服务、修理和其他服务业四大行业门类的总称。

表7　"十二五"期间服务业分行业门类法人单位数

单位：个

行 业	2011年	2012年	2013年	2014年	2015年
服务业合计	6860186	7617375	8458476	10148847	11753122
批发和零售业	2276295	2630690	2810531	3513338	4199026
公共管理、社会保障和社会组织	1387111	1393957	1520075	1596327	1603708
租赁和商务服务业	687575	813851	916953	1161947	1440572
科学研究和技术服务业	283777	324932	455778	544309	661022
建筑业	346026	391392	347519	464975	574128
房地产业	323985	356717	343924	419618	466100
教育	346390	355072	413908	444038	461451
信息传输、软件和信息技术服务业	208867	245669	226107	289162	387842
交通运输、仓储和邮政业	219630	249832	262364	323044	378705
居民服务、修理和其他服务业	175813	196880	190692	242251	298958
文化、体育和娱乐业	102775	121126	230544	263384	297274
住宿和餐饮业	172070	186837	199592	235337	274283
卫生和社会工作	205173	206885	249567	265537	271571
农、林、牧、渔服务业	—	—	160009	177631	199494
金融业	55513	67554	30186	91583	109711
水利、环境和公共设施管理业	69186	75981	84803	97522	108069
金属制品、机械和设备修理业	—	—	13391	15719	17473
开采辅助活动	—	—	2533	3125	3735

资料来源：《中国第三产业统计年鉴》（2012~2016）和《中国统计年鉴》（2016）。

数明显高于其他行业，是排在第2位的零售业法人单位数的1.5倍多，是排在第9位的房屋建筑业法人单位数的10倍以上。批发业、零售业等行业法人单位数较多，主要是由于批发企业中包含进出口企业数，而且批发业、零售业相对其他行业的市场化程度较高，市场准入门槛较低。

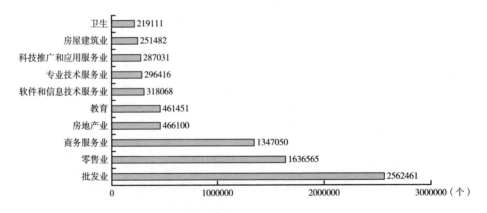

图13　2015年服务业分行业大类法人单位数 TOP10

资料来源：《中国第三产业统计年鉴》（2016）。

从企业法人单位数看,"十二五"期间,受服务业对内对外开放不断扩大、服务业市场化程度不断提高的影响,服务业各行业门类企业法人单位数均呈现快速增长态势,其中,批发和零售业、租赁和商务服务业、科学研究和技术服务业三个行业门类企业法人单位数最多,2015年分别为419.8万个、131.5万个和52.4万个,占服务业全部企业法人单位数的比重分别为49.5%、15.5%和6.2%。文化、教育、科技等产业和事业属性并存的服务行业和金融等行业企业法人单位数增长尤为明显。2015年,文化、体育和娱乐业企业法人单位数比2011年增长了3.3倍,科学研究和技术服务业企业法人单位数比2011年增长了1.6倍,租赁和商务服务业、教育企业法人单位数均比2011年增长了1.2倍,金融业法人单位数比2011年增长了1.0倍。其中,大商务服务业企业法人单位数占服务业全部企业法人数比重高达71.5%。

表8 "十二五"期间服务业分行业门类企业法人单位数

单位:个

行 业	2011年	2012年	2013年	2014年	2015年
批发和零售业	2276262	2629580	2797725	3510668	4197662
租赁和商务服务业	610205	729986	788037	1025732	1315261
科学研究和技术服务业	203904	242723	328024	408386	523736
房地产业	317582	349865	335998	409795	459706
信息传输、软件和信息技术服务业	199248	234453	218157	280125	380228
交通运输、仓储和邮政业	209450	239225	252005	311134	368906
居民服务、修理和其他服务业	158297	177802	172285	220268	277682
住宿和餐饮业	166742	181011	196337	230530	270441
文化、体育和娱乐业	53663	66949	168951	195950	230020
金融业	52308	63712	79183	85730	104213
农、林、牧、渔服务业	—	—	54657	68232	84396
建筑业	72280	75280	78919	81141	80911
水利、环境和公共设施管理业	32870	38723	44493	54616	65981
教育	28678	33746	40470	48867	61974
卫生和社会工作	17252	19103	23492	27151	32696
金属制品、机械和设备修理业	—	—	13346	15718	17473
开采辅助活动	—	—	2531	3125	3735
公共管理、社会保障和社会组织	—	—	58	114	236
合 计	4398741	5082158	5594668	6977282	8475257

资料来源:《中国第三产业统计年鉴》(2012~2016)和《中国建筑业统计年鉴》(2016)。

从服务业各行业大类企业法人单位数看,2015年,排在前10位的分别是批发业、零售业、商务服务业、房地产业、软件和信息技术服务业、专业技术服务业、科技推广和应用服务业、道路运输业、餐饮业和娱乐业。其中,大商务服务业中的批发业、零售

业、商务服务业和餐饮业均进入前 10 行列，且批发业、零售业和商务服务业三个行业
大类企业法人单位数均超过 100.0 万个，批发业企业法人单位数位列第一，达 256.1 万
个，其次是零售业，企业法人单位数达 163.6 万个，排在第三位的是商务服务业，企业
法人单位数为 122.4 万个。

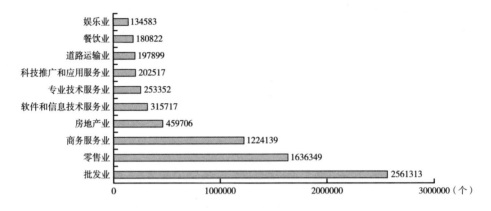

图 14　2015 年服务业分行业大类分企业法人单位数 TOP10

资料来源：《中国第三产业统计年鉴》（2016）。

（二）按市场总量分析

从服务业行业门类看，"十二五"期间，除开采辅助活动和金属制品、机械和设备
修理业外，其他各行业门类营业收入均呈现稳步增长。其中，批发和零售业营业收入在
各行业门类中最高，从 2011 年的 442376.6 亿元增长到 2015 年的 630414.7 亿元，但占
服务业营业收入比重略有下降，从 53.6% 降到 45.1%，下降了 8.5 个百分点。其次是
建筑业和金融业，营业收入分别从 2011 年的 112002.8 亿元和 46530.6 亿元增长到 2015
年的 170705.4 亿元和 162910.9 亿元，建筑业营业收入占服务业营业收入比重基本稳
定，金融业营业收入占服务业营业收入比重显著提升，从 5.6% 提高到 11.7%，提高了
6.1 个百分点。此外，租赁和商务服务业、科学研究和技术服务业营业收入占服务业营
业收入比重也呈现明显提升态势，分别从 2011 年的 3.5% 和 2.0% 提高到 4.7% 和
4.1%。交通运输、仓储和邮政业，房地产业，教育等行业门类营业收入占服务业营业
收入比重基本保持不变。这表明，"十二五"期间，金融业、租赁和商务服务业、科学
研究和技术服务业等现代服务业发展较快，营业规模不断扩大，而批发和零售业，交通运
输、仓储和邮政业等传统服务业虽然继续保持稳步增长，但营业规模增速有所下降。建筑
业和房地产受国家政策调控影响，"十二五"期间营业收入基本保持小幅稳步增长。

其中，2015 年大商务服务业营业收入占全部服务业营业收入的比重达 51.0%，说
明与其他行业相比，大商务服务业企业经营能力较强，是服务业营业收入的重要来源。

同时,居民服务、修理和其他服务业的营业收入与服务业其他行业门类营业收入相比较少,主要是因为目前统计的居民服务、修理和其他服务业的营业收入是企业法人单位的营业收入,还有部分非企业法人单位(主要是个体户)的营业收入存在漏统问题。例如,根据商务部商贸服务典型企业统计数据,2015年,仅家政服务业营业收入就超过2700亿元。如果能够测算出个体户的营业收入,那么居民服务、修理和其他服务业的营业收入要远远高于目前的统计数据。

表9 "十二五"期间按行业门类营业收入情况

单位:亿元

行业	2011年	2012年	2013年	2014年	2015年
批发和零售业	442376.6	502901.2	611947.6	667301.1	630414.7
建筑业	112002.8	130182.9	152466.1	165675.2	170705.4
金融业	46530.6	54166.9	96582.9	127597.5	162910.9
房地产业	51303.7	60577.1	83739.5	84618.8	92823.8
交通运输、仓储和邮政业	42063.9	48347.1	59283.4	79073.8	80474.7
租赁和商务服务业	28565.3	31282	52929.2	58979.1	66253.4
科学研究和技术服务业	16756.4	23076.6	25614.2	52980.2	57593.4
信息传输、软件和信息技术服务业	27077.1	29543.3	32370.9	35368.7	40168.8
卫生和社会工作	18097.2	22284.1	25719.8	29512.6	32736.9
教育	18737.5	21375.3	24384.5	27534.8	31733.4
住宿和餐饮业	9247.2	10186.7	10517.6	10634.6	11159.5
文化、体育和娱乐业	3045.9	3169.6	3632.8	5320.8	5995.1
水利、环境和公共设施管理业	3026.2	3498.3	3498.3	4905.9	5507.1
居民服务、修理和其他服务业	2455.4	2536.4	3714.7	4217.5	4821.9
开采辅助活动和金属制品、机械和设备修理业	4119.7	3601.7	3657.9	3814.1	3440.6
合计	825405.5	946729.2	1190059.4	1357534.7	1396739.6

注:服务业营业收入数据主要根据各行业大类测算数据汇总所得,其中农、林、牧、渔服务业,公共管理、社会保障和社会组织缺乏营业收入的基础数据,且规模较小,忽略不计;建筑业,批发和零售业,住宿和餐饮业,金融业,房地产业,居民服务、修理和其他服务业,文化、体育和娱乐业主要以企业经营为主,且非企业法人单位和个体户营业收入在现有统计数据的基础上难以测算,故将企业法人单位营业收入视同全行业营业收入;开采辅助活动和金属制品、机械和设备修理业,交通运输、仓储和邮政业,信息传输、软件和信息技术服务业,租赁和商务服务业,科学研究和技术服务业,水利、环境和公共设施管理业,教育,卫生和社会工作的营业收入为全行业营业收入。

资料来源:根据第三次经济普查数据、《中国第三产业统计年鉴》(2014~2016)相关数据以及税收数据测算所得。

从服务业行业大类来看,2015年企业法人单位营业收入排名前10的分别是批发业、零售业、房屋建筑业、货币金融服务、房地产业、商务服务业、保险业、土木工程建筑业、道路运输业和专业技术服务业。其中,批发业营业收入明显高于其他行业,其营业收入是排在第 2 位的零售业营业收入的 3.8 倍，是排在第 3 位的房屋建筑业营业收入的近 5 倍。排在第 11~14 位的软件和信息技术服务业，电信、广播电视和卫星传输服务，建筑安装业，装卸搬运和运输代理业的营业收入虽然均超过 1 万亿元，但与排在前十位的行业差距较大。

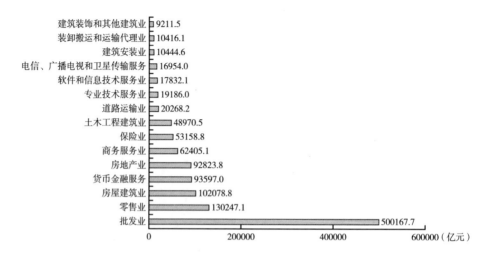

建筑装饰和其他建筑业　9211.5
装卸搬运和运输代理业　10416.1
建筑安装业　10444.6
电信、广播电视和卫星传输服务　16954.0
软件和信息技术服务业　17832.1
专业技术服务业　19186.0
道路运输业　20268.2
土木工程建筑业　48970.5
保险业　53158.8
商务服务业　62405.1
房地产业　92823.8
货币金融服务　93597.0
房屋建筑业　102078.8
零售业　130247.1
批发业　500167.7

图 15　2015 年服务业按大类分行业企业单位法人营业收入 TOP15

资料来源：批发和零售、住宿和餐饮、房地产业、金融业等各大类企业法人单位营业收入根据 2013 年普查数据、税收数据等测算，其他大类企业法人单位营业收入数据来自《中国第三产业统计年鉴》（2016）。

（三）按发展速度分析

从分行业增加值看，"十二五"期间，占 GDP 比重较高的五个行业门类分别是批发和零售业，金融业，建筑业，房地产业，交通运输、仓储和邮政业，2015 年这五个行业门类占 GDP 的比重分别为 9.7%、8.4%、6.8%、6.0% 和 4.4%。其中，2015年，大商务服务业增加值占服务业增加值的比重为 15.7%，比 2011 年提高了 1.6 个百分点。

从服务业各行业门类增加值增速来看，2011~2015 年服务业年均增速最快的门类是卫生和社会工作、租赁和商务服务业、金融业，其年均增速均超过 17%，其次是水利、环境和公共设施管理业，信息传输、软件和信息技术服务业，科学研究和技术服务业，年均增速分别为 16.9%、15.0% 和 14.6%，说明近年来金融业，租赁和商务服务业，信息传输、软件和信息技术服务业等现代服务业发展较快。与之相比，批发和零售业，住宿和餐饮业，交通运输、仓储和邮政业以及居民服务、修理和其他服务业等行业门类年均增速在 10% 左右，年均增速最慢的是开采辅助活动与金属制品、机械和设备维修业。

表10 2011～2015年服务业分行业增加值及占其GDP比重

单位：亿元，%

行业	2011年		2012年		2013年		2014年		2015年	
	增加值	占GDP比重	增加值	占GDP比重	增加值	占GDP比重	增加值	占GDP比重	增加值	占GDP比重
批发和零售业	43730.5	8.9	49831.0	9.2	56284.1	9.5	62423.5	9.7	66203.8	9.7
金融业	30678.9	6.3	35188.4	6.5	41191.0	6.9	46665.2	7.2	57500.1	8.4
建筑业	32926.5	6.7	36896.1	6.8	40896.8	6.9	44880.5	7.0	46546.6	6.8
房地产业	28167.6	5.8	31248.3	5.8	35987.6	6.0	38000.8	5.9	41307.6	6.0
交通运输、仓储和邮政业	21842.0	4.5	23763.2	4.4	26042.7	4.4	28500.9	4.4	30370.9	4.4
公共管理、社会保障和社会组织	18079.0	3.7	20101.7	3.7	21693.0	3.6	23508.7	3.7	25363.7	3.7
教育	14774.6	3.0	16645.7	3.1	18951.4	3.2	21159.9	3.3	23307.2	3.4
租赁和商务服务业	9453.4	1.9	11248.2	2.1	13335.0	2.2	15276.2	2.4	18264.6	2.7
信息传输、软件和信息技术服务业	10304.8	2.1	11928.7	2.2	13729.7	2.3	15939.6	2.5	17992.7	2.6
卫生和社会工作	7428.8	1.5	9011.2	1.7	11034.4	1.9	12734.0	2.0	14395.6	2.1
科学研究和技术服务业	7939.4	1.6	9449.4	1.7	11010.2	1.8	12250.7	1.9	13710.1	2.0
住宿和餐饮业	8565.4	1.8	9536.9	1.8	10228.3	1.7	11158.5	1.7	12159.1	1.8
居民服务、修理和其他服务业	7517.1	1.5	8156.8	1.5	8625.1	1.4	9706.3	1.5	10282.6	1.5
文化、体育和娱乐业	3134.5	0.6	3530.6	0.7	3867.7	0.6	4274.5	0.7	4798.5	0.7
水利、环境和公共设施管理业	2132.2	0.4	2556.8	0.5	3056.3	0.5	3472.7	0.5	3981.1	0.6

注：2015年科学研究和技术服务业，教育，卫生和社会工作，文化、体育和娱乐业，公共管理、社会保障和社会组织等行业增加值根据2011～2014年各行业增加值年均增长率测算所得。

资料来源：根据《中国统计年鉴》（2016）相关数据计算所得。

（四）按税收分析

"十二五"期间，服务业各行业税收收入基本呈现快速增长态势，金融业、批发和零售业、房地产业、建筑业、租赁和商务服务业五大行业门类税收收入最高，2015年五大行业税收收入分别为18457.6亿元、16733.8亿元、16475.2亿元、8343.8亿元和5841.5亿元，分别是2011年的2.3倍、1.2倍、1.9倍、1.7倍和2.0倍。其中，大商务服务业税收收入占服务业税收收入的比重为31.7%，接近服务业税收收入的1/3，是服务业税收收入的重要来源。

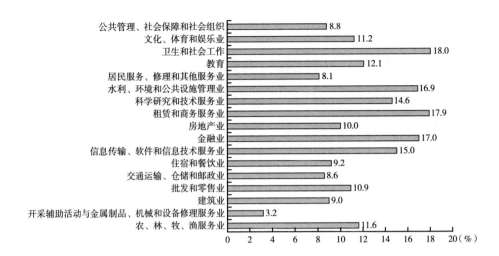

图16 "十二五"期间服务业各行业门类增加值年均增速情况

资料来源：根据《中国统计年鉴》（2016）相关数据计算所得。

表11 服务业分行业大类税收收入

单位：亿元

行　　业	2011 年	2012 年	2013 年	2014 年	2015 年
金融业	7937.8	10292.9	11837.5	14260.8	18457.6
批发和零售业	14239.4	14898.3	15869.8	16542.4	16733.8
房地产业	8665.7	12352.4	15559.6	16619.1	16475.2
建筑业	4862.7	5993.6	6960.7	7807.2	8343.8
租赁和商务服务业	2866.4	3399.7	3937.7	4673.7	5841.5
其他行业	4098.2	3956.8	4204.1	4413.8	3313.3
居民服务、修理和其他服务业	1745.3	2205.2	2473.4	2636.4	2818.5
公共管理、社会保障和社会组织	1333.3	1976.1	2120.7	2393.6	2517.1
交通运输、仓储和邮政业	2161.5	2258.5	2391	2526.8	2313.8
信息传输、软件和信息技术服务业	1378.6	1791.6	1963.5	2191.8	2293.6
科学研究和技术服务业	—	1156.8	1161.3	1394.4	1575.1
住宿和餐饮业	800.8	875.5	842.1	818.7	801.5
文化、体育和娱乐业	315.7	355.7	371.6	397.5	413.3
教育	179	165.9	201.9	254.1	306.1
卫生和社会工作	120.1	122.7	144.4	199.3	257.9
合　　计	50713.4	61801.5	70039.4	77129.7	82709.6

资料来源：《中国税务年鉴》（2012~2016）。

按服务业行业大类分，2015 年，房地产业、批发业、货币金融服务、零售业等 10 个行业税收收入最高。其中房地产业税收收入排名第一，达 16475.2 亿元，其次分别是批发业、货币金融服务、零售业，税收收入分别为 12061.9 亿元、11214.4 亿元和 4671.9 亿元。

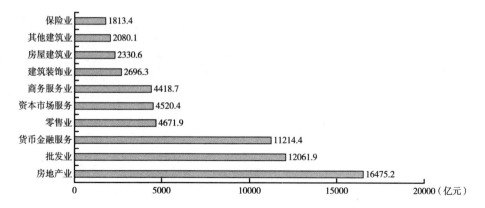

图17 2015年服务业按大类分行业税收收入TOP10

资料来源:《中国税务年鉴》(2016)。

(五)按就业分析

"十二五"期间,服务业各行业门类就业人员均保持平稳增长态势,其中,批发和零售业就业人员最多,2015年突破了1.2亿人。其次是建筑业,2015年就业人数达到5458.3万人。教育,公共管理、社会保障和社会组织,租赁和商务服务业,住宿和餐饮业四个行业吸纳就业人员数也都超过2000万人,分别达到2680.7万人、2593.4万人、2413.6万人和2368.6万人。其中,2015年大商务服务业就业人员占全部服务业就业人员的比重为48.9%。

表12 "十二五"期间服务业各门类就业人员年末人数

单位:万人

行业	2011年	2012年	2013年	2014年	2015年
批发和零售业	11122.3	10325.4	10565.9	11736.5	12299.4
建筑业	3719.8	4065.2	5498.5	5553.6	5458.3
教育	2582.6	2589.3	2638.6	2669.2	2680.7
公共管理、社会保障和社会组织	2408.8	2467.4	2508.1	2561	2593.4
租赁和商务服务业	1561.2	1580.8	1774.8	2051	2413.6
住宿和餐饮业	2585.5	1896.0	1981.4	2140.2	2368.6
交通运输、仓储和邮政业	1020.1	2001.4	1929.4	1943.4	1908.4
居民服务、修理和其他服务业	1635	1534.2	1453.3	1625.3	1707.8
科学研究和技术服务业	972	1029	1141.9	1280.1	1374.1
卫生和社会工作	1129	1208.1	1244	1304.9	1353.8
房地产业	842.1	868.7	1016.8	1078.6	1060.1
金融业	843.2	871.7	925.8	970.7	1053.8
信息传输、软件和信息技术服务业	726.8	805.4	862.6	923.2	1007.9
文化、体育和娱乐业	392.1	396.6	416	450.1	497.8

续表

行业	2011 年	2012 年	2013 年	2014 年	2015 年
水利、环境和公共设施管理业	414. 3	441. 5	454. 8	473. 1	480. 1
农、林、牧、渔服务业	79. 7	57. 7	93. 9	103. 9	100. 7
开采辅助活动	53. 6	57. 7	66. 3	49. 8	48. 6
金属制品、机械和设备修理业	65. 2	62. 3	89. 2	66. 5	44. 1

注：根据服务业各门类就业人员根据服务业各门类城镇单位就业人员数据和国家工商总局统计服务业各门类私营企业和个体工商户就业人员数据进行估算所得。具体估算方法为：①数值1，算出各行业个体私营就业数/服务业个体私营就业数——这个数相当于农村地区服务业各行业就业人数占总人数的比重；②数值2，算出各行业城镇单位就业人数/服务业城镇就业人数——城镇地区服务业各行业就业人数占总人数的比重；③计算，各年度服务业就业人数×［（1－加权值）1×数值1＋加权值×数值2］——取一个加权的值，再乘以服务业就业人数总数，得到2016年每个行业的就业人数。各年度加权值按照各年度城镇单位就业人数占全国就业人数比重计算。

资料来源：根据《中国劳动统计年鉴》（2016）和国家工商总局相关数据估算所得。

需要说明的是，在批发和零售业，住宿和餐饮业，租赁和商务服务业，居民服务、修理和其他服务业，建筑业中，私营企业和个体工商户较多，其从业人员在2015年均超过1000万人，其中，批发和零售业私营企业和个体工商户从业人员超过1.0亿人，住宿和餐饮业，租赁和商务服务业，居民服务、修理和其他服务业私营企业和个体工商户从业人员分别达到1794.9万人、1558.5万人和1468.8万人。

表 13　"十二五"期间服务业各门类私营企业和个体工商户从业人员

单位：万人

行业	2011 年	2012 年	2013 年	2014 年	2015 年
批发和零售业	6746. 2	7020. 5	7911. 2	9130. 1	10093. 6
住宿和餐饮业	1044. 6	1130. 3	1299. 8	1494. 5	1794. 9
租赁和商务服务业	741. 9	857. 9	965. 1	1199. 5	1558. 5
居民服务、修理和其他服务业	1031. 1	1094. 2	1155. 5	1328. 0	1468. 8
建筑业	660. 9	716. 3	834. 5	955. 6	1104. 7
科学研究和技术服务业	334. 6	392. 6	465. 0	577. 0	690. 5
交通运输、仓储和邮政业	457. 1	734. 0	531. 5	550. 9	558. 9
信息传输、软件和信息技术服务业	229. 6	349. 6	305. 2	360. 1	437. 9
房地产业	300. 0	337. 6	377. 4	407. 7	391. 2
文化、体育和娱乐业	119. 0	138. 9	162. 7	200. 2	249. 1
金融业	28. 0	39. 2	78. 6	91. 5	119. 2
卫生和社会工作	35. 0	68. 6	43. 7	57. 6	66. 2
水利、环境和公共设施管理业	32. 9	48. 2	45. 5	54. 9	58. 1
其他	90. 4	100. 9	67. 5	54. 8	55. 4
农、林、牧、渔服务业	—	—	40. 5	51. 6	54. 5
教育	12. 7	14. 6	20. 0	24. 1	32. 7
金属制品、机械和设备修理业	—	—	22. 5	26. 7	24. 0
开采辅助活动	—	—	4. 3	4. 0	3. 2

资料来源：根据国家工商总局相关数据计算所得。

四 "十二五"期间地方服务业发展情况及特点

（一）按法人经营单位分析

从 2015 年各省份服务业法人单位数看，排在前 10 位的分别是江苏、广东、山东、浙江、北京、河南、湖北、福建、河北和辽宁。其中，江苏省服务业法人单位数为 108.6 万个，排在第一位，其次分别是广东省、山东省和浙江省，法人单位数分别为 99.1 万个、97.6 万个和 85.9 万个。中部地区仅有河南省、湖北省两个省份法人单位数进入前 10 行列，西部地区无一省份进入前 10 行列，说明我国东部沿海地区服务业较为发达，企业数量较多，企业活力相对较强。

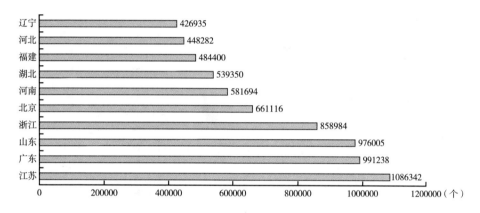

图 18 2015 年按服务业法人单位数排名前十的省市

资料来源：根据《中国统计年鉴》（2016）相关数据计算所得。

（二）按发展速度分析

从服务业增加值发展速度看，"十二五"期间，服务业增加值年均增长率最快的 10 个省份主要是中西部地区的重庆、新疆、贵州、云南、青海、河南、西藏、四川、甘肃和湖北，其中，重庆市服务业增加值年均增速高达 20.5%，其次是新疆，服务业增加值年均增速为 18.5%，贵州、云南、青海三个省份服务业增加值年均增速分别为 17.7%、17.1% 和 16.9%。与之相比，服务业较为发达的省份，如北京、上海等东部地区省份，由于服务业增加值基数较大，年均增速明显低于这些中西部地区省份。

（三）按市场总量分析

从服务业企业法人单位营业收入来看，2015 年服务业营业收入最高的 10 个省份分别是北京、广东、江苏、浙江、上海、山东、福建、河北、河南和湖北。其中，北京市服务业营业收入在全国 31 个省份中位列第一，达 47.7 万亿元，其次是广东省，营业收入也突破 40 万亿元。之后是长三角地区的江苏、浙江和上海"两省一市"，营业收入

表14 "十二五"期间各省份服务业增加值及发展速度

单位：亿元，%

省份	服务业增加值		"十二五"期间服务业增加值年均增长率
	2010 年	2015 年	
重　庆	3542.4	9009.6	20.5
新　疆	2197.5	5128.4	18.5
贵　州	2460.3	5547.6	17.7
云　南	3511.7	7722.0	17.1
青　海	601.9	1314.6	16.9
河　南	7883.4	17027.5	16.7
西　藏	399.0	858.5	16.6
四　川	7271.1	15449.1	16.3
甘　肃	1918.6	4072.3	16.2
湖　北	7094.1	14776.7	15.8
海　南	1139.5	2362.6	15.7
江　西	3957.5	8033.0	15.2
天　津	4668.0	9365.5	14.9
陕　西	4576.1	9123.0	14.8
湖　南	7407.4	14637.5	14.6
安　徽	5222.9	10301.0	14.5
广　西	4034.3	7878.7	14.3
江　苏	19607.7	38141.3	14.2
山　东	16720.2	32202.2	14.0
山　西	3988.4	7636.3	13.9
宁　夏	887.3	1694.4	13.8
黑龙江	4457.4	8502.2	13.8
辽　宁	8036.9	15124.3	13.5
福　建	6975.7	13065.8	13.4
广　东	22263.4	39295.3	12.0
浙　江	13704.0	23900.3	11.8
吉　林	3688.1	6388.2	11.6
北　京	11225.2	19293.6	11.4
内蒙古	4958.3	8476.7	11.3
上　海	10515.6	17877.9	11.2
河　北	8277.4	13760.3	10.7

资料来源：根据《中国统计年鉴》（2016）和《中国统计年鉴》（2011）相关数据计算所得。

分别为35.4万亿元、30.5万亿元和26.4万亿元。中部地区的河南和湖北两省分别位列第9和第10，营业收入分别为13.9万亿元和13.6万亿元。西部地区没有一个省份进入前10行列，排在31个省份后5位的分别为甘肃、海南、宁夏、青海和西藏。

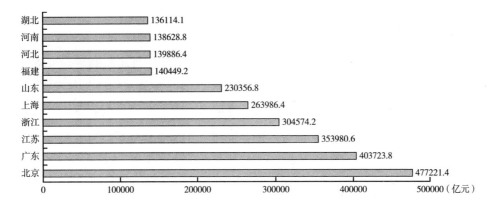

图19 按2015年服务业企业法人单位营业收入总额排名前十省份

注：由于其他金融业（金融服务业中的一个大类）的各省份的营业收入数据难以测算，2015年各省份服务业企业法人单位营业收入不包括其他金融业营业收入。

资料来源：根据《中国第三产业统计年鉴》（2016）和相关服务业行业大类营业收入测算数据汇总所得。

（四）按税收分析

从服务业税收收入来看，2015年服务业税收收入最高的10个省份分别是北京、上海、江苏、广东、浙江、山东、四川、河南、湖北和河北。其中，北京市服务业税收收入高达10934.3亿元，是排在第二位的上海的1.2倍，是排在第十位的河北的5.2倍。排在前六位的均为东部省份，中部地区仅有河南省和湖北省进入前10行列，分别排在第8位和第9位，西部地区仅有四川省进入前10行列，排在第7位。在31个省份中排在后五位的省份分别是海南、甘肃、宁夏、青海和西藏，税收收入分别为640.3亿元、574.0亿元、263.2亿元、205.5亿元和177.6亿元，这说明服务业较为发达地区的税收收入较高，对税收收入的贡献较大。

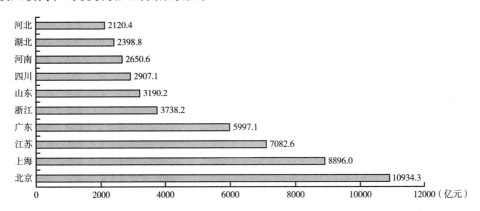

图20 按2015年服务业税收收入排名前十省市

资料来源：《中国税务年鉴》（2016）。

（五）按就业分析

从服务业城镇单位就业人员数来看，2015年城镇单位就业人员最多的10个省份分别是广东、江苏、浙江、山东、河南、北京、四川、湖北、河北和上海。2015年，广东省服务业城镇单位就业人员929.3万人，在31个省份中位居第一，其次是江苏省，城镇单位就业人员923.3万人，排在第三位的是浙江省，城镇单位就业人员741.3万人。在31个省份中排名后5的分别是天津、海南、宁夏、青海和西藏，城镇单位就业人员数分别为174.4万人、79.8万人、49.5万人、44.7万人和29.5万人。

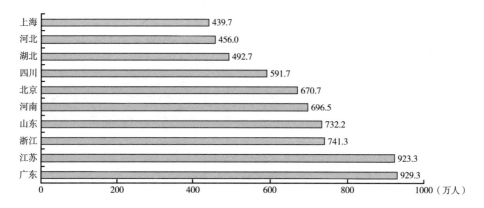

图21　按2015年服务业城镇单位就业人员排名前十省份

资料来源：《中国劳动统计年鉴》（2016）。

五　"十二五"期间服务业利用外资和对外投资情况

（一）服务业利用外资情况

"十二五"期间，受我国服务业市场发展空间不断扩大、高端制造业回流发达国家以及中低端制造业流向其他发展中国家等诸多因素影响，服务业利用外资占比大幅提升，服务业吸引外商直接投资企业数从2011年的15437家增长为2015年的21170家，占全国吸引外商直接投资企业数的比重由55.7%上升到79.6%。服务业实际使用外资金额从671.5亿美元增长为920.1亿美元，年均增长8.1%，占全国实际使用外资金额的比重从54.2%上升为67.9%，上升了近13.7个百分点。

分行业结构看，房地产业是服务业吸收外资的第一大行业，实际吸收外商投资金额从2011年的268.8亿美元提高到2015年的290.0亿美元，"十二五"期间累计吸收外资金额达到1434.3亿美元，占同期服务业吸收外资总额的37.3%。金融业是服务业吸收外资的第二大行业，实际吸收外商投资总额从2011年的98.8亿美元增长为2015年的242.8亿美元，年均增幅为25.2%，远高于服务业实际吸收外商投资8.1%的平均增幅。批发和零售业是服务业吸收外资的第三大行业，实际吸收外资从2011年的84.3亿

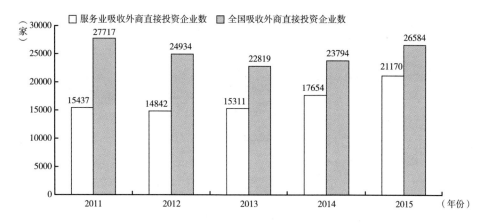

图22 "十二五"期间服务业和全国吸引外商直接投资企业数

资料来源:《中国商务年鉴》(2012~2016)。

美元增长为2015年的120.2亿美元,年均增幅为9.3%,"十二五"期间,批发和零售业累计实际吸收外资总额为508.8亿美元,占服务业吸收外资总额的比重为13.2%。租赁和商务服务业实际利用外资金额呈现波动式上涨,从2011年的83.8亿美元增长到2015年的100.5亿美元,"十二五"期间实际吸收外资总额为494.9亿美元,占服务业吸收外资总额的比重为12.9%。

表15 "十二五"期间服务业分行业利用外资实际金额

单位:亿美元

行业名称	2011 年	2012 年	2013 年	2014 年	2015 年
服务业合计	671.5	677.4	737.6	842.7	920.1
房地产业	268.8	241.3	288	346.3	290.0
金融业	98.8	114.8	86.6	131.2	242.8
批发和零售业	84.3	94.6	115.1	94.6	120.2
租赁和商务服务业	83.8	82.1	103.6	124.9	100.5
科学研究、技术服务和地质勘查业	24.6	31	27.5	32.6	45.3
交通运输、仓储和邮政业	31.9	34.7	42.2	44.6	41.9
信息传输、计算机服务和软件业	27	33.6	28.8	27.6	38.4
建筑业	9.2	11.8	12.2	12.4	15.6
文化、体育和娱乐业	6.4	5.4	8.2	8.2	7.9
居民服务和其他服务业	18.8	11.7	6.6	7.2	7.2
住宿和餐饮业	8.4	7	7.7	6.5	4.3
水利、环境和公共设施管理业	8.6	8.5	10.4	5.7	4.3
卫生、社会保障和社会福利业	0.8	0.6	0.6	0.8	1.4
教育	0	0.3	0.2	0.2	0.3

资料来源:《中国商务年鉴》(2012~2016)。

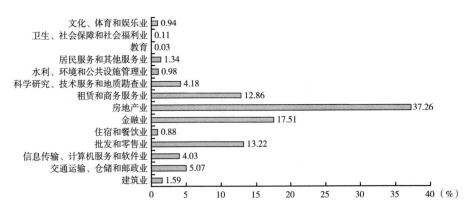

图23 "十二五"期间服务业各行业实际吸收外资金额占服务业实际吸收外资金额比重

资料来源：《中国商务年鉴》（2012～2016）。

（二）服务业对外投资情况

"十二五"期间，服务业对外投资成为中国企业"走出去"的主要力量。2011～2015年，我国服务业对外投资流量从504.8亿美元增长为1097.3亿美元，年均增幅21.4%，明显高于全国平均18.2%的增幅，占全国对外投资流量的比重从67.6%上升为75.3%。"十二五"期间，服务业对外直接投资总额为3890.1亿美元，是"十一五"时期的2.2倍。从各行业分布来看，对外投资流量最高的三大行业是租赁和商务服务业、金融业、批发和零售业，对外投资流量分别从2011年的256亿美元、60.7亿美元和103.2亿美元增长到2015年的362.6亿美元、242.5亿美元和192.2亿美元，年均增速分别为9.1%、41.4%和16.8%。但租赁和商务服务业、批发和零售业对外投资流量占服务业对外投资流量的比重均呈现下降趋势，分别下降了17.7个百分点和2.9个百分点。金融业对外投资占比大幅提升，从2011的12.0%上升到22.1%，提高了10.1个百分点。同时，文化、体育和娱乐业，卫生和社会工作，信息传输、软件和信息技术服务业，住宿和餐饮业，水利、环境和公共设施管理业，居民服务和其他服务业，科学研究和技术服务业对外直接投资都保持了高速增长，年均增幅分别为102.0%、90.3%、72.2%、57.7%、52.1%、48.5%和47.5%。

从对外直接投资存量看，2011～2015年，服务业对外投资存量从3202.6亿美元增长到8533.1亿美元，占中国对外投资存量总额的比重基本保持在75.0%左右。2015年末中国对外直接投资存量的77.7%分布在服务业，主要分布在商务服务、金融、批发和零售、交通运输和仓储、房地产业等领域。其中，租赁和商务服务业占据近半壁江山，2015年存量额为4095.7亿美元，占服务业对外投资总量的48.0%；金融业位居第二，2015年投资存量为1596.6亿美元，占比为18.1%；批发和零售业投资存量为1219.4亿美元，占比为14.3%。2015年，前三大行业对外直接投资存量占服务业对外直接投资总额的80.4%。

表16 2011~2015年服务业各行业对外投资流量分布

单位：亿美元

行业名称	2011 年	2012 年	2013 年	2014 年	2015 年
合计	504.8	622.8	733.4	931.8	1097.3
租赁和商务服务业	256	267.4	270.6	368.3	362.6
金融业	60.7	100.7	151	159.2	242.5
批发和零售业	103.2	130.5	146.5	182.9	192.2
房地产业	19.7	20.2	39.5	66	77.9
信息传输、计算机服务和软件业	7.8	12.4	14	31.7	68.2
建筑业	16.5	32.5	43.6	34	37.4
科学研究、技术服务和地质勘查业	7.1	14.8	17.9	16.7	33.5
交通运输、仓储和邮政业	25.6	29.9	33.1	41.8	27.3
文化、体育和娱乐业	1	2	3.1	5.2	17.5
居民服务和其他服务业	3.3	8.9	11.3	16.5	16.0
水利、环境和公共设施管理业	2.6	0.3	1.4	5.5	13.7
住宿和餐饮业	1.2	1.4	0.8	2.4	7.2
卫生和社会工作	0.06	0.05	0.2	1.5	0.8
教育	0.2	1	0.4	0.1	0.6

资料来源：2011~2015年度《中国对外直接投资统计公报》。

表17 2011~2015年服务业各行业对外投资存量分布

单位：亿美元

行业名称	2011 年	2012 年	2013 年	2014 年	2015 年
租赁和商务服务业	1422.9	1757	1957.4	3224.4	4095.7
金融业	673.9	964.5	1170.8	1376.2	1596.6
批发和零售业	490.9	682.1	876.5	1029.6	1219.4
交通运输、仓储和邮政业	252.6	292.3	322.3	346.8	399.1
房地产业	89.9	95.8	154.2	246.5	334.9
建筑业	80.5	128.6	194.5	225.8	271.2
信息传输、软件和信息技术服务业	95.5	48.2	73.8	123.3	209.3
科学研究和技术服务业	43.9	67.9	86.7	108.7	144.3
居民服务、修理和其他服务业	16.2	35.8	76.9	90.4	142.8
文化、体育和娱乐业	5.4	7.9	11	16	32.5
农林牧渔服务业	—	—	—	19	28.6
水利、环境和公共设施管理业	24	0.7	3.4	13.3	25.4
住宿和餐饮业	6	7.6	9.5	13.1	22.3
采辅助活动和金属制品、机械和设备修理业	—	—	—	4.5	6.4
教育	0.7	1.6	2	1.8	2.8
卫生和社会工作	0.2	0.5	0.6	2.4	1.8
合　计	3202.6	4090.7	4939.5	6818.3	8533.1

资料来源：2011~2015年度《中国对外直接投资统计公报》。

从服务业对外投资存量的区域分布看，2015年主要服务业行业门类对外投资均投向了香港地区，租赁和商务服务业，批发和零售业，金融业，交通运输、仓储和邮政业，房地产业在香港地区的投资额占行业对外投资额的比重分别为76.5%、73.9%、56.3%、72.8%和60.8%。租赁和商务服务业、批发和零售业对外投资的第二大区域是东盟地区，投资比重分别3.9%和6.2%。金融业对外投资的第二区域主要是欧盟地区，占9.4%，再次是美国，占6.5%。

表18　2015年中国服务业对外投资存量区域分布

单位：亿美元，%

行业	香港地区		欧盟		东盟		美国		澳大利亚	
	投资额	占比	投资额	占比	投资额	占比	投资额	占比	投资额	占比
建筑业	33.9	12.5	9.9	3.7	38.6	14.2	9.6	3.5	2.4	0.9
租赁和商务服务业	3135.0	76.5	63.1	1.5	160.9	3.9	37.2	0.9	21.6	0.5
批发和零售业	901.5	73.9	52.5	4.3	75.4	6.2	34.1	2.8	8.0	0.7
金融业	898.6	56.3	150.2	9.4	43.6	2.7	103.2	6.5	24.5	1.5
交通运输、仓储和邮政业	290.7	72.8	11.7	2.9	17.8	4.5	6.7	1.7	4.3	1.1
房地产业	203.8	60.8	29.8	8.9	11.6	3.5	34.1	10.2	28.3	8.4
居民服务、修理和其他服务业	121.4	85.0	2.8	2.0	1.8	1.3	3.6	2.5	1.7	1.2
信息传输、软件和信息技术服务业	116.0	55.4	2.6	1.2	2.5	1.2	5.5	2.6	—	—
科学研究和技术服务业	26.1	18.1	15.4	10.7	7.4	5.1	18.2	12.6	1.3	0.9
文化体育和娱乐业	14.7	45.2	0.7	2.2	0.5	1.5	5.3	16.3	—	—
水利、环境和公共设施管理业	9.5	37.4	—	—	8.1	31.9	4.1	16.1	3.4	13.4
住宿和餐饮业	—	—	7.5	33.6	1.0	4.5	3.1	13.9	0.8	3.6
教育	—	—	1.0	34.5	0.1	3.4	0.8	27.6		

资料来源：根据《2015年度中国对外直接投资统计公报》数据整理。

六　"十二五"期间我国国际服务贸易情况

（一）总体进出口情况

"十二五"期间，我国服务贸易额由2011年的4191亿美元增长到2015年的7130亿美元，年均增长14.2%，远高于同期中国货物贸易2.1%的增速，占我国外贸（货物和服务进出口之和）的比重由2010年的8.2%提高到15.3%，占世界服务贸易总额的比重从2011年的5.2%增为2015年的7.6%，世界排名从第四跃升为第二。

"十二五"期间，由于服务进口增幅远快于出口增幅，服务贸易逆差呈现快速扩张态势，从2011年的468亿美元增长到2015年的1823.6亿美元，年均增幅高达40.5%。从行业看，除了与货物相关的服务、建筑服务、保险服务、通信服务及其他商业服务等少数几个行业保持顺差外，其他行业都是逆差。

表19 "十二五"期间我国服务贸易发展情况

年份		2011	2012	2013	2014	2015
中国进出口额	金额(亿美元)	4191	4706	5396	6043	7130
	同比增长(%)	15.6	12.3	14.7	12.6	14.6
	占世界比重(%)	5.2	5.6	6.0	6.3	7.6
	世界排名	4	3	3	2	2
中国出口额	金额(亿美元)	1821	1904	2106	2222	2882
	同比增长(%)	7.0	4.6	10.6	7.6	9.2
	占世界比重(%)	4.4	4.4	4.6	4.6	6.1
	世界排名	4	5	5	5	5
中国进口额	金额(亿美元)	2370	2801	3291	3821	4248
	同比增长(%)	23.3	18.2	17.5	15.8	11.1
	占世界比重(%)	6.1	6.8	7.6	8.1	9.2
	世界排名	3	3	2	2	2

资料来源:中国商务部及WTO秘书处。

表20 2011～2015年中国主要行业逆差额

单位:亿美元

行业	2011年	2012年	2013年	2014年	2015年
总计	−468.0	−797.2	−1236	−1723.6	−1823.6
旅行	−241.2	−519.5	−769.1	−1292.8	−1780.9
运输服务	−448.7	−469.5	−566.8	−579.2	−370.2
知识产权使用费	−139.6	−167.0	−201.5	−219.4	−209.4
保险服务	−167.2	−172.7	−181	−178.8	−43.5
个人、文化和娱乐服务	−2.8	−4.4	−6.4	−7.0	−11.6
金融服务	1.0	−0.4	−5.1	−4.1	−3.1

资料来源:根据联合国贸发会议数据库整理。

(二)分行业门类情况

"十二五"期间,旅行、运输、建筑三大传统行业在中国服务贸易中依旧占据主导地位,三大行业合计进出口额从2011年的2555.1亿美元增长到2015年的5473.7亿美元,年均增幅21.0%,占服务贸易总额的比重由56.9%提升到72.5%。其中,旅行是中国服务贸易第一大行业,从2011年的1210.5亿美元增长到2015年的4063.1亿美元,年均增幅35.3%,远高于同期服务贸易平均增幅,占服务贸易总额的比重从27.0%增为53.8%。其次是运输服务,受外贸不景气影响,其进出口规模呈现小幅波动,占服务贸易总额的比重从25.8%降为15.1%。建筑服务在"十二五"期间平稳增长,从2011年的184.5亿美元增长到268.5亿美元,年均增幅17.7%,占服务贸易总额的比重基本保持在3%～4%。

表 21　中国主要行业服务进出口总额

单位：亿美元

年份	2011	2012	2013	2014	2015
旅行	1210.5	1520.1	1802.4	3400.4	4063.1
其中：旅游	—	—	—	1950.2	2181.5
运输服务	1160.1	1247.7	1319.7	1344.0	1142.1
其中：海运	722.2	870.4	964.5	772.7	710.1
空运	246.3	264.7	307.2	495.5	472.7
其他商业服务	1055.7	933.8	1045.6	1222.7	979.5
通信服务	189.4	217.4	247.2	309.2	359.6
建筑服务	184.5	158.6	145.5	202.2	268.5
与货物有关的服务	267.2	258.7	233.4	215.4	255.2
其中：加工服务	267.0	258.0	234.0	215.0	206.0
维护和维修服务	0.0	0.0	0.0	0.0	39.0
知识产权使用费	154.5	187.9	219.2	232.9	231.1
保险和养老金服务	227.6	239.3	260.9	270.3	143.0
金融服务	16.0	38.1	68.8	94.7	49.8
个人、文化和娱乐服务	5.2	6.9	9.3	10.5	26.3
总　计	4488.9	4828.8	5376.1	7333.1	7554.4

资料来源：大分类数据根据联合国贸发会议数据库整理。其中细项分类数据中加工服务及维护和维修服务数据来自国家外汇管理局国际平衡收支表数据；旅游数据来自国家旅游局的《旅游业统计公报》；海运和空运2011～2013年数据来自UN Service trade datdbase，2014年数据是根据商务部2015年增幅计算出来的数额，2015年数据来自商务部统计数据。

从服务进出口增速来看，个人、文化和娱乐服务，金融服务及通信服务等高技术、高知识含量服务进出口快速增长。其中，2015年通信服务出口额为359.6亿美元，占8.6%，比2011年提高0.5个百分点；保险服务出口额为50亿美元，占1.7%，比2011年提高近0.1个百分点。

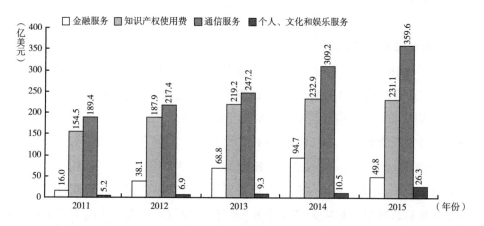

图 24　2011～2015年高技术含量行业进出口额变化情况

资料来源：根据联合国贸发会议数据库整理。

（三）分贸易地区情况

"十二五"期间，中国前十大服务贸易伙伴地区服务贸易集中度进一步提高，2015年服务进出口总额为4446.2亿美元，占服务贸易总额的比重为62.4%，比"十一五"末高2.1个百分点。其中，中国香港、美国和日本是中国前三大服务贸易伙伴，2015年服务进出口额分别为1225.6亿美元、1074.6亿美元和405.5亿美元。

表22　2011～2015年中国与主要贸易伙伴服务进出口情况

单位：亿美元

地　　区	2011年	2012年	2013年	2014年	2015年
中国香港	1122.1	1345.5	1406.4	1144.4	1225.6
美　　国	361	415.1	750.8	989.4	1074.6
日　　本	337.7	346	326.4	430.5	405.5
韩　　国	233.3	260.3	270.6	311.2	344.9
英　　国	118.4	128.9	134.3	192.6	260.8
澳大利亚	136.9	163.8	171.3	167.1	248.4
中国澳门	88.1	101.6	120.8	135.5	237.6
德　　国	153.3	166.6	192.5	325	228.8
加 拿 大	74.2	77.3	86.6	89.5	210.4
新 加 坡	171.2	181.9	192.6	390.7	209.5

资料来源：中国商务部。

（四）分省份情况

"十二五"期间，上海、广东、北京、江苏、浙江、山东、福建、天津、辽宁和四川一直保持在中国服务贸易前十之列，上海、广东和北京一直保持在前三位，但相互之间的排名有变动，如上海在2014年排名第二，其余年份一直处于第一；北京2011年处于第二，2014年是第一，2015年被上海和广东超越，处于第三；广东在第二和第三之间转换。中西部的四川省表现出色，一直在前十名行列，并且服务贸易额从2011年的56.6亿美元增为2015年的143.2亿美元，年均增幅26.1%，远高于同期服务贸易总额以及前九个省份的平均增幅。

表23　2011～2015年全国服务进出口总额前十省份

单位：亿美元

省　　份	2011年	2012年	2013年	2014年	2015年
上　　海	1292.8	1515.6	1718.5	1017.4	1338.8
广　　东	619.9	713.1	906.3	1005.3	1317.3
北　　京	895.4	1000.2	1023.3	1106.1	1302.8
江　　苏	275.6	282.0	352.9	477.2	541.1
浙　　江	238.8	266.3	453.1	307.7	397.3
山　　东	179.6	183.7	227.5	273.8	308.3
福　　建	115.9	126.7	150.6	206.8	265.5
天　　津	146.1	157.3	188.5	182.8	206.8
辽　　宁	112.8	128.3	172.7	177.2	206.6
四　　川	56.6	66.4	96.0	116.5	143.2

资料来源：中国商务部。

（五）承接服务外包情况

"十二五"期间，中国服务外包合同金额合计4096.4亿美元，从2011年的447.3亿美元增长到2015年的1309.3亿美元，年均增长30.8%；执行金额合计3207.4亿美元，从2011年的323.9亿美元增长为2015年的966.9亿美元，年均增长31.4%。

表24 2011～2015年中国服务外包发展情况

单位：亿美元，%

年份	2011	2012	2013	2014	2015
合同金额	447.3	612.8	654.9	1072.1	1309.3
合同金额增速	—	37	55.8	12.2	22.1
执行金额	323.9	465.7	637.5	813.4	966.9
执行金额增速	63.6	43.8	37.1	27.4	18.9
其中:离岸金额	238.3	336.4	454.1	559.2	646.4
离岸增速	65	41.1	35	23.1	15.6
在岸金额	85.6	129.3	183.4	254.2	320.5
在岸增速	—	151.1	141.8	138.6	26.1

资料来源：中国商务部。

中国服务外包主要集中在东部沿海地区，其中，江苏、广东和浙江的发展最为集中，截至2015年底，三省聚集了服务外包企业15642家，从业人员316.4万人，分别占全国总数的46.3%和43.0%。

表25 2015年中国承接离岸服务外包前十位省份

省份	合同份数（份）	同比增长（%）	协议金额（亿美元）	同比增长（%）	执行金额（亿美元）	同比增长（%）
江苏	27238	0.91	253.01	21.34	214.13	22.55
广东	8891	29.61	108.46	15.54	79.10	25.21
浙江	29275	16.24	78.52	7.76	70.83	25.70
山东	11998	8.13	70.75	11.20	62.09	14.75
上海	6313	14.30	78.50	-5.16	59.85	-0.15
北京	3450	-10.88	118.76	82.46	44.99	-12.37
辽宁	4590	-7.29	18.79	-31.21	15.04	-24.22
四川	2394	13.03	20.14	10.43	14.05	17.01
福建	1762	-20.02	14.50	22.36	14.00	38.17
重庆	4853	-26.37	16.50	-9.54	13.98	-6.40

资料来源：《中国商务统计年鉴》（2016）。

美国、中国香港和日本是中国离岸外包的前三大来源地，2015年承接上述地区的合同执行金额分别为150.6亿美元、95.0亿美元和54.8美元，占当年中国离岸外包合同执行总额的 23.3%、15.2% 和 8.5%。此外，新加坡、韩国、中国台湾、德国、英国和荷兰也是中国离岸外包的主要来源地。

表26 2015年中国承接离岸服务外包前十位地区

地 区	合同数（份）	同比增长（%）	协议金额（亿美元）	同比增长（%）	执行金额（亿美元）	同比增长（%）
美　　国	18599	14.39	190.58	18.71	150.56	17.46
欧　　盟	16209	-62.49	152.51	-46.05	98.05	17.56
中国香港	14470	10.21	116.97	13.28	94.97	28.00
日　　本	20235	-2.26	64.94	-10.95	54.81	-9.77
新加坡	2644	3.81	50.44	35.90	33.08	11.94
韩　　国	3866	6.85	43.09	23.12	29.98	17.56
中国台湾	4792	13.66	33.47	26.39	28.75	31.41
德　　国	3620	31.06	28.70	44.67	20.12	9.78
英　　国	2761	-8.12	19.59	7.37	15.40	15.13
荷　　兰	1128	42.78	15.73	30.55	12.21	15.63
总　　计	109032	6.04	872.86	21.52	646.36	15.58

资料来源：《中国商务统计年鉴》(2016)。

七 "十二五"期间我国服务业管理与改革情况

"十二五"期间，在我国经济体制改革逐步深化的大背景下，服务业领域综合改革试点、营业税改征增值税试点、扩大服务业开放试点等系列改革稳步推进，服务业行政审批逐渐减少，服务业垄断行业和国有企业改革取得一定突破，为服务业大发展创造了良好的营商环境，激发了服务企业发展活力。

（一）部门分工与主要职责

由于服务业涉及部门多，且行业归属较难界定，长期以来，我国服务业管理形成了"多头管理"体制，即主要由国家发改委承担服务业综合管理和规划，由商务部、交通运输部、工信部、教育部、文化部、卫生部等部委分别负责批发和零售业，交通运输业，信息传输、软件和信息技术服务业，教育，文化，卫生等服务行业的管理工作，财政部、国家税务总局、国家工商总局、国家质检总局等部门主要从资金支持、税收、工商登记、质量监督等其他方面对服务行业进行管理。

目前，为解决服务业综合管理问题，大多数省份在联席会议制度的基础上成立了服务业发展领导小组，领导小组办公室挂靠在发改或商务部门，承担全省服务业发展的综合协调、组织指导等日常工作。

（二）国家主要规划、政策与措施

"十二五"期间，国家高度重视服务业发展，从规划引领、指导性意见、改革试点和优化政策等方面促进服务业快速发展，发挥服务业对经济增长的支撑作用。

1. 把服务业发展作为国家重大战略任务

《中华人民共和国国民经济和社会发展第十二个五年（2011～2015年）规划纲要》明确提出，"把推动服务业大发展作为产业结构优化升级的战略重点，不断提高服务业比重和水平"。同时，国家制定并发布《国务院关于印发服务业发展"十二五"规划的通知》（国发〔2012〕62号），着力提升服务业发展水平，扩大服务业开放，优化服务业发展体制机制环境，促进服务业大发展。

2. 出台系列指导性意见促进服务业发展

"十二五"期间，顺应产业结构转型升级和居民消费结构升级趋势，国务院相继出台了《国务院关于加快发展生产性服务业促进产业结构调整升级的指导意见》（国发〔2014〕26号）和《国务院办公厅关于加快发展生活性服务业促进消费结构升级的指导意见》（国办发〔2015〕85号），着力推动生产性服务业专业化、高端化发展，提升生活性服务业品质化和精细化发展水平。同时，自2013年以来，国家还相继出台了涉及批发零售、文化创意、金融保险、体育产业、养老产业、快递业、物流业等多个行业指导意见，对明确行业发展方向、引导各行业健康发展发挥了重要作用。

3. 稳步推进服务业领域系列改革与开放

一是开展国家服务业综合改革试点。国家发改委于2010年在全国选择了37个区域组织开展了国家服务业综合改革试点，着力解决制约服务业发展的主要矛盾和突出问题，破除阻碍服务业发展的体制机制约束和政策障碍。此后，财政部、商务部、国家发展改革委、科技部四部委自2011年分四批在北京、上海、辽宁、天津、重庆、深圳、长沙、苏州、厦门、金华等十个省市开展了现代服务业综合试点工作。各试点城市大力推进服务业发展的政策环境和体制机制创新，成效显著，不仅推动了服务业快速增长，而且在金融、科技、物流等重点领域形成了一套创新发展新举措、新做法，对其他地区服务业发展形成了良好的示范作用。

二是开展服务业"营改增"改革。2011年10月，国务院决定开展营改增试点，逐步将对征收营业税的行业改征收增值税。2011年11月16日，财政部和国家税务总局发布经国务院同意的《营业税改征增值税试点方案》，明确从2012年1月1日起，在上海市交通运输业和部分现代服务业开展营业税改征增值税试点。自此正式拉开了营业税改增值税的序幕。2016年3月18日，国务院常务会议审议通过了全面推开营改增试点方案，明确从2016年5月1日起，将营改增试点范围扩大到建筑业、房地产业、金融业和生活服务业，实现货物和服务行业全覆盖，打通税收抵扣链条，支持现代服务业发展和制造业升级。服务业"营改增"改革，消除了营业税制下重复征税现象，减轻了服务业企业税收负担，促进了服务业较快发展。2012~2016年，服务业"营改增"五年累计减税12148亿元。

三是开展服务业对外开放试点。育幼养老、建筑设计、会计审计、商贸物流、电子商务等服务业领域外资准入将进一步放宽限制。与此同时，北京市服务业开放综合试点、自贸试验区以及粤港澳服务贸易自由化共同构成的服务业对外开放试点的"三驾马车"。

（三）地方主要政策与规划

"十二五"期间，各省（区、市）也高度重视服务业发展，上海、天津、江苏、山东、广东等近20个省份制定了服务业发展"十二五"规划，浙江、云南、海南、辽宁等其他省份尽管没有制定专门的服务业发展规划，但也出台了推动服务业发展的指导意见或行动计划。同时，各省份都制定了有关旅游业、物流业、信息服务业、文化产业、商贸流通业、餐饮业等相关服务行业发展的专项规划或指导意见，强化对服务行业发展的引导和政策扶持。

各省份有关服务业发展的政策在大的方向上基本上是以落实国家政策为主，特别是市场准入政策、基础成本方面，基本按照国家有关政策落实。同时，一些地区针对本地经济和服务业发展的实际，在把握国家大的政策的基础上，针对服务业集聚区建设及旅游业、物流业、餐饮、酒店和家庭服务业也出台了一些细化的政策，以促进当地服务业发展。

总体来看，这些地方服务业发展规划和相关政策，对于促进"十二五"期间各地服务业的快速发展起到了重要的引导和促进作用，为服务业进一步发展奠定了良好基础。

（四）多双边合作情况

"十二五"期间，经过长期谈判，我国先后与冰岛、瑞士、澳大利亚签署自由贸易协定，同时，稳步推进与韩国、海湾合作委员会等自贸区谈判进程，已完成中、日、韩三国自贸区、中国-印度自贸区的联合可行性研究，启动了与哥伦比亚的自贸区联合可行性研究。这些自由贸易协定的签订和谈判，极大地促进了我国双边服务贸易市场自由化，有利于服务业对外投资和利用外资，提升服务业对外开放水平。

（五）相关行业协会商会情况

由于服务业行业和门类众多，服务业相关行业协会商会也较多，目前大致分为三类，第一类是具有准行政职能的官方性质的行业协会（商会），如中国科学技术协会、中国足球协会、中国注册会计师协会等。这类行业协会具有特殊的行政职能，且有较为稳定的财政拨款或事业经费。第二类是指具有政府部门委托的行政业务和行业管理职能的行业协会，如中国商业联合会、中国物流与采购联合会、中国连锁经营协会、中国饭店协会、中国家庭服务业协会、中国服务贸易协会等。这类行业组织没有财政拨款和事业经费，但接受部分国家机关的购买服务，在行业管理、传播信息、组织交流、服务企业、加强维权和自立自强等方面发挥着越来越重要的作用。第三类是由自然人或法人发起成立的市场化程度较高的协会和商会组织。这类协会没有行政背景和全国或某省（市）的行业职能，由一部分企业家发起，为了共同利益而组建，实行自主管理、自订章程和自我发展。

"十二五"期间，服务业行业协会商会原有行业协会职能不断完善，在服务业发展中的重要作用逐步得到发挥。同时，适应服务业发展的需要，在文化、体育、金融、信息等服务行业，成立了一批新行业协会和商会。例如，在文化领域，成立了中国文化产业协会、中国电视剧制作产业协会、中国文化娱乐行业协会等。这些行业商协会对促进服务业市场化发展、提升政府公共服务能力、促进企业健康发展等发挥了重要作用。

八　服务业发展存在的主要问题及发展方向

（一）主要问题

尽管近年来我国服务业获得了快速发展，服务业规模显著扩大，占比显著提升，但与发达国家相比，我国服务业还存在总体增加值率偏低、服务结构不合理、一些行业创新能力不足、企业竞争力不强等问题，转型升级和提质增效面临较大困难和制约因素。

1. 与世界平均水平相比，服务业增加值所占比重仍相对偏低

"十二五"期间，随着世界经济结构加速向服务经济倾斜、经济服务化趋势不断增强，世界各国普遍出现了服务业加快发展态势，部分国家已实现或接近实现向服务经济的转型，服务业增加值所占比重在70%以上。与之相比，我国服务业（不含建筑服务业）增加值所占比重在2015年刚超过50%，明显低于中等收入国家57%的平均水平，与高收入国家74%的平均水平相差20多个百分点。

2. 服务业有效供给能力不足，供给结构亟待优化

目前，交通运输、仓储和邮政业，批发和零售业，住宿和餐饮业等传统服务业比重依然偏大，金融业，信息传输、软件和信息技术服务业等现代服务业发展不足。一方面，研发设计、检验检测、市场营销等生产性服务业仍主要存在于工业企业内部，专业化、规模化水平不高。同时，部分知识和技术高度密集的服务供给严重依赖进口。另一方面，健康养老、住宿、餐饮、居民服务业等生活性服务业部分服务产品质量不高，有效供给不足，在一定程度上抑制了居民消费结构升级和居民服务消费能力释放。例如，从健康服务看，2015年我国每千人口医师数、护士数分别为2.1名和2.2名，远低于OECD国家平均3.3名和8.7名的水平，健康体检、康复护理、养生保健等服务供给短缺，造成挂号难、住院难等现象大量存在。

表 27 2000～2015 年中国与世界不同收入国家服务业增加值所占比重变化比较

单位：%

国别	占 GDP 比重	2000 年	2005 年	2010 年	2011 年	2012 年	2013 年	2014 年	2015 年
中国	农 业	14.7	11.6	9.5	9.4	9.4	9.3	9.1	8.8
	工 业	45.5	47.0	46.4	46.4	45.3	44.0	43.1	40.9
	服务业	39.8	41.3	44.1	44.2	45.3	46.7	47.8	50.2
低收入国家	农 业	34.5	32.8	32.9	32.3	33.2	31.8	31.0	30.5
	工 业	29.6	20.8	20.0	20.8	20.4	20.7	21.1	21.3
	服务业	45.4	46.3	47.1	46.9	46.4	47.3	47.7	47.9
中等收入国家	农 业	12.8	10.7	9.5	9.6	9.4	9.5	9.3	8.5
	工 业	37.5	38.7	37.0	37.7	36.9	35.7	35.0	33.8
	服务业	49.6	50.6	53.2	52.8	53.7	54.7	55.6	57.4
中高等收入国家	农 业	10.3	8.5	7.4	7.3	7.3	7.4	7.3	7.2
	工 业	39.1	40.3	38.9	39.1	38.1	36.8	36.0	34.3
	服务业	50.6	51.2	53.7	53.8	54.8	55.8	56.7	58.3
高收入国家	农 业	1.9	1.7	1.4	1.5	1.5	1.5	1.5	1.0
	工 业	27.6	26.3	25.2	25.3	25.1	24.9	24.7	25.0
	服务业	70.5	72.1	73.4	73.2	73.5	73.6	73.9	74.0
世界平均	农 业	5.2	4.3	3.9	3.9	3.9	4.0	3.9	4.0
	工 业	30.5	30.0	28.5	28.8	28.4	27.9	27.6	28.0
	服务业	64.3	65.7	67.5	67.3	67.8	68.1	68.5	68.0

注：世界银行数据库服务业包括的行业与《国际标准行业分类》第 3 修订版中第 50～99 类服务相对应，包括产生附加值的批发和零售贸易（包括酒店和饭店）、运输、金融、教育、医疗卫生、房地产服务、专业和个人服务等，不包括建筑服务业。其涉及的行业门类基本等同于我国第三产业中包括的服务业行业门类。因此，由于口径不同，本表中中国服务业增加值占 GDP 的比重比本报告中服务业（包括建筑服务业）增加值占 GDP 的比重要低。

资料来源：世界银行数据库。

3. 服务贸易长期持续逆差，服务业国际竞争力偏低

虽然"十二五"期间我国服务出口特别是高附加值服务出口规模逐步扩大，服务出口占国际市场的份额不断提高，但在国际上具有竞争力的服务行业和服务业企业仍偏少，服务贸易逆差的规模不断扩大，从 2011 年的 468 亿美元增长到 2015 年的 1823.6 亿美元。同时，从服务贸易比较优势指数看，2015 年我国服务贸易 TC 指数在 9 个主要经济体中排名最后，与美国、英国和印度存在较大差距，反映出我国服务业整体上国际竞争力较弱，在服务业国际分工格局中处于不利地位。同时，我国在服务贸易中占据主导地位的旅游服务和运输服务在国际上都不具备竞争力，个人文化娱乐服务受开放水平的限制，国际竞争力也较弱。

表28　2015年主要国家服务贸易竞争力比较

主要国家	服务出口（亿美元）	服务进口（亿美元）	服务出口国际市场占有率(%)	服务贸易比较优势指数(TC)
美　国	7102	4906	14.72	0.18
英　国	3491	2117	7.23	0.24
中　国	2865	4689	5.94	－0.24
德　国	2522	2911	5.23	－0.07
法　国	2404	2286	4.98	0.03
日　本	1622	1756	3.36	－0.04
印　度	1558	1231	3.23	0.12
韩　国	979	1136	2.03	－0.07
澳大利亚	491	546	1.02	－0.05

注：TC 指数＝（出口－进口）/（出口＋进口），TC 指数大于零，表明国际竞争力强，越接近1，竞争力越强；TC 指数小于零，表明国际竞争力弱，越接近－1，竞争力越弱。

资料来源：根据联合国贸发会议数据库整理。

（二）主要原因

1."多头管理"体制制约

目前，我国大多数服务领域都存在多头管理、部门条块分割、资源分割问题，造成经营主体规模过小，资质参差不齐，低水平重复，经营模式落后。例如，在批发和零售领域，商务部是主管部门，承担行业管理工作；其他部门针对不同领域和环节对批发和零售业进行分段管理。但商务部管理职能和权限有限，很难协调其他部门对流通领域进行联合管理，而且由于部门权责界限不清、管理缺乏法律依据等，流通领域某一环节经常出现商务、工商、质检、卫生等部门多头管理、职责交叉、管理脱节等问题。

2.市场准入制度不完善

尽管近年来我国相继出台了一系列政策鼓励民间资本投资进入教育、医疗、文化、金融、社会服务等服务业领域，但金融保险、电信、铁路、民航、新闻出版等领域仍存在市场准入制度不完善的问题。例如，一些行业牌照资质的事前审批限制了民间资本进入，使民间资本进入的积极性不高。同时，许多原来属于公共事业的服务，如文化、医疗、体育、养老等产业和事业界定不清，民营资本进入仍面临一些限制，造成竞争活力和发展动力不足，影响了生产效率的提高。

3.部分行业对外开放不足

目前，我国服务业部分行业门类对外开放程度相对较低，参与全球化不足。如金融、航空运输、快递等行业对外资准入资格、进入形式、股权比例和业务范围等方面仍存在一些限制。根据 OECD 公布的服务贸易限制指数，我国服务贸易18个主要领域的得分均高于全部样本国家和 OECD 成员国的平均值，在广播、电信、金融等部门开放度有待进一步提高。

4. 政策促进体系尚不完善

"十二五"期间，国家制定出台了一系列促进服务业发展的政策措施，然而受部门利益驱使，一些政策在实践中没有得到有效实施，如连锁经营企业跨地区统一纳税问题、服务业与工业用电同价政策等。同时，当前我国促进服务业和服务经济发展的部分政策设计不够合理，如服务业企业大多实行轻资产，可供抵押的固定资产、房产少，知识产权质押政策目前尚处于试点阶段，服务业企业特别是中小企业申请贷款手续烦琐、成功率低、贷款成本高、融资难问题制约服务企业发展。

（三）发展方向

"十三五"时期，国家高度重视服务业在经济社会发展中的作用，不仅在《中华人民共和国国民经济和社会发展第十三个五年规划纲要》（简称《国家"十三五"规划纲要》）中提出了服务业发展方向和重点，而且专门制定了《服务业创新发展大纲（2017～2025年）》以及各服务业行业专项规划，强调对服务业发展的战略性、方向性指引，着力优化服务业发展环境，提升服务业发展质量和效益，推动服务业和服务经济转型升级和创新发展。总体来看，"十三五"时期，国家明确的服务业发展方向主要包括以下几个方面。

1. 优化服务业供给结构

《国家"十三五"规划纲要》和《服务业创新发展大纲（2017～2025年）》从优化服务供给角度，提出推动生产性服务业向专业化和价值链高端延伸、生活性服务业向精细和高品质转变。在促进生产性服务业专业化发展方面，重点发展工业设计和创意、工程咨询、商务咨询、法律会计、现代保险、信用评级、售后服务、检验检测认证、人力资源服务等产业。推动流通服务创新转型，提升流通信息化、标准化、集约化水平。发展壮大高技术服务业，提升产业体系整体素质和竞争力。在提升生活性服务业品质方面，充分发挥市场主体作用，扩大教育培训、健康养老、文化娱乐、体育健身等服务供给，引导家政等居民服务规范发展，全面提升服务品质和消费满意度。深入实施旅游业提质增效工程，支持发展生态旅游、文化旅游、休闲旅游、山地旅游等。

2. 推动服务业创新发展

《服务业创新发展大纲（2017～2025年）》提出，坚持创新引领，促进技术工艺、产业形态、商业模式创新应用，以信息技术和先进文化提升服务业发展水平。一是适应服务业创新发展需要，推动技术工艺创新与广泛深度应用，支持服务企业研发应用新工艺，提升设计水平。二是坚持包容创新、鼓励探索、积极培育的发展导向，鼓励平台经济、分享经济、体验经济发展。三是加快信息技术在服务领域深度应用，促进服务业数字化、智能化发展。四是发挥文化元素和价值理念对服务业创新发展的特殊作用，鼓励采用更多文化元素进行服务产品设计与创新，打造具有文化内涵的服务品牌。

3. 推动服务业融合发展

《服务业创新发展大纲（2017～2025年）》提出，以强化服务业对现代农业和先进制造业的全产业链支撑作用为目标，形成交叉渗透、交互作用、跨界融合的产业生态系统。一是推动服务业与农业融合，引导新型农业生产经营主体向生产经营服务一体化转型，支持休闲农业和乡村旅游等融合模式创新。二是推进服务业与制造业融合，发展服务型制造，促进制造企业向创意孵化、研发设计、售后服务等产业链两端延伸。推动服务向制造拓展，发展以服务为主导的反向制造。三是鼓励服务业内部相互融合，推动服务业内部细分行业生产要素优化配置和服务系统集成，促进设计、物流、旅游、养老等服务业跨界融合发展。

4. 提升服务业发展质量

《服务业创新发展大纲（2017～2025年）》提出，创新服务质量治理，着力提升重点领域服务质量，积极推进服务标准化、规范化和品牌化。重点是构建责任清晰、多元参与、依法监管的服务质量治理和促进体系。开展服务标准化提升行动，构建政府标准、市场标准和企业标准协调配合的标准体系，推行更高质量服务标准，不断提高服务标准化水平。开展品牌价值提升行动，发展一批能够展示中国服务形象的品牌，发挥品牌对服务业转型升级引领作用。

5. 深化服务业领域改革

《服务业创新发展大纲（2017～2025年）》提出，加大重点领域关键环节市场化改革力度，深入推进简政放权、放管结合、优化服务改革，最大限度地释放市场主体活力和创造力。一是完善市场准入制度，全面实施公平竞争审查制度，清理废除妨碍统一市场和公平竞争的各种规定和做法。实施市场准入负面清单制度。放宽民间资本市场准入领域，扩大服务领域开放度，推进非基本公共服务市场化产业化、基本公共服务供给模式多元化。二是破除各类显性、隐性准入障碍，清理规范各类前置审批和事中事后管理事项。三是打破地域分割、行业垄断和市场壁垒，加大服务业反垄断力度，营造权利平等、机会平等、规则平等的发展环境。四是加快构建统一高效、开放包容、多元共治的监管体系。推动监管方式由按行业归属监管向功能性监管转变、由具体事项的细则式监管向事先设置安全阀及红线的触发式监管转变、由分散多头监管向综合协同监管转变、由行政主导监管向依法多元监管转变。适应服务经济新业态新模式特点，坚持审慎监管和包容式监管，创新对"互联网＋"、平台经济、分享经济等的监管模式，提升监管能力。

6. 扩大服务业对外开放

《服务业创新发展大纲（2017~2025年）》《服务贸易发展"十三五"规划》等规划把服务领域开放作为我国新一轮对外开放的重中之重，提出在坚守国家安全底线的前提下，加大开放力度，丰富开放内涵，深度融入全球服务业分工体系，以高水平对外开放提升我国服务业国际化水平。一是对外资全面实施准入前国民待遇加负面清单管理制度，简化外资企业设立和变更管理程序。二是推动教育、医疗、建筑设计、银行、证券、保险等领域有序对外开放，逐步放宽准入限制。三是推动沿海沿边内陆服务业全方位开放，发展高层次外向型服务业，建设一批承接国际服务转移的重要平台和国际服务合作窗口城市，进一步扩大对港澳开放服务领域。四是鼓励服务企业在全球范围内配置资源、开拓市场，完善服务贸易体制机制、政策框架、促进体系和发展模式，提高服务贸易开放程度和便利化水平。

7. 营造公平普惠的政策环境

在政策环境营造方面，《国家"十三五"规划纲要》和《服务业创新发展大纲（2017~2025年）》提出，破除制约服务业发展的政策障碍，加快形成公平透明、普惠友好的政策支持体系。一是构建有利于服务业创新发展的财税政策环境。二是完善土地政策，优化土地供应调控机制，合理确定用地供给，保障服务业用地需求。三是优化金融支持，拓宽融资渠道，调整修订不适应服务企业特点的政策规定。四是深化价格改革，完善主要由市场决定的价格机制，合理区分基本与非基本需求，放开竞争性领域和环节服务价格。五是健全消费政策，鼓励消费金融创新，支持保险机构开发新型保险险种。

第二节　2016年中国服务业发展情况

2016年是"十三五"的开局之年。伴随着产业结构调整、居民消费升级，特别是以互联网为代表的新兴技术与服务业加速融合，我国服务业继续保持稳定、健康的发展态势，服务业对经济发展的贡献进一步增强，继续成为国民经济发展的重要引擎。

2016年，我国服务业的发展情况可以概括为"总量增长、规模扩大、活力增强、贡献提升、效益提高"。以下将从服务业的行业增加值、营业规模、资产规模、法人单位数、就业贡献、工资总额、固定资产投资、税收贡献、利润总额、对外开放等十个方面对2016年我国服务业的发展情况进行具体分析。

一　行业增加值增长较快

我国服务业继续实现较快增长，总量进一步扩大。服务业增加值达43.37万亿元，较2015年增长了10.43%，高出GDP增速2.4个百分点；服务业产值占GDP比重达

58.30%，较"十二五"期末占比提升了近1.3个百分点，国民经济"第一大产业"的地位继续巩固。同时，服务业成为推动国内经济增长的主要动力，对GDP增长的贡献率进一步提升，由2015年的60.50%增加至2016年的65.10%。

从服务业主要行业的增加值变动来看，多数行业普遍呈现较快的增长趋势。其中，批发与零售业是服务业中增加值最高的行业门类，2016年，增加值达7.11万亿元，同比增长7.44%，较2015年增速提高1.4个百分点，占国内生产总值的9.60%，占服务业增加值的16.40%。金融业的增加值仅次于批发和零售业，为6.21万亿元，同比增长7.40%，占国内生产总值的比重达8.30%。建筑业增加值为4.95万亿元，同比增长6.20%，较2015年增速提高2.3个百分点。房地产业增加值达4.81万亿元，同比增长15.40%，较2015年增速提升了5.7个百分点，是服务业中增速最高的行业。交通运输、仓储和邮政业增加值达3.34万亿元，同比增长9.40%，增速较2015年提高了2.4个百分点，占国内生产总值的4.50%。此外，住宿和餐饮业增加值达1.33万亿元，同比增长9.27%，较2015年增速提高了0.4个百分点。

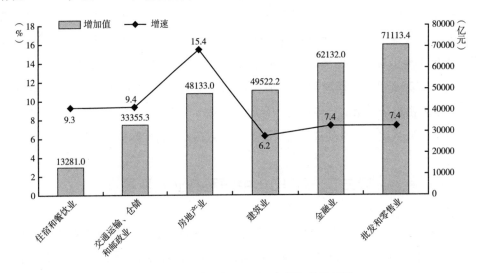

图25 服务业主要行业2016年增加值及增速

资料来源：中经网统计数据库。

二　营业规模稳步提升

2016年，我国服务业整体营业规模稳定提升。根据估算①，2016年我国服务业营业收入总额为153.33万亿元。

---

① 上述营业收入数据为估算的全口径数据（不包括个体经营者数据），根据2013年经济普查数据以及2016年国家统计局提供的规模以上数据推算得到。

具体来看，批发和零售业继续保持服务业营业规模的"排头兵"地位，营业收入为73.31万亿元，占服务业营业收入总额的47.88%。建筑业营业收入规模仅次于批发和零售业，营业收入为19.21万亿元，占12.53%。金融业营业收入达18.94万亿元，占12.35%，位列第三。房地产业营业规模位列第四，营业收入为10.73万亿元，占6.98%。租赁和商务服务业，交通运输、仓储和邮政业的经营规模分列第五、第六位，营业收入分别为6.51万亿元和6.42万亿元，占服务业营业收入总额的比重约为4.25%和4.19%。信息传输、软件和信息技术服务业，卫生和社会工作，教育以及科学研究和技术服务业的营业收入均超过3万亿元，占比分别为3.11%、2.39%、2.24%和2.00%。其他各行业的营业收入占服务业营业收入总额的比重均不足1.00%，其中，住宿和餐饮业营业收入为1.14万亿元，其他行业的营业收入则不足1万亿元。

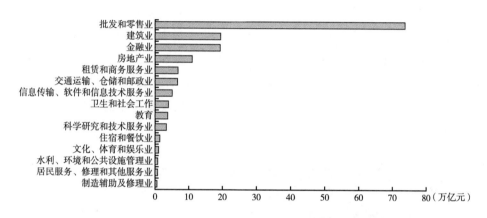

图26 2016年我国服务业各行业（门类）营业收入情况排序

表29 2016年我国服务业各行业（门类）营业收入情况

单位：万亿元

行业	金额	行业	金额
农、林、牧、渔服务业	—	卫生和社会工作	3.66
公共管理、社会保障和社会组织	—	信息传输、软件和信息技术服务业	4.77
制造辅助及修理业*	0.36	交通运输、仓储和邮政业	6.42
居民服务、修理和其他服务业	0.52	租赁和商务服务业	6.51
水利、环境和公共设施管理业	0.53	房地产业	10.73
文化、体育和娱乐业	0.73	金融业	18.94
住宿和餐饮业	1.14	建筑业	19.21
科学研究和技术服务业	3.06	批发和零售业	73.31
教育	3.44	合　计	153.33

注：*制造辅助及修理业包括开采辅助活动以及金属制品、机械和设备修理业。

三　资产规模进一步扩大

2016年，我国服务业资产规模继续保持不断扩大态势。根据估算①，2016年我国服务业总体资产规模达608.94万亿元，同比增长约15.5%。

其中，金融业在服务业各行业中资产规模最大，资产总额为244.42万亿元，占服务业资产总额的比重高达44.55%。租赁和商务服务业次之，资产规模为86.4万亿元，占比为14.19%。房地产业资产规模为84.86万亿元，占比为13.94%。批发和零售业的资产总额为45.89万亿元，占比为7.54%。交通运输、仓储和邮政业资产总额位列第五，资产总额为29.01万亿元，占比为4.76%。建筑业，公共管理、社会保障和社会组织，信息传输、软件和信息技术服务业，以及科学研究和技术服务业的资产规模在服务业的资产规模中处于中游水平，资产总额为15万亿元左右，占服务业资产总额的比重为2%～3%。教育，水利、环境和公共设施管理业以及卫生和社会工作三个行业的资产规模较低，分别为9.57万亿元、6.97万亿元和6.07万亿元，占服务业资产总额的比重均不足1%。文化、体育和娱乐业，住宿和餐饮业以及居民服务、修理和其他服务业的资产规模分别为4.43万亿元、2.39万亿元、1.57万亿元，占服务业资产总额的比重均低于1%。制造辅助及修理业的资产规模最小，仅为0.62万亿元。

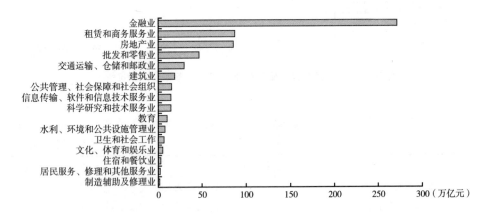

图27　2016年我国服务业各行业（门类）资产总额排序

---

① 上述资产规模为估算的全口径数据（信息传输、软件和信息技术服务业，租赁和商务服务业，科学研究和技术服务业，水利、环境和公共设施管理业，居民服务、修理和其他服务业，教育，卫生和社会工作，文化、体育和娱乐业，以及公共管理、社会保障和社会组织的资产总额数据既包括企业法人数据，也包括行政事业、团体以及其他单位的资产总额数据），根据2013年经济普查数据以及2016年统计局提供的规模以上数据推算得到。

表30 2016年我国服务业各行业（门类）资产总额情况

单位：万亿元

行业	金额	行业	金额
农、林、牧、渔服务业	—	信息传输、软件和信息技术服务业	13.78
制造辅助及修理业	0.62	公共管理、社会保障和社会组织	14.34
居民服务、修理和其他服务业	1.57	建筑业	18.29
住宿和餐饮业	2.39	交通运输、仓储和邮政业	29.01
文化、体育和娱乐业	4.43	批发和零售业	45.89
卫生和社会工作	6.07	房地产业	84.86
水利、环境和公共设施管理业	6.97	租赁和商务服务业	86.40
教育	9.57	金融业	271.29
科学研究和技术服务业	13.47	合　计	608.94

四　法人单位数增长较快

随着我国市场开放程度的持续提高，服务业法人企业数量保持稳定增加，市场活力不断增强。2016年，服务业法人单位总数达1372.95万个，较2015年增长16.82%，增速同比提高1个百分点。

从各行业法人单位数的总量上看，批发和零售业的法人单位数最多，总数为504.17万个，占服务业法人单位数的比重高达36.72%；租赁和商务服务业以及公共管理、社会保障和社会组织的法人单位数分列第二、第三位，总数分别为176.80万个和159.99万个，占比分别为12.88%和11.65%；科学研究和技术服务业法人单位数为81.33万个，占比为5.92%；建筑业法人单位数为75.45万个，占比为5.50%；其他各服务业法人单位数的规模相对较小，占服务业法人单位总数的比重均不足4%。

值得指出的是，大商务服务业[①]延续了"十二五"期间繁荣发展的势头，法人单位总数高达748.73万个，同比增加20.51%；占服务业比重进一步提升至54.53%。

五　就业吸纳贡献进一步加大

2016年，我国服务业就业规模进一步扩大，就业"蓄水池"作用愈发明显。服务业就业人数接近4亿人，占全国就业人数的比重突破50%，成为国民经济中吸纳就业的最主要产业。

---

① 大商务服务业主要是指由商务部主管的批发和零售业，住宿和餐饮业，租赁和商务服务业，居民服务、修理和其他服务业四大行业门类的总称。

表31　2016年我国服务业行业法人单位数情况

单位：万个

行业	数量	行业	数量
开采辅助活动	0.43	交通运输、仓储和邮政业	44.33
金属制品、机械和设备修理业	1.96	教育	48.60
水利、环境和公共设施管理业	12.24	信息传输、软件和信息技术服务业	50.77
金融业	12.25	房地产业	53.36
农、林、牧、渔服务业	21.85	建筑业	75.45
卫生和社会工作	27.56	科学研究和技术服务业	81.33
住宿和餐饮业	31.76	公共管理、社会保障和社会组织	159.99
文化、体育和娱乐业	34.12	租赁和商务服务业	176.80
居民服务、修理和其他服务业	35.99	批发和零售业	504.17

注：农、林、牧、渔服务业，金属制品、机械和设备修理业以及开采辅助活动的数据根据《中国统计年鉴》（2013~2015）的相关数据，采用二次指数平滑法推算得出。

资料来源：《中国统计年鉴》（2017）。

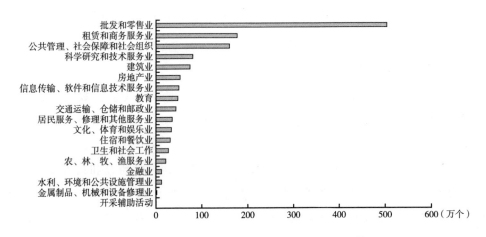

图28　2016年我国服务业各行业法人单位数排序情况

根据我国2016年服务业各行业门类年末就业人数的估算，批发和零售业，建筑业，住宿和餐饮业，租赁和商务服务业，教育以及公共管理、社会保障和社会组织对我国服务业的就业贡献较大，上述六个行业占服务业就业人数的比重均超过5%。其中，批发和零售业对吸收社会就业的贡献最大，就业人数达1.35亿人，占服务业就业人数的比重达33.6%，占全国就业人数的比重达17.4%。建筑业就业人数在服务业中位居第二，占服务业就业人数的15.2%。住宿和餐饮业，租赁和商务服务业，教育以及公共管理、社会保障和社会组织四个行业门类的就业人数比较接近，均超过2000万人，占服务业就业人数比重分别为6.92%、6.27%、5.71%和5.55%。金融业，文化、体育和娱乐业，水利、环境和公共设施管理业，农、林、牧、渔服务业，金属制品、机械和设备修理业以及开采辅助活动等行业的就业规模则相对较小，就业人数不足1000万人。

表32 2016年末服务业就业人数

单位：万人

行业	人数	行业	人数
批发和零售业	13471.38	2 卫生和社会工作	1210.17
建筑业	6109.75	房地产业	1070.47
住宿和餐饮业	2776.57	信息传输、软件和信息技术服务业	1063.30
租赁和商务服务业	2515.92	金融业	980.50
教育	2288.06	文化、体育和娱乐业	536.75
公共管理、社会保障和社会组织	2223.89	水利、环境和公共设施管理业	420.32
居民服务、修理和其他服务业	1980.63	农、林、牧、渔服务业	132.27
交通运输、仓储和邮政业	1779.63	金属制品、机械和设备修理业	77.39
科学研究和技术服务业	1439.42	开采辅助活动	21.00

注：服务业各门类就业人数的数据根据服务业各门类城镇单位就业人员数据和国家工商总局统计服务业各门类私营企业和个体工商户就业人数数据进行估算所得。

在服务业中，私营个体创造了大量的社会就业。具体来看，大商务服务业以及建筑业的私营企业和个体工商户吸收了大量社会就业。在批发和零售业中，私营企业和个体工商户的就业人数超过1亿人，占行业就业人数总额的比重近80%；在住宿和餐饮业，租赁和商务服务业，居民服务、修理和其他服务业以及建筑业等行业，私营和个体工商户的就业人数均超过1000万人，分别为2140.75万人、1661.24万人、1660.62万人和1178.02万人。在卫生和社会工作，水利、环境和公共设施管理业，农、林、牧、渔服务业，其他服务行业，金属制品、机械和设备修理业，教育以及开采辅助活动等行业，私营和个体工商户的就业人数则相对较少，不足百万人。

表33 2016年服务业私营个体年末就业人数

单位：万人

行业	人数	行业	人数
批发和零售业	10881.39	文化、体育和娱乐业	301.21
住宿和餐饮业	2140.75	金融业	105.36
租赁和商务服务业	1661.24	卫生和社会工作	77.54
居民服务、修理和其他服务业	1660.62	水利、环境和公共设施管理业	62.92
建筑业	1178.02	农、林、牧、渔服务业	59.29
科学研究和技术服务业	790.43	其他服务行业	51.93
交通运输、仓储和邮政业	599.72	金属制品、机械和设备修理业	49.42
信息传输、软件和信息技术服务业	522.09	教育	43.92
房地产业	451.24	开采辅助活动	3.42

资料来源：国家工商总局。

六 工资总额稳定增长

2016 年，服务业城镇单位工资总额保持稳定增长，各行业间的平均工资水平存在较大差异。

2016 年我国服务业城镇单位工资总额达 8.38 万亿元。其中，建筑业工资总额最高，为 1.40 万亿元；教育业次之，为 1.28 万亿元；公共管理、社会保障和社会组织城镇单位工资总额为 1.18 万亿元；金融业，卫生和社会工作，交通运输、仓储和邮政业，以及批发和零售业的工资总额均超过 5000 亿元。工资总额最低的五个行业分别是房地产业，水利、环境和公共设施管理业，文化、体育和娱乐业，住宿和餐饮业，以及居民服务、修理和其他服务业①。

表34 2016 年我国服务业各行业（门类）城镇单位工资总额

单位：万亿元

行业	金额	行业	金额
开采辅助活动	—	科学研究和技术服务业	0.40
农、林、牧、渔服务业	—	信息传输、软件和信息技术服务业	0.44
金属制品、机械和设备修理业	—	批发和零售业	0.57
居民服务、修理和其他服务业	0.04	交通运输、仓储和邮政业	0.62
住宿和餐饮业	0.12	卫生和社会工作	0.68
文化、体育和娱乐业	0.12	金融业	0.76
水利、环境和公共设施管理业	0.13	公共管理、社会保障和社会组织	1.18
房地产业	0.28	教育	1.28
租赁和商务服务业	0.37	建筑业	1.40

从平均工资水平来看，服务业排名前五的行业门类是信息传输、软件和信息技术服务业，金融业，科学研究和技术服务业，卫生和社会工作以及文化、体育和娱乐业，平均工资水平分别为 12.25 万元、11.74 万元、9.66 万元、8.00 万元和 7.99 万元。其中，信息传输、软件和信息技术服务业首次超过金融业，成为平均工资水平最高的行业。工资水平排名后五的行业分别是住宿和餐饮业，居民服务、修理和其他服务业，水利、环境和公共设施管理业，建筑业以及批发和零售业，平均工资水平分别为 4.34 万元、4.76 万元、4.78 万元、5.21 万元和 6.51 万元。平均工资水平最高行业（信息传输、软件和信息技术服务业）的工资是平均工资水平最低行业（住宿和餐饮业）的 2.82

① 金属制品、机械和设备修理业，开采辅助活动和农、林、牧、渔服务业基础数据缺乏，未包括在内。

倍,而这一比值在"十二五"期间的平均值是 2.89 倍。综上可见,服务业各行业之间工资水平存在明显的差距,但这种差距呈缩小的趋势。

表 35 2016 年我国服务业各行业(门类)平均工资水平

单位:万元

行业	金额	行业	金额
金属制品、机械和设备修理业	—	公共管理、社会保障和社会组织	7.10
开采辅助活动	—	交通运输、仓储和邮政业	7.37
农、林、牧、渔服务业	—	教育	7.45
住宿和餐饮业	4.34	租赁和商务服务业	7.68
居民服务、修理和其他服务业	4.76	文化、体育和娱乐业	7.99
水利、环境和公共设施管理业	4.78	卫生和社会工作	8.00
建筑业	5.21	科学研究和技术服务业	9.66
批发和零售业	6.51	金融业	11.74
房地产业	6.55	信息传输、软件和信息技术服务业	12.25

资料来源:《中国统计年鉴》(2017)。

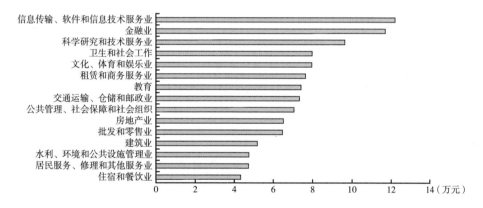

图 29 2016 年我国服务业各行业门类城镇单位平均工资水平排序

七 固定资产投资总额平稳上升

2016 年,我国服务业固定资产投资平稳上升,但行业之间存在差异,部分行业固定资产投资额较往年有所下降。

2016 年,服务业固定资产投资总额[①]为 35.04 万亿元,同比增长 10.58%,比全国固定资产投资总额增速高出 2.44 个百分点;服务业固定资产投资额占全国固定资产投资额的比重达 58.74%,同比增加 1.3 个百分点。

从各行业门类固定资产投资额的总量上看,房地产业,水利、环境和公共设施管理

———————————
① 不含农户。

业，交通运输、仓储和邮政业，批发和零售业，以及租赁和商务服务业的固定资产投资额最高，投资额分别为13.53万亿元、6.86万亿元、5.36万亿元、1.79万亿元和1.23万亿元，占服务业总投资额的比重分别为38.61%、19.59%、15.30%、5.12%和3.51%，其他各行业的固定资产投资额相对较低，均不足1万亿元。

表36　2016年我国服务业各行业门类固定资产投资情况

单位：万亿元

行业	金额	行业	金额
金属制品、机械和设备修理业	0.03	信息传输、软件和信息技术服务业	0.63
开采辅助活动	0.03	文化、体育和娱乐业	0.78
金融业	0.13	公共管理、社会保障和社会组织	0.82
居民服务、修理和其他服务业	0.27	教育	0.93
农、林、牧、渔服务业	0.39	租赁和商务服务业	1.23
建筑业	0.46	批发和零售业	1.79
科学研究和技术服务业	0.56	交通运输、仓储和邮政业	5.36
住宿和餐饮业	0.59	水利、环境和公共设施管理业	6.86
卫生和社会工作	0.63	房地产业	13.53

资料来源：中经网统计数据库。

从增速上看，批发和零售业，金融业，建筑业，住宿和餐饮业，金属制品、机械和设备修理业，以及开采辅助活动行业的固定资产投资出现明显的负增长，上述六个行业的固定资产投资额在2016年分别下降了3.97%、4.17%、6.52%、8.56%、10.96%和19.24%。其他各行业的固定资产投资则延续了"十二五"期间稳定增长的趋势。其中，租赁和商务服务业增速最高，为30.52%，这也是大商务服务业中唯一高速增长的行业；水利、环境和公共设施管理业，卫生和社会工作，教育，科学研究和技术服务业，文化、体育和娱乐业以及信息传输、软件和信息技术服务业的投资额较快增长，上述行业投资额增速均超过10.00%。

表37　2016年我国服务业各行业门类固定资产投资额增速

单位：%

行业	增速	行业	增速
开采辅助活动	−19.24	交通运输、仓储和邮政业	9.50
金属制品、机械和设备修理业	−10.96	农、林、牧、渔服务业	12.43
住宿和餐饮业	−8.56	信息传输、软件和信息技术服务业	14.54
建筑业	−6.52	文化、体育和娱乐业	16.45
金融业	−4.17	科学研究和技术服务业	17.18
批发和零售业	−3.97	教育	20.72
居民服务、修理和其他服务业	1.84	卫生和社会工作	21.39
公共管理、社会保障和社会组织	4.29	水利、环境和公共设施管理业	23.29
房地产业	6.77	租赁和商务服务业	30.52

八 税收收入稳定增长

2016年，服务业税收收入总额达8.81万亿元，同比增长6.46%；占全国税收收入的62.70%，同比提升1.9个百分点；占全国财政收入的55.20%，同比提升0.9个百分点；服务业税收收入对财政收入增量的贡献率高达73.40%，同比提升26.5个百分点。

从各行业的税收收入总量上看，房地产业、批发和零售业以及金融业是税收收入排名前三的行业门类，2016年的税收收入分别为1.88万亿元、1.79万亿元和1.79万亿元，占服务业税收收入的比重分别为21.30%、20.40%和20.30%。建筑业、租赁和商务服务业的税收收入分列第四位和第五位，占服务业税收收入的比重分别为9.80%和7.70%。其他各行业税收收入占服务业税收收入的比重则相对较小。按行业大类细分，税收收入排名前五的行业大类分别是房地产开发经营业、批发业、货币金融服务业、商务服务业和零售业，占服务业税收收入的比重分别达16.63%、14.41%、13.14%、7.22%和5.96%。

表38 2016年我国服务业各行业门类税收收入情况

单位：万亿元

行业	金额	行业	金额
水利、环境和公共设施管理业	0.03	交通运输、仓储和邮政业	0.28
卫生和社会工作	0.03	居民服务、修理和其他服务业	0.30
教育	0.04	公共管理、社会保障和社会组织	0.34
文化、体育和娱乐业	0.05	租赁和商务服务业	0.67
住宿和餐饮业	0.07	建筑业	0.86
科学研究和技术服务业	0.20	金融业	1.79
其他*	0.22	批发和零售业	1.79
信息传输、软件和信息技术服务业	0.26	房地产业	1.88

注：其他服务业包含农、林、牧、渔服务业，开采辅助活动，以及金属制品、机械和设备修理业。
资料来源：国家税务局。

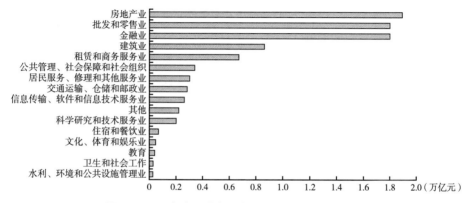

图30 2016年我国服务业各行业门类税收收入情况

从税收收入的增速看，不同行业大类呈现明显差异。其中，资本市场服务，其他房地产业，餐饮业，电信、广播电视和卫星传输服务，住宿业的税收收入出现明显的下降，同比分别下降了 28.41%、27.28%、21.61%、13.62%、11.10%。其他服务业各行业的税收收入则继续保持稳定增加。具体的，自有房地产经营活动行业的税收收入增长速度最快，同比增长 132%；邮政业，公共管理、社会保障和社会组织，软件和信息技术服务业等行业的税收收入也实现了高于 35.00% 的增长速度；租赁业、卫生和社会工作、教育、科学研究和技术服务业税收收入的增长速度处于 20%~30%；而建筑装饰和其他建筑业，货币金融服务，建筑安装业，居民服务、修理和其他服务业，批发业，交通运输业，物业管理以及保险业的税收收入增长速度则相对较缓慢，不足 10%。

表 39　2016 年我国服务业主要行业大类税收收入增速

单位：%

行业	增速	行业	增速	行业	增速
资本市场服务	-28.41	物业管理	6.22	仓储业	18.31
其他房地产业	-27.28	保险业	9.90	科学研究和技术服务业	24.61
餐饮业	-21.61	零售业	12.40	教育	24.87
电信、广播电视和卫星传输服务	-13.62	商务服务业	14.55	卫生和社会工作	26.39
住宿业	-11.10	互联网相关	16.47	租赁业	29.92
货币金融服务	3.20	其他金融业	16.59	软件和信息技术服务业	36.79
居民服务、修理和其他服务业	4.88	房地产中介服务	16.74	公共管理、社会保障和社会组织	36.98
批发业	5.18	房地产开发经营业	17.13	邮政业	38.21
交通运输业	6.12	文化、体育和娱乐业	17.58	自有房地产经营活动	132.41

九　利润总额稳步增加

"十三五"第一年，我国服务业利润总额继续保持上升态势。根据估算[①]，2016 年我国服务业利润总额达 11.79 万亿元，较 2015 年增长了 8.51%。

从服务业各行业来看，金融业、批发和零售业以及租赁和商务服务业是利润总额最高的三个行业，利润总额均突破 1 万亿元，占服务业利润总额的比重分别为 28.80%、19.87% 和 16.55%。房地产业，建筑业，信息传输、软件和信息技术服务业，交通运输、仓储和邮政业，科学研究和技术服务业以及居民服务、修理和其他服务业等行业门类的利润总额在服务业中处于中游水平，占比分别为 7.43%、6.31%、6.13%、5.62%、5.20% 和 1.82%。其他各行业的利润总额较低，均不足 1000 亿元，占比不到 1%。

---

① 根据子课题提供的 2011~2015 年数据，采取指数平滑法进行估算。其中，农、林、牧、渔服务业以及公共管理、社会保障和社会组织行业相关数据缺乏。

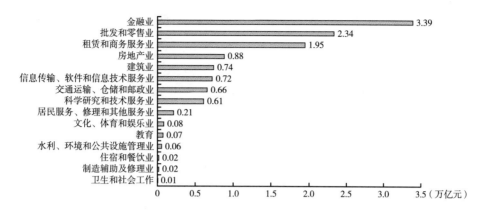

图31　2016年我国服务业各行业大类利润总额排序

表40　2016年我国服务业各行业门类利润总额

单位：万亿元

行业	金额	行业	金额
农、林、牧、渔服务业	—	科学研究和技术服务业	0.61
公共管理、社会保障和社会组织	—	交通运输、仓储和邮政业	0.66
卫生和社会工作	0.01	信息传输、软件和信息技术服务业	0.72
制造辅助及修理业	0.02	建筑业	0.74
住宿和餐饮业	0.02	房地产业	0.88
水利、环境和公共设施管理业	0.06	租赁和商务服务业	1.95
教育	0.07	批发和零售业	2.34
文化、体育和娱乐业	0.08	金融业	3.39
居民服务、修理和其他服务业	0.21	服务业合计	11.79

十　对外开放水平进一步提升

2016年，我国服务业对外直接投资净额达1583.47亿美元，同比增长44.32%，高出全国对外直接投资总额增速9.66个百分点；占全国对外直接投资的比重高达80.73%，服务业继续成为中国企业"走出去"的领头羊。从总量上看，有五个服务业门类的对外直接投资净额超过100亿美元，分别为：租赁和商务服务业657.82亿美元，批发和零售业208.94亿美元，信息传输、软件和信息技术服务业186.60亿美元，房地产业152.47亿美元，以及金融业149.18亿美元。从增速上看，卫生和社会工作，教育，居民服务、修理和其他服务业，信息传输、软件和信息技术服务业，住宿和餐饮业，以及文化、体育和娱乐业是对外投资净额增速最快的六个行业，分别增长了4.81倍、3.57倍、2.39倍、1.74倍、1.25倍和1.21倍；房地产业、租赁和商务服务业也实现了对外投资额的高速增长，增速分别为95.81%和81.43%；金融业，交通运输、仓储和邮政业，以及水利、环境和公共设施管理业的增速为负，分别为 – 38.47%、– 38.43% 和 – 38.07%。

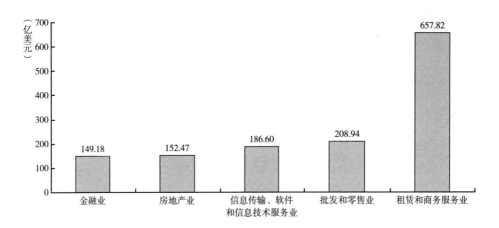

图 32　2016 年对外直接投资净额超过 100 亿美元的服务业门类

资料来源：《中国统计年鉴》（2017）。

2016 年，服务业利用外资金额达 863.68 亿美元，同比增长 4.44%，占全国实际利用外资总额的 68.55%，服务业依然是吸收外资的主要领域。其中，实际利用外商直接投资总额超过 50 亿美元的 7 个服务业门类分别是房地产业，租赁和商务服务业，批发和零售业，金融业，信息传输、软件和信息技术服务业，科学研究和技术服务业，以及交通运输、仓储和邮政业，投资规模分别为：房地产业 196.55 亿美元，租赁和商务服务业 161.32 亿美元，批发和零售业 158.70 亿美元，金融业 102.89 亿美元，信息传输、

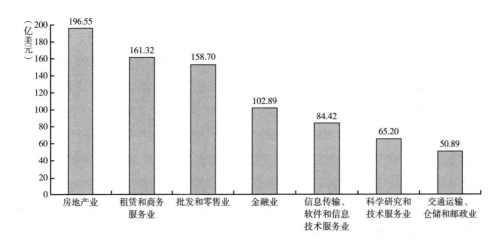

图 33　2016 年实际利用外商直接投资金额超过 50 亿美元的服务业门类

资料来源：《中国统计年鉴》（2017）。

软件和信息技术服务业 84.42 亿美元,科学研究和技术服务业 65.20 亿美元,交通运输、仓储和邮政业 50.89 亿美元。利用外资增长较快的服务行业大类主要集中在信息、咨询服务业,计算机应用服务业,综合技术服务业,分销服务及零售业等行业上,实际使用外资同比分别增长了 59.8%、112.8%、66.4%、42.9% 和 83.1%;高技术服务业实际使用外资 955.6 亿元,同比增长 86.1%。

第二章

"十二五"期间中国建筑业发展情况

"十二五"期间，我国建筑业积极推进行业结构调整和转型升级，产业规模继续扩大，总产值持续增长，从 2011 年的 116463 亿元增至 2015 年的 180757 亿元，其间总产值合计 771517 亿元。

建筑业增加值在"十二五"期间以年均 14% 的增速稳步增长，从 2011 年的 22071 亿元增至 2015 年的 36065 亿元，期间总增加值合计 153061 亿元。

"十二五"期间，我国建筑业企业数量呈总体增长态势，从 2011 年的 72280 家增至 2015 年的 80911 家，平均增速为 2.42%。建筑业从业人数在"十二五"期间伴随企业数量和经营规模的扩大呈增长趋势，从 2011 年的 5021 万人增至 2015 年的 5578 万人。我国建筑业企业和从业人员规模的扩大，既是我国城镇化推进过程中转移和吸纳农村劳动力的结果，也为缓解社会就业压力发挥了重要作用。

第一节　"十二五"期间房屋建筑业发展情况

一　营业规模情况

"十二五"期间，房地产业的蓬勃发展和房价的快速上涨使房屋建筑业营业规模持续扩大。房屋建筑业营业收入稳步增长，期间营业收入合计 436754 亿元。

受国家逐步加强对房地产调控的影响，五年间房屋建筑业企业业务收入增速呈下降趋势，平均增速为 15%。其中，房屋建筑业企业主营业务收入在"十二五"期间呈稳步增长趋势，企业主营业务增速呈下降趋势，五年间平均增速为 15%。房屋建筑业企业其他收入在"十二五"期间亦呈增长态势，企业其他业务增速呈波动趋势，五年间平均增速为 15%。

"十二五"期间，房屋建筑业企业主营业务收入共计 433017 亿元，其他收入共计 3737 亿元，主营业务收入占营业收入的 99%，既表明房屋建筑业主营业务突出，同时也反映出房屋建筑业企业经营结构比较单一。

"十二五"期间，房屋建筑业营业收入合计 436754 亿元，建筑业营业收入总计 731032 亿元，房屋建筑业营业收入占建筑业营业收入的 60%，表明房屋建筑业的发展是拉动我国建筑业发展的最主要的动力。

表1 "十二五"期间房屋建筑业营业收入

单位：亿元

年份	企业主营业务收入	企业其他收入	营业收入
2011	64238	577	64815
2012	77201	641	77842
2013	91492	647	92139
2014	99062	818	99879
2015	101024	1055	102079
合计	433017	3737	436754

注：营业收入＝企业主营业务收入＋企业其他收入。

资料来源：《中国建筑业统计年鉴》（2012～2016）。

二 资产规模情况

伴随房屋建筑业营业规模的扩大，房屋建筑业企业资产、负债、所有者权益在"十二五"期间均呈稳步增长态势。企业资产从期初 2011 年的 45378 亿元增至期末 2015 年的 82363 亿元，企业负债从期初 2011 年的 30060 亿元增至期末 2015 年的 54104 亿元，企业所有者权益从期初 2011 年的 15318 亿元增至期末 2015 年的 28252 亿元。房屋建筑业企业资产、负债、所有者权益的增速在"十二五"期间均呈下降趋势，总体在 10%～30%。

"十二五"期间，以资本运营为特征的房屋建筑业项目融资建造方式逐步推行，PPP 方式成为众多企业的重要经营方式，房屋建筑业企业的投融资能力和资本运作能力不断增强，带动了企业资产和所有者权益的扩张，也带来了负债的增加。

表2 "十二五"期间房屋建筑业企业资产、负债及所有者权益

单位：亿元

年份	企业资产	企业负债	企业所有者权益
2011	45378	30060	15318
2012	55669	36775	18881
2013	65349	43117	22226
2014	74566	49408	25158
2015	82363	54104	28252

资料来源：《中国建筑业统计年鉴》（2012～2016）。

三 法人单位情况

房屋建筑业企业数量在"十二五"期间呈稳步增加态势。从期初2011年的29341家增至期末2015年的35441家。五年间,房屋建筑业企业数量增速呈先增后降趋势,平均增速为4%。房屋建筑业企业数量占建筑业企业数量的比重约为42%。

"十二五"期间,房地产业的蓬勃发展和房价的快速上涨吸引了更多的企业从事房屋建筑业,房屋建筑业企业数量占据了建筑业企业数量的四成。同时,供给侧结构性改革的深化带来了房屋建筑业产业结构优化升级,企业之间并购重组情况加剧,产业集中度逐步提高。

表3 "十二五"期间房屋建筑业法人单位

单位:家

年份	建筑业企业数量	房屋建筑业企业数量
2011	72280	29341
2012	75280	31631
2013	78919	33532
2014	81141	34851
2015	80911	35441

资料来源:《中国建筑业统计年鉴》(2012～2016)。

四 就业人数、人才结构及工资总额情况

房屋建筑业就业人数在"十二五"期间呈略有波动、总体增加态势。虽然我国在此期间力推装配式建筑,以期提高建筑的工业化建造方式并减小人口红利消失带来的冲击,但房屋建筑业实际用工数量依然巨大。从期初2011年的3426万人增至期末2015年的3895万人。五年间,房屋建筑业就业人数增速呈波动趋势,平均增速为5%。"十二五"期间,房屋建筑企业就业人数占建筑业就业人数占比约为70%,房屋建筑业就业人员成为承担建筑业发展的最主要的生力军。

表4 "十二五"期间房屋建筑业就业人员

单位:万人

年份	建筑业就业人数总计	房屋建筑业就业人数
2011	5022	3426
2012	4629	3236
2013	5027	3536
2014	5563	3890
2015	5578	3895

资料来源:《中国建筑业统计年鉴》(2012～2016)。

房屋建筑业工资总额在"十二五"期间总体呈增长趋势,2011~2013年随着就业人口的大幅增加增速明显,2014~2015年增速放缓。5年间,房屋建筑业工资总额达36521亿元,占建筑业工资总额的近70%。

表5 "十二五"期间房屋建筑业工资总额

单位:亿元

年份	建筑业工资总额	房屋建筑业工资总额
2011	5596	3818
2012	7393	5168
2013	12315	8663
2014	13389	9362
2015	13619	9510
合计	52313	36521

注:房屋建筑业工资总额=建筑业工资总额×(房屋建筑业就业人数/建筑业就业人数)。
资料来源:《中国建筑业统计年鉴》(2012~2016)、《中国劳动统计年鉴》(2016)。

五 固定资产投资情况

"十二五"期间,由于我国房地产的快速发展和大力拉动,房屋建筑业总产值持续扩大。房屋建筑业总产值、竣工产值均呈稳步增长态势。总产值从期初2011年的71672亿元增至期末2015年的115958亿元,竣工产值从期初2011年的43686亿元增至期末2015年的75817亿元。在此期间,由于国家不断加强对房地产业的调控,房屋建筑业总产值和竣工产值增速呈现下降趋势。

伴随房屋建筑业的发展,房屋建筑业企业也获得了较为广阔的发展空间并形成了更多的固定资产积累,企业固定资产从期初2011年的4845亿元增至期末2015年的6703亿元,五年间平均增速为9%。

表6 "十二五"期间房屋建筑业总产值、竣工产值及企业固定资产

单位:亿元

年份	房屋建筑业总产值	房屋建筑业竣工产值	房屋建筑业企业固定资产
2011	71672	43686	4845
2012	87134	54319	5639
2013	102749	65052	6142
2014	113880	70882	6336
2015	115958	75817	6703
合计	491393	309757	—

资料来源:《中国建筑业统计年鉴》(2012~2016)。

六　税收缴纳或应纳税情况

房屋建筑业企业税金在"十二五"期间呈稳步增加态势。从期初 2011 年的 2325 亿元增至期末 2015 年的 3596 亿元。五年间，房屋建筑业企业税金合计 15503 亿元。企业税金增速在"十二五"期间呈波动趋势，增速分别为 22%、18%、21%、7%、2%，平均增速为 14%。五年间，房屋建筑业企业营业规模的不断扩大带来了税金的持续增加。房屋建筑业企业税金占建筑业企业税金的比重约为 60%，表明房屋建筑业企业是建筑业企业中纳税的主力军。

表7　"十二五"期间房屋建筑业企业税金

单位：亿元

年份	建筑业企业税金	房屋建筑业企业税金
2011	3864	2325
2012	4389	2736
2013	5222	3314
2014	5547	3532
2015	5673	3596
合计	24696	15503

资料来源：《中国建筑业统计年鉴》（2012～2016）。

七　企业利润情况

房屋建筑业企业利润在"十二五"期间呈稳步增加态势，从期初 2011 年的 2305 亿元增至期末 2015 年的 3828 亿元。五年间，企业利润合计 16290 亿元。房屋建筑业企业利润增速在"十二五"期间呈波动趋势，增速分别为 32%、20%、30%、6%、1%。房屋建筑业的盈利水平主要取决于其经营规模，房屋建筑业总产值增幅回落，造成利润增幅降低。房屋建筑业企业利润占建筑业企业利润的比重约为 59%，表明房屋建筑业企业是建筑业的主要利润主体。

表8　"十二五"期间房屋建筑业企业利润

单位：亿元

年份	建筑业企业利润	房屋建筑业企业利润
2011	4168	2305
2012	4776	2763
2013	6079	3587
2014	6407	3807
2015	6451	3828
合计	27882	16290

资料来源：《中国建筑业统计年鉴》（2012～2016）。

八 国内区域分布情况

房屋建筑业的发展在我国东部、中部、西部地区呈现显著差异。东部地区的营业收入、税收以及企业利润明显高于中西部地区,各项均占据了全国总额的半数以上。各地区房屋建筑业的发展程度差异,体现了我国东部地区产业发达、中部次之、西部较为落后的特征。

表 9 "十二五"期间房屋建筑业各地区营业收入

单位:亿元

年份	东部地区	中部地区	西部地区	各地区合计
2011~2015	256943	100934	78878	436754

注:东部地区包括北京、天津、河北、辽宁、上海、江苏、浙江、福建、山东、广东和海南,西部地区包括四川、重庆、贵州、云南、西藏、陕西、甘肃、青海、宁夏、新疆、广西、内蒙古,中部地区包括山西、吉林、黑龙江、安徽、江西、河南、湖北、湖南。

各地区"十二五"期间营业收入=全国营业收入×(各地区"十二五"期间建筑业总产值/全国"十二五"期间建筑业总产值)。

资料来源:根据《中国建筑业统计年鉴》(2012~2016)数据测算。

表 10 "十二五"期间房屋建筑业各地区税收

单位:亿元

年份	东部地区	中部地区	西部地区	各地区合计
2011~2015	9121	3583	2800	15503

注:各地区"十二五"期间税收=全国税收×(各地区"十二五"期间建筑业总产值/全国"十二五"期间建筑业总产值)。

资料来源:根据《中国建筑业统计年鉴》(2012~2016)数据测算。

表 11 "十二五"期间房屋建筑业各地区企业利润

单位:亿元

年份	东部地区	中部地区	西部地区	各地区合计
2011~2015	9583	3765	2942	16290

注:各地区"十二五"期间企业利润=全国企业利润×(各地区"十二五"期间建筑业总产值/全国"十二五"期间建筑业总产值)。

资料来源:根据《中国建筑业统计年鉴》(2012~2016)数据测算。

第二节 "十二五"期间土木工程建筑业发展情况

土木工程建筑业这一大类下含 6 个中类,分别为铁路、道路、隧道和桥梁工程建筑，水利和内河港口工程建筑，海洋工程建筑，工矿工程建筑，架线和管道工程建筑，其他土木工程建筑。

一 营业规模情况

"十二五"期间，国家对铁路、道路、隧道和桥梁工程，水利和内河港口工程，海洋工程，市政管网工程等基础设施的投资力度不断加大，拉动了土木工程建筑业企业营业规模的持续扩大。土木工程建筑业营业收入从期初2011年的32727亿元增至2015年的48970亿元，期间营业收入合计207619亿元。五年间，土木工程建筑业企业年平均增速为11%。

土木工程建筑业企业主营业务收入在"十二五"期间稳步增长，从期初2011年的32322亿元增至2015年的48393亿元。五年间，土木工程建筑业企业主营业务收入增速呈先增后降趋势，五年间年平均增速为11%。土木工程建筑业企业其他收入在"十二五"期间呈总体增长、局部波动的态势，从期初2011年的405亿元增至2015年的577亿元。五年间，土木工程建筑业企业其他业务收入增速平均为2%。

"十二五"期间，土木工程建筑业企业主营业务收入共计205126亿元，其他收入共计2493亿元，主营业务收入占营业收入的比重为99%，表明土木工程建筑业主营业务突出，同时也反映出土木工程建筑业企业经营结构比较单一。

表12 "十二五"期间土木工程建筑业营业收入

单位：亿元

年份	企业主营业务收入	企业其他收入	营业收入
2011	32322	405	32727
2012	36262	501	36763
2013	42003	480	42483
2014	46145	531	46676
2015	48393	577	48970
合计	205126	2493	207619

注：营业收入＝企业主营业务收入＋企业其他收入。
资料来源：《中国建筑业统计年鉴》（2012～2016）。

二 资产规模情况

"十二五"期间，由于国家加大对基础设施的投资力度，特别是在铁路、道路、隧道和桥梁工程，市政管网工程等领域投资力度不断加大，土木工程建筑业企业的资产、负债、所有者权益均呈稳步增长态势。企业资产从期初2011年的34702亿元增至期末

2015 年的 61674 亿元，企业负债从期初 2011 年的 24909 亿元增至期末 2015 年的 43312 亿元，企业所有者权益从期初 2011 年的 9793 亿元增至期末 2015 年的 18369 亿元。与房屋建筑业类似，土木工程建筑业企业资产、负债、所有者权益的增速在"十二五"期间总体呈下降趋势，波动范围为 10%～25%。

表 13 "十二五"期间土木工程建筑业企业资产、负债及所有者权益

单位：亿元

年份	企业资产	企业负债	企业所有者权益
2011	34702	24909	9793
2012	40808	29428	11364
2013	47757	34182	13574
2014	55018	39322	15696
2015	61674	43312	18369

资料来源：《中国建筑业统计年鉴》（2012～2016）。

三 法人单位情况

"十二五"期间，在铁路、道路、隧道和桥梁工程建筑，水利和内河港口工程建筑，海洋工程建筑，工矿工程建筑，架线和管道工程建筑等领域快速发展的推动下，土木工程建筑业企业数量呈稳步增加态势，从期初 2011 年的 13280 家增至期末 2015 年的 17544 家。五年间，土木工程建筑业企业数量增速呈先增后降趋势，平均增速为 6%。土木工程建筑业企业占建筑业企业数量的比重约为 20%。这表明土木工程建筑业产业内竞争与企业之间并购重组情况加剧，产业集中度逐步提高。

表 14 "十二五"期间土木工程建筑业法人企业数量

单位：家

年份	建筑业企业数量	土木工程建筑业企业数量
2011	72280	13280
2012	75280	14744
2013	78919	16132
2014	81141	17021
2015	80911	17544

资料来源：《中国建筑业统计年鉴》（2012～2016）。

四 就业人数、人才结构及工资总额情况

伴随土木工程建筑业产业规模的扩大，土木工程建筑业就业人数在"十二五"期

间总体呈平稳增加态势。从期初 2011 年的 900 万人增至期末 2015 年的 1092 万人。五年间，土木工程建筑业就业人数增速呈波动趋势，平均增速为 2%。由于土木工程建筑的机械化和自动化程度较高，土木工程建筑业就业人数占建筑业就业人数的比重较低，约为 20%。

表 15　"十二五"期间土木工程建筑业就业人员数量

单位：万人

年份	建筑业就业人数总计	土木工程建筑业就业人数
2011	5022	900
2012	4629	909
2013	5027	979
2014	5563	1092
2015	5578	1092

资料来源：《中国建筑业统计年鉴》（2012～2016）。

土木工程建筑业工资总额在"十二五"期间总体呈增长趋势，2011～2013 年随着就业人数的大幅增加而增速明显，2013 年后增速放缓。5 年间，土木工程建筑业工资总额达 10148 亿元，占建筑业工资总额的近 20%。

表 16　"十二五"期间土木工程建筑业工资总额

单位：亿元

年份	建筑业工资总额	土木工程建筑业工资总额
2011	5596	1003
2012	7393	1452
2013	12315	2399
2014	13389	2629
2015	13619	2665
合计	52313	10148

注：土木工程建筑业工资总额 = 建筑业工资总额 ×（土木工程建筑业就业人数/建筑业就业人数）
资料来源：《中国建筑业统计年鉴》（2012～2016）、《中国劳动统计年鉴》（2016）。

五　固定资产投资情况

"十二五"期间，土木工程建筑业总产值和竣工产值均持续增长，总产值从期初 2011 年的 31214 亿元增至期末 2015 年的 46263 亿元，竣工产值从期初 2011 年的 13701 亿元增至期末 2015 年的 22057 亿元。五年间，土木工程建筑业总产值年平均增速为 11%，竣工产值年平均增速为 11%。

从事土木工程建筑业的企业固定资产也随着产业规模的扩大而增加，企业固定资产从期初2011年的4122亿元增至期末2015年的5844亿元。五年间，土木工程建筑业企业固定资产年平均增速为9%。

表17　"十二五"期间土木工程建筑业总产值、竣工产值及企业固定资产

单位：亿元

年份	土木工程建筑业总产值	土木工程建筑业竣工产值	土木工程建筑业企业固定资产
2011	31214	13701	4122
2012	34784	16105	4567
2013	40057	18437	5102
2014	44136	19349	5386
2015	46263	22057	5844
合计	196454	89649	—

资料来源：《中国建筑业统计年鉴》（2012~2016）。

六　税收缴纳或应纳税情况

土木工程建筑业企业税金在"十二五"期间呈稳步增加态势。从期初2011年的1064亿元增至期末2015年的1480亿元。五年间，土木工程建筑业企业税金合计6476亿元。土木工程建筑业企业税金增速在"十二五"期间呈波动趋势，年平均增速为8%。土木工程建筑业企业税金占建筑业企业税金的比重约为25%。这说明土木工程建筑业企业营业规模的不断扩大带来了税金的持续增加。

表18　"十二五"期间土木工程建筑业企业税金

单位：亿元

年份	建筑业企业税金	土木工程建筑业企业税金
2011	3864	1064
2012	4389	1162
2013	5222	1346
2014	5547	1424
2015	5673	1480
合计	24696	6476

资料来源：《中国建筑业统计年鉴》（2012~2016）。

七　企业利润情况

土木工程建筑企业的利润水平主要取决于其营业规模。伴随其营业规模的增加，土

木工程建筑业企业利润从期初2011年的1182亿元增至期末2015年的1780亿元。五年间，企业利润合计7650亿元。土木工程建筑业企业利润增速在"十二五"期间呈波动趋势，年平均增速为11%。土木工程建筑业企业利润占建筑业企业利润的比重约为27%。

表19 "十二五"期间土木工程建筑业企业利润

单位：亿元

年份	建筑业企业利润	土木工程建筑业企业利润
2011	4168	1182
2012	4776	1295
2013	6079	1657
2014	6407	1736
2015	6451	1780
合计	27882	7650

资料来源：《中国建筑业统计年鉴》（2012～2016）。

八　国内区域分布情况

在我国东部、中部、西部地区，土木工程建筑业的发展呈现显著差异。东部地区的营业收入、税收以及企业利润明显高于中西部地区，各项均占据了全国总额的近六成。我国东部地区产业发达、中部次之、西部较为落后的特征在各地区土木工程建筑业的发展指标上得到充分体现。

表20 "十二五"期间土木工程建筑各地区营业收入

单位：亿元

年份	东部地区	中部地区	西部地区	各地区合计
2011～2015	122142	47981	37496	207619

注：东部地区包括北京、天津、河北、辽宁、上海、江苏、浙江、福建、山东、广东和海南，西部地区包括四川、重庆、贵州、云南、西藏、陕西、甘肃、青海、宁夏、新疆、广西、内蒙古，中部地区包括山西、吉林、黑龙江、安徽、江西、河南、湖北、湖南。

各地区"十二五"期间营业收入 = 全国营业收入×（各地区"十二五"期间建筑业总产值/全国"十二五"期间建筑业总产值）。

资料来源：根据《中国建筑业统计年鉴》（2012～2016）数据测算。

表21 "十二五"期间土木工程建筑各地区税收

单位：亿元

年份	东部地区	中部地区	西部地区	各地区合计
2011～2015	3810	1497	1170	6476

注：各地区"十二五"期间税收 = 全国税收×（各地区"十二五"期间建筑业总产值/全国"十二五"期间建筑业总产值）。

资料来源：根据《中国建筑业统计年鉴》（2012～2016）数据测算。

表22　"十二五"期间土木工程建筑各地区企业利润

单位：亿元

年份	东部地区	中部地区	西部地区	各地区合计
2011~2015	4501	1768	1382	7650

注：各地区"十二五"期间企业利润＝全国企业利润×（各地区"十二五"期间建筑业总产值/全国"十二五"期间建筑业总产值）。

资料来源：根据《中国建筑业统计年鉴》（2012~2016）数据测算。

第三节　"十二五"期间建筑安装业发展情况

一　营业规模情况

"十二五"期间，在我国房屋建筑业及土木工程建筑业的发展带动下，以设备安装、管道安装为主的建筑安装业，其营业收入在"十二五"期间基本呈增长趋势，从期初2011年的8466亿元增至2015年的10445亿元。五年间，建筑安装业营业收入年平均增速为7%。其中，建筑安装业企业主营业务收入从期初2011年的8268亿元增至2015年的10209亿元，期间主营业务收入合计46131亿元。五年间，建筑安装业企业主营业务年平均增速为7%。建筑安装业企业其他收入在"十二五"期间呈先降后升态势。

"十二五"期间，建筑安装业企业主营业务收入共计46131亿元，其他收入共计972亿元，主营业务收入占营业收入的比重为98%，表明建筑安装业企业主营业务突出，同时也反映出其企业经营结构比较单一。

表23　"十二五"期间建筑安装业营业收入

单位：亿元

年份	企业主营业务收入	企业其他收入	营业收入
2011	8268	198	8466
2012	8188	154	8342
2013	9344	178	9522
2014	10122	206	10328
2015	10209	236	10445
合计	46131	972	47103

注：营业收入＝企业主营业务收入＋企业其他收入。

资料来源：《中国建筑业统计年鉴》（2012~2016）。

二　资产规模情况

伴随建筑安装业营业规模的扩大，建筑安装业企业资产、负债、所有者权益在"十二五"期间均呈稳步增长态势。建筑安装业企业资产从期初 2011 年的 8331 亿元增至期末 2015 年的 11105 亿元，企业负债从期初 2011 年的 5513 亿元增至期末 2015 年的 7197 亿元，企业所有者权益从期初 2011 年的 2818 亿元增至期末 2015 年的 3906 亿元。建筑安装业企业资产、负债、所有者权益的增速在"十二五"期间均呈波动态势，总体为 1%～15%。

可见，"十二五"期间，以装配式建筑、建筑信息化等为特征的产业发展方向促使建筑安装业企业优化建造安装方式，同时也提升了企业资本运作和投融资能力，带动了企业资产和所有者权益的扩张，也带来了负债的增加。

表 24 "十二五"期间建筑安装业企业资产、负债及所有者权益

单位：亿元

年份	企业资产	企业负债	企业所有者权益
2011	8331	5513	2818
2012	8692	5533	3152
2013	9503	6167	3334
2014	10410	6783	3627
2015	11105	7197	3906

资料来源：《中国建筑业统计年鉴》（2012～2016）。

三 法人单位情况

"十二五"期间，建筑安装业把握装配式建筑、建筑信息化产业等发展机遇，进行了产业内激烈竞争和企业间并购重组，建筑安装业企业数量呈波动态势。期初 2011 年企业数量最多，为 12914 家；2012 年骤降为 12022 家，为五年间最低；之后的 2013 年和 2014 年逐渐增多，2015 年又减少为 12319 家。五年间，建筑安装业企业数量，增速分别为 -1%、-7%、3%、2%、-3%。建筑安装业企业占建筑业企业的比重约为 16%。五年间，建筑安装业的产业集中度逐步提高。

表 25 "十二五"期间建筑安装业法人企业数量

单位：家

年份	建筑业企业数量	建筑安装业企业数量
2011	72280	12914
2012	75280	12022
2013	78919	12411
2014	81141	12639
2015	80911	12319

资料来源：《中国建筑业统计年鉴》（2012～2016）。

四 就业人数、人才结构及工资总额情况

由于建筑安装业的机械化和自动化程度逐步提高,同时也由于人口红利的降低,建筑安装业就业人数在"十二五"期间呈先降后略增态势。期初 2011 年为 410 万人,2012 年降为 249 万人,此后逐渐缓慢增加,至期末 2015 年为 292 万人。五年间,建筑安装业就业人数增速呈波动趋势,年平均增速为 6%。建筑安装业的就业人数在建筑业就业人数中的占比很低,仅为 5%。

表 26 "十二五"期间建筑安装业就业人员数量

单位:万人

年份	建筑业就业人数总计	建筑安装业就业人数
2011	5022	410
2012	4629	249
2013	5027	258
2014	5563	291
2015	5578	292

资料来源:《中国建筑业统计年鉴》(2012~2016)。

建筑安装业工资总额在"十二五"期间总体呈增长趋势,5 年累计工资总额为 2899 亿元,约占建筑业工资总额的 6%。

表 27 "十二五"期间土木工程建筑业工资总额

单位:亿元

年份	建筑业工资总额	建筑安装业工资总额
2011	5596	457
2012	7393	398
2013	12315	631
2014	13389	701
2015	13619	712
合计	52313	2899

注:建筑安装业工资总额 = 建筑业工资总额 ×(建筑安装业就业人数/建筑业就业人数)。
资料来源:《中国建筑业统计年鉴》(2012~2016)、《中国劳动统计年鉴》(2016)。

五 固定资产投资情况

"十二五"期间,在我国房屋建筑业及土木工程建筑业的发展带动下,建筑安装业总产值、竣工产值及企业固定资产亦呈较为稳定、略有增加的态势。总产值从期初

2011 年的 8149 亿元增至期末 2015 年的 9851 亿元, 竣工产值从期初 2011 年的 4978 亿元增至期末 2015 年的 6266 亿元。固定资产从期初 2011 年的 936 亿元增至期末 2015 年的 1054 亿元。建筑安装业总产值增速、竣工产值增速、企业固定资产增速在 -5% ~ 15% 之间波动。由于建筑安装业的产业规模绝对数量较小,故其增速变化显示出较大波动。

表 28 "十二五"期间建筑安装业总产值、竣工产值及企业固定资产

单位: 亿元

年份	建筑安装业总产值	建筑安装业竣工产值	建筑安装业企业固定资产
2011	8149	4978	936
2012	8063	4781	873
2013	9129	5212	1004
2014	9777	5395	1094
2015	9851	6266	1054
合计	44967	26632	—

资料来源:《中国建筑业统计年鉴》(2012 ~ 2016)。

六 税收缴纳或应纳税情况

"十二五"期间建筑安装业企业营业规模的不断扩大带来了缴纳税金的持续增加。从期初 2011 年的 267 亿元增至期末 2015 年的 306 亿元。五年间,企业税金合计 1413 亿元。建筑安装业企业税金增速在"十二五"期间呈波动趋势,年平均增速为 3%。由于建筑安装业的产业规模绝对数量较小,故其增速变化显示出较大波动。建筑安装业企业税金占建筑业企业税金的约为 6%,表明建筑安装业在建筑业中只是份额很小的纳税主体。

表 29 "十二五"期间建筑安装业企业税金

单位: 亿元

年份	建筑业企业税金	建筑安装业企业税金
2011	3864	267
2012	4389	251
2013	5222	286
2014	5547	303
2015	5673	306
合计	24696	1413

资料来源:《中国建筑业统计年鉴》(2012 ~ 2016)。

七 企业利润情况

伴随建筑安装业营业规模的稳定扩大,其企业利润在"十二五"期间亦较为稳定。期初2011年企业利润为400亿元,期末2015年企业利润增至433亿元。五年间,企业利润合计2031亿元。年平均增速为3%。由于建筑安装业产业规模绝对数量较小,故其增速变化显示出较大波动。建筑安装业是建筑业中份额很小的利润主体,建筑安装业企业利润占建筑业企业利润的比重仅为7%。

表30 "十二五"期间建筑安装业企业利润

单位:亿元

年份	建筑业企业利润	建筑安装业企业利润
2011	4168	400
2012	4776	356
2013	6079	409
2014	6407	433
2015	6451	433
合计	27882	2031

资料来源:《中国建筑业统计年鉴》(2012~2016)。

八 国内区域分布情况

建筑安装业的发展在我国东部、中部、西部地区呈现显著差异。东部地区的营业收入、税收以及企业利润明显高于中西部地区,各项均占据了全国总额的半数以上。各地区建筑安装业的发展程度差异,体现了我国东部地区产业发达、中部次之、西部较为落后的特征。

表31 "十二五"期间建筑安装业各地区营业收入

单位:亿元

年份	东部地区	中部地区	西部地区	各地区合计
2011~2015	27710	10885	8507	47103

注:东部地区包括北京、天津、河北、辽宁、上海、江苏、浙江、福建、山东、广东和海南,西部地区包括四川、重庆、贵州、云南、西藏、陕西、甘肃、青海、宁夏、新疆、广西、内蒙古,中部地区包括山西、吉林、黑龙江、安徽、江西、河南、湖北、湖南。

各地区"十二五"期间营业收入=全国营业收入×(各地区"十二五"期间建筑业总产值/全国"十二五"期间建筑业总产值)。

资料来源:根据《中国建筑业统计年鉴》(2012~2016)数据测算。

表 32 "十二五"期间建筑安装业各地区税收

单位：亿元

年份	东部地区	中部地区	西部地区	各地区合计
2011～2015	831	327	255	1413

注：各地区"十二五"期间税收 = 全国税收×（各地区"十二五"期间建筑业总产值/全国"十二五"期间建筑业总产值）。

资料来源：根据《中国建筑业统计年鉴》（2012～2016）数据测算。

表 33 "十二五"期间建筑安装业各地区企业利润

单位：亿元

年份	东部地区	中部地区	西部地区	各地区合计
2011～2015	1195	469	367	2031

注：各地区"十二五"期间企业利润 = 全国企业利润×（各地区"十二五"期间建筑业总产值/全国"十二五"期间建筑业总产值）。

资料来源：根据《中国建筑业统计年鉴》（2012～2016）数据测算。

第四节 "十二五"期间建筑装饰和其他建筑业发展情况

一 营业规模情况

伴随房屋建筑业和土木工程建筑业的发展，建筑装饰和其他建筑业的营业收入在"十二五"期间基本呈增长趋势，从期初 2011 年的 5994 亿元增至 2015 年的 9212 亿元，期间营业收入合计 39555 亿元，年均增速为 15%。其中，建筑装饰和其他建筑业企业主营业务收入在"十二五"期间基本呈增长趋势，从期初 2011 年的 5875 亿元增至 2015 年的 8766 亿元，年均增速为 14%。建筑装饰和其他建筑业企业其他收入在"十二五"期间呈先降后升态势，年均增速为 18%。由于建筑装饰和其他建筑业企业其他业务收入总量较小，且主营业务集中度不高，所以其变化幅度较大。

表 34 "十二五"期间建筑装饰和其他建筑业营业收入

单位：亿元

年份	企业主营业务收入	企业其他收入	营业收入
2011	5875	119	5994
2012	7110	125	7235
2013	8259	64	8323
2014	8687	105	8792
2015	8766	446	9212
合计	38697	859	39555

注：营业收入 = 企业主营业务收入 + 企业其他收入。

资料来源：《中国建筑业统计年鉴》（2012～2016）。

"十二五"期间,建筑装饰和其他建筑业企业主营业务收入共计38697亿元,其他收入共计859亿元,主营业务收入占营业收入的比重为98%,表明建筑装饰和其他建筑业企业主营业务突出,同时也反映出其企业经营结构比较单一。

二 资产规模情况

"十二五"期间,房地产业的快速扩张、人们对建筑环境要求的提高推动了房屋建筑业的发展,同时也推动了建筑装饰和其他建筑业的发展。伴随建筑装饰和其他建筑业营业规模的扩大,其企业资产、负债、所有者权益均呈稳步增长态势。企业资产从期初2011年的5446亿元增至期末2015年的9085亿元,企业负债从期初2011年的3111亿元增至期末2015年的5500亿元,企业所有者权益从期初2011年的2335亿元增至期末2015年的3668亿元。由于建筑装饰和其他建筑业市场化竞争已较为充分,因此企业资产、负债、所有者权益在"十二五"期间年平均增速分别为17%、19%、20%,总体呈下降趋势。

表35 "十二五"期间建筑装饰和其他建筑业企业资产、负债及所有者权益

单位:亿元

年份	企业资产	企业负债	企业所有者权益
2011	5446	3111	2335
2012	6523	3793	2727
2013	7486	4492	2992
2014	8379	4947	3432
2015	9085	5500	3668

资料来源:《中国建筑业统计年鉴》(2012~2016)。

三 法人单位情况

"十二五"期间,建筑装饰和其他建筑业企业间并购重组加强,产业集中度逐步提高。期初2011年企业数量为16743家,2012年略有增加,此后开始逐年降低,截至2015年减少为15607家。五年间,建筑装饰和其他建筑业企业数量增速呈波动趋势,年平均增速为-9%。建筑装饰和其他建筑业企业数量占建筑业企业数量的比重约为21%,此比例与土木工程建筑业企业数量占建筑业企业数量的比重相当,说明虽然建筑装饰和其他建筑业企业规模小,但数量较多。

表36 "十二五"期间建筑装饰和其他建筑业法人企业数量

单位：家

年份	建筑业企业数量	建筑装饰和其他建筑业企业数量
2011	72280	16743
2012	75280	16883
2013	78919	16814
2014	81141	16630
2015	80911	15607

资料来源：《中国建筑业统计年鉴》（2012～2016）。

四 就业人数、人才结构及工资总额情况

伴随房地产业的快速扩张以及人们对建筑环境要求的提高，建筑装饰和其他建筑业就业人数在"十二五"期间呈先降后增态势。期初2011年为286万人，2012年略有下降，此后逐渐缓慢增加，至期末2015年为300万人。五年间，建筑装饰和其他建筑业就业人数年均增速为4%。建筑装饰和其他建筑业就业人数总量小，占建筑业就业人数的比重仅为5%。

表37 "十二五"期间建筑装饰和其他建筑业就业人员数量

单位：万人

年份	建筑业就业人数总计	建筑装饰和其他建筑业就业人数
2011	5022	286
2012	4629	235
2013	5027	254
2014	5563	290
2015	5578	300

资料来源：《中国建筑业统计年鉴》（2012～2016）。

建筑装饰和其他建筑业工资总额在"十二五"期间总体呈增长趋势，5年累计工资总额为2746亿元，约占建筑业工资总额的5%。

表38 "十二五"期间建筑装饰和其他建筑业工资总额

单位：亿元

年份	建筑业工资总额	建筑装饰和其他建筑业工资总额
2011	5596	319
2012	7393	375
2013	12315	622
2014	13389	698
2015	13619	733
合计	52313	2746

注：建筑装饰和其他建筑业工资总额＝建筑业工资总额×（建筑装饰和其他建筑业就业人数/建筑业就业人数）。

资料来源：《中国建筑业统计年鉴》（2012～2016）、《中国劳动统计年鉴》（2016）。

五 固定资产投资情况

"十二五"期间,在我国房屋建筑业及土木工程建筑业的发展带动下,建筑装饰和其他建筑业的总产值、竣工产值及企业固定资产总体亦呈稳中有增态势。总产值从期初2011年的6023亿元增至期末2015年的8686亿元,竣工产值从期初2011年的3985亿元增至期末2015年的5957亿元,企业固定资产从期初2011年的624亿元增至期末2015年的836亿元。

建筑装饰和其他建筑业总产值增速、竣工产值增速、企业固定资产增速在"十二五"期间波动较为明显。一方面是受到房屋建筑业及土木工程建筑业增速放缓的影响,另一方面是因为建筑装饰和其他建筑业总产业规模较小,规模绝对数量的变化对增速的变动影响较大。

表39 "十二五"期间建筑装饰和其他建筑业总产值、竣工产值及企业固定资产

单位:亿元

年份	建筑装饰和其他建筑业 总产值	建筑装饰和其他建筑业 竣工产值	建筑装饰和其他建筑业 企业固定资产
2011	6023	3985	624
2012	7237	4383	706
2013	8432	4974	799
2014	8921	5128	806
2015	8686	5957	836
合计	39299	24427	—

资料来源:《中国建筑业统计年鉴》(2012~2016)。

六 税收缴纳或应纳税情况

"十二五"期间,建筑装饰和其他建筑业企业营业规模的不断扩大带来了缴纳税金的持续增加。建筑装饰和其他建筑业企业税金在"十二五"期间呈稳步增长态势。从期初2011年的208亿元增至期末2015年的291亿元。五年间,企业税金合计1303亿元,年均增速为12%。建筑装饰和其他建筑业企业税金占建筑业企业税金的比重约为5%,表明建筑装饰和其他建筑业企业在建筑业中只是份额很小的纳税主体。

表40 "十二五"期间建筑装饰和其他建筑业企业税金

单位：亿元

年份	建筑业企业税金	建筑装饰和其他建筑业企业税金
2011	3864	208
2012	4389	239
2013	5222	275
2014	5547	288
2015	5673	291
合计	24696	1303

资料来源：《中国建筑业统计年鉴》（2012～2016）。

七 企业利润情况

伴随建筑装饰和其他建筑业营业规模的增长，其企业利润在"十二五"期间亦呈较为稳定的态势。期初2011年企业利润为281亿元，期末2015年企业利润为411亿元。五年间，企业利润合计1911亿元。增速虽呈下降趋势，但其年均增速仍保持了14%的水平，远高于建筑安装业3%的利润增速。建筑装饰和其他建筑业企业利润占建筑业企业利润的比重约为7%，表明建筑装饰和其他建筑业企业只是建筑业中份额很小的利润主体。

表41 "十二五"期间建筑装饰和其他建筑业企业利润

单位：亿元

年份	建筑业企业利润	建筑装饰和其他建筑业企业利润
2011	4168	281
2012	4776	362
2013	6079	426
2014	6407	430
2015	6451	411
合计	27882	1911

资料来源：《中国建筑业统计年鉴》（2012～2016）。

八 国内区域分布情况

在我国东部、中部、西部地区，建筑装饰和其他建筑业的发展呈现显著差异。东部地区的营业收入、税收以及企业利润明显高于中西部地区，各项均占据了全国总额的近六成。

表 42 "十二五"期间建筑装饰和其他建筑业各地区营业收入

单位：亿元

年份	东部地区	中部地区	西部地区	各地区合计
2011~2015	23270	9141	7144	39555

注：各地区"十二五"期间营业收入=全国营业收入×（各地区"十二五"期间建筑业总产值/全国"十二五"期间建筑业总产值）。

资料来源：根据《中国建筑业统计年鉴》（2012~2016）数据测算。

表 43 "十二五"期间建筑装饰和其他建筑业各地区税收

单位：亿元

年份	东部地区	中部地区	西部地区	各地区合计
2011~2015	766	301	235	1303

注：各地区"十二五"期间税收=全国税收×（各地区"十二五"期间建筑业总产值/全国"十二五"期间建筑业总产值）。

资料来源：根据《中国建筑业统计年鉴》（2012~2016）数据测算。

表 44 "十二五"期间建筑装饰和其他建筑业各地区企业利润

单位：亿元

年份	东部地区	中部地区	西部地区	各地区合计
2011~2015	1124	442	345	1911

注：各地区"十二五"期间企业利润=全国企业利润×（各地区"十二五"期间建筑业总产值/全国"十二五"期间建筑业总产值）。

资料来源：根据《中国建筑业统计年鉴》（2012~2016）数据测算。

第三章
"十二五"期间中国批发和零售业发展情况

"十二五"期间，我国批发和零售业保持稳定发展，对国内生产总值的贡献率不断提升，总体发展呈现规模扩大、增速放缓、贡献增加、内资繁荣、国退民进、区域发展不平衡等特点。

从行业增加值来看，"十二五"期间前四年，批发和零售业增加值以超过10%的速度持续增长，但增长速度呈现下降趋势；至2015年，增速下降至6.03%。行业增加值占国内生产总值的比重大致逐年提升，分别为8.90%、9.20%、9.40%、9.70%和9.60%。

从营业规模来看，批发和零售业的商品购进额、商品销售额与期末商品库存额均呈现前四年逐年增加、第五年下降的特点。商品流转速度表现出波动式下降的特点，批发业的流转速度要高于零售业。

从法人企业数与就业人数上看，限额以上批发企业与零售企业法人数量实现逐年增长，但增长速度表现出前期增长较快、后期增长乏力的近"倒V"形特点。同时，限额以上批发与零售业年末从业人数呈现前四年不断增加、第五年人数下降的态势。此外，2013年是"十二五"时期的特殊年份，是限额以上批发和零售企业增长的峰值年份。

从法人企业数的所有制构成来看，内资企业繁荣发展，港、澳、台投资企业稳定增长，外商投资企业规模缩小。而从内资企业的构成来看，国有企业、集体企业的法人数量和就业人数都不断下降，有限责任公司以及私营企业的规模则持续扩大，表现出明显的"国退民进"的特点。

从各地区批发与零售业的发展情况看，呈现区域发展不平衡的特征——发达地区规模大，增速放缓；部分欠发达地区基数小，增速较高，但仍然较为落后；少数落后地区出现发展缓慢，甚至出现负增长。整体上，从各地区发展水平来看，批发业和零售业的发展程度与经济发展水平基本一致，限额以上批发企业与零售企业多集中于东部沿海省份，中部地区次之，而东北地区和西部地区批发与零售业的发展则相对落后。

第一节 "十二五"期间中国批发业发展情况

一 营业规模情况

"十二五"期间,批发业整体营业规模保持稳定增长。其中,商品销售额、商品购进额以及期末商品库存额都呈现前四年稳步上升、最后一年略有下降的特点;而商品销售额、商品购进额以及期末商品库存额的增长速度则表现出明显的波动式下降的趋势。

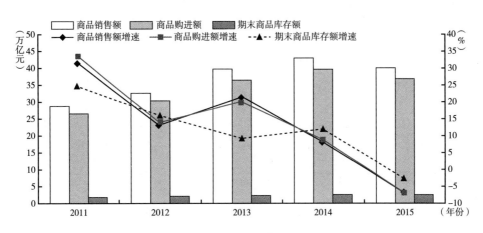

图 1 "十二五"期间批发业营业规模

注:统计数据为限额以上批发企业。

资料来源:《中国统计年鉴》(2016)。

从商品流转规模上看,限额以上批发企业商品销售额由"十二五"初期(2011年)的 28.87 万亿元增长至"十二五"末(2015 年)的 40.13 万亿元;商品销售额增速呈波动式下降的特点,2011 ~ 2015 年增速分别为 31.75%、13.30%、21.71%、8.1% 和 −6.82%;"十二五"期间,商品销售额累计达 184.59 万亿元。商品购进额由"十二五"初期的 26.61 万亿元增加至"十二五"末的 36.95 万亿元;增长速度的变动与商品销售额增速趋势基本一致,表现出波动式下降的特征,2011 ~ 2015 年商品购进额的增速分别为 33.61%、14.36%、20.03%、8.73% 和 −6.95%;五年内商品购进额累计达 170.23 万亿元。期末商品库存额由"十二五"初期的 1.83 万亿元增长至"十二五"末的 2.54 万亿元;且商品库存额的增速在"十二五"期间呈现比较明显的波动,2011 ~ 2015 年商品库存额增速分别为 24.58%、16.02%、9.38%、12.12% 和 −2.69%;五年内商品库存额累计达 11.43 万亿元。

商品销售额与期末商品库存额的变动以及增速的差异进一步反映了"十二五"期间

限额以上批发业商品流转效率①的变动情况。总体上，"十二五"期间，限额以上批发企业的商品流转效率呈现一定波动性——2011～2015年，商品流转效率分别为15.75次、15.38次、17.12次、16.51次和15.81次，整体流转效率高于"十一五"期间的平均水平。

此外，根据对全口径批发业营业收入的推算可见，"十二五"期间，批发业营业收入也呈现前四年逐年上升、第五年有所回落的情况。根据估算，2011～2015年，批发业营业收入分别为35.98万亿元、40.77万亿元、49.90万亿元、54.04万亿元和50.02万亿元。"十二五"期间，批发业整体的营业收入总额超过230万亿元。

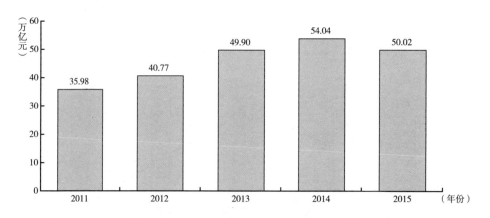

图2　"十二五"期间批发业营业收入情况

注：全口径不包括个体工商业数据，指全部法人企业数据（下同）。当年批发业全口径营业收入数据＝当年限上批发业主营业务收入÷（2013年限上主营业务收入÷2013年普查数据营业收入）。

资料来源：根据《中国经济普查年鉴》（2013）以及限上批发企业数据推算。

二　资产规模情况

"十二五"期间，批发业的资产规模保持了持续的增长，资产总额、流动资产、固定资产、负债以及所有者权益等财务指标均表现出总量稳定上升、增速波动式下降的态势。其中，2011年与2013年是资产规模增速的两个峰值年份，而2015年是批发业资产规模增速最低的年份。

至"十二五"末，批发业的资产总计达18.12万亿元，比"十一五"末增加了近1.16倍；"十二五"最后一年，资产总额下降了2.81%，比"十二五"初期增速下降了近25个百分点；负债合计达13.20万亿元，比"十一五"末增加了近1.18倍，增速下降为1.42%；所有者权益合计达4.92万亿元，比"十一五"末增加了近1.09倍，

---

① 商品流转效率＝商品销售额/期末商品库存额。

增速下降为 6.43%。

从资产总额的构成看,至"十二五"末,批发业的流动资产规模为 14.15 万亿元,比"十一五"末增加了近 1.12 倍;固定资产规模达 0.83 万亿元,比"十一五"末增长了近 0.72 倍;除 2013 年以外,在"十二五"期间的其他各年,批发业流动资产的增速均高于固定资产增速;2015 年,流动资产增速下降至 2.08%,而固定资产出现负增长,增速为 -2.69%。

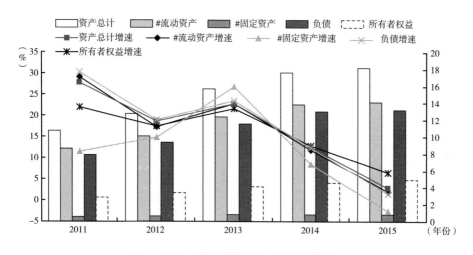

图 3 "十二五"期间批发业资产规模情况

注:统计数据为限额以上批发企业。

资料来源:《中国统计年鉴》(2016)。

表 1 是根据批发业限上企业资产数据以及 2013 年普查数据推算的 2011~2015 年批发业企业法人的全口径资产总计数据。根据推算,至 2015 年,批发业资产总计为 31.22 万亿元,负债总计为 22.75 万亿元,所有者权益为 8.48 万亿元。

表 1 2011~2015 年批发业资产规模

单位:万亿元

年份	全口径批发业资产总计	全口径批发业负债	全口径批发业所有者权益
2011	18.52	13.58	4.94
2012	21.97	16.17	5.81
2013	27.00	19.96	7.06
2014	30.37	22.43	7.96
2015	31.22	22.75	8.48

注:估算方法:全口径资产总计 = 限上资产总计 ÷ (2013 年限上资产总计 ÷ 2013 年普查数据资产总计)。

全口径负债 = 全口径资产总计 × (限上负债 ÷ 限上资产)。

全口径所有者权益 = 全口径资产总计 × (限上所有者权益 ÷ 限上资产)。

资料来源:根据相关数据推算所得。

三 法人企业数量情况

"十二五"期间,批发业法人企业总数持续增长,增速呈现较大的波动性。至"十二五"末,批发业法人企业总数达 2561313 家,较"十一五"结束期增长了近 1.1 倍。从增长速度上看,"十二五"期间,法人企业数量的增速出现比较明显的波动——在"十二五"的前三年,法人企业数量持续下降,至 2013 年,法人企业数增速达到"十二五"期间的最低值 4.36% ;2014 年,法人企业数增速快速上升,达 25.61% ;至 2015 年,法人企业数增速回落至 17.58%。

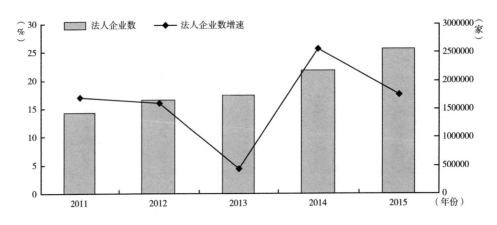

图4 "十二五"期间批发业法人企业总数和增速

资料来源:《中国统计年鉴》(2016)。

从各所有制企业法人数的规模以及增速来看,内资企业法人总数呈现与法人企业总数一致的变动特点——从总量上看,内资企业数保持了连续五年的持续增长;从增长速度看,2011～2013 年内资法人企业增速呈现逐年下降的趋势,2014 年,内资企业法人数增速回升至 25.69% ,至 2015 年,增速略有回落,为 17.76%。港、澳、台商投资批发企业法人数保持了稳定增长,增长速度表现出明显的波动性;其中,2011 年是增速最高的年份,增速达 21.77% ;2013 年和 2015 年为增速的两个低峰年份,增速为 1.92% 和 4.69%。外商投资批发企业法人数在"十二五"期间呈现比较明显的波动——2011 年和 2012 年,外商投资企业法人数和增长速度逐年上升,增速分别为 18.14% 和 23.15% ;2013 年,外商投资企业法人数出现骤降,仅为 15719 家,同比下降了 19.12% ;2014 年,外商投资企业法人数回升至 19336 家,同比增长 23.01% ;至 2015 年,外商投资企业数量继续增长,但增速放缓,仅为 6.49%。

从批发业法人企业的所有制构成上看,内资批发企业占主导,内资批发企业法人数量所占比例在"十二五"期间各年份虽略有波动,但整体略有提升,超过 98.00% ;

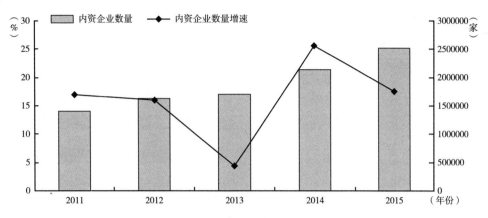

图5　"十二五"期间批发业内资法人企业总数和增速

资料来源:《中国第三产业统计年鉴》(2011～2016)。

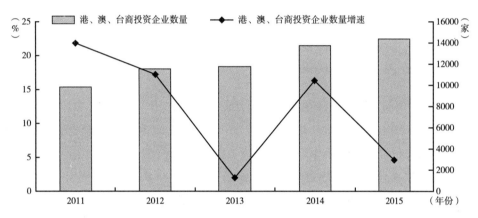

图6　"十二五"期间批发业港、澳、台商投资企业总数和增速

资料来源:《中国第三产业统计年鉴》(2011～2016)。

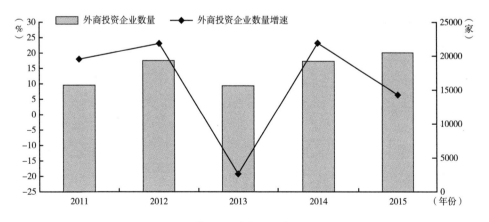

图7　"十二五"期间批发业外资企业总数和增速

资料来源:《中国第三产业统计年鉴》(2011～2016)。

港、澳、台商投资企业占比出现持续下降，至 2015 年仅为 0.56% ；而外商投资法人企业数占比也呈现不断下降的趋势，至"十二五"结束，占比仅为 2.63% ，略高于港、澳、台商投资企业占比。

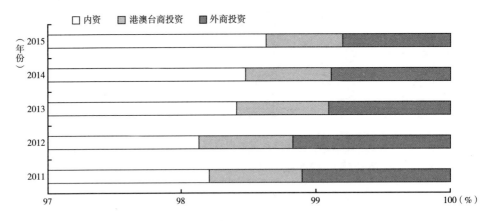

图 8　按所有制划分的各类批发企业占比

资料来源:《中国第三产业统计年鉴》（2011～2016）。

"十二五"期间，批发业体现出比较明显的"国退民进"的特征，私营企业数占比超过 70% ，有限责任公司占比不断上升。"十二五"期间，国有批发企业、集体所有制批发企业以及股份合作制企业均出现了持续下降的趋势，至 2015 年，国有企业、集体企业和股份合作企业的数量分别为 18501 家、19133 家和 8239 家，分别较"十一五"末降低了 24.14% 、21.85% 和 2.57% 。有限责任公司数量保持了持续上升，至 2015 年，有限责任公司总数达 430755 家，比"十一五"末数量增长了近 1.8 倍。此外，联营企业、股份有限公司和私营企业数量也在"十二五"期间实现了增长。联营企业在

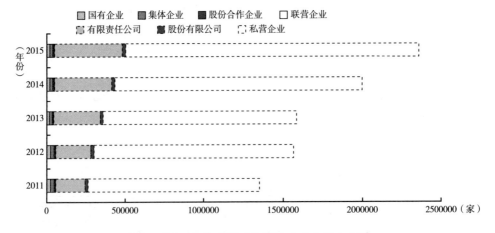

图 9　"十二五"期间内资批发企业各类企业数

资料来源:《中国第三产业统计年鉴》（2011～2016）。

2015 年总数达 3701 家，较"十一五"期末数量增长了 93.57%；私营企业也实现了较高速度的增长，2015 年达 1853675 家，较"十一五"末数量增长了近 1 倍；股份有限公司"十一五"末数量增长了 29.31%。

四 就业情况和工资总额情况

（一）就业情况

"十二五"时期，限额以上批发业企业年末从业人数保持了整体上升的态势。其中，2011～2014 年批发业从业人数逐年上升，最后一年从业人数略有下降；从业人员数量增长速度则呈现前三年不断上升、后两年骤降的"倒 V"形特点。

至"十二五"末期，限额以上批发业企业年末从业人数达 490.70 万人，比"十一五"末增长了 39.82%。其中，至"十二五"末，港、澳、台商投资批发企业的就业人数达 34.45 万人，较"十一五"末增加了近 1.56 倍，增速最高；外商投资批发企业就业人数达 40.35 万人，较"十一五"末增加了 76.61%；内资企业就业总人数达 415.90 万人，较"十一五"末增加了 32.20%。从"十二五"期间各年度批发企业增速来看，与批发企业法人数的增长趋势接近，在"十二五"的前三年，批发业企业总体年末从业人数的增速保持持续增长，增速分别为 6.43%、9.88% 和 17.98%；但在"十二五"的后两年，增速出现明显下降——2014 年增速骤降至 3.28%，2015 年出现负增长，较 2014 年下降 1.88%。内资批发企业就业人数的增速也呈现与行业总体就业人数增速一致的"倒 V"形特点——内资批发企业在"十二五"前三年就业人数增速分别为 2.43%、9% 和 17.61%；2014 年增速大幅下降，仅为 2.73%；"十二五"最后一年则出现负增长，增速为 -1.99%。港、澳、台投资批发企业年末就业人数保持了逐年上升态势，其中，"十二五"的前两年迎来高速增长，但整体增速呈现逐年下降的态势——2011～2015 年，港、澳、台投资批发企业就业人数增速分别为 37.2%、34.9%、25.91%、8.79% 和 0.70%。最后，外商投资批发企业年末就业人数增速表现出波动式下降的特点，五年就业人数增速分别为 43.22%、4.55%、16.05%、4.44% 和 -2.66%。

从各所有制企业就业人数占批发业总就业人数的比重来看，内资批发企业就业人数占比最高，其次是外商投资批发企业，港、澳、台商投资批发企业占比最低。根据"十二五"期间各所有制企业就业人数占比的变化，内资批发企业就业人数占比呈现逐年下降的趋势，外商投资批发企业就业人数占总人数比重略有下降，而港、澳、台商投资批发企业的就业人数占总就业人数的比重则有所提升。

内资批发企业各类企业"十二五"期间就业人数的变动情况显示出批发业呈现"国退民进"的特点。国有企业、集体企业、股份合作企业和联营企业就业人数出现明显的下降，而股份有限公司、私营企业的就业人数则不断增加。相较于"十一五"末

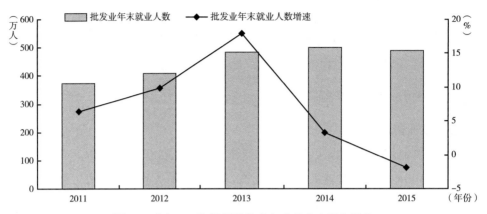

图10 "十二五"期间批发业年末从业人数和增速

注：统计数据为限额以上批发企业。

资料来源：《中国统计年鉴》（2011～2016）。

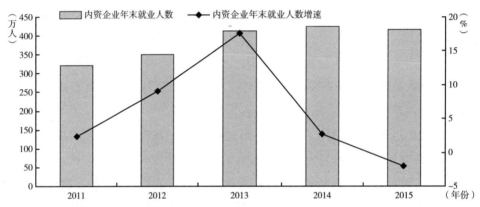

图11 "十二五"期间内资批发企业年末从业人数和增速

注：统计数据为限额以上批发企业。

资料来源：《中国统计年鉴》（2011～2016）。

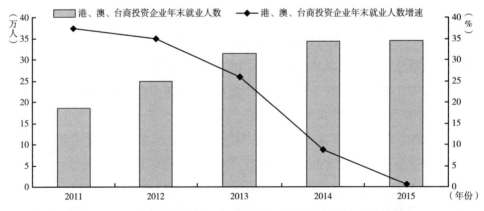

图12 "十二五"期间港、澳、台商投资批发企业就业人数和增速

注：统计数据为限额以上批发企业。

资料来源：《中国统计年鉴》（2011～2016）。

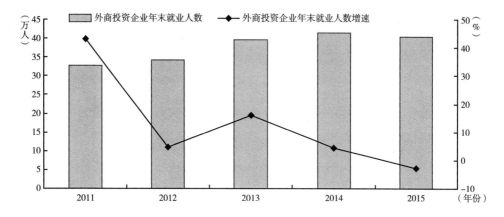

图 13 "十二五"期间外商投资批发企业就业人数和增速

注：统计数据为限额以上批发企业。

资料来源：《中国统计年鉴》（2011~2016）。

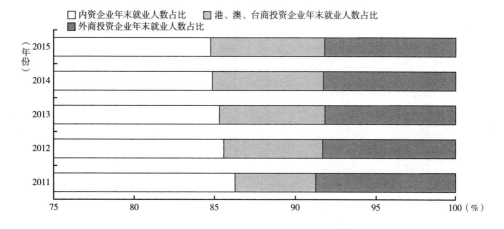

图 14 "十二五"期间按所有制划分的各类企业就业人数占比

注：统计数据为限额以上批发企业。

资料来源：《中国统计年鉴》（2011~2016）。

期，至"十二五"末，国有企业就业人数下降了 46.71%，集体企业就业人数下降了 52.42%，股份合作企业就业人数下降了 70.64%，联营企业就业人数下降了 76.67%；而有限责任公司、股份有限公司和私营企业就业人数则呈现明显上升，相较于 2010 年，2015 年上述批发企业就业人数分别增长了 85.5%、30.61% 和 52.73%。

图 16 是根据批发业限额以上企业就业情况、2013 年普查数据以及国家工商总局提供的批发和零售业个体工商户从业人数的数据推算的 2011~2015 年批发业全口径就业人数显示，至"十二五"末，批发业就业人数达 5672.52 万人。

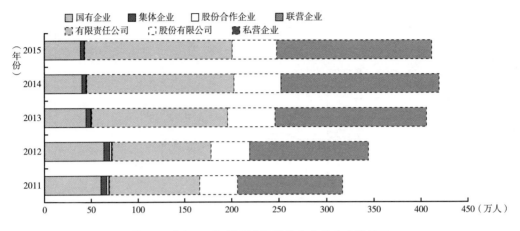

图15　"十二五"期间内资批发企业就业人数情况

注：统计数据为限额以上批发企业。

资料来源：《中国统计年鉴》（2011～2016）。

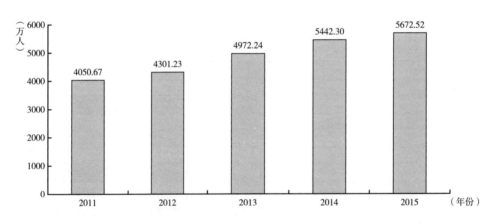

图16　"十二五"期间批发业全行业年末从业人数

注：此处全口径包括个体工商户就业人数，批发业年末从业人数＝法人企业年末从业人数＋个体工商户从业人数。法人企业年末从业人数＝批发业当年限上从业人数÷（2013年限上批发业从业人数/2013年普查批发业从业人数数据），批发业个体工商户就业人数＝批零个体工商户从业人数×（批发法人企业就业人数/批零法人企业就业人数）。

资料来源：根据相关数据测算所得。

（二）工资总额

"十二五"期间，批发业城镇单位工资总额保持稳定上涨，增长速度呈现波动式下降趋势；批发业城镇单位平均工资水平也保持了逐年增长的态势，增速表现出平稳下降的特点。

2011～2013年，城镇单位工资总额逐年提升，增速经历了先下降后回升的波动，增速分别为45.32%、22.83%和30.91%；2014年，工资总额增速降至11.53%；2015年，增速进一步下降为7.63%。至2015年，批发业城镇单位工资总额达3151.9亿元，较"十一五"末期增长了近1.81倍。"十二五"期间,城镇单位平均工资水平由2011年的51687元增长至2015年的79895元,增速分别为22.28%、15.46%、9.95%、12.32%和8.40%。与工资总额增速的变动趋势不同,平均工资水平的增速在前三年逐年下降,在2014年回升,至2015年再次下降,但2015年平均工资水平增速高于工资总额增速。

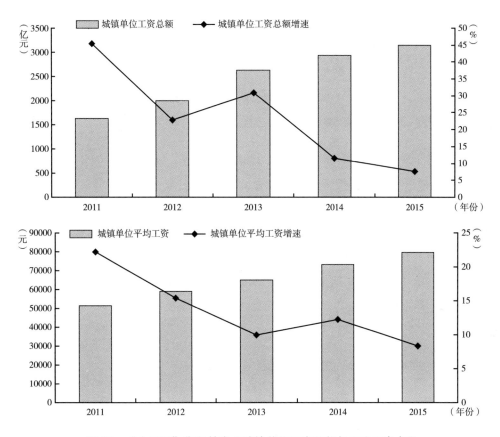

图17 "十二五"期间批发业城镇单位工资总额与平均工资水平

资料来源:《中国劳动统计年鉴》(2011~2016)。

图18是根据估算的批发业全行业从业人数计算的工资总额情况。根据估算,至"十二五"末,批发业全行业工资总额达4.53万亿元。"十二五"期间累计工资总额达16.46万亿元。

五 固定资产投资情况

"十二五"期间,批发业城镇固定资产投资总额保持了高速增长、逐年上升的整体态势。至2015年,投资额达9430.2亿元,较2010年增长了近3.07倍。其中,"十二五"第一年投资额增速最高,达52.73%;2012年增速下降至22.05%;2013年,增速

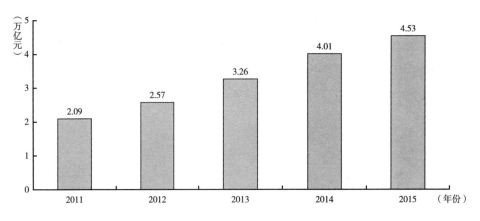

图18　"十二五"期间批发业全行业工资总额情况

资料来源：根据相关数据估算所得。

再次攀升至38.03%；2014年和2015年，增速逐年下降，分别为26.04%和25.39%。

　　按建筑性质分固定资产投资情况，超过60%的固定资产投资额用于新建；用于扩建以及改建和技术改造的投资额占比比较接近。其中，用于新建和用于改建和技术改造的投资额增速在2011年达到最大，分别为62.07%和59.73%；用于扩建的投资额在2013年达到最高增速，为40.23%。至2015年，用于新建的城镇固定资产投资额达5983.1亿元，比"十一五"期末增长了约3.25倍；用于扩建的投资额达1502.7亿元，比"十一五"期末增长了近2.59倍；用于改建和技术改造的投资额达1428.3亿元，比"十一五"期末增长了近3.27倍。

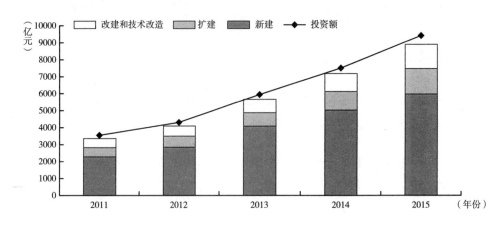

图19　"十二五"期间按建筑性质分固定资产投资情况

资料来源：《中国统计年鉴》（2011～2016）。

　　根据固定资产投资来源的隶属关系可见，批发业城镇固定资产投资几乎全部来源于地方，至"十二五"期末，地方投资额占比高达99.5%。根据批发业城镇固定资产投资来源的登记注册类型，投资主要来源于内资，占比接近98.0%；外商投资占比略高于港、澳、台商投资占比，且内资固定资产投资保持了稳定上升的总体趋势；港、澳、台商投资呈现隔年上升的波动性特点；而外商投资企业则表现出逐年递增的态势。根据固定资产投资来源的控股情况，批发业城镇固定资产投资主要来源于私人控股，其次是国有控股，集体控股的投资占比最低。"十二五"期间，私人控股的批发业固定资产投资保持了高速增长，年平均增速达34.0%；国有控股投资呈现前三年高速增长、第四年大幅下降、第五年略有回升的特点；而集体控股的投资在2011年迎来高速增长，在2012年投资总量有所降低，在后三年保持了较低水平的增长。

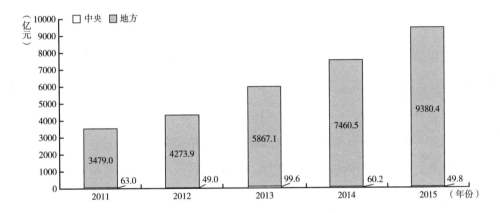

图20 "十二五"期间按隶属关系分固定资产投资情况

资料来源：《中国统计年鉴》（2011～2016）。

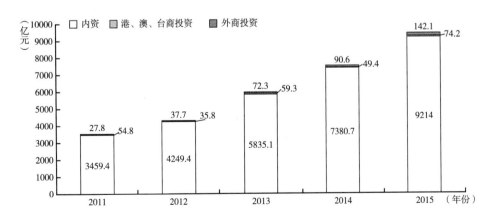

图21 "十二五"期间按登记注册类型分固定资产投资情况

资料来源：《中国统计年鉴》（2011～2016）。

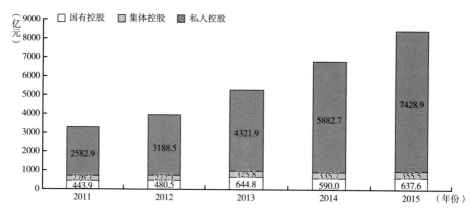

图22　"十二五"期间按控股情况分固定资产投资情况

资料来源:《中国统计年鉴》(2011～2016)。

六　税收情况

(一)税收缴纳情况

"十二五"期间,批发业税收收入呈现前四年稳定上升、最后一年收入下降的态势。2011～2015年,全国批发业税收收入总额分别为10615.46亿元、11053.44亿元、11794.83亿元、12139.69亿元和12061.88亿元;前四年增速呈现波动式下降的趋势,而"十二五"最后一年批发业税收收入同比下降0.64%。

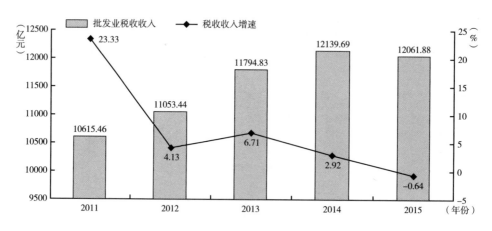

图23　"十二五"期间批发业税收收入情况

资料来源:《中国税务年鉴》(2011～2016)。

(二)应纳税情况

"十二五"期间,限额以上批发业企业应交所得税呈现前四年逐年上升、最后一年下降的趋势;批发业企业应交增值税则表现出前期上升、后期略有下降的态势;而批发业企业主营业务税金及附加呈现逐年上升的特点。

应交所得税在"十二五"第一年增加了 31.01%，2012 年增速下降为 6.00%，2013 年增速上升为 15.71%，2014 年、2015 年增速持续下降，其中，2015 年税收出现负增长，较 2014 年降低了 7.87%；至"十二五"末，应交所得税额为 1690.5 亿元，较 2010 年增长了 65.27%。应交增值税在前三年增速不断上升，至 2013 年，应交增值税增速达 25.01%，超过同年应交所得税增速；之后的两年，应交增值税出现负增长，增速分别为 −0.04% 和 −5.95%；至"十二五"末，应交增值税额约为 3758.3 亿元。限额以上批发业企业的主营业务税金及附加保持了逐年上升的趋势，至"十二五"末，主营业务税金及附加达 2127.1 亿元；从增速变动上可见，"十二五"期间，批发业主营业务税金及附加的增长速度呈现"W"形的特点，其中，2011 年、2013 年和 2015 年增速较高，分别为 29.95%、31.5% 和 42.12%，而"十二五"最后一年增速达最高值。总体上看，批发业企业的应交所得税、应交增值税以及主营业务税金及附加在 2015 年的变动呈现较大差异，其中，应交所得税与应交增值税在 2015 年均出现一定幅度的下降，而主营业务税金及附加却在 2015 年出现较大幅度的提升。

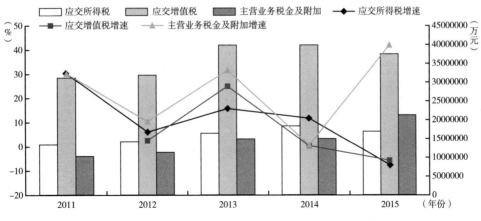

图 24 "十二五"期间限额以上批发业企业税收缴纳情况

注：统计数据为限额以上批发业企业。
资料来源：《中国贸易外经统计年鉴》（2011 ~ 2016）。

七 企业利润情况

"十二五"期间，限额以上批发业企业的利润情况保持了总体增长的趋势。

首先，主营业务利润在"十二五"前四年保持了逐年增长趋势，2011 年和 2013 年增速较高，分别达 25.02% 和 28.75%；2015 年，批发业主营业务利润略有下降，为 22376.1 亿元，较 2014 年下降了 1.49%。与主营业务发展的趋势相似，限额以上批发业企业的其他业务利润在"十二五"前四年持续增加，在"十二五"最后一年出现较大幅度的下降；不同的是，其他业务利润在 2011 年和 2014 年增速较高，其中，2014 年增速达 100.60%，总额达 1257.3 亿元；2015 年，限额以上批发业企业其他业务利润额为 837.4 亿元，较 2014 年下降了 33.40%，但仍高于"十二五"期初的利润额。营业利润与利润总额变动趋势比较一致，2011 年、2013 年营业利润与利润总额保持了高速增长，营业利润增速分别达 20.70% 和 43.13%，利润总额增速分别为 14.72% 和 35.65%；2012 年营业利润增速为 - 3.49%，而利润总额继续保持 2.71% 的增长速度，这主要源于 2012 年批发业企业营业外净收入水平较高，达 377.1 亿元；2014 年和 2015 年营业利润与利润总额的增速均为负值，其中，营业利润降速高于利润总额的降速。至 "十二五"末，限额以上批发业企业营业利润达 7381.3 亿元，利润总额达 7641.9 亿元； "十二五"期间，限额以上批发业企业利润总额合计 36838 亿元。

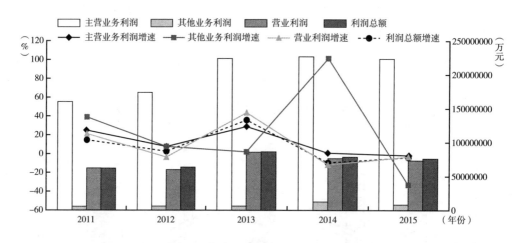

图 25　"十二五"期间限额以上批发业企业利润情况

注：统计数据为限额以上批发业企业。

资料来源：《中国贸易外经统计年鉴》(2011～2016)。

根据"十二五"期间限额以上批发业企业的费用情况变动，批发业企业支付的费用总量持续增加，至"十二五"末增速放缓；从费用构成上来看，销售费用占三大费用的比重最高，其次是管理费用；这在一定程度反映了经营成本压力和管理成本压力的不断增大。从三大费用整体变动情况来看，销售费用和管理费用的变动趋势基本一致，"十二五"前期增长较快，后期增速下降；财务费用增长速度相对较快，2011～2015 年增速分别为 53.79%、42.97%、- 1.69%、35.97% 和 0.29%。

根据 2013 年经济普查数据以及 2011～2015 年限额以上批发业企业营业利润数据估算，至"十二五"末，批发业全口径营业利润达 10215.81 亿元，"十二五"期间批发业营业利润累计达 49734.76 亿元；批发业利润总额达 10576.44 亿元，"十二五"期间批发业利润总额累计达 50984.28 亿元。

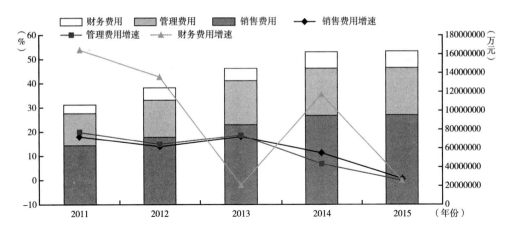

图 26 "十二五"期间限额以上批发业企业费用情况

注：统计数据为限额以上批发业企业。

资料来源：《中国贸易外经统计年鉴》（2011～2016）。

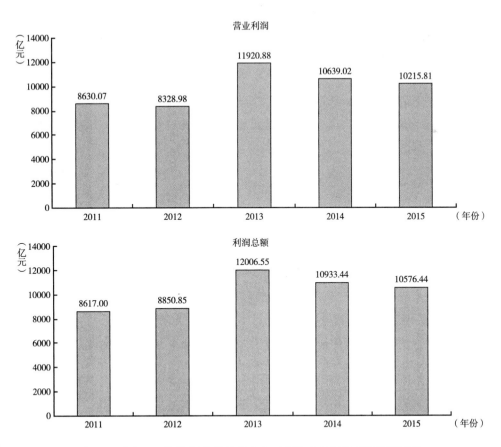

图 27 "十二五"期间我国批发业全口径营业利润和利润总额情况

资料来源：根据相关数据估算所得。

八　国内区域分布情况

（一）营业规模

"十二五"期间，我国各地区限额以上批发业企业商品销售总额保持了整体上升的态势，但地区间批发业营业规模差异显著，区域发展不平衡问题突出。

根据2015年我国东部、中部、西部以及东北四个地区批发业商品销售额数据，东部地区营业规模最大，东部10个省份2015年商品销售额达301056亿元，占全国商品销售总额的近75.0%；其次是西部12个省份，商品销售总额达44720亿元，占全国批发业销售总额的约11.0%；中部6个省份商品销售总额达39722亿元，占全国总额的约10.0%；而东北三省商品销售总额为15814亿元，占比约为4.0%。可见，区域之间批发业营业规模差距十分明显；而各地区内部营业规模也存在明显差异。根据"十二五"时期各省份商品销售额总额分布情况，北京、天津、山东、江苏、上海、浙江、福建、广东等东部经济发达省份位于发展的第一梯队，其中上海、广东、北京三个地区"十二五"期间商品销售额总计排名全国前三，3个省份五年内销售额之和占全国"十二五"期内商品销售额的近39.2%；辽宁、河北、山西、河南、湖北、重庆、四川和新疆位于发展的第二梯队，黑龙江、内蒙古、陕西、甘肃、云南、广西、湖南、安徽等省份处于第三梯队，而吉林、江西、贵州、海南、青海、西藏等省份批发业发展相对落后，处于发展的落后梯队，其中，西藏地区批发业发展最为落后，五年商品销售额累计仅为394.24亿元。

根据"十二五"期间各省份批发业商品销售额整体增速来看，青海、西藏、福建、天津、上海等五个省份增速位列前五，其中，青海、西藏地区由于发展较为落后、基数较小，因此增速最快；福建、上海、天津3个省份本身批发业发达，且在"十二五"期间继续保持了高速增长的态势。内蒙古、东北三省批发业的增长速度则相对缓慢；其中，吉林省在商品销售总额以及商品销售额增速上都较为落后。

（二）资产规模

"十二五"期间，全国各地区限额以上批发业企业资产规模保持了上升趋势，但资产总额以及增速均呈现较大的地区差异。其中，东部地区资产总额规模最大，而中部地区和西部地区整体增速更快。

至"十二五"末，东部地区限额以上批发业企业资产总计达134654亿元，占全国限额以上批发业企业资产总额的接近74%；中部6个省份资产总额达17135亿元，占比仅为10%；西部12个省份资产总额达22232亿元，占比达12%；东北三省资产总额为7179亿元，占比约4%。从各省份发展情况可见，2015年，资产总计排名前10的省份中，前8名均属于东部地区，分别为北京、广东、上海、浙江、江苏、天津、福建、

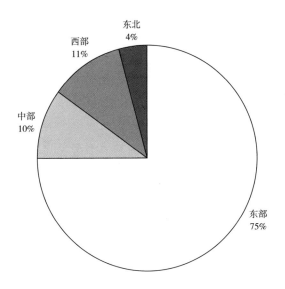

图28 2015年全国东部、中部、西部、东北地区商品销售额占比

资料来源:《中国统计年鉴》(2016)。

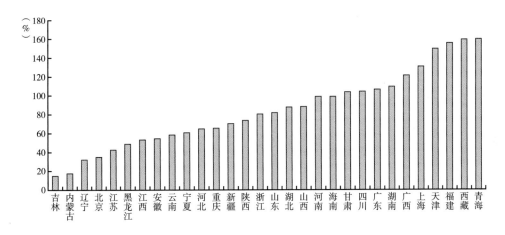

图29 "十二五"期间各省份限额以上批发业企业商品销售额总体增速

资料来源:《中国统计年鉴》(2011~2016)。

山东;此外,辽宁省和山西省分列第9位和第10位;西部地区中云南、四川、新疆等地区的批发业资产总额也处于第二梯队;而西藏、宁夏、青海、甘肃等西部地区以及海南省和吉林省等地则处于落后梯队。

从整体"十二五"期间资产总额的增长速度上看,贵州、青海、西藏等地区由于基数较小,因此增长速度相对较快;天津、福建、广东等批发业资产规模基数比较大的省份也仍然保持了较高的增长速度;甘肃、辽宁、江苏、北京、云南等省份资产总额的增长速度则相对落后。

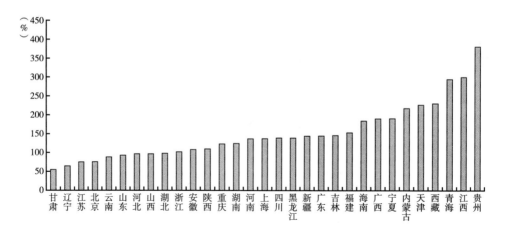

图30　"十二五"期间各省份限额以上批发业企业资产总计总体增速

资料来源：《中国统计年鉴》（2011～2016）。

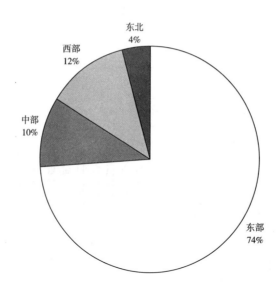

图31　2015年全国东部、中部、西部、东北地区限额以上批发业企业资产总计占比

资料来源：《中国统计年鉴》（2016）。

（三）法人企业数

根据我国各地区限额以上批发业法人企业数的分布，"十二五"期间，我国多数地区的批发业得以继续发展——除了海南、北京、宁夏、上海四个地区批发法人企业数有所下降，其他各省份限额以上批发业法人企业数均呈现出明显的增加，但是，批发业法人企业数的地区分布并不平衡，并且区域之间发展差异较大。

至2015年，东部地区汇集了最多的批发业法人企业，近69%的批发业法人企业汇聚于东部各省份；中部地区次之，中部6个省份批发法人企业数总额达12512家，占全国总数的 14% ；西部 12 个省份拥有的批发法人企业数为 11504 家，占 12% ；而东北三省批发业法人企业总数为 4230 家。从各省份来看，除海南省，其他东部地区各省份法人企业数均位于第一梯队；而中部地区主要省份（除江西）、辽宁、黑龙江以及西部的四川和新疆地区拥有的法人企业数也比较多，在全国范围内处于第二梯队；陕西、河南、江西、广西、云南、贵州等省份法人企业数量相对较少，批发业发展水平相对比较落后；而内蒙古、吉林、青海、西藏、海南、甘肃、宁夏等省份的批发业整体较为落后。"十二五"期间，法人企业数排名前五的省份分别是上海、广东、北京、浙江和江苏，上述五省份 2015 年法人企业总数达 43707 家，占当年全国限额以上法人企业总数的 47.6% ，但上述省份法人企业数在 2015 年都出现了负增长；从上述各省份法人企业数增速来看，广东省在"十二五"期间批发业法人企业数增长了近 1 倍，浙江省"十二五"期间的整体增长速度超过 50% ，江苏省增速约为 35% ，而北京和上海两地则出现批发业法人企业数"萎缩"的情况。此外，福建省、安徽省和湖北省的批发业在"十二五"期间得以高速发展，尤其是福建省，总量和增速都位于全国前列；而东北三省、宁夏等地区批发业法人企业数的增长速度则相对落后。

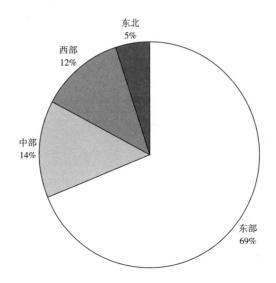

图 32　2015 年东部、中部、西部、东北地区限额以上批发业法人企业数占比

资料来源：《中国统计年鉴》（2011～2016）。

（四）就业人数

与各地区法人企业数的区域分布变化略有不同，"十二五"期间，全国范围内有六个省份批发业就业人数出现下降，分别是内蒙古、吉林、宁夏、山西、黑龙江和海南；其他各省份的就业人数保持增加。但无论从各地区就业人数的规模，还是从"十二五"期间各地区批发业就业人数的变动来看，区域之间都存在较大差异。

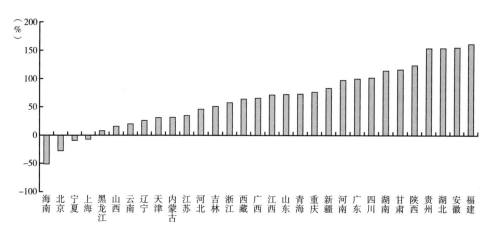

图33 "十二五"期间各省份批发业法人企业数总体增速

资料来源:《中国统计年鉴》(2016)。

与批发业法人企业的区域分布基本一致,从批发业就业人数的区域分布上可见,东部沿海地区批发业就业人数相对较多,中部地区以及四川地区的就业人数处于第二梯队,黑龙江、新疆、西南地区省份以及陕西、山西等中部地区就业人数相对较少,处于第三梯队,而吉林、内蒙古、青海、宁夏、甘肃、西藏和海南等省份的就业人数处于第四梯队。根据2015年各地区限额以上批发业企业就业人数情况,排名前五的省份分别是广东、上海、江苏、山东和浙江,北京位列第六,且上述6个省份批发业就业人数均超过38.0万人。广东省2015年批发业就业人数达73.2万人,占全国就业人数的14.9%,且在整个"十二五"期间继续保持高速增长;北京、上海、浙江等省份限额

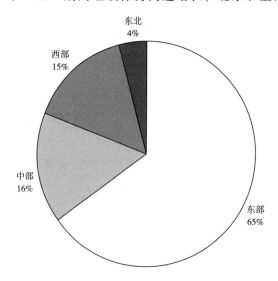

图34 2015年东部、中部、西部、东北地区限额以上批发业企业就业人数占比

资料来源:《中国统计年鉴》(2016)。

以上批发业企业就业人数也保持了整体增长的态势。此外,"十二五"期间,西藏地区批发业就业人数增长速度超过150%,增速位列全国第一,但考虑到西藏地区批发业发展较为落后,基数较小,因此与其他地区差距仍然很大。而内蒙古、黑龙江、宁夏、山西、吉林五省份出现明显的批发业发展衰落的现象,在原有批发业就业人数较低的情况下,上述地区的批发业就业人数呈现进一步下降的趋势。

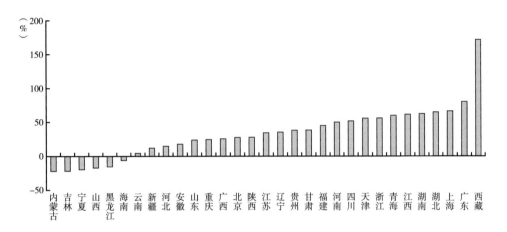

图35 "十二五"期间各省份批发业就业人数总体增速

资料来源:《中国统计年鉴》(2011~2016)。

第二节 "十二五"期间中国零售业发展情况

一 营业规模情况

根据限额以上零售企业的商品购销以及库存情况,我国零售业的营业规模保持稳定增长,商品流转规模与商品流转效率均实现了稳定提升,但营业规模的整体增长速度呈下降趋势。尤其在"十二五"的最后一年,零售业商品销售额、商品购进额与商品库存额的增速都达到五年以来的最低水平。

零售业商品销售额由"十二五"初期(2011年)的7.18万亿元增长至"十二五"末(2015年)的11.43万亿元;商品销售额增速呈下降趋势,2011~2015年增速分别为24.88%、16.17%、18.03%、12.34%和3.27%;五年内商品销售额总额达47.87万亿元。商品购进额由"十二五"初期的6.21万亿元增加至"十二五"末的9.85万亿元;增速呈现逐年下降的趋势,2011~2015年商品购进额的增速分别为26.98%、19.24%、16.19%、12.20%和2.09%;五年内商品购进额总额达41.72万亿元。期末商品库存额由"十二五"初期的0.67万亿元增长至"十二五"末的1.12万亿元;且商品库存额的增速在"十二五"期间呈现比较明显的波动，2011～2015年商品库存额增速分别为30.28%、16.32%、18.43%、31.45%和－6.89%；五年内商品库存额总额达4.68万亿元。

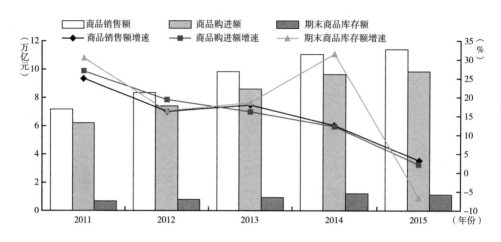

图36　"十二五"期间零售业营业规模

注：统计数据为限额以上零售企业。
资料来源：《中国统计年鉴》（2011～2016）。

根据"十二五"期间限额以上零售企业商品流转效率的计算，商品流转效率呈现整体下降的趋势，仅在2015年略有回升，2011～2015年，限额以上零售企业商品流转效率分别为10.8次、10.79次、10.75次、9.19次和10.19次，整体商品流转效率低于"十一五"时期。

此外，根据对全口径零售业营业收入的推算，"十二五"期间，零售业营业收入呈现逐年上升的特点。2011～2015年，零售业营业收入分别为8.26万亿元、9.52万亿元、11.29万亿元、12.69万亿元和13.02万亿元；"十二五"期间，零售业法人企业营业收入总额达54.78万亿元。

二　资产规模情况

"十二五"期间，限额以上零售业的资产规模实现了稳定增长，资产总额、流动资产、固定资产、负债以及所有者权益等财务指标均呈现总量扩大、增速下降的整体态势。

至"十二五"末，限额以上零售企业的资产总计达5.35万亿元，比"十一五"末增加了近1.18倍；2015年，资产总额增速达5.28%，比"十二五"初期增速下降了近20个百分点；负债合计达3.82万亿元，比"十一五"末增加了近1.17倍，增速下降为4.90%；所有者权益合计达1.53万亿元，比"十一五"末增加了近1.21倍，增速

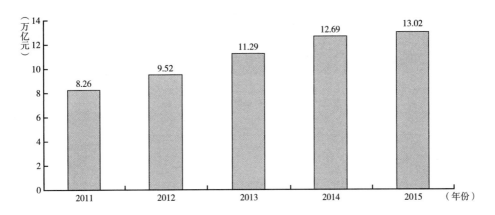

图37 "十二五"期间零售业营业收入情况

注：零售业全口径营业收入数据=限上零售业主营业务收入÷（2013年零售业限上主营业务收入÷2013零售业普查数据营业收入）。

资料来源：根据《中国经济普查年鉴》（2013）以及限上零售企业数据推算。

下降为5.30%。

从资产总额的构成看，至"十二五"结束，限额以上零售企业的流动资产规模达3.59万亿元，比"十一五"末增加了近1.18倍；固定资产规模达0.78万亿元，比"十一五"末增加了88.00%；除2013年以外，在"十二五"期间的其他各年，流动资产的增速均高于固定资产增速；2015年，流动资产与固定资产增速分别下降至5.41%和1.27%。

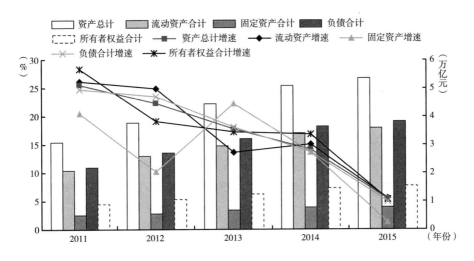

图38 "十二五"期间零售业资产规模情况

注：统计数据为限额以上零售企业。

资料来源：《中国统计年鉴》（2011~2016）。

表2是根据限额以上零售企业的资产数据以及2013年普查数据推算的2011～2015年零售行业全口径法人企业资产规模情况。至2015年，零售业法人企业资产总计为8.71万亿元，负债总计为6.21万亿元，所有者权益为2.49万亿元。

表2　2011～2015年零售业资产规模

单位：万亿元

年份	资产总计	负债	所有者权益
2011	5.02	3.57	1.45
2012	6.14	4.41	1.73
2013	7.23	5.21	2.02
2014	8.27	5.92	2.37
2015	8.71	6.21	2.49

注：估算方法：全口径资产总计＝限上资产总计÷（2013年限上资产总计÷2013普查数据资产总计）。
全口径负债＝全口径资产总计×（限上负债÷限上资产）。
全口径所有者权益＝全口径资产总计×（限上所有者权益÷限上资产）。
资料来源：根据相关数据估算所得。

三　法人企业数量情况

"十二五"期间，零售业法人企业数量保持逐年增长态势，增速呈现前期略微下降、后期大幅提高的近"V"字形特点。至"十二五"末，零售行业法人企业总数达1636349家，较"十一五"末增长了近1.21倍。从增长速度上看，"十二五"前三年，零售业法人企业总数增速略有下降，增速分别为14.20%、14.67%和9.89%；至2014年，增速大幅上升，达到25.28%；2015年，零售业法人企业数仍保持较高水平的增长速度，同比增长22.82%。

从各所有制法人企业数的规模以及增速来看，内资法人企业总数增长情况与全国法人企业总数的增长情况基本一致，呈现前期增速略有下降、后期增速大幅提升的特点。港、澳、台商投资法人企业数也保持了持续增长，但增速呈现波动性下降的特点。外商投资法人企业数在"十二五"期间保持稳定增长，但增速出现较大波动："十二五"前三年，外商投资法人企业数增速逐渐下降，至2013年增速仅为2.08%；2014年，外商投资法人企业数增速出现大幅度提升，达19.01%；但至2015年，增速再次回落，同比增长6.47%。

从零售业法人企业的所有制构成上看，内资法人企业占比超过99%，且保持不断上升趋势，至"十二五"末，占比高达99.60%；港、澳、台商投资企业和外商投资企业占比均出现下降趋势，至"十二五"末，占比分别为0.22%和0.24%。

从内资企业的内部构成来分析，"十二五"期间，与批发行业发展情况接近，零售业亦呈现比较明显的"国退民进"特征。"十二五"时期，零售业中的国有企业、集体

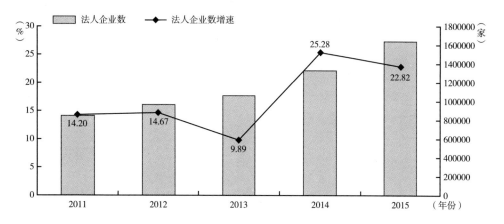

图39 "十二五"期间零售业法人企业总数和增速

资料来源:《中国第三产业统计年鉴》(2011～2016)。

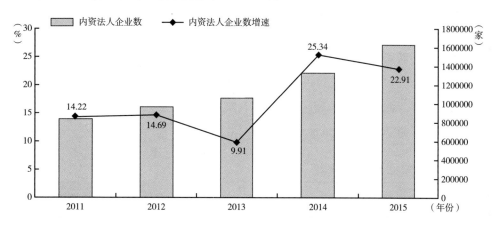

图40 "十二五"期间零售业内资法人企业总数和增速

资料来源:《中国第三产业统计年鉴》(2011～2016)。

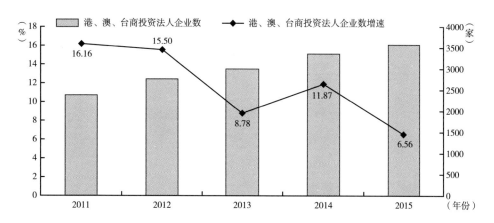

图41 "十二五"期间零售业港、澳、台商投资法人企业总数和增速

资料来源:《中国第三产业统计年鉴》(2011～2016)。

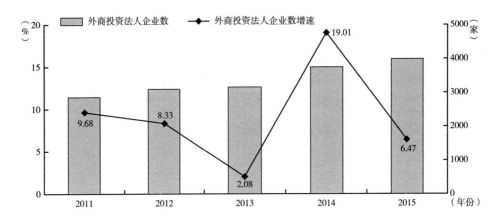

图42　"十二五"期间零售业外资法人企业总数和增速

资料来源：《中国第三产业统计年鉴》（2011~2016）。

企业、股份合作企业的企业法人数呈现不断下降的态势；而有限责任公司、股份有限公司、私营企业和联营企业的法人企业数保持持续增长态势。其中，私人法人企业数占比最高，有限责任公司法人企业数占比次之，并且二者占内资法人企业总数的比重呈现进一步增加的趋势。此外，"十二五"期间，有限责任公司法人企业数增长最快，较"十一五"末增长了近2.36倍；私营企业次之，增长了近1.12倍。

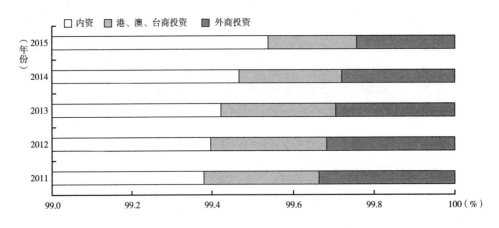

图43　按所有制划分的各类企业占比

资料来源：《中国第三产业统计年鉴》（2011~2016）。

四　就业情况和工资总额情况

（一）零售业就业人数

"十二五"时期，零售业整体年末从业人数保持平稳增长，增长速度呈现前三年上升、后两年下降的"倒V"形特点。至"十二五"末，零售业年末从业人数达682.8

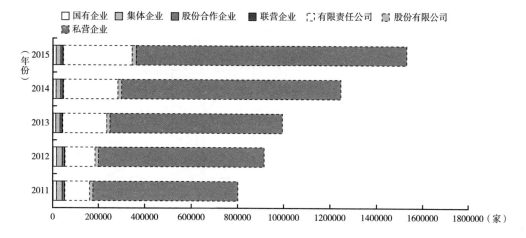

图 44 内资企业各类企业数

资料来源:《中国第三产业统计年鉴》(2011~2016)。

万人,比"十一五"末增长了 36.2%。其中,至"十二五"末,港、澳、台商投资企业的就业人数达 42.54 万人,较"十一五"末增加了 77.9%,增速最高;内资企业就业总人数达 595.5 万人,较"十一五"末增长了 35.1%;外商投资企业就业人数达 44.79 万人,较"十一五"末增长了 22.8%。

从"十二五"期间各年度零售企业增速来看,与零售企业数的增长趋势接近,在"十二五"的前三年,零售业总体年末从业人数的增速保持持续增长,增速分别为 5.25%、9.02% 和 13.93%;但在"十二五"的后两年,增速出现明显下降,2014 年增速下降至 4.06%,至 2015 年,增速仅为 0.13%。而内资企业就业人数的增速与外商投资企业年末就业人数的增速均表现出"倒 V"形特点,且外商投资企业"十二五"期间就业人员的增速均低于内资企业和整体零售行业,至"十二五"最后一年,外商投资企业年末就业人员增速为 -1.96%。而港、澳、台商投资企业的年末就业人数在前两年呈现高增速的特点,2011 年与 2012 年的增长速度分别为 20.21% 和 22.28%;从 2013 年开始,港、澳、台投资企业就业人数增速持续下降,分别为 10.12%、6.99% 和 2.72%。

从各所有制企业就业人数占零售业总就业人数的比重来看,内资企业就业人数占据了主导地位,占比超过 80%。从"十二五"期间各所有制企业就业人数占比的变化来看,内资企业和外商投资企业就业人数占比均略有下降,而港、澳、台商投资企业的就业人数占比则有所提升。

根据"十二五"时期内资企业内部各类企业的就业人数变动情况,"国退民进"的特点也十分明显。国有企业、集体企业、股份合作企业与联营企业的就业人数均呈现下降趋势。其中,相较于"十一五"末,"十二五"末国有企业就业人数下降了

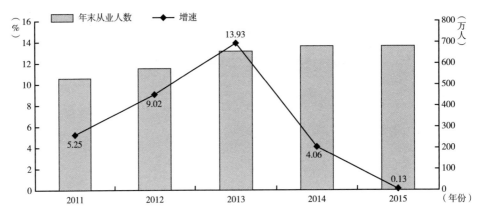

图45 "十二五"期间零售业年末从业人数和增速

资料来源：《中国统计年鉴》（2011～2016）。

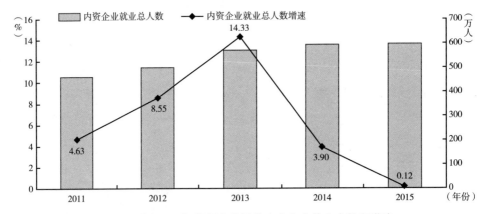

图46 "十二五"期间内资零售企业年末从业人数和增速

注：统计数据为限额以上零售企业。

资料来源：《中国统计年鉴》（2011～2016）。

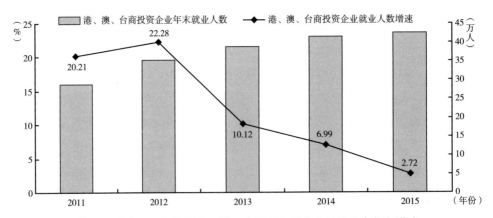

图47 "十二五"期间港、澳、台商投资零售企业就业人数和增速

注：统计数据为限额以上零售企业。

资料来源：《中国统计年鉴》（2011～2016）。

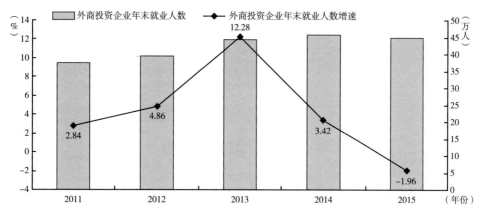

图 48　"十二五"期间外商投资零售企业就业人数和增速

注：统计数据为限额以上零售企业。

资料来源：《中国统计年鉴》（2011～2016）。

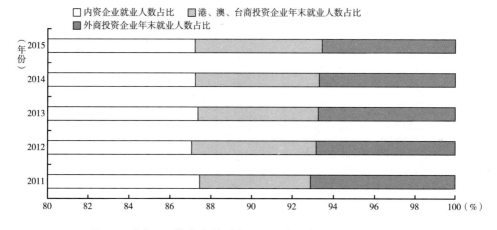

图 49　"十二五"期间按所有制划分的各类企业就业人数占比

注：统计数据为限额以上零售企业。

资料来源：《中国统计年鉴》（2011～2016）。

61.0%，集体企业就业人数下降了41.9%，股份合作企业就业人数下降了59.5%，联营企业就业人数下降了56.4%；而有限责任公司就业人数增长了63.7%，股份有限公司就业人数增长了13.2%，私营企业就业人数增长了47.0%。从内资零售企业就业人数的结构来看，有限责任公司和私营企业就业人数占比要远远高于其他企业就业人数占比。

根据限额以上零售企业就业数据、2013年普查数据以及国家工商总局提供的批发和零售业个体工商户从业人数数据推算2011～2015年零售业全口径的就业人数。至"十二五"末，零售业年末从业人数达4223.15万人。

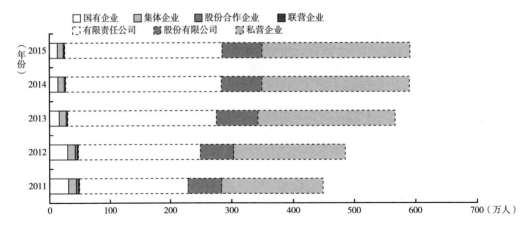

图50 "十二五"期间内资企业就业人数情况

注：统计数据为限额以上零售企业。

资料来源：《中国统计年鉴》（2011～2016）。

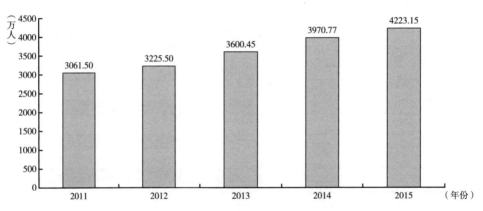

图51 "十二五"期间零售业全行业年末从业人数

注：此处全口径数据包括法人企业以及个体工商户，零售业当年年末从业人数＝零售业当年限上从业人数÷（2013年限上零售业从业人数/2013年普查零售业从业人数数据）。

资料来源：根据相关数据推算所得。

（二）零售业工资总额

"十二五"期间，我国零售业城镇单位工资总额保持了持续增长的态势，其中，前三年增长速度较高，呈现"V"字形特点，至2014年增速出现断崖式下降。

2011～2013年，我国零售业城镇单位工资总额增速分别达45.91%、31.58%和44.29%；2014年，增速跌落至9.67%，至"十二五"最后一年，增速下降为8.47%。

截至2015年，我国零售业城镇单位工资总额达2172.7亿元，较"十一五"末增长了近2.3倍。从城镇单位平均工资水平变动来看，工资水平保持了逐年上升的态势，增速表现出逐年下降的趋势。

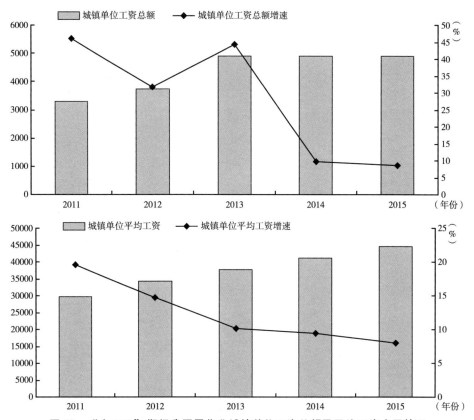

图 52 "十二五"期间我国零售业城镇单位工资总额及平均工资水平情况

资料来源:《中国劳动统计年鉴》(2011~2016)。

根据估算,"十二五"期间,零售业工资总额保持稳定增加;至"十二五"末,零售业法人企业工资总额达 1.88 万亿元。"十二五"期间,零售业法人企业累计工资总额达 6.89 万亿元。

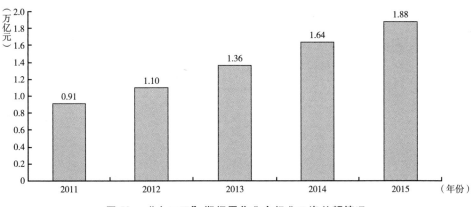

图 53 "十二五"期间零售业全行业工资总额情况

资料来源:根据相关数据估算所得。

五 固定资产投资情况

（一）零售业营业面积

"十二五"期间，各年份零售业营业面积具有波动性，但整体上保持了稳定增长；零售业营业面积的增长速度则表现出初期快速上升、中后期缓慢下降的特点。

其中，"十二五"的第一年，零售业营业面积为21227.8万平方米，比"十一五"末期降低了23.38%；"十二五"第二年，零售业营业面积重新迎来快速增长，年末营业面积达25134.9万平方米，增长率达18.41%；从"十二五"第三年开始，零售业营业面积保持持续增长的态势，但是增长速度逐年下降，2013～2015年，零售业年末营业面积增速分别为14.69%、8.42%和4.46%。至"十二五"末，零售业营业面积总量达32651.3万平方米，较"十一五"末增长了24.70%。

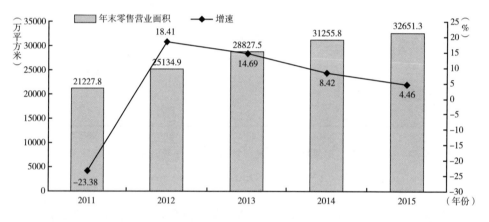

图54 "十二五"期间年末零售业营业面积及其增速

注：统计数据为限额以上零售企业。
资料来源：《中国统计年鉴》（2011～2016）。

（二）固定资产投资额

"十二五"期间，零售业固定资产投资总额继续保持持续增长，增速呈现下降趋势。至"十二五"末，固定资产投资总额达到9251.2亿元，比"十一五"末增长了2.17倍。其中，2011～2012年增长速度持续上升，2012年固定资产投资增长速度最高，达41.8%；从2013年开始，固定资产投资的增速呈现逐年下降态势，至2015年增速降为15.2%。

根据按建筑性质划分的固定资产投资情况，"十二五"期间，固定资产投资主要用于新建工程。从2012年开始，用于新建工程的投资额超过固定资产投资总额的73%；而用于扩建、改建和技术改造的投资额占总投资额的比例比较接近，均不足15%。

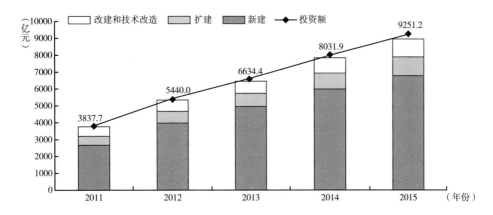

图55 "十二五"期间按建筑性质划分固定资产投资情况

资料来源:《中国统计年鉴》(2011~2016)。

根据固定资产投资来源的隶属关系,零售业固定资产投资主要来源于地方投资,而中央投资占比不足1%。"十二五"期间,中央投资呈现前四年逐年增加、最后一年投资总额降低的状态;而地方投资表现出投资总额逐年增加但增长速度不断下降的趋势。根据固定资产投资来源的登记注册类型,固定资产投资主要来源于内资,其次是港澳台投资,外商投资总额最少。"十二五"期间,内资投资额占固定资产投资总额的比重保持逐年上升,至"十二五"最后一年,内资投资占比达97.70%;港澳台商投资总额呈现前四年持续增加、最后一年骤降的特点,且港澳台商投资占固定资产投资总额的比重呈现持续波动的特点,至"十二五"末,占比为1.28%;外商投资总额在前两年保持上升趋势,自2013年开始呈现逐年下降的特点,至"十二五"末,外商投资占固定资产投资总额的比重仅为1.05%。根据固定资产投资来源的控股情况,固定资产投资主要来源于私人控股。"十二五"期间,国有控股、集体控股和私人控股的固定资产投资额都保持了持续增加,但私人控股投资额的增速最高。此外,国有控股投资占比呈现先上升后下降的特点;集体控股投资占比呈现持续下降的特点;而私人控股投资占比呈现先下降后上升的特点。

六 税收情况

"十二五"期间,我国零售业税收收入保持稳定增长,但增长速度有所放缓。限额以上零售企业应纳税情况则呈现一定波动性特点;其中,零售企业主营业务税金及附加保持了总量的稳定上升趋势,但增长速度呈现先上升、后下降、再缓增的趋势。

(一)税收缴纳情况

"十二五"期间,零售业税收收入呈现逐年上升的趋势,但增长速度总体呈下降态势。2011年,零售业税收收入增速高达22.01%;从2012年开始,零售业税收收入增速大幅度下降并基本维持稳定。至2015年,零售业税收收入总额达4671.98亿元,同比增长6.12%。

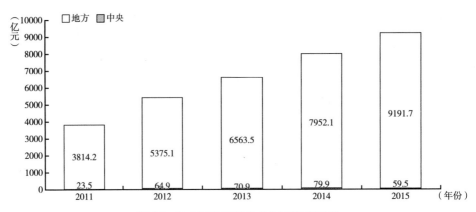

图56　按隶属关系划分的固定资产投资

资料来源：《中国统计年鉴》（2011～2016）。

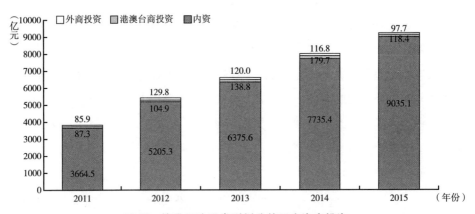

图57　按登记注册类型划分的固定资产投资

资料来源：《中国统计年鉴》（2011～2016）。

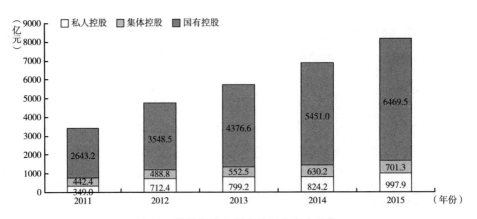

图58　按控股情况划分的固定资产投资

注：统计数据为限额以上零售企业。

资料来源：《中国统计年鉴》（2011～2016）。

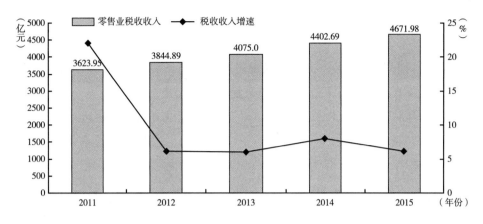

图59 "十二五"期间零售业税收收入情况

资料来源：《中国税务年鉴》（2011～2016）。

（二）应纳税情况

"十二五"前三年，主营业务税金及附加保持较高水平的增长，前两年的增速分别为 15.73%、21.16%，至2013年，增长速度达到最高值，为42.30%；之后，在2014年，增长速度骤降至3.45%；至2015年，增速又略微有所提升，达3.90%。应交所得税在2011～2014年保持了稳定增长，但增长速度连续波动，分别为17.88%、4.49%、21.14%、11.24%；至2015年，应交所得税出现下降，为4493909万元，较上年度下降了9.84%。此外，零售企业的应交增值税在前三年呈现持续上升的特点，2012年应交增值税增速最高，达到18.19%；在2014年，应交增值税额下降至16205579万元，下降了3.44%；至"十二五"最后一年，应交增值税达到16459062万元，较上年度增长了1.56%。

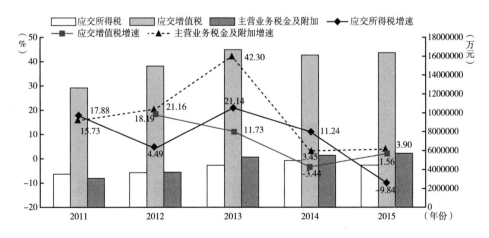

图60 "十二五"期间限额以上零售企业税收缴纳情况

注：统计数据为限额以上零售企业。

资料来源：《中国贸易外经统计年鉴》（2011～2016）。

七 企业利润情况

"十二五"期间，零售业整体利润情况呈现十分明显的波动性，主营业务利润、其他业务利润、营业利润与利润总额呈现差异性的变动趋势。

主营业务利润保持稳定增长，"十二五"期间主营业务利润总额达46223亿元，但增长速度出现明显的波动式下降趋势——2011年，主营业务利润的增长速度为26.79%；2012年，增速下降为13.88%；2012年，增速再次骤升至27.29%，达到"十二五"期间的最高增速；至2014年、2015年，增速出现持续下降，分别为8.38%和4.00%。零售业其他业务利润表现出明显的波动性，其他业务利润增速则表现出波动式下降的特点，"十二五"期间各年度增速分别为24.71%、15.74%、-3.09%、23.44%和-13.10%。通过主营业务利润增速和其他业务利润增速的对比可见，除了2014年，其他年份中，零售业主营业务利润的增速均高于其他业务利润增速。其他业务利润在"十二五"期间表现出总量隔年下降，但整体波动式上升的特点——2011年、2012年、2014年零售业其他业务利润均高于上一年度，但在2013年和2015年，其他利润额均有所下降。至"十二五"末，零售业其他业务利润达到970.2亿元，较"十一五"期末增长了37.01%。此外，零售业营业利润总额也呈现明显的波动性——2011年营业利润为19964178万元，比2010年增长了15.28%；2012年营业利润下降了14.1%；2013年，营业利润达到"十二五"期间的最高值，为27110176万元，增速达58.26%；2014年营业利润再次下降，比2013年降低了8.76%；"十二五"最后一年，营业利润略有增加，比2014年增长了0.07%。"十二五"期间，零售业营业利润合计11369亿元。此外，利润总额呈现与营业利润基本一致的变动趋势，2011年、2013年

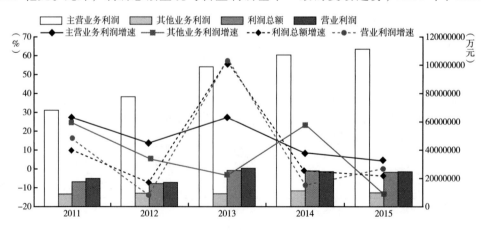

图61 "十二五"期间零售业企业利润情况

注：统计数据为限额以上零售企业。

资料来源：《中国贸易外经统计年鉴》（2011～2016）。

和 2015 年，利润总额增速均低于营业利润增速，而在 2012 年和 2014 年，利润总额与营业利润增速都为负值，但利润总额增速的下降程度略高于营业利润。

营业利润直接与主营业务利润、其他业务利润和三大费用（销售费用、管理费用和财务费用）相关，根据"十二五"期间零售业限额以上零售企业的费用情况变动情况，零售企业面临的费用持续增加，这意味着零售业面临的成本压力不断加大。从三大费用构成来看，销售费用占总费用的比重超过 50%，其次为管理费用，财务费用占比相对较小；从三大费用"十二五"期间增速来看，销售费用的增速始终略高于管理费用，增速呈现下降的趋势；此外，财务费用的增速在"十二五"前四年较高，在最后一年下降为最低。根据"十二五"期间主营业务利润、其他业务利润、营业利润以及费用情况的变动情况，三大费用的不断增长直接影响了零售业营业利润的持续增加。2012 年和 2014 年，在主营业务利润保持上升的情况下，营业利润增速为负，这主要源于这两个年份内三大费用增长过快。

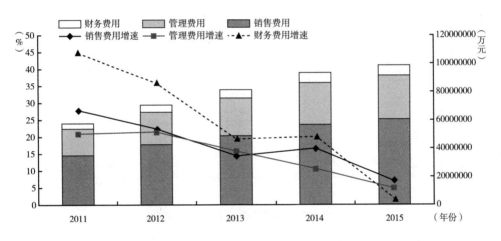

图 62 "十二五"期间零售业企业费用情况

注：统计数据为限额以上零售企业。
资料来源：《中国贸易外经统计年鉴》（2011～2016）。

从零售业全口径营业利润估算情况看，至"十二五"结束，零售业营业利润达 14210.18 亿元。"十二五"期间，零售业营业利润累计达 65269.28 亿元，超过批发业营业利润。

八 国内区域分布情况

（一）**营业规模**

根据"十二五"期间我国各省份零售商品销售额的变动情况，各地区商品销售额均保持了上升态势，但是地区间以及省份间的发展存在不平衡，且整体上各区域之间营

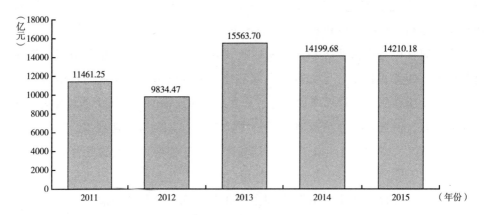

图63 "十二五"期间我国零售业全口径营业利润情况

资料来源：根据相关数据估算所得。

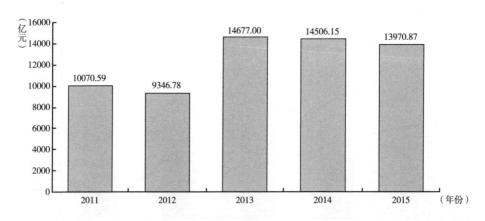

图64 "十二五"期间我国零售业全口径利润总额情况

注：利润总额推算方法，2011年企业法人利润总额＝2011年企业法人营业利润÷（2011年限上营业利润÷2011年限上利润总额），以此类推各年数据。

资料来源：根据相关数据估算所得。

业规模的差距小于批发业。

根据2015年东部、中部、西部、东北四大区域商品销售额占全国商品销售总额比例，东部10个省份占比最高，总额达64212.3亿元，占全国商品销售总额的56%；中部6个省份次之，总额达21983.2亿元，占比近19%；西部12个省份商品销售额达21068亿元，占全国的比重近19%；东北三省商品销售总额达6992亿元，占全国的比重为6%。

根据"十二五"期间各省份五年内商品销售额的合计，广东、江苏、山东、北京、浙江、上海、湖北、四川等省份的营业规模处于第一梯队；辽宁、河北、陕西、湖南、安徽、福建等省份的营业规模处于第二梯队；而黑龙江、吉林、内蒙古、山西、江西、广西、云南等地零售业发展相对较落后，营业规模处于第三梯队；最后，新疆、青海、西藏、甘肃、宁夏以及贵州等西部地区以及海南省的零售业发展最为落后，处于发展的第四梯队。相较于"十一五"末，"十二五"期间各省份商品销售额总体增速较快，18 个省份商品销售额在"十二五"期间增长速度超过 1 倍；12 个省份商品销售额增长超过 50%；仅海南省"十二五"期间整体增长速度低于 50%。

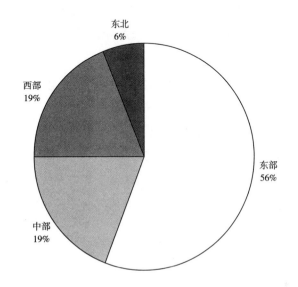

图 65 2015 年东部、中部、西部、东北地区商品销售额占比

资料来源：《中国统计年鉴》（2016）。

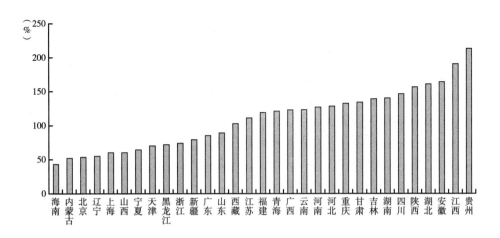

图 66 "十二五"期间各省份零售业商品销售额总体增速

资料来源：《中国统计年鉴》（2011～2016）。

（二）资产总额

"十二五"期间，我国各省份零售业资产总额均实现稳定增长，但不同地区、不同省份的资产规模以及增长速度均存在明显差异，地区之间零售业资产规模存在不平衡。

从区域发展来看，东部地区和部分中部地区零售业较为发达，资产规模更大。2015年，东部地区零售业资产总额达30031亿元，占全国资产总额的比重约为56%；中部地区零售业资产总额达10143亿元，占全国的近19%；西部12个省份零售业资产总计为9783亿元，占全国比重为18%；东北三省资产总计为30031亿元，占全国的比重约为7%。从各区域内平均每个省份零售业资产总计来看，东部地区最高，中部地区次之，东北地区位列第三，西部地区最低。

从各省份"十二五"期间整体增速来看，相较于"十一五"末，至"十二五"末，各省份资产总计均实现了较大幅度的增长。其中，江西、甘肃、贵州、西藏、安徽五省份增长速度最快，增速超过2倍；尤其是江西省，资产总计增速高达2.98倍，位于全国之首。17个省份的增长速度超过1倍，其他9个省份的增速均超过50%。总体上，北京、山东、浙江、上海、福建等东部地区由于零售业资产规模基数较大，因此相对增幅较小；而辽宁、黑龙江以及山西、宁夏等地区的零售业发展相对缓慢，绝对量和相对增速都较为落后。

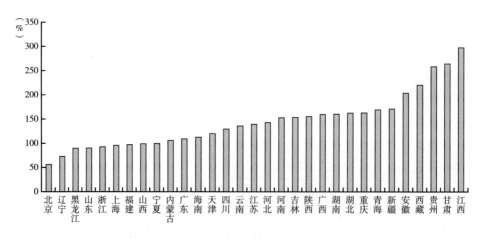

图67　"十二五"期间各省份资产总计总体增速

资料来源：《中国统计年鉴》（2011～2016）。

（三）法人企业数

根据我国各地区限额以上零售法人企业数分布变动情况，"十二五"期间，我国各地区零售行业继续快速发展，各地区法人企业数均呈现出明显的增加，尽管区域发展不平衡的现象十分明显，但区域发展差距小于各地区之间营业规模以及资产规模的差距。

东部沿海地区汇集了最多的零售业限额以上法人企业；而中部地区零售业法人企业

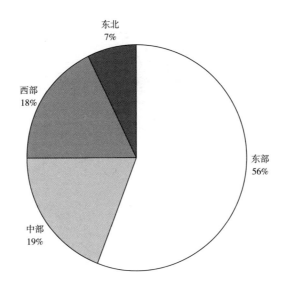

图68 2015年东部、中部、西部、东北地区资产总计占比

资料来源:《中国统计年鉴》(2016)。

数量也保持了持续增长,发展较快;但西部地区法人企业数量相对较少,零售业发展相对比较落后;此外,东北三省聚集的法人企业数也相对较少。根据2015年上述四个区域法人企业数的分布,东部地区限额以上零售法人企业达42536家,占全国总数的47%;中部地区限额以上法人企业数为23868家,占全国总数的26%;西部地区限额以上法人企业数为19417家,占全国总数的21%;东北三省法人企业数为5437家,占全国的近6%;从各区域平均每个省份拥有的法人企业数来看,东部最多,中部次之,东北第三,西部地区最为落后。

从区域内部各省份发展情况看,"十二五"期间,零售业限额以上法人企业数位居前五的省份分别是山东、广州、江苏、河南和浙江,且上述五个省份在"十二五"期间的法人企业数保持了持续的增长;而贵州、福建、安徽、江西、陕西、湖南、甘肃、重庆、湖北等省份的零售法人企业数保持了高速增长,"十二五"期间法人单位数量增长超过1倍;此外,广西、云南、四川、新疆等西部地区法人单位数也保持了高水平的增长;而东北三省以及山东、宁夏、山西等地法人单位数的增速相对较低;此外,北京、海南两地的法人企业数出现了明显的负增长特点。

(四)就业人数

与各地区法人企业数的区域分布相一致,"十二五"期间,各省份限额以上零售企业就业人数保持了上升态势,但各地区之间的差距仍然较大,就业人数的区域分布不平衡。

整体上,东部沿海地区零售业就业人数最多,2015年末从业人数达351.15万人,占全国零售业从业人数的51%,平均每个省份年末从业人数达35.12万人;中

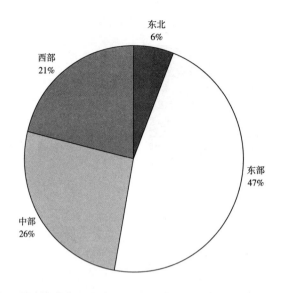

图69 2015年东部、中部、西部、东北地区零售业限额以上法人企业数占比

资料来源：《中国统计年鉴》（2016）。

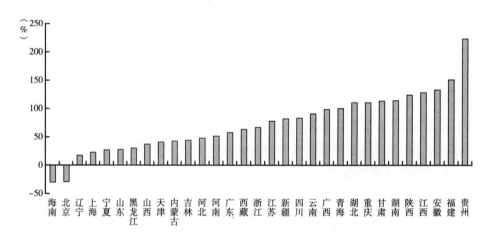

图70 "十二五"期间各省份零售业法人单位数总体增速

资料来源：《中国统计年鉴》（2011～2016）。

部地区次之，2015年末从业人数达154.37万人，占全国总数的23%，平均每个省份年末从业人数达25.73万人；西部12个省份就业总人数高于东北三省就业总人数，但平均每个省份从业人数低于东北地区——西部地区2015年末从业人数达135.89万人，平均每个省份从业人数达11.32万人；东北三省2015年末从业人数总额达41.42万人，平均每个省份从业人数为13.81万人。

　　具体到各省份，黑龙江、吉林、内蒙古和西南部分地区（广西、贵州）零售业就业人数普遍低于中部省份，而新疆、西藏、青海、甘肃地区零售业就业人数最低。至

"十二五"末，就业人数位于前五的省份分别是广东、山东、江苏、河南和浙江，与法人企业数分布位列前五的省份相同（排序略有差异），其中，广东、浙江和河南省就业人数保持了持续的增加，而山东和江苏省的就业人数呈现前三年上升、后两年略有下降的特点。此外，相较于"十一五"期末零售业就业情况，除黑龙江省以外，"十二五"期间各省份就业人数均保持了上升态势。其中，贵州、江西、重庆等西南地区和西部地区增长速度最快，增速超过60%；福建等东部沿海地区和湖南、湖北、河南等中部地区也实现了超过20%的增速；而东北三省（辽宁、吉林、黑龙江）、山东、山西、天津、海南等地区就业人数的增速则相对缓慢，其中，黑龙江出现了负增长。

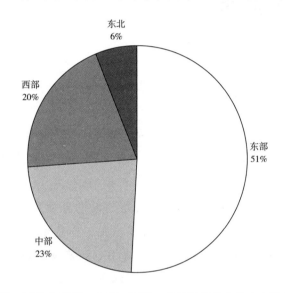

图71 2015年东部、中部、西部、东北地区年末从业人数占比

资料来源：《中国统计年鉴》（2016）。

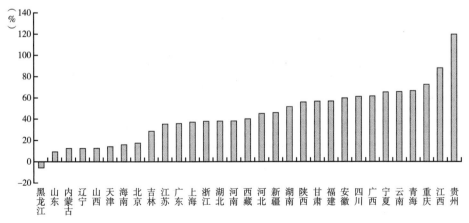

图72 "十二五"期间各省份零售业就业人数总体增速

资料来源：《中国统计年鉴》（2011～2016）。

第四章

"十二五"期间中国交通运输、仓储和邮政业发展情况

"十二五"时期,交通运输业围绕稳增长、调结构、促改革、惠民生大局,主动服务"一带一路"倡议等国家战略,提升服务水平,保持了行业健康稳定持续发展的良好局面。

设施规模不断扩大,高速铁路和高速公路建设世界领先。"十二五"期间,交通运输仓储和邮政业固定资产投资持续快速增加,年均增速超过 12%,铁路、公路、航空、管道等基础设施明显得到改善,尤其是以高速铁路和高速公路为代表的现代化设施,已达到世界领先水平。截至 2015 年末,我国高速铁路里程达 1.9 万公里,约占世界高速铁路总量的 65%,高速公路里程达 12.4 万公里,二者均居世界第一位。

就业人员总体数量增加,先增后减,道路运输业和邮政业就业人数波动较大。2011~2014 年,交通运输仓储和邮政业就业人员总数呈不断上升趋势,从 545.9 万人增加至 861.4 万人,增幅达 57.8%,其中,道路运输业、邮政业等行业增速较快,分别为 129.6%、66.5%。2015 年行业就业人数总体下滑,比 2014 年减少 7 万人,降低 0.8%,其中,邮政业、水上运输业、铁路运输业降幅较大,分别为 5.3%、4.8%、1.5%。航空运输业"十二五"期间就业人员始终保持不断增加趋势。

旅客运输总量明显下滑,货物运输总量增速放缓。"十二五"期间,受公路客运量大幅减少的影响,我国旅客运输总量下降趋势十分明显,从 2011 年的 352.6 亿人下降到 2015 年的 194.3 亿人,降幅达 45.0%。货运方面,由于经济增速放缓以及大宗商品市场低迷,货物运输总量增幅持续收窄。2011~2015 年,货运总量平均增长率分别为 14.0%、10.9%、0.0%、1.7%、0.2%,增速明显下降,部分年度甚至出

现零增长。

行业增加值逐年提高，增幅持续缩小。"十二五"期间，交通运输仓储和邮政业增加值逐年增加的趋势没有改变，但增幅明显缩小，按当年价格计算，2011~2015年，行业增加值从21842.0亿元增加到30370.9亿元，行业增速低于同期GDP增速和第三产业增加值增速，交通运输仓储和邮政业增加值占GDP和第三产业增加值比重，分别从4.5%、10.1%降至4.4%、8.8%，行业经济贡献持续降低。

第一节 "十二五"期间铁路运输业发展情况

"十二五"时期，我国铁路运输业呈现高速度、跨越式发展态势，累计投入3.6万亿元，铁路运输设施建设和运营水平均达到国际先进水平。截至2015年底，全国铁路营业总里程达12.1万公里，比"十一五"末增加3.0万公里，增长33.0%，其中高速铁路1.9万公里，位居世界第一，占全世界高铁总量的65.0%左右；铁路客运总量达到253484万人次，比"十一五"末增长50.6%；货运总量达到335801万吨，受煤炭运输需求减弱等的影响，比"十一五"末下降7.8%。"十二五"期间，根据党中央国务院总体部署，铁路改革不断深化，顺利实施政企分开，投融资体制、运输价格等一系列改革措施相继出台，企业科技研发水平及现代管理水平不断提升，行业步入企业化、市场化发展轨道，对保障国民经济平稳运行和人民生产生活需要发挥了重要作用。

一 营业规模情况

"十二五"期间，我国铁路运输设施设备总量不断增加，运行能力日益提升。2011~2015年，铁路营业里程增加近3.0万公里，总里程达到12.1万公里，平均每年增加0.6万公里；机车、客车、货车等运输设备数量大幅增长，分别增加645台、12975辆、117341辆，尤其是铁路货运设备增幅最为明显，五年增长约20%，平均每年增加约30000辆，为铁路运输业发展奠定了坚实的基础。

表1 "十二五"期间我国铁路运输业基础设施情况

指标		2011年	2012年	2013年	2014年	2015年
铁路营业里程（万公里）		9.3	9.8	10.3	11.2	12.1
运输装备	机车（台）	20721	20797	20835	21096	21366
	客车（辆）	54731	57721	58965	60629	67706
	货车（辆）	651175	670801	721850	716578	768516

资料来源：《中国统计年鉴》（2012~2016）。

表2 "十二五"期间铁路运输业经营情况

指标	2011 年	2012 年	2013 年	2014 年	2015 年
铁路运输业营业收入(亿元)	6011.0*	6016.0*	6562.4	6374.8	5869.7
其中:规模以上法人企业营业收入(亿元)	4675.6*	4636.8*	4598.3	4712.0	4517.3
客运总量(万人)	186226	189337	210597	235704	253484
货运总量(万吨)	393263	390438	396697	381334	335801

注:其中带"*"数据根据铁路总公司发布的铁路运输量和营业收入之间比例关系测算。另外,铁路运输业具有自然垄断特征,假设该行业经营主体均为法人企业,不存在个体工商户,因此法人企业营业收入之和即为全口径行业营业收入。

资料来源:客运总量、货运总量和2013 ~ 2015 年营业收入来源于《中国统计年鉴》(2012 ~ 2016),《中国经济普查年鉴》(2013),《中国第三产业统计年鉴》(2015 ~ 2016)。

从运行效果看,"十二五"期间,受国内外经济形势影响,我国铁路运输业营业收入呈波动下行态势。2011 ~ 2015 年,营业收入从6011.0 亿元下降到5869.7 亿元,降幅为2.4%。从运输量看,由于流动人口持续增多以及旅游出行日益盛行,客运总量有增无减,连年增加,2011 ~ 2015 年,客运总量从186226 万人增加到253484 万人,增幅达36.1%。货运情况截然不同,由于经济发展放缓和煤炭需求减弱,铁路货运量不断下降。2011 ~ 2015 年,铁路货运总量从393263 万吨降到335801 万吨,下降14.6%,2014 年和2015 年下降幅度较大。

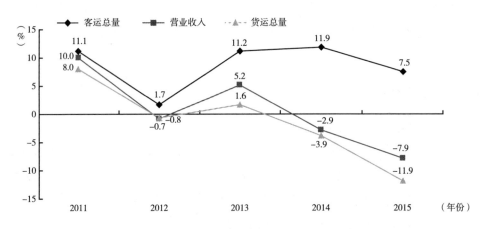

图1 "十二五"期间铁路运输业经营情况

资料来源:《中国统计年鉴》(2011 ~ 2016)。

二 资产规模情况

"十二五"时期是我国铁路运输业基础设施建设的重要阶段,全国以及各地综合交通运输规划不断落地实施,建设步伐不断加快,铁路运输业资产规模也呈持续增加趋势。2011 ~ 2015 年,资产总计由26927.8 亿元增至41274.6 亿元,平均每年增加2869.4 亿元。

表3 "十二五"期间铁路运输业资产情况

单位：亿元

指标	2011 年 *	2012 年	2013 年	2014 年	2015 年
铁路运输业资产总计	26927.8 *	29970.6 *	32441.6 *	39096.8 *	41274.6 *
其中：规模以上法人企业资产	20249.7	22537.9	24396.1	29400.8	31038.5

注：全口径资产总计根据各年"规模以上法人企业营业收入/法人企业营业收入的平均比重75.2%"推算，假设铁路运输业经营主体全部为法人企业，不存在个体工商户，因此法人企业资产之和即为全口径行业资产。

资料来源：规模以上法人企业资产总计根据国家统计局数据计算整理。

三 法人单位情况

"十二五"期间，铁路运输业法人单位数量不断增加，但增速快速下降。2015年末，全国铁路运输业法人单位数、法人企业数分别为3556个、3374家，均为2011年末的2.3倍，均创历史新高。但从增速看，2011~2015年，增速从46.0%降至11.4%，降幅十分明显。另外，由于行业自然垄断等，铁路运输业企业体量相对较大，尽管法人数量快速增加，但其占交通运输仓储和邮政业法人总量的比重依然很小，为1.0%左右。

表4 "十二五"期间铁路运输业法人总体情况

单位：个，家

指标	2011 年	2012 年	2013 年 *	2014 年	2015 年
法人单位数	1561	2223	2757	3291	3556
法人企业数	1492	2122	2575	3028	3374

资料来源：《中国第三产业统计年鉴》（2012~2016），其中2013年数据为前后年份平均数。

表5 "十二五"期间铁路运输业法人单位数及占比

单位：个，%

指标	2011 年	2012 年	2013 年	2014 年	2015 年
铁路运输业法人单位数	1561	2223	2757	3291	3556
占交通运输仓储和邮政业比重	0.7	0.9	1.1	1.0	0.9

资料来源：《中国第三产业统计年鉴》（2012~2016）和《中国统计年鉴》（2016）。

从法人企业控股类型看，国有控股占比较大，国有资本控制力较强，私人控股法人数量增长较快。2015年国有控股法人企业数为1811家，占法人企业总数的53.7%，私人控股法人企业953家，占28.2%，外资（包括港澳台）企业共7家，占0.2%。

四 就业人数及工资情况

"十二五"期间，铁路运输业就业人数稳定增长。2015年末，就业人数为187.4万人，

表6 2015年铁路运输业不同类型法人企业数量

单位：家

指标	国有控股	集体控股	私人控股	港澳台商控股	外商控股	其他
企业数量	1811	200	953	4	3	403

资料来源：《中国第三产业统计年鉴》（2016）。

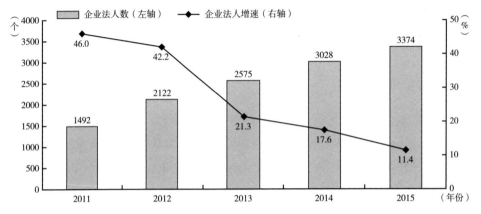

图2 "十二五"期间铁路运输业法人企业数量及增速

资料来源：《中国统计年鉴》（2011～2016）。

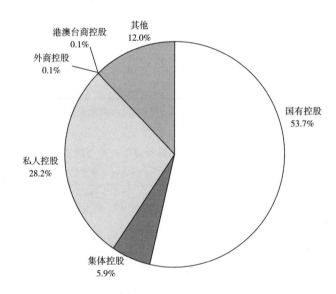

图3 2015年铁路运输业不同类型法人企业占比

资料来源：《中国统计年鉴》（2016）。

比2011年增加11.3万人，平均每年增长1.3%。

从就业人数占比情况看，铁路运输业就业人数占交通运输仓储和邮政业就业人数的比重从2011年的32.3%下降到2015年的21.9%，下降10.4个百分点，而同期行业增加值不降反升,说明铁路运输业劳动效率高于交通运输仓储和邮政业平均水平。"十二五"期间,铁路运输业就业人数占服务业就业人员总数的比重较小,始终稳定在0.2%。

表7 "十二五"期间铁路运输业就业人数及占比

单位:万人,%

指标	2011年	2012年	2013年	2014年	2015年
铁路运输业就业人数	176.1	179.3	179.6	190.3	187.4
占交通运输仓储和邮政业就业人数比重	32.3	26.9	21.2	22.1	21.9
占服务业就业人数比重	0.2	0.2	0.2	0.2	0.2

资料来源:《中国统计年鉴》(2012~2016)。

从工资情况看,"十二五"期间,铁路运输业就业人员工资水平快速增长。2011~2015年,工资总额从1019.5亿元增至1589.2亿元,平均每年增长约11.2%,就业人员平均工资逐年上升,2012年增幅最大,为14.1%。

表8 "十二五"期间铁路运输业就业人员工资情况

单位:亿元,元

指标	2011年	2012年	2013年	2014年	2015年
就业人员工资总额	1019.5	1197.9	1327.1	1518.1	1589.2
就业人员平均工资	59155	67501	75112	80720	84678

注:根据铁路运输业行业发展特征,假设该行业经营单位均为城镇单位,不存在农村经营单位,城镇单位就业人员工资即为全口径行业就业人员工资。

资料来源:《中国劳动统计年鉴》(2012~2016)。

五 人力资源结构情况

从性别结构看,"十二五"期间,铁路运输业就业人员性别构成变化不大,总体上仍以男性为主,且男性所占比例逐年上升,女性就业人员数量较少,占比持续下降。2011~2015年,男性就业人员从143.6万人增至157.4万人,占比从81.5%增至84.0%;女性就业人员从32.5万人降至30.0万人,所占比例从18.5%降至16.0%。

表9 "十二五"期间铁路运输业就业人员性别构成

单位:万人,%

指标		2011年	2012年	2013年	2014年	2015年
男性	数量	143.6	146.7	149.3	159.1	157.4
	占比	81.5	81.8	83.1	83.6	84.0
女性	数量	32.5	32.6	30.3	31.2	30.0
	占比	18.5	18.2	16.9	16.4	16.0*

注:2015年数据根据2011~2014年增速推算。

资料来源:2011~2014年数据来源于《中国劳动统计年鉴》(2012~2015)。

六　固定资产投资情况

"十二五"期间,我国铁路运输业固定资产投资完成较好,投产新线较多,完成固定资产投资 3.4 万亿元,比"十一五"增加约 1 万亿元。尤其是 2014 年和 2015 年,以高速铁路为引领的铁路建设加快推进,投资规模大幅增加,分别达到 7707.2 亿元、7729.9 亿元,新增固定资产投资分别为 4283.7 亿元、3280.9 亿元,投资力度显著加大。

表 10　"十二五"期间铁路运输业固定资产投资情况

单位:亿元

指标	2011 年	2012 年	2013 年	2014 年	2015 年
固定资产投资额	5915.0	6128.8	6690.7	7707.2	7729.9
实际到位资金	6280.9	6037.0	6303.5	8059.0	7332.2
新增固定资产投资	1586.0	1741.2	1814.7	4283.7	3280.9

资料来源:《中国统计年鉴》(2012～2016)。

七　税收情况

"十二五"期间,受行业运行效果和营改增税收改革的综合影响,我国铁路运输业纳税总额大幅减少,纳税结构发生较大调整。2011～2013 年,主营业务税金及附加从 140.3 亿元增加到 169.0 亿元,增长 20.5%;应交所得税和增值税均呈快速下降趋势。从 2014 年起,由于税收制度改革,税收缴纳总额进一步大幅降低,主营业务税金及附加从之前年份的超过 100.0 亿元降至 20.0 亿元左右。

表 11　"十二五"期间铁路运输业税收情况

单位:亿元

指标	2011 年	2012 年	2013 年	2014 年	2015 年
铁路运输业主营业务税金及附加	140.3	154.0	169.0	24.2	19.1
其中:规模以上法人企业主营业务税金及附加	105.5	115.8	127.1	18.2	14.4
铁路运输业应交所得税	−220.2	−309.2	−184.2	76.5	88.3
其中:规模以上法人企业应交所得税	−165.6	−232.5	−138.5	57.5	66.4
铁路运输业应交增值税	902.5	780.7	675.5	156.6	179.1
其中:规模以上法人企业应交增值税	678.7	587.1	508.0	117.8	134.7

注:全口径税金根据"规模以上法人企业营业收入占法人企业营业收入的比重 75.2%"推算,假设铁路运输业经营主体全部为法人企业,不存在个体工商户,因此法人企业税收之和即为全口径行业税收。

资料来源:2012～2015 年规模以上法人企业数据根据国家统计局数据计算整理,2011 年数据根据 2013 年增长率估算。

八 行业利润情况

"十二五"期间,铁路运输业营业利润不断下降,且幅度较大,2011～2015年,盈利从89.6亿元下滑至亏损33.2亿元,尤其是2014年,营业利润直线下滑,推动行业从盈利转变为亏损,2015年亏损局面有所好转。从利润总额看,"十二五"期间始终为负值,处于亏损状态,但亏损面逐步收窄,亏损额从2011年的629.4亿元缩小到2015年的15.2亿元,亏损状况有所好转。

表12 "十二五"期间铁路运输业利润情况

单位:亿元

指标	2011 年	2012 年	2013 年	2014 年	2015 年
铁路运输业营业利润	89.6	82.7	76.3	−83.4	−33.2
其中:规模以上法人企业营业利润	67.4	62.2	57.4	−62.7	−25.0
铁路运输业利润总额	−629.4	−315.2	−256.5	−25.8	−15.2
其中:规模以上法人企业利润总额	−473.3	−237.0	−192.9	−19.4	−11.4

注:全口径行业利润根据"规模以上法人企业营业收入占法人企业营业收入的平均比重75.2%"推算,假设铁路运输业经营主体均为法人企业,不存在个体工商户,法人企业利润之和即为全口径行业利润。

资料来源:规模以上数据根据国家统计局数据计算整理。

九 行业增加值情况

"十二五"期间,我国铁路运输行业增加值大致呈逐年增加走势,期末已突破3000亿元大关。2011～2015年,行业增加值由2358.9亿元增至3097.8亿元,五年增加738.9亿元,增长31.3%。从年增长率来看,"十二五"期间铁路运输业增加值增速保持在7%～8%水平,其中2012年增长最快,达到14.8%,2014年增加值同比略有减少,降低0.2%。

表13 "十二五"期间铁路运输业增加值

单位:亿元

指标	2011 年	2012 年	2013 年	2014 年	2015 年
铁路运输业行业增加值	2358.9	2709.0	2968.9	2964.1	3097.8
交通运输仓储和邮政业增加值	21842.0	23763.2	26042.7	28500.9	30370.9

注:铁路运输业增加值根据各年"铁路运输业主营业务收入占交通运输仓储和邮政业主营业务收入的比重"估算得出。

资料来源:交通运输仓储和邮政业增加值来源于《中国第三产业统计年鉴》(2016)。

十 区域分布情况

分东部、中部、西部、东北四大区域看①，就业人员方面，"十二五"期间，四大区域就业人员分布相对稳定。西部地区平均就业人员总数为551760人，占行业平均就业人数的30.2%；中部地区其次，为496084人，占27.2%；东部地区为465499人，占25.5%；东北地区最少，为312105人，占17.0%。营业里程方面，西部地区营业里程最多，2015年末达到48005.2公里，约占铁路营业总里程的39.7%，也是"十二五"期间营业里程增速最快的地区。

分省份来看，货运方面，"十二五"期间，山西和内蒙古两个煤炭大省的铁路货运量较大，均超过50000万吨，位居第一和第二；陕西、山东两省均超过20000万吨，居第三和第四位；河北、辽宁、黑龙江、河南、广东、安徽等6省紧随其后，均超过10000万吨，海南和西藏货运量较小，没超过1000万吨，尤其西藏，未达100万吨，全国货运量最小。客运方面，客运量与经济发展水平、人口密集程度、交通区位等因素密切相关，广东、江苏、浙江、北京等经济发达地区，以及辽宁、河南、湖北等交通运输枢纽地区客运量较大，其中，广东最大，五年平均为18244.3万人；其次是江苏、辽宁、浙江、北京，分别位居第二、第三、第四、第五；西藏最少，五年平均仅为146.4万人。

表14 "十二五"期间铁路运输业各区域发展情况

指标	区域	2011年	2012年	2013年	2014年	2015年	均值
就业人员（人）	东部(10)	478910	477878	424308	474295	472105	465499
	中部(6)	485008	489889	499915	506895	498712	496084
	西部(12)	508477	518258	545205	597470	589390	551760
	东北(3)	289147	307242	326954	322940	314241	312105
营业里程（公里）	东部(10)	21692.2	22456.8	24806.0	21478.5	28743.1	23835.32
	中部(6)	21041.3	22402.0	23230.3	26039.8	27162.4	23975.16
	西部(12)	36307.4	37340.1	39584.9	43644.4	48005.2	40976.4
	东北(3)	14235.7	15426.6	15523.4	15669.4	17059.8	15582.98
货运量（万吨）	东部(10)	79213.4	80276.3	81788	75556	113163.1	85999.36
	中部(6)	114867.5	113446.1	113708.4	113045	60647.8	103143
	西部(12)	150641.6	151752.2	158959.5	155566	49731.2	133330.1
	东北(3)	47129.8	43740.1	41643.3	37005	29942	39892.12
客运量（万人）	东部(10)	73456	78709.3	91046.9	105317	113163.1	92338.46
	中部(6)	42302	45007.2	50623.4	56593	60647.8	51034.68
	西部(12)	41539	36787.2	39157.5	57280	49731.2	44898.98
	东北(3)	28930	28833.1	29769	29872	29942	29469.22

资料来源：《中国统计年鉴》（2016）。

---

① 东部包括北京、天津、河北、上海、江苏、浙江、福建、山东、广东和海南等10个省份；中部包括山西、安徽、江西、河南、湖北和湖南等6个省份；西部包括内蒙古、广西、重庆、四川、贵州、云南、西藏、陕西、甘肃、青海、宁夏和新疆等12个省份；东北包括辽宁、吉林和黑龙江等3个省份。

表15 "十二五"期间各省份铁路运输货运量

单位：万吨

省份	2011年	2012年	2013年	2014年	2015年	平均	排名
山　西	69194.2	71427.9	73181.5	76411.0	7417.7	59526.4	1
内蒙古	64668.9	64682.2	67288.1	65165.0	5108.3	53382.5	2
陕　西	30298.8	31941.8	35766.9	37483.0	7866.3	28671.4	3
山　东	23155.7	23144.6	22876.2	20268.0	11397.0	20168.3	4
河　北	20446.7	21010.3	22469.1	20619.0	9705.8	18850.2	5
辽　宁	21576.5	19802.7	20566.0	19154.0	12918.7	18803.6	6
黑龙江	17677.9	16590.7	14561.0	11777.0	9865.4	14094.4	7
河　南	14367.8	12637.9	12928.8	11770.0	12200.4	12781.0	8
广　东	8971.0	9305.7	9711.0	9136.0	23149.1	12054.6	9
安　徽	12507.4	12259.8	11566.0	10488.0	8552.6	11074.8	10
江　苏	7713.0	7670.5	7157.4	6376.0	16116.0	9006.6	11
四　川	9171.8	8793.3	8970.1	8541.0	9207.2	8936.7	12
天　津	7345.9	7909.2	8349.0	8874.0	4053.6	7306.3	13
湖　北	6430.8	5882.3	5646.1	4689.0	13508.3	7231.3	14
吉　林	7875.4	7347.1	6516.3	6074.0	7157.9	6994.1	15
广　西	6769.7	6846.0	6916.2	6684.0	7046.3	6852.4	16
浙　江	4849.6	4607.3	4831.1	4343.0	15224.3	6771.1	17
湖　南	6321.2	5676.7	5169.1	4753.0	10510.5	6486.1	18
宁　夏	7847.8	8467.3	8412.1	6990.0	661.1	6475.6	19
贵　州	7219.2	6664.9	6460.7	6317.0	4900.8	6312.5	20
新　疆	6801.1	6839.5	7287.7	7410.0	2719.1	6211.5	21
江　西	6046.1	5561.5	5216.9	4934.0	8458.3	6043.4	22
甘　肃	6446.2	6289.7	6381.4	6448.0	3123.3	5737.7	23
云　南	5544.9	5030.9	5145.6	4823.0	3948.5	4898.6	24
福　建	3762.0	3814.1	3635.9	3402.0	9255.9	4774.0	25
北　京	1387.5	1236.9	1096.6	1135.0	12918.3	3554.9	26
青　海	3633.8	3783.9	3783.9	3608.0	936.1	3149.2	27
重　庆	2190.8	2328.1	2474.7	2054.0	3993.6	2608.2	28
上　海	887.9	825.3	701.6	549.0	9692.1	2531.2	29
海　南	694.1	752.4	960.1	854.0	1651.0	982.3	30
西　藏	48.6	84.6	72.1	43.0	220.6	93.8	31

资料来源：《中国统计年鉴》(2016)。

表16 "十二五"期间各省份铁路运输客运量

单位：万人

省份	2011 年	2012 年	2013 年	2014 年	2015 年	平均	排名
广 东	14441.0	15030.9	17658.4	20942.0	23149.1	18244.3	1
江 苏	10603.0	11758.3	13435.1	15374.0	16116.0	13457.3	2
辽 宁	12044.0	12045.4	13033.3	12841.0	12918.7	12576.5	3
浙 江	8888.0	9144.2	11052.3	13648.0	15224.3	11591.3	4
北 京	9800.0	10398.0	11679.6	12709.0	12918.3	11501.0	5
河 南	8804.0	9212.5	10532.3	11647.0	12200.4	10479.3	6
湖 北	7083.0	8265.7	10410.5	12379.0	13508.3	10329.3	7
黑龙江	10745.0	10524.2	10106.9	10096.0	9865.4	10267.5	8
四 川	13147.0	7997.3	8239.7	8905.0	9207.2	9499.3	9
山 东	7327.0	8346.8	9246.3	10304.0	11397.0	9324.2	10
湖 南	8064.0	8601.1	9230.9	9806.0	10510.5	9242.5	11
河 北	7601.0	7846.6	8761.9	9571.0	9705.8	8697.1	12
上 海	6198.0	6758.1	7971.5	9194.0	9692.1	7962.7	13
安 徽	5980.0	6385.3	7210.5	7972.0	8552.6	7220.1	14
江 西	6152.0	6334.5	6944.8	7840.0	8458.3	7145.9	15
福 建	4695.0	5294.9	6501.4	8345.0	9255.9	6818.4	16
吉 林	6141.0	6263.5	6628.8	6935.0	7157.9	6625.2	17
山 西	6219.0	6208.1	6294.4	6949.0	7417.7	6617.6	18
陕 西	5614.0	5757.3	6123.3	7077.0	7866.3	6487.6	19
内蒙古	4207.0	4320.3	4634.5	4789.0	5108.3	4611.8	20
广 西	3383.0	3309.7	3275.4	4770.0	7046.3	4356.9	21
贵 州	3939.0	3901.9	4321.8	4409.0	4900.8	4294.5	22
重 庆	2934.0	3040.4	3251.4	4057.0	3993.6	3455.3	23
天 津	2829.0	2970.2	3351.6	3687.0	4053.6	3378.3	24
云 南	2727.0	2762.3	3189.4	3479.0	3948.5	3221.2	25
甘 肃	2451.0	2383.2	2522.0	2672.0	3123.3	2630.3	26
宁 夏	543.0	535.5	593.7	9186.0	661.1	2303.9	27
新 疆	1964.0	2125.4	2285.9	2329.0	2719.1	2284.7	28
青 海	520.0	544.1	591.9	5444.0	936.1	1607.2	29
海 南	1074.0	1161.9	1388.8	1543.0	1651.0	1363.7	30
西 藏	110.0	109.8	128.5	163.0	220.6	146.4	31

资料来源：《中国统计年鉴》(2016)。

第二节 "十二五"期间道路运输业发展情况[①]

"十二五"期间,道路运输行业紧紧围绕"四个全面"战略布局,主动适应经济发展新常态,大力推进"四个交通"建设,创新服务手段,优化服务结构,着力提升服务能力和水平,为推动综合交通运输体系深度融合,支撑经济持续健康发展、社会和谐稳定提供了有力保障。

一 营业规模情况

(一)营业收入

"十二五"期间,我国道路运输业营业收入稳步增长。2011~2015年,营业收入从8989.98亿元上升到20555.84亿元。

表 17 "十二五"期间道路运输业营业规模

单位:亿元

指标	2011 年*	2012 年*	2013 年	2014 年*	2015 年*
营业收入	8989.98	11054.87	17826.70	19356.60	20555.84

注:带 * 的为测算数据。

资料来源:《中国经济普查年鉴》(2013)和国家统计局。

(二)道路客运量、旅客周转量

"十二五"期间,全国道路运输行业经济运行总体情况良好。受铁路发展特别是高铁的崛起、节假日高速公路免收通行费、私家车快速增加以及人们出行方式和出行目的改变等因素的影响,我国道路客运量、旅客周转量呈现先增后减的发展态势。尤其在"十二五"最后一年,客运量、旅客周转量分别为161.9亿人次和10742.7亿人公里,比上年分别减少6.7%和2.3%,虽然总数有一定的下降,但在综合运输体系中仍占据着重要地位,占比分别为83.3%和35.7%。

(三)道路货运量、货物周转量

"十二五"期间,我国道路货运量、货物周转量呈现波动增长态势,保障服务能力稳步提升,为经济、社会发展提供了有力支撑。2015年,道路货运量和货物周转量分

[①] 本节中全国水路运输货运量及货运周转量同比增长、内河船舶船员注册人数、水路交通固定资产投资中沿海建设(中部地区)投资及占比、取得驾驶执照飞行员数量、民航全行业应缴税金、民航业运输收入水平、农村网点及城市网点数量、快递专用货机数量、计算机及手持终端数量和增长率等数据在2011~2015年部分数据存在缺失,没有进行分析。

别为 315.0 亿吨和 57955.7 亿吨公里，在综合运输体系中所占比重分别为 75.5% 和 32.7%，道路货运继续在综合货运体系中发挥基础性、主体性作用，是物流业"基础中的基础"。

表18 "十二五"期间道路客运量、旅客周转量

年份	客运量		旅客周转量	
	总量（万人次）	综合运输体系中占比（%）	总量（亿人公里）	综合运输体系中占比（%）
2011	3286220	93.2	16760.2	54.1
2012	3557010	93.5	18467.5	55.3
2013	1853463	87.3	11250.9	40.8
2014	1736270	78.6	10996.8	36.5
2015	1619097	83.3	10742.7	35.7

资料来源：《中国统计年鉴》（2012～2016）。

表19 "十二五"期间道路货运量、货物周转量

年份	货运量		货物周转量	
	总量（万吨）	综合运输体系中占比（%）	总量（亿吨公里）	综合运输体系中占比（%）
2011	2820100	76.3	51374.7	32.2
2012	3188475	77.8	59534.9	34.2
2013	3076648	75.1	55738.1	33.2
2014	3113334	71.0	56846.9	30.6
2015	3150019	75.5	57955.7	32.7

资料来源：《中国统计年鉴》（2012～2016）。

（四）机动车维修与检测

"十二五"期间，机动车维修与检测围绕提升服务质量继续深化改革，行业转型升级加快推进，在破除维修行业垄断、保护消费者合法权益、促进转型升级和提升服务质量等方面有了新突破，行业完成的维修量稳步增加，由 2011 年的 26965.5 万辆次增至 2015 年的 34400.1 万辆次。

2015 年，我国 2524 家汽车综合性能检测站完成检测总量 3267.0 万辆次，是 2011 年的 1.21 倍。汽车综合性能检测站在车辆维修竣工检测、维修质量监督检测、等级评定检测等方面的检测次数在"十二五"末期呈现下降态势，其中降幅最为明显的是等级评定检测，降幅为 3.8%；其他检测、质量仲裁检测和排放检测则保持快速增长的态势。

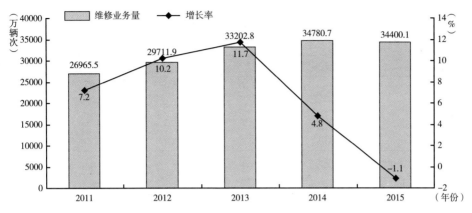

图4 2011~2015年全国机动车维修业务量及增长率

资料来源:《中国道路运输发展报告》(2011~2015)。

表20 2011~2015年全国汽车综合性能检测完成量

单位:家,万辆次

年份	检测站	检测总量						
		合计	维修竣工检测	维修质量监督检测	等级评定检测	其他		
						其他检测	质量仲裁检测	排放检测
2011	2061	2702.8	1450.1	70.4	965.4	260.9	6.1	171.3
2012	2080	2891.4	1541.3	75.3	1036.0	283.0	0.9	180.8
2013	2180	3114.1	1658.3	79.4	1082.6	329.5	1.3	216.6
2014	2330	3287.7	1794.2	77.8	1116.1	316.9	1.2	221.1
2015	2524	3267.0	1767.1	75.4	1074.0	367.7	1.5	253.7

资料来源:《中国道路运输发展报告》(2011~2015)。

(五)驾驶员培训

"十二五"期间,我国驾驶员培训行业治理水平继续提升,创新型服务模式不断涌现,市场满意度不断提高。随着人口的增长和家庭轿车的普及,我国机动车驾驶员培训人次迅速增加,在2012年就突破2000万人次大关,在2015年更是达到2624.9万人次,同比增加5.0%,其中培训合格的达2225.5万人次,同比增加5.3%,合格率为84.8%,同比提升了0.3个百分点。度过新交规实施的适应期后,无论是机动车驾驶员培训人数还是合格率,均有一定程度的上升。在2015年,完成道路运输从业资格培训261.2万人次,相比2014年增加8.7万人次。

(六)城市客运

2012年12月,《国务院关于城市优先发展公共交通的指导意见》(国发〔2012〕64号)发布,进一步确立了城市公共交通优先发展战略,并提出了一系列优先发展公共交通的重大政策措施。"十二五"期间,我国城市客运系统运输能力稳步提高,

表21　2011～2015年我国机动车驾驶员培训完成量

单位：万人次，%

年份	2011	2012	2013	2014	2015
培训人次	1955.1	2228.8	2044.0	2500.7	2624.9
培训合格人次	1682.3	1926.0	1710.2	2114.1	2225.5
从业资格培训人次	273.9	297.2	258.3	252.5	261.2
合格率	86.0	86.4	83.7	84.5	84.8

资料来源：《中国道路运输发展报告》（2011～2015）。

客运总量稳步增长，服务网络不断扩大，运力不足、群众出行不便的问题得到有效缓解。截至2015年底，全国城市客运系统全年运送旅客达1303.17亿人，较2011年增长了11.8%。其中公共汽电车、轨道交通、出租汽车、客运轮渡运输总量分别为765.4亿人、140.01亿人、396.74亿人和1.01亿人。

城市轨道交通出行占比逐渐升高，需求不断增强，由2011年的71.34亿人增长至2015年的140.01亿人，年均增长18.4%。其中，上海、北京和广东等地区轨道交通客运总量占公共交通的比例超过30.0%。轨道交通虽然取得了明显的进步，但与世界主要大城市相比仍有较大差距：世界主要大城市中，轨道交通运输量占公交运量的50%以上，有些甚至达70%以上。

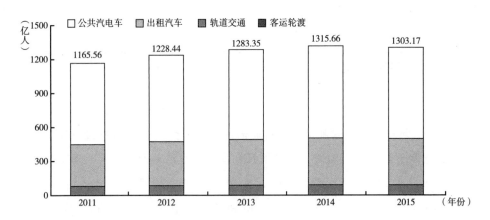

图5　2011～2015年全国城市客运量

资料来源：《交通运输行业发展统计公报》（2011～2016）。

二　运力规模情况

（一）资产规模

"十二五"期间，我国道路运输业资产规模整体呈现快速扩大态势，2011～2015

年，资产总计由 51084.47 亿元增加到 2015 年的 106290.90 亿元，年均增长 20.1%。道路运输业债务负担稳步上升，2015 年达到最大值 64087.18 亿元。所有者权益逐年增长，2011~2015 年，由 19600.20 亿元增至 42207.10 亿元。

表 22 "十二五"期间道路运输业资产规模

单位：亿元

指标	2011 年	2012 年	2013 年	2014 年	2015 年
资产总计	51084.47	61353.69	69949.10	87123.69	106290.90
负债总计	31484.27	37606.39	42692.62	53007.04	64087.18
所有者权益合计	19600.20	23747.30	27256.65	34116.99	42207.10

资料来源：《中国道路运输发展报告》（2011~2015）。

（二）全国营运客车及其客位数

"十二五"期间，全国营运客车及其客位数总体呈现波动下降的趋势。2015 年，全国营运客车为 83.93 万辆，同比下降 0.8%，客位数为 2148.6 万个，同比减少 1.9%，平均客位数为 25.6 个/辆，同比减少 0.3 个/辆。其中，大型客车 30.5 万辆、1324.3 万个客位，同比分别下降 0.6% 和 0.1%，平均客位数为 43.4 个/辆，同比增加 0.2 个/辆。

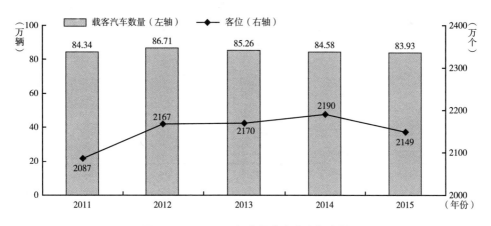

图 6 2011~2015 年全国载客汽车拥有量

资料来源：《中国道路运输发展报告》（2011~2015）。

（三）全国货车及其吨位数

"十二五"期间，我国道路货运组织效率不断提升，多式联运、甩挂运输等高效运输组织模式得到推广，全国营运货车数量有所减少，货运吨位数有所增加，大型化、专业化比重稳步提升，专用车辆数量比重增加。2015 年，全国营运货车达 1389.19 万辆，吨位总计达 10366.5 万吨，同比下降 4.4% 和增长 0.7%。2015 年全国载货汽车车辆平均吨位为7.5吨，同比提升了5.6%。专用货车的数量和比例明显增加，2015年全国共有道路专用货车48.4万辆。

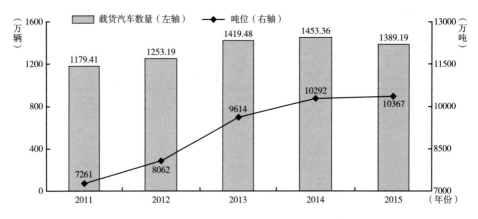

图7　2011～2015年全国载货汽车拥有量

资料来源：《中国道路运输发展报告》（2011～2015）。

其中，快递车和冷藏冷链运输车成为增长最快的物流车，同时也是卡车厂家竞争最激烈的市场。公路冷链运输车辆高速增长，年均复合增长率达到30.6%。

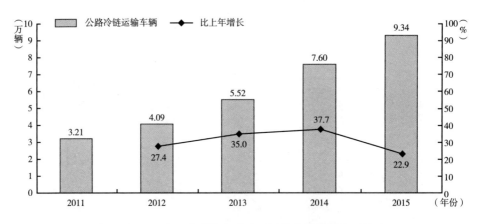

图8　2011～2015年我国公路冷链运输车数量及增长情况

资料来源：Wind。

（四）城市客运

"十二五"期间，城市客运运力规模明显扩大。2015年末全国城市及县城拥有公共汽电车56.18万辆、63.29万标台，比2011年末分别增长23.9%和26.6%；轨道交通运营车辆19941辆、48165标台，同比分别增长100.5%和98.0%；出租汽车运营车辆139.25万辆，同比增长10.2%；城市客运轮渡310艘，同比下降70.8%。

表 23 城市客运系统装备概况

年份	公共汽电车 （万辆）	轨道交通运营车辆 （辆）	出租汽车 （万辆）	城市客运轮渡 （艘）
2011	45.33（49.99 万标台）	9945（24330 标台）	126.38	1061
2012	47.49（52.82 万标台）	12611（30672 标台）	129.97	590
2013	50.96（57.30 万标台）	14366（34415 标台）	134.00	422
2014	52.88（59.79 万标台）	17300（41770 标台）	137.01	329
2015	56.18（63.29 万标台）	19941（48165 标台）	139.25	310

资料来源：《交通运输行业发展统计公报》（2011～2015）。

按车辆燃料类型分，2015 年我国公共汽电车中柴油车、天然气车、汽油车分别占 45.1%、32.5% 和 1.7%。在大力发展绿色交通要求下，城市公交、出租汽车以及城市物流配送作为新能源汽车推广应用的重点领域，电动车、天然气车和混合动力车得到推广，保有量不断提升。

表 24 2011～2015 年我国公共汽电车车辆类型（按车辆燃料类型分）占比

单位：%

年份	柴油车	天然气车	汽油车	其他
2011	67.1	15.2	6.2	11.5
2012	64.5	18.2	5.0	12.3
2013	59.3	24.3	3.4	13.0
2014	52.9	30.2	2.5	14.4
2015	45.1	32.5	1.7	50.7

资料来源：《交通运输行业发展统计公报》（2011～2015）。

"十二五"期是我国城市轨道交通建设的高潮阶段，地铁已成为我国大中城市名副其实的"城市动脉"。截至 2015 年底，全国有 25 个城市开通了城市轨道交通线路，设有轨道交通车站 2092 个，是 2011 年的 1.8 倍。

表 25 2011～2015 年我国轨道交通发展概况

单位：个，辆

年份	开通轨道交通城市	轨道交通车站	其中换乘站	地铁车辆	轻轨车辆
2011	13	1147	109	8947	647
2012	15	1375	116	11225	1247
2013	18	1549	134	12971	1253
2014	22	1829	151	15696	1372
2015	25	2092	180	18098	1434

资料来源：《交通运输行业发展统计公报》（2011～2015）。

"十二五"期间，我国城市服务网络不断扩大。到2015年，全国公共汽电车运营线路网总长度89.43万公里，公交专用车道里程达8569.1公里。城市快速公共交通系统运营线路总长度超过2700公里，较"十一五"末翻了两番。

表26 2011～2015年我国公共汽电车运营线路及其长度

年份	公共汽电车运营线路 （条）	运营线路总长度 （万公里）	其中:公交专用车道 （公里）
2011	35884	67.29	4425.6
2012	38243	71.46	5255.8
2013	41738	74.89	5890.6
2014	45052	81.78	6897.3
2015	48905	89.43	8569.1

资料来源:《交通运输行业发展统计公报》（2011～2015）。

轨道交通的发展大大提高了公共交通服务能力，改善了乘车环境，减少了环境污染，提高了公共交通的吸引力，轨道交通在大城市和特大城市公共交通系统中的主骨架作用日益明显。2015年城市轨道交通运营线路总长度达3195.4公里，较2010年增长超过1倍，其中北京、上海都已经超过500公里。目前，25个城市中累计105条线路通车，其中，20个城市拥有两条以上城市轨道交通线路。现代有轨电车作为一种节能环保、快捷准点、安全舒适、形象美观的中运量公交方式得到推广，运营线路长度由2011年的41公里增长至2015年的175公里。

表27 2011～2015年我国轨道交通运营线路及其长度

单位:条，公里

年份	轨道交通运营线路	其中:地铁	轻轨	运营线路总长度	其中:地铁	轻轨
2011	58	46	5	1699	1403.0	172.0
2012	69	55	1699	2058	1726.0	291.0
2013	81	67	9	2408	2050.0	290.0
2014	92	76	.9	2816.1	2418.0	303.5
2015	105	85	10	3195.4	2722.7	341.2

资料来源:《交通运输行业发展统计公报》（2011～2015）。

轮渡是许多拥有江河的城市的重要过江交通方式之一，随着城市道路、桥梁建设步伐的加快以及陆路多样化交通工具的迅速发展，城市轮渡的发展受到抑制，航线大幅萎缩，客流逐年下降，截至2015年底，城市客运轮渡运营航线为123条，较2011年减少70.5%。

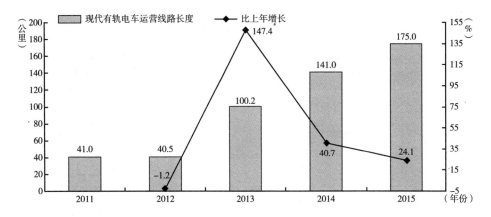

图9 2011～2015年现代有轨电车运营线路长度及增长情况

资料来源:《交通运输行业发展统计公报》(2011～2015)。

表28 2011～2015年我国城市客运轮渡运营航线数量及其总长度

单位:条,公里

年份	城市客运轮渡运营航线	运营航线总长度
2011	417	4434.0
2012	222	846.0
2013	143	575.0
2014	126	497.6
2015	123	568.9

资料来源:《交通运输行业发展统计公报》(2011～2015)。

三 法人单位情况

(一)道路旅客运输经营业户

"十二五"期间,以高铁为代表的动车客运业务蓬勃发展,城市公交线路延伸,加之家庭轿车的普及,我国道路旅客运输经营业户整体逐年减少,由2011年的57591户下降至2015年的44651户,年均减少6.2%。其中,客运企业数量呈现缓慢增长态势,而个体运输户受到的冲击最大,由2011年的45505户下降至2015年的31975户,年均减少8.5%。这与我国加强市场集中度、扶持龙头企业发展等政策措施是分不开的,说明我国的道路客运市场正在从数量竞争转向服务质量的竞争,这将更加有利于我国道路客运市场的经营业户整体素质的提高。

在"高铁时代"以及我国旅游业快速发展的背景下,传统班线客运占比不断下降,由2011年的93.02%下降至2015年的90.22%,而旅游客运和包车客运量呈现上升态势,旅游专线、旅游包车等旅游客运业务和汽车租赁业务发展态势良好。

表 29 "十二五"期间全国道路旅客运输经营业户

单位：户

年份	合计	客运企业	个体运输户
2011	57591	12086	45505
2012	55200	12291	42909
2013	50880	12132	38748
2014	46786	12591	34175
2015	44651	12676	31975

资料来源：《中国道路运输发展报告》（2011～2015）。

表 30 道路客运经营业户类型占比

单位：%

年份	班线客运	旅游客运	包车客运
2011	93.02	2.86	4.12
2012	92.37	2.96	4.68
2013	91.90	3.21	4.88
2014	91.11	3.58	5.30
2015	90.22	3.98	5.81

资料来源：《中国道路运输发展报告》（2011～2015）。

我国汽车租赁业处于起步发展阶段，近年来出现大幅增长，经营模式也呈现多样化。2015 年，全国共有汽车租赁业户 5463 户，同比增长 32.0%，"十二五"期间复合年增长率为 13.3%。

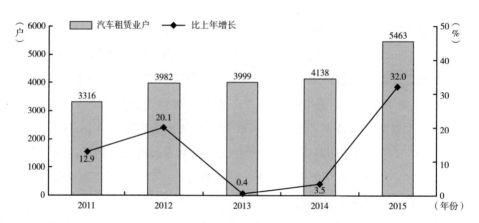

图 10 2011～2015 年我国汽车租赁业户变化

资料来源：《中国道路运输发展报告》（2011～2015）。

（二）道路货物运输的经营业户

"十二五"期间，我国道路货运市场集中度偏低、大型骨干龙头企业较少、小规模低层次承运人特别是个体工商户数量庞大等现象得到一定程度的改变。近年来，国家把发展龙头骨干企业作为道路货运转型升级的重要抓手，中中物流联盟、华中甩挂运输联盟等具有较强影响力的中小企业联盟不断壮大，传化公路港、卡行天下等优秀平台型物流企业加快发展，有效地整合了社会零散货运资源。2015 年，从事道路货物运输的经营业户为 718.2 万户，同比减少了 39.4 万户，降低 5.2%；其中，企业 61.8 万户，同比减少 2.4 万户；个体运输户 656.4 万户，同比减少 37.0 万户。

表 31　"十二五"期间全国道路货物运输经营业户数量

单位：万户

年份	合计	货运企业	个体运输户
2011	722.4	71.76	650.64
2012	751.5	70.06	681.44
2013	745.2	68.21	676.99
2014	757.6	64.18	693.42
2015	718.2	61.80	656.40

资料来源：《中国道路运输发展报告》（2011～2015）。

道路运输企业的规模化、集约化程度有所增加，道路运输企业的规模结构得到改善。2015 年，86.5%的道路货运企业拥有车辆数不足 10 辆，同比下降 1.0%；其中，88.3%的普通货物运输企业、61.0%的货物专用运输企业、54.9%的集装箱运输企业、67.6%的大型物件运输企业和 29.7%的危险货物运输企业，拥有车辆数不足 10 辆。

表 32　2011 年和 2015 年全国道路货运企业（不含普通货物运输企业）车辆规模

单位：户

企业规模	货物专用运输		集装箱运输		大型物件运输		危险货物运输	
	2011 年	2015 年	2011 年	2015 年	2011 年	2015 年	2011 年	2015 年
100 辆及以上的企业	907	1317	372	732	63	143	578	681
50～99 辆的企业	1131	1737	585	999	81	169	936	1218
10～49 辆的企业	7410	11092	3780	6360	636	1069	4733	5410
10 辆以下的企业	13249	22150	7189	9865	2182	2885	3362	3087

资料来源：《中国道路运输发展报告》（2011～2015）。

全国主要道路货运相关服务经营业户在"十二五"期间也呈现稳步发展态势，其中物流服务经营户由 2011 年的 17276 户增长至 2015 年的 19622 户。

表33 2011～2015年道路货运相关服务经营业户发展概况

单位：户

年份	物流服务	货运代办	信息配载
2011	17276	33725	22369
2012	18145	34498	23246
2013	19513	33024	23900
2014	20218	34424	26137
2015	19622	33500	22121

资料来源：《中国道路运输发展报告》（2011～2015）。

（三）机动车维修经营业户

"十二五"期间，机动车维修连锁经营取得显著进展，行业经营业户数量稳定增加，规模化经营成为维修企业提升核心竞争力的重要途径。2015年，全国机动车维修经营业户45.9万户，其中一类、二类汽车维修业户由2011年的7.4万家增长至2015年的8.7万家，但三类汽车维修业户依然是我国机动车维修业的主体，占比达66.7%。

表34 2011～2015年我国汽车、摩托车维修经营业户发展概况

单位：万户

年份		2011	2012	2013	2014	2015
机动车维修经营业户数		42.2	44.1	44.7	46.2	45.9
维修业户分类	一类汽车维修业户	1.3	1.3	1.4	1.4	1.5
	二类汽车维修业户	6.1	6.4	6.8	7.1	7.2
	三类汽车维修业户	26.4	28.2	29.2	30.6	30.6
	摩托车维修业户	8.2	7.7	7.2	6.7	6.4

资料来源：《中国道路运输发展报告》（2011～2015）。

（四）机动车驾驶员培训机构数

我国驾驶员培训行业不断优化结构，形成规范、有序、健康发展的驾驶员培训服务体系，培养了大批优秀的驾驶员，为运输生产、交通安全、经济快速发展做出了重要贡献。"十二五"期间，众多驾驶人口对机动车驾驶培训行业产生了巨量需求，2015年我国机动车驾驶员培训机构达到15108户，五年内年均增长9.9%。

目前，我国的机动车驾驶员培训服务体系初具规模，结构趋于合理，基本满足经济社会发展需求。"十二五"末期，普通机动车驾驶员培训业户从以前的以二级类型为主转变为以三级类型为主；三级普通机动车驾驶员培训业户增长迅速，增长率达34.2%，一级和二级普通机动车驾驶员培训业户呈现减少趋势，降幅分别为6.7%和6.5%。

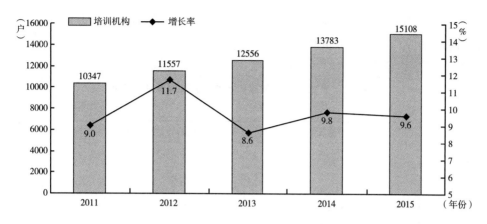

图 11 2011～2015 年我国机动车驾驶员培训机构数量及增长率

资料来源：《中国道路运输发展报告》（2011～2015）。

表 35 2011～2015 年我国机动车驾驶员培训业户类型及数量变化

单位：户

类型			2011 年	2012 年	2013 年	2014 年	2015 年
机动车驾驶员培训业户		总计	10347	11557	12556	13783	15108
其中	普通机动车驾驶员培训	合计	10202	11403	12408	13631	14912
		一级	1390	1585	1796	2044	1908
		其中 二级	4808	5480	5913	6249	5842
		三级	4004	4338	4699	5338	7162
	道路运输驾驶员从业资格培训	合计	2130	2046	2100	2120	2093
		其中 客货运输	2013	1951	2010	2032	2008
		危险货物运输	399	398	402	380	419
	机动车驾驶员培训教练场经营		626	404	461	525	531
	残疾人驾驶员培训		271	271	279	309	304

资料来源：《中国道路运输发展报告》（2011～2015）。

四 从业人员情况

道路运输业作为劳动密集型行业，是交通运输吸纳就业的"主阵地"，也是老百姓创业择业的"大舞台"，吸纳、安置了大量城市待业居民和农村富余劳动力，对国家扩大就业的贡献显著。

（一）道路客运

随着城镇化的快速发展，城市型生活方式正日益普及，城际、城乡间和城市内运输"一体化""零换乘"水平不断提高，居民出行需求保持旺盛的水平，加之新农村建设深入推进，农村客运需求保持较快增长，"十二五"期间，全国道路旅客运输从业人员数不断增加，2015 年达到 338.7 万人，较 2011 年增加 49.9 万人，为历史新高。其中，驾驶员增加 50.9 万人，乘务员减少 10.1 万人。

表 36　"十二五"期间我国道路旅客运输从业人员数

单位：万人

年份	道路旅客运输从业人员数	其中：客运驾驶员数	乘务员
2011	288.8	192.8	63.6
2012	311.4	218.6	62.0
2013	317.8	224.8	59.8
2014	320.4	225.7	57.3
2015	338.7	243.7	53.5

资料来源：《中国道路运输发展报告》（2011～2015）。

（二）道路货运

受我国货运组织效率提升的影响，道路货运从业人员数"十二五"期间呈现先增后减的态势，2014 年达到最高值 2152.2 万人后，减少到 2015 年的 2138.8 万人，同比减少 0.6%；其中驾驶员 1922.8 万人，同比减少 0.3%（包括危险货物运输驾驶员 71.2 万人，同比增长 15.0%）；危险货物运输押运员 62.4 万人，同比增长 6.0%；危险货物运输装卸管理员 7.0 万人，同比下降 6.6%。

表 37　"十二五"期间我国道路货运从业人员数

单位：万人

年份	道路货运从业人员数	其中：驾驶员数
2011	1890.0	1632.8
2012	2010.0	1768.5
2013	2087.0	1860.6
2014	2152.2	1928.6
2015	2138.8	1922.8

资料来源：《中国道路运输发展报告》（2011～2015）。

（三）机动车驾驶教练员

2015 年，我国共有机动车驾驶教练员 81.9 万人，较 2011 年增加了 38 万人，同比增长 13.0%，继续保持高速增长势头。其中，理论教练员、驾驶操作教练员分别为 5.8 万人、74.7 万人，分别同比增长了 19.7%、12.4%；危险货物运输驾驶员从业资格培训教练员为 1610 人，比上年下降 20.3%，道路客货运输驾驶员从业资格培训教练员为 10158 人，比上年下降 3.0%。

表38 我国机动车驾驶员培训从业人员概况

从业人员类型		2011 年	2012 年	2013 年	2014 年	2015 年
教练员（万人）		43.9	52.3	61.9	72.4	81.9
其中	理论教练员（万人）	3.3	3.9	4.5	4.8	5.8
	驾驶操作教练员（万人）	39.3	47.5	56.7	66.4	74.7
	道路客货运输驾驶员从业资格培训教练员（人）	9883	9191	10475	10475	10158
	危险货物运输驾驶员从业资格培训教练员（人）	2206	2051	2021	2021	1610

资料来源：《中国道路运输发展报告》（2011~2015）。

五 固定资产投资情况

道路运输主动服务国家战略，通过落实稳增长各项措施，加大固定资产投资力度，取得了显著成效。2015 年累计投资 28611.14 亿元，是 2011 年的 2.06 倍。

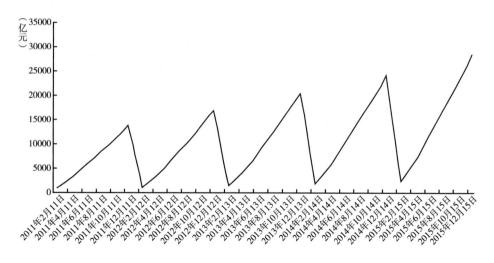

图 12 2011~2015 年道路运输业固定资产投资完成额

资料来源：Wind。

（一）公路投资

"十二五"期间累计完成公路建设投资 7.1 万亿元，是"十一五"投资完成额的 1.5 倍，再创历史新高，为稳增长、扩内需做出了积极贡献，提高了交通服务能力和水平。2015 年，纳入《集中连片特困地区交通建设扶贫规划纲要（2011~2020）》的 505 个贫困县完成公路建设投资 3474.72 亿元，增长 0.9%，占全国公路建设投资的 21.0%。东、中、西部地区综合交通网发展差距逐步缩小，布局更趋平衡、合理，为推进区域和城乡统筹发展提供了有力支撑。

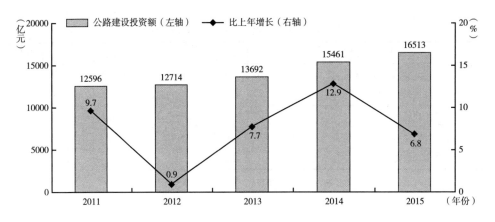

图13　2011 ~ 2015年公路建设投资额及增长速度

资料来源：《交通运输行业发展统计公报》(2011 ~ 2015)。

2015年末全国公路总里程457.7万公里，比"十一五"末增加了56.91万公里，高速公路里程突破12万公里，"7918"国高网基本建成，农村公路里程突破397万公里，西部地区81%的建制村实现通畅，国省干线公路技术等级逐步提升，全国96%的县城实现二级及以上等级公路连通。2015年末以国土面积计算，公路密度为47.68公里/百平方公里，较"十一五"末增加了5.93公里/百平方公里；以人口计算，公路密度为33.46公里/万人，较"十一五"末增加了3.43公里/万人。

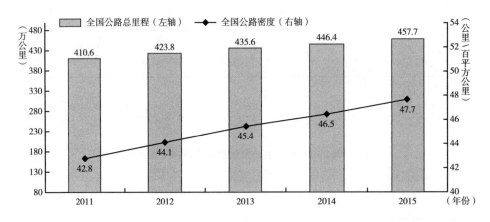

图14　2011 ~ 2015年全国公路总里程及公路密度

资料来源：《交通运输行业发展统计公报》(2011 ~ 2015)。

2015年，全国等级公路里程404.63万公里，比上年末增加14.55万公里。等级公路占公路总里程的88.4%，同比提高1.0个百分点。其中，二级及以上公路里程57.49万公里，同比增加2.92万公里，占公路总里程的12.6%，提高0.3个百分点。各行政等级公路里程分别为：国道18.53万公里（其中普通国道10.58万公里）、省道32.97

万公里、县道 55.43 万公里、乡道 111.32 万公里、专用公路 8.17 万公里, 比上年末分别增加 0.61 万公里、0.69 万公里、0.23 万公里、0.81 万公里和 0.14 万公里。

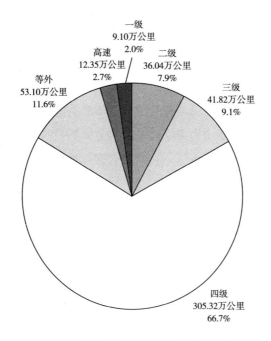

图 15 2015 年全国各技术等级港路里程构成

资料来源:《交通运输行业发展统计公报》(2011 ~ 2015)。

"十二五"末, 全国高速公路里程达 12.35 万公里, 比上年末增加 1.16 万公里, 其中, 国家高速公路 7.96 万公里, 同比增加 0.65 万公里。全国高速公路车道里程达 54.84 万公里, 增加 5.28 万公里。

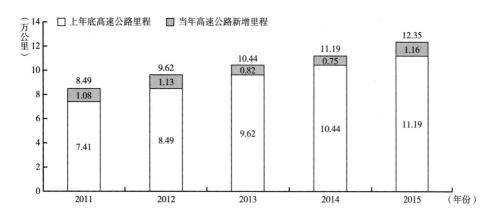

图 16 2011 ~ 2015 年全国高速公路里程

资料来源:《交通运输行业发展统计公报》(2011 ~ 2015)。

（二）场站建设

"十二五"期间，我国加大了客运站提升改造建设力度，精准扶贫地区客运站建设进度推进较快。2015年，全国客运站总数达33.6万个，同比增长3.1%；等级客运站20752个，同比增加181个，增幅为0.9%；其中，一级客运站847个，同比增加6.8%。部分新建客运站场旧有模式得到改变，引入公交站、出租车候客站以及物流快递企业等，实现站内长途、公交、出租、社会车辆的零距离换乘，以及采用小商品物流快运的综合运输模式。随着综合运输服务意识的增强，大部分新建、在建和规划建设的大型铁路客运枢纽、民航机场均考虑了多种交通方式的换乘衔接问题，尤其是依托高铁客运站基本都建成了与城市交通无缝衔接的综合客运枢纽，实现了城市内外和不同交通方式之间便捷、安全、顺畅的换乘。

表39　2011～2015年全国客货运站场建设概况

单位：个

年份	客运站					货运站				
	总数	一级	二级	三级	四级	总数	一级	二级	三级	四级
2011	10193	672	2102	2140	5279	3300	263	300	864	1873
2012	10242	706	2065	2078	5393	3598	268	305	813	2212
2013	10292	751	2058	2001	5482	3179	259	270	765	1885
2014	10506	793	1971	2001	5741	3124	257	270	563	2034
2015	10502	847	1952	1965	5738	2928	252	260	523	1893

资料来源：《中国道路运输发展报告》（2011～2015）。

围绕综合运输体系，通过加强枢纽场站衔接建设，整合货运枢纽资源，提高利用效率，货运站数量由2011年的3300个减少至2015年的2928个，其中一级货运站252个，二级货运站260个。主要交通枢纽城市具备多式联运条件，提供大宗货物转运的具有公共服务属性的货运枢纽型物流园区得以加快发展，尤其是在特大城市周边，依托货运枢纽逐渐发展起了融合多功能的综合服务型物流园区，一批具有多式联运功能的货运枢纽的服务优势越来越凸显，集疏运体系配建到位，初步实现了多种运输方式的有效对接，推动了货物一体化运输和快速转运效率的提高。

（三）城市轨道交通

"十二五"期间，各地政府也不断加大城市轨道交通建设的投资规模，全国城市轨道交通投资总额从2011年的1628亿元增长到2015年的3683亿元，增长126%，"十二五"期间，我国城市轨道交通投资总额突破万亿元大关，达到12289亿元。伴随城市轨道交通投资额度的加大，城市轨道交通建设成为继大规模铁路投资之后新的投资热点，成为"十二五"基础建设投资的新增长点。

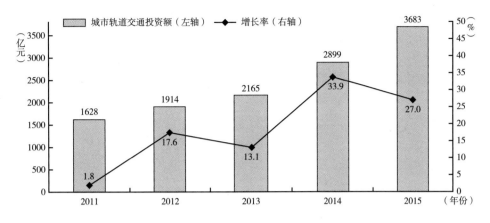

图17 2011~2015年我国城市轨道交通投资额

资料来源：中国城市轨道交通网。

六 国际道路运输情况

"十二五"期间，道路运输行业积极响应国家"一带一路"倡议，不断加强与有关国家的双边交通合作，推进国际运输便利化发展。目前，国际道路运输已成为我国与周边国家发展双边多边关系和增进友好往来的重要桥梁，在拓展和深化我国对外开放、推动边贸和边境地区经济社会发展、维护国家安全和边疆稳定等方面发挥着越来越重要的作用。

（一）国际道路运输量

"十二五"期间，我国基本建成了以重点城市为中心、以边境口岸为节点、覆盖沿边地区并向周边国家辐射的国际道路运输网络。2015年，我国与周边国家共完成国际道路客运量712.9万人次，同比增长6.3%；旅客周转量约4.7亿人公里，同比下降0.8%。

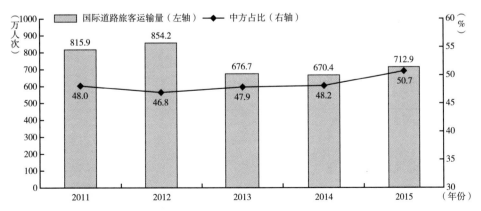

图18 2011~2015年全国国际道路运输客运量及中方所占比例

资料来源：《中国道路运输发展报告》（2011~2015）。

2015 年，我国与周边国家共完成国际道路货物运输量 3746.8 万吨，同比减少约 5.3%；货物周转量 24.7 亿吨公里，同比下降约 9.6%。

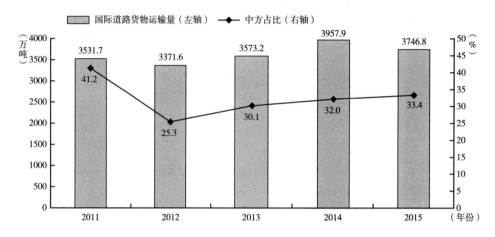

图 19　2011～2015 年全国国际道路货物运输量及中方所占比例

资料来源：《中国道路运输发展报告》（2011～2015）。

（二）行车许可证使用情况

国际道路运输行车许可证是国际道路运输车辆出入境的通行证。"十二五"期间，全国使用的国际道路运输行车许可证总量呈现前减后增的发展态势，2013 年达到最低值 414019 张。2015 年，A 种行车许可证使用量为 1134 张，同比减少 2.1%；B 种行车许可证使用量达 122473 张，同比增加约 35.9%；C 种行车许可证使用量为 390515 张，同比增加 1.5%。

表 40　2011～2015 年全国国际道路运输行车许可证使用情况

单位：张

年份	2011	2012	2013	2014	2015
A 种许可证使用量	1382	1368	1164	1158	1134
B 种许可证使用量	72678	88616	51538	90152	122473
C 种许可证使用量	452070	430721	362481	384683	390515
合　计	524748	519337	414019	474835	512988

资料来源：《中国道路运输发展报告》（2011～2015）。

（三）国际道路运输企业

我国国际道路运输企业从无到有，规模实力不断壮大，截至 2015 年底，全国从事国际道路运输的业户为 1398 户，营运车辆超过 2.8 万辆，企业规模化、专业化程度不断提高，运输结构趋于合理，运输效率得到提升，市场竞争力不断增强，"走出去"步伐不断加快。在跨境运输领域,陆路口岸运输与陆海联运、中欧班列铁路运输等多式联运方面呈现协调发展的良好局面。

表 41   2015 年国际道路运输经营业户拥有车辆规模

单位:户,%

业户类型		合计	根据车辆规模分组				
			100 辆及以上的企业	50～99 辆的企业	10～49 辆的企业	5～9 辆的企业	5 辆以下的企业
国际道路运输经营业户		1398	41.0	59.0	857.0	171.0	270.0
比例		—	2.9	4.2	61.3	12.2	19.3
其中	国际道路客运经营业户	244	14.0	8.0	94.0	49.0	79.0
	比例	—	5.7	3.3	38.5	20.1	32.4
	国际道路货运经营业户	1224	40.0	56.0	783.0	129.0	216.0
	比例	—	3.3	4.6	64.0	10.5	17.6

资料来源:《中国道路运输发展报告》(2011～2015)。

2015 年,全国拥有车辆数超过 99 辆的国际道路运输业户有 41 户,占全部国际道路运输业户总数的 2.9%;拥有 50～99 辆的国际道路运输业户有 59 户,占总数的 4.2%;拥有车辆数在 10～49 辆的国际道路运输业户有 857 户,占总数的 61.3%;拥有 9 辆及以下的国际道路运输业户有 441 户,占总数的 31.5%。

七   税收情况

"十二五"期间,我国道路运输业纳税规模稳步增长,由 2011 年的 644.65 亿元增长至 2015 年的 750.19 亿元。

表 42   "十二五"期间我国道路运输业税收情况

单位:亿元

指标	2011 年	2012 年	2013 年	2014 年	2015 年
税收总额	644.65	670.49	706.67	744.75	750.19

资料来源:根据《中国税务年鉴》和《中国经济普查年鉴》(2013)推算。

受"营改增"影响,我国道路运输业规模以上企业营业税金及附加、主营业务税金及附加等明显减少,2015 年分别达到 185.4 亿元和 171.7 亿元的最低值。部分道路运输企业出现税负水平增长的情况,税收负担超过企业净利润水平,企业税负依然较重。

表 43　"十二五"期间我国道路运输业规模以上企业税收情况

单位：亿元

指标	2011 年	2012 年	2013 年	2014 年	2015 年
营业税金及附加	7443.7	8292.7	9238.5	195.3	185.4
主营业务税金及附加	330.0	283.7	243.9	180	171.7
应交所得税	624.1	755	913.4	228.4	226.8
应交增值税	1289.1	1620.6	2037.4	278	282.5

资料来源：国家统计局。

八　企业利润情况

"十二五"期间，我国道路运输业企业利润逐年递增，但营业利润逐年递减，2015
年降为最低，为 - 53.39 亿元。这说明我国道路运输业转型压力与日俱增，要求道路运
输企业在集约化、规模化、信息化、绿色化发展方面加大力度，降本增效。

表 44　"十二五"期间我国道路运输业企业利润情况

单位：亿元

指标	2011 年	2012 年	2013 年	2014 年	2015 年
营业利润	188.95	163.56	141.56	18.31	- 53.39
利润总额	64.62	181.10	507.76	1388.80	1351.10

注：根据《中国经济普查年鉴》（2013）"规模以上法人企业营业收入/法人企业营业收入的平均比例
64.99%"推算。

九　区域分布情况

（一）客运量和旅客周转量

随着我国经济结构的转型和中西部地区工业化的加速发展，中西部正在成为我国城
镇化加速推进的主要区域。东部沿海地区由于产业结构转型升级，技术和资金密集型的
产业对高科技创新型人才需求增加，对一般的产业工人需求将逐渐降低。而中西部地区
承接东部沿海地区产业转移，以劳动密集和资源密集型产业为主，受此影响，2011～
2015 年，我国道路运输完成客运量的区域分布更加均衡，东部地区的占比由 2011 年的
47.3% 下降至 2015 年的 32.1%，而中部地区和西部地区在"十二五"期内的占比累计
提升了 6.9 个、6.5 个百分点。

"十二五"期间，旅客周转量的变动趋势和客运量的变动趋势基本上一致，东部地
区占比几乎逐年下降，而东北地区、中部地区、西部地区基本上稳步提升。

表45 2011~2015年我国道路运输客运量区域分布

单位：万人次，%

年份	项目	东部地区	东北地区	中部地区	西部地区
2011	客运量	1553405	187267	735997	809551
	占比	47.3	5.7	22.4	24.6
2012	客运量	1664296	198376	808740	885599
	占比	46.8	5.6	22.7	24.9
2013	客运量	635011	140673	560970	516809
	占比	34.3	7.6	30.3	27.9
2014	客运量	650881	145034	584832.77	527450.59
	占比	34.1	7.6	30.6	27.6
2015	客运量	519350	121914	473598	504234
	占比	32.1	7.5	29.3	31.1

资料来源：Wind。

表46 2011~2015年我国道路运输旅客周转量区域分布

单位：亿人公里，%

年份	项目	东部地区	东北地区	中部地区	西部地区
2011	旅客周转量	7127.96	960.1	4401.79	4270.4
	占比	42.5	5.7	26.3	25.5
2012	旅客周转量	7781.87	1030.75	4897.8	4757.12
	占比	42.1	5.6	26.5	25.8
2013	旅客周转量	4209.01	747.2	3087.7	3207.03
	占比	37.4	6.6	27.4	28.5
2014	旅客周转量	4616.88	780.12	3403.06	3284.03
	占比	38.2	6.5	28.2	27.2
2015	旅客周转量	3828.82	720.46	2892.99	3300.39
	占比	35.6	6.7	26.9	30.7

资料来源：Wind。

（二）货运量和货运总重量

从区域战略看，统筹实施"四大板块"和"三个支撑带"是我国区域发展的新的重大布局。京津冀经济圈、珠三角经济圈、长江经济带大都属于东部地区，2011~2015年，东部地区的货运量波动下降。"一带一路"倡议实施后，通过向西开放，可以利用当地优势条件，发展对外加工贸易，改变经济发展对资源的路径依赖。受此影响，西部地区的货运量占比不断提升，2015年达到29.2%。东北地区受经济下行的压力影响，货运量占比不断下降，由2011年的8.4%下降至2015年的8.1%。

表 47　2011～2015 年我国道路运输货运量区域分布

单位：万吨，%

年份	项目	东部地区	东北地区	中部地区	西部地区
2011	货运量	1019203	235501	830130	735266
	占比	36.1	8.4	29.4	26.1
2012	货运量	1120011	268950	961892	837623
	占比	35.1	8.4	30.2	26.3
2013	货运量	1049306	256274	907901	863167
	占比	34.1	8.3	29.5	28.1
2014	货运量	1096941.9	278177	1010067.6	947651.05
	占比	32.9	8.3	30.3	28.4
2015	货运量	1076767	255048	897805	920403
	占比	34.2	8.1	28.5	29.2

资料来源：Wind。

　　我国道路运输货运周转量中，东部地区的占比呈现波动上升的趋势，由 2011 年的 35.4% 上升至 2015 年的 36.7%，这说明产业结构调整、城镇化建设等使货物运输距离不断加长，加快了我国区域经济的平衡发展。

表 48　2011～2015 年我国道路运输货运周转量区域分布

单位：亿吨公里，%

年份	项目	东部地区	东北地区	中部地区	西部地区
2011	货运周转量	18183.21	3987.97	18342.49	10861.07
	占比	35.4	7.8	35.7	21.1
2012	货运周转量	20232.27	4578.53	21849.75	12874.32
	占比	34.0	7.7	36.7	21.6
2013	货运周转量	19907.73	4864.94	19515.45	11449.96
	占比	35.7	8.7	35.0	20.5
2014	货运周转量	21114.06	5274.13	21570.69	13057.74
	占比	34.6	8.6	35.4	21.4
2015	货运周转量	21284.19	4831.17	18596.17	13244.2
	占比	36.7	8.3	32.1	22.9

资料来源：Wind。

表 49　2011～2015 年我国货物运输平均运输距离

单位：公里

年份	平均运输距离	铁路	公路	水运	民航	管道
2011	430.96	749.26	182.17	1770.65	3119.59	505.57
2012	423.89	747.55	186.72	1781.27	3006.96	518.84
2013	409.90	735.42	181.16	1419.04	3034.14	536.11
2014	423.63	721.94	183.08	1550.68	3160.61	586.87
2015	427.11	707.39	183.99	1495.72	3306.38	614.91

资料来源：Wind。

（三）国际道路运输

客运方面，我国与东北亚国家的客运联系较为紧密，客运量远高于中亚和东南亚及南亚，在周边区域的客运量中占比达到53.1%。货运方面，我国与东北亚国家联系的货运量在周边区域的货运量中占比高达70.6%，但是呈现下降趋势。2015年完成国际道路运输货运量2645.6万吨，同比下降7.9%；货物周转量12.89亿吨公里，同比增长14.6%。

表50 我国与周边区域国际道路客货运量

地区	客运量（万人次）		旅客周转量（万人公里）		货运量（万吨）		货物周转量（万吨公里）	
	2011年	2015年	2011年	2015年	2011年	2015年	2011年	2015年
东北亚	437.2	378.3	13082.2	12835.5	2809.2	2645.6	119058.3	128900.6
中亚	57.1	45.4	8943.1	14739.4	190.4	217.1	71838.9	80108.2
东南亚及南亚	321.6	289.2	13564.1	18899.7	532.0	884.1	25657.7	37621.0
合　计	815.9	712.9	35589.4	46474.6	3531.6	3746.8	216554.9	246629.8

资料来源：《中国道路运输发展报告》（2011～2015）。

第三节 "十二五"期间水上运输业发展情况

"十二五"期间，水运行业加大专业化码头和内河航道等重点设施建设，拓展服务功能，提质增效升级，保持了健康持续发展的良好态势，适应了经济发展和对外开放的要求。

一 营业规模情况

（一）营业收入

"十二五"期间，我国水运业收入稳步增长，受国际经济形势的影响，2014～2015年增速有所下降。2011～2015年，水运业营业收入从2911.55亿元增至5426.75亿元。

表51 "十二五"期间水运业营业规模

单位：亿元

指标	2011年	2012年	2013年	2014年	2015年
营业收入	2911.55	3401.91	5506.2	5478.43	5426.75

资料来源：《中国经济普查年鉴》（2013）和国家统计局。

（二）水路运输量

"十二五"前两年，我国水路运输客货运量保持稳定增长，但增速放缓。2013年，水路运输量统计口径发生变化。2014年，客货运量均有较大幅度提升。2015年，客运量、货运量增速放缓，增长率分别为3.0%、2.6%，同时，旅客周转量、货物周转量出现负增长，分别为-1.7%、-1.1%。

表52　2011～2015年全国水路客货运量

年份	客运量 （万人）	旅客周转量 （亿人公里）	货运量 （万吨）	货物周转量 （亿吨公里）
2011	24556	74.5	425968	75423.8
2012	25752	77.5	458705	81707.6
2013	23535	68.3	559785	79435.7
2014	26293	74.3	598283	92774.6
2015	27072	73.1	613567	91772.5

注：根据2013年开展的交通运输业经济统计专项调查，对公路水路运输量统计口径进行了调整，故2013年无增长率数据。

资料来源：交通运输部。

具体来看，与"十一五"末相比，内河货运量增长11.5%，货运周转量增长18.6%；沿海货运量增长14.0%，货运周转量增长15.5%；远洋货运量增长9.3%，货运周转量增长7.3%。

表53　2011～2015年全国水路运输细分货运量

年份		2011	2012	2013	2014	2015
内河	货运量（亿吨）	21.03	23.02	32.39	33.43	34.59
	同比增长（%）	11.5	9.5	—	3.2	3.5
	货物周转量（亿吨公里）	6564.88	7638.42	11514.14	12784.9	13312.41
	同比增长（%）	18.6	16.4	—	11.0	4.1
沿海	货运量（亿吨）	15.22	16.27	16.47	18.92	19.3
	同比增长（%）	15	6.9	—	14.9	2.0
	货物周转量（亿吨公里）	19503.56	20657.06	19216.14	24054.59	24223.94
	同比增长（%）	15.5	5.9	—	25.2	0.7
远洋	货运量（亿吨）	6.35	6.58	7.12	7.47	7.47
	同比增长（%）	9.5	3.6	—	4.9	0.0
	货物周转量（亿吨公里）	49355.4	53412.1	48705.37	55935.06	54236.09
	同比增长（%）	7.3	8.2	—	14.8%	-3.0

资料来源：交通运输部。

（三）港口生产

"十二五"期间，全国港口旅客吞吐量波动较大，2013~2014年出现连续两年的负增长，2015年略有回升，但仍未达到2011年水平。

表54 2011~2015年全国港口旅客吞吐量及同比增幅

单位：亿人，%

年份	全国港口		沿海港口		内河港口	
	旅客吞吐量	增幅	旅客吞吐量	增幅	旅客吞吐量	增幅
2011	1.94	9.8	0.80	9.1	1.14	10.3
2012	1.94	0.0	0.79	-1.3	1.15	0.9
2013	1.85	-4.6	0.78	-1.3	1.07	-7.0
2014	1.83	-1.1	0.81	3.8	1.02	-4.7
2015	1.86	1.6	0.82	1.2	1.04	2.0

资料来源：交通运输部。

"十二五"期间，全国港口货物吞吐量保持平稳增长，但增速略有波动，2015年降为2.4%。具体来看，沿海港口、内河港口货物吞吐量占比基本保持2:1的比例，且变化趋势保持一致。

表55 2011~2015年全国港口货物吞吐量及同比增幅

单位：亿吨，%

年份	全国港口		沿海港口		内河港口	
	货物吞吐量	增幅	货物吞吐量	增幅	货物吞吐量	增幅
2011	100.41	6.3	63.60	3.1	36.81	12.4
2012	107.76	7.3	68.80	8.2	38.96	5.8
2013	117.67	9.2	75.61	9.9	42.06	8.0
2014	124.52	5.8	80.33	6.2	44.19	5.1
2015	127.50	2.4	81.47	1.4	46.03	4.2

资料来源：交通运输部。

（四）外贸运输

"十二五"期间，虽然全球经济增长低迷，欧、美、日等发达经济体复苏缓慢，以及国际大宗商品价格下跌、人民币升值等因素的影响，我国贸易规模总体继续扩大，但增速明显放缓。受此影响，全国外贸运输量保持平稳增长，但增速逐步下降，从2011年的11.4%降为2015年的2.1%。

表56　2011～2015年全国港口外贸货物吞吐量及同比增幅

单位：亿吨，%

年份	全国港口		沿海港口		内河港口	
	吞吐量	增幅	吞吐量	增幅	吞吐量	增幅
2011	27.86	11.4	25.44	11.2	2.42	13.8
2012	30.56	9.7	27.86	9.5	2.71	12.0
2013	33.60	9.9	30.57	9.7	3.03	11.8
2014	35.90	6.8	32.67	6.9	3.23	6.6
2015	36.64	2.1	33.00	1.0	3.63	12.4

资料来源：交通运输部。

（五）内贸运输

"十二五"期间，全国内贸运输量保持平稳增长，但受宏观经济下行压力持续加大以及产业结构调整带来大宗散货运输需求下降等多重因素影响，增速逐步下降，从2011年的12.8%降为2015年的2.5%。

表57　2011～2015年全国港口内贸货物吞吐量及同比增幅

单位：亿吨，%

年份	全国港口		沿海港口		内河港口	
	吞吐量	增幅	吞吐量	增幅	吞吐量	增幅
2011	72.55	12.8	38.16	13.7	34.39	11.8
2012	77.20	6.4	40.94	7.3	36.25	5.4
2013	84.07	8.9	45.04	10.0	39.03	7.7
2014	88.62	5.4	47.66	5.8	40.96	4.9
2015	90.86	2.5	48.47	1.7	42.40	3.5

资料来源：交通运输部。

二　设施规模情况

（一）资产规模

受市场低迷和国家老旧运输船舶提前报废更新政策鼓励、水运业固定资产投资额回落等因素的影响，"十二五"期间，我国水运业资产规模整体呈现稳步增长态势，年均增长5.9%，2015年达到23644.93亿元。债务负担和所有者权益也呈现稳步增长的态势，2015年增长率分别为1.7%和6.6%。

（二）内河航道

"十二五"期间，我国内河航道通航里程及等级航道里程均保持稳定增长，"两横一纵两网十八线"内河航道建设取得积极进展，等级航道里程增长速度明显高于内河

表58 "十二五"期间水运业资产规模

单位：亿元

指标	2011 年 *	2012 年	2013 年	2014 年	2015 年
资产总计	18803.58	19912.00	21605.30	22742.95	23644.93
负债总计	10242.44	10785.14	12210.94	12378.35	12592.06
所有者权益合计	8561.13	9126.86	9394.36	10364.60	11052.51

注：带"＊"的为估计值，根据 2012～2015 年期间平均增长率推算。

资料来源：根据国家统计局数据整理。

航道里程增速，且在"十二五"中期达到最高；等级航道里程占比逐年提升，内河高等级航道达标里程 1.36 万公里，高等级航道体系基本形成。

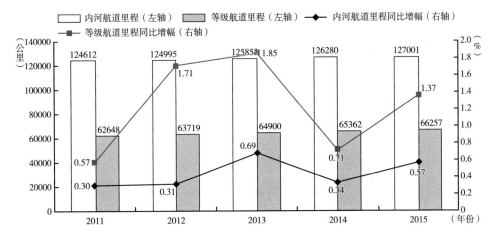

图20 2011～2015 年全国内河航道里程及增速

资料来源：交通运输部。

截至"十二五"末（2015 年），全国内河航道通航里程 12.70 万公里，比"十二五"初期（2011 年）增加 2389 公里；全国内河航道通航里程年均增长速度为 0.44%，到 2013 年达到最高 0.69%，之后增速回落；各水系内河航道通航里程分别为：长江水系 64852 公里，珠江水系 16450 公里，黄河水系 3488 公里，黑龙江水系 8211 公里，京杭运河 1438 公里，闽江水系 1973 公里，淮河水系 17507 公里。"十二五"末（2015 年），等级航道 6.63 万公里，占总里程的 52.20%，相比"十二五"初期（2011 年）增加 3609 公里；全国内河航道通航里程年均增长速度基本保持平稳，年度增速 1.24%。截至"十二五"末（2015 年），西江航运干线提升至二级标准，京杭运河江苏段、湘江、江汉运河、合裕线、珠三角高等级航道网等基本建成，全国内河高等级航道达标里程约 1.36 万公里，我国高等航道体系基本形成，且达标率由 2010 年的 54.00% 提高到 72.00%。长江干线航道系统治理成效显著，长江南京以下12.5米深水航道建设、中游荆江河段航道治理工程等重点项目进展顺利。长江干线宜宾以下段提前五年达到原2020年规划标准。长江干线数字航道加快建设，覆盖兰家沱至浏河口段2800余公里。

（三）港口

"十二五"期间，我国港口生产用码头泊位长度持续增长，但在"十二五"末增长速度放缓；码头泊位数量不断减少，降低幅度在"十二五"末达到最大；但万吨级泊位数量保持较快速度增长，我国港口规模化、集约化发展趋势明显。

表59　2011～2015年全国港口生产用码头泊位拥有量

单位：米，个

年份	码头泊位长度	码头泊位数量	万吨级泊位数量
2011	2105655	31968	1762
2012	2143558	31862	1886
2013	2185434	31760	2001
2014	2237290	31705	2110
2015	2249129	31259	2221

资料来源：交通运输部。

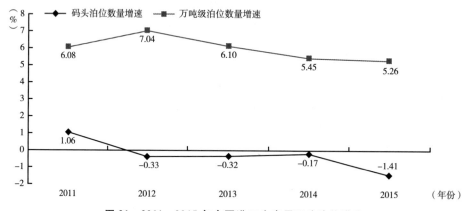

图21　2011～2015年全国港口生产用码头泊位增速

资料来源：交通运输部。

我国港口生产用码头泊位长度从"十二五"初期（2011年）的2106千米，增加到"十二五"末（2015年）的2249千米，增加了143千米，五年间增长速度分别为2.28%、1.80%、1.95%、2.37%和0.53%，年均增速1.79%，"十二五"末增速放缓。全国码头泊位数量呈现下降趋势，从"十二五"初期（2011年）的31968个，下降到"十二五"末（2015年）的31259个，减少了709个，码头泊位数量增速从2012年起，连续4年负增长，下降速度分别为0.33%、0.32%、0.17%和1.41%。

近年来，我国加大水运基础设施建设，针对规模小、数量多、分布散、集约化程度低等问题，优化规划布局，强化港口资源整合，按标准化、集约化、规模化、专业化发展方向做大做强港口企业，码头泊位大型化水平不断提升，港口转型升级发展取得了积极成效。与码头泊位数量下降相比，万吨级泊位数量呈现连续增长趋势，从"十二五"初期（2011年）的1762个，增加到"十二五"末（2015年）的2221个，增加了459个，五年平均增长速度达5.98%，保持中高速增长。值得关注的是，"十二五"期间，1万~3万吨级、3万~5万吨级、5万~10万吨级、10万吨级及以上港口泊位数量平均增长速度分别为2.77%、4.46%、8.90%和11.09%，10万吨级及以上港口增速最快，大型化、规模化趋势明显。

表60　2011～2015年全国港口万吨级及以上泊位数量

单位：个

年份	合计	1万~3万吨级	3万~5万吨级	5万~10万吨级	10万吨级及以上
2011	1762	708	311	528	215
2012	1886	732	335	581	238
2013	2001	736	356	648	261
2014	2110	755	365	684	306
2015	2221	793	369	728	331

资料来源：交通运输部。

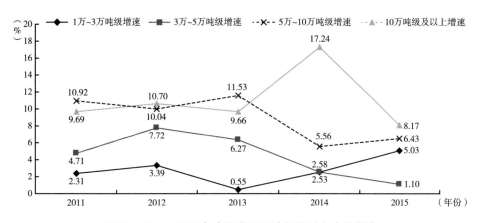

图22　2011～2015年全国港口万吨级及以上泊位增速

资料来源：交通运输部。

（四）沿海港口

"十二五"期间，我国沿海港口万吨级及以上泊位数量稳步增加，增长速度保持中高速，10万吨级及以上港口泊位增幅最大，沿海港口码头大型化发展趋势明显。

"十二五"期间，全国沿海港口新增千吨级及以上生产性泊位812个，其中万吨级以上泊位549个，新增通过能力23.2亿吨。截至"十二五"末（2015年），沿海港口共有千吨级及以上生产性泊位5114个，码头通过能力79亿吨，其中集装箱1.74亿TEU；五年间，沿海港口万吨级及以上泊位数量增幅年均达6.12%，1万～3万吨级、3万～5万吨级、5万～10万吨级和10万吨级及以上港口泊位数量年均增幅分别为2.86%、5.1%、8.09%和11.06%，10万吨级及以上港口泊位增幅最大，沿海港口大型化规模化趋势明显。根据交通运输部对沿海港口吞吐量数据的修正和港口生产情况的跟踪评估，沿海港口通过能力适应度为1.05，总体适应发展需求。

表61　全国沿海港口万吨级及以上泊位数量

单位：个

年份	合计	1万～3万吨级	3万～5万吨级	5万～10万吨级	10万吨级及以上
2011	1422	548	216	449	209
2012	1517	564	232	489	232
2013	1607	567	254	532	254
2014	1704	586	261	558	299
2015	1807	619	266	600	322

资料来源：交通运输部。

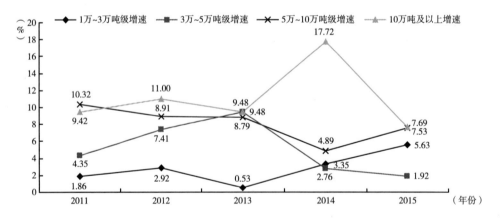

图23　2011～2015年全国沿海港口万吨级及以上泊位增速

资料来源：交通运输部。

（五）内河港口

"十二五"期间，我国内河港口万吨级及以上泊位数量保持中高速增长，尤其5万～10万吨级港口泊位呈现两位数增幅，内河规模化、集约化港区建设取得明显进展。

截至"十二五"末，内河港口拥有生产性泊位25360个，其中万吨级及以上泊位414个，相比"十一五"末增加96个，增幅达30.20%，内河港口泊位结构不断优化。五年间，内河港口万吨级及以上泊位数量增幅年均达5.45%，1万～3万吨级、3万～5

万吨级、5 万～10 万吨级和 10 万吨级及以上港口泊位数量年均增幅分别为 2.49%、2.8%、13.45% 和 13.05%，5 万～10 万吨级和 10 万吨级及以上港口泊位数量增幅最大，内河港口大型化、规模化趋势显著。长江干线港口建设加快推进，重庆果园、武汉阳逻等一批规模化、集约化港区建成；珠江水系内河港口建设项目积极开展，截至2015 年底，珠江水系 4 省区拥有内河泊位 2295 个，港口年综合通过能力 5.26 亿吨。表明"十二五"期间，内河港口的枢纽作用进一步加强，对承接产业转移和促进区域经济结构调整的作用明显增强。

表 62　全国内河港口万吨级及以上泊位数量

单位：个

年份	合计	1 万～3 万吨级	3 万～5 万吨级	5 万～10 万吨级	10 万吨级及以上
2011	340	160	95	79	6
2012	369	168	103	92	6
2013	394	169	102	116	7
2014	406	169	104	126	7
2015	414	174	103	128	9

资料来源：交通运输部。

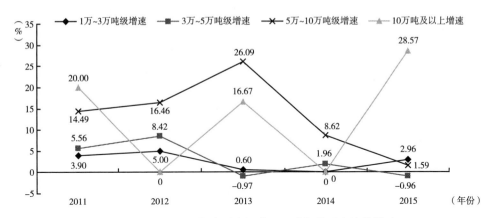

图 24　2011～2015 年全国内河港口万吨级及以上泊位增速

资料来源：交通运输部。

（六）专业化港口

"十二五"期间，我国万吨级及以上专业化泊位数量稳步增长，增长速度保持平稳，其中，金属矿石、液体化工、散装粮食、煤炭以及通用散货泊位数量增幅较为明显，码头泊位专业化程度明显提高。

我国万吨级及以上专业化泊位从"十二五"初期（2011 年）的 942 个，增长到"十二五"末（2015 年）的 1173 个，增加泊位 231 个，其中，集装箱、煤炭、金属矿石、原油、成品油、液体化工和散装粮食泊位，分别增加 23 个、60 个、28 个、5 个、

22 个、61 个和 5 个。专业化泊位数量增速呈逐年上升趋势，年均增速 5.37%，2013 年达到增速峰值 6.52%，其中集装箱、煤炭、金属矿石、原油、成品油、液体化工和散装粮食泊位数量年均增速分别为 1.76%、6.61%、12.00%、1.16%、4.09%、10.27% 和 7.34%，受我国产业结构和进出口商品结构影响，金属矿石、液体化工、散装粮食、煤炭泊位数量增幅较大。通用散货和通用件杂货泊位数量也保持持续增长态势，从"十二五"初期（2011 年）的 338 个和 322 个，增长到"十二五"末（2015 年）的 473 个和 371 个，分别增加泊位 135 个和 49 个；通用散货泊位数量增长速度较快，"十二五"前两年保持两位数增长后，增速逐步回落，年均增速 9.64%；通用件杂货泊位数量增速较低，年均增速 3.67%。随着煤炭、铁矿石、原油、集装箱等大型专业化码头

表 63　全国万吨级及以上专业化泊位数

单位：个

年份	2011 年	2012 年	2013 年	2014 年	2015 年
专业化泊位	942	997	1062	1114	1173
其中:集装箱泊位	302	309	321	322	325
煤炭泊位	178	189	206	219	238
金属矿石泊位	52	60	61	64	80
原油泊位	68	68	68	72	73
成品油泊位	111	114	124	130	133
液体化工泊位	123	141	157	172	184
散装粮食泊位	33	34	36	36	38
通用散货泊位	338	379	414	441	473
通用件杂货泊位	322	340	345	360	371

资料来源：交通运输部。

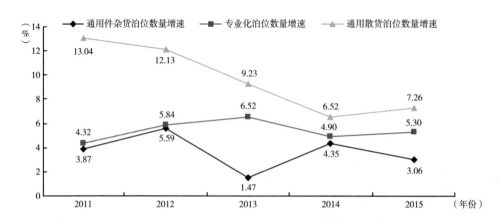

图 25　全国万吨级及以上专业化泊增速

资料来源：交通运输部。

和深水航道建设的深入推进,一批 30 万吨级原油码头和铁矿石码头、10 万吨级以上煤炭码头和集装箱码头建成,主要货类运输系统港口布局进一步完善,大型化、专业化、现代化水平进一步提升,专业化码头的发展适应了当今国际航运船舶大型化发展趋势。

三 运输装备情况

（一）水上运输船舶拥有量

"十二五"期间,我国水上运输船舶数量逐步下降,船舶数量下降速度在震荡中加速下行,但水上运输船舶净载重量却不断上升,在经历"十二五"初期的大幅上涨后,逐步趋于平稳,呈现中高速增长趋势,我国水上运输船舶大型化趋势明显。

表 64　2011～2015 年全国水上运输船舶拥有量

年份	艘数（艘）	艘次增速（%）	净载重量（吨）	净载重量增速（%）
2011	179242	0.47	212643242	17.87
2012	178591	−0.36	228486244	7.45
2013	172554	−3.38	244010334	6.79
2014	171977	−0.33	257852228	5.67
2015	165905	−3.53	272442863	5.66

资料来源：交通运输部。

受市场低迷影响和国家老旧运输船舶提前报废更新政策鼓励,航运企业主动调整运力结构,淘汰落后产能,调整存量,加大力度推进老旧运输船舶和单壳油轮提前报废更新,我国水上运输船舶数量不断下降,从"十二五"初期（2011 年）的 179242 艘,下降到"十二五"末（2015 年）的 165905 艘,总计减少 13337 艘,下降幅度达 7.44%;水上运输船舶数量增速连续 4 年保持负增长,其中 2013 年和 2015 年增速在 3% 以上。在水运业持续推进船队结构调整的同时,船舶大型化、专业化、年轻化发展不断加快,水上运输船舶运力规模不断扩大,从"十二五"初期（2011 年）的 2.13 亿吨增长到"十二五"末（2015 年）的 2.72 亿吨,总计增长 0.60 亿吨,增长幅度达 28.1%,我国运力规模已位居世界前列,2015 年我国海运船队运力规模达 1.6 亿载重吨,位居世界第三;全国水上运输船舶净载重量增速在"十二五"初期（2011 年）达到 17.87%,随后四年保持中高速平稳增长,后四年平均增速为 6.39%。

（二）内河运输船舶拥有量

"十二五"期间,内河运输船舶是水运业运力结构调整的重点,内河运输船舶数量逐年下降,下降速度在震荡中下行;但水上运输船舶净载重量同样不断上升,总体保持高速增长态势;船舶平均净载重量大幅增长;载客量呈小幅下降趋势,但在 2015 年下降幅度增大；集装箱箱位大幅上涨，尤其是"十二五"前半程呈高速增长态势；船舶功率不断增长，增速逐步放缓。

随着内河运输船舶专业化、标准化快速推进，老旧运输船舶和单壳油轮提前报废更新进程加快，内河运输船舶数量从"十二五"初期（2011年）的16.58万艘，下降到"十二五"末（2015年）的15.25万艘，总计减少1.33万艘，下降幅度达8.02%；2013年，财政部与交通运输部联合制定并实施了《农村老旧渡船报废更新中央专项奖励资金管理办法》，并按地区给予不同的比例倾斜，一大批超过20年的老旧渡船得到及时更新，农村老旧渡船更新5000多艘，船舶结构明显优化，船龄明显改善。在内河船舶数量不断下降的同时，运输船舶运力规模增长较快，从"十二五"初期（2011年）的8779.99万吨，增长到"十二五"末（2015年）的12494.01万吨，总计增长3714.02万吨，增长幅度达42.30%。货运船舶平均净载重量爆发式增长，五年间有四年保持两位数增长，年均增幅为12.83%，到"十二五"末达到819吨/艘，比"十二五"初期（2011年）增长了290吨/艘，增幅达54.82%，船舶大型化、专业化趋势明显。受需求下降影响，载客量呈下降趋势，五年间下降3.62万客位，年均降幅1.04%，2015年下降幅度最大，达3.10%。在集装箱运输需求增长带动下，集装箱箱位保持高速增长，从"十二五"初期（2011年）的16.07万标箱，增长到"十二五"末（2015年）的27.05万标箱，总计增长10.98万标箱，增长幅度达68.33%；集装箱箱位增速在"十二五"前三年增长较快，分别为25.55%、17.55%和29.54%，"十二五"中后期增速放缓，分别为5.35%和4.93%。船舶功率也保持了增长态势，五年间增加507.5万千瓦，年均增幅6.33%。同时，内河商品汽车滚装船、集装箱船、成品油/化学品两用船、散装水泥船等专业化船舶发展迅速。内河运输船舶标准船型指标体系逐步建立，通过资金引导和管理措施，推广标准化船型，鼓励现有老旧运输船舶提前退出航运市场，加快更新改造安全、环保设施达不到规范要求的船舶。到2015年末，长江干线、西江航运干线和京杭运河船型标准化率达到70.00%。

表65　2011～2015年全国内河运输船舶概况

年份	运输船舶数量 （万艘）	净载重量 （万吨）	平均净载重量 （吨/艘）	载客量 （万客位）	集装箱箱位 （万标箱）	船舶功率 （万千瓦）
2011	16.58	8779.99	529	81.89	16.07	2771.27
2012	16.52	9381.58	568	81.65	18.98	2995.16
2013	15.91	10215.65	642	81.70	24.47	3011.44
2014	15.83	11274.71	712	80.77	25.78	3150.45
2015	15.25	12494.01	819	78.27	27.05	3278.81

资料来源：交通运输部。

（三）沿海运输船舶拥有量

"十二五"期间，受市场低迷、企业调整运力结构和国家鼓励老旧运输船舶提前报废更新政策影响，我国沿海运输船舶数量呈先高后低走势，船舶数量增速逐步下行，尤其到"十二五"末降为负增长。但运力结构的调整优化，促进了运输船舶向大型化、专业化方向发展，净载重量、平均净载重量、集装箱箱位和船舶功率数量的稳步增长。

"十二五"前四年，我国沿海运输船舶数量小幅上涨，从2011年的10902艘，增加到2014年的11048艘，但到"十二五"末（2015年），受沿海运输市场低迷、企业加大运力结构调整、严格实施和完善老旧船舶强制报废制度等因素影响，沿海船舶数量出现负增长，降为10721艘；五年间，增幅呈前高后低走势，分别为4.10%、0.41%、0.70%、0.22%和－2.96%。受市场需求影响，净载重量呈现前高后低走势，"十二五"前期保持高速增长，2011年、2012年分别达16.10%和12.85%，但之后开始逐步回落，至"十二五"末期转变为负增长，增速分别为4.53%、1.50%和－0.91%。运输结构的优化，加大了船舶技术更新改造力度，改善了安全性能，提高了技术水平。船舶大型化、标准化、专业化水平不断提升，平均净载重量保持快速增长，从"十二五"初期（2011年）的5302吨/艘，增长到"十二五"末（2015年）的6397吨/艘，增加了1095吨/艘，增幅达20.70%，五年平均增速为6.22%。载客量稳步增加，五年间增长4.01万客位，年均增幅5.79%。集装箱箱位出现爆发式增长，从"十二五"初期（2011年）的20.32万标箱，增长到"十二五"末（2015年）的53.33万标箱，总计增长33.01万标箱，增长幅度达162.00%；五年间，集装箱箱位平均增速达25.19%。船舶功率在波动下快速增长，五年增加323.27万千瓦，年均增长5.85%。

表66　2011～2015年全国沿海运输船舶概况

年份	运输船舶数量（艘）	净载重量（万吨）	平均净载重量（吨/艘）	载客量（万客位）	集装箱箱位（万标箱）	船舶功率（万千瓦）
2011	10902	5780.47	5302	16.90	20.32	1534.39
2012	10947	6523.25	5959	18.90	22.72	1705.97
2013	11024	6818.78	6185	19.56	28.03	1736.60
2014	11048	6920.93	6264	19.88	47.22	1893.61
2015	10721	6857.99	6397	20.91	53.33	1857.66

资料来源：交通运输部。

（四）远洋运输船舶拥有量

"十二五"期间，我国远洋运输船舶数量波动增长，船舶数量增速呈U形走势，尤其到"十二五"中期（2012年、2013年）降为负增长；净载重量、平均净载重量总体呈现稳步增长态势，但增速大幅放缓；受需求因素影响，载客量、集装箱箱位在波动中实现快速增长。

我国沿海运输船舶数量在"十二五"初期（2011年）高速增长，增幅为12.7%，国家海运企业积极利用国家关于老旧运输船舶拆旧改新政策，加速淘汰老旧运力，优化船队结构，运输船舶数量出现 -0.32%、-1.17%的负增长，落后运能释放后，"十二五"后两年出现回升，增幅分别为5.94%和3.30%。净载重量在经历"十二五"初期（2011年）19.16%的高速增长后稳步上升，年均增幅为7.17%；五年间净载重量提了1180万吨左右，增幅达17.73%。在船舶大型化趋势下，平均净载重量总体不断上涨，五年间增加了2470吨/艘，增幅达9.19%；载客量在波动中上涨，最高2013年同比增长26.47%，最低2012年出现 -4.88%的负增长，五年间增加0.5万客位，增幅达24.30%。集装箱箱位出现高速增长，从"十二五"初期（2011年）的111.14万标箱，增长到"十二五"末（2015年）的180.01万标箱，总计增长68.87万标箱，增长幅度达61.97%。船舶功率在快速增长，五年增加479.21万千瓦，增长近30.00%。

表67　2011～2015年全国远洋运输船舶概况

年份	运输船舶数量 （万艘）	净载重量 （万吨）	平均净载重量 （吨/艘）	载客量 （万客位）	集装箱箱位 （万标箱）	船舶功率 （万千瓦）
2011	2494	6703.86	26880	2.05	111.14	1644.00
2012	2486	6943.79	27932	1.95	115.66	1688.33
2013	2457	7366.60	29982	2.04	117.66	1736.62
2014	2603	7589.59	29157	2.58	158.87	2015.78
2015	2689	7892.29	29350	2.55	180.01	2123.21

资料来源：交通运输部。

四　法人单位情况

（一）航运企业

"十二五"期间，受航运市场持续低迷影响，航运企业经营压力加大，我国航运企业加大拆解老旧船舶力度，持续调整优化运力结构，不断加快资源整合步伐。2014年发布的第三次经济普查主要数据显示，截至2013年末，我国水上运输业法人单位数10604个。截至"十二五"末，运力规模排名前20的航运企业总规模保持平稳，平均船龄有所下降，运力结构进一步优化，中国远洋运输（集团）总公司运力规模比上年下降15.2%，招商局能源运输股份有限公司和神华中海航运有限公司运力规模则分别增长30.2%和8.8%。同时，水运市场主体整合转型步伐加快。2015年12月，经国务院批准，中国远洋运输（集团）总公司与中国海运（集团）总公司重组建立中国远洋海运集团，实施重组后成为全球运力规模最大的综合航运公司，新集团围绕集装箱运输、船舶租赁、油运业务、散运业务、金融业务等板块开展合作，确定了"6+1"产业集群，打造金融控股上市平台，深层次优化布局，并提高了企业抗周期能力。

表 68　中国主要航运企业经营的规模

单位：艘，万载重吨

序号	企业名称	艘数	运力规模
1	中国远洋运输(集团)总公司	527	4126.7
2	中国海运(集团)总公司	544	4047.0
3	招商局能源运输股份有限公司	61	1469.0
4	中国外运长航集团有限公司	1282	1218.0
5	山东海运股份有限公司	32	486.1
6	福建国航远洋运输(集团)股份有限公司	54	343.3
7	神华中海航运有限公司	40	218.0
8	浙江远洋运输有限公司	13	213.3
9	上海时代航运有限公司	36	211.3
10	青岛洲际之星船务有限公司	48	206.6
11	上海瑞宁航运有限公司	25	196.5
12	河北远洋运输股份有限公司	13	182.0
13	广东粤电航运有限公司	24	172.0
14	新海丰集装箱运输有限公司	76	156.5
15	宁波海运集团有限公司	36	123.6
16	福建交通运输集团有限责任公司	26	120.2
17	浙江省海运集团有限公司	30	117.7
18	上海中谷物流股份有限公司	69	112.0
19	宁波经济技术开发区龙盛有限公司	15	107.6
20	扬州国盛船务有限公司	71	85.0

资料来源：交通运输部。

截至"十二五"末，我国持有国际船舶经营许可证的航运企业 262 家，外商在华设立独资船务公司 40 家，独资船务公司设立分公司 253 家，外商在华设立外商独资集装箱运输服务公司 6 家，分公司 65 家。在华开展班轮运输业务的中外航运企业共 146 家。

（二）港口经营企业

我国港口经营企业随着区域经济一体化进程的加快和运输技术的进步，不断发展壮大，在经济活动中的作用也越来越重要。在 2015 年全球货物吞吐量排名前 20 大港口中，我国大陆港口占有 13 席，宁波-舟山港继续保持全球第一大港地位，苏州港由第 7 位上升到第 5 位，湛江港跻身全球港口第 20 位。港口经营企业为应对全球航运业不景气，加快区域合作步伐。江苏和广西两地区域港口一体化改革取得实质性进展，初步实现了江苏沿江锚地统一调度管理和岸线资源的集约利用，广西沿海港口资源的统筹规划、建设和管理。浙江打造沿海港口行政、市场资源整合两大平台，以资产为纽带于2015年9月成立组建了宁波－舟山港集团，从根本上解决了宁波、舟山相关港区重复建设和同质竞争等问题，不断放大"1＋1＞2"的整合效应，实现两地港口运营服务一体化。同时，加快港口转型升级发展，积极培育金融、电商等新业态，打造现代港口服务体系。2014年8月，天津港集团公司与河北港口集团合作组建渤海津冀港口投资发展有限公司，积极发展现代物流、物流金融、航运金融、航运保险等综合服务型项目，逐步发展成为跨地区、跨行业的大型现代港口企业。

表69　2015年全球主要港口货物吞吐量统计

单位：万吨

位次	港口	国家	货物吞吐量
1	宁波－舟山	中　国	88929
2	上海	中　国	71740
3	新加坡	新加坡	57585
4	天津	中　国	54051
5	苏州	中　国	53890
6	广州	中　国	50053
7	唐山	中　国	49285
8	青岛	中　国	48453
9	鹿特丹	荷　兰	46636
10	黑德兰	澳大利亚	45255
11	大连	中　国	41482
12	釜山	韩　国	35897
13	营口	中　国	33849
14	日照	中　国	33707
15	南路易斯安娜	美　国	26566
16	中国香港	中　国	25656
17	光阳	韩　国	26168
18	秦皇岛	中　国	25309
19	烟台	中　国	25163
20	湛江	中　国	22036

资料来源：交通运输部。

（三）航运服务企业

国际船舶代理方面，据中国船舶代理及无船承运人协会统计，截至"十二五"末（2015年），已备案从事国际船舶代理业务的中资企业有1987家，中外合资合作、港澳台合资独资的国际船舶代理企业有 159 家。据中国船舶代理及无船承运人协会不完全统计，截至"十二五"末（2015 年），我国国际船舶代理企业代理的国际航线进出口船舶 32.8 万艘次，代理货量 23.3 亿吨、集装箱 9941 万标箱。

无船承运人方面，据中国船舶代理及无船承运人协会统计，截至"十二五"末（2015 年），取得无船承运人（NVOCC）经营资格的企业达 6768 家，选择无船承运保证金责任保险制度的无船承运人为 4238 家，选择保证金保函制度的为 142 家，选择保证金制度的为 2085 家，美国联邦海事委员会（FMC）财务担保的为 303 家。

船舶检验方面，截至"十二五"末（2015 年），全国共有 30 家省级船检机构，262 家分支结构；中国船级社设有 12 家分社、35 家办事处；经批准的国外船舶检验机构驻华验船机构 22 家。全国船舶检验机构共检验登记船舶 25.3 万艘、19887 万载重吨。其中，国际航行船舶 2374 艘、3774 万载重吨；国内航行船舶 25.1 万艘、16113 万载重吨。

船舶交易方面，据中国船舶工业行业协会统计，截至"十二五"末（2015 年），行业集中度进一步提高，全国造船完工量 4184 万载重吨，承接新船订单量 3126 万载重吨，手持船舶订单量 12304 万载重吨，全国造船完工量前 10 家企业占全国总量的 53.4%，新接订单量前 10 家企业占全国总量的 15.1%，分别提高 2.8 个和 15.1 个百分点。

船舶维修方面，市场主体加快增长，据中国船舶工业行业协会统计，截至"十二五"末（2015 年），全国修船产值超过 10 亿元的修船企业有 6 家，分别是华润大东、中海工业、中船澄西、澄西广州、舟山鑫亚和蛇口友联。

航运金融保险方面，"十二五"期间，航运保险费总体规模继续下滑，国内船舶融资市场总体稳定发展，船舶融资租赁业受航运市场低迷影响，规模扩张放缓，截至"十二五"末（2015 年），全国融资租赁企业数量为 4508 家。

五 人力资源情况

"十二五"期间，受市场低迷、企业调整运力结构、行业加快转型升级等因素影响，我国水路运输就业人员数量在波动中增长，其中"十二五"中期增速较快，到"十二五"末呈现加速回落态势。我国船员注册人数五年间稳步增长，人力资源储备较为丰富，基本满足了我国国民经济和行业发展的需要。

我国水上运输就业人员数量从"十二五"初期（2011 年）的 460513 人，增长到"十二五"中期（2014 年）的 491124 人，"十二五"末（2015 年）快速回落为 466509 人，总计增加 5996 人，平均增速仅为 1.00%；水上运输船舶数量增速连续 4 年保持负增长，其中两年（2013 年、2015 年）增速在 3.00% 以上。我国是世界上海员数量最多的国家，人数众多的海员承担了我国 90% 的对外贸易运输，"十二五"期间，船员注册人数稳步增长，船员队伍规模迅速壮大，截至"十二五"末（2015 年底），全国注册

表 70　2011～2015 年我国水上运输就业人员与船员注册人数

单位：人

年份	就业人员数量	内河船舶船员注册人数	沿海航行船舶船员注册人数	国际航行船舶船员注册人数
2011	460513	—	134796	337326
2012	447050	—	146513	383045
2013	483428	—	153281	419029
2014	491124	707914	161413	447054
2015	466509	731234	168478	470512

资料来源：《中国统计年鉴》（2012～2016）、国家海事局。

船员 1370224 人，其中海船船员 638990 人，内河船员 731234 人，分别比 2010 年增长 25.60%、68.56% 和 2.72%，船员队伍规模总体满足了我国运输船队快速增长和航运发展的需求；其中，沿海航行船舶船员注册人数保持稳步增长，五年间从 134796 人增加到 168478 人，新增注册人数 33682 人，增幅达 25%，平均增速为 5.75%；相比沿海船员注册人数，国际航行船舶船员注册人数在经历了"十二五"初期（2011 年、2012 年）的高速增长后，增速开始逐步放缓，实现平均增速 8.72%。同时，为强化水路运输人力资源储备，优化人才结构，提高业务能力，行业管理部门不断完善教育培训体系，截至"十二五"末（2015 年），全国船员教育培训机构 310 家，我国履行海员培训发证和值班标准国际公约体系得到国际主要航运国家的认可，与 24 个国家（地区）签署了互认或单边承认船员适任证书协议，船员培训质量稳步提高，基本适应人才队伍发展需要。

六　固定资产投资情况

（一）水运业固定资产投资完成情况

"十二五"期间，我国水运业固定资产投资总体保持增长态势，但增长速度呈现"倒 V"形走势，尤其在"十二五"最后一年，水运业固定资产投资额和增速都出现明显回落。

水路运输业城镇固定资产投资额从"十二五"初期（2011 年）的 1921.66 亿元增长至"十二五"末（2015 年）的 2352.28 亿元，2014 年达到最高峰 2390.06 亿元，2015 年出现回落，与上年基本持平；五年内水路运输业城镇固定资产投资总额达 10711.11 亿元。水路运输业城镇固定资产投资额增速在"十二五"前 4 年快速增长，由 2011 年的 -7.57% 增长至 2014 年的 14.93%，2015 年增幅出现较大幅度回落，跌至 -1.58%，"十二五"期间年均增速为 2.77%。水路运输业城镇固定资产投资额占全社会固定资产投资额比重逐年下降，从"十二五"初期（2011年）的0.62%下降至"十二五"末（2015年）的0.42%，投资额增长幅度明显低于其他行业。

表71 2011～2015年水路运输业城镇固定资产投资概况

单位：亿元，%

年 份	投资完成额	同比增长	占全国投资比重
2011	1921.66	-7.57	0.62
2012	1967.58	2.39	0.53
2013	2079.53	5.69	0.47
2014	2390.06	14.93	0.47
2015	2352.28	-1.58	0.42

资料来源：《中国统计年鉴》（2012～2016）。

（二）内河及沿海建设固定资产投资完成情况

受经济增速放缓和近年来港口泊位及吞吐能力迅猛增长影响，"十二五"期间，我国内河及沿海建设固定资产投资完成额未出现明显增长，总体持平，内河水运基础设施建设投资额则大致呈现逐年上升趋势，沿海水运基础建设投资额呈现逐年下降趋势。

表72 2011～2015年内河及沿海建设固定资产投资完成额

单位：亿元

年份	内河及沿海建设投资额	内河水运基础设施建设投资额	沿海水运基础建设投资额
2011	1464.88	397.89	1066.99
2012	1493.82	489.68	1004.14
2013	1528.46	545.97	982.49
2014	1459.98	508.12	951.86
2015	1457.17	546.54	910.63

资料来源：交通运输部。

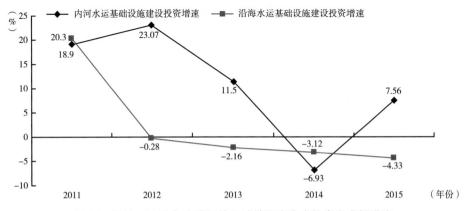

图26 2011～2015年水路运输业城镇固定资产投资完成额增速

资料来源：交通运输部。

我国内河及沿海建设固定资产投资完成额从"十二五"初期（2011 年）的 1464.88 亿元小幅增长至"十二五"中期（2013 年）的 1528.46 亿元，随后开始小幅回落，降至"十二五"末期（2015 年）的 1457.17 亿元；五年内内河及沿海建设固定资产投资总额达 7344.31 亿元。

其中，内河水运建设全面加快，"十二五"期间，内河水运加快推进以长江干线为核心的高等级航道重点工程，完成投资 2488.20 亿元，其中中央投资 580 亿元，分别为"十一五"的 2 倍和 3.5 倍；增速呈现逐年上升的趋势，除 2014 年投资增速出现回落外，其余年份均保持较高速度增长，2011～2015 年内河水运基础设施建设固定资产投资增速分别为 18.90%、23.07%、11.50%、－6.93% 和 7.56%。

"十二五"沿海水运基础建设固定资产投资完成额 4856.11 亿元，投资规模高位回落，呈逐年下降，且下降幅度不断增大，分别为 20.30%、－0.28%、－2.16%、－3.12% 和 －4.33%。一直以来，沿海港口建设都属于适度超前状态，在泊位净增、码头规模效益和技术进步等多重因素的共同推动下，沿海港口码头吞吐能力适应性不断增强。根据交通运输部的数据，2003～2011 年，我国沿海港口建设保持年均 54% 的增速，持续扩张，而与此同时，我国沿海规模以上港口的货物吞吐量仅保持 30% 左右的增长。港口生产能力和运输需求之间的缺口随着港口建设的不断推进而不断加大。特别是 2008 年金融危机的爆发，更加剧了港口吞吐能力与运输需求之间的失衡问题，港口泊位闲置和空置的现象屡见不鲜。因此，导致"十二五"沿海水运基础设施固定资产投资增速有所回落，但从绝对数据上看，沿海水运基础建设固定资产的下降幅度仍明显低于港口运输需求的降速，供需失衡的局面仍普遍存在。

七 税收情况

"十二五"期间，我国水运业纳税规模不断扩大，由 2011 年的 199.12 亿元增长至 2015 年的 231.71 亿元。

表 73 "十二五"期间我国水运业税收情况

单位：亿元

指标	2011 年	2012 年	2013 年	2014 年	2015 年
税收总额	199.12	207.10	218.27	230.04	231.71

资料来源：《中国税务年鉴》和《中国经济普查年鉴》（2013）推算。

受"营改增"的影响，我国水运业营业税金及附加、主营业务税金及附加等统计指标变化较大，"十二五"末分别降至 29.4 亿元、25.0 亿元的最低值，应交所得税和应交增值税也为最低值。整体而言,"营改增"使水运企业税收负担得到减轻,企业成本相对降低,有利于促进水运企业的发展。

表 74　"十二五"期间我国水运业规模以上企业税收情况

单位:亿元

指标	2011 年	2012 年	2013 年	2014 年	2015 年
营业税金及附加	3189.3	3484.5	3807.0	32.7	29.4
主营业务税金及附加	124.1	80.8	52.6	27.3	25
应交所得税	298.8	374.2	468.6	114.7	116.1
应交增值税	369.1	453.9	558.2	76.4	75.6

资料来源:国家统计局。

八　企业利润情况

"十二五"期间,我国水运业利润总额呈现快速增长态势,2015 年达到 672.25 亿元。

表 75　"十二五"期间我国水运业利润情况

单位:亿元

指标	2011 年	2012 年	2013 年	2014 年	2015 年
营业利润	104.26	130.22	162.54	534.87	532.93
利润总额	242.68	340.57	477.95	670.66	672.25

注:根据《中国经济普查年鉴》(2013)"规模以上法人企业营业收入/法人企业营业收入的平均比例 87.85%"推算。

资料来源:国家统计局。

九　区域分布情况

(一)内河航道通航里程

"十二五"期间,我国东、中、西各区域加大水运基础设施建设力度,除东北航道里程未发生变化外,其他各区域内河航道通航里程稳步增加,其中西部地区增幅最大;在规模扩大的同时,航道结构也在不断优化,"十二五"期间重点强化等级航道建设,等级航道里程占比逐年提高,其中东部地区增幅最大,满足水路运输需求,服务经济社会发展的能力不断提升。

东部地区内河航道里程从"十二五"初期(2011 年)的 52904 公里,增长到"十

表76　2011～2015年全国内河航道区域分布

单位：公里，%

年份	指标	东部地区	中部地区	西部地区	东北地区
2011	总里程	52904	32723	32018	6967
	等级航道	20232	18562	17337	6517
	等级航道占比	38.24	56.72	54.15	93.54
2012	总里程	53203	32761	32064	6967
	等级航道	21257	18608	17337	6517
	等级航道占比	39.95	56.80	54.07	93.54
2013	总里程	53234	32781	32871	6967
	等级航道	21536	18628	18223	6517
	等级航道占比	40.46	56.83	55.44	93.54
2014	总里程	53260	32943	33109	6967
	等级航道	21568	18805	18474	6517
	等级航道占比	40.50	57.08	55.80	93.54
2015	总里程	53274	33078	33681	6967
	等级航道	21830	18945	18965	6517
	等级航道占比	40.98	57.27	56.31	93.54

资料来源：交通运输部。

二五"末（2015年）的53274公里，增加370公里，等级航道里程增加了1598公里，占比从38.24%提高到40.98%；中部地区内河航道里程从"十二五"初期（2011年）的32723公里，增长到"十二五"末（2015年）的33078公里，增加355公里，等级航道里程增加了383公里，占比从56.72%提高到57.27%；西部地区内河航道里程从"十二五"初期（2011年）的32018公里，增长到"十二五"末（2015年）的33681公里，增加1663公里，等级航道里程增加了1628公里，占比从54.15%提高到56.31%；受自然条件和开发程度影响，东北地区航道里程和技术等级未发生变化。

（二）水上运输装备

"十二五"期间，受市场低迷和国家政策影响，各区域企业加快淘汰落后产能，船舶数量呈下降趋势，但净载重量不断提高，运力结构不断优化，东部地区船舶数量下降幅度最大，其次是中部、西部和东北地区；中部地区船舶净载重量增幅最为明显，其次是西部、东部和东北地区。

东部地区船舶数量从"十二五"初期（2011年）的95363艘下降到"十二五"末（2015年）的87564艘，减少了7799艘，降幅达8.18%；但净载重量增加了3065.3万吨，增幅达21.84%；中部地区船舶数量从"十二五"初期（2011年）的53361艘

表 77 2011～2015 年全国水上运输装备区域分布

年份	指标	东部地区	中部地区	西部地区	东北地区
2011	艘数（艘）	95363	53361	27404	3014
	净载重量（吨）	140323065	43434403	12016940	7934453
	净载重量占比（%）	65.99	20.43	5.65	3.73
2012	艘数（艘）	95051	52232	28130	3079
	净载重量（吨）	151789100	46188712	13247024	8393245
	净载重量占比（%）	66.43	20.22	5.80	3.67
2013	艘数（艘）	92918	50969	25481	3033
	净载重量（吨）	158145732	50580228	13998633	8429975
	净载重量占比（%）	64.81	20.73	5.74	3.45
2014	艘数（艘）	91658	51086	25992	3111
	净载重量（吨）	166772038	56796912	14743182	8412468
	净载重量占比（%）	64.68	22.03	5.72	3.26
2015	艘数（艘）	87564	49570	25786	2847
	净载重量（吨）	170976023	64410835	15934256	8430390
	净载重量占比（%）	62.76	23.64	5.85	3.09

资料来源：交通运输部。

"十二五"末（2015 年）的 49570 艘，减少了 3791 艘，降幅为 7.10%；但净载重量增加了 2097.6 万吨，增幅达 48.29%，优化结构、调整落后产能成效显著。西部地区船舶数量从"十二五"初期（2011 年）的 27404 艘下降到"十二五"末（2015 年）的 25786 艘，减少了 1618 艘，降幅为 5.9%；净载重量增加了 391.7 万吨，增幅达 32.60%，大批农村老旧渡船得到更新。五年间，东北地区船舶数量减少了 167 艘，降幅为 5.54%；净载重量增加了 4.96 万吨，增幅为 6.20%。

（三）水路旅客运输量

"十二五"期间，随着人民群众收入增加，公众出行方式选择趋向高速和高端，各区域旅客运输量和周转量稳步增长，但增速趋于放缓，东部增量和增幅最大，西部地区出现负增长。

东部地区客运量从"十二五"初期（2011 年）的 1.27 亿人增加到"十二五"末（2015 年）的 1.51 亿人，增加了 0.24 亿人，增幅达 19.15%；旅客周转量增加了 1.9 亿人公里，增幅为 5.23%；中部地区客运量从"十二五"初期（2011 年）的 0.26 亿人增加到"十二五"末（2015 年）的 0.3 亿人，增加了 0.036 亿人，增幅达 13.65%；旅客周转量增加了 1.02 亿人公里，增幅为 15.00%，在各区域中增幅最大。西部地区客运量从"十二五"初期（2011 年）的 0.83 亿人下降到"十二五"末下降到

表78　2011～2015年全国客运量区域分布

年份	指标	东部地区	中部地区	西部地区	东北地区
2011	客运量（亿人）	1.27	0.26	0.83	0.10
	旅客周转量（亿人公里）	36.35	6.73	23.77	7.70
	客运量占比（%）	51.63	10.57	33.74	4.07
2012	客运量（亿人）	1.32	0.25	0.91	0.11
	旅客周转量（亿人公里）	37.18	6.92	25.19	8.20
	客运量占比（%）	51.16	9.69	35.27	4.26
2013	客运量（亿人）	1.30	0.26	0.72	0.10
	旅客周转量（亿人公里）	34.18	7.12	19.86	7.17
	客运量占比（%）	55.32	11.06	30.64	4.26
2014	客运量（亿人）	1.4653	0.2838	0.7691	0.1111
	旅客周转量（亿人公里）	38.7594	7.1405	21.269	7.1724
	客运量占比（%）	55.73	10.79	29.25	4.23
2015	客运量（亿人）	1.5132	0.2955	0.7922	0.1064
	旅客周转量（亿人公里）	38.2536	7.7552	20.4244	6.6509
	客运量占比（%）	55.90	10.92	29.26	3.93

资料来源：交通运输部。

（2015年）的0.79亿人，减少了0.04亿人，降幅为4.82%；旅客周转量减少了3.34亿人公里，降幅为14.00%，在各区域中降幅最大。五年间，东北地区客运量增加了0.006亿人，增幅为6.40%；旅客周转量减少了1.05亿人公里，降幅为13.60%。

（四）水路货物运输量

"十二五"期间，随着水路基础设施不断完善，运力规模不断扩大，专业化程度不断提高，各区域货运服务能力不断增强，货运量大幅增长，中部地区增幅最大，其次是西部、东部和东北地区；中部地区货物周转量增幅最大，其次是东北和西部地区，东部地区增速回落，总体呈负增长态势。

东部地区货运量从"十二五"初期（2011年）的28.48亿吨，增加到"十二五"末（2015年）的34.78亿吨，增加了6.3亿吨，增幅达22.12%；货物周转量下降了62.47亿吨公里，2013年降幅最大。中部地区货运量呈现爆发式增长，从"十二五"初期（2011年）的8.6亿吨，增加到"十二五"末（2015年）的18.33亿吨，增加了9.73亿吨，增幅达113.20%，"十二五"后三年增幅最大。西部地区货运量从"十二五"初期（2011年）的3.56亿吨，增加到"十二五"末（2015年）的5.07亿吨，增加了1.51亿吨，增幅达42.40%；货物周转量增加了437亿吨公里，增幅为15.80%。五年间，东北地区货运量增加了0.19亿吨，增幅为6.40%；货物周转量增加了1433.9亿吨公里，增幅达21.93%。

表79 2011~2015年全国货运量区域分布

年份	指标	东部地区	中部地区	西部地区	东北地区
2011	货运量（亿吨）	28.48	8.6	3.56	1.3
	货物周转量（亿吨公里）	54853.24	3914.21	2759.8	6537.99
	占比（%）	66.85	20.19	8.36	3.05
2012	货运量（亿吨）	29.77	9.49	4.13	1.41
	货物周转量（亿吨公里）	54619.41	4824.57	3241.89	7491.96
	占比（%）	64.90	20.69	9.00	3.07
2013	货运量（亿吨）	31.98	16.64	4.13	1.48
	货物周转量（亿吨公里）	42820.6	8074.29	2807.09	7846.39
	占比（%）	57.13	29.72	7.38	2.64
2014	货运量（亿吨）	33.7474	18.2598	4.6581	1.5479
	货物周转量（亿吨公里）	56205.29	9155.421	3080.915	7988.85
	占比（%）	56.41	30.52	7.79	2.59
2015	货运量（亿吨）	34.7789	18.3347	5.0691	1.4877
	货物周转量（亿吨公里）	54790.77	8991.117	3196.788	7971.892
	占比（%）	56.68	29.88	8.26	2.42

资料来源：交通运输部。

（五）水路交通固定资产投资额

"十二五"期间，我国重点加大了内河建设投资，沿海建设投资额逐步下降，西部地区下降幅度较大；内河建设投资额大幅上涨，东部地区涨幅最大，其次是中部和西部地区。

东部地区沿海建设投资额在波动中下降，从"十二五"初期（2011年）的922.86亿元下降到"十二五"末（2015年）的868.94亿元，减少了53.9亿元，降幅为5.84%，仅2013年实现正增长；西部地区沿海建设投资额呈"倒U"形走势，从"十二五"初期（2011年）的84.13亿元增长到"十二五"中期（2012年）的93.99亿元，之后开始波动下降，"十二五"末（2015年）投资额为41.7亿元。内河建设投资涨幅较大，东部地区从"十二五"初期（2011年）的154.76亿元增长到"十二五"末（2015年）的234.46亿元，增加了79.7亿元，增幅为51.50%；中部地区从"十二五"初期（2011年）的135.32亿元，增长到"十二五"末（2015年）的201.15亿元，增加了65.83亿元，增幅为48.65%；西部地区内河建设投资额依然呈"倒U"形走势，从"十二五"初期（2011年）的107.81亿元增长到"十二五"中期（2013年）的141.66亿元，之后开始不断下降，"十二五"末（2015年）投资额为110.92亿元。

表80　2011～2015年全国水路交通固定资产投资区域分布

单位：万元，%

年份	指标	东部地区	中部地区	西部地区
2011	沿海建设	9228639	—	841277
	占比	91.65	—	8.35
	内河建设	1547580	1353190	1078118
	占比	38.89	34.01	27.10
2012	沿海建设	9101485	—	939877
	占比	90.64	—	9.36
	内河建设	1905743	1697259	1293827
	占比	38.92	34.66	26.42
2013	沿海建设	9334647	—	490269
	占比	95.01	—	4.99
	内河建设	2048781	1994313	1416610
	占比	37.53	36.53	25.95
2014	沿海建设	9006187	—	512440
	占比	94.62	—	5.38
	内河建设	1898145	1990279	1192786
	占比	37.36	39.17	23.47
2015	沿海建设	8689350	—	416987
	占比	95.42	—	4.58
	内河建设	2344619	2011519	1109230
	占比	42.90	36.80	20.30

资料来源：交通运输部。

第四节　"十二五"期间民航业发展情况

"十二五"期间，我国民用航空基础设施建设稳步推进，航线结构持续优化，运输服务能力显著提升，民航关联产业继续保持快速增长，大众化、多样化趋势明显，基本确立了适应社会主义市场经济、符合行业发展规律并与国际接轨的新型民航发展模式。中国民航已经成为全球第二大航空运输系统，2015年运输总周转量、旅客运输量和货邮运输量较1978年分别增长了285倍、189倍和98倍。民航旅客周转量在综合交通运输体系中的占比由1978年的1.6%增长到2015年的25.8%，基本完成了由小到大转变的使命，在产业结构升级换代和经济发展方式转变中发挥了显著的推动作用。

一　营业规模情况

在世界经济增速放缓、国内经济下行压力较大的情况下，"十二五"期间，民航业发展势头持续向好，民航营业规模主要指标继续保持较快增长，做到了通用航空和运输航空"两翼齐飞"，民航业服务国民经济、服务社会公众的能力将进一步增强。

（一）营业收入

"十二五"期间，我国航空运输业收入迅猛增长，2011～2015年，营业收入从1140.94亿元上升到5587.95亿元。

表81 "十二五"期间航空运输业营业规模

单位：亿元

指标	2011年	2012年	2013年	2014年	2015年
营业收入	1140.94	1697.32	4948.2	5399.73	5587.95

资料来源：《中国经济普查年鉴》（2013）和国家统计局。

（二）运输周转量

我国综合交通体系不断完善，高铁网络的加密和完善对国内中短程航空运输造成压力，民航在长距离运输方面保有较强优势，平均运距增加已经成为民航发展的一个重要趋势。运距的增加使民航运输总周转量不断增加。"十二五"期间，民航行业运输总周转量从2011年的577.44亿吨公里增长到2015年的851.65亿吨公里，年均增长10.2%，高于同期GDP增长水平。

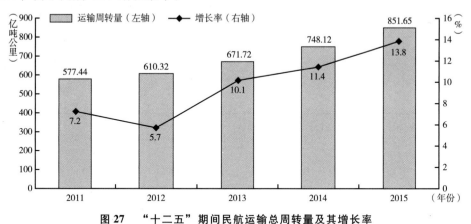

图27 "十二五"期间民航运输总周转量及其增长率

资料来源：《交通运输行业发展统计公报》（2011～2015）。

"十二五"期间，我国民航进入全民消费的大众化时代。2015年，全行业完成旅客周转量达643.58亿吨公里，是2011年的380.61亿吨公里的1.69倍，五年的复合增长率为14.0%。民航旅客周转量在综合交通运输体系中的占比在"十二五"末已达到22.8%，比"十一五"末上升了8.3个百分点。这一结构性变化反映出民航在经济社会发展中的战略地位进一步得到加强。

受国内外经济形势影响，民航货运市场在2011～2012年持续下滑，货邮周转量降至2012年的163.89亿吨公里，2013～2015年保持了较高的增长速度，2015年达到208.07亿吨公里，五年复合年均增长率为4.6%。

表82 "十二五"期间民航完成旅客周转量、货邮周转量

年份	旅客周转量（万人公里）	增长率（%）	货邮周转量（亿吨公里）	增长率（%）
2011	380.61	10.2	173.91	-2.8
2012	446.43	10.6	163.89	-5.8
2013	501.43	12.3	170.29	3.9
2014	560.34	11.7	187.77	10.3
2015	643.58	15.0	208.07	10.8

资料来源：《交通运输行业发展统计公报》（2011～2015）。

得益于国际贸易改善和快递服务的快速发展，国内、国际航线完成运输总周转量均呈现稳步增长的态势。2015年，国内航线完成运输总周转量559.04亿吨公里，比上年增长10.0%，其中港澳台航线完成16.22亿吨公里，比上年增长0.3%；国际航线完成运输总周转量保持较快增长，达到292.61亿吨公里，比上年增长21.9%。

表83 "十二五"期间国内、国际航线完成运输总周转量

单位：亿吨公里

年份	国内航线	其中:港澳台航线	国际航线
2011	380.61	12.64	196.84
2012	415.83	13.66	194.49
2013	164.05	14.23	210.68
2014	508.00	16.17	240.11
2015	559.04	16.22	292.61

资料来源：《民航行业发展统计公报》（2011～2015）。

2015年，中航集团和南航集团在行业运输总周转量中的占比居前两位，分别为27.6%和26.3%。

表84 2011～2015年各航空（集团）公司运输总周转量占比

单位：%

年份	2011	2012	2013	2014	2015
中航集团	31.0	28.9	28.1	27.9	27.6
南航集团	25.0	26.6	26.0	26.4	26.3
东航集团	24.0	23.6	23.1	21.5	20.9
海航集团	11.0	11.5	12.5	13.4	13.6
其他公司	9.0	9.3	10.2	10.8	11.6

资料来源：《民航行业发展统计公报》（2011～2015）。

（三）旅客运输量

随着我国改革开放和现代化建设的深入推进，民航在综合运输体系中的地位和作用更加突出，航空运输日益成为大众出行的重要方式，旅客运输周转量在综合交通运输体系中的占比达到 25.8%，全行业完成旅客运输量保持高速增长态势，由 2011 年的 29317 万人次增长到 2015 年的 43618 万人次，年均增长 10.4%。目前，我国已有 80% 的县级行政区和 84% 的人口能够享受航空运输服务，低成本航空市场份额也由 2.2% 上升到 9%。

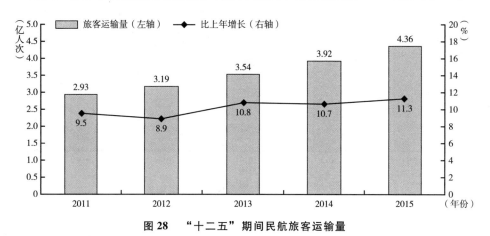

图 28 "十二五"期间民航旅客运输量

资料来源：《民航行业发展统计公报》（2011~2015）。

其中，2015 年国内航线完成旅客运输量 39411 万人次，比上年增长 9.4%，其中港澳台航线完成 1020 万人次，比上年增长 1.4%；国际航线完成旅客运输量 4207 万人次，比上年增长 33.3%。

表 85 "十二五"期间国内、国际航线完成旅客运输量

单位：万人次

年份	国内航线	其中:港澳台航线	国际航线
2011	17199	760	2118
2012	29600	834	2336
2013	32742	904	2655
2014	36040	1005	3155
2015	39411	1020	4207

资料来源：《民航行业发展统计公报》（2011~2015）。

（四）货邮运输量

我国新型城镇化、经济结构转型、居民收入提升及内需消费的兴起、出入境签证便利化和带薪休假等制度不断推进，特别是随着电商、快递、现代物流的迅猛增长，航空货运需求的市场基础持续扩大，"十二五"期间民航货邮运输量出现前减后增的局面。

"十二五"开局两年受欧洲债务危机以及美国经济不景气影响，加之国内航空货运的国际目标市场主要以欧美市场为主，行业整体形势低于预期，均呈现负增长。2013年开始出现正增长，2015年达到629.3万吨，比上年增长5.9%。其中，国内航线完成货邮运输量442.4万吨，比上年增长3.9%。

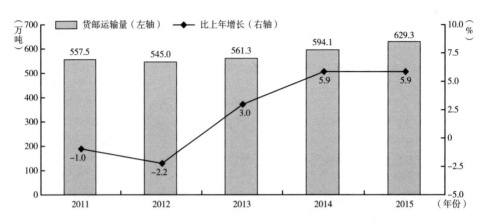

图29 "十二五"期间民航货邮运输量

资料来源：《民航行业发展统计公报》（2011~2015）。

面对我国快递市场高速增长态势，国内货航企业创新发展思路，扩大了货邮运输量。南航货运采用与快递企业进行总部合作模式，先后与圆通和顺丰签订总部合作协议；东航推出24小时快件，并在"双十一"当天与电商天猫展开包机业务合作等。2015年国内航线完成货邮运输量达442.4万吨，比上年增长3.9%。其中港澳台航线完成22.1万吨，比上年下降1.0%；国际航线完成货邮运输量186.8万吨，比上年增长10.9%。

表86 "十二五"期间国内、国际航线完成货邮运输量

单位：万吨

年份	国内航线	其中:港澳台航线	国际航线
2011	379.4	21.0	178.0
2012	388.5	20.8	156.5
2013	406.7	19.9	154.5
2014	425.7	22.3	168.4
2015	442.4	22.1	186.8

资料来源：《民航行业发展统计公报》（2011~2015）。

（五）机场业务量

2015年，全国民航运输机场完成旅客吞吐量9.15亿人次，比上年增长10.0%。完

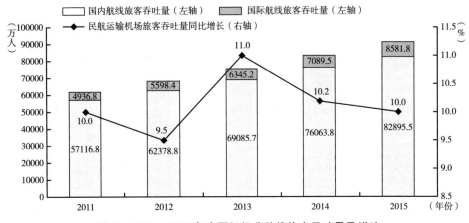

图30 2011～2015年全国机场分航线旅客吞吐量及增速

资料来源:《民航行业发展统计公报》(2011～2015)。

成货邮吞吐量1409.40万吨,比上年增长3.9%。其中,国内航线完成918.0万吨,比上年增长3.7%(其中,内地至中国香港、澳门和台湾地区航线为89.8万吨,比上年下降0.7%);国际航线完成491.4万吨,比上年增长4.4%。

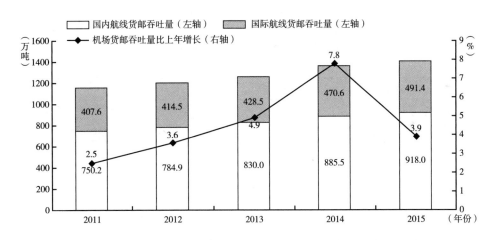

图31 2011～2015年全国机场分航线货邮吞吐量及增速

资料来源:《民航行业发展统计公报》(2011～2015)。

(六)机场飞机起降架次

"十二五"期间,飞机起降架次保持较高的增长水平,到"十二五"末期,飞机起降856.55万架次,比上年增长8.0%。其中,运输架次为729.4万架次,比上年增长6.9%;在起降架次中,国内航线787.3万架次,比上年增长7.1%(其中,内地至中国香港、澳门和台湾地区航线为20.9万架次,比上年增长1.6%),国际航线69.3万架次,比上年增长18.9%。

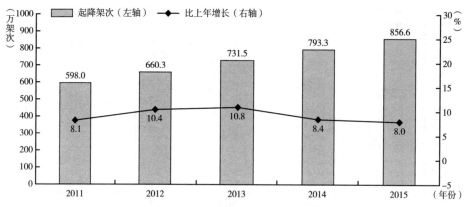

图32　2011～2015年全国机场飞机起降架次及增速

资料来源：《民航行业发展统计公报》（2011～2015）。

（七）民航飞行小时数

"十二五"期间，中国民航运输飞行总量达到3485.3万小时，是"十一五"时期的1.7倍，其中，国际航线飞行小时增加最快，年均复合增长率为14.5%，高于国内航线4个百分点。

表87　2011～2015年我国民航飞行小时数

单位：小时

年份	合计	国内航线	其中:港澳台航线	国际航线
2011	5594901	4740457	146710	854444
2012	6188643	5286894	162065	901749
2013	6912784	5919035	171985	993749
2014	7640737	6498647	191352	1142090
2015	8515605	7048659	195997	1466946

资料来源：《民航行业发展统计公报》（2011～2015）。

（八）通用航空作业时间

我国通用航空的发展落后于经济社会的发展需求，"十二五"期间，我国通用航空行业呈快速发展态势，这既是实施供给侧结构性改革的需要，也是落实创新驱动的发展战略的必然。2015年，全国通用航空行业完成通用航空生产作业飞行73.5万小时，比上年增长8.90%，五年复合增长率为9.96%。

二　资产规模情况

（一）资产规模

"十二五"期间，我国航空运输业资产规模整体呈现较快增长态势，资产规模年均

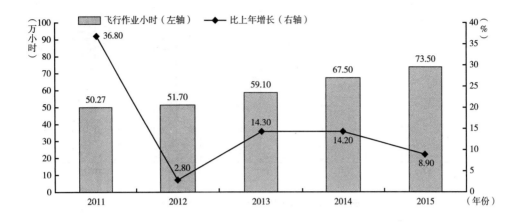

图33 2011～2015年我国通用航空飞行作业时间总量及增速

资料来源:《民航行业发展统计公报》(2011～2015)。

增长13.3%,由2011年的10286.64亿元增加到2015年的16955.6亿元。债务负担稳步上升,2015年达到最大值9842.91亿元。所有者权益逐年增长,2011～2015年由3874.58亿元增至7112.69亿元。

表88 "十二五"期间航空运输业资产规模

单位:亿元

指标	2011年*	2012年	2013年	2014年	2015年
资产总计	10286.64	11655.56	69982.10	15368.58	16955.60
负债总计	6412.05	7137.17	42999.64	9297.55	9842.91
所有者权益合计	3874.58	4518.39	26982.46	6071.03	7112.69

注:带"*"的为估计值,根据2012～2015年平均增长率推算。
资料来源:根据国家统计局数据整理。

(二)民用航空(颁证)机场

"十二五"期间,民航围绕国家重大战略,着力推进京津冀民航协同发展,积极推动"一带一路"沿线国家航空运输互联互通,探索促进长江经济带机场群建设。五年来,我国境内民用航空(颁证)机场由180个增长至210个(不含中国香港、澳门和台湾地区,下同),其中定期航班通航机场由178个增长至206个,定期航班通航城市204个。机场布局更加优化,以北京首都机场、上海浦东机场、广州机场等为枢纽的北方、华东、中南、西南、西北"五大机场群"基本形成。

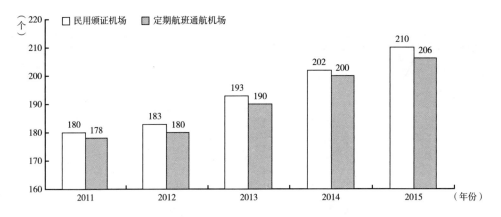

图 34　2011～2015 年全国民用机场数量

资料来源：《民航行业发展统计公报》（2011～2015）。

表 89　"十二五"期间我国新增机场、迁建机场概况

年份	新增机场	迁建	其他
2011	西藏日喀则机场、内蒙古阿尔山伊尔施机场和巴彦淖尔天吉泰机场、甘肃金昌金川机场和张掖甘州机场	库车龟兹机场和揭阳潮汕机场	原库车老机场、汕头外砂机场停止使用
2012	黑龙江加格达奇机场、江苏扬州泰州机场和贵州遵义机场	昆明长水机场	四川攀枝花机场、新疆且末机场停航
2013	内蒙古阿拉善左旗机场、内蒙古阿拉善右旗机场、内蒙古额济纳旗机场、河北张家口机场、四川稻城机场、贵州凯里机场、安徽池州机场、贵州毕节机场、江西宜春机场、甘肃甘南藏族自治州夏河机场	合肥机场	四川攀枝花机场恢复执行定期航班、新疆且末机场停航
2014	黑龙江抚远机场、湖北神农架机场、青海德令哈机场、山西吕梁机场、吉林通化机场、广西河池机场、四川阿坝机场、贵州六盘水机场、湖南衡阳机场	陕西汉中机场	陕西安康机场、新疆且末机场停航
2015	山东日照三字河机场、广东惠州平潭机场、云南宁蒗泸沽湖机场、青海海西花土沟机场、新疆富蕴可可托海机场、新疆石河子花园机场、辽宁营口兰旗机场、山西忻州五台山机场	山东烟台机场、辽宁锦州机场	陕西安康机场、新疆且末机场年内停航

资料来源：根据相关资料整理。

（三）民用飞机架数

中国民用飞机机队规模保持持续上升的态势。截至 2015 年底，民航全行业运输飞机、通用航空飞机在册架数分别为 2650 架、1904 架，比 2011 年分别增加 886 架、780架，其中，通用航空飞机中教学训练用飞机五年内增加 205 架。在引进飞机数量上，国内四大航仍占有较大比例。2015 年，东方航空、国航、南方航空和海南航空分别引进飞机 65 架、36 架、34 架和 30 架，其中波音 737-800 飞机是近年来引进架数最多的机型。

表90　2011～2015年我国民用飞机期末架数

単位：架

年份	合计	运输飞机	通用航空飞机	其中:通用航空飞机中教学训练用飞机
2011	2888	1764	1124	303
2012	3261	1941	1320	328
2013	3664	2145	1519	340
2014	4168	2370	1798	486
2015	4554	2650	1904	508

资料来源:《民航行业发展统计公报》(2011～2015)。

(四)通用航空航空器数

我国通用航空航空器数的迅猛增加有力地支撑了通用航空为经济社会发展服务的能力提升，是尽快补齐短板、促进航空工业水平整体提升的重点。相关通用航空企业加大了通用航空航空器的投资力度，截至2015年，我国通用航空航空器累计1904架，是2011年的1.69倍。

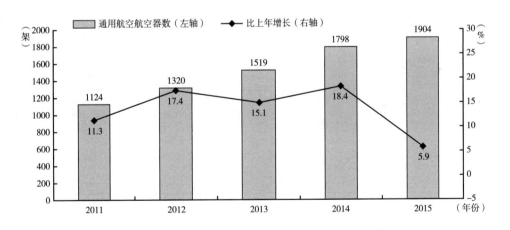

图35　2011～2015年我国通用航空航空器数及增速

资料来源:《民航行业发展统计公报》(2011～2015)。

三　法人单位情况

(一)通用航空

近年来，我国通用航空业发展较快，通用航空企业数量稳步增加，由2011年的123家增长至2015年的281家。

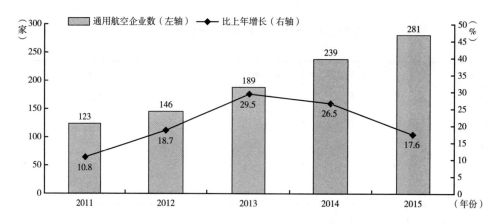

图36　2011～2015年我国通用航空企业发展概况

资料来源：《民航行业发展统计公报》（2011～2015）。

（二）运输航空

"十二五"期间，我国运输航空公司数量稳步上升，由2011年的47家增长至2015年的55家，其中，国有控股公司由38家增长至41家，民营和民营控股公司由9家增长至14家。

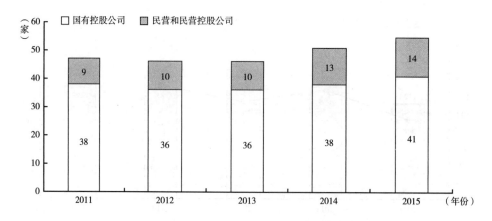

图37　2011～2015年我国运输航空公司企业数量

资料来源：《民航行业发展统计公报》（2011～2015）。

飞机利用率是衡量飞机利用程度的重要指标，提高飞机利用率意味着更充分地利用企业所拥有的主要生产性固定资产，对于发展生产、降低成本、提高企业经济效益具有十分重要的意义。"十二五"期间，我国运输飞机利用率波动提升，由2011年的9.3小时/日提升至2015年的9.49小时/日。

2015年，中航集团完成飞行小时211.6万小时，完成运输总周转量235.0亿吨公里，比上年增加12.8%；完成旅客运输量1.04亿人次，比上年增加9.5%；完成货邮

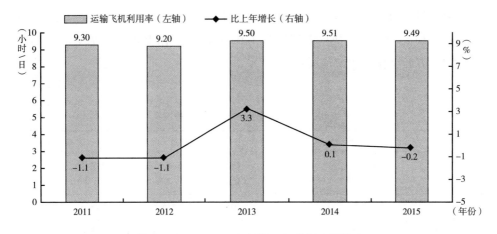

图 38 2011～2015 年运输飞机利用率及增速

资料来源：《民航行业发展统计公报》(2011～2015)。

运输量 178.2 万吨，比上年增加 7.0%。

2015 年，东航集团完成飞行小时 181.7 万小时，完成运输总周转量 178.3 亿吨公里，比上年增加 10.7%；完成旅客运输量 0.94 亿人次，比上年增加 11.9%；完成货邮运输量 139.9 万吨，比上年增加 2.6%。

表 91 中航集团生产经营基本概况

年份	飞行小时（万小时）	运输总周转量		旅客运量		货邮运量	
		绝对数（亿吨公里）	增长率（%）	绝对数（亿人次）	增长率（%）	绝对数（万吨）	增长率（%）
2011	154.9	181.9	3.7	0.78	8.1	174.7	3.0
2012	162.4	176.7	−2.8	0.82	4.9	155.6	−10.9
2013	175.5	188.8	6.9	0.89	8.1	156.0	0.3
2014	190.4	208.4	10.4	0.95	7.6	166.6	6.8
2015	211.6	235.0	12.8	1.04	9.5	178.2	7.0

资料来源：《民航行业发展统计公报》(2011～2015)。

表 92 东航集团生产经营基本概况

年份	飞行小时（万小时）	运输总周转量		旅客运量		货邮运量	
		绝对数（亿吨公里）	增长率（%）	绝对数（亿人次）	增长率（%）	绝对数（万吨）	增长率（%）
2011	130.1	137.7	1.2	0.69	5.9	149.7	9.2
2012	141.7	144.1	−4.6	0.73	6.5	141.7	−5.3
2013	155.3	122.3	7.8	0.79	8.2	140.9	0.5
2014	163.9	161.0	3.7	0.84	5.9	136.3	−3.2
2015	181.7	178.3	10.7	0.94	11.9	139.9	2.6

资料来源：《民航行业发展统计公报》(2011～2015)。

2015 年，南航集团完成飞行小时 223.8 万小时，完成运输总周转量 223.9 亿吨公里，比上年增加 13.3%；完成旅客运输量 1.09 亿人次，比上年增加 7.9%；完成货邮运输量 151.2 万吨，比上年增加 5.6%。

表 93　南航集团生产经营基本概况

年份	飞行小时（万小时）	运输总周转量		旅客运输量		货邮运输量	
		绝对数（亿吨公里）	增长率（%）	绝对数（亿人次）	增长率（%）	绝对数（万吨）	增长率（%）
2011	150.7	144.7	10.4	0.81	5.5	113.5	1.6
2012	168.1	162.1	12.0	0.86	7.2	123.0	8.4
2013	182.9	174.8	7.8	0.92	6.2	127.6	3.7
2014	202.3	197.6	13.0	1.01	9.8	143.2	12.2
2015	223.8	223.9	13.3	1.09	7.9	151.2	5.6

资料来源：《民航行业发展统计公报》（2011~2015）。

2015 年，海航集团完成飞行小时 116.5 万小时，完成运输总周转量 115.6 亿吨公里，比上年增加 15.7%；完成旅客运输量 0.68 亿人次，比上年增加 13.3%；完成货邮运输量 77.7 万吨，比上年增加 6.9%。

2015 年，其他航空公司共完成飞行小时 118.0 万小时，完成运输总周转量 98.8 亿吨公里，比上年增加 21.8%；完成旅客运输量 0.62 亿人次，比上年增加 19.2%；完成货邮运输量 82.3 万吨，比上年增加 9.3%。

表 94　海航集团生产经营基本概况

年份	飞行小时（万小时）	运输总周转量		旅客运输量		货邮运输量	
		绝对数（亿吨公里）	增长率（%）	绝对数（亿人次）	增长率（%）	绝对数（万吨）	增长率（%）
2011	68.5	63.7	11.6	0.36	16.6	55.3	5.9
2012	79.2	70.5	10.6	0.42	17.4	58.0	4.9
2013	95.1	84.1	19.3	0.51	22.1	65.2	12.4
2014	107.5	99.9	18.9	0.60	16.9	72.7	11.4
2015	116.5	115.6	15.7	0.68	13.3	77.7	6.9

资料来源：《民航行业发展统计公报》（2011~2015）。

表95 其他航空公司生产经营基本概况

年份	飞行小时（万小时）	运输总周转量		旅客运输量		货邮运输量	
		绝对数（亿吨公里）	增长率（%）	绝对数（亿人次）	增长率（%）	绝对数（万吨）	增长率（%）
2011	55.3	49.5	26.9	0.30	28.0	64.4	18.8
2012	67.5	57.0	15.0	0.36	19.8	66.8	3.7
2013	82.5	68.6	20.5	0.43	20.8	71.5	7.1
2014	100.0	81.1	18.2	0.52	20.7	75.3	5.3
2015	118.0	98.8	21.8	0.62	19.2	82.3	9.3

资料来源：《民航行业发展统计公报》（2011～2015）。

四 人力资源情况

民航业是一个带有高科技属性的行业，行业产业链长，同时其又是一个资金密集型、高风险型的行业，行业发展需要大量业务精湛、素质优良的各类专业技术人才和经营管理人才。"十二五"期间，航空运输业就业人员数显著增长，由2011年的33.5万人增加至2015年的55.3万人，年均增长13.3%。

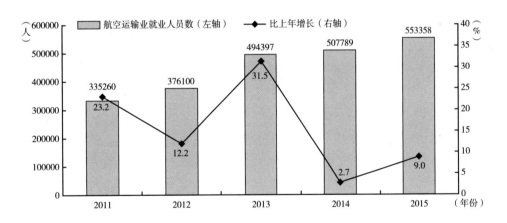

图39 2011～2015年我国航空运输业就业人员数及增速

资料来源：《中国统计年鉴》（2012～2016）。

随着航空运输业的发展，航空公司从业人员数量也在不断增加，由2011年的21.5万人增加至2015年的32.4万人，年均增长10.8%。

各航空公司的就业人数稳步增加，其中，中航集团、南航集团、东航集团的就业人员占全部就业人数的比例由2011年的86.0%波动下降至2015年的83.8%。

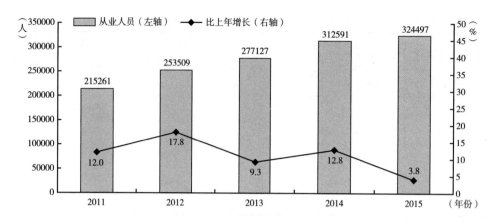

图40　2011～2015年我国航空公司从业人员数及增速

资料来源：《民航行业发展统计公报》（2011～2015）。

表96　2011～2015年我国各航空公司从业人员数

单位：人

年份	2011	2012	2013	2014	2015
中航集团	59831	63251	71892	78681	81911
南航集团	65322	84198	93854	97548	103228
东航集团	55352	65858	68008	83103	83294
海航集团	18078	19507	19894	23991	20112
四川航空	5340	6040	7330	8249	9193
邮政航空	1472	1509	1416	1255	1187
成都航空	1046	1100	1239	1502	1906
春秋航空	2736	3523	3988	4154	4456
奥凯航空	1128	1531	1792	2110	2436
华夏航空	374	484	767	1190	1656
吉祥航空	2721	3834	4175	4503	5033
东海航空	342	423	556	805	1355
河北航空	503	1123	1089	1170	1148
顺丰航空	548	821	831	986	1596
友和道通航空	307	307	296	244	321

资料来源：《民航行业发展统计公报》（2011～2015）。

　　当前，国内市场对飞机与航空旅行的需求使国内飞行员供给增速也在不断提高。截至2015年底，全行业取得驾驶执照飞行员45523人，较上年底增加了5642人。

表 97 2011～2015 年全行业取得驾驶执照飞行员数量

单位：人

年份		2011	2012	2013	2014	2015
飞机	私用驾驶员执照	—	—	1733	2085	2450
	商用驾驶员执照	—	—	17742	20158	22870
	航线运输驾驶员执照	—	—	14372	15654	17602
	多成员机组驾驶员执照	—	—	39	38	35
直升机驾驶员执照		—	—	1241	1519	2053
其他航空器驾驶员执照				378	427	733
合计		27807	31381	35505	39881	45523

资料来源：《民航行业发展统计公报》(2011～2015)。

五 固定资产投资情况

由于历史原因，我国民航基础设施分布密度很低，与发达国家相比有非常大的差距，甚至在通航基础设施方面也与有的发展中国家如巴西、印度等存在比较大的差距。"十二五"期间，国家加大了民航固定资产投资力度，建立了与我国国民经济发展需求基本适应的民航基础设施体系，通用航空保障机场 1.5 小时车程覆盖了全国 94% 的 GDP、79% 的人口和 75% 的国土面积。"十二五"期间，累计投资接近 7000 亿元，创历史新高，并在"一带一路"沿线省份新建机场 15 个，改（扩）建机场 28 个，在基础设施互联互通中实现了"率先突破"。

表 98 "十二五"期我国名行业固定资产投资

单位：亿元

年份	民航固定资产投资总额	年份	民航固定资产投资总额
2011	700.0	2014	1508.2
2012	1464.6	2015	1566.1
2013	1452.2		

资料来源：《民航行业发展统计公报》(2011～2015)。

其中，民航基本建设和技术改造投资维持高峰状态，累计投资 3620 亿元，是"十一五"时期 2580.7 亿元的 1.4 倍，其中，主要投资于三、四线城市的中小机场项目，包括民用运输机场和通用机场。玉树机场、和田机场等中小机场的建成通航，对推动中西部民航业特别是老少边穷地区的民航业发展、促进区域经济发展、缩小区域间社会经济发展差距、增进民族团结等方面的战略作用不断增强，在应急救援和国防安全等方面，也发挥着独特的作用。

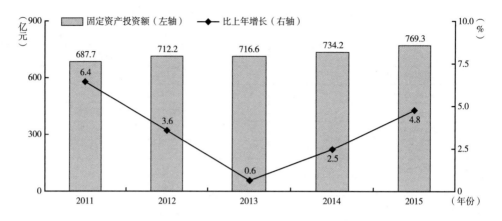

图 41　2011～2015 年我国民航基本建设和技术改造投资及增速

资料来源：《民航行业发展统计公报》（2011～2015）。

北京新机场工程已于 2014 年 12 月 26 日正式开工建设，有助于构建快速、便捷、高效、安全、大容量、低成本的京津冀民用航空一体化系统。

表 99　2011～2015 年民航基本建设和技术改造投资额

单位：亿元

年份	民航基本建设和技术改造投资	其中		
		机场建设	空管建设	其他方面
2011	687.7	495.4	18.0	174.3
2012	712.2	498.7	26.7	186.8
2013	716.6	507.5	29.5	179.6
2014	734.2	560.8	23.9	149.5
2015	769.3	656.1	17.7	95.5

资料来源：《民航行业发展统计公报》（2011～2015）。

六　航线情况

截至 2015 年底，我国共有定期航班航线 3326 条，按重复距离计算的航线里程为 786.6 万公里，按不重复距离计算的航线里程为 531.7 万公里，较好地满足了经济社会发展对人员往来的需要。定期航班国内通航城市 204 个（不含中国香港、澳门和台湾地区）。我国航空公司国际定期航班通航由 2014 年的 48 个国家的 123 个城市增加到 2015 年 55 个国家的 137 个城市，国内航空公司定期航班从 38 个内地城市通航中国香港，从 12 个内地城市通航澳门，大陆航空公司从 43 个大陆城市通航中国台湾地区。

七　税收情况

"十二五"期间，我国航空运输业纳税规模由 2011 年的 178.94 亿元增长至 2015 年的 208.23 亿元。

表 100　"十二五"期间我国定期航班条数及里程

单位：条，万公里

年份	2011	2012	2013	2014	2015
航线条数	2290	2457	2876	3142	3326
国内航线	1547	2076	2449	2652	2666
其中:港澳台航线	91	99	107	114	109
国际航线	443	381	427	490	660
按重复距离计算的航线里程	512.77	494.88	634.22	703.11	786.60
国内航线	318.00	339.04	440.57	485.32	496.40
其中:港澳台航线	13.57	13.85	17.49	18.63	17.80
国际航线	194.77	155.84	193.65	217.79	290.20
按不重复距离计算的航线里程	349.06	328.01	410.60	463.72	531.70
国内航线	199.62	199.54	260.29	287.00	292.30
其中:港澳台航线	13.51	13.33	16.84	17.93	17.20
国际航线	149.44	128.47	150.32	176.72	239.40

资料来源：《民航行业发展统计公报》（2011～2015）。

表 101　"十二五"期间我国民航业税收情况

单位：亿元

指标	2011 年	2012 年	2013 年	2014 年	2015 年
税收总额	178.94	186.11	196.15	206.72	208.23

资料来源：《中国税务年鉴》和《中国经济普查年鉴》（2013）推算。

"十二五"期间，我国民航业稳步推进"营改增"改革进程，行业企业税负水平明显降低，增加了企业的内生发展动力。全行业营业税金及附加、主营业务税金及附加从 2011 年的 3344.2 亿元、260.8 亿元减少到 2015 年的 21.9 亿元、19.8 亿元。

表 102　"十二五"期间我国民航业规模以上企业税收情况

单位：亿元

指标	2011 年	2012 年	2013 年	2014 年	2015 年
营业税金及附加	3344.2	3596.9	3868.7	19.3	21.9
主营业务税金及附加	260.8	98.5	37.2	16.5	19.8
应交所得税	367.5	291	230.4	54.3	80.4
应交增值税	502.6	592.7	699	39.8	53.6

资料来源：国家统计局。

八 企业利润情况

"十二五"期间,受中国宏观经济发展持续快速增长和人均国内生产总值水平相应提高的影响,我国民航业企业营业利润和利润总额均在"十二五"后期呈现显著增长的态势,均在2015年达到最大值,分别为240.44亿元和450.46亿元。但受国际原油价格动荡、人民币汇率波动、重大突发性事件(如流行病疫情、雪灾、地震等)和其他特别事项等因素的影响,我国民航业的利润水平"十二五"前期增长缓慢甚至负增长。

表103 "十二五"期间我国民航业企业利润情况

单位:亿元

指标	2011年	2012年	2013年	2014年	2015年
营业利润	47.53	48.28	49.02	93.69	240.44
利润总额	326.68	209.07	133.78	276.38	450.46

注:根据《中国经济普查年鉴》(2013) "规模以上法人企业营业收入/法人企业营业收入的平均比例94.04%"推算。

资料来源:国家统计局。

九 经济效益情况

(一)航空公司、机场、保障企业经济效益情况

"十二五"期间,航空公司营业收入稳步增长,年均增长率达到5.4%,2015年达到4363.7亿元;利润总额呈现"U"形趋势,由2011年的278亿元降至2013年的最低点162.4亿元后,逐步提升至2015年的320.3亿元。"十二五"期间,机场营业收入、利润总额呈现稳步增长的态势,到2015年达到最高值,分别为801.1亿元和106.8亿元。保障企业营业收入呈现"倒U"形态势,其中2015年是"十二五"时期的最小值,为897.7亿元,比上年减少29.9%,但利润总额呈现稳步增长态势,在2015年达到最大值60.8亿元,比上年增加19.8亿元。

表104 2011～2015年我国航空公司、机场、保障企业经济效益

单位:亿元

年份	航空公司		机场		保障企业	
	营业收入	利润	营业收入	利润	营业收入	利润
2011	3532.0	278.0	498.0	43.0	971.0	42.0
2012	3889.8	211.0	550.2	45.4	1121.4	39.6
2013	4049.9	162.4	625.9	41.7	1213.7	44.0
2014	4215.6	174.5	702.7	73.4	1271.3	41.0
2015	4363.7	320.3	801.1	106.8	897.7	60.8

资料来源:《民航行业发展统计公报》(2011～2015)。

（二）运输收入水平情况

2015 年，全行业运输收入水平为 4.75 元/吨公里，比上年下降 0.42 元/吨公里，较 2011 年下降了 1.08 元/吨公里。其中，客运收入水平为 5.70 元/吨公里，比上年下降 0.60 元/吨公里；货邮运输收入水平为 1.42 元/吨公里，比上年下降 0.27 元/吨公里。

表 105　2011~2015 年民航业运输收入水平

单位：元/吨公里

年份	全行业运输收入水平	其中	
		客运	货邮运输
2011	5.83	—	—
2012	5.99	—	—
2013	—	—	—
2014	5.17	6.30	1.69
2015	4.75	5.70	1.42

资料来源：《民航行业发展统计公报》（2011~2015）。

（三）民航企业业务收入

"十二五"期间，民航企业业务收入在 2014 年达到最大值 7368.5 亿元之后呈现下降态势，其中运输收入和机场服务收入稳步增长，通用航空的收入增长率相对缓慢，其他收入则降幅最大，这一趋势符合我国从民航大国向民航强国转型、从量的积累到质的突破的发展目标。

表 106　2011~2015 年民航企业业务收入

单位：万元

年份	民航企业业务收入	其中			
		运输收入	通用航空收入	机场服务收入	其他
2011	64312782	34067159	35461	5308714	24901448
2012	68811254	36401288	44468	5654726	26710773
2013	68080345	36637518	69168	6030786	25342873
2014	73684881	39608792	79013	6542714	27454362
2015	67364630	41310740	69957	7254218	18729715

资料来源：《民航行业发展统计公报》（2011~2015）。

十　对外关系

在经济全球化发展、国际社会经济人员往来日益密切的背景下，民航运输方式展现出了其独特的优势。目前，航空运输已经成为我国发展双边关系的重要内容。截至

2015 年底，我国与其他国家或地区签订双边航空运输协定 118 个，比 2014 年底增加两个。其中，亚洲有 44 个（含东盟），非洲有 24 个，欧洲有 36 个，美洲有 9 个，大洋洲有 5 个。我国已与"一带一路"沿线 57 国签订双边政府间航空运输协定，与其中 38 个国家实现定期通航，通过民航这一"空中桥梁"，把"一带一路"沿线国家连接得更紧、更好。

表 107　2011～2015 年我国与其他国家或地区签订双边航空运输协定

单位：个

年份	2011	2012	2013	2014	2015
亚洲	44	44	44	44	44
非洲	23	23	23	23	24
欧洲	35	35	35	36	36
美洲	8	8	9	9	9
大洋洲	4	4	4	4	5
合计	114	114	115	116	118

注：亚洲包括与中国－东盟航空运输协定。
资料来源：《民航行业发展统计公报》（2011～2015）。

十一　区域分布情况

（一）旅客吞吐量

2015 年，所有通航机场中年旅客吞吐量 100 万人次以上的有 70 个，比上年增加 6 个，完成旅客吞吐量占全部机场旅客吞吐量的 95.5%；年旅客吞吐量 1000 万人次以上的为 26 个，较上年增加 2 个，完成旅客吞吐量占全部机场旅客吞吐量的 77.9%，其中北京首都机场 2015 年完成旅客吞吐量 0.90 亿人次，连续六年位居世界第二。受我国产业经济梯度转移等因素的影响，北京、上海和广州三大城市机场旅客吞吐量占全部机场旅客吞吐量的比例由 2011 年的 32.0% 下降至 2015 年的 27.3%。成都双流机场在 2015 年成为我国中西部唯一进入"4000 万级俱乐部"的机场，旅客吞吐量达 4223.9 万人次。

东北地区在经济下行压力加大的情况下，民航业逆势而上，加大航线网络建设力度，吸引更多的航空公司开通航线，完成旅客吞吐量由 2011 年的 0.38 亿人次增长至 2015 年的 0.55 亿人次，目前，东北地区有 23 个运输机场，其中，大连、沈阳、哈尔滨机场年旅客吞吐量已超千万人次，这表明民航业是东三省经济发展的重要增长点。

表 108 全国民航运输机场完成旅客吞吐量区域分布

单位：亿人次

年份	东部地区	东北地区	中部地区	西部地区
2011	3.65	0.38	0.59	2.59
2012	3.89	0.43	0.67	1.81
2013	4.24	0.47	0.74	2.09
2014	4.61	0.51	0.83	2.37
2015	5.02	0.55	0.90	2.69

资料来源：《民航行业发展统计公报》（2011～2015）。

（二）货邮吞吐量

中部地区和西部地区"十二五"期间民航运输机场完成货邮吞吐量增长明显，年均增长 16.0% 和 7.0%，高于全国 5% 的增长速度。2015 年，我国年货邮吞吐量 1 万吨以上的运输机场有 51 个，比上年增加 1 个，完成货邮吞吐量占全部机场货邮吞吐量的 98.4%，其中，上海浦东机场完成货邮吞吐量 327.5 万吨，连续八年位居世界第三。随着产业转移的推进及中西部机场的崛起，北京、上海和广州三大城市机场货邮吞吐量占全部机场货邮吞吐量的比例呈现逐年递减的趋势，2015 年为 50.9%，较 2011 年下降 4 个百分点。

表 109 2011～2015 年全国民航运输机场完成货邮吞吐量区域分布

单位：万吨

年份	东部地区	东北地区	中部地区	西部地区
2011	905.98	42.28	47.47	162.04
2012	926.37	43.46	53.94	175.64
2013	962.94	44.34	65.52	185.72
2014	1028.6	46.70	80.77	200.01
2015	1062.88	48.87	85.89	211.76

资料来源：《民航行业发展统计公报》（2011～2015）。

表 110 2015 年民航机场货邮吞吐量排名

单位：吨

排名	机场	2015 年	2014 年
1	上海/浦东	3275231.10	3181654
2	北京/首都	1889439.50	1848252
3	广州/白云	1537758.90	1454044

续表

排名	机场	2015 年	2014 年
4	深圳/宝安	1013690.50	963871
5	成都/双流	556552.10	545011
6	上海/虹桥	433600.10	432176
7	杭州/萧山	424932.70	398558
8	郑州/新郑	403339.00	370421
9	昆明/长水	355422.80	316672
10	南京/禄口	326026.50	304325

资料来源：《民航行业发展统计公报》（2011～2015）。

（三）我国颁证运输机场区域分布情况

我国颁证运输机场区域分布具有以下特征：第一，国家加大了中西部地区的投资力度，航空网络的重心在逐渐向西部地区推进，西部地区机场数量达到106个，有力地支撑了西部地区经济社会的发展；第二，京津冀、长三角、珠三角地区是我国机场密度最大的地区，西部地区的民航运输机场主要集中在云南、四川、新疆等地，昆明、成都、西安、乌鲁木齐等城市成为这些区域的中心枢纽地区。

表 111　　"十二五"期间我国颁证运输机场区域分布

单位：个

年份	合计	东部地区	东北地区	中部地区	西部地区
2011	180	46	19	25	90
2012	183	47	20	25	91
2013	193	48	20	27	98
2014	202	48	22	30	102
2015	210	50	23	31	106

资料来源：《民航行业发展统计公报》（2011～2015）。

（四）通用航空企业区域分布情况

截至2015年底，获得通用航空经营许可证的通用航空企业有281家，其中，65%的企业分布在华北地区、中南地区和华东地区，分别为72家、55家和56家。通航企业数量位列前十的省份分别为北京、广东、上海、四川、山东、江苏、河南、陕西、辽宁、湖北，其中北京42家，广州25家。

表112 "十二五"期间我国通用航空企业区域分布

单位：家

年份	2011	2012	2013	2014	2015
华北地区	33	41	48	65	72
中南地区	23	27	39	48	55
华东地区	22	29	36	44	56
东北地区	15	16	20	24	30
西南地区	13	16	24	32	37
西北地区	11	11	16	16	25
新疆地区	6	6	6	7	6
合计	123	146	189	236	281

注：通用航空企业地区分布按民航各地区管理局所辖区域划分。

资料来源：《民航行业发展统计公报》（2011～2015）。

十二 航班正常率情况

我国居民消费需求释放要求民航快速提高供给保障能力，消费结构升级要求民航全面提高航空服务水平。航班正常是民航旅客十分关注的出行需求，也是衡量机场运行保障能力的重要标准。随着民航业的飞速发展，旅客吞吐量持续增加，航班飞行总量不断增长，在有限的资源下，如何最大限度地提升运行品质、确保航班正常，是国内各个机场，尤其是干线枢纽机场不得不直面的难题。

近年来，随着我国民航事业的不断发展，民航运输飞行量的快速增长，航线越来越多，民航压力越来越大，航班正常率一直在低位徘徊，且呈现下降的态势，2015年为最低值，全国客运航空公司以及主要航空公司分别为68.33%和68.90%。据统计，2015年航班延误最主要因素是空管、天气和公司等，占比分别为30.68%、29.54%和19.10%。2015年，放行正常率排在前4位的机场为昆明长水、济南遥墙、西安咸阳和重庆江北。其中，昆明长水放行正常率最高，达到87.98%。2015年，航班正常率排在前3位的是山东航空、四川航空和中国国际航空。

表113 "十二五"期间航班正常率

单位：万班，%

年份		2011	2012	2013	2014	2015
全国客运航空公司	计划航班	235.3	250.2	278	312.6	337.3
	正常执行	181.5	187.2	201.1	213.7	230.5
	航班正常率	77.2	74.8	72.3	68.4	68.3
主要航空公司	计划航班	201.8	208.7	237.1	258.9	270.7
	正常执行	157.2	158	173.3	178.9	186.5
	航班正常率	77.9	75.7	73.1	69.1	68.9

资料来源：《民航行业发展统计公报》（2011～2015）。

第五节 "十二五"期间管道运输业发展情况

"十二五"时期是我国管道运输业快速发展的时期，截至2015年末，油气输送管道长度达10.9万公里，比"十一五"末增加2.6万公里，同比增长30.5%；货物运输量达到75870万吨，比"十一五"末增长50%。中缅原油管道、中俄东线天然气管道、西气东输三线、四线等主干工程顺利进行，油气管网不断完善，联通内外、纵贯南北、横穿东西的整体布局正在形成。但由于2014年和2015年油气市场需求增速放缓，国际油价不断走低，投资主体利润下滑，导致管道建设步伐放缓。

一 营业规模情况

随着油气管道不断建成运营，"十二五"期间，我国输油气里程持续增加，但增速呈下降态势。2011～2015年，输油气里程从8.3万公里增加到10.9万公里，五年增加2.6万公里，增长约31%。从增速看，受行业利润下滑的影响，管道建设步伐增速放缓趋势明显，从2012年的最高10%下降到2015年的2.87%。营业收入呈逐渐上升态势。2011～2015年，从749.6亿元上升到1575.6亿元，增加了826亿元，增长1.1倍；其中2015年增幅最大，同比增加570.3亿元，增幅为56.7%；货物周转量增加了近1800亿吨公里，平均每年增加360亿吨公里。

表114 "十二五"期间管道运输里程

单位：万公里

指标	2011年	2012年	2013年	2014年	2015年
输油气里程	8.3	9.2	9.9	10.6	10.9

资料来源：《中国统计年鉴》（2012～2016）。

表115 "十二五"期间管道运输业经营情况

指标	2011年	2012年	2013年	2014年	2015年
管道运输业营业收入（亿元）	749.6	818.7	839.6	1005.3	1575.6
其中：规模以上法人企业营业收入（亿元）	519.5	643.6	797.4	938.5	1220.8
货运量（万吨）	57073	62274	65209	73752	75870
货物周转量（亿吨公里）	2885	3211	3496	4328	4665

注：2011年和2012年管道运输业营业收入根据"2013～2015年规模以上法人企业占法人企业营业收入平均比重82.7%"推算。假设管道运输业经营主体均为法人企业，不存在个体工商户，因此法人企业营业收入之和即为全口径行业营业收入。

资料来源：货运量、货物周转量、规模以上法人企业营业收入、2013～2015年管道运输业法人企业营业收入来源于《中国经济普查年鉴》（2013）和《中国第三产业统计年鉴》（2015～2016）。

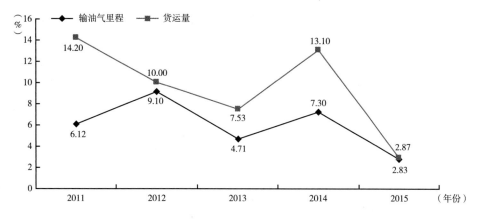

图42 "十二五"期间管道运输业经营增长情况

资料来源:《中国统计年鉴》(2012~2016)。

二 资产规模情况

"十二五"期间,我国管道运输业资产规模整体增长态势良好,2011~2015年,资产总计由2108.5亿元增加到5294.3亿元,平均每年增加637.2亿元,增速较快,其中2013年增长量最大,为1449.2亿元,增幅超过50%。

表116 "十二五"期间管道运输业资产规模

单位:亿元

指标	2011 年	2012 年	2013 年	2014 年	2015 年
法人企业资产总计	2108.5	2677.8	4127.0	4591.7	5294.3
其中:规模以上法人企业资产	1743.7	2214.5	3413.0	3797.3	4378.4

注:全口径行业资产根据"2011~2015年规模以上法人企业营业收入占法人企业营业收入平均比重82.7%"推算。假设管道运输业经营主体均为法人企业,不存在个体工商户,法人企业资产之和即为全口径行业资产。

资料来源:规模以上法人企业资产数据根据国家统计局数据计算整理。

三 法人单位情况

"十二五"期间,管道运输业法人单位数量显著增加。2015年末,全国管道运输业法人单位和法人企业数均为414,为2011年末的2.3倍,创历史新高,占交通运输仓储和邮政业法人数量的比重较小,基本维持在0.1%左右。从法人类型看,法人企业居主导地位,占行业法人单位总数的比重始终在97%左右,从2014年起,达到100%,即法人单位全部为法人企业。从法人企业控股类型看,私人控股占比较大,国有控股法人数量次之,受对外开放程度不高的影响,外资法人企业数量较少。2015年私人控股法人企业数为 244 家，占法人企业总数的 59.0%，国有控股法人企业 105 家，占 25.4%，外资（包括港澳台）企业共 14 家，占 3.4%。

表 117　"十二五"期间管道运输业法人单位总体情况

单位：个，家

指标	2011 年	2012 年	2013 年	2014 年	2015 年
法人单位数	179	238	319	366	414
法人企业数	172	232	309	366	414

资料来源：《中国第三产业统计年鉴》（2012～2016）。

表 118　"十二五"期间管道运输业法人单位数及占比

单位：个，%

指标	2011 年	2012 年	2013 年	2014 年	2015 年
管道运输业法人单位数	179	238	319	366	414
占交通运输仓储和邮政业比重	0.08	0.1	0.12	0.11	0.11

资料来源：《中国第三产业统计年鉴》（2012～2016）和《中国统计年鉴》（2016）。

表 119　2015 年管道运输业不同类型法人企业数量

单位：家

指标	国有控股	集体控股	私人控股	港澳台商控股	外商控股	其他
企业数量	105	11	244	4	10	40

资料来源：《中国第三产业统计年鉴》（2016）。

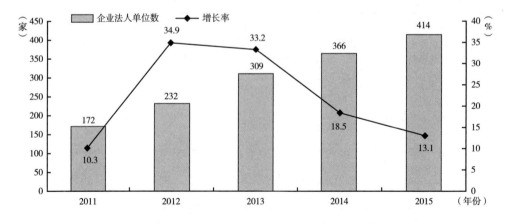

图 43　"十二五"期间管道运输业法人企业数量及增速

资料来源：《中国第三产业统计年鉴》（2012～2016）。

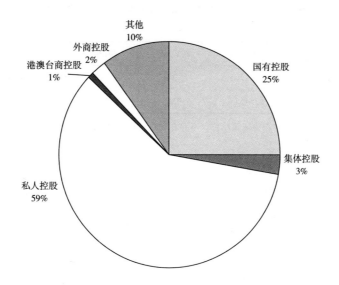

图44 2015年管道运输业不同类型法人企业占比

资料来源：《中国第三产业统计年鉴》（2012～2016）。

四 就业人数及工资情况

"十二五"期间，管道运输业就业人数基本稳定，2011～2015年，就业人数从3.2万人增至3.9万人，增加了0.7万人，平均每年增长3.7%，除2011年外，其余年份均在3.9万人左右波动，比较稳定。从就业人数占比看，管道运输业就业人数占交通运输仓储和邮政业就业人数的比重较小，且呈波动下降趋势，2011年、2012年均为0.60%，从2013年开始，基本稳定在0.45%左右。

从工资情况看，"十二五"期间，管道运输业就业人员工资总额呈快速增长态势，从2011年的17.5亿元增至2015年的36.9亿元，平均每年增长约21.0%，就业人员平均工资逐年上升，增幅较大，每年约增长13.6%，高于交通运输仓储和邮政业就业人员平均工资增幅。

表120 "十二五"期间管道运输业就业人数及占比

单位：万人，%

指标	2011年	2012年	2013年	2014年	2015年
管道运输业就业人数	3.2	4.0	3.8	3.8	3.9
占交通运输仓储和邮政业比重	0.60	0.60	0.45	0.44	0.45

资料来源：《中国统计年鉴》（2012～2016）。

表 121　"十二五"期间管道运输业就业人员工资情况

单位：亿元，元

指标	2011 年	2012 年	2013 年	2014 年	2015 年
就业人员工资总额	17.5	24.7	29.1	32.6	36.9
就业人员平均工资	57545	63336	75222	86901	95553

注：假设管道运输业经营单位均为城镇单位，不存在农村经营单位，城镇单位就业人员工资即为全口径行业就业人员工资。

资料来源：《中国劳动统计年鉴》（2012～2016）。

五　人力资源结构情况

从就业人员性别看，"十二五"期间，管道运输业就业人员性别结构变化不大，总体上表现为：男性占主导地位，占比超过 70.0%；女性较少，占比不到 30.0%。2011～2015 年，男性就业人员从 23 万人增至 29 万人，五年增加 6 万人，占比从 71.9% 提高到 74.4%，提高 2.5 个百分点；女性就业人员从 9 万人增至 10 万人，五年增加 1 万人，占比从 28.1% 下降到 25.6%，下降 2.5 个百分点。

表 122　"十二五"期间管道运输业就业人员性别构成

单位：万人，%

指标		2011 年	2012 年	2013 年	2014 年	2015 年
男性	数量	23	29	22	28	29
	占比	71.9	72.5	76.0	73.4	74.4
女性	数量	9	11	7	10	10
	占比	28.1	27.5	24.0	26.6	25.6

注：2015 年数据为估计值，根据 2011～2014 年增速推算。

资料来源：2011～2014 年数据来源于《中国劳动统计年鉴》（2012～2015）。

六　固定资产投资情况

"十二五"期间，我国管道运输业固定资产投资大幅增加，行业发展基础日益牢固。2011～2015 年，固定资产投资额从 148.1 亿元增加到 299.1 亿元，五年增长 1 倍；新增固定资产投资从 78.9 亿元增加到 282.1 亿元，五年增加 2.6 倍。分阶段看，"十二五"中期投资幅度加大，明显超过前半期。2013 年投资额和新增固定资产投资分别为 374.0 亿元、245.3 亿元，同比增加 82.9%、106.0%。

表 123 "十二五"期间管道运输业固定资产投资情况

单位：亿元

指标	2011 年	2012 年	2013 年	2014 年	2015 年
固定资产投资额	148.1	204.5	374.0	315.5	299.1
实际到位资金	158.8	227.7	420.1	317.8	343.4
新增固定资产投资	78.9	119.1	245.3	265.5	282.1

资料来源：《中国统计年鉴》（2012～2016）。

七 税收情况

"十二五"期间，管道运输业主营业务税金及附加先减后增，其中 2011～2014 年，主营业务税金及附加逐年下降，2011 年是最大值，为 21.0 亿元，到 2014 年下降到 7.6 亿元，降幅达 63.8%，2015 年出现增长。分税种看，受税收制度改革影响，应交增值税出现较大的增长，从 2011 年的 29.1 亿元增加到 2015 年的 87.2 亿元，增长 199.7%；应交所得税波动较大，2011～2013 年出现大幅增加，2013 年达到最大值 300.7 亿元，2014 年出现了大幅下降，2015 年有所回升，并超过期初水平。

表 124 "十二五"期间管道运输业纳税情况

单位：亿元

指标	2011 年	2012 年	2013 年	2014 年	2015 年
管道运输业主营业务税金及附加	21.0	15.1	10.9	7.6	11.2
其中:规模以上法人企业主营业务税金及附加	17.4*	12.5	9.0	6.3	9.3
管道运输业应交增值税	29.1	35.8	44.3	65.1	87.2
其中:规模以上法人企业应交增值税	24.1	29.6	36.6	53.8	72.1
管道运输业应交所得税	84.9	159.9	300.7	71.0	104.2
其中:规模以上法人企业应交所得税	70.2	132.2	248.7	58.7	86.2

注：全口径行业税收根据"规模以上法人企业营业收入占法人企业营业收入平均比重82.7%"推算，假设管道运输业经营主体均为法人企业，不存在个体工商户，法人企业税收之和即为全口径行业税收。

资料来源：2012～2015 年规模以上税收数据根据国家统计局数据计算整理，2011 年规模以上数据按 2013 年增长率推算得出。

八 行业利润情况

"十二五"期间，我国管道运输业营业利润增速较快，2011～2015 年，营业利润从 0.2 亿元增加到 512.1 亿元。其中，2014 年，受营改增税改政策以及大量管道设施投入使用影响，营业利润大幅增加，同比增加 85 倍。从利润总额看，"十二五"期间增长迅猛，从期初的91.5亿元增加到560.8亿元，五年增加5倍多，平均年增长44%，增速居国民经济主要行业前列。

表125　"十二五"期间管道运输业利润情况

单位：亿元

指标	2011 年 *	2012 年	2013 年	2014 年	2015 年
管道运输业营业利润	0.2	6.9	4.4	378.2	512.1
其中:规模以上法人企业营业利润	0.2	5.7	3.6	312.8	423.5
管道运输业利润总额	91.5 *	159.6 *	285.5 *	484.6 *	560.8 *
其中:规模以上法人企业利润总额	75.7	132.0	236.1	400.8	463.8

注：全口径行业利润根据"规模以上法人企业营业收入占法人企业营业收入平均比重82.7%"推算，假设管道运输业经营主体均为法人企业，不存在个体工商户，法人企业利润之和即为全口径行业利润。

资料来源：2012～2015年规模以上企业利润数据根据国家统计局数据计算整理。

九　行业增加值情况

"十二五"期间，我国管道运输业的增加值呈现快速增长趋势，2011～2015年，行业增加值由283.9亿元增至820.0亿元，增加了536.1亿元，平均每年增长约107.2亿元；从年增长量来看，2015年增量最大，同比增加192.9亿元，增长30.8%，大大超过交通运输仓储和邮政业增加值及GDP增速，行业发展步伐较快。

表126　"十二五"期间管道运输业增加值

单位：亿元

指标	2011 年	2012 年	2013 年	2014 年	2015 年
管道运输业行业增加值	283.9	427.7	520.9	627.1	820.0
交通运输仓储和邮政业增加值	21842.0	23763.2	26042.7	28500.9	30370.9

注：管道运输业增加值根据各年"管道运输业主营业务收入占交通运输仓储和邮政主营业务收入的比重"估算得出。

资料来源：交通运输仓储和邮政业增加值来源于《中国第三产业统计年鉴》(2016)。

十　区域分布情况

分东部、中部、西部、东北四大区域看，"十二五"期间，东部地区平均就业人员最多，为22428万人，占全部就业人员总数的60.3%；中部地区最少，为1803万人，仅占4.8%；西部和东北地区分别为7579万人、5405万人，占比分别为20.4%、14.5%。就业人员区域分布与我国油气资源开发布局、石化工业布局和消费特点有关，西部地区石油、天然气等自然资源丰富，油气开发力度较大，为油气管道输出的起点，而东部地区是石化工业布局重点，油气消费量比较大，油气管道公司总部多数选择在东西部地区，而中部地区为管道过境，业务量不大，长期固定就业人员较少，流动性强。从就业人员变化趋势看，各个区域变化态势明显不同，其中东部地区稳步快速增长，西部和东北地区人员减少，中部地区先增后减，行业就业人员逐步向东部地区集中。2011~2015年，东部地区就业人数增加7094万人，增幅为40.6%；西部和东北地区就业人数分别减少601万人、793万人，降幅分别为7.4%、13.8%；中部地区2012年就业人数比2011年大幅增加1313万人，增长119.7%，但2012~2015年就业人数不断减少，2015年末比2012年末减少了935万人，降幅为38.8%。

表127 "十二五"期间管道运输业就业人员区域分布情况

单位：万人，%

区域	2011年	2012年	2013年	2014年	2015年	平均	占比
东部地区	17458	23783	22598	23750	24552	22428	60.3
中部地区	1097	2410	2262	1771	1475	1803	4.8
西部地区	8167	7816	7121	7237	7566	7579	20.4
东北地区	5736	5753	5723	4872	4943	5405	14.5

资料来源：《中国统计年鉴》（2012~2016）。

分省份来看，"十二五"期间管道运输业就业人员分布特征十分明显，即油气资源丰富、人口集中和工业发达的地区就业人员较多，反之较少，而且差别较大。居全国前五位的省份分别为江苏、北京、新疆、辽宁、山东，就业人员之和为27123人，占全国管道运输业就业人员总数的72.9%，集中度较高。其中江苏就业人数超过10000人，占全国就业人员的31.6%，居全国首位，同时江苏也是我国加工制造和石油化工基础最为雄厚的省份之一。广西、甘肃、贵州、西藏、海南、重庆、内蒙古、安徽、青海、宁夏等10个省份管道运输业发展基础和条件较弱，就业人员不足50人，其中内蒙古、安徽、青海和宁夏4个省份管道运输业就业人员为0人。分梯队看，就业人员超过10000人的仅江苏1省，属于第一梯队，处于1000~10000人的有北京、新疆、辽宁、山东、陕西、吉林、河北等7个省份，属于第二梯队，处于100~1000人的有上海、湖北、黑龙江、四川、福建、江西、云南、山西、天津、广东、河南、湖南等12个省份，属于第三梯队，另外11个省份就业人数不足100人，属于第四梯队。

表 128 "十二五"期间各省份管道运输业就业人员情况

单位：人

省份	2011 年	2012 年	2013 年	2014 年	2015 年	均值	排名
江 苏	10442	15411	10381	11553	11043	11766	1
北 京	2480	2715	5947	6183	6249	4715	2
新 疆	5194	5341	3347	3639	3675	4239	3
辽 宁	3535	3749	3839	3112	3227	3492	4
山 东	1469	2446	3547	3326	3768	2911	5
陕 西	1945	1183	2661	2391	2592	2154	6
吉 林	1406	1157	1117	1104	1084	1174	7
河 北	1669	1586	567	647	1235	1141	8
上 海	110	167	1454	1389	1345	893	9
湖 北	1004	940	788	738	546	803	10
黑龙江	795	847	767	656	632	739	11
四 川	775	746	618	621	627	677	12
福 建	843	913	12	12	12	358	13
江 西	5	603	808	276	78	354	14
云 南	253	380	372	355	345	341	15
山 西	0	322	423	440	438	325	16
天 津	218	233	235	232	414	266	17
广 东	184	251	319	270	287	262	18
河 南	0	457	74	147	205	177	19
湖 南	88	88	169	170	208	145	20
浙 江	43	61	106	108	171	98	21
广 西	0	92	72	0	35	40	22
甘 肃	0	0	51	55	88	39	23
贵 州	0	0	0	0	192	38	24
西 藏	0	0	0	176	0	35	25
海 南	0	0	30	30	28	18	26
重 庆	0	74	0	0	0	15	27
内蒙古	0	0	0	0	0	0	28
安 徽	0	0	0	0	0	0	28
青 海	0	0	0	0	0	0	28
宁 夏	0	0	0	0	0	0	28

资料来源：《中国统计年鉴》（2012～2016）。

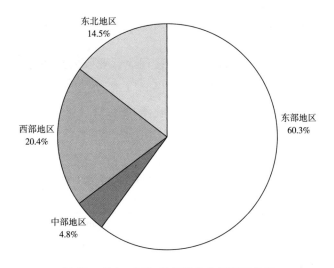

图45　"十二五"期间就业人员区域分布

资料来源:《中国统计年鉴》(2011~2016)。

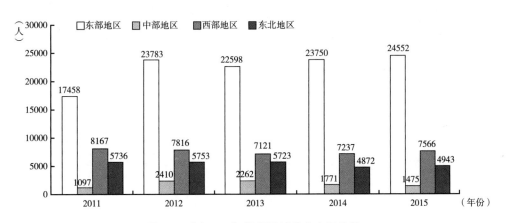

图46　"十二五"期间区域就业人员比较

资料来源:《中国统计年鉴》(2011~2016)。

第六节　"十二五"期间装卸搬运和运输代理业发展情况

　　"十二五"期间,装卸搬运和运输代理业经营规模回稳向好,2011~2015年,装卸搬运和运输代理业营业收入逐年上升,从7464.6亿元增加到11638.1亿元,但由于价格下降,企业经营效益逐步下滑,发展面临压力依然较大。尤其在国际货代方面,由于行业管理存在部门职能交叉、进入门槛较低等因素,经营主体数量大幅增加,行业内部竞争加剧,竞争激烈程度不断升高,管理成本和行业风险增加。2015年,国际货代百强企业营业总收入为3343.1亿元,同比下降5.2%。

一　营业规模情况

"十二五"期间，我国装卸搬运和运输代理业营业收入呈快速增加趋势。2011～2015年，营业收入从7464.6亿元增加到11638.1亿元，增加55.9%，其中2013年出现较大增长，当年增加3720.4亿元，同比增幅达51.1%，2015年比2014年略有下降。

表129　"十二五"期间装卸搬运和运输代理业经营情况

单位：亿元

指标	2011年	2012年	2013年	2014年	2015年
装卸搬运和运输代理业营业收入	7464.6	7285.3	11005.7	12006.4	11638.1
其中：法人企业营业收入	6680.8	6520.3	9850.1	10745.7	10416.1
其中：规模以上法人企业营业收入	4562.6	4453.0	6711.2	7562.5	6913.6

注：2011～2012年法人企业营业收入根据"2013～2015年规模以上法人企业营业收入占法人企业营业收入平均比重68.3%"推算。全口径行业营业收入根据国家工商总局提供的"2013～2015年交通运输仓储和邮政业法人企业就业人员占该行业全部就业人员的比例89.5%"推算。

资料来源：2011～2015年规模以上法人企业营业收入主要来源于《中国第三产业统计年鉴》（2012～2016）和《中国统计年鉴》（2012～2016），2013～2015年法人企业营业收入来源于《中国经济普查年鉴》（2013）。

二　资产规模情况

"十二五"期间，随着贸易和物流总量的不断增加，运输行业快速发展，大量装卸搬运基础设施和机械装备投入使用，行业资产规模稳步扩大。2011～2015年，资产总额从9584.4亿元增长到10011.8亿元，年均增长4.5%，行业资产规模已过万亿元，其中2014年增速最快，达到14.6%，为行业发展提供了有力支撑。

表130　"十二五"期间装卸搬运和运输代理业资产规模状况

单位：亿元

指标	2011年	2012年	2013年	2014年	2015年
装卸搬运和运输代理业资产总计	9584.4	8372.48	9296.5	10657.1	10011.8
其中：法人企业资产	8578.0	7493.3	8320.4	9538.1	8960.6
其中：规模以上法人企业资产	5858.8	5117.9	5682.8	6514.5	6120.1

注：法人企业资产根据"2011～2015年规模以上法人企业营业收入占法人企业营业收入平均比重68.3%"推算。全口径行业资产根据国家工商总局提供的"2013～2015年交通运输仓储和邮政业法人企业就业人员占该行业全部就业人员的比例89.5%"推算。

资料来源：2012～2015年规模以上法人企业资产主要来源于《中国第三产业统计年鉴》（2012～2016）和《中国统计年鉴》（2012～2016），2011年数据根据2013～2015年平均增长率推算。

三 法人单位情况

"十二五"期间,装卸搬运和运输代理业法人单位数量显著增加,市场经营主体队伍不断壮大。2015年末,全国装卸搬运和运输代理业法人单位数、法人企业数分别为101016个、100700家,比2011年末分别增加了41167个、41777个,均增长近1倍。法人单位数占交通运输仓储和邮政业法人数量的比重维持26%~28%之间,波动较小。

表131 "十二五"期间装卸搬运和运输代理业法人总体情况

单位:个,家

指标	2011年	2012年	2013年	2014年	2015年
法人单位数	59849	67161	71034	86788	101016
法人企业数	58923	66133	70353	85893	100700

资料来源:《中国第三产业统计年鉴》(2012~2016)。

表132 "十二五"期间装卸搬运和运输代理业法人单位数及占比

单位:个,%

指标	2011年	2012年	2013年	2014年	2015年
装卸搬运和运输代理业法人单位数	59849	67161	71034	86788	101016
占交通运输仓储和邮政业比重	27.3	26.9	27.1	26.9	26.7

资料来源:《中国第三产业统计年鉴》(2012~2016)和《中国统计年鉴》(2016)。

从法人企业控股类型看,私人控股占比较大,外资法人企业数量较少。2015年私人控股法人企业数为85612家,占法人企业总数的85.0%,国有控股法人企业2535家,占2.5%,外资(包括港澳台)企业共1648家,占1.7%。

表133 2015年装卸搬运和运输代理业不同类型法人企业数量

单位:家

指标	国有控股	集体控股	私人控股	港澳台商控股	外商控股	其他
企业数量	2535	2105	85612	1034	614	8800

资料来源:《中国第三产业统计年鉴》(2016)。

四 就业人数及工资情况

"十二五"期间,装卸搬运和运输代理业就业人数呈波动增长态势。2015年为

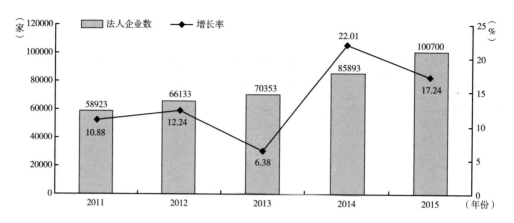

图47 "十二五"期间装卸搬运和运输代理业法人企业数量及增速

资料来源:《中国第三产业统计年鉴》(2016)。

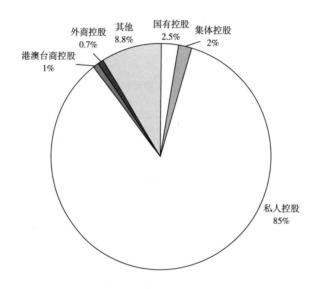

图48 2015年装卸搬运和运输代理业不同类型法人企业占比

资料来源:《中国第三产业统计年鉴》(2016)。

43.1万人,比2011年增加11.9万人,平均每年增长7.6%,其中2013年就业人数比2012年增加15万多人,增幅达到53.8%,2012年、2014年和2015年就业人数同比下降,降幅分别为7.7%、1.6%、1.1%。

从就业人数占比看,"十二五"期间,装卸搬运和运输代理业就业人数占交通运输仓储和邮政业就业人数的比重波动不大,其中2011年最高,为5.7%,2012年最低,为4.3%,总体维持在5.1%左右;装卸搬运和运输代理业就业人数占服务业就业人员总数的比重较小,2013年起始终稳定在0.06%左右。

表 134　"十二五"期间装卸搬运和运输代理业就业人数及占比

单位：万人，%

指标	2011 年	2012 年	2013 年	2014 年	2015 年
装卸搬运和运输代理业就业人数	31.2	28.8	44.3	43.6	43.1
占交通运输仓储和邮政业比重	5.7	4.3	5.2	5.1	5.1
占服务业比重	0.04	0.03	0.06	0.06	0.06

资料来源：《中国统计年鉴》（2012~2016）。

从工资总额看，"十二五"期间，装卸搬运和运输代理业就业人员工资总额呈快速增长态势，从 2011 年的 184.5 亿元增至 2015 年的 385.4 亿元，期末是期初的 2.1 倍，平均每年增长约 16.0%。

表 135　"十二五"期间装卸搬运和运输代理业就业人员工资情况

单位：亿元

指标	2011 年	2012 年	2013 年	2014 年	2015 年
装卸搬运和运输代理业就业人员工资总额	184.5	189.5	337.6	361.3	385.4
其中：城镇单位就业人员工资总额	151.6	156.2	275.6	295.1	316.4

注：全口径工资总额包括城镇和农村就业人员工资，其中农村就业人员工资额根据以下方法推算：2011~2015 年城镇单位就业人数占全国全行业就业人数的比重分别为 47%、48.4%、49.7%、50.9%、52.2%，城镇居民工资性收入是农村居民的 5.2 倍、5.0 倍、4.5 倍、4.3 倍、4.2 倍，依据此比例关系，结合就业人员数和城镇就业人员工资额计算农村单位就业人员工资。

资料来源：城镇单位就业人员工资总额来源于《中国劳动统计年鉴》（2012~2016）。

五　人力资源结构情况

"十二五"期间，装卸搬运和运输代理业就业人员性别结构变化不大，总体上表现为：男性占主导地位，占比超过 2/3，但比例有所下降，女性就业人员数量较少，占比较小，不足 1/3，但比例有所上升，男女就业人员比重逐步缩小。2011~2015 年，男性就业人员从 223 万人增至 290 万人，增加 67 万人，增幅为 30%，占比从 71.5% 降至 67.3%，下降 4.2 个百分点；女性就业人员从 89 万人增至 141 万人，增加 52 万人，增幅为 58.4%，所占比例从 28.5% 增至 32.7%，提高 4.2 个百分点；男女就业人员比例差距从 43 个百分点缩小至 34.6 个百分点，女性在装卸搬运和运输代理业发展中的作用逐步增强。

六　固定资产投资

"十二五"期间，我国装卸搬运和运输代理业固定资产投资额增长较快。2011~2015 年，投资额从 368.2 亿元增加到 1275.2 亿元，五年增加 2.46 倍；实际到位资金从

表136　"十二五"期间装卸搬运和运输代理业就业人员性别构成

单位：万人，%

指标		2011年	2012年	2013年	2014年	2015年
男性	数量	223	203	240	293	290
	占比	71.5	70.5	67.2	67.2	67.3
女性	数量	89	85	117	143	141
	占比	28.5	29.5	32.8	32.8	32.7

注：2015年数据为估计值，根据2011～2014年增速推算。

资料来源：2011～2014年资料来源于《中国劳动统计年鉴》（2012～2015）。

415.8亿元增长到1301.4亿元，增长了885.6亿元，平均每年增长42.6%，其中2012年和2013年增速更快；新增固定资产投资从257.7亿元增长到939.5亿元，增长2.6倍，固定资产支付使用率维持在55.0%～75.0%之间，其中2013年最低，为57.7%，2015年最高，为73.7%。

表137　"十二五"期间装卸搬运和运输代理业固定资产投资情况

单位：亿元

指标	2011年	2012年	2013年	2014年	2015年
固定资产投资额	368.2	713.7	993.4	1202.0	1275.2
实际到位资金	415.8	753.6	1010.4	1231.4	1301.4
新增固定资产投资	257.7	476.7	573.6	835.7	939.5

资料来源：《中国统计年鉴》（2012～2016）。

七　税收情况

"十二五"期间，我国装卸搬运和运输代理业主营业务税金及附加、应交所得税、应交增值税均呈下降走势，税收负担进一步减轻。2011～2015年，主营业务税金及附加从101.5亿元降至30.0亿元，减少了71.5亿元；受行业运行效益以及税收改革影响，2014年起应交所得税、应交增值税均出现较大幅度下降。2014年应交所得税为94.0亿元，同比下降75.8%，应交增值税为110.8亿元，同比下降81.3%。

八　行业利润情况

"十二五"期间，我国装卸搬运和运输代理业盈利能力和利润水平不断向好，从营业利润看，2011～2015年行业营业利润从102.9亿元增加到436.5亿元，年均增速超过

表 138 "十二五"期间装卸搬运和运输代理业纳税情况

单位：亿元

指标	2011 年	2012 年	2013 年	2014 年	2015 年
装卸搬运和运输代理业主营业务税金及附加	101.5	71.9	51.0	42.6	30.0
其中:规模以上法人企业主营业务税金及附加	69.3	49.1	34.8	29.1	20.5
装卸搬运和运输代理业应交所得税	296.6	339.1	387.7	94.0	92.1
其中:规模以上法人企业应交所得税	202.6	231.6	264.8	64.2	62.9
装卸搬运和运输代理业应交增值税	472.0	528.7	592.0	110.8	71.6
其中:规模以上法人企业应交增值税	322.4	361.1	404.3	75.7	48.9

注：法人企业纳税数据根据"2011~2015年规模以上法人企业营业收入占法人企业营业收入平均比重68.3%"推算。由于个体工商户数量较少，纳税金额较小，可忽略不计，因此，法人企业税收视同全口径行业税收。

资料来源：2012~2015年规模以上法人企业数据根据国家统计局数据计算整理，2011年规模以上数据按2013年增长率推算得出。

60%，尤其是2014年，受税改政策正面影响，盈利水平大幅提升，同比增长3.8倍。从利润总额看，五年内始终保持连续增加，从2011年的318.1亿元增加到2015年的484.9亿元，在经济增长进入中高速阶段的背景下，仍保持每年超过10%的增速，说明装卸搬运和运输代理业整体盈利能力较强。

表 139 "十二五"期间装卸搬运和运输代理业利润情况

单位：亿元

指标	2011 年	2012 年	2013 年	2014 年	2015 年
装卸搬运和运输代理业营业利润	102.9	92.1	82.4	397.4	436.5
其中:法人企业营业利润	92.1	82.4	73.8	355.6	390.6
其中:规模以上法人企业营业利润	62.9	56.3	50.4	242.9	266.8
装卸搬运和运输代理业利润总额	318.1	353.9	421.6	444.0	484.9
其中:法人企业利润总额	284.7	316.7	377.3	397.4	434.0
其中:规模以上法人企业利润总额	194.5	216.3	257.7	271.4	296.4

注：法人企业利润根据"2011~2015年规模以上法人企业营业收入占法人企业营业收入平均比重68.3%"推算。全口径行业利润根据国家工商总局提供的"2013~2015年交通运输仓储和邮政业法人企业就业人员占该行业全部就业人员的比例89.5%"推算。

资料来源：2011~2015年规模以上企业利润根据国家统计局数据计算整理。

九 行业增加值情况

"十二五"期间，我国装卸搬运和运输代理业增加值稳定较快增长。2011~2015年，行业增加值从3691.3亿元增至4980.9亿元，增加了1289.6亿元，增长34.9%，其中2014年总值最大，为5016.2亿元，2015年由于经济增速放缓，市场需求低迷，增加值降至5000亿元以下，为4980.9亿元，比上年下降0.7%。

表 140　"十二五"期间装卸搬运和运输代理业增加值

单位：亿元

指标	2011 年	2012 年	2013 年	2014 年	2015 年
装卸搬运和运输代理业增加值	3691.3	4111.0	4323.1	5016.2	4980.9
交通运输仓储和邮政业增加值	21842.0	23763.2	26042.7	28500.9	30370.9

注：装卸搬运和运输代理业增加值根据各年"装卸搬运和运输代理业主营业务收入占交通运输仓储和邮政业主营业务收入的比重"估算得出。

资料来源：交通运输仓储和邮政业增加值来源于《中国第三产业统计年鉴》(2016)。

十　区域分布情况

分东部、中部、西部、东北四大区域看，"十二五"期间，东部地区平均就业人员较多，集中度高，明显高于其他区域，占全部就业人员的 68.9%，超过行业就业总人数的 2/3；中部和西部地区大致相当，西部略高，平均就业人数分别为 40620 人、55444 人，分别占 10.6%、14.5%；东北地区较少，平均就业人员为 22604 人，占6.0%。就业人数分布与交通区位、贸易、仓储、物流等的区域发展情况基本一致，贸易、物流越发达，装卸搬运和运输代理行业发展越快，就业人数越多，反之亦然。从就业人数变化看，由于 2013 年统计口径的变化，即将原属于乡镇企业的规模以上法人单位纳入劳动工资统计范围，东部、西部和东北地区三个区域 2013 年就业人数均大幅增加，而且增加幅度普遍较大。不考虑统计口径变化，"十二五"期间，各个区域就业人数总体表现为缓慢下降趋势，幅度不一。其中中部降幅最大，东部地区降幅较小。东部地区 2012 年比 2011 年减少 2730 人，降幅为 1.5%，2015 年比 2013 年减少 4741 人，降幅为 1.5%；中部地区 2015 年比 2011 年减少 9428 人，降幅为 19.8%，每年约降低4.5%；西部地区 2012 年比 2011 年减少 28 人，降幅为 0.1%，2015 年比 2013 年减少3955 人，降幅为 6.4%，每年约降低 2.5%；东北地区 2015 年比 2011 年减少 4265 人，降低 15.3%，年均减少 3.5%。

表 141　"十二五"期间装卸搬运和运输代理业就业人员区域分布情况

单位：人，%

区域	2011 年	2012 年	2013 年	2014 年	2015 年	均值	占比
东部地区	187911	185181	315852	316682	311111	263347	68.9
中部地区	47550	39986	40980	36462	38122	40620	10.6
西部地区	48456	48428	62250	59792	58295	55444	14.5
东北地区	27929	14805	23428	23196	23664	22604	6.0

资料来源：《中国统计年鉴》(2016)。

分省份来看,"十二五"期间,上海、北京、广东等3个省份就业人员明显较多,排名前三,3地就业人员合计为142839人,超过全国全行业就业人员总数的1/3,达到37.4%,就业人员集中度较高,这与当地港口、贸易、物流、仓储等相对发达紧密相关。相反,在宁夏、青海和西藏等经济相对落后地区,装卸搬运和货运代理业务,从业人员较少,不足1000人,尤其是西藏地区,这一行业基本空白,从业人员不到10人。分梯队来看,上海、北京和广东等3个省份属于第一梯队,"十二五"期间年平均就业人员超过40000人;江苏、山东、福建、浙江、辽宁、天津、云南、广西、湖南、河南等10个省份属于第二梯队,"十二五"期间年平均就业人员均超过10000人,湖北、四川、河北、重庆、新疆、黑龙江、海南、安徽、陕西、贵州、山西、内蒙古、甘肃、江西、吉林等15个省份属于第三梯队,其他三个省份属于第四梯队,就业人数不足1000人。

表142 "十二五"期间装卸搬运和运输代理业各省份就业人员情况

单位:人

省 份	2011	2012	2013	2014	2015	平均	排名
上 海	20035	17596	67921	73288	70974	49963	1
北 京	49626	49574	51056	42874	41671	46960	2
广 东	36696	25672	54503	56691	56017	45916	3
江 苏	9479	12493	36773	36763	35368	26175	4
山 东	14996	25590	25688	28632	28567	24695	5
福 建	13048	16720	29352	22800	24111	21206	6
浙 江	16393	20304	20930	22750	23056	20687	7
辽 宁	20762	9348	17867	17398	18292	16733	8
天 津	18377	11502	13272	14154	15829	14627	9
云 南	7911	8547	17704	13580	12142	11977	10
广 西	7764	7657	14361	13896	13238	11383	11
湖 南	20509	12256	8273	6953	6407	10880	12
河 南	7725	10394	10929	10941	12535	10505	13
湖 北	10701	10124	11010	9277	8824	9987	14
四 川	8806	7164	9365	9831	10518	9137	15
河 北	3634	4448	11742	12706	10666	8639	16
重 庆	2858	2349	7192	7296	7279	5395	17
新 疆	7519	9172	2928	2343	2191	4831	18
黑龙江	5649	4081	4177	4597	4279	4557	19
海 南	5627	1282	4615	6024	4852	4480	20
安 徽	2937	2102	5327	4861	6154	4276	21
陕 西	1527	722	3410	4958	5694	3262	22
贵 州	3723	2576	3892	3453	2465	3222	23

省　份	2011	2012	2013	2014	2015	平均	排名
山　西	4526	3630	2411	2635	2437	3128	24
内蒙古	2977	4887	1644	2632	3166	3061	25
甘　肃	3542	3829	1057	1046	870	2069	26
江　西	1152	1480	3030	1795	1765	1844	27
吉　林	1518	1376	1384	1201	1093	1314	28
宁　夏	737	891	450	496	478	610	29
青　海	1092	634	247	246	239	492	30
西　藏	0	0	0	15	15	6	31

资料来源：《中国统计年鉴》（2016）。

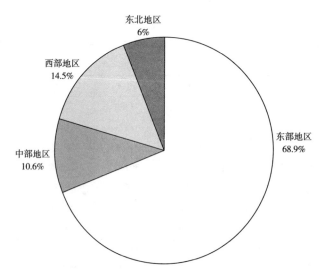

图49　"十二五"期间装卸搬运和运输代理业就业人员区域分布

资料来源：《中国统计年鉴》（2016）。

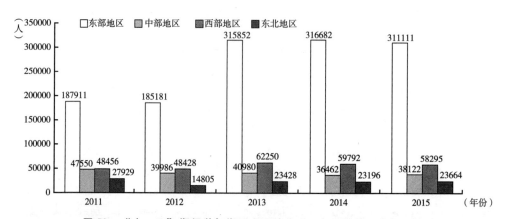

图50　"十二五"期间装卸搬运和运输代理业各区域就业人员比较

资料来源：《中国统计年鉴》（2016）。

第七节 "十二五"期间仓储业发展情况

"十二五"时期是我国仓储业转型升级并加快发展时期。随着《物流业中长期发展规划》等一系列文件发布,以及电子商务快速发展,仓储业地位得到显著提升,仓库设施建设、绿色仓储与共同配送、担保存货管理、跨境电商海外仓布局、中药材仓储、低温及危险品仓储安全管理等成为行业关注的焦点,仓库租赁价格随之上扬。传统仓储企业加快转型升级,培育行业核心竞争力,并取得较好成效。2011~2015年,仓储业营业总收入从4975.8亿元增加到6926.9亿元,提高39.2%。但是,由于我国仓储业起步较晚,与经济发展水平仍有一定差距,行业发展存在法规标准缺乏、经营不规范、专业人才缺乏等问题,未来仍有诸多须完善和强化之处。

一 营业规模情况

"十二五"期间,随着生产规模和市场需求的不断扩大,我国仓储业取得较快发展,营业收入呈先增后减态势。2011~2014年法人企业营业收入不断增加,从4975.8亿元增长到8635.2亿元,增幅较大,平均每年超过20%。2015年,由于经济增速放缓,物流业发展缓慢,仓储业经营下滑,营业收入比2014年下降1708.3亿元,降幅达19.8%。

表143 "十二五"期间仓储业营业收入情况

单位:亿元

指标	2011年	2012年	2013年	2014年	2015年
仓储业营业收入	4975.8	5932.6	7934.0	8635.2	6926.9
其中:法人企业营业收入	4453.3	5309.7	7100.9	7728.5	6199.6
其中:规模以上企业法人营业收入	3186.9	3799.8	5316.4	5459.5	4288.8

注:全口径营业收入"交通运输和仓储邮政业法人企业就业人员占交通运输和仓储邮政业就业人员比重89.5%"推算。2011~2012年企业法人营业收入根据"2013~2015年规模以上法人企业营业收入占法人企业营业收入平均比重71.64%"推算。

资料来源:2013~2015年规模以上企业法人营业收入、2011~2015年法人企业营业收入根据国家统计局数据和《中国统计年鉴》(2012~2016)计算整理。

二 资产规模情况

仓储业属于重资产行业,其快速发展离不开大规模设施建设,资产增速与行业发展速度息息相关。"十二五"期间,随着我国仓储业不断快速发展,资产总值连续增加,发展基础和条件不断改善。2011~2015年,行业资产总值由11608.6亿元增至20946.9

亿元，增幅为80.4%。其中2013年和2014年增速最快，超过20.0%。2015年末资产规模突破2万亿元，创下历史新高。

表144 "十二五"期间仓储业资产情况

单位：亿元

指标	2011年	2012年	2013年	2014年	2015年
仓储业资产总计	11608.6	13470.5	16310.5	19604.1	20946.9
其中:法人企业资产	10389.7	12056.1	14597.9	17545.7	18747.5
其中:规模以上法人企业资产	7439.0	8632.2	10452.1	12562.7	13423.2

注：法人企业资产根据"2011～2015年规模以上法人企业营业收入占法人企业营业收入平均比重71.64%"推算；全口径行业资产个体工商户资产根据国家工商总局提供的"2013～2015年交通运输仓储和邮政业法人企业就业人员占该行业全部就业人员的比例89.5%"推算。

资料来源：2011～2015年规模以上法人企业资产根据国家统计局数据计算整理。

三　法人单位情况

"十二五"期间，仓储业法人单位数量持续增长，行业运行主体队伍不断壮大。2015年末，全国仓储业法人单位数、法人企业数分别为34914个、33465家，较2011年末分别增加12444个、11854家，增长均近50%。仓储法人企业占交通运输仓储和邮政业法人企业数量的比重约为10%。从法人类型看，法人企业居主导地位，占行业法人单位总数的比重始终在95%左右；法人企业增速在2014年最为突出，为18.61%。

表145 "十二五"期间仓储业法人总体情况

单位：个，家

指标	2011年	2012年	2013年	2014年	2015年
法人单位数	22470	24834	26312	31017	34914
法人企业数	21611	23965	24779	29391	33465

资料来源：《中国第三产业统计年鉴》（2012～2016）。

表146 "十二五"期间仓储业法人单位数及其占比

单位：个，%

指标	2011年	2012年	2013年	2014年	2015年
仓储业法人单位数	22470	24834	26312	31017	34914
占交通运输仓储和邮政业比重	10.23	9.94	10.04	9.6	9.22

资料来源：《中国第三产业统计年鉴》（2012～2016）和《中国统计年鉴》（2016）。

从法人企业控股类型看，私人控股占比较大，国有控股法人数量居其次，同时，由于受对外开放程度不高的影响，外商控股法人企业数量较少。2015年私人控股法人企业数为 22381 家,占法人企业总数的 67% ,国有控股法人企业 5586 家,占 17% ,外资(包括港澳台)企业共 1195 家,占 4% 。

表 147　2015 年仓储业不同类型法人企业数量

单位:家

指标	国有控股	集体控股	私人控股	港澳台商控股	外商控股	其他
企业数量	5586	1123	22381	610	585	3180

资料来源:《中国第三产业统计年鉴》(2016)。

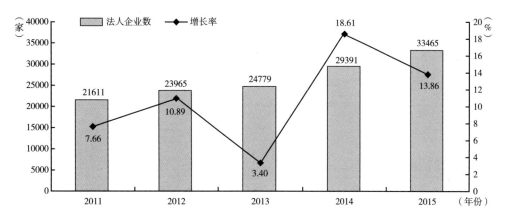

图 51　"十二五"期间仓储业法人企业数量及增速

资料来源:《中国第三产业统计年鉴》(2011~2016)。

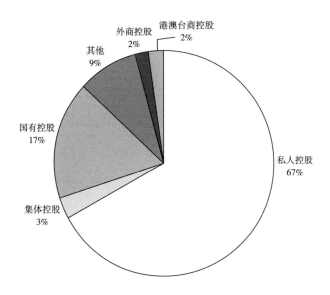

图 52　2015 年仓储业不同类型法人企业占比

资料来源:《中国第三产业统计年鉴》(2011~2016)。

四 就业人数及工资情况

"十二五"期间,仓储业就业人数相对稳定。2015年为32.6万人,比2011年增加1.4万人,增长0.4%。仓储业就业人数占交通运输仓储和邮政业就业人数的比重略有下降,2011~2015年从5.70%降至3.80%,占服务业就业人员总数的比重较小,始终稳定在0.04%。

表148 "十二五"期间仓储业就业人数及其占比

单位:万人,%

指标	2011年	2012年	2013年	2014年	2015年
仓储业就业人数	31.2	27.4	32.5	32.8	32.6
占交通运输仓储和邮政业比重	5.7	4.1	3.8	3.8	3.8
占服务业比重	0.04	0.04	0.04	0.04	0.04

资料来源:《中国统计年鉴》(2012~2016)。

从工资总额看,"十二五"期间,仓储业就业人员工资总额增长较快,从2011年的104.2亿元增至2015年的225.0亿元,平均每年增幅超过21%。就业人员平均工资逐年增长,增幅较大,平均每年增长13%左右。

表149 "十二五"期间仓储业就业人员工资情况

单位:亿元,元

指标	2011年	2012年	2013年	2014年	2015年
仓储业就业人员工资总额	104.2	134.8	181.3	204.0	225.0
其中:城镇单位就业人员工资总额	85.6	111.1	148	166.6	184.7
城镇单位就业人员平均工资	34416	40904	45291	50759	56113

注:全口径就业人员工资包括城镇和农村就业人员工资,其中农村就业人员工资额根据以下方法推算:2011~2015年城镇单位就业人数占全国全行业就业人数的比重分别为47.0%、48.4%、49.7%、50.9%、52.2%,城镇居民工资性收入是农村居民的5.2倍、5.0倍、4.5倍、4.3倍、4.2倍,依据此比例关系,结合就业人员数和城镇就业人员工资额计算农村单位就业人员工资。

资料来源:2011~2015年城镇单位就业人员工资总额来源于《中国劳动统计年鉴》(2012~2016)。

五 人力资源结构情况

"十二五"期间,仓储业就业人员以男性为主,且性别比例变化不大。2011~2015年,男性就业人员从177万人增加到234万人,五年增加57万人,男性就业人员占比从71.0%提高到71.8%,提高0.8个百分点,持续占主导地位;女性就业人员从72万人增加到92万人,五年增加20万人,女性就业人员占比从29.0%降至28.2%,降低0.8个百分点。

表150 "十二五"期间仓储业就业人员性别构成

单位:万人,%

指标		2011年	2012年	2013年	2014年	2015年
男性	数量	177	199	127	236	234
	占比	71.0	72.6	70.9	72.0	71.8
女性	数量	72	75	52	92	92
	占比	29.0	27.4	29.1	28.0	28.2

注:2015年数据为估计值,根据2011~2014年增速推算。

资料来源:《中国劳动统计年鉴》(2012~2015)。

六 固定资产投资情况

"十二五"时期是我国仓储业固定资产投资较多、完成较好的五年。2011~2015年,投资额从2437.2亿元增加到6620.2亿元,增幅达171.6%;实际到位资金从2616.9亿元增加到6637.5亿元,增幅达153.6%;新增固定资产投资从1548.9亿元增加到4804.2亿元,增幅达210.2%。在行业发展起步阶段,大规模固定资产投资为行业发展打下了良好基础。

表151 "十二五"期间仓储业固定资产投资情况

单位:亿元

指标	2011年	2012年	2013年	2014年	2015年
固定资产投资额	2437.2	3166.4	4235.7	5158.3	6620.2
实际到位资金	2616.9	3397.6	4368.3	5244.6	6637.5
新增固定资产投资	1548.9	1853.3	2567.9	3325.1	4804.2

资料来源:《中国统计年鉴》(2012~2016)。

七 税收情况

"十二五"期间,我国仓储业纳税呈下降趋势,主营业务税金及附加持续下降,所得税和增值税在营改增之后,下降幅度十分明显。2011~2015年,主营业务税金及附加从51亿元减少到26.5亿元,其中2012年减少幅度最大,同比减少10.4亿元,降幅达20.4%;受税收制度改革影响,应交所得税和应交增值税均表现为先增后降,2011~2013年不断增加,自2014年起大幅度下降,从百亿级水平下降为十亿级,其中2014年应交所得税为44.8亿元,同比降幅达81.8%,应交增值税为58.4亿元,同比降幅达74.9%。

表152 "十二五"期间仓储业纳税情况

单位：亿元

指标	2011 年	2012 年	2013 年	2014 年	2015 年
仓储业主营业务税金及附加	51.0	40.6	32.4	33.5	26.5
其中：规模以上法人企业主营业务税金及附加	36.5	29.1	23.2	24.0	19.0
仓储业应交所得税	175.7	207.8	246.0	44.8	55.9
其中：规模以上法人企业应交所得税	125.8	148.8	176.1	32.1	40.0
仓储业应交增值税	169.8	198.6	232.3	58.4	58.0
其中：规模以上法人企业应交增值税	121.6	142.2	166.3	41.8	41.5

注：2011 年规模以上数据根据 2013 年增长率推算得出；法人企业纳税数据根据"2011～2015 年规模以上法人企业营业收入占法人企业营业收入平均比重 71.64%"推算。由于个体工商户数量较少，纳税金额较小，可忽略不计，因此，法人企业税收视同全口径行业税收。

资料来源：2012～2015 年数据根据国家统计局数据计算整理。

八 行业利润情况

"十二五"期间，我国仓储业营业利润持续下降，后期进入亏损经营状态。2011～2013 年仓储业营业利润从 26.8 亿元下降到 23.6 亿元，自 2014 年起进入亏损经营状态，当年亏损 148.9 亿元，2015 年亏损进一步扩大，为 270.3 亿元。但从利润总额看，由于仓储业关联经营较为普遍，在营业利润不断减少的情况下，其他投资收益和营业外净收入得到改善，维持行业利润总额不断增加。2011～2015 年，仓储业利润总额从 27.3 亿元增加到 282.0 亿元，五年增加 9 倍多。

表153 "十二五"期间仓储业利润情况

单位：亿元

指标	2011 年	2012 年	2013 年	2014 年	2015 年
仓储业营业利润	26.8	25.1	23.6	-148.9	-270.3
其中：法人企业营业利润	24.0	22.5	21.1	-133.2	-241.9
其中：规模以上法人企业营业利润	17.2	16.1	15.1	-95.4	-173.2
仓储业利润总额	27.3	28.4	86.9	280.7	282.0
其中：法人企业利润总额	24.4	25.4	77.8	251.3	252.4
其中：规模以上法人企业利润	17.5	18.2	55.7	179.9	180.7

注：法人企业利润根据"2011～2015 年规模以上法人企业营业收入占法人企业营业收入平均比重 71.6%"推算。全口径行业根据国家工商总局提供的"2013～2015 年交通运输仓储和邮政业法人企业就业人员占该行业全部就业人员的比例 89.5%"推算。

资料来源：2011～2015 年规模以上法人企业利润情况根据国家统计局数据计算整理。

九 行业增加值情况

"十二五"期间，我国仓储业增加值呈总体上升、先增后减趋势。2011～2015 年仓储业增加值从 2577.4 亿元增加到 3037.1 亿元，增长 17.8%。分阶段看，2011~2014年持续增长，增长 985.2 亿元，尤其是 2013 年，增幅较大，同比增加 631.3 亿元，增长 22.7%。2015 年，受宏观经济形势影响，行业增加值减少，比 2014 年减少 525.5 亿元，降幅为 14.8%。

表 154 "十二五"期间仓储业增加值

单位：亿元

指标	2011 年	2012 年	2013 年	2014 年	2015 年
仓储业增加值	2577.4	2780.3	3411.6	3562.6	3037.1
交通运输仓储和邮政业增加值	21842.0	23763.2	26042.7	28500.9	30370.9

注：仓储业增加值根据各年"仓储业主营业务收入占交通运输仓储和邮政业主营业务收入的比重"估算得出。
资料来源：交通运输仓储和邮政业增加值来源于《中国第三产业统计年鉴》(2016)。

十 区域分布情况

分东部、中部、西部、东北四大区域看，"十二五"期间，东部地区平均就业人员规模较大，中部、西部和东北地区规模接近，占比相对均衡。2011~2015 年，东部地区年均就业人员为 145649 人，占全部就业人员的比例将近一半，达 48.1%，居主要地位；中部地区年均就业人员为 59747 人，占全部就业人数的比重为 19.8%，西部地区为 46651 人，占 15.4%；东北地区为 50494 人，占 16.7%。从各个区域就业人数变化情况看，东部和中部地区就业人数明显上升，西部和东北地区下降，向中东部集中的趋势比较明显。2011~2015 年，东部地区就业人数增加 54844 人，增幅达 50.5%，中部地区增加 23708 人，增幅为 51.7%；西部地区减少 1544 人，减少 3.3%；东北地区减少 11010 人，减少 18.8%。

表 155 "十二五"期间仓储业就业人员区域分布情况

单位：人，%

区域	2011 年	2012 年	2013 年	2014 年	2015 年	平均	占比
东部地区	108558	120149	167331	168807	163402	145649	48.1
中部地区	45827	50882	63791	68699	69535	59747	19.8
西部地区	46803	46287	49957	44949	45259	46651	15.4
东北地区	58535	56564	43936	45912	47525	50494	16.7

注：2011 年数据依据 2013~2015 年增长率平均数和 2012 年数据测算得到。
资料来源：《中国统计年鉴》(2013~2016)。

分省份来看，"十二五"期间，广东、上海、河南、黑龙江和吉林等经济发达或者农业大省仓储业就业人员较多，而青海、宁夏、西藏等西部相对落后地区，仓储业就业人员较少。其中广东、上海和河南3省份仓储业就业人员规模最大，居全国前三位，"十二五"期间年均就业人数均超过20000人，广东最多，超过30000人，三省份合计占全国仓储业就业人员总数的比重达到26.9%。黑龙江、吉林、山东、天津、江苏、北京、辽宁、浙江和河北等9个省份就业规模相对较大，"十二五"期间年均就业人数均超过10000人，湖北、陕西、安徽、山西、四川、江西等17个省份"十二五"期间年均就业人数为1000～10000人，宁夏和西藏最少，不足1000人。

表156　"十二五"期间仓储业各省份就业人员情况

单位：人

省份	2011 年	2012 年	2013 年	2014 年	2015 年	平均	排名
广　东	24743	26558	33415	33432	32142	30058	1
上　海	19787	22522	30409	34452	32091	27852	2
河　南	18385	20683	23248	26007	29447	23554	3
黑龙江	17644	18287	20038	20620	20301	19378	4
吉　林	27953	25825	12215	14181	16133	19261	5
山　东	8900	11462	22729	21340	20098	16906	6
天　津	10874	12744	19330	20119	19280	16469	7
江　苏	5285	7690	17861	17616	18607	13412	8
北　京	13060	12712	12887	11176	11613	12290	9
辽　宁	12937	12452	11683	11111	11091	11855	10
浙　江	11533	11514	12400	12043	11402	11778	11
河　北	7033	8058	11711	12293	11486	10116	12
湖　北	6502	7536	11325	11200	11038	9520	13
陕　西	8436	8696	9511	8740	9439	8964	14
安　徽	5063	6038	9084	9740	9747	7934	15
山　西	7427	7293	8420	7691	6753	7517	16
四　川	5906	6102	7339	7068	6600	6603	17
江　西	3322	4139	6637	7444	7542	5817	18
广　西	5303	5373	6309	6056	5484	5705	19
内蒙古	5453	5628	6304	4882	5868	5627	20
福　建	4863	5150	5536	5697	6114	5472	21
湖　南	5128	5193	5077	6617	5008	5405	22
重　庆	6063	5308	4400	3526	3512	4562	23
甘　肃	3364	3732	4487	4707	5070	4272	24
新　疆	4522	3979	2934	2520	2630	3317	25
贵　州	3881	3474	3548	2979	2457	3268	26
云　南	2084	2148	3108	2499	2101	2388	27
海　南	2481	1739	1053	639	569	1296	28
青　海	1142	1084	1129	890	906	1030	29
宁　夏	503	583	649	717	904	671	30
西　藏	148	180	239	365	288	244	31

注：其中2011年依据2013～2015年增长率平均数和2012年数据测算得到。

资料来源：数据主要来源于《中国统计年鉴》(2013～2016)。

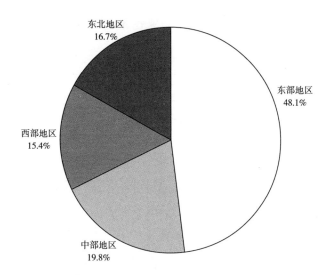

图 53　"十二五"期间就业人员区域分布

资料来源：《中国统计年鉴》（2013～2016）。

第八节　"十二五"期间邮政业发展情况

"十二五"期间，邮政业围绕"全面建成与小康社会相适应的现代邮政业"的目标，坚持安全为基、发展为要、服务为上，坚持抓改革、促发展、惠民生，提升了邮政服务能力，推动了快递产业转型升级，提高了邮政管理体系运行效能，邮政业保持持续快速发展的良好态势，快递发展规模持续扩大，推动我国从邮政大国向邮政强国迈进，为国家"稳增长"战略实施做出了积极贡献。

一　营业规模情况

2015 年，邮政业全行业完成业务总量5078.7亿元，完成业务收入4039.3亿元，与"十一五"末相比都实现了翻番，增幅高于同期 GDP 增幅；快递业务量突破 200 亿件，快递业务量跃居世界第一；邮政普遍服务和快递业务公众满意度稳步提升，行业对国民经济的基础性作用进一步加强。

（一）业务量

"十二五"时期，邮政服务业基础性先导性作用更加显著，推动传统流通方式转型、促进消费升级作用突出，公共服务能力水平稳中有升，邮政业已成为全国增长最快的服务行业之一，推动我国成为全球增长最快的邮政市场。2011～2015 年，我国邮政业业务总量从 1608 亿元增长到 5079 亿元，增长 2.2 倍，年均增长率在 30% 以上，尤其是 2015 年我国邮政业业务总量创下了有史以来的最高纪录，首次突破 5000 亿元大关，同比增长 37.4%。

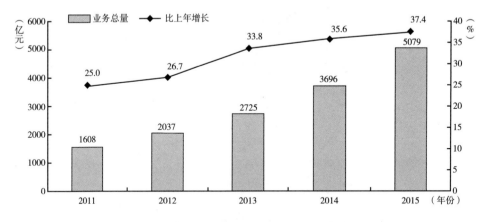

图 54　2011～2015 年我国邮政业业务总量及增速

资料来源：《邮政行业发展统计公报》（2012～2016）。

（二）业务收入

2011～2015 年，邮政服务业业务收入增长 1.6 倍，达到 4039 亿元（不含邮政储蓄银行直接营业收入），行业收入占 GDP 比重从 0.3% 提高到 0.6%，邮政快递业成为中国经济的"黑马"，年支撑网络零售交易额突破 3 万亿元，占社会消费品零售总额的比重超过 12%，累计新增 100 万个以上就业岗位，邮政业对全国经济社会发展的贡献率明显提高。

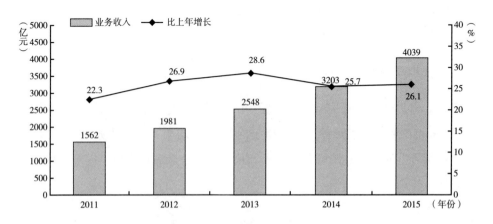

图 55　2011～2015 年我国邮政业业务收入及增速

资料来源：《邮政行业发展统计公报》（2012～2016）。

表157 2011～2015年我国函件、快递等主要邮政业务量

年份	2011	2012	2013	2014	2015
函件（亿件）	73.8	70.7	63.4	56.1	45.8
包裹（万件）	6883.0	6875.5	6924.9	6024.2	4243.4
快递（万件）	367311.1	568548.0	918674.9	1395925.3	2066636.8
报刊期发数（万份）	15007.7	15401.6	15140.9	14936.8	15539.5
汇兑（万笔）	26474.3	22913.4	18520.6	12527.4	8241.7
纪特邮票（万枚）	102857.5	118276.0	118335.3	138990.4	157000.8

资料来源：《邮政行业发展统计公报》（2012～2016）。

（三）人均用邮支出、快递使用量和快递支出

"十二五"期间，网购消费的兴起使人均用邮支出、快递使用量和快递支出的显著增长。2015年，人均快递使用量为15件，年人均用邮支出293.9元，年人均快递支出201.5元，较2011年分别增长455.6%、153.6%和257.9%。

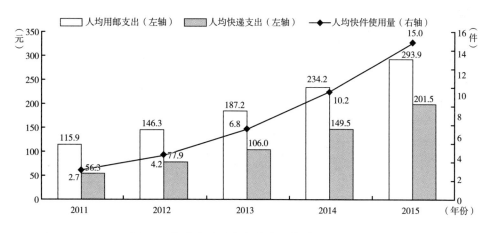

图56 "十二五"期间人均用邮支出、快递使用量和快递支出

资料来源：《邮政行业发展统计公报》（2012～2016）。

二 资产规模情况

（一）资产规模

"十二五"期间，我国着力推进邮政基本公共服务均等化建设，加之电子商务快速发展的影响，我国邮政业资产规模整体呈现较快增长态势，资产总计由2011年的1967.96亿元增加到2015年的3060.97亿元。债务负担、所有者权益也呈现较快增长态势，2015年分别达到最大值1659.85亿元和1401.12亿元。

表 158　"十二五"期间邮政业资产规模

单位：亿元

指标	2011 年	2012 年	2013 年	2014 年	2015 年
资产总计	1967.96	2197.74	69991.10	2888.99	3060.97
负债总计	1025.13	1156.41	38895.47	1632.30	1659.85
所有者权益合计	942.83	1041.33	31092.29	1256.69	1401.12

注：2011 年为估计值，根据 2012～2015 年平均增长率推算。
资料来源：根据国家统计局数据整理。

（二）营业网点数量

"十二五"期间，邮政普遍服务营业场所实现全国乡镇全覆盖。经过多年的建设发展，邮政业逐步形成了包括营业网点、运输网络、处理中心、信息系统和投递队伍在内的普遍服务运行体系，其中绝大部分设在农村。2010 年 7 月启动空白乡镇邮政局所补建工作以来，截至 2015 年底，建成补白网点 8440 个，并全部投入运营，惠及 1.2 亿农村人口，总体实现了"乡乡设所、村村通邮"，为国家稳增长战略的实施做出了积极贡献。

2015 年底，全国共有邮政营业网点 18.9 万处，是 2011 年的 2.4 倍，其中 33.3% 的网点设在农村，邮政营业网点成为推进基本公共服务均等化的重要助力。

表 159　"十二五"期全行业各类营业网点

单位：万处

年份	网点总数	农村网点	城市网点
2011	7.9	—	—
2012	9.6	—	—
2013	12.5	—	—
2014	13.8	4.4	9.4
2015	18.9	6.3	12.6

资料来源：《邮政行业发展统计公报》（2011～2015）。

（三）快递物流园区

快递物流园区建设能够实现资源、资本、人才和技术的有效聚集，同时能够吸引当地各种企业的入驻，进而促进快递企业的发展，推动快递产业向精细化、集约化、国际化发展，提高区域民航货运、交通运输、物流服务、金融服务等相关产业的对外辐射能力。2015 年全年新增快递物流园区 31 个，累计达到 202 个，其中，配备全自动分拣设备的枢纽型分拣中心 61 个。EMS 华中转运中心、顺丰华东航空枢纽等投入运营，无锡苏南、贵州龙里、河南郑州等大型园区产业集聚效应开始发挥。国家邮政局批复的第一个"全国快递产业集聚发展示范园区"苏南快递产业园，实现投资 58 亿元，已建成投入使用运营面积超过 100 万平方米，支干线运输车辆 1300 余辆，每天全货机运营量达到 7 个架次以上，从业人员达 6000 余人，园内快递企业分拨中心日快件中转量为 280 万件。

（四）设备情况

"十二五"期间，邮政业全行业拥有各类汽车数量保持较快增长速度，由 2011 年的 14.2 万辆增长至 2015 年的 24.4 万辆，年均增长 14.5%，有效地支撑了行业的快速发展。

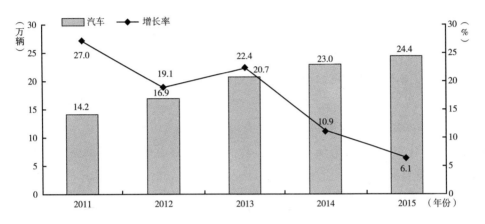

图 57 "十二五"期间邮政业全行业拥有各类汽车情况

资料来源：国家邮政局。

中国航空快递市场是世界货运市场发展最快的部分之一，依托全货机资源，以夜航模式为主，无缝空地对接，快件时效不断提升。全行业拥有国内快递专用货机架数呈现明显上升态势，由 2013 年的 54 架发展至 2015 年的 71 架，3 家快递企业拥有自主航空机队，有力地支持了快递企业的航空运力网络布局，为快件运输时效与品质提供了更全面的保障。目前，体积更大、载重更多、航程更远成为快递企业选择专用货机的重要标准。

快递服务企业利用计算机等智能设备提升服务的智能化水平，截至 2015 年底，快递服务企业拥有计算机 41 万台，拥有手持终端 76.6 万台。

表 160 "十二五"期间邮政业全行业拥有快递专用货机概况

单位：架

年份	快递专用货机	年份	快递专用货机
2011	—	2014	67
2012	—	2015	71
2013	54		

资料来源：国家邮政局。

表161　2013~2015年我国快递服务企业计算机、手持终端拥有量及增长情况

单位：万台，%

年份	计算机		手持终端	
	数量	增长率	数量	增长率
2013	29.2	—	44.4	—
2014	35.7	22.1	57.1	28.7
2015	41.0	14.8	76.6	34.2

资料来源：国家邮政局。

（五）邮路情况

"十二五"期间，我国邮政服务管理部门对重点节点进行扩容增能，并推进县域处理中心建设。结合全国邮政流量流向分析，开通省际直达邮路、一级干线直达邮路以及省内直达邮路，缩短寄递时限，取得了显著效果。截至2015年末，全国邮政邮路总条数2.5万条，比2014年末增加1352条，其中，全国邮政城市投递路线5.6万条，比2014年末减少2100条。

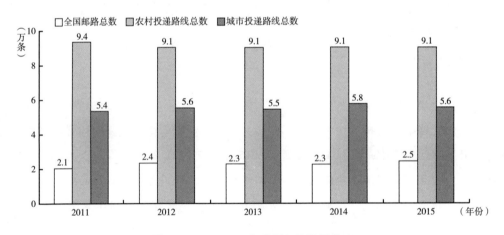

图58　2011~2015年我国邮路数量情况

资料来源：国家邮政局。

2015年，我国邮路总长度（单程）637.6万公里，比2014年末增加7.0万公里，其中，城市投递路线长度（单程）137.1万公里，比2014年末减少6.4万公里。

"十二五"期间，我国加大推进农村邮政电商寄递网络能力提升工作，部分省区市启动快递服务现代农业示范工程，积极打通农村"双向物流"渠道，进一步实现寄递服务与现代农业深度融合。截至2015年底，全国邮政农村投递路线9.1万条，比2014年末增加379条；农村投递路线长度（单程）达375.6万公里，比2014年末减少2万公里。

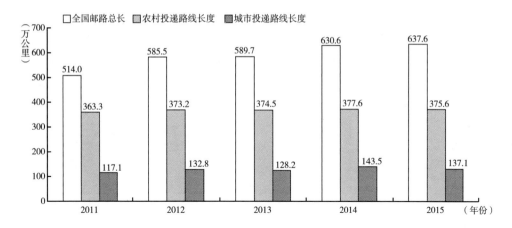

图59 2011～2015年我国邮路长度情况

资料来源：国家邮政局。

随着我国高速铁路网的加快建设，我国快递企业联手铁路企业，于2012年开始实施高铁运快件并获得成功。2014年4月中铁路总公司推出高铁快递，7月推出电商快递和京津冀货物快运列车、长三角城际捷运货物流车两趟货运专列，8月开行了上海－深圳、北京－广州、北京－上海等多列电商快递班列。目前开通高铁快递业务的城市已经超过110个。

三 服务能力情况

（一）邮政营业网点

随着我国邮政营业网点建设的加快，平均每一个营业网点服务面积和服务人口数量呈现下降趋势，更好地满足了不同区域民生发展的要求。平均每一个营业网点服务面积由2011年的122平方公里下降至2015年的50.9平方公里，平均每一个营业网点服务人口由2011年的1.71万人下降至2015年的0.73万人。

（二）邮政投递次数

"十二五"期间，邮政投递次数保持稳定，其中邮政城区每日平均投递2次，农村每周平均投递5次。

受信息网络和智能手机普及的影响，电子邮件取代普通信件成为人们交流的主要方式之一，人均函件量呈现不断下降态势，2015年为3.3件，五年累计降幅达到40%。每百人订有报刊量基本稳定，2015年为11.3份。

四 法人单位情况

"十二五"期间，我国邮政服务企业竞争实力不断增强，中国邮政集团公司进入世

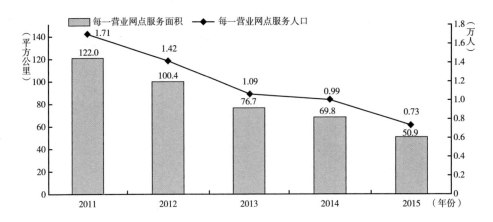

图60 "十二五"期间我国邮政营业网点服务能力情况

资料来源：国家邮政局。

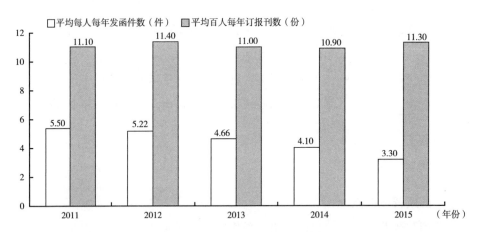

图61 2011～2015年我国平均每人每年发函件数和平均百人每年订报刊数

资料来源：国家邮政局。

界500强，2015年列第143位；快递从业主体增多，企业间竞争程度日益提高，市场竞争激烈，初步形成7家年收入超过200亿元、8家年收入超过100亿元的快递企业集群，快递业市场化、网络化、规模化、品牌化程度不断提高，企业国际化步伐明显加快。

（一）市场集中度

"十二五"期间，我国快递市场的行业集中度不断下降，但降速趋缓。2015年，我国快递行业业务量的集中度呈现下降的趋势，CR4和CR8分别为50.4%和77.3%，较上年分别下降0.6个和0.7个百分点，特别是CR4从2011年到2015年下降了近15个百分点。CR4和CR8指标的下降说明"十二五"期间我国快递行业特别是行业内龙头企业竞争在不断加剧，第二梯队后劲十足。

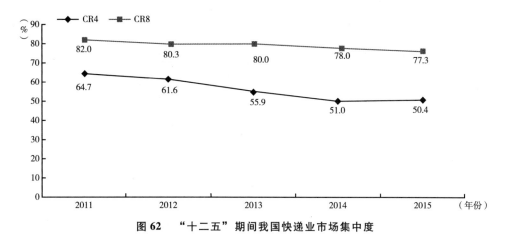

图62 "十二五"期间我国快递业市场集中度

资料来源：国家邮政局。

民营快递借助资本市场，实现了资本运作、股权置换、兼并重组、战略合作等，缓解了企业资金压力，提高了市场核心竞争力。但我国前三家快递企业市场占有率2015年仅为38.0%，与日本、美国前三家92.5%和90.0%的市场占有率相差甚远，还处在以市场份额争夺为主的竞争阶段，催生出像联邦快递与UPS一样的行业领头企业依旧任重道远。

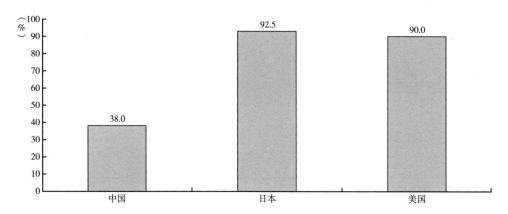

图63 中、日、美三国前三家快递企业市场集中度对比分析

资料来源：国家邮政局。

（二）主要快递企业业务情况

国内快递市场中，"三通一达"等大型民营企业主导着国内网购快递和大众快件服务，中邮速递包揽国家公文和部分高端电商快递服务，顺丰主导国内商务快递和高端电商快递。2015年，顺丰、圆通、中通、申通、韵达分别完成业务量19.7亿件、30.3亿件、29.5亿件、25.7亿件、21.3亿件，市场占有率分别为9.5%、14.7%、14.3%、12.4%和10.0%；另外，EMS、百世快递分别占据10%和7%的市场份额。

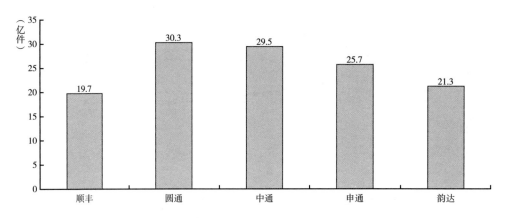

图 64　2015 年部分企业快递业务量

资料来源：国家邮政局。

　　在营业收入方面，韵达在 2014 年和 2015 年的营业收入分别为 46.66 亿元和 50.53 亿元，圆通同期营业收入分别为 82.29 亿元和 120.96 亿元，顺丰同期营业收入分别为 382.5 亿元和 473.1 亿元，申通同期营业收入分别为 58.74 亿元和 77.11 亿元，中通同期营业收入分别为 39 亿元和 61 亿元。

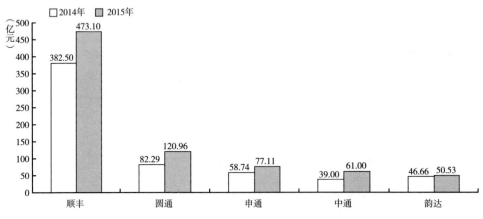

图 65　2014～2015 年国内五大快递公司营业收入

资料来源：国家邮政局。

　　在净利润方面，顺丰速运依靠其占领的中高端快递市场获取高额收益，而"三通一达"则更多地依靠业务量的增长获取利润增速。2014 年，顺丰、圆通、申通、韵达和中通分别实现净利润 10.90 亿元、4.00 亿元、5.20 亿元、5.90 亿元和 4.30 亿元；2015 年，顺丰、圆通、申通、韵达和中通分别实现净利润 16.2 亿元、7.17 亿元、7.67 亿元、5.33 亿元和 13.32 亿元。

　　截至 2015 年底，顺丰、圆通、申通、韵达总资产规模分别为 347.0 亿元、61.9 亿

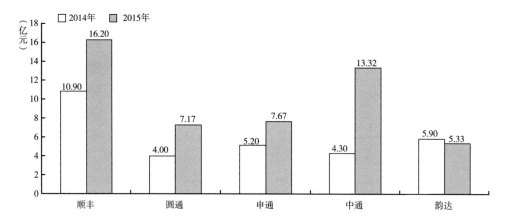

图66 2014～2015年国内快递公司实现净利润

资料来源:国家邮政局。

元、28.5亿元和45.9亿元,其中由于采取直营模式,顺丰资产规模最大,而其他几家主要依赖于加盟模式实现业务发展,资产较少。

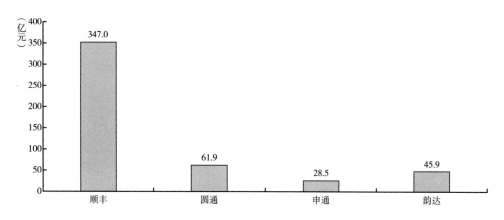

图67 2015年底部分快递企业的总资产

资料来源:国家邮政局。

五 就业情况

"十二五"期间,邮政服务业吸纳就业能力得到提升,全国就业人数呈现前增后降的态势,2015年,吸纳就业97.45万人。

截至2015年末,中国邮政集团公司全部从业人员共计80.96万人,较2011年减少7.97万人,其中合同用工62.27万人,占全部从业人员的76.91%;劳务用工18.05万人,占全部从业人员的22.29%。

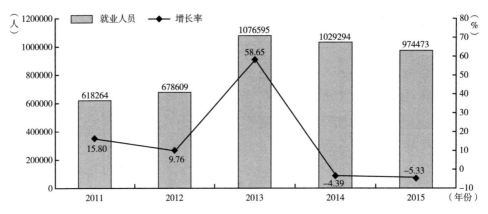

图 68 2011～2015 年全国邮政业就业人数及其增长率

资料来源:《中国第三产业统计年鉴》(2012～2016)。

六 固定资产投资情况

"十二五"期间,我国实施邮政普遍服务网点整修、翻建及危旧县局房改造、车辆购置等建设项目。项目累计完成网点整修、翻建、改造 11065 处,车辆购置 4528 辆,累计下达投资 47.7 亿元,其中中央预算内投资 14.2 亿元,地方政府配套 4.9 亿元,企业投资 28.6 亿元。

2015 年,我国新建村邮站 46015 个,"十二五"期间共建设 207588 个。北京、天津、吉林、河南、浙江、海南等省份实现了村邮站全覆盖。已通邮行政村比重由 2011 年的 98.0% 提升至 2015 年的 99.8%,推动了城乡基本公共服务均等化目标的实现。

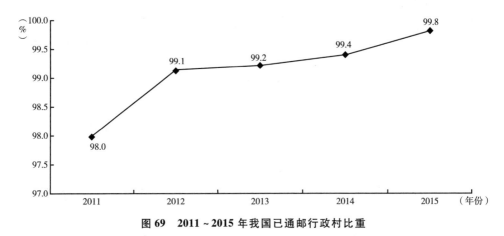

图 69 2011～2015 年我国已通邮行政村比重

资料来源:国家邮政局。

中国邮政集团公司加大邮政生产用房建设力度,邮政生产用房由 2011 年的 1981 万平方米增长至 2015 年的 2441 万平方米。

七 税收情况

"十二五"期间,我国邮政业纳税规模由 2011 年的 84.94 亿元增长至 2015 年的 98.85 亿元。

表 162 "十二五"期间我国邮政业税收情况

单位:亿元

指标	2011 年	2012 年	2013 年	2014 年	2015 年
税收总额	84.94	88.35	93.12	98.14	98.85

资料来源:《中国税务年鉴》和《中国经济普查年鉴》(2013)推算。

"十二五"期间,我国邮政业在"营改增"影响下,行业企业税负水平明显降低,但受行业快速发展的影响,2015 年较 2014 年税收水平有所增加。

表 163 "十二五"期间我国邮政业规模以上企业税收情况

单位:亿元

指标	2011 年	2012 年	2013 年	2014 年	2015 年
营业税金及附加	1157.3	1331.1	1531	9.7	9.9
主营业务税金及附加	25.6	28.4	31.5	9.1	9.2
应交所得税	40.3	38.2	36.2	19.7	32.4
应交增值税	510.9	614.9	740.1	29.4	36.8

资料来源:国家统计局。

八 企业利润情况

"十二五"期间,邮政业企业利润呈现高速增长态势,其中,营业利润年均增速达到 329.4%,利润总额年均增速达到 157.00%。

表 164 "十二五"期间我国邮政业企业利润情况

单位:亿元

指标	2011 年	2012 年	2013 年	2014 年	2015 年
营业利润	1.09	2.06	4.01	75.99	128.68
利润总额	24.52	29.74	36.05	88.13	148.95

注:根据《中国经济普查年鉴》(2013)"规模以上法人企业营业收入/法人企业营业收入的平均比例 82.38%"推算。

资料来源:国家统计局。

九　国内区域分布情况

我国快递业不均衡发展态势明显，东部地区无论是业务收入，还是业务量，均占80.0%以上的市场份额。截至"十二五"末，东、中、西部地区快递业务收入的比重分别为81.9%、10.3%和7.8%，业务量比重分别为82.0%、11.2%和6.8%。与2014年相比，东部地区快递业务收入比重下降了0.9个百分点，快递业务量比重没变，东部地区快递市场成熟，市场竞争激烈；中部地区快递业务收入比重上升了0.9个百分点，快递业务量比重上升了0.6个百分点，中部地区快递市场日趋成熟，2015年发展迅速；西部地区快递业务收入比重没变，快递业务量比重下降了0.6个百分点，受交通状况、经济发展程度、企业成本等因素影响，西部市场仍相对薄弱。

表165　东、中、西部地区快递业务收入所占比重

单位：%

年份	2011	2012	2013	2014	2015
东部地区	81.1	82.3	83.2	82.8	81.9
中部地区	9.9	9.3	9.2	9.4	10.3
西部地区	9.0	8.4	7.6	7.8	7.8

资料来源：《中国统计年鉴》（2012～2016）。

表166　东、中、西部地区快递业务量所占比重

单位：%

年份	2011	2012	2013	2014	2015
东部地区	79.9	81.9	81.3	82.0	82.0
中部地区	11.2	10.5	10.8	10.6	11.2
西部地区	8.9	7.6	7.9	7.4	6.8

资料来源：《中国统计年鉴》（2012～2016）。

表167　2015年分省份快递服务企业业务量和业务收入

省　份	快递业务量 （万件）	五年年均增速 （%）	快递收入 （万元）	五年年均增速 （%）
北　京	141447.0	43.2	1816523.0	30.5
天　津	25624.4	49.5	435370.0	36.0
河　北	54911.9	58.7	561788.0	36.4
山　西	11477.3	52.9	152901.0	34.7
内蒙古	5410.1	28.3	123053.0	28.4
辽　宁	24674.1	41.2	395950.0	27.2
吉　林	9017.0	35.9	169634.0	28.0

续表

省　份	快递业务量（万件）	五年年均增长（％）	快递收入（万元）	五年年均增长（％）
黑龙江	12636.8	42.5	213467.0	31.5
上　海	170778.0	42.9	4552476.0	39.0
江　苏	229048.0	56.2	2907286.0	42.3
浙　江	383146.0	66.7	3838083.0	46.0
安　徽	39935.6	56.7	461133.0	42.4
福　建	88786.2	54.1	1008475.0	33.6
江　西	23471.8	58.5	276692.0	42.8
山　东	73424.9	41.3	970605.0	30.4
河　南	51449.7	57.4	631077.0	45.6
湖　北	50847.3	57.4	595634.0	44.2
湖　南	31786.4	49.6	338934.0	31.0
广　东	501335.0	60.4	6159136.0	39.4
广　西	12540.9	37.6	217788.0	31.6
海　南	2953.0	32.6	63444.8	33.2
重　庆	20525.4	49.9	286533.0	39.0
四　川	48796.6	47.8	628898.0	37.1
贵　州	7034.3	46.3	132428.0	37.9
云　南	11109.1	38.2	201153.0	30.0
西　藏	578.2	19.4	16826.3	9.4
陕　西	20351.0	50.7	272792.0	34.4
甘　肃	3541.4	32.9	72537.1	27.2
青　海	716.6	30.9	18236.6	20.3
宁　夏	2231.9	34.6	48355.7	33.8
新　疆	7050.7	38.4	129256.0	22.3

资料来源:《中国统计年鉴》(2012~2016)。

第五章

"十二五"期间中国住宿和
餐饮业发展情况

　　"十二五"期间，住宿餐饮业保持稳步发展，营业规模逐年扩大，业态调整创新加快，适应了消费结构升级、消费观念转变的新形势。限额以上企业营业收入从开局年的7070.9亿元逐年递增，以8512.2亿元收官，增长了20%；资产规模总量逐年上升，限额以上企业资产总额从11666.5亿元递增至2015年的16595.9亿元，增幅达42%；全行业增加值从8565.4亿元增至12159.1亿元，增幅达42%，但从结构上看，其占第三产业增加值的比重从4.5%降至2015年的3.6%，贡献率略有下降；税收贡献率保持逐年提升态势，限额以上企业主营业务税收从371.95亿元增至2015年的437.1亿元，整体增幅近18%；限额以上企业主营业务收入由7001.2亿元增至8421.7亿元，增长了20.3%；固定资产投资增幅显著，限上企业（不含农户）投资额从3918.8亿元增至6504.2亿元，增幅达66%。随着产业的转型和消费需求的多元化，业态分化明显，不管是高端消费还是低端消费，都在进行以品牌、产品或服务的市场细分，正逐步形成住宿、餐饮业的新业态。

第一节　"十二五"期间住宿业发展情况

一　营业规模情况

　　"十二五"期间，住宿业整体规模呈阶段式增长，行业增速呈 V 字形波动。

　　限额以上企业总营业额呈平稳上升趋势，2011 年，限额以上企业营业额为 3261.9 亿元，比上年增长 16.6%，2012 年营业额继续上浮 8.36% 达到 3534.4 亿元，到 2013

年，总营业额不升反降缩减约 6 亿元，此后两年虽继续 2012 年的上升势头但增幅缩小，分别为 0.21% 和 3.19%。

限额以上企业年度营业面积变动总趋势与营业额基本一致，但是增减幅度更为明显。2011 年，限上企业总营业面积为 4279.7 万平方米，比上年的 2269.6 万平方米增长近九成，2012 年保持继续增长势头但是增幅显著下滑，仅为 8.46%，到 2013 年，总营业面积开始缩减，跌破 4000 万平方米，仅为 3880.3 万平方米，此后两年，住宿业总营业面积无明显增减趋势，在 4000 万平方米左右小幅波动。

此外，据估算，2011～2015 年，住宿业限上限下全口径企业营业收入分别为 4119.75 亿元、4352.24 亿元、4362.68 亿元、4398.33 亿元和 4544.55 亿元；全口径主营业务收入分别为 4055.52 亿元、4284.39 亿元、4294.67 亿元、4329.75 亿元和 4473.69 亿元，增速明显放缓。

可见，无论基于年度营业额还是年度营业面积指标观察，2013 年都是住宿业营业规模变动的拐点。此前，限上企业总体营业规模保持较高的增速，尤其是 2011 年的产业规模增速为整个"十二五"期间的最高点，随后一路走低；在 2013 年，营业额和营业面积两项指标均出现不同程度的下滑，营业额缩水 0.18%，营业面积缩水 16.40%，均达到最低点；2013 年以后，在外部现代化技术和内部转型升级的推动下，增速开始缓慢爬升，但总体上较为平稳，不再出现此前两位数的高速增长。

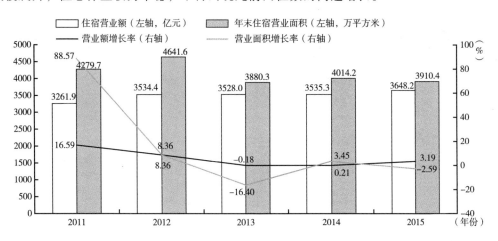

图1 "十二五"期间住宿业营业额、营业面积及增长情况

资料来源：《中国统计年鉴》（2012～2016）。

二 资产规模情况

"十二五"期间，住宿业资产总额呈逐年上升趋势，但自 2014 年起增速显著放缓。2011 年，住宿业资产总额为 8442.3 亿元，2012 年、2013 年资产增速分别为 10.28% 和

11.37%，2013 年突破 10000 亿元关口，此后两年增速降至 6.63% 和 5.28%，2015 年资产总额为 11640.2 亿元。从构成上看，固定资产占比略高于流动资产，但大体上较为平均。住宿业整体负债金额高于所有者权益，全行业平均资产负债率在五年内稳定在 70.00% 左右。

此外，对全口径范围内的资产、负债和所有者权益规模进行估算，结果显示，"十二五"期间，住宿业整体资产规模约为 11191.95 亿元、12342.41 亿元、13745.90 亿元、14657.20 亿元和 15431.41 亿元，整体负债规模约为 7644.91 亿元、8623.16 亿元、9752.79 亿元、10699.46 亿元和 11204.68 亿元，整体所有者权益规模约为 3547.31 亿元、3719.30 亿元、3994.09 亿元、3957.74 亿元和 4226.73 亿元，三大指标基本保持逐年上升趋势。

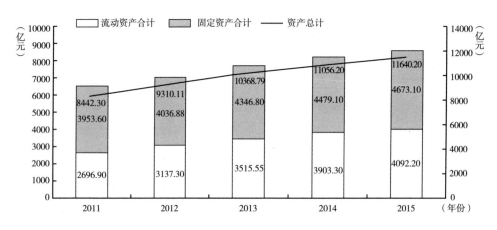

图 2 "十二五"期间住宿业限上企业资产总额与构成情况

资料来源：《中国统计年鉴》（2012~2016）。

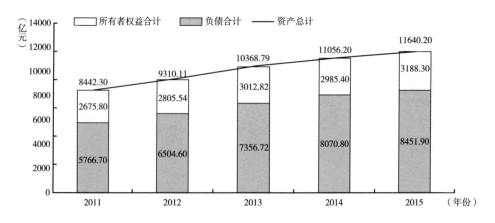

图 3 "十二五"期间住宿业限上企业资产、负债与所有者权益情况

资料来源：《中国统计年鉴》（2012~2016）。

三 法人企业情况

"十二五"期间,住宿业法人企业总数保持逐年攀升势头,但增速明显放缓。2011 年住宿业法人企业数为 16506 家,2012 年比上年增长 3.65% 达到 17109 家,2013 年度规模增长最为迅速,增速高达 7.76%。从 2014 年开始,企业数量虽依旧高于上年水平,但增速明显放缓,2014 年为 2.37%,到 2015 年,企业总数仅比上一年新增 63 家,增长幅度接近零。

表 1 "十二五"期间住宿业限额以上法人企业数

单位:家

年份	法人企业数	年份	法人企业数
2011	16506	2014	18874
2012	17109	2015	18937
2013	18437		

资料来源:《中国统计年鉴》(2012～2016)。

四 人力资源情况

"十二五"期间,住宿业限上企业从业人员规模逐年递减。2011 年末,全国从业人员 215.66 万人,相较于上年末的 210.80 万人增长 2.31%,从 2012 年起,从业人员规模紧缩,2012 年全年下滑约 2.28%,2013 年与 2012 年基本持平,此后两年从业人员数继续下滑,下降幅度分别达到 5.52% 和 3.38%,至 2015 年末,全国限上住宿企业从业人员数降至 191.16 万人。

在全口径范围内(包括限上限下企业及个体经营)对全行业从业人数进行估算,2011～2015 年住宿业整体年末从业人数约为 726.89 万人、734.12 万人、780.64 万人、841.36 万人和 968.28 万人,呈逐年递增趋势,且到 2015 年,增速实现两位数的增长。可见,虽然"十二五"期间住宿业遭遇行业寒冬,但限额以下企业和个体经营商户等小微商业单位经营灵活,具有较强的吸纳就业能力。

从住宿餐饮行业就业情况看,总量呈先增后减趋势,2011 年限上企业从业人员数达 242.7 万人,2012 年和 2013 年比上一年分别增长 9.23% 和 14.82%,于 2013 年突破 300 万人关口达到最高值,此后两年,从业人数均以 5% 左右的速度缩减,至 2015 年底降至 276.1 万人。从结构上看,住宿餐饮行业从业者来源大致可分为国有单位、城镇集体单位及其他单位,其中,来自国有单位的从业人员比例逐年递减,从 2011 年的 23.20% 降至 2015 年的 13.55%,来自城镇集体单位的从业人员比例同样下滑,但是缩水幅度低于国有单位。

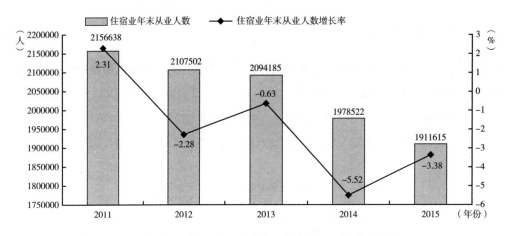

图4 "十二五"期间住宿业年末从业人数与增长率情况

资料来源:《中国统计年鉴》(2012～2016)。

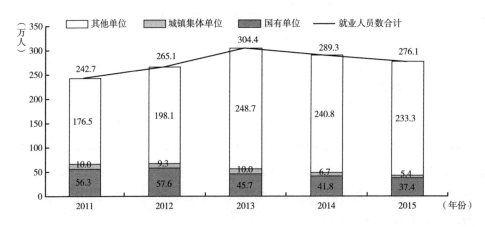

图5 "十二五"期间住宿餐饮业就业人员总量与人员构成

资料来源:《中国统计年鉴》(2012～2016)。

考察"十二五"期间住宿餐饮行业限上企业从业人员工资水平,从业人员平均工资水平逐年递增。2011年,业内平均工资约为27486元,2012年增长13.76%达到31267元,此后三年均保持9.00%左右的速度增长,到2015年底,从业人员平均工资突破4万元。对不同性质单位从业人员的人均工资水平横向比较,除2013年外的其余四年内,来自国有单位从业者的平均工资水平均高于来自城镇集体单位和其他性质单位的从业者,且三者间相对比例基本稳定,而2013年,来自城镇集体单位人均工资水平首次超过国有单位,达到39491元,这亦可说明在行业环境发生变化时,非国有性质单位的自我调整速度与适应能力更胜一筹。从增速上看,住宿餐饮行业从业人员工资水平在2013年后出现小幅下滑。但是值得注意的是,与从业人数的陡转紧缩不同,行业内的实际工资水平依然保持稳步提升态势。这说明,越来越多的住宿餐饮企业开始重视行业内的人员储备,通过各种激励机制吸引和培养人才,同时,在宏观环境整体低迷的情况下,企业也能通过降低人均消费、提高服务水平、扩大服务对象等策略使光顾率和上座率有所回升,行业经济回暖使就业人员的工资水平能够得到保障。

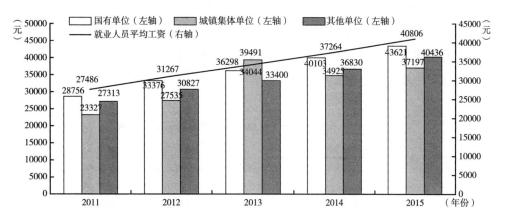

图6 "十二五"期间住宿餐饮合计就业人员平均工资情况

资料来源:《中国统计年鉴》(2012~2016)。

五 固定资产投资情况

"十二五"期间,住宿业固定资产投资额波动较大。从限上企业固定资产投资总量上看,以2013年为界,固定资产全年总投资资金呈现先迅速增长后渐趋回落的趋势。2011年全年投资额合计3047亿元,2012年、2013年上升为3892.2亿元和4833.4亿元,增幅分别达到27.74%和24.18%,2013年以后,全年投资额出现下降态势,2014年、2015年下降幅度均为2个百分点,2015年全年投资额降至4621.0亿元。

表2 "十二五"期间住宿业固定资产投入与新增情况

单位:亿元

| 年份 | 本年资金 | | | | | | 投资额 | 新增固定资产 |
	资金合计	国家预算	国内贷款	利用外资	自筹资金	其他资金		
2011	3047.0	35.3	269.8	67.0	2558.6	116.3	2909.1	1762.6
2012	3892.2	43.7	335.5	59.1	3320.3	133.6	3712.6	2139.7
2013	4833.4	55.7	390.6	70.1	4207.8	109.2	4473.3	2728.9
2014	4720.3	49.3	331.9	47.4	4162.9	128.8	4575.5	4359.3
2015	4621.0	42.8	336.5	18.5	4039.5	183.7	4673.3	3566.4

资料来源:《中国第三产业统计年鉴》(2012~2016)。

从来源结构上看，住宿业固定资产投资构成比较稳定。住宿业固定资产投资额大致由国家预算、国内贷款、利用外资和自筹资金等构成。2011～2015年，各部分构成比例较为稳定，其中自筹资金占据全部资金的绝大多数，所占比重均超过80%，排名第二的来源为国内贷款，五年内均在8.00%左右浮动。

从去向结构来看，住宿业固定资产投资额（不含农户）大致投向企业的新建、扩建、改建及技术改造等方面。其中，用于新建的资金一直占据全年固定资产投资额的绝大多数，且比例逐年上升，至2014年突破八成，达到80.33%，用于扩建的比重略高于用于改建和技术改造的比重，五年内变动不大。

表3 "十二五"期间住宿业固定资产投资领域分布情况

单位：亿元

年份	投资额	新建	扩建	改建和技术改造	建筑安装工程投资	设备工器具购置	其他费用
2011	2909.1	2186.8	374.9	298.1	2263.9	275.6	369.6
2012	3712.6	2852.9	509.0	310.5	2811.3	394.4	506.9
2013	4473.3	3564.1	511.1	339.0	3524.4	432.9	516.1
2014	4575.5	3675.7	492.4	345.0	3717.2	406.3	452.0
2015	4673.3	3732.6	452.3	412.6	3784.5	437.8	451.0

资料来源：《中国第三产业统计年鉴》（2012～2016）。

六 税收情况

税收除了筹集财政收入功能外，还具有调节收入分配、稳定经济和优化资源配置的经济功能，市场经济越发达，税收在国民经济中的地位就越重要。"十二五"期间，住宿餐饮行业的税收贡献基本呈上扬的趋势，但是受企业经营效益放缓、各类成本上升等因素的影响，企业实际应缴纳税收增速逐年紧缩，部分年份甚至出现负增长。

2011年，住宿业主营业务税金为175.1亿元，相比上年增长16.76%，此后三年随着产业规模的增加，行业主营业务税金始终保持增长势头，但是增速明显放缓，增长幅度逐年递减，分别为4.39%、2.37%和1.56%，到2015年不再继续增长，出现微弱下滑，全年主营业务税金与上一年基本持平，维持在190亿元左右。

结合对住宿行业主营业务税金指标的观察发现，2014年的税收规模出现不同程度的缩减，这与我国一直推行的正税清费改革密不可分。税费问题上，国家清理和取消各种行政事业性收费，其中营改增是推动供给侧结构性改革的重要内容，是近年来最大的税制改革举措。2014年，营改增方案开始启动，并逐步从分行业分地区试点向全国推进，2015年，住宿业也搭上了政策的班车，虽然进项抵扣问题在实际操作层面可能存

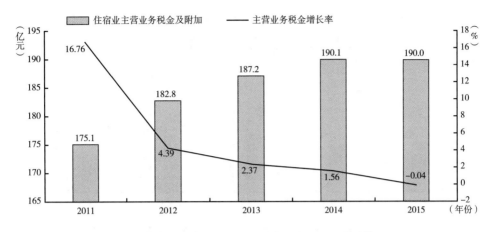

图7　"十二五"期间住宿业主营业务纳税及增减情况

资料来源:《中国贸易外经统计年鉴》(2012~2016)。

在税负不降反增的可能性,但考虑到上下游相关行业的营改增效果,总体上,该项重大税制改革将能从整个产业链条上降低住宿业发展的成本。随着"正税清费"各项配套政策的出台,住宿业的政策环境得到了极大的优化,整个宏观趋势日益向好。

七　利润情况

2011年,住宿业限上企业主营业务收入、成本分别为3265.5亿元和1178.8亿元。2012年住宿业限上企业规模增长较快,主营业务收入和成本分别实现5.64%和4.05%的增幅,达到3449.8亿元和1226.6亿元;2013年,住宿业进入经营低潮期,主营业务收入增速明显放缓,仅为0.24%,而由于住宿业以重资产经营为主,固定资产投入无法根据市场热度进行及时调整,因此该年成本依然高企,增幅接近10%,这使利润情况首次出现不升反降的现象,缩水幅度达到5.55%;2014年,行业形势持续低迷,全行业进入经营寒冬,企业盈利能力下降明显,高成本问题成为行业的集体诟病,企业因经营不善出现大范围的关店潮,主营业务收入增长仍不足1%,成本增幅也迅速降至0.02%;2015年,行业出现回暖,主营业务收入实现3.32%的增长,同时成本也顺势上涨了4.58%,2014年和2015年,主营业务利润始终保持2%左右的稳定增速。

选取主营业务利润率来衡量住宿业限上企业平均盈利能力,利用主营业务利润同主营业务收入净额的比率反映企业每单位主营业务收入能带来多少主营业务利润,以此衡量企业主营业务的获利能力,该指标是评价企业经营效益的主要标准。"十二五"期间,住宿业限上企业平均主营业务利润率分别为58.54%、59.14%、55.73%、56.00%和55.70%,利润率呈现小幅下降趋势。

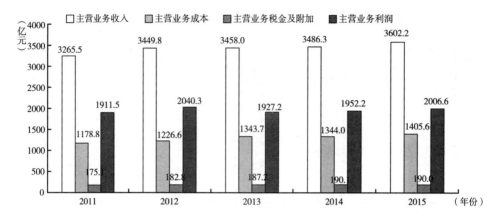

图8 "十二五"期间住宿业限上企业主营业务收入、成本、税金及利润比较

资料来源：《中国贸易外经统计年鉴》（2012～2016）。

对限上限下企业的全行业整体进行估算，2011～2015年住宿业全口径营业利润额约为45.70亿元、-32.29亿元、-78.06亿元、-187.04亿元和-184.61亿元，利润总额约为24.34亿元、-21.58亿元、-50.45亿元、-206.04亿元和-146.17亿元，虽然2015年的利润情况相较于前一年略有回升，但整个"十二五"期间，住宿业整体盈利情况呈逐年走低趋势。

八 区域分布情况

受自然、区位、产业结构、经济政策等诸多因素的影响，我国区域间发展的不平衡问题始终存在。从省级数据来看，住宿餐饮行业的大部分限上规模企业都集中于东部沿海省份，行业从业者自西向东、自北向南的流动也成为多年不变的趋势，无论从市场体量还是人才结构上看，东南沿海省份都明显优于中西部地区省份；将我国各省、自治区、直辖市归为华北、东北、华东、中南、西南、西北等六个区域，东部地区无论从经济发展、适应危机方面，还是产业改革创新的速度方面都远优于中西部地区以及东北部地区。

（一）法人企业分布

从省市数据来看，2015年拥有限额以上住宿业企业最多的省份是广东省，全年拥有企业法人数量达2088家，是位列第二的河南省限上企业数量的近两倍，拥有千家以上企业的省份依次是广东、河南、浙江、山东和江苏。

从区域数据来看，2011～2015年六个地区按照法人企业规模大致可分为三个梯队，第一梯队是经济活动较为活跃的华东地区和中南地区，所拥有的法人企业数在五年内始终保持第一、第二位次，分别占全国限上企业总量的三成左右；第二梯队由华北地区和西南地区构成，分别占全国限上企业总量的约13%，其中华北地区在整个"十二五"期间企业数整体呈下降趋势，而西南地区始终保持稳定增速，二者企业数差距逐年缩小，至 2015 年西南地区限上企业数达到 2446 家，甚至反超华北地区；西北和东北地区位列第三梯队，两个地区合计企业数仅与第二梯队的华北、西南地区持平，各自占全国总量的 6% ~ 7%，其中，西北地区企业数量尚呈缓慢上升趋势，而东北三省企业数自2013 年后连续三年下降，至 2015 年末与其他地区形成较大差距。

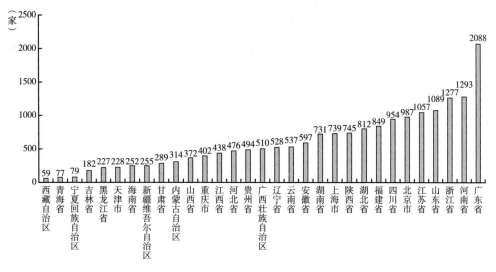

图 9　2015 年度各省住宿业限上法人企业数分布

资料来源：《中国统计年鉴》（2012 ~ 2016）。

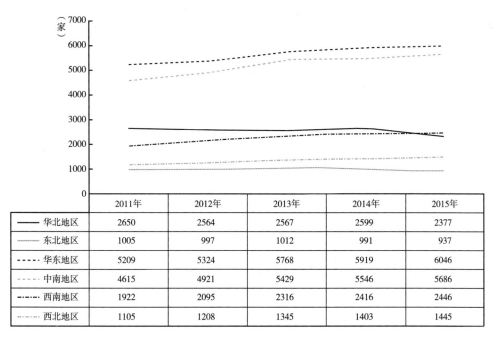

	2011年	2012年	2013年	2014年	2015年
华北地区	2650	2564	2567	2599	2377
东北地区	1005	997	1012	991	937
华东地区	5209	5324	5768	5919	6046
中南地区	4615	4921	5429	5546	5686
西南地区	1922	2095	2316	2416	2446
西北地区	1105	1208	1345	1403	1445

图 10　"十二五"期间各地区住宿业限上法人企业数分布

资料来源：《中国统计年鉴》（2012 ~ 2016）。

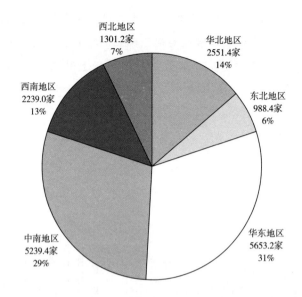

图11　"十二五"期间全国住宿业限上法人企业（五年平均数）各地区构成

资料来源：《中国统计年鉴》（2012～2016）。

（二）从业人员分布

从省市数据来看，2015年拥有住宿业从业人员最多的省份是广东省，全年从业人员约为26.0万人，浙江省、北京市位列第二、第三，均约13万人，而西藏自治区、青海省和宁夏回族自治区在本领域的从业人员均不足1万人。

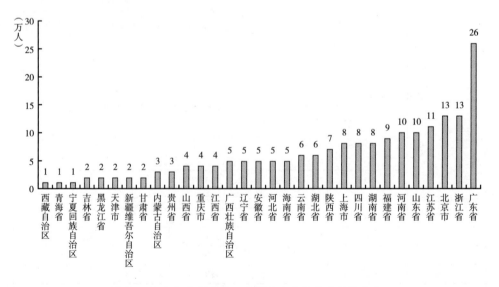

图12　2015年度各省住宿业限上企业从业人员数分布

资料来源：《中国统计年鉴》（2012～2016）。

从区域数据来看，2011～2015年六个地区从业人员规模这一指标呈现比较明显的两极化。华东和中南地区住宿业人才需求量大，且人才配给也较为充裕，五年间始终保持60万人以上的规模，人力资源优势使住宿业在这两个地区的发展潜力相对优于其他地区，其中，中南地区在2013年人才储备迅速上升，达到66.42万人，逆袭华东地区，且在此后三年内始终处于领先水平；而其他的四个地区在"十二五"期间的从业人员数均未突破40万人大关，其中华北地区和西南地区从业人数分列第三、第四，"十二五"期间平均就业规模占全国的比重分别为15%和11%，东北、西北两个地区存在较严峻的专业人才稀缺的问题，占比仅为全国总数的一成。可见，人力资源的地区间失衡问题不容忽视，必须打破地域界限，推进地区人才的市场化流动，实现市场机制在人力资源配置中的基础性作用。尤其是中西部地区，不仅要大力实施人才开发引进战略，更要重视本土人才培养，用机制激励人才，用法制保障人才，根据本地区现有人才状况和发展目标要求，制定出动态有序的人才引进和培养方案。

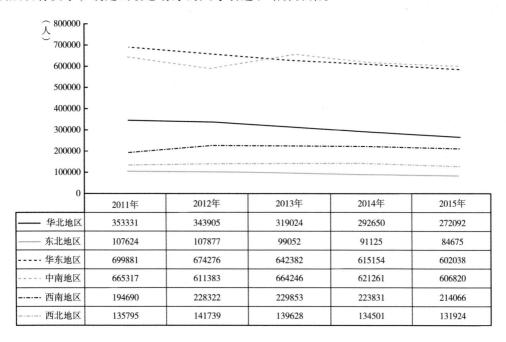

	2011年	2012年	2013年	2014年	2015年
华北地区	353331	343905	319024	292650	272092
东北地区	107624	107877	99052	91125	84675
华东地区	699881	674276	642382	615154	602038
中南地区	665317	611383	664246	621261	606820
西南地区	194690	228322	229853	223831	214066
西北地区	135795	141739	139628	134501	131924

图13 "十二五"期间各地区住宿业限上企业从业人员数分布

资料来源：《中国统计年鉴》（2012～2016）。

（三）资产规模分布

从区域数据来看，2011～2015年六个地区的资产规模差距明显，且短期内排名情况未出现较大变动。华东地区凭借其天然的地理优势和显著的政策优势长期处于全国领先水平，至2015年末，限上企业总资产接近4000亿元，五年内平均资产规模占比超过全国的1/3，优势明显；中南、华北和西南地区处于中间位次，2015年资产总额分别为3202

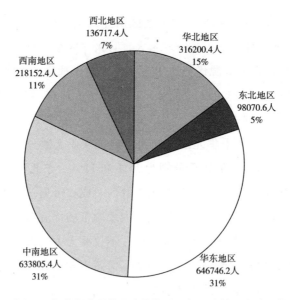

图14　"十二五"期间全国从业人员数（五年平均数）各地区构成情况

资料来源：《中国统计年鉴》（2012～2016）。

亿元、2046.6亿元和1266.6亿元，占比依次为27%、18%和11%，五年内三个地区的相对差距保持平稳，排名未出现大的调整；东北、西北地区的资产规模处于全国的较低水平，尤其是东北地区2015年出现资产规模不升反降态势。

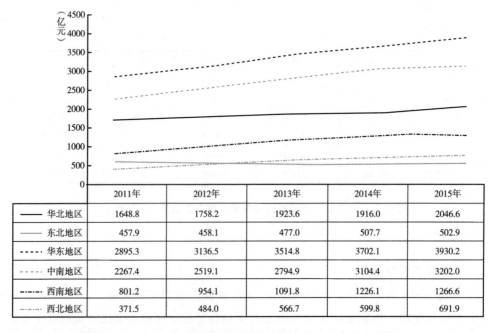

	2011年	2012年	2013年	2014年	2015年
华北地区	1648.8	1758.2	1923.6	1916.0	2046.6
东北地区	457.9	458.1	477.0	507.7	502.9
华东地区	2895.3	3136.5	3514.8	3702.1	3930.2
中南地区	2267.4	2519.1	2794.9	3104.4	3202.0
西南地区	801.2	954.1	1091.8	1226.1	1266.6
西北地区	371.5	484.0	566.7	599.8	691.9

图15　"十二五"期间各地区住宿业限上企业总资产分布情况

资料来源：《中国统计年鉴》（2012～2016）。

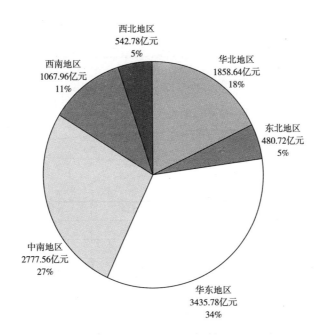

图16 "十二五"期间全国住宿业限上企业总资产(五年平均数)各地区构成情况

资料来源:《中国统计年鉴》(2012~2016)。

(四)经营情况分布

从"十二五"期间住宿业限上企业营业额指标看,经营情况分布与资产规模分布两项所得结论十分类似。华东、中南、华北地区的营业额依次递减,且相对差距未出现明显波动,"十二五"期间平均营业额占全国的比重依次为35%、30%和16%。和资产规模情况类似,北方地区的企业经营情况依然不甚理想,从总量上看,东北、西北两大区域常年落后于全国平均水平,占全国总营业额的比重仅为5%左右,从变动趋势上看,自2012年起,华北、东北地区的企业营业额均出现逐年下滑现象,到2015年底,东北地区的限上企业总营业额为164.8亿元,仅为华东地区的1/8左右,而华北地区虽然依旧排名第三,但是与本地区2012年的营业情况相比也出现了较大幅度的缩水。

综合以上数据可见,东部地区经济基础扎实,产业结构优化迅速,多年来凭借极具优势的资源禀赋吸引住宿业优质企业和高端人才进入,这反过来也加速推动了东部经济发展的步伐,形成良性循环;中部经济发展水平低于东部,企业现状不乐观,活力不足,阻碍了经济的增长;西部地区由于人才的匮乏、观念的落后、产业结构的不合理,与东部地区的差异很大,但是与东部相比,西部具有明显的资源优势,如旅游资源等,为住宿餐饮业的发展提供了一个潜力巨大的市场,未来应充分利用东部沿海城市的技术、资金支持,缩短区域差距,实现平衡发展。

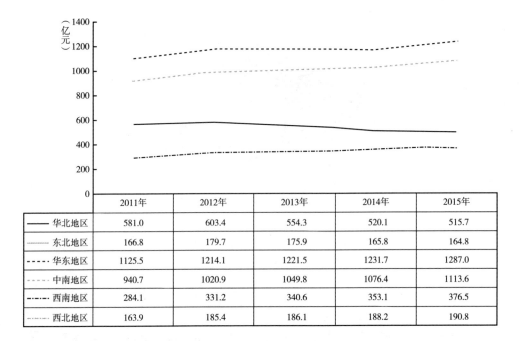

	2011年	2012年	2013年	2014年	2015年
—— 华北地区	581.0	603.4	554.3	520.1	515.7
······ 东北地区	166.8	179.7	175.9	165.8	164.8
- - - 华东地区	1125.5	1214.1	1221.5	1231.7	1287.0
- - - 中南地区	940.7	1020.9	1049.8	1076.4	1113.6
-·-·- 西南地区	284.1	331.2	340.6	353.1	376.5
-·-·- 西北地区	163.9	185.4	186.1	188.2	190.8

图17　"十二五"期间各地区住宿业限上企业营业额分布情况

资料来源:《中国统计年鉴》(2012～2016)。

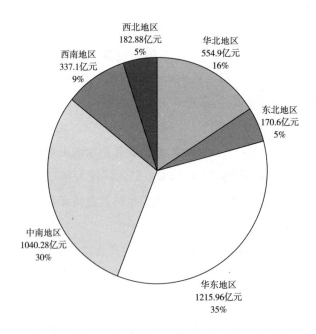

**图18　"十二五"期间全国住宿业限上企业营业额
（五年平均数）各地区构成情况**

资料来源:《中国统计年鉴》(2012～2016)。

第二节 "十二五"期间餐饮业发展情况

一 营业规模情况

"十二五"期间,餐饮业整体行业规模呈阶段式增长,行业增速呈 V 字形波动。

餐饮业限额以上企业年营业额始终保持增长,但增速从 2013 年起显著放缓。2011 年末和 2012 年末营业额分别为 3809.1 亿元和 4419.9 亿元,相比上一年均能够达到两位数的增长,自 2013 年起,增长幅度明显缩小,2013 年全年营业额为 4533.3 亿元,仅比 2012 年增长 2.57%,此后两年继续保持小幅增长的趋势,增速分别为 1.81% 和 5.39%。

从限额以上企业年营业面积看,2011~2015 年,营业面积以 2013 年为界先增后减。2011 年,限上企业营业总面积为 5351.1 万平方米,相较上年增幅超过三成,此后两年增长速度明显放缓,2012 年和 2013 年的增幅仅为 0.15% 和 4.37%。2013 年后,限上企业停止扩张步伐,营业面积开始出现 0.67% 和 3.41% 的缩水,到 2015 年末,营业面积约为 5366.3 万平方米,与 2012 年末相近。

结合年营业额和营业面积指标来看,2013 年对于餐饮业而言,与住宿业相同,是营业规模变动的分水岭。此前,无论是营业额还是营业面积都能保持较高速的增长,尤其是"十二五"初期,全行业企业的连锁经营和店面扩张使营业面积增长率高企,而 2012 年之后,随着倡导"厉行节约"的市场定位转变,餐饮业企业开始缩减经营规模,到 2013 年,产业增长急速下滑,企业开始缩减经营规模,放缓扩张步伐甚至挣扎于亏损和关门之间;2014 年以后,营业面积仍不升反降,总营业额虽保持微弱上升,也难以维持 2011 年初时接近 20% 的高速增长率,增速逐年放缓,渐趋稳定。

此外,据估算,2011~2015 年餐饮业全行业口径企业营业收入分别为 5127.41 亿元、5834.42 亿元、6154.87 亿元、6236.27 亿元、6614.96 亿元;全行业口径主营业务收入分别为 5081.26 亿元、5781.91 亿元、6099.47 亿元、6180.14 亿元、6555.42 亿元,增速逐渐放缓。

二 资产规模情况

"十二五"期间,餐饮业资产规模体量是住宿业的 1/3 左右,其增减变动情况与住宿业类似。2011 年,餐饮业资产总额为 3224.2 亿元,至 2012 年增长 23.04% 达到 3967.0 亿元,此后资产增速显著放缓,到 2015 年仅为 2.23%,资产总额达到 4955.7

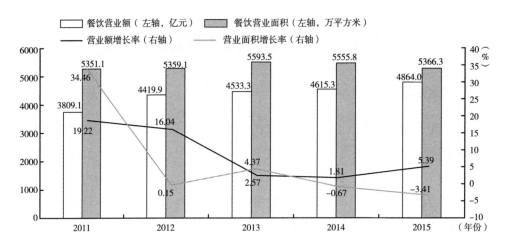

图19 "十二五"期间餐饮业限上企业营业规模及增长情况

资料来源:《中国统计年鉴》(2012～2016)。

亿元。从结构上看,流动资产占比略高于固定资产,二者差距不大;负债占比约为总资产的70.00%,全行业平均资产负债率基本保持稳定。

此外,对全口径范围内的资产、负债和所有者权益规模进行估算,结果显示,"十二五"期间,餐饮业整体资产规模约为4751.40亿元、5846.04亿元、6716.65亿元、7144.05亿元和7303.06亿元,整体负债规模约为3205.52亿元、4018.00亿元、4665.75亿元、5134.41亿元和5156.95亿元,整体所有者权益规模约为1545.88亿元、1828.14亿元、2050.87亿元、2009.64亿元和2145.95亿元,三大指标基本保持上升趋势,但后期增速出现明显放缓。

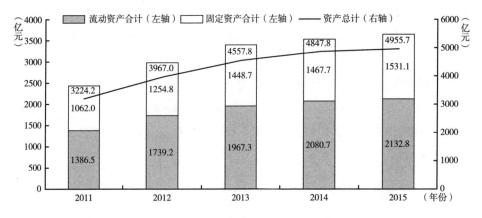

图20 "十二五"期间餐饮业限上企业资产总计与构成情况

资料来源:《中国统计年鉴》(2012～2016)。

图21 "十二五"期间餐饮业限上企业资产、负债与所有者权益情况

资料来源:《中国统计年鉴》(2012～2016)。

三 法人单位情况

"十二五"期间,餐饮业法人企业数量先快速增长,后停止增长甚至出现紧缩趋势。2011年,全国餐饮业法人企业有22496家,2012年增长3.97%上升至23390家,和住宿业类似,2013年餐饮业企业数增长最为迅猛,快速突破26000家,增幅接近15.00%。2014年,企业总量开始下滑但总体上与上一年度相比变化不大,2015年行业企业规模继续收缩,减幅达到2.58%,到2015年底,全行业企业数降至25947家。

表4 "十二五"期间餐饮业限额以上法人企业数

单位:家

年份	法人企业数	年份	法人企业数
2011	22496	2014	26634
2012	23390	2015	25947
2013	26743		

资料来源:《中国统计年鉴》(2012～2016)。

可见,以2013年为分割点,2013年之后,一方面,居民绿色消费意识的提高,抑制了全行业消费过热的现象,尤其是餐饮行业的销售业绩明显缩水,经历了较长一段时间的低迷期,诸多企业因经营业绩压力而不得不关闭大量门店;另一方面,越来越多的企业也意识到过度扩张带来的诸多弊端,开始反思冲动投资入场和盲目单店复制的行为,门店增长回归理性。

四 人力资源情况

"十二五"期间,餐饮业从业人员规模呈先增后减态势。2013年之前,全国限上企业从业人数逐年上升，2011年和2012年相较于上一年的增幅分别为3.40%和6.98%，2012年总人数超过240万人，到2013年增长速度放缓至1.26%，从业总人数与上年基本持平。自2014年起，从业人员人数不升反降且缩水幅度达到5%左右，2015年末全国从业人数为222万人，低于2011年水平。

在全口径范围内（包括限上限下企业及个体经营）对全行业从业人数进行估算，2011～2015年餐饮业整体年末从业人数约为814.39万人、898.79万人、970.37万人、1045.39万人和1170.32万人，呈逐年递增趋势。其中，2012年相较前一年增长10.36%，此后两年受高端餐饮消费低迷影响，行业的就业吸纳能力也受到明显影响，增幅降至7.96%和7.73%。到2015年，随着居民生活水平提高和消费升级，餐饮业整体的用人需求重新回归两位数的增长，尤其是小微企业和个体经营商户发展迅速，对就业的贡献力量显著。

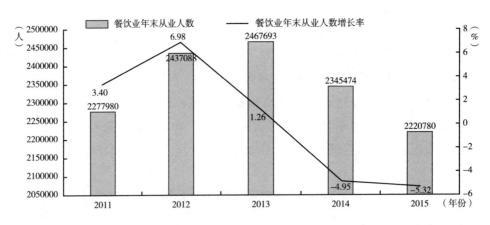

图22 "十二五"期间餐饮业限上企业年末从业人数与增长率情况

资料来源：《中国统计年鉴》（2012～2016）。

五 固定资产投资情况

"十二五"期间，餐饮业固定资产投资额总体上保持上升趋势。从限上企业固定资产投资总量上看，2011年餐饮业投资额总额为1112.1亿元，此后逐年递增至2015年的1852.2亿元，其中2011～2012年增幅最大，高达31.36%，接下来三年增长速度出现明显波动，2014年投资额仅比上一年增长3.83%，增长幅度仅为2011年度最高速时的1/10多，2015年增速回升至12.45%，2015年投资总额为1852.2亿元。

从来源结构上看，与住宿业类似，"十二五"期间，自筹资金构成全部投资资金的80%以上。此外，外资投资资金波动较大，除2011年接近100亿元的投资外，其余四年

表 5 "十二五"期间餐饮业固定资产投入与新增情况

单位：亿元

年份	本年投资资金						投资额	新增固定资产
	资金合计	国家预算	国内贷款	利用外资	自筹资金	其他资金		
2011	1112.1	5.6	31.0	99.4	932.6	43.4	1009.7	776.7
2012	1460.8	4.6	80.7	15.6	1301.2	58.7	1394.9	1038.9
2013	1586.5	18.9	102.3	8.8	1405.7	50.8	1539.1	1196.9
2014	1647.2	7.8	115.5	14.5	1470.6	38.7	1613.2	1369.3
2015	1852.2	12.0	90.8	3.8	1701.6	44.0	1830.9	1582.3

资料来源：《中国第三产业统计年鉴》（2012～2016）。

投资规模均仅为 10 亿元左右，相反，国内贷款金额从 2011 年起显著上升，2012 年起超过外资投资成为第二大资金来源。

从去向结构来看，餐饮业固定资产投资额（不含农户）的用途流向与住宿业一致，但有所区别的是，各类去向所占比重较为不稳定。餐饮业用于新建的资金约占总投资资金的六成，明显低于住宿业占比，其中 2011～2013 年从 56.83% 稳步递增至 66.47%，此后两年开始回落。同样，用于扩建和改建的资金占比在 10%～20% 区间呈波浪式变化。

表 6 "十二五"期间餐饮业固定资产投资领域分布情况

单位：亿元

年份	投资额	新建	扩建	改建和技术改造	建筑安装工程投资	设备工器具购置	其他费用
2011	1009.7	573.8	172.0	241.5	731.9	156.2	121.7
2012	1394.9	816.9	281.5	259.7	1019.3	203.2	172.4
2013	1539.1	1023.1	243.7	235.9	1156.7	223.4	159.0
2014	1613.2	1038.8	274.2	256.1	1242.1	237.2	134.0
2015	1830.9	1183.2	280.3	303.6	1426.7	267.2	137.1

资料来源：《中国第三产业统计年鉴》（2012～2016）。

从以上数据可见，2011～2015 年，虽然住宿餐饮行业固定资产投资额整体上能够保持上升态势，但是增速波动较大，尤其从长期趋势来看，整个"十二五"期间住宿和餐饮业城镇固定投资额的增幅一路下降，比"十一五"期间下降了近一半。其中 2012～2014 年的三年内，全行业投资表现尤为保守谨慎，自 2015 年起投资市场开始出现回暖迹象，但是未重现四年前的大规模投资热潮。相较于投资总量上明显的波动变化，投资资金在来源和用途构成上比较固定，资金来源主要以自筹为主，资金去向绝大多数用于新建。

六 税收情况

餐饮行业目前所缴纳的税种有 12 种，就主营业务税金指标而言，五年间餐饮业的税收变动幅度比住宿业更为明显，这与"十二五"期间餐饮企业尤其是较大型高端餐饮企业经历的经营寒冬密切相关。2011 年与 2012 年，餐饮业主营业务税金分别为 196.8 亿元和 222.3 亿元，相比上一年均实现两位数的增长幅度，2013 年继续保持增长势头，但是增长率跌至 4.63%。此后两年，随着税收新政的提出和试点，餐饮业的税收情况一直处于波动状态，2014 年下降了 2.17%，达 227.5 亿元，2015 年又反向回升了 8.6%。

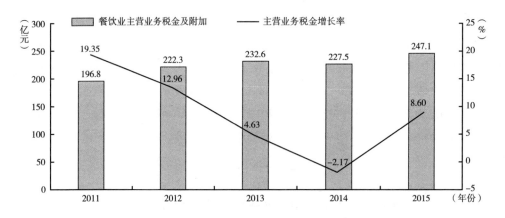

图 23 "十二五"期间餐饮业限上企业主营业务纳税及增减情况

资料来源：《中国贸易外经统计年鉴》（2012～2016）。

七 利润情况

从"十二五"期间餐饮业限上企业主营业务收入、成本、税金及利润数据看，餐饮业总体盈利状况好于住宿业，虽然 2013 年后经营利润增速出现明显放缓，但整体上保持上升趋势。2011 年，餐饮业限上企业主营业务收入、成本分别为 3735.7 亿元和 1915.4 亿元，2012 年两项分别上升至 4250.8 亿元和 2155.3 亿元，增幅均为 13% 左右，2013 年开始，企业主要业务收入、成本和利润增速均明显放缓，其中，2013 年主营业务收入增幅比成本增幅低 1.77 个百分点，2014 年收入增幅超过成本增幅约 1.1 个百分点，2015 年二者的变动幅度几乎持平，在主营业务利润上表现为每年 3%～5% 的增速，2015 年，餐饮业限上企业主营业务利润额突破 2000 亿元大关。

"十二五"期间，餐饮业限上企业平均主营业务利润率略低于住宿业，分别为 43.46%、44.07%、43.26%、44.00% 和 43.53%。对包括餐饮全行业整体进行估算，

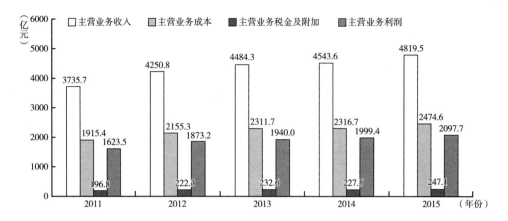

图24 "十二五"期间餐饮业限上企业主营业务收入、成本、税金及利润比较

资料来源:《中国贸易外经统计年鉴》(2012~2016)。

2011~2015年餐饮业全口径营业利润分别约为272.73亿元、240.77亿元、210.43亿元、144.72亿元和243.73亿元,利润总额分别约为220.75亿元、241.25亿元、186.35亿元、128.81亿元和224.35亿元。

八 区域分布情况

餐饮业的发展存在区域不平衡,餐饮业空间布局、人才流动等与各地区经济发展水平、人口因素、文化传统、旅游活动以及城市发展活动等诸多因素有关。整体上看,知名餐饮企业多分布于东南沿海,部分分布于中部地区;西北部发展较为落后。华东地区由于经济发达、交通便捷、资本的活跃性强,另外还拥有充足的劳动力及现代管理人员,加上良好的市场环境、产业环境和市场导向,为餐饮业的发展提供了良好的基础条件。

(一)法人企业分布

从省市数据来看,2015年拥有限额以上餐饮企业最多的省份是广东省,拥有企业法人数目达2893家,拥有2000家以上企业的省份依次是广东、山东和江苏,跻身全国前三名。

从区域数据来看,2011~2015年六个地区按照法人企业规模大致可分为四个梯队,华东地区企业数量常年处于全国领先水平,2013年起突破万家规模,占全国限上企业总量接近四成;第二梯队为中南地区,法人企业数量从2011年的5530家稳步上升至2014年的7073家,2015年出现轻微缩减,占全国限上企业总量1/4多;华北和西南地区法人企业数较为接近,二者不同的是,从2013年起华北地区企业数开始缩水,而西南地区一直保持稳步上升,因此二者差距有逐年缩小的趋势,甚至到2015年,西南地区反超华北地区近500家;相较而言,北方地区企业数量规模一直不十分乐观,其中西北地区在低位保持缓慢增长，而东北地区由于产业结构落后且调整难度大，整体餐饮企业规模常年排在末位，自2012年开始逐年下滑，2014年跌破1000家关口。

企业数量直接反映了餐饮业在某一地区的活跃程度，广东省作为我国东部地区对外开放的门户和窗口，最早与市场经济接轨，与西部地区相比，其市场竞争环境更为公平规范，文化更具开放性和包容性。山东和江苏两个人口大省也以其自身优势培育了庞大的消费市场，为餐饮业的发展注入活力。相比较这些地区的餐饮企业遍地开花的情况，其他区域优势较弱，市场集中度低，未成规模。

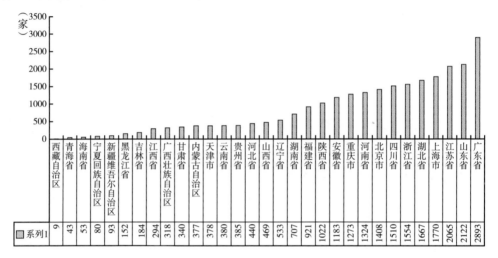

图25　2015年度各省份餐饮业限上法人企业数分布

资料来源：《中国统计年鉴》（2012～2016）。

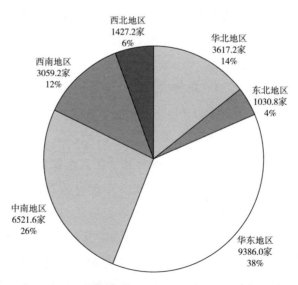

图26　"十二五"期间全国餐饮业限上法人企业数（五年平均数）各地区构成

资料来源：《中国统计年鉴》（2012～2016）。

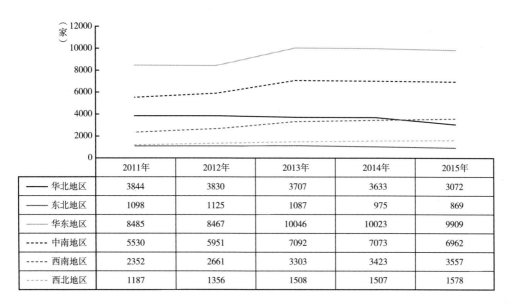

	2011年	2012年	2013年	2014年	2015年
—— 华北地区	3844	3830	3707	3633	3072
—— 东北地区	1098	1125	1087	975	869
—— 华东地区	8485	8467	10046	10023	9909
----- 中南地区	5530	5951	7092	7073	6962
----- 西南地区	2352	2661	3303	3423	3557
----- 西北地区	1187	1356	1508	1507	1578

图27 "十二五"期间各地区餐饮业限上法人企业数分布

资料来源:《中国统计年鉴》(2012~2016)。

(二)从业人员分布

从省市数据来看,2015年拥有餐饮业从业人员最多的省份是广东省,从业人员超过32万人,上海市、北京市分别位列第二、第三,约23万人,而西藏自治区、青海省和海南省在本领域的从业人员不足5000人,差距明显。

从区域数据来看,2011~2015年六个地区从业人员规模排名比较固定。其中,人才储备最为充足的是华东地区,区域内从业人员总数稳定在90万人左右,占全国餐饮人员比重约37%;排名第二、三的区域为中南地区和华北地区,分别占全国餐饮人员总数的26%和18%,二者从业人员总量均呈现先升后降的趋势,中南地区于2013年达到峰值637826人,华北地区于2012年达到峰值472214人,此后由于行业整体不景气,从业人员数也相应缩水;此外,西北和东北地区长期存在较严峻的专业人才稀缺的问题,合计占比不足全国总数的一成。

餐饮业在一个省份或地区的劳动力供给情况是其市场潜力的体现,劳动力供给包括规模和结构,随着现代经济生产活动越来越依赖于高水准的技术和知识,劳动力质量的意义更加突出。东南沿海凭借其优越的经济条件和广阔的发展平台吸引全国劳动者进入,形成规模上的优势,此外大量企业精英、高精尖人才汇聚于此,人才结构上也比西北部地区更胜一筹,为餐饮业的运营发展提供了良好的人才储备。因此,中西部地区应格外重视餐饮业人才的培养和吸纳,这样才能推动餐饮业迎头赶上,并实现产业结构的转型升级。

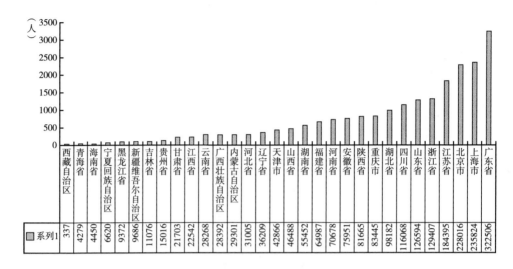

图28　2015年度各省份餐饮业限上企业从业人员数分布

资料来源:《中国统计年鉴》(2012～2016)。

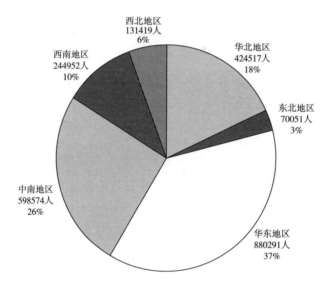

图29　"十二五"期间全国餐饮业从业人员数(五年平均数)各地区构成情况

资料来源:《中国统计年鉴》(2012～2016)。

（三）资产规模分布

从省份数据来看，北、上、广和江苏、山东的餐饮业资产规模总量依旧领跑全国。从区域数据来看，2011～2015年，华东地区资产规模逐年上升拔得头筹，且与第二名相比保持着明显的领先优势，占全国餐饮业资产总额的近40%；中南地区和华北地区在"十二五"前期不相上下，在全国占比在20%左右波动，然而从2013年起，中南地区继续保持上升势头，而华北地区难以抵挡行业寒冬的压力，资产规模开始缩水，到

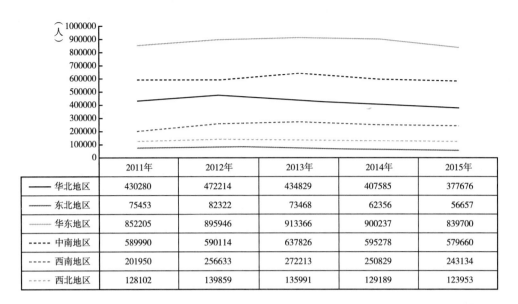

	2011年	2012年	2013年	2014年	2015年
—— 华北地区	430280	472214	434829	407585	377676
—— 东北地区	75453	82322	73468	62356	56657
—— 华东地区	852205	895946	913366	900237	839700
- - - 中南地区	589990	590114	637826	595278	579660
- - - 西南地区	201950	256633	272213	250829	243134
—— 西北地区	128102	139859	135991	129189	123953

图30 "十二五"期间各地区餐饮业从业人员数分布

资料来源:《中国统计年鉴》(2012~2016)。

2015年底与中南地区差距达到330亿元;西南地区企业资产规模处于全国中间水平,在前四年保持稳定小幅增长,但后期出现明显的增长乏力;西北、东北地区企业资产规模非常接近,均处于全国较低水平,各自的资产体量仅为华东地区的1/10左右,占全国总量的比例为4%~5%,且五年内未出现明显增长。

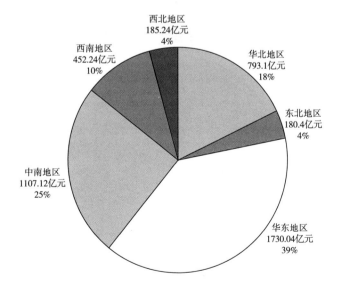

图31 "十二五"期间全国餐饮业限上企业总资产(五年平均数)各地区构成情况

资料来源:《中国统计年鉴》(2012~2016)。

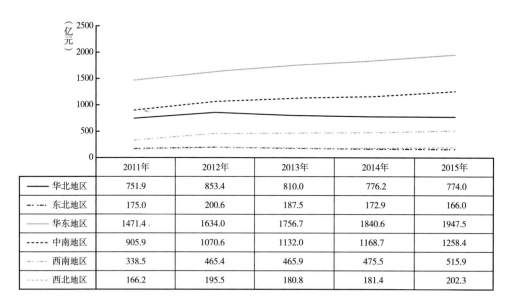

	2011年	2012年	2013年	2014年	2015年
—— 华北地区	751.9	853.4	810.0	776.2	774.0
─·─·─ 东北地区	175.0	200.6	187.5	172.9	166.0
——— 华东地区	1471.4	1634.0	1756.7	1840.6	1947.5
----- 中南地区	905.9	1070.6	1132.0	1168.7	1258.4
─··─ 西南地区	338.5	465.4	465.9	475.5	515.9
----- 西北地区	166.2	195.5	180.8	181.4	202.3

图32　"十二五"期间各地区餐饮业限上企业总资产分布情况

资料来源:《中国统计年鉴》(2012～2016)。

(四)经营情况分布

从"十二五"期间餐饮业限上企业营业额指标看,经营情况分布与资产规模分布十分类似。华东地区拥有较大的消费市场,"十二五"期间平均营业额占全国的比重为39%,中南、华北、西南地区的营业额依次递减,且相对差距始终显著,各地区的平均

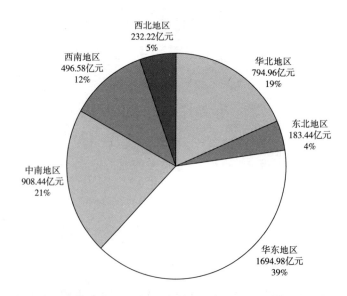

图33　"十二五"期间全国餐饮业限上企业营业额(五年平均数)各地区构成情况

资料来源:《中国统计年鉴》(2012～2016)。

营业额占全国的比重依次为 21% 、19% 和 12% 。和资产规模情况一致的是，北方地区
的企业经营情况堪忧，从营业额总量上看，东北、西北两大区域常年落后于全国平均水
平，占全国总营业的比重仅分别为 4% 、5% ，从变动趋势上看，自 2013 年起，华北地
区的企业营业额均出现逐年下滑现象，到 2015 年底，东北地区的限上企业总营业额为
198.3 亿元，不足同期华东地区营业额的 1/10，而华北地区排名虽一直处于全国中间位
次，但是与本地区 2013 年的营业情况相比也缩水明显。

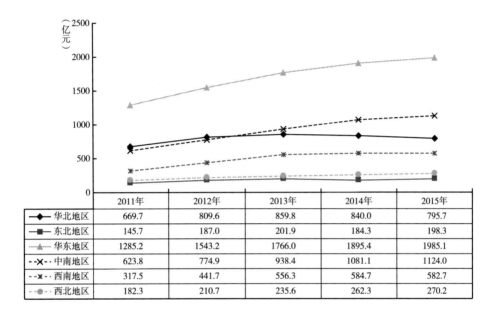

	2011年	2012年	2013年	2014年	2015年
◆ 华北地区	669.7	809.6	859.8	840.0	795.7
■ 东北地区	145.7	187.0	201.9	184.3	198.3
▲ 华东地区	1285.2	1543.2	1766.0	1895.4	1985.1
✕ 中南地区	623.8	774.9	938.4	1081.1	1124.0
✱ 西南地区	317.5	441.7	556.3	584.7	582.7
● 西北地区	182.3	210.7	235.6	262.3	270.2

图 34 "十二五"期间各地区餐饮业限上企业营业额分布情况

资料来源：《中国统计年鉴》（2012～2016）。

第六章

"十二五"期间中国信息传输、软件和信息技术服务业发展情况

  "十二五"期间，信息传输、软件和信息技术服务业仍然保持良好的运行态势，产业规模持续增长，其逐步成为国民经济和社会发展全局的先导性、战略性、基础性产业，具有应用领域广、资源消耗低、技术更新快、人力资源利用充分、产品附加值高、渗透能力强等特点，对中国经济发展方式转型具有重要的引领和支撑作用。其发展呈现一些新特点和新趋势。

  产业结构不断优化，服务比重快速提高。2011～2015年，电信、广播电视和卫星传输营业收入占信息传输、软件和信息技术服务业营业收入的比重逐渐下降，从52.74%下降为42.70%，而互联网和相关服务、软件和信息技术服务业所占比重均上升，其中软件和信息技术服务业占比增长最大，由2013年的38.85%增长到2015年的44.91%，增长了6.06个百分点。

  中西部发展势头良好，增速快于其他地区。中西部地区法人单位数快速增多，其中增长较快的省（区、市）有江西省、湖北省、陕西省、重庆市、安徽省、河南省、云南省、青海省，发展速度均排在前15位，年增长速度都超过20%。而东部地区法人单位数占比逐年下降，从2013年的69.16%下降到2015年的63.07%，中部、西部地区占比逐步提高，分别从12.64%、12.08%增长到17.03%、14.14%。

  主营业务不断完善，利润不断增长。"十二五"期间，中国信息传输、软件和信息技术服务业的主营业务收入呈现增长趋势，从28729.40亿元增长到54914.16亿元，增加了26184.76亿元。同时，中国信息传输、软件和信息技术服务业的利润额也同步增长，从4746.79亿元增长到5960.45亿元。

  出口规模扩大，产业规模增速维持高位。2011～2015年，中国信息传输、软件和

信息技术服务业出口额呈现高速增长的趋势，从139.08亿美元增长到245.49亿美元，增加了106.41亿美元，年均增长速度为15.43%，高于其他发展中国家。

与此相对，中国信息传输、软件和信息技术服务业发展中也存在一些较为显著的问题。

地域发展不平衡现象较为严重。无论是从法人单位数、营业收入、资产，还是从固定资产投资、就业、出口贸易，东部沿海地区明显优于中部、西部地区，虽然西部地区、中部地区的发展速度较快，但由于基础过于薄弱，与东部地区的差距依然很大，而正是这种差距导致大量的优质资源、人力资本向东部地区聚集，不利于中部、西部地区信息传输、软件和信息技术服务业的可持续发展。

企业核心竞争力不强。具体表现为信息传输、软件和信息技术服务业企业数量众多，但多数实力弱，规模小，资金有限，没有能力开发高收益、高风险、高投资的大型项目，缺乏具有国际竞争力的大型企业，目前处于全球价值链的低端环节。

第一节 "十二五"期间电信、广播电视和卫星传输服务业发展情况

电信、广播电视和卫星传输服务业是技术密集型行业，是中国信息化程度和信息化技术水平最高的行业之一，也是国民经济的战略行业、基础行业和先导性行业。随着中国经济的快速发展，在巨大的信息消费需求推动下，电信、广播电视和卫星传输服务业获得长足的发展，逐步实现集约化、专业化转型，通过组织调整、资源整合、流程重造，提高工作效率，不断拓宽云计算、ICT、大数据等应用范围，保障在激烈的市场竞争中巩固既有市场并抢占新的领域。

一 营业规模情况

电信、广播电视和卫星传输服务业营业收入逐年增加，从2011年的16812.87亿元增长到2015年的17123.19亿元，增加了310.32亿元，年均增长率为2.09%。中国电信、广播电视和卫星传输服务业依然处于良性发展阶段，新业务、新产品不断推出，带来了营业收入的稳步提高。

二 资产规模情况

"十二五"时期，中国电信、广播电视和卫星传输服务业的资产总额波动性较大，2011~2013年，资产总额整体上呈现下降的趋势，从48269.46亿元降为47193.50亿元，缩减了1075.96亿元，主要是中国信息技术的快速革新极大地改变了电信、广播电

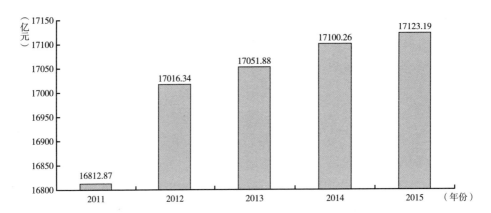

图1　2011～2015年中国电信、广播电视和卫星传输服务业营业收入

注：2012年的营业收入是2013年的营业收入减去2013～2015年营业收入年均增加值推算得出的，2011年的数据类似算出。

资料来源：《中国第三产业统计年鉴》（2014～2016）、《中国经济普查年鉴》（2013）。

视和卫星传输服务业的发展方向，使资产总额快速降低。2015年，由于欧洲经济形势不景气及中国经济转型升级，电信、广播电视和卫星传输服务业的资产出现大幅缩水，降为45886.59亿元，比2014年减少了4246.56亿元。

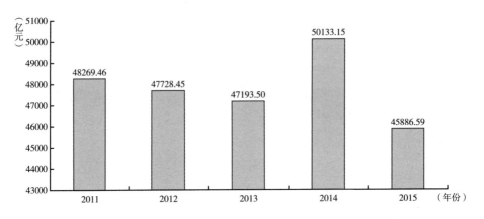

图2　2011～2015年中国电信、广播电视和卫星传输服务业资产规模

注：2011年、2012年资产额是利用2013～2015年数据以一次指数平滑推测得到。

资料来源：《中国第三产业统计年鉴》（2014～2016）、《中国经济普查年鉴》（2013）。

三　法人单位情况

（一）法人单位数出现缩减

"十二五"期间，中国电信、广播电视和卫星传输服务业法人单位数整体呈现下降趋势。2011～2012年，电信、广播电视和卫星传输服务业法人单位数出现小幅增长，从 36427 个增长到 43250 个, 增加了 6823 个。而 2013 年, 电信、广播电视和卫星传输服务业法人单位数出现大幅缩减, 降为 15145 个, 缩减了 64.98%。2014 ~ 2015 年法人单位数保持相对稳定, 远低于 2012 年的水平。

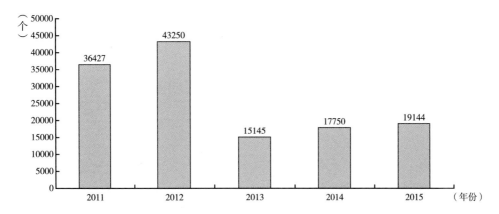

图 3 2011 ~ 2015 年中国电信、广播电视和卫星传输服务业法人单位数

资料来源:《中国第三产业统计年鉴》(2012 ~ 2016)。

(二) 法人单位数占比下滑

电信、广播电视和卫星传输服务业法人单位占信息传输、软件和信息技术服务业的比重逐步减少。2011 ~ 2012 年, 电信、广播电视和卫星传输服务业法人单位占比保持稳定, 分别为 17.44%、17.60%。2013 年, 电信、广播电视和卫星传输服务业法人单位占比大幅下滑, 降为 6.70%, 2014 ~ 2015 年, 比重继续降低, 2015 年降至4.94%。

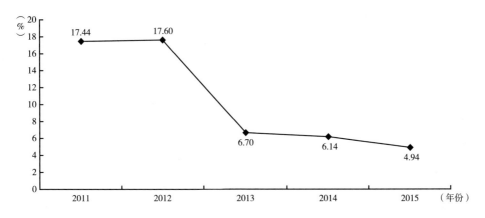

图 4 2011 ~ 2015 年中国电信、广播电视和卫星传输服务业法人单位数占比

资料来源:《中国第三产业统计年鉴》(2012 ~ 2016)。

（三）控股结构调整

在电信、广播电视和卫星传输服务业中，2015 年与 2011 年相比，私人控股、其他控股所占比重均出现明显下滑，分别从 68.30%、13.87% 降为 58.18%、10.57%，而国有控股所占比重明显增加，从 11.67% 增长到 19.93%。集体控股、港澳台商控股、外商控股所占比重在"十二五"期间则保持相对稳定，2015 年分别为 2.96%、1.03%、1.14%。

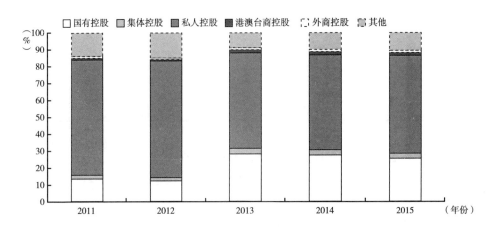

图 5　2011～2015 年中国电信、广播电视和卫星传输服务业法人单位控股结构

资料来源：《中国第三产业统计年鉴》（2012～2016）。

四　就业人数、就业结构及工资总额情况

（一）就业人数增速放缓

电信、广播电视和卫星传输服务业就业人数先增长后下降，整体保持增长趋势。2011～2013 年，电信、广播电视和卫星传输服务业就业人数快速增加，从 116.7 万人增长到 188.6 万人，增加了 71.9 万人，增长了 61.6%，而 2014～2015 年，中国产业结构转型升级进入攻坚期，电信、广播电视和卫星传输服务业就业人数出现小幅缩减，2015 年变为 179.2 万人。

（二）就业结构优化

"十二五"时期，其他单位（除国有单位、城镇集体单位外的所有经营单位，下文同）就业人数增加最多，从 45.6 万人增长到 146.8 万人，2015 年就业人员占比达81.92%，而国有单位就业人员快速减少，从 70.2 万人减为 31.9 万人，就业人员占比也从 60.15% 下降到 17.80%。同时，城镇集体单位就业人数长期保持稳定，就业人员占比维持在 0.3% 的水平上。中国电信、广播电视和卫星传输服务业中，国有单位对就业的贡献度逐渐被其他单位取代，就业结构自由化程度提高，为可持续发展奠定了坚实基础。

表1 "十二五"期间中国电信、广播电视和卫星传输服务业就业人数

单位：万人

年份	国有单位	城镇集体单位	其他单位	就业人员总数
2011	70.2	0.9	45.6	116.7
2012	60.6	0.8	70.9	132.3
2013	44.8	0.5	143.3	188.6
2014	33.0	0.5	148.2	181.7
2015	31.9	0.5	146.8	179.2

注：2011年数据是2012年数据减去2012~2015年数据年均变动值推算得到的。
资料来源：《中国第三产业统计年鉴》（2013~2016）。

（三）工资总额增加迅猛

电信、广播电视和卫星传输服务业工资总额增加较快，由2011年的835.71亿元增长到2015年的1914.89亿元，增加了1079.18亿元，提高了1倍多，"十二五"期间年均增长速度为25.47%。

同时，平均工资增长也较快，从2011年的59484元增长到2015年的85107元，增加了25623元，提高了43.08%，就业人员的生活水平显著改善。

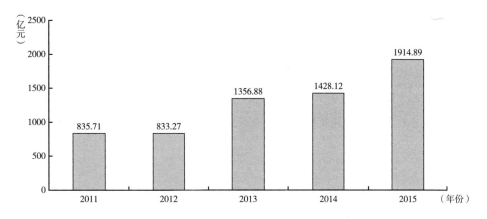

图6 2011~2015年中国电信、广播电视和卫星传输服务业工资总额

注：2015年工资总额是根据2011~2014年工资总额利用移动平均法推算得出的。
资料来源：国研网统计数据库。

五 固定资产投资情况

（一）固定资产投资加速增长

"十二五"期间，中国电信、广播电视和卫星传输服务业的固定资产投资整体呈现增长趋势，固定资产投资（不含农户）从3183.50亿元增长到4697.90亿元，增加了1514.4亿元。

电信、广播电视和卫星传输服务业固定资产投资增长速度逐渐提高。2011~2012

年，固定资产投资出现小幅缩减，缩减率达 2.53%，2013 年固定资产投资转降为升，增长率为 5.72%，而 2014～2015 年，固定资产投资增速大幅提高，2014 年增长率为19.47%，2015 年增长率为 19.87%。2011～2015 年，中国电信、广播电视和卫星传输服务业固定资产投资年均增长速度为 10.22%。

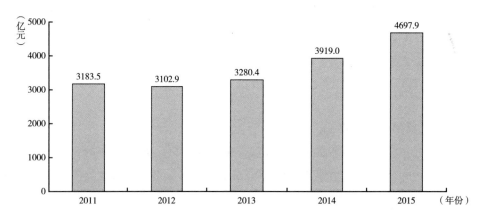

图 7　2011～2015 年中国电信、广播电视和卫星传输服务业固定资产投资额

资料来源：《中国第三产业统计年鉴》（2012～2016）。

（二）投资结构逐渐完善

电信、广播电视和卫星传输服务业固定资产投资结构不断完善。新建和建筑安装工程的投资占比出现明显提升，分别从 18%、25% 增长到 22%、27%，而扩建和设备工器具购置的投资占比下降，分别从 16%、26% 降为 12%、24%。由此，中国电信、广播电视和卫星传输服务业正进入加速扩张阶段，大量兴建新的场地，基础设施建设不断完善。

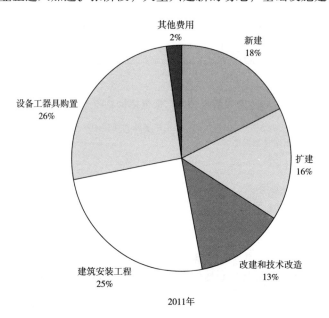

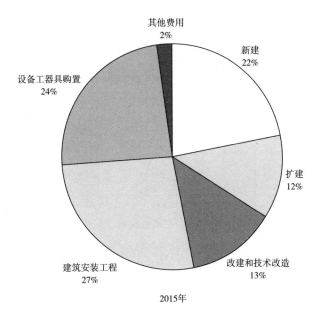

图 8 中国电信、广播电视和卫星传输服务业固定资产投资（不含农户）

资料来源：《中国第三产业统计年鉴》（2012、2016）。

六 税收缴纳或应纳税情况

（一）税收收入波动较大

"十二五"期间，中国电信、广播电视和卫星传输服务业税收收入出现较大的波动。2011～2013年，税收收入从893.44亿元增长到1171.96亿元，增加了278.52亿元。2014年税收收入减少，降为1143.13亿元，缩减了2.46%。2015年，税收收入进一步下滑，降为1024.74亿元。

电信、广播电视和卫星传输服务业税收收入的增长率也呈现较大的波动性。2011～2012年，税收收入年增长率逐步提高，从16.02%提升为20.41%。2013年，税收收入年均增长率有所降低，降为8.94%。2014～2015年，税收收入的年增长率成为负值，分别为-2.46%、-10.36%。

（二）税收收入占信息传输、软件和信息技术服务业比重逐年下降

电信、广播电视和卫星传输服务业税收收入在中国信息传输、软件和信息技术服务业税收收入中的比重逐年下降，从2011年的64.39%降为2015年的44.68%，降低了19.71个百分点，且下降速度也逐渐提高，2012年降低4.34个百分点，2013年降低0.36个百分点，2014年降低7.53个百分点，2015年降低7.48个百分点。可见，中国电信、广播电视和卫星传输服务业对中国财政收入的贡献度逐渐减弱。

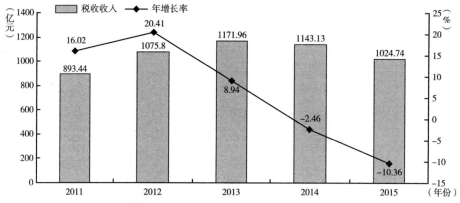

图9　2011～2015年中国电信、广播电视和卫星传输服务业税收收入

资料来源：《中国第三产业统计年鉴》（2012～2016）。

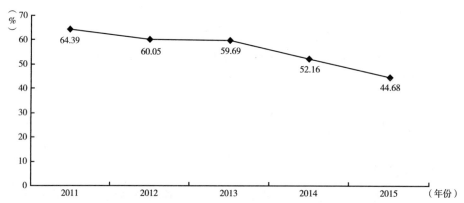

图10　2011～2015年中国电信、广播电视和卫星传输服务业税收收入占比

资料来源：《中国第三产业统计年鉴》（2012～2016）。

（三）税收结构调整

"十二五"期间，中国电信、广播电视和卫星传输服务业税收结构出现较大的变动。2011～2015年，国内增值税占比大幅提高，从0.23%提升到40.07%，成为税收收入最重要的来源，这主要是由中国正在积极推行营业税改增值税的税制改革引起的。与此相对，营业税占比从35.79%降为1.35%。同时，内资企业所得税占比呈现先增后减的特征，2011～2013年，所占比重从4.63%提高到30.51%；2014～2015年，所占比重下降，2015年为19.87%。外资企业所得税占比在近五年来保持下降态势，从45.65%下降到23.76%，并于2015年被国内增值税超越，成为税收收入第二大来源。

七　企业利润情况

电信、广播电视和卫星传输服务业利润总额增长幅度较大。2011年，营业利润仅为

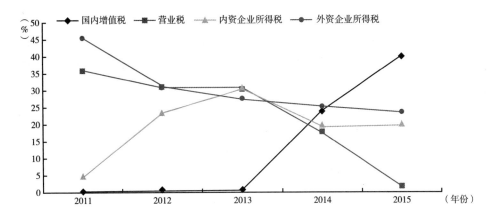

图 11 2011～2015 年中国电信、广播电视和卫星传输服务业税收收入结构

资料来源:《中国第三产业统计年鉴》(2012～2016)。

3462.64 亿元;2015 年,营业利润已增至 4156.78 亿元,增加了 694.14 亿元。其中 2015 年营业利润增加值最多,达到 579.24 亿元,主要是由信息技术革新带来的。结合上文,中国电信、广播电视和卫星传输服务业的盈利能力逐渐增强,利润率从 2011 年的 20.60% 提升到 2015 年的 21.60%,对中国信息传输、软件和信息技术服务业快速发展的促进作用越来越强。

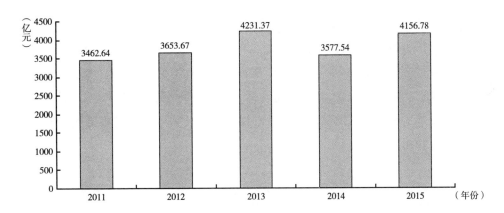

图 12 2011～2015 年中国电信、广播电视和卫星传输服务业利润总额

注:2013 年营业利润是 2012 年和 2014 年营业利润的平均值,2011 年的营业利润是 2012 年营业利润减去 2012～2015 年营业利润年均增加值推算得出的。

资料来源:《中国第三产业统计年鉴》(2014～2016)、《中国经济普查年鉴》(2013)。

八 国内区域分布情况

(一)东部、西部地区法人单位数减幅最大

"十二五"期间,中国东部、中部、西部、东北部的电信、广播电视和卫星传输服务业法人单位均呈现缩减趋势。东部地区法人单位数从 2011 年的 19156 个减少到 2015

年的7207个，缩减了62.38%，中部地区法人单位从2011年的6175个降为2015年的5164个，缩减了16.37%，西部地区法人单位从2011年的8045个降为2015年的4810个，缩减了40.21%，东北部地区法人单位从2011年的3051个降为2015年的1963个，缩减了35.66%。由此，东部地区、西部地区是电信、广播电视和卫星传输服务业法人单位减幅最大的区域。

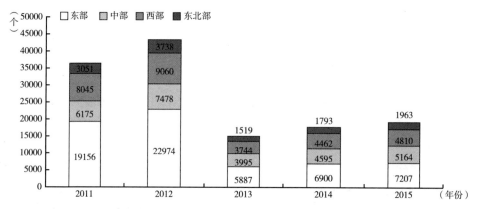

图13　2011～2015年中国电信、广播电视和卫星传输服务业法人单位区域分布

资料来源：《中国第三产业统计年鉴》（2012～2016）。

（二）中部、西部法人单位数占比大幅提高

电信、广播电视和卫星传输服务业法人单位数下滑，但中部、西部地区法人单位数占比逐年上升，分别从16.95%、22.09%提高到26.97%、25.13%，增加了10.02个、3.04个百分点，然而东部地区占比快速降低，从52.59%降到37.65%，降低了14.94个百分点。中部、西部地区的电信、广播电视和卫星传输服务业的重要性越来越凸显，对经济的促进作用逐年增强。

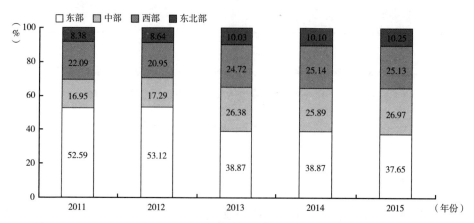

图14　2011～2015年中国电信、广播电视和卫星传输服务业法人单位数区域占比

资料来源：《中国第三产业统计年鉴》（2012～2016）。

第二节 "十二五"期间互联网和相关服务业发展情况

"十二五"期间，随着"互联网 +"行动计划深入实施，互联网对各行各业尤其是服务业的全面渗透开始加速，互联网和相关服务业逐渐成为服务业发展的新引擎，不仅改变着人们的生活，也催生了一批优质企业，促进了中国经济转型升级。

一 营业规模情况

互联网和相关服务业营业收入不断提升，由 2011 年的 1489.81 亿元增长到 2015 年的 4989.29 亿元，增加了 3499.48 亿元。在"互联网 + 服务"的时代，由于信息鸿沟的缩小，消费者可以主动寻求自己想要的服务，而互联网企业也可以通过更加直接、互动的方式，主动挖掘消费者的需求痛点，进行及时改进，从而使互联网和相关服务业营业收入得到极大提升。

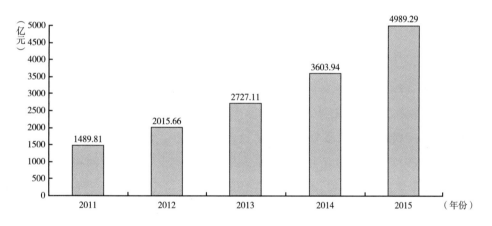

图 15 2011~2015 年中国互联网和相关服务业营业收入

注：2011 年、2012 年营业收入是以 2013~2015 年营业收入年均增长率推算得出的。

资料来源：《中国第三产业统计年鉴》（2013~2016）、《中国经济普查年鉴》（2013）。

二 资产规模情况

互联网和相关服务业资产规模高速增长，从 2011 年的 2650.99 亿元增长到 2015 年的 8752.36 亿元，增长了 6101.37 亿元，年均增长速度为 34.92%，远高于其他各服务业。同时，互联网和相关服务业资产占中国信息传输、软件和信息技术服务业的比重也同步增长，从 2011 年的 3.73% 增长到 2015 年的 5.56%。互联网和相关服务业发展处于发展快车道。

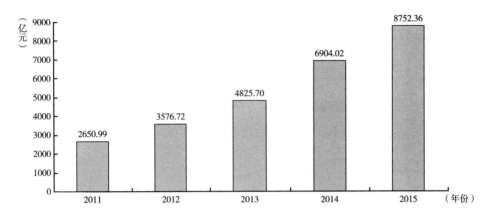

图16　2011～2015年中国互联网和相关服务业资产规模

注：2012年资产规模是以移动平均法推算得出的，2011年资产规模是2012年资产额减去2012～2015年资产年均增加值计算得到的。

资料来源：《中国第三产业统计年鉴》（2014～2016）、《中国经济普查年鉴》（2013）。

三　法人单位情况

（一）法人单位数缩减过半

"十二五"期间，中国互联网和相关服务业法人单位大幅缩减。2011～2012年，互联网和相关服务业法人单位数小幅增长，从108430个增长到125293个，增加了16863个。2013年，互联网和相关服务业法人单位数大幅减少，降为25789个，主要原因有两个：一是自2011年起，多起会计丑闻以及中国互联网公司的企业结构面临政府更严格的监管，使众多投资者感到恐慌，导致中国互联网公司迎来了融资寒冬；二是互联网行业更新换代较快，企业面临的经营风险较高，导致部分互联网企业的生命周期较短。2014～2015年，互联网和相关服务业法人单位数呈现增长态势，从35086个增长到50630个，增长了44.30%。可见，互联网和相关服务业已逐步摆脱2013年的困境，进入高速增长状态。

（二）法人单位占信息传输、软件和信息技术服务业比重降低

互联网和相关服务业法人单位数占中国信息传输、软件和信息技术服务业法人单位数的比重迅速降低。2011年，中国互联网和相关服务业法人单位数占信息传输、软件和信息技术服务业法人单位总数的比重为51.91%，2015年，互联网和相关服务业法人单位数占比已降为13.05%，降低了38.86个百分点。

（三）控股结构变动

在互联网和相关服务业中，集体控股、港澳台商控股、外商控股、其他控股的法人

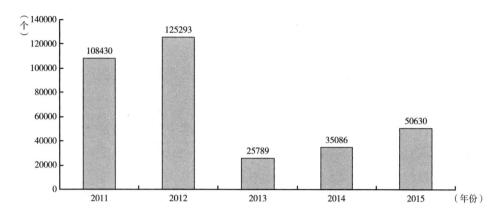

图17 2011~2015年中国互联网和相关服务业法人单位数

资料来源:《中国第三产业统计年鉴》(2012~2016)。

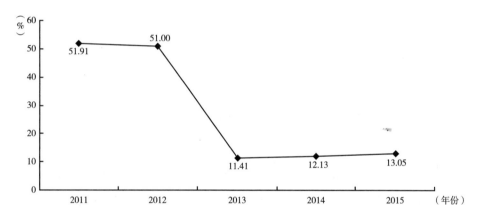

图18 2011~2015年中国互联网和相关服务业法人单位数占比

资料来源:《中国第三产业统计年鉴》(2012~2016)。

单位占比都保持相对稳定,2015年分别为0.59%、0.35%、0.34%、10.13%,私人控股法人单位占比有所提升,从86.74%增长到87.13%。

四 就业人数、就业结构及工资总额情况

(一)就业人数增长减慢

互联网和相关服务业就业人数持续增长,从2011年的10.5万人增长到2015年的23.1万人,增加12.6万人。主要是因为中国互联网市场需求不断扩充,极大地推动了互联网和相关服务业的发展,吸引了大量人力涌入。

然而,"十二五"期间,中国互联网和相关服务业就业人数增速迅速降低,2012年就业人数增长30.06%,2013年增长率为35.77%,2014年增长率为15.59%,2015年

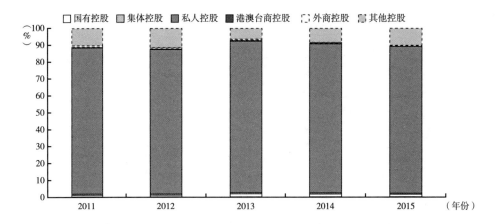

图19 2011～2015年中国互联网和相关服务业法人单位控股结构

资料来源：《中国第三产业统计年鉴》(2012～2016)。

则为7.44%，"十二五"期间年均增长率为22.22%，这是由互联网和相关服务业对人力需求较小的行业特征造成的，可见，中国互联网和相关服务业的就业带动作用逐渐弱化。

（二）就业结构出现变动

在互联网和相关服务业中，国有单位和城镇集体单位就业人数出现大幅减少，其中国有单位就业人数从2011年的2.3万人减至2015年的1.1万人，占比则从21.84%降到4.76%；城镇集体单位就业人数则因为统计单位的问题一直维持在0.1万人，但实际就业人数仍然呈下降态势，占比变化明显，从2011年的0.95%下降为2015年0.43%；其他单位就业人数呈现高速增长的状态，从2011年的8.1万人增长到2015年的22.0万人，增加了13.9万人，成为互联网和相关服务业就业人数最多的行业。

表2 "十二五"期间中国互联网和相关服务业就业结构

单位：万人

年份	国有单位	城镇集体单位	其他单位	就业总人数
2011	2.3	0.1	8.1	10.5
2012	2.0	0.1	11.6	13.7
2013	1.3	0.1	17.3	18.6
2014	1.3	0.1	20.2	21.5
2015	1.1	0.1	22.0	23.1

注：2011年数据由2012年数据减去2012～2015年就业人数年均增加值计算得出。

资料来源：《中国第三产业统计年鉴》(2013～2016)。

（三）工资总额先减后增

2011～2012年，中国互联网和相关服务业工资总额减少，从177.06亿元降至129.12亿元，减少了47.94亿元，这主要是法人单位数和就业人数大幅减少所致。2013～2015年，中国互联网和相关服务业工资总额增长较快，从215.59亿元增长到295.72亿元，增加了80.13亿元，年均增长率为33.73%。

2011～2015年，中国互联网和相关服务业平均工资增长较快，从2011年的85508元增长到2015年的148711元，增加了63203元，增长了73.91%，年均增长率达15.10%。

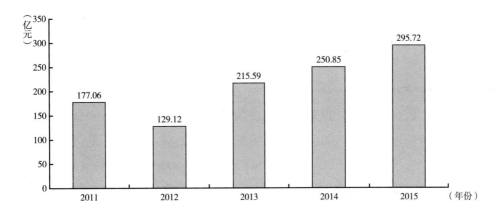

图20 2011～2015年中国互联网和相关服务业工资总额

注：2015年工资总额是根据2011～2014年工资总额利用移动平均法推算得出的。
资料来源：国研网统计数据库。

五 固定资产投资情况

（一）固定资产高速增长

"十二五"期间，中国互联网和相关服务业固定资产投资持续增长，从2011年的301.6亿元增长到2015年的1478.9亿元，增加了1177.3亿元，增长了390.35%。

与此相对，中国互联网和相关服务业固定资产投资增长速度整体表现高速增长的特点，其间有些小幅波动。2011～2012年，中国互联网和相关服务业固定资产投资增速提升，从24.79%提高到43.57%。2013年，中国互联网和相关服务业固定资产投资增速受欧洲债务危机的影响出现下滑，降为17.53%。2014～2015年，由于中国政府大力推动"互联网+"计划，中国互联网和相关服务业固定资产投资增速转降为增，2014年增长率为50.28%，2015年增长率再次提升到93.37%，成为中国信息传输、软件和信息技术服务业中增速最快的行业。

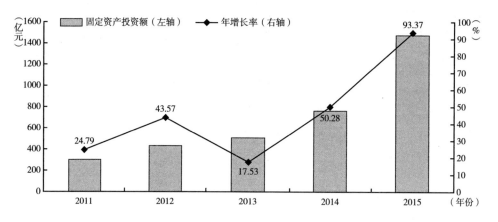

图21　2011～2015年中国互联网和相关服务业固定资产投资

资料来源：《中国第三产业统计年鉴》（2012～2016）。

（二）投资结构转变

"十二五"时期，中国互联网和相关服务业固定资产投资（不含农户）结构发生转变，设备工器具购置、扩建所占份额明显提升，分别从13%、5%提高到23%、6%，这是因为高新技术产业设备更新较快，要想保持自身优势，就需要紧跟全球潮流，不断更新基础设施硬件，保障工作效率。而新建、改建和技术改造、建筑安装工程、其他费用的投资占比均出现下滑，分别从30%、13%、31%、8%降为28%、12%、27%、4%，这可能与互联网行业本身特征有关，互联网企业并不需要较高的场地要求。

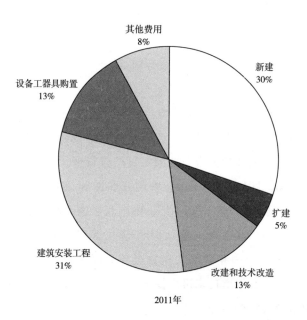

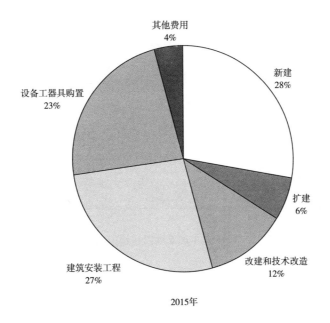

图 22 中国互联网和相关服务业固定资产投资（不含农户）

资料来源：《中国第三产业统计年鉴》（2012、2016）。

六 税收缴纳或应纳税情况

（一）税收收入先减后增

"十二五"期间，中国互联网和相关服务业税收收入呈现先减后增态势。2011～2012 年，中国互联网和相关服务业法人单位数大幅缩减，导致税收收入大幅减少，从217.84 亿元减为 39.50 亿元，减少了 178.34 亿元。2013～2015 年，中国互联网和相关服务业经营状况好转，税收收入出现增长趋势，由 2013 年的 44.11 亿元增长到 2015 年的 54.64 亿元，增加了 10.53 亿元。

同时，中国互联网和相关服务业税收收入增速也表现为先减后增。2011～2012 年，税收收入年增长率由正转负，从 30.84% 变为 −81.87%，而 2013～2015 年，税收收入增长率整体保持增长态势，从 11.65% 提高到 19.92%。

（二）税收收入占中国信息传输、软件和信息技术服务业比重减少

2011～2015 年，中国互联网和相关服务业税收收入占中国信息传输、软件和信息技术服务业税收收入比重大幅缩减。2011～2012 年，中国互联网和相关服务业税收收入占比从 15.70% 降为 2.20%，下降 13.5 个百分点。2013～2015 年，中国互联网和相关服务业税收收入占比保持相对稳定，2013 年为 2.25%，2014 年为 2.08%，2015 年为 2.38%。

（三）税收结构改善

互联网和相关服务业的税收结构有所改善。由于中国逐步推进营业税改增值税

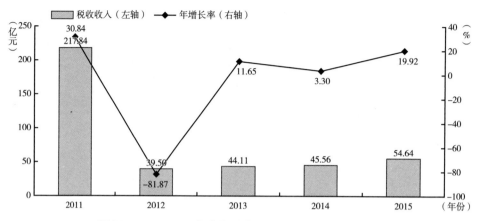

图23　2011～2015年中国互联网和相关服务业税收收入

资料来源：《中国税务年鉴》（2011～2016）。

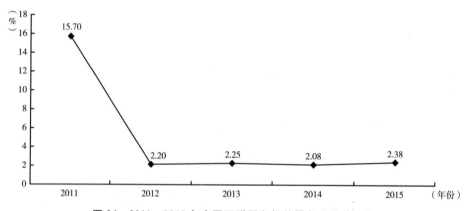

图24　2011～2015年中国互联网和相关服务业税收占比

资料来源：《中国税务年鉴》（2012～2016）。

的税制改革，互联网和相关服务业国内增值税占税收收入比重大幅提升，从 10.72% 增长到 26.46%，增加了 15.74 个百分点；与此相对，营业税占税收收入比重快速下滑，由 27.22% 变为 4.73%，降低了 22.49 个百分点。同时，内资企业所得税占比提高，由 2011 年的 12.12% 增长到 2015 年的 23.63%，这表明中国互联网和相关服务业企业对中国财政的贡献度越来越高。而外资企业所得税占比下降，从 11.35% 降为 7.20%。

七　企业利润情况

互联网和相关服务业利润总额增长极为显著。2011 年，利润总额仅为 357.52 亿元，到 2015 年，中国互联网和相关服务业利润总额增长到 997.12 亿元，增加了 639.60 亿元，年均增长率为 29.51%。各种智能终端日益普及为中国互联网和相关服务业带来

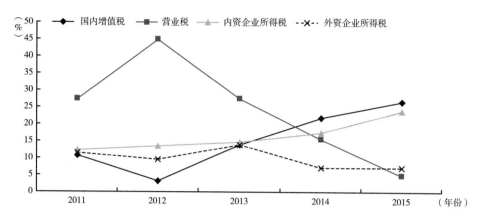

图25 2011~2015年中国互联网和相关服务业税收结构

资料来源:《中国税务年鉴》(2012~2016)。

了前所未有的机遇,由于创业门槛、经营成本不断降低,营业利润显著提高,企业盈利能力不断增强。

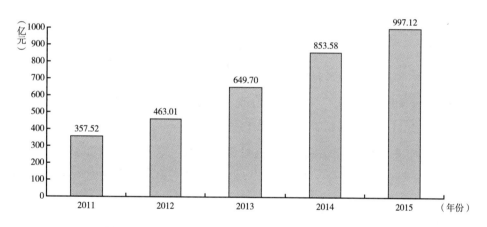

图26 2011~2015年中国互联网和相关服务业利润总额

注:2013年的营业利润是2012年和2014年营业利润的平均值,2011年营业利润是利用移动平均法推算得出的。

资料来源:《中国第三产业统计年鉴》(2013、2015、2016)、《中国经济普查年鉴》(2013)。

八 国内区域分布情况

(一)东部、西部、东北部地区法人单位数均缩减过半

"十二五"期间,东部、中部、西部、东北部地区互联网和相关服务业法人单位数均出现大幅缩减,其中,东部、西部、东北部缩减程度均超过一半。中国东部地区互联网和相关服务业法人单位数从2011年的58094个减到2015年的27747个,缩减了52.24%;中国西部地区互联网和相关服务业法人单位数由2011年的23448个降到2015

年的 9173 个，缩减 60.88%；中国东北部地区互联网和相关服务业法人单位数从 2011 年的 5748 个下降到 2015 年的 2298 个，缩减 60.02%。

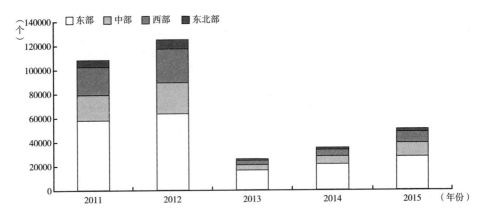

图 27　2011～2015 年中国互联网和相关服务业法人单位区域分布

资料来源：《中国第三产业统计年鉴》（2012～2016）。

（二）东部、中部地区法人单位占比提高

"十二五"期间，中国东部、中部地区互联网和相关服务业法人单位数占比呈现升高趋势，中国东部地区互联网和相关服务业法人单位数占比从 2011 年的 53.58% 增长到 2015 年的 54.80%，提升了 1.22 个百分点；中国中部地区互联网和相关服务业法人单位数占比由 2011 年的 19.50% 提高到 2015 年的 22.54%，提升了 3.04 个百分点。然而，中国西部、东北部地区互联网和相关服务业法人单位数占比均下滑，分别从21.63%、5.30% 降为 18.12%、4.54%，分别下降了 3.51 个百分点、0.76 个百分点。综上，中国中部地区法人单位数上升最快，西部地区法人单位数下滑最为迅速。

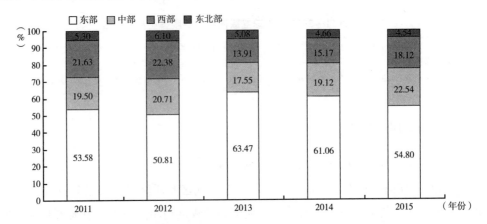

图 28　2011～2015 年中国互联网和相关服务业法人单位数区域占比

资料来源：《中国第三产业统计年鉴》（2012～2016）。

第三节 "十二五"期间软件和信息技术服务业发展情况

"十二五"时期，得益于中国经济快速发展、政策支持、强劲的信息化投资及旺盛的 IT 消费等，中国软件和信息技术服务业保持高速发展态势，产业规模不断壮大，创新能力大幅增强，国际竞争力强化。

一 营业规模情况

软件和信息技术服务业营业收入不断扩大，从 2011 年的 8774.46 亿元增长到 2015 年的 18056.30 亿元，增加了 9281.84 亿元，增长了 1 倍多，多于中国电信、广播电视和卫星传输服务业（增加了 310.32 亿元），互联网和相关服务业（增加了 3499.48 亿元）。在国家政策、产业资金的有力驱动下，软件和信息技术服务业保持有力增长，高速发展的信息消费，带动移动互联网、数字内容等产业发展，促进营业收入快速增长。

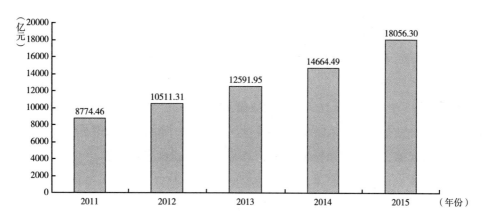

图 29 2011~2015 年中国软件和信息技术服务业营业收入

注：2012 年营业收入是根据 2013~2015 年营业收入利用移动平均法推算得出的，2011 年营业收入是利用 2012~2015 年营业收入年均增长率推算得出的。

资料来源：《中国第三产业统计年鉴》（2014~2016）、《中国经济普查年鉴》（2013）。

二 资产规模情况

软件和信息技术服务业资产额增长极为迅猛，从 2011 年的 14810.67 亿元增长到 2015 年的 47449.38 亿元，增加了 32638.71 亿元，是中国信息传输、软件和信息技术服务业增长幅度最大的行业，年均增长率为 34.06%。在云计算、移动互联网、物联网等新技术的推动下，软件和信息技术服务业重构消费者与生产者关系，让消费者参与生产环节，与传统产业融合不断深化，推动资产规模逐步扩大。

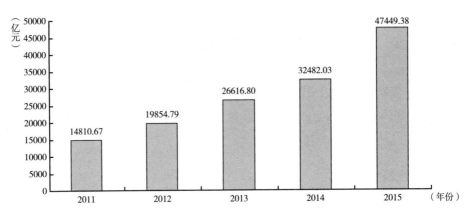

图 30　2011～2015 年中国软件和信息技术服务业资产规模

注：2011 年、2012 年资产额是根据 2013～2015 年资产额利用移动平均法推算的。
资料来源：《中国第三产业统计年鉴》（2014～2016）、《中国经济普查年鉴》（2013）。

三　法人单位情况

（一）法人单位数高速增长

"十二五"期间，中国软件和信息技术服务业法人单位数增长幅度极大。2011 年，软件和信息技术服务业法人单位数为 64010 个；到 2013 年，法人单位数则突破 10 万个，达到 185173 个；2014 年法人单位数突破 20 万个，达到 236326 个；而 2015 年软件和信息技术服务业法人单位数突破 30 万个大关，达到 318068 个。2011～2015 年，中国软件和信息技术服务业法人单位数增加了 254058 个，提高了近 4 倍。

同时，中国软件和信息技术服务业法人单位数"十二五"期间增长速度较高，整体呈现逐年递增的态势。2011 年，软件和信息技术服务业法人单位数增长率为 16.33%，2015 年法人单位数的增长率提升至 34.59%，增加了 18.26 个百分点。"十二五"期间，中国软件和信息技术服务业法人单位数年均增长率为 47.82%，高于电信、广播电视和卫星传输服务业，互联网和相关服务业。

（二）法人单位数占中国信息传输、软件和信息技术服务业比重大幅提升

2011～2012 年，中国软件和信息技术服务业法人单位数占中国信息传输、软件和信息技术服务业比重保持稳定，分别为 30.65%、31.39%。2013 年，中国软件和信息技术服务业法人单位数占中国信息传输、软件和信息技术服务业比重大幅提升，达到 81.90%，这主要是互联网和相关服务业，电信、广播电视和卫星传输服务业法人单位数大幅减少所致。2014～2015 年，中国软件和信息技术服务业法人单位数占比稳步上升，分别为 81.73%、82.01%。

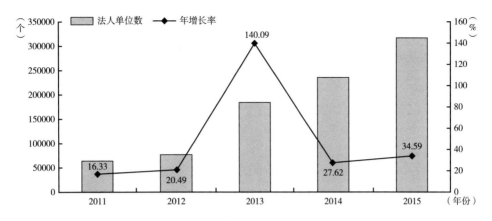

图31 2011～2015年中国软件和信息技术服务业法人单位数

资料来源:《中国第三产业统计年鉴》(2012～2016)。

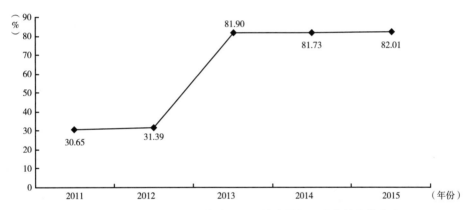

图32 2011～2015年中国软件和信息技术服务业法人单位数占比

资料来源:《中国第三产业统计年鉴》(2012～2016)。

(三)控股结构有所变动

"十二五"时期,在软件和信息技术服务业中,国有控股、其他控股的法人单位占比保持稳定,2015年分别为1.12%、8.75%,集体控股、港澳台商控股、外商控股的法人单位占比出现明显减少,分别从1.18%、2.80%、5.65%降为0.59%、1.10%、1.47%,而私人控股的法人单位占比大幅提升,从78.98%提高到86.33%。

四 就业人数、就业结构及工资总额情况

(一)就业人数增加

软件和信息技术服务业就业人数持续增长,由2011年的53.1万人增长到2015年的147.4万人,增加了94.3万人,增长了1倍多。其中,2013年,中国软件和信息技术服务业就业人数突破100万人,达到120.1万人。

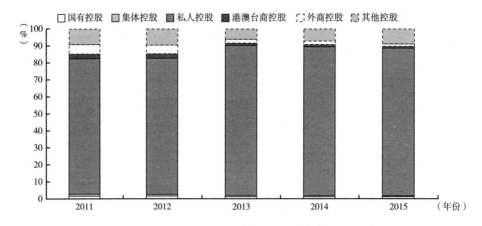

图33　2011～2015年中国软件和信息技术服务业法人单位控股结构

资料来源：《中国第三产业统计年鉴》(2012～2016)。

同时，2011～2013年，中国软件和信息技术服务业就业人数增加速度逐年提高，2012年增长率为44.72%，2013年增长率达到56.38%。2014～2015年，软件和信息技术服务业就业人数增长速度放缓，2014年增长速度为10.66%，2015年增长速度为10.91%。

（二）就业结构改善

"十二五"期间，在软件和信息技术服务业中，国有单位、城镇集体单位就业人数均下降，分别从3.2万人、0.5万人减至2.4万人、0.2万人，分别缩减了25.00%、60.00%；其他单位就业人数则迅速增长，从49.3万人增长到144.8万人，增加了95.5万人，提高了193.71%，占软件和信息技术服务业就业人数的比重也从92.96%提升到98.24%。中国软件和信息技术服务业其他单位就业人数的提升，为经济发展注入更多的活力，有利于中国经济社会的可持续发展。

表3　"十二五"期间中国软件和信息技术服务业就业人数

单位：万人

年份	国有单位	城镇集体单位	其他单位	就业总人数
2011	3.2	0.5	49.3	53.1
2012	3.2	0.4	73.2	76.8
2013	3.4	0.3	116.4	120.1
2014	3.1	0.2	129.6	132.9
2015	2.4	0.2	144.8	147.4

注：2011年国有单位就业人数是2012～2014年国有单位就业人数的平均值，2011年城镇集体单位、其他单位就业人数是2012年相关就业人数减去2012～2015年年均就业人数增加值推算得出的。

资料来源：《中国第三产业统计年鉴》(2013～2016)。

（三）工资总额增幅极大

"十二五"期间，中国软件和信息技术服务业工资总额增幅极大，从 2011 年的 462.82 亿元增长到 2015 年的 2291.35 亿元，增加了 1828.53 亿元，增长了近 4 倍，年均增长率为 50.89%，并于 2013 年超越电信、广播电视和卫星传输服务业，成为信息传输、软件和信息技术服务业工资总额最多的行业。

软件和信息技术服务业平均工资增长也极为迅猛，从 98745 元提高到 137589 元，年均增长率达 8.66%。

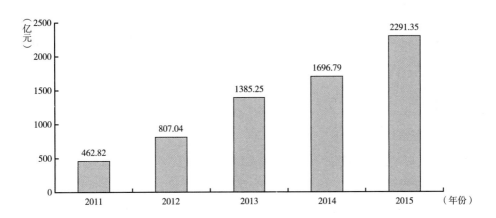

图 34 2011~2015 年中国软件和信息技术服务业工资总额

注：2015 年工资总额是根据 2011~2014 年工资总额利用移动平均法推算得出的。
资料来源：国研网统计数据库。

五 固定资产投资情况

（一）固定资产投资快速增长

软件和信息技术服务业固定资产投资（不含农户）保持高速增长，从 2011 年的 657.7 亿元增加到 2015 年的 4326.7 亿元，增加了 3669.0 亿元，增长了近 6 倍，增加的幅度远大于电信、广播电视和卫星传输服务业（增加了 1514.4 亿元），互联网和相关服务（增加了 1177.3 亿元）。

2011~2012 年，中国软件和信息技术服务业固定资产投资（不含农户）的增长速度加快，从 30.03% 增长到 150.52%。2013 年，软件和信息技术服务业固定资产投资（不含农户）增长速度下降，降为 28.58%。2014~2015 年，中国软件和信息技术服务业固定资产投资（不含农户）增速再次提升，2015 年增长率达 40.10%。"十二五"期间，中国软件和信息技术服务业固定资产投资（不含农户）年均增长率为 59.00%，高于电信、广播电视和卫星传输服务业（增长率为 10.22%），互联网和相关服务业（增长率为 3.90%）。

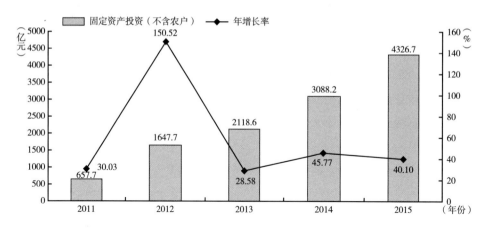

图35　2011～2015年中国软件和信息技术服务业固定资产投资（不含农户）情况

资料来源：《中国第三产业统计年鉴》（2011～2016）。

（二）投资结构逐步完善

"十二五"时期，中国软件和信息技术服务业固定资产投资结构出现明显调整。设备工器具购置投资占比上升，从9%提升到15%，而新建、扩建、建筑安装工程、其他费用的投资占比均下滑，分别从37%、6%、36%、6%降为36%、5%、34%、4%，这是因为早前信息产业的快速发展已满足软件和信息技术服务业对建筑的需求，不再需要投资于场地。

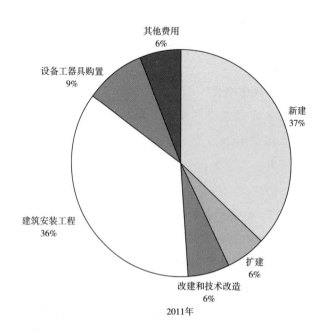

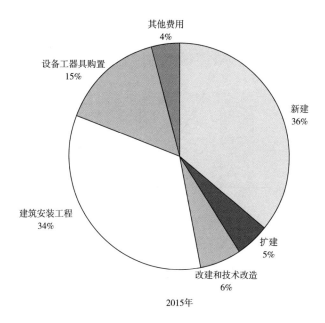

2015年

图36　中国软件和信息技术服务业固定资产投资（不含农户）结构分布

资料来源：《中国第三产业统计年鉴》（2012、2016）。

六　税收缴纳或应纳税情况

（一）税收收入大幅增长

"十二五"期间，中国软件和信息技术服务业税收收入呈现快速增长的状态。2011年，中国软件和信息技术服务业税收收入为276.27亿元，到2015年，税收收入已达到1214.27亿元，增加了937.99亿元，增长了3倍多，增加幅度远高于电信、广播电视和卫星传输服务业（增加了131.30亿元），互联网和相关服务业（减少了163.21亿元）。

软件和信息技术服务业税收收入增长速度先升后降。2011～2012年，中国软件和信息技术服务业税收收入增长率提高，从41.39%增为144.79%。2013年，中国软件和信息技术服务业税收收入增速大幅下滑，降为10.52%，而后税收收入增长速度保持相对稳定，2014年增长率为34.20%，2015年增长率为21.05%。

（二）税收收入占中国信息传输、软件和信息技术服务业比重快速提高

软件和信息技术服务业税收收入占中国信息传输、软件和信息技术服务业税收收入比重快速提高，从2011年的19.91%提高到2015年的52.94%，增加了33.03个百分点，成为中国信息传输、软件和信息技术服务业税收收入的主要来源，所占份额远高于电信、广播电视和卫星传输服务业（占比为44.68%），互联网和相关服务业（占比为2.38%）。

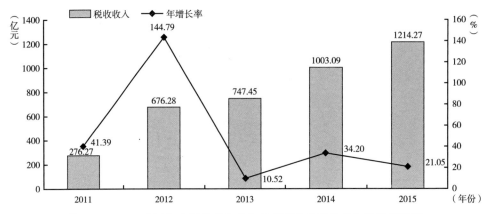

图37　2011～2015年中国软件和信息技术服务业税收收入及增长情况

资料来源：《中国税务年鉴》（2011～2016）。

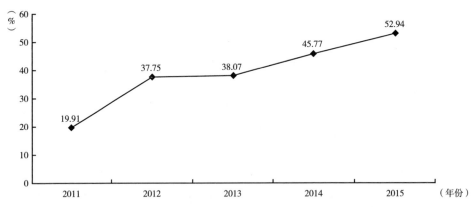

图38　2011～2015年中国软件和信息技术服务业税收收入占比

资料来源：《中国税务年鉴》（2012～2016）。

（三）税收结构逐步优化

　　"十二五"期间，中国软件和信息技术服务业税收收入结构有所调整。由于中国逐步推广营业税改增值税的税制改革，营业税占税收收入比重逐年下降，从17.63%降为2.85%，而国内增值税占税收收入比重快速提升，从23.96%提高到32.12%，增加了8.16个百分点。与此相对，内资企业所得税、外资企业所得税占税收收入比重均增加，分别从11.67%、15.72%增长为12.39%、16.81%，这表明中国软件和信息技术服务企业及国外相关企业发展势头良好，利润不断提升，对中国经济可持续发展的促进作用越来越大。

七　企业利润情况

　　"十二五"期间，中国软件和信息技术服务业利润总额持续增加，从2011年的

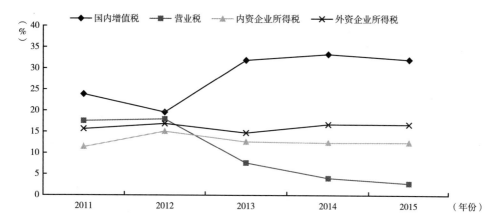

图 39　2011～2015 年中国软件和信息技术服务业税收结构

资料来源：《中国税务年鉴》（2012～2016）。

628.49 亿元增长至 2015 年的 1618.70 亿元，增加了 990.22 亿元，高于电信、广播电视和卫星传输服务业（增加值为 694.14 亿元），互联网和相关服务业（增加值为 639.60 亿元）。

软件和信息技术服务业利润总额增加速度下滑，2012 年软件和信息技术服务业利润总额增长率为 27.50%，2013 年利润总额增长率降为 16.08%，降低 11.42 个百分点，2014 年利润总额增长率为 51.73%，2015 年利润总额增长率为 14.70%。虽然中国软件和信息技术服务业利润总额增长速度降低，但年均增长率依然达到 18.22%，高于电信、广播电视和卫星传输服务业（年均增长率为 5.52%），但低于互联网和相关服务业（年均增长率为 29.51%）。

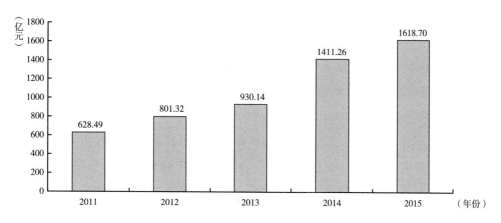

图 40　2011～2015 年中国软件和信息技术服务业利润总额

注：2013 年营业利润是 2012 年和 2014 年营业利润的平均值，2011 年营业利润是根据 2012～2015 年营业利润运用移动平均法推算得出的。

资料来源：《中国第三产业统计年鉴》（2013、2015、2016）、《中国经济普查年鉴》（2013）。

八　国内区域分布情况

（一）中部、西部地区法人单位数增长最快

软件和信息技术服务业法人单位数在不同地区均呈现增长态势。中国东部地区软件和信息技术服务业法人单位从 46509 个增长到 209677 个，增长了 350.83%；中国中部地区软件和信息技术服务业法人单位从 5295 个增长到 49489 个，增长了 834.64%；中国西部地区软件和信息技术服务业法人单位从 6734 个提高到 40848 个，增长了 506.59%；中国东北部地区软件和信息技术服务业法人单位从 5472 个提高到 18054 个，增长了 229.93%。可见，中国中部、西部地区软件和信息技术服务业法人单位数增长速度最快，年均增长率分别为 83.47%、60.97%。

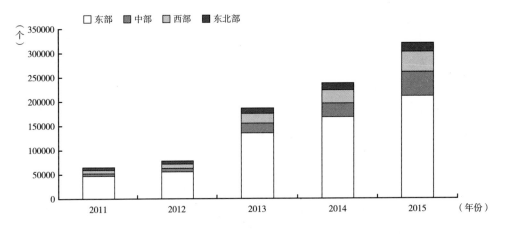

图 41　2011～2015 年中国软件和信息技术服务业法人单位区域分布

资料来源：《中国第三产业统计年鉴》（2012～2016）。

（二）中部、西部地区法人单位数占比提高

东部、东北部地区软件和信息技术服务业法人单位数占比呈下滑态势，分别从 2011 年的 72.66%、8.55% 降为 2015 年的 65.92%、5.68%，分别减少 6.74 个百分点、2.87 个百分点。相反，中国中部、西部地区软件和信息技术服务业法人单位数占比则逐年提升，分别从 8.27%、10.52% 提高到 15.56%、12.84%，增加了 7.29 个百分点、2.32 个百分点。在中国软件和信息技术服务业中，中部、西部地区法人单位数占比不断提高，与东部地区的差距正逐步缩小。

（三）出口发展具有地域非平衡性

广东省、江苏省、辽宁省、上海市、浙江省、北京市是中国软件和信息技术服务业出口最多的省（区、市），年均出口额分别为 205.02 亿美元、77.06 亿美元、46.61 亿

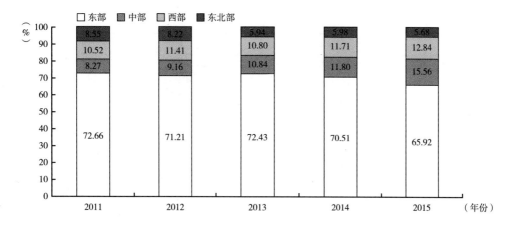

图 42 2011～2015 年中国软件和信息技术服务业法人单位数区域占比

资料来源:《中国第三产业统计年鉴》(2012～2016)。

美元、29.42 亿美元、21.66 亿美元、20.82 亿美元,而新疆维吾尔自治区、西藏自治区、贵州省在软件和信息技术服务方面没有任何出口。

"十二五"期间,广东省、浙江省、上海市、辽宁省、四川省、山东省是软件和信息技术服务业出口增加值最多的地区,增加值均超过 5 亿美元,而天津市、河北省、湖北省、山西省、内蒙古自治区、宁夏回族自治区、广西壮族自治区的出口额出现缩减,分别减少了 71181.53 万美元、1092.9 万美元、631.0 万美元、97.0 万美元、37.6 万美元、27.0 万美元、3.09 万美元。

中国软件和信息技术服务业出口额增长速度最快的地区为甘肃省、海南省、福建省、吉林省,分别增加了 17.2 倍、13.9 倍、5.8 倍、3.6 倍。综上,中国软件和信息技术服务业出口主要集中在珠三角、长三角、环渤海地区,而西北、东北出口贸易增长速度较快,东、中、西部的地区差异呈现缩小的态势。

表 4 "十二五"时期中国软件和信息技术服务业出口按地区分组

单位:亿元

地 区	2011 年	2014 年	2015 年
北　京	192518.0	204594.0	227364.0
天　津	80206.0	50270.3	9024.5
河　北	5251.0	6620.2	4158.1
山　西	97.0	0.0	0.0
内蒙古	111.0	169.2	73.4
辽　宁	347249.0	605407.8	445697.6
吉　林	1983.0	12810.6	11018.8
黑龙江	3852.0	4164.8	4159.3

地　区	2011 年	2014 年	2015 年
上　海	225374.0	305720.2	351541.5
江　苏	751255.0	789764.9	770884.0
浙　江	118616.0	251576.6	279730.6
安　徽	3768.0	11511.7	11806.0
福　建	4291.0	14887.8	33425.3
江　西	2479.0	8193.0	10903.1
山　东	86205.0	122206.4	139927.3
河　南	170.0	288.0	513.0
湖　北	13912.0	10807.0	13281.0
湖　南	2957.0	4092.5	5633.9
广　东	1499396.0	2257647.0	2393628.2
广　西	106.0	307.2	102.9
海　南	110.0	211.0	1754.1
重　庆	11129.0	6798.8	19785.9
四　川	81635.0	133263.4	139414.3
贵　州	0.0	0.0	0.0
云　南	199.0	240.0	260.0
西　藏	0.0	0.0	0.0
陕　西	29025.0	65228.0	73949.9
甘　肃	27.0	246.0	519.0
青　海	0.0	31.4	147.0
宁　夏	27.0	0.0	0.0
新　疆	0.0	0.0	0.0

资料来源:《中国第三产业统计年鉴》(2014～2016)、《中国统计年鉴》(2014～2016)。

第七章

"十二五"期间中国金融业发展情况

"十二五"期间，中国金融服务业坚持稳中求进的工作总基调，不断深化改革，平稳运行金融市场，稳健发展金融机构，取得了突破性的进展。

本报告中金融服务业指《国民经济行业分类》中的 J 门类。根据《国民经济行业分类》，金融服务业分为货币金融服务业、资本市场服务业、保险业和其他金融业四大类。

第一节 "十二五"期间货币金融服务业发展情况

货币金融服务业包括中央银行服务、货币银行服务、非货币银行服务和银行监管服务。其中，中央银行服务指代表政府管理金融活动，制定和执行货币政策，维护金融稳定，管理金融市场的特殊金融机构的活动；货币银行服务指除中央银行以外的各类银行所从事存款、贷款和信用卡等货币媒介活动，还包括在中国开展货币业务的外资银行及分支机构的活动；非货币银行服务指主要与非货币媒介机构以各种方式发放贷款有关的金融服务；银行监管服务指代表政府管理银行业活动，制定并发布对银行业金融机构及其业务活动监督管理的规章、规则。

一 营业规模情况

"十二五"期间货币金融服务业营业收入统计如图 1 所示。

"十二五"期间，货币金融服务营业收入总体上处于飞速增长状态，由 2011 年的 12760.8 亿元增长到 2015 年的 93597.0 亿元，总体增长 633.47%，年均增长 64.57%。"十二五"初期增长速度相比整个五年来说较低，年度增长率为 45.03%；2012~2013 年增长速度大幅提高，达到 195.21%，实现了将近 3 倍的增长速度；2013~2014 年、

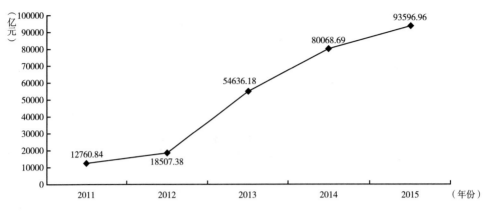

图1　"十二五"期间货币金融服务业营业收入统计

资料来源：由《中国税务年鉴》（2012～2016）中增值税等数据推算而来。

2014～2015年增速有所放缓，分别为46.55%和16.90%。但总的来看，"十二五"期间，货币金融服务业的营业规模呈高速扩大的态势。

二　资产规模情况

"十二五"期间我国货币金融服务业资产规模如表1所示。

表1　"十二五"期间货币金融业资产总额统计

单位：亿元

年份	资产总计	年份	资产总计
2011	1132873	2014	1723355
2012	1336224	2015	1993454
2013	1513547		

资料来源：《中国金融年鉴》（2012～2016）。

2011～2015年，我国货币金融服务业资产总额稳健增长，总增长率为75.97%，年均增长15.19%。其中，2011年的资产总额为1132873亿元；2012年的资产总额为1336224亿元，相比上一年度增长17.95%；2013年的资产总额为1513547亿元，相比上一年度增长13.27%；2014年的资产总额为1723355亿元，相比上一年度增长13.86%；2015年的资产总额为1993545亿元，相比上一年度增长15.68%。总体上，货币金融服务一直在整个金融业中保持着绝对主导地位，以2013年为例，2013年货币金融业资产总计1513547亿元，占整个金融服务业的92.20%，说明货币金融服务业是金融服务业发展的重中之重。

三 法人单位情况

"十二五"期间我国货币金融服务业法人单位数统计如图 2 所示。

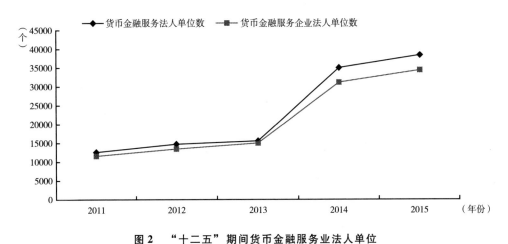

图 2 "十二五"期间货币金融服务业法人单位

资料来源：《中国第三产业统计年鉴》（2012～2016）。

2011～2015 年，我国货币金融服务业法人单位数出现了明显增长。法人单位数从 2011 年的 12589 个增加到 2015 年的 38302 个，总增长率为 204.25%，年均增长率为 39.06%。其中，2012 年法人单位数为 14639 个，相比 2011 年增加了 16.28%；2013 年法人单位数为 15590 个，相比 2012 年增加了 6.50%；2014 年法人单位数为 34856 个，相比 2013 年增加了 123.58%，2014 年为 2011～2015 年增长率最高的年份；2015 年法人单位数为 38302 个，相比 2014 年增加了 9.89%。2011～2015 年，企业法人单位数也出现了明显增长，从 2011 年的 11553 个增加到 2015 年的 34340 个，总增长率为 197.24%，年均增长率为 36.33%。其中，2012 年企业法人单位数为 13447 个，相比 2011 年增加了 16.39%；2013 年企业法人单位数为 15056 个，相比 2012 年增加了 11.97%；2014 年企业法人单位数为 31091 个，相比 2013 年增长了 106.50%，2014 年为 2011～2015 年增长率最大的年份；2015 年企业法人单位数为 34340 个，相比 2014 年增长了 10.45%。总体来说，2011～2015 年，我国货币金融服务业法人单位数和企业法人单位数均呈现增长态势。

四 就业人数情况

"十二五"期间我国货币金融业从业人员人数情况如图 3 所示。

货币金融服务包括银行业存款类金融机构、银行业非存款类金融机构、贷款公司、小额贷款公司及典当行。该领域的就业人数占到整体金融服务业就业人数的 50% 以上，

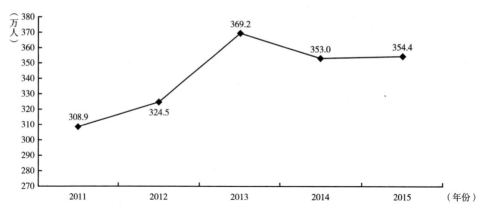

图3 "十二五"期间货币金融业从业人员统计

资料来源：《中国第三产业统计年鉴》（2012～2016）。

同时，该领域也是四个领域中唯一就业人数保持增长的行业。"十二五"初期，货币金融服务的就业人数增长较为平稳，维持在4%以上。最后一年，就业人数几乎没有增长，就业人数趋于稳定。这一方面可能是由于传统的银行业存款类金融机构的发展因为"金融脱媒"现象和互联网技术的进步而逐渐停滞，另一方面可能因为余额宝等货币基金等机构快速发展并且趋于成熟。整个"十二五"期间，货币金融业从业人员的变化趋势呈倒V形，由2011年的308.9万人增长到2015年的354.4万人，整体的增长幅度为14.72%，平均每年增长3.49%。

五 固定资产投资情况

"十二五"期间我国银行业金融机构固定资产投资金额统计如表2所示。

表2 "十二五"期间货币金融业固定资产投资情况

单位：亿元

年份	投资额	建筑安装工程	设备工器具购置	其他
2011	366.4	225.3	99.3	41.8
2012	567.0	344.6	141.3	81.0
2013	792.4	561.0	157.3	74.1
2014	700.8	483.5	155.6	61.7
2015	665.6	441.6	142.6	81.4

资料来源：《中国第三产业统计年鉴》（2012～2016）。

"十二五"期间，我国的货币金融业固定资产投资有所波动。其中，"十二五"初期（2011年）至2012年呈现上升趋势，2012～2013年的增长速度最快，为39.7%，

2013 年后呈现下降趋势，由 2013 年的峰值 792.4 亿元下降至 2015 年的 665.6 亿元，总体降幅为 16%。

在我国货币金融业中，固定资产被分为建筑安装工程、设备工器具购置及其他三方面的固定资产。建筑安装工程的投资额持续波动，由 2011 年的 225.3 亿元提升至 2015 年的 441.6 亿元，总幅度为 96.0%，峰值为 2013 年的 561 亿元。设备工器具购置由 2011 年的 99.3 亿元提升至 2015 年的 142.6 亿元，在 2013 年达到峰值 157.3 亿元，总幅度为 43.6%。其他固定资产由 2011 年的 41.8 亿元增长至 2015 年的 81.4 亿元，总体幅度为 94.7%。

六 税收缴纳或应纳税情况

"十二五"期间我国货币金融服务业税收及增值税统计如表 3 所示。

表 3 "十二五"期间货币金融服务业总税收及增值税情况

单位：万元

年份	货币金融服务税收收入	货币金融服务国内增值税
2011	55077294	74335
2012	79485064	107810
2013	91322296	318269
2014	107328453	309138
2015	112143976	545225

资料来源：《国家税务年鉴》（2012～2016）。

在"十二五"期间，我国货币金融服务业总税收在五年间实现了翻倍的增长，但增长率逐渐趋缓，"十二五"初期（2011 年），总税收增长率达到 40% 以上，而到了"十二五"末期（2015 年），增长率不足 10.0%。"十二五"初期（2011 年）的税收收入为 5507.7 亿元，"十二五"末期（2015 年）为 11214.4 亿元，总体增长率为 103.6%。

货币金融服务业国内增值税在"十二五"期间呈现稳定增长的趋势，由"十二五"初期（2011 年）的 74335 万元增长至"十二五"末期（2015 年）的 545225 万元，实现了 6.3 倍的增长。

七 国内区域分布情况

"十二五"期间货币金融机构营业网点机构个数区域占比如表 4 所示。

表4 "十二五"期间货币金融机构营业网点机构个数区域占比情况

单位：%

年份	中部	东北	西部	东部
2011	24.00	9.70	27.30	39.00
2012	23.40	9.40	27.70	39.50
2013	23.70	9.60	27.20	39.50
2014	22.70	9.50	26.80	41.00
2015	23.60	9.70	26.80	39.90

注：参考2012年6月中国人民银行发布的《中国区域金融运行报告》，将全国分为东部地区、中部地区、西部地区和东北地区四个部分。东部地区包括10个省份：北京、天津、河北、上海、江苏、浙江、福建、山东、广东和海南；中部地区包括6个省份：山西、安徽、江西、河南、湖北和湖南；西部地区包括12个省份：内蒙古、广西、重庆、四川、贵州、云南、西藏、陕西、甘肃、青海、宁夏和新疆；东北地区包括3个省份：辽宁、吉林和黑龙江。

资料来源：Wind资讯。

"十二五"期间，我国的货币金融机构营业网点区域分布基本没变，40%左右集中在经济文化较为发达的东部地区，西部地区占27%左右，中部地区占23%左右，东北地区占比不到10%，这在一定程度上反映了我国区域经济发展不平衡的现状。

第二节 "十二五"期间资本市场服务业发展情况

一 营业规模情况

"十二五"期间资本市场服务业营业收入和利润情况统计如表5所示。

表5 "十二五"期间资本市场服务业营业规模统计

单位：亿元

年份	营业收入	利润总额	净利润
2011	1766.97	605.76	488.76
2012	1697.82	545.94	435.29
2013	2144.27	727.90	561.90
2014	3223.69	1452.71	1115.00
2015	6773.05	3556.34	2741.93

注：数据推算方法：①资本市场服务业营业收入＝证券业营业收入＋基金业营业收入＋期货业手续费收入；资本市场服务业利润总额＝证券业利润总额＋基金业利润总额＋期货业利润总额；资本市场服务业净利润＝证券业净利润＋基金业净利润＋期货业净利润；②2011～2012年度期货业营业收入由手续费收入替代推算；③2011～2015年度基金业利润总额由各年度税前利润率与营业收入推算。

资料来源：《中国金融业年鉴》（2012～2016）、《中国证券投资基金业年报》、《中国期货发展报告》、《中国证券期货统计年鉴》。

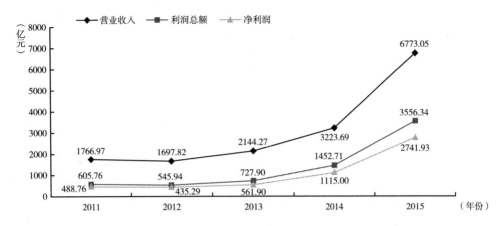

图4　"十二五"期间资本市场服务业营业收入和净利润情况

"十二五"期间，资本市场服务业无论营业收入还是利润指标都迎来稳健、快速增长。具体来看，营业收入由2011年的1766.97亿元增长到2015年的6773.05亿元，增长了2.83倍，年平均增长率为39.92%；利润总额由2011年的605.76亿元增长到2015年的3556.34亿元，增长了4.87倍，年平均增长率为55.66%；净利润由2011年的488.76亿元增长到2015年的2741.93亿元，增长了4.62倍，年平均增长率为53.90%。从年度趋势来看，如图4所示，2011～2012年度作为"十二五"的起步阶段，三类指标的变化幅度并不明显；2012～2013年度开始，三类指标增速明显，增长率分别达到26.29%、33.4%和29.1%；2013～2014年度，三类指标增长率分别为50.34%、99.58%和98.43%，表明资本市场服务业的营业规模进入高速发展期；2014～2015年度，三类指标增速进一步提高，增长率分别达到110.10%、144.81%和145.91%。

二　资产规模情况①

"十二五"期间资本市场服务业资产规模情况统计如表6所示。

"十二五"期间，资本市场服务业在资产规模方面发展迅猛。具体来看，资产规模由2011年的18139.64亿元增长到2015年的70139.46亿元，增长了2.88倍，年平均增长率为40.23%。从年度趋势来看，如图5所示，2011～2012年作为"十二五"的

---

① 第三次经济普查数据采集样本更广泛,涵盖了监管机构及规模以下证券期货经营企业等样本,导致普查数据与本报告"营业规模"及"资产规模"部分的推算在所采集的数据方面存在差异。具体为:①第三次经济普查中"资本市场服务业——单位数"科目为653家,而按照本报告采集数据的统计年鉴,2013年度统计结果为360家(包含证券115家、基金89家、期货156家)。②第三次经济普查中"资本市场服务业——资产总额"科目为30409.70亿元,而按照本报告采集数据的相关统计年鉴,2013年度统计结果为24042.62亿元。③第三次经济普查中"资本市场服务业——营业收入"科目为2685.70亿元,而按照本报告采集数据的相关统计年鉴,2013年度统计结果为2144.27亿元。

表6 "十二五"期间资本市场服务业资产规模相关统计

单位：亿元

年份	资产总额	年份	资产总额
2011	18139.64	2014	45156.97
2012	20053.19	2015	70139.46
2013	24042.62		

注：数据推算方法：资本市场服务业资产规模 = 证券业资产总额 + 基金业资产总额 + 期货业资产总额。
资料来源：《中国金融业年鉴》（2012~2016）、《中国证券投资基金业年报》、《中国期货业发展报告》。

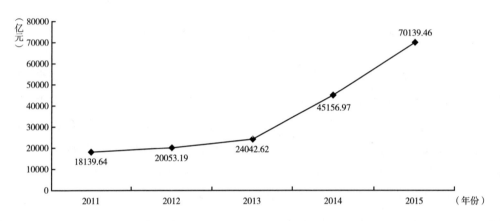

图5 "十二五"期间资本市场服务业资产规模情况

起步阶段，增长率为10.57%，为后续发展打下良好基础；2012~2013年，资产规模增长率进一步提高到19.9%；2013~2014年，资产规模增速全面提升，增长率达到88.37%；2014~2015年，资产规模趋于稳健，增长率达到55.27%。

三 法人单位情况

"十二五"期间我国资本市场服务业的法人单位情况如表7所示。

表7 "十二五"期间资本市场服务业法人单位情况统计

单位：个

年份	法人单位数	企业法人单位数
2011	2793	2634
2012	5327	5052
2013	789	653
2014	29396	28623
2015	37404	36986

资料来源：《中国第三产业统计年鉴》（2012~2016）。

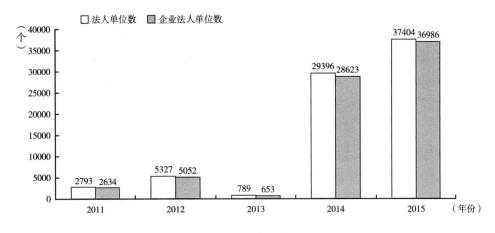

图 6 "十二五"期间资本市场服务业法人单位情况

"十二五"期间我国资本市场服务业法人单位数从 2011 年的 2793 个增加到 2015 年的 37404 个，增加了 34611 个，增长了 12.39 倍。

四 就业人数情况

"十二五"期间我国资本市场服务业从业人员数量及业务岗位构成情况如表 8 所示。

表 8 "十二五"期间资本市场服务业从业人员统计

单位：人

年份	从业人员	一般证券业务	证券经纪业务营销	证券经纪人	证券投资咨询业务（分析师）	证券投资咨询业务（投资顾问）	保荐代表人	投资主办人
2011	261257	194241	9371	37456	1958	18231	0	0
2012	240922	165076	6190	41104	2451	23205	2154	742
2013	222802	141161	3957	46389	2610	25343	2356	986
2014	239734	145033	2962	55503	2866	29519	2637	1214
2015	292365	176666	2415	73214	2350	33368	2870	1482

资料来源：中国证券业协会《中国证券业发展报告》(2016)，Wind 资讯。

"十二五"期间，资本市场服务业的从业人员数量和业务岗位构成呈现以下特点：首先，从业人员总数先下降后上升，在 2015 年达到最高值 29.24 万人。其次，不同业务岗位的从业人员数量呈现不同的变化趋势。经纪业务方面，经纪业务营销人员数量和证券经纪人数量的变化趋势基本相反，前者逐年下降，后者逐年增长；证券投资咨询业务（投资顾问）、保荐代表人、投资主办人数量则都逐年增加；而证券投资咨询业务（分析师）的人数则呈现先增后减的趋势。从业人员业务岗位构成的变化体现了资本市

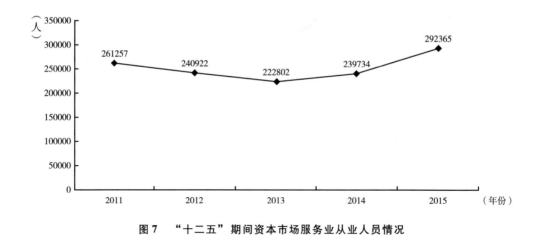

图7 "十二五"期间资本市场服务业从业人员情况

场服务业由市场需求导致的行业结构调整。近年来，资本市场服务从以往以经纪业务为主导逐渐向财富管理、个性化理财等业务多元化方向转型，以投资顾问、保荐代表人、投资主办人等为代表的职业需求逐年增加，而传统经纪业务也呈现更具弹性的发展特征。

五 固定资产投资情况

"十二五"期间我国资本市场服务业固定资产情况如表9所示。

表9 "十二五"期间资本市场服务业固定资产统计

单位：亿元

年份	投资额	建筑安装工程	设备工具器具购置	其他
2011	49.7	30.8	5.7	13.3
2012	138.7	79.9	12.5	46.3
2013	198.3	144.0	27.8	26.5
2014	376.0	287.5	60.0	28.4
2015	347.5	259.9	37.2	50.4

资料来源：《中国第三产业统计年鉴》（2012～2016）。

"十二五"期间，我国资本市场服务类金融业固定资产投资波动明显，呈现上升的趋势。就投资额一项来说，2011～2014年度呈现上升趋势，且于2014年达到峰值（约376亿元），总体增长率为599.2%；2014年后又呈现平稳下降趋势，直到2015年末逐步平稳（约347.5亿元）。从具体划分来看，我国资本市场服务业在建筑安装工程方面的投资额也呈现波动状态，由2011年的30.8亿元增长至2015年的259.9亿元，总增幅为743.8%，峰值为2014年的287.5亿元。设备工具器具购置额度由2011年的5.7亿元增长至2015年的37.2亿元，在2014年达到峰值60亿元，总体增幅为522.6%。

其他固定资产由 2011 年的 13.3 亿元增长至 2015 年的 50.4 亿元，总体增长率为 278.9%。可以看出，建筑安装工程和设备工具器具购置两项对整个固定资产投资影响较大。

六 税收缴纳或应纳税情况

"十二五"期间我国资本市场服务业税收总体情况如表 10 所示。

表 10 "十二五"期间资本市场服务业应缴税费统计

单位：万元

年份	资本市场服务业 税收收入	资本市场服务业 国内增值税	资本市场服务业 营业税
2011	10489064	48	860841
2012	8763520	10442	730345
2013	11217860	16835	1064877
2014	15455458	25273	1559808
2015	45204055	33037	4162866

注：原则上 2011 年的税收数据统计采用"GB-2002"标准，此标准中还没有"资本市场服务业"门类，仅有"证券业"门类。2011 年后，国家统计局采用了"GB-2011"标准，因此 2012~2015 年的统计口径扩大。

资料来源：《中国税务年鉴》（2012~2016）。

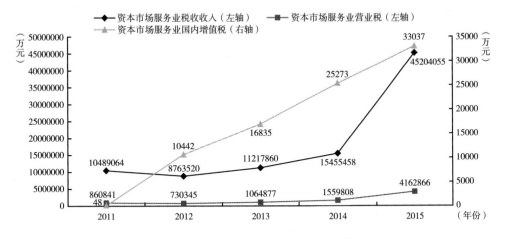

图 8 "十二五"期间资本市场服务业税收缴纳情况

"十二五"期间我国资本市场服务业应缴税费呈现先减少后增长的趋势，"十二五"初期（2011 年）的降幅为 16.45%，自 2012 年起，税收收入呈现增长趋势，在"十二五"末期（2015 年），增长迅速，达到 192.5%。整体税收收入由 2011 年的 1048.9 亿元，增长至 2015 年的 4520.4 亿元，实现了 3.31 倍的增长。与此同时，借鉴国家统计局的统计标准，本报告使用国内增值税和营业税计量资本市场服务业税收收入。其中，资本市场服务业国内增值税在"十二五"期间呈现稳定增长的趋势，由2011年的48万元增长至2015年的33037万元，实现了687.3倍的增长。资本市场服务业营业税也呈现稳定的增长趋势，由2011年的86.1亿元增长至2015年的416.3亿元，实现了3.8倍的增长。

七 国内区域分布情况

（一）"十二五"期间资本市场服务业证券类营业部的地区分布情况

如图9和表11所示，从区域分布上看，"十二五"期间资本市场服务业证券类营业部数量增加显著的区域主要集中在东部沿海地区，广东、江苏、浙江仍然是营业部增量较多的省份，中部地区各省份增速则差异较大，西部地区增速有放缓趋势。东部地区在几个核心省份带动下仍然主导着我国证券类营业部分布格局，中部、西部、东北地区营业部数量呈缓慢上升态势，发展较为平稳。

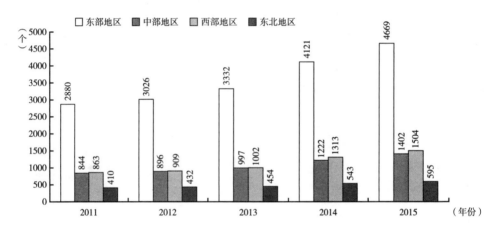

图9 "十二五"期间资本市场服务业证券类营业部地区分布情况

资料来源：《中国证券业发展报告》（2016）。

表11 "十二五"期间资本市场服务业证券类营业部地区分布统计

单位：个

地 区	2011年	2012年	2013年	2014年	2015年
广 东	673	703	769	934	1063
江 苏	334	363	445	603	681
浙 江	370	381	436	581	676
上 海	483	489	501	575	640
山 东	253	280	315	403	453
北 京	253	265	287	338	390
福 建	218	237	256	316	350

续表

地 区	2011 年	2012 年	2013 年	2014 年	2015 年
四 川	210	219	242	301	329
辽 宁	202	215	228	283	312
湖 北	182	190	204	249	288
湖 南	168	177	209	243	299
江 西	114	117	124	235	260
河 南	143	145	170	229	268
安 徽	148	158	165	211	232
河 北	158	165	175	199	216
陕 西	105	119	140	168	196
重 庆	111	111	119	163	176
山 西	108	122	130	146	157
黑 龙 江	117	121	122	140	154
天 津	101	103	108	128	148
广 西	87	98	101	127	158
云 南	69	74	101	121	136
吉 林	91	96	104	120	129
内 蒙 古	60	61	66	85	91
甘 肃	60	63	66	71	89
贵 州	44	48	54	66	79
新 疆	62	62	62	64	73
海 南	37	40	40	44	52
宁 夏	19	23	24	29	37
青 海	13	13	16	17	23
西 藏	4	5	6	10	15
总 计	4997	5263	5785	7199	8170

资料来源:《中国证券业发展报告》(2016)。

(二)"十二五"期间各省份资本市场服务业营业收入情况

如图 10 和表 12 所示,从"十二五"期间资本市场服务业的营业收入的区域分布上看,东部地区贡献最为突出,增长明显,其他三个地区贡献相对偏弱;中、西部地区的营业收入水平随"十二五"进程逐步提升;东北地区营业收入增长幅度较小,呈现动力不足的态势。从城市分布来看,北京、上海、广州、浙江和江苏是贡献度最高的五个省份,这种分布格局与我国当前金融服务业的整体格局保持一致。

表12 "十二五"期间各省份资本市场服务业营业收入统计

单位：亿元

省份＼年份	2011	2012	2013	2014	2015
北　京	559.24	572.04	790.49	1180.30	2198.84
天　津	28.49	32.49	43.08	66.58	135.67
河　北	34.94	32.33	44.28	69.08	144.63
山　西	15.80	18.14	27.13	38.15	71.90
内蒙古	20.47	20.78	27.13	36.16	70.86
辽　宁	41.84	44.54	40.09	61.35	101.91
吉　林	14.47	14.19	20.35	30.67	64.11
黑龙江	17.80	16.99	24.14	36.41	67.86
上　海	219.65	165.44	226.00	332.17	1178.29
江　苏	97.03	98.14	139.63	202.49	413.08
浙　江	99.70	99.96	101.93	141.90	267.49
安　徽	26.48	26.06	37.30	59.10	116.30
福　建	42.95	43.22	57.85	83.04	169.75
江　西	20.25	18.97	24.93	39.65	80.80
山　东	68.10	71.75	77.79	113.22	216.25
河　南	33.38	33.65	46.68	74.56	150.58
湖　北	24.26	26.06	39.49	60.60	124.77
湖　南	20.03	20.95	30.52	48.13	106.45
广　东	216.98	175.51	103.92	162.09	325.88
广　西	15.36	16.00	22.34	34.91	64.91
海　南	4.01	4.29	5.39	9.98	23.04
重　庆	23.37	24.74	34.91	57.11	124.04
四　川	38.94	39.09	56.45	94.01	185.23
贵　州	12.46	12.70	18.15	32.17	63.17
云　南	21.14	21.11	30.92	48.38	74.77
西　藏	1.56	0.82	1.40	2.00	4.71
陕　西	20.03	17.98	27.53	40.15	85.52
甘　肃	6.68	7.26	11.57	19.20	47.23
青　海	2.23	2.31	4.39	6.73	14.05
宁　夏	5.56	5.61	7.98	11.22	19.22
新　疆	13.80	14.68	20.55	32.17	61.74

　　注：各省份资本市场服务业营业收入＝全国资本市场服务业营业收入×（各省份金融服务业税收总额/全国金融服务业税收总额）。

　　资料来源：国家税务局、Wind资讯。

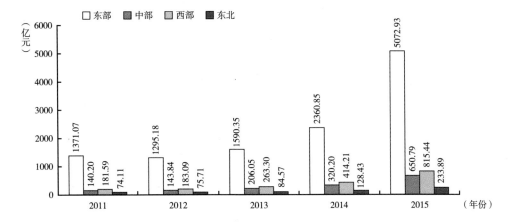

图10 "十二五"期间资本市场服务业营业收入区域分布情况

注：参考2012年6月中国人民银行发布的《中国区域金融运行报告》，将全国分为东部地区、中部地区、西部地区和东北地区四个部分。东部地区包括10个省份：北京、天津、河北、上海、江苏、浙江、福建、山东、广东和海南；中部地区包括6个省份：山西、安徽、江西、河南、湖北和湖南；西部地区包括12个省份：内蒙古、广西、重庆、四川、贵州、云南、西藏、陕西、甘肃、青海、宁夏和新疆；东北地区包括3个省份：辽宁、吉林和黑龙江。

第三节 "十二五"期间保险业发展情况

一 营业规模情况

"十二五"期间我国保险公司营业规模如表13所示。

表13 "十二五"期间保险业营业情况

单位：亿元

年份	保险业营业收入	保险专业中介机构营业收入	保险公司营业收入
2011	26805.1	150.71	26805.13
2012	29744.6	181.45	29744.55
2013	34237.2	228.49	34237.20
2014	36984.9	184.84	36984.86
2015	52908.9	249.9	52908.93

注：①保险公司营业收入由保险年鉴上各保险公司的营业收入加总计算得出；②保险专业中介机构营业收入数据来源于历年保险年鉴；③2014年、2015年保险专业中介机构的数据为主营业收入。

2011～2015年，我国保险业营业收入出现了明显增长。保险业营业收入从2011年的26805.1亿元增加到2015年的52908.9亿元，总增长率达到97.38%，年平均增长率为19.29%。其中，2012年保险业营业收入为29744.6亿元，相比2011年增加

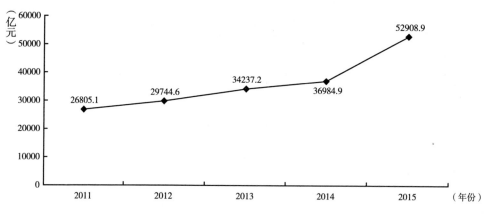

图11　"十二五"期间保险业营业规模走势

10.97%；2013 年保险业营业收入为 34237. 2 亿元，相比 2012 年增加 15. 10%；2014 年保险业营业收入为 36984. 9 亿元，相比 2013 年增加 8. 03%；2015 年保险业营业收入为 52908. 9 亿元，相比 2014 年增加 43. 06%，为 2011～2015 年增长率最高的年份。总体来说，2011～2015 年，我国保险专业中介机构营业收入、保险公司营业收入、保险业营业收入均呈现增长态势。

二　资产规模情况

"十二五"期间我国保险业的资产总额如表 14 所示。

表 14　"十二五"期间保险业资产总额统计

单位：亿元

年份	总资产	年份	总资产
2011	668. 54	2014	2046. 59
2012	466. 55	2015	2823. 62
2013	991. 42		

资料来源：《中国保险年鉴》（2012～2016）。

2011～2015 年，我国保险业资产总额出现了明显增长。保险业资产总额从 2011 年的 668. 54 亿元增加到 2015 年的 2823. 62 亿元，总增长率达到 322. 36%，年平均增长率为 56. 67%。其中，2012 年保险业资产总额为 466. 55 亿元，相比 2011 年减少了 30. 21%；2013 年保险业资产总额为 991. 42 亿元，相比 2012 年增加了 112. 50%，为增长率最高的年份；2014 年保险业资产总额为 2046. 59 亿元，相比 2013 年增加了 106. 43%；2015 年保险业资产总额为 2823. 62 亿元，相比 2014 年增加了 37. 97%。总体来说，2011～2015 年，我国保险业资产总额呈现增长态势。

三　法人单位情况

"十二五"期间我国保险业法人单位数如表 15 所示。

表 15　"十二五"期间保险业法人单位统计

单位：个

年份	法人单位数	企业法人单位数	年份	法人单位数	企业法人单位数
2011	13238	12834	2014	15609	15057
2012	14772	14281	2015	16919	16558
2013	12345	12188			

资料来源：《中国第三产业统计年鉴》（2012～2016）。

2015 年 3 月 31 日，《存款保险条例》公布，自当年 5 月 1 日起正式施行。截至 2015 年 6 月 30 日，全国 3611 家吸收存款的银行业金融机构已全部办理投保手续。建立存款保险制度，对于完善我国金融安全网、理顺政府与市场的关系、深化金融改革、维护金融稳定和提升我国金融业竞争力具有重要作用。

"十二五"期间我国保险业法人单位数从 2011 年的 13238 个增加到 2015 年的 16919 个，比 2011 年增加了 3681 个，增长比例为 27.81%，2013 年有所下降外，总体来看保险业法人单位数呈上升态势。企业法人单位数从 2011 年的 12834 个增加到 2015 年的 16558 个，增加了 3724 个，增长比例为 29.02%，除了 2013 年有所下降外，总体来看保险业企业法人单位数呈上升态势。

四　就业人数情况

"十二五"期间我国保险业就业人数情况如表 16 所示。

表 16　"十二五"期间保险业就业人数

单位：万人

年份	保险业就业人数	年份	保险业就业人数
2011	165.7	2014	185.9
2012	175.3	2015	219.8
2013	172.9		

资料来源：《中国第三产业统计年鉴》（2012～2016）。

保险业的就业人数在"十二五"期间稳定增长，增长率在 8% 以上。其中，2012 年和 2015 年的增长率高于 13%，说明保险业的就业吸纳能力较强。

五　固定资产投资情况

"十二五"期间我国保险业固定资产投资情况统计如表17所示。

表17　"十二五"期间保险业固定资产投资情况统计

单位：亿元

年份	投资额	建筑安装工程	设备工器具购置	其他
2011	56.6	39.1	5.1	12.4
2012	115.1	53.6	17.1	44.5
2013	101.0	73.2	9.5	18.3
2014	114.5	88.6	12.0	13.8
2015	131.0	108.2	15.4	7.3

资料来源：《中国第三产业统计年鉴》（2012～2016）。

"十二五"期间，我国保险业固定资产投资额有所波动。其中，2011～2013年呈现先升后降趋势，由56.6亿元升至115.1亿元又下降至101亿元，降幅为12.5%，2013～2015年呈现上升趋势，由101亿元增长至131亿元，增长率为29.7%。

固定资产被分为建筑安装工程、设备工器具购置及其他三方面的固定资产。我国保险业建筑安装工程的投资额一直在波动，由2011年的39.1亿元增长至2015年的108.2亿元，总增幅为176.7%。设备工器具购置由2011年的5.1亿元增长至2015年的15.4亿元，在2012年达到峰值17.1亿元，总体增幅为202.0%。其他固定资产由2011年的12.4亿元下降至2015年的7.3亿元，总体降幅为41.1%。

六　税收缴纳或应纳税情况

"十二五"期间我国保险业全国税收总额与营业税收入统计如表18所示。

表18　"十二五"期间保险业全国税收总额与营业税收入统计

单位：万元

年份	保险业税收收入	保险业国内增值税	保险业营业税
2011	8298598	122	2901100
2012	9915109	325	3717426
2013	9681650	2653	2713097
2014	12369292	2959	4401047
2015	18133754	4338	5451089

资料来源：《中国税务年鉴》（2012～2016）。

"十二五"期间我国保险业税收收入在波动中增长,其中,2012~2013年略有下降,降幅为2.35%,2013年、2014年增长迅速,增长率分别为27.76%、46.6%。从总量上来看,"十二五"初期(2011年)保险业税收收入为829.86亿元,末期(2015年)的税收收入为1813.38亿元,在"十二五"期间的总增长率为118.52%。

借鉴国家统计局的统计标准,本报告使用国内增值税和营业税计量保险业税收收入。其中,金融业国内增值税在"十二五"期间呈现稳定增长的趋势,由"十二五"初期(2011年)的122万元增长至"十二五"末期(2015年)的4338万元,实现了34.6倍的增长。金融业营业税也呈现稳定的增长趋势,由"十二五"初期(2011年)的290.1亿元增长至"十二五"末期(2015年)的545.11亿元,总体增长率为87.9%。

七 企业利润情况

"十二五"期间我国其他金融业大类利润总额情况统计如表19所示。

表19 "十二五"期间保险业利润情况统计

单位:亿元

年份	利润总额	年份	利润总额
2011	668.5	2014	2046.6
2012	466.6	2015	2823.6
2013	991.4		

资料来源:东方财富 choice 数据。

从表19的数据可以看出,2011~2015年,我国保险业利润总额呈波动中上升趋势,从"十二五"初期到末期,利润总额从668.5亿元到2823.6亿元,整体实现了3倍以上的增长,年均增长56.67%。

其中,2012年的利润总额为466.6亿元,相比上一年度下降30.20%;2013年的利润总额为991.4亿元,相比上一年度回增112.47%,回升幅度较大;2014年利润总额为2046.6亿元,增长率基本维持,为106.94%;2015年利润增长速率放缓,总额为2823.6亿元,相比上一年度增长32.97%。总体来说,保险业利润规模在"十二五"期间整体上升速度迅猛,甚至有两年连续出现了翻倍上涨的情况。与该大类在"十二五"期间不断扩大的营业规模相对比,说明了保险业整个大类行业的盈利能力是很稳定的。

八 国内区域分布情况

(一)单位分布

我国保险业在"十二五"期间的区域分布情况如表20、表21所示。

表20 "十二五"期间保险业总部设在辖区内的保险公司数区域占比

单位：%

年份	东部	中部	西部	东北
2011	86.40	2.90	6.40	4.30
2012	86.90	3.30	5.20	4.60
2013	86.80	3.00	6.00	4.20
2014	87.10	3.40	5.60	3.90
2015	86.80	4.40	4.90	3.90

资料来源：《中国金融年鉴》（2012～2016）。

表21 "十二五"期间保险公司分支机构数区域占比

单位：%

年份	东部	中部	西部	东北
2011	48.00	18.30	23.30	10.40
2012	46.50	18.70	23.80	10.90
2013	46.50	18.80	23.80	10.90
2014	44.60	19.80	24.40	11.20
2015	45.70	19.60	23.80	10.90

资料来源：《中国金融年鉴》（2012～2016）。

保险业的地域分布集中在东部地区。其中，总部在东部地区的保险公司占总数的86.00%以上，中部地区仅占2.90%～4.40%，中部、西部、东北地区均不超过6.50%，说明东部地区的保险业发展最为发达。在分支机构分布上，保险公司综合了各地区人数以及需求的多方面因素，稀释了集中度，但东部地区仍然稳定在45.00%以上，东北地区仅占10.00%左右。

（二）营业收入分布

2015年各省市保险业营业收入在各省市的分布如表22所示。

由各省市的营业收入分布图来看，广东省的保险业最为发达，在所有省市的保险业营业收入中名列第一，占全国总量的8.95%；江苏省次之，占全国总份额的8.22%。除这两地之外，山东省、北京市、河南省、四川省也都有较高的保险业营业收入，这与上文中保险业的地域分布集中在东部地区的结论是相一致的。另外，西藏、宁夏、青海三个省区保险业营业收入在全国范围内最低，说明西部保险业仍处于落后阶段，有待进一步发展。

表22 "十二五"期间保险业营业收入及占比情况

单位：亿元，%

地 区	原保费收入	占比	营业收入估计
北 京	1403.89	5.80	3083.61
天 津	398.34	1.65	874.95
河 北	1163.10	4.81	2554.73
辽 宁	708.01	2.93	1555.12
大 连	233.35	0.96	512.54
上 海	1125.16	4.65	2471.40
江 苏	1989.92	8.22	4370.80
浙 江	1207.08	4.99	2651.33
宁 波	228.25	0.94	501.35
福 建	631.22	2.61	1386.45
厦 门	146.36	0.60	321.48
山 东	1543.49	6.38	3390.23
青 岛	244.12	1.01	536.20
广 东	2166.82	8.95	4759.37
深 圳	647.55	2.68	1422.33
海 南	114.25	0.47	250.94
山 西	586.73	2.42	1288.73
吉 林	431.32	1.78	947.38
黑龙江	591.77	2.45	1299.80
安 徽	698.92	2.89	1535.16
江 西	508.43	2.10	1116.75
河 南	1248.76	5.16	2742.87
湖 北	843.63	3.49	1853.01
湖 南	712.18	2.94	1564.28
重 庆	514.58	2.13	1130.26
四 川	1267.30	5.24	2783.60
贵 州	257.80	1.07	566.24
云 南	434.60	1.80	954.59
西 藏	17.36	0.07	38.12
陕 西	572.45	2.37	1257.37
甘 肃	256.89	1.06	564.25
青 海	56.30	0.23	123.65
宁 夏	103.31	0.43	226.93
新 疆	367.43	1.52	807.06
内蒙古	395.48	1.63	868.66
广 西	385.75	1.59	847.28

注：①各地区原保费收入数据来源于保监会网站；②鉴于营业收入中保费收入占比很高，在此，用保费收入占比代表营业收入占比，以此方法估计当地的营业收入。

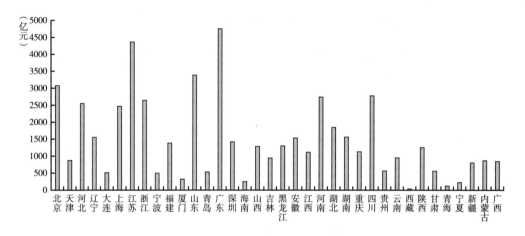

图12 各省市营业收入分布

第四节 "十二五"期间其他金融业发展情况

一 营业规模情况

2011～2015年，我国其他金融业营业收入出现了明显增长。营业收入从2011年的5047.0亿元增加到2015年的9382.0亿元，总计实现了85.89%的总增长率，年平均增长率为19.35%，年度增长率呈现短暂下降后持续增长的趋势。其中，2012年其他金融业营业收入为4035.7亿元，相比2011年下降了20.04%；2013年其他金融业营业收入为5336.9亿元，相比2012年增加了32.24%；2014年其他金融业营业收入为7135.4亿元，相比2013年增加了33.70%；2015年其他金融业营业收入为9382.0亿元，相比2014年增加了31.48%。总体来说，2011～2015年，我国其他金融业营业收入呈现了可观的增长态势。

表23 "十二五"期间其他金融业营业收入统计

单位：亿元

年份	其他金融业营业收入	年份	其他金融业营业收入
2011	5047.0	2014	7135.4
2012	4035.7	2015	9382.0
2013	5336.9		

资料来源：东方财富choice数据。

二 资产规模情况

"十二五"期间其他金融业资产总额统计如表 24 所示。2011～2015 年，我国其他金融业资产总额呈稳定增长的趋势，总增长率为 70.50%，年均增长 14.28%。其中，2011 年的资产总额为 9217.4 亿元；2012 年的资产总额为 10680.7 亿元，相比上一年度增长 15.88%；2013 年的资产总额为 11933.6 亿元，相比上一年度增长 11.73%，增长率有所下滑；2014 年的资产总额为 13705.9 亿元，增长率为 14.85%，增长率又回升至"十二五"期初水平；2015 年的资产总额为 15715.4 亿元，相比上一年度增长 14.66%，基本与前一年度持平。总体来说，其他金融业资产规模在金融业的四个大类中占比最小，以 2013 年为例，2013 年其他金融业资产总计 11933.6 亿元，在四大类中数额最少，仅占整个金融服务业资产规模的 0.74%，与货币金融业相比资产相比，只达到货币金融服务大类总资产的 0.80%。

表 24 "十二五"期间其他金融业资产总额统计

单位：亿元

年份	资产总计	年份	资产总计
2011	9217.4	2014	13705.9
2012	10680.7	2015	15715.4
2013	11933.6		

资料来源：中国金融数据库。

三 法人单位情况

"十二五"期间我国其他金融业法人单位数统计如表 25 所示。

表 25 "十二五"期间保险业法人单位统计

单位：个

年份	法人单位数	企业法人单位数	年份	法人单位数	企业法人单位数
2011	26893	25287	2014	11722	10959
2012	32816	30932	2015	17086	16329
2013	1462	1286			

资料来源：《中国第三产业统计年鉴》（2012～2016）。

"十二五"以来，央行有关部门持续跟踪国际金融业综合经营进展，积极稳妥推进金融业综合经营试点，取得了以下四点成就。一是金融机构跨行业投资步伐加快。二是交叉性金融产品加速发展。三是多类金融控股公司逐步形成。四是互联网金融快速发展，促进金融业综合经营。

"十二五"期间我国其他金融业法人单位数从2011年的26893个减少到2015年的17086个，比2011年减少9807个，减少比例为36.47%，2011～2013年先升后降，2014年开始上升，2014年比2013年增加10260个，同比增长701.78%。企业法人单位数从2011年的25287个减少到2015年的16329个，比2011年减少了8958个，减少比例为35.43%，2011～2013年先升后降，2014年开始上升，2014年比2013年增加9673个，同比增长752.18%。

四 就业人数情况

"十二五"期间我国其他金融业就业人数情况如表26所示。

表26 "十二五"期间其他金融业就业人数

单位：万人

年份	其他金融业从业人员	年份	其他金融业从业人员
2011	11.3	2014	7.4
2012	7.0	2015	10.7
2013	6.7		

资料来源：《中国第三产业统计年鉴》（2012～2016）。

2011～2015年，我国其他金融业从业人员数量出现波动。根据表26，其他金融业从业人员从2011年的11.3万人减少到2015年的10.7万人，总计减少了5.31%。其中，2012年其他金融业从业人员为7.0万人，相比2011年减少了38.05%；2013年其他金融业从业人员为6.7万人，相比2012年减少了4.29%；2014年其他金融业从业人员为7.4万人，相比2013年增加了15.63%；2015年其他金融业从业人员为10.7万人，相比2014年增加了44.59%。

五 固定资产投资情况

"十二五"期间我国其他金融业固定资产投资情况统计如表27所示。

"十二五"期间，我国其他金融业固定资产投资额有所波动，呈现下降后上升的趋势。其中，"十二五"初期（2011年）至2012年呈现下降趋势，由166亿元下降至103.1亿元，降幅为37.9%，2012～2015年呈现上升趋势，由103.1亿元增长至223.1亿元，增长率为116.5%。

表 27 "十二五"期间其他金融业固定资产投资情况统计

单位：亿元

年份	投资额	建筑安装工程	设备工器具购置	其他
2011	166.0	111.2	37.6	17.2
2012	103.1	71.5	9.0	22.6
2013	150.2	101.3	17.9	31.0
2014	171.6	141.6	13.1	17.0
2015	223.1	179.2	22.0	21.9

资料来源：国家统计局。

固定资产被分为建筑安装工程、设备工器具购置及其他三方面的固定资产。我国其他金融业建筑安装工程的投资额持续波动，由 2011 年的 111.2 亿元增长至 2015 年的 179.2 亿元，总增幅为 61.2%，最小值为 2012 年的 71.5 亿元。设备工器具购置由"十二五"初期（2011 年）的 37.6 亿元下降至 2015 年的 22 亿元，降幅为 41.5%，最小值为 2012 年的 9.0 亿元。其他固定资产由 2011 年的 17.2 亿元上升至 2015 年的 21.9 亿元，总体增幅为 27.3%。

六 税收缴纳或应纳税情况

"十二五"期间我国其他金融业总体税收情况统计如表 28 所示。

表 28 "十二五"期间其他金融业税收统计

单位：万元

年份	其他金融业税收收入	其他金融业国内增值税	其他金融业营业税
2011	5513514	4133	1514095
2012	4765355	2313	1210700
2013	6152982	5208	1601036
2014	7455164	11128	2140631
2015	9094457	74331	2814599

资料来源：东方财富 choice 数据。

"十二五"期间，我国其他金融业税收收入在波动中增长。其中，2011～2012 年略有下降，降幅为 13.6%，"十二五"末期（2015 年）增长迅速，增长率达到 22%。从总量上来看，"十二五"初期（2011 年）其他金融业税收收入为 551.4 亿元，末期（2015 年）的税收收入为 909.4 亿元，在"十二五"期间的总增长率为 64.9%。

其他金融业国内增值税在"十二五"期间呈现波动增长的趋势，由"十二五"初期（2011 年）的 4133 万元增长至"十二五"末期（2015 年）的 74331 万元，实现了 16.98

倍的增长。其他金融业营业税也呈现稳定的增长趋势，由"十二五"初期（2011年）的151.4亿元增长至"十二五"末期（2015年）的281.46亿元，总体增长率为85.9%。

七 企业利润情况

"十二五"期间我国其他金融业大类利润总额情况统计如表29所示。

表29 "十二五"期间其他金融业利润情况统计

单位：万元

年份	利润总额	年份	利润总额
2011	13359365	2014	18887501
2012	10682410	2015	24834145
2013	14126474		

资料来源：东方财富 choice 数据。

从表29的数据可以看出，2011～2015年，我国其他金融业资产总额呈先降后增的趋势，从"十二五"初期到末期，利润总额从13359365万元增长至24834145万元，整体实现了85.89%的增长，年均增长19.35%。其中，2012年的利润总额为10682410万元，相比上一年度下跌20.04%；2013年的利润总额为14126474万元，增长率为32.24%；2014年利润总额为18887501万元，增长率为33.70%；2015年的利润总额为24834145万元，相比上一年度增长31.48%。总的来说，在经历了2011～2012年短暂的下跌之后，其他金融业大类的利润总额在"十二五"后四年都保持了稳定的增长。

第八章

"十二五"期间中国房地产业发展情况

"十二五"期间，中国房地产行业营业收入累计达 373062.99 亿元，资产总计达 2377267.71 亿元，法人单位数 592063 个，税收 69671.89 亿元，利润总额 37839.67 亿元。"十二五"期间，房地产业生产总值共计 172573 亿元，年均增速 11.86%，2013 年增速较为明显，为 28.63%，2014 年增速最低，为 2.30%，2015 年基本上与 2011 年增速持平。主要特点如下。

设施规模不断扩大，物业管理业增长明显。"十二五"期间，房地产业固定资产投资逐年增加，累计达 279687.01 亿元，年均增速 12.74%，房地产开发经营业、物业管理业和其他房地产业基础设施得到明显改善。"十二五"期间，房地产开发经营业固定资产投资额共计 182177 亿元，物业管理业固定资产投资额共计 1711 亿元，房地产中介服务业固定资产投资额共计 19880 亿元，自有房地产经营活动业固定资产投资额共计 10275 亿元，其他房地产业固定资产投资额共计 85326 亿元。

政策效果不断显现，市场调控机制逐步建立。"十二五"起始之年，国家启动了"5 年建设 3600 万套保障房"的计划。这也标志着我国房地产业从此进入成熟稳定的发展期。十八大以后，政府坚持放开市场无形之手，用好政府有形之手，有目的地让市场规律发挥基础性作用，并继续发挥政策调控效应，促进我国房地产业进一步迈入规范与良性运行的轨道。

房地产业从业人员总体上升，行业洗牌加剧，行业逐渐规范。2011～2015 年，房地产业就业人员数呈不断上升趋势，从 260.27 万人增加至 534.55 万人，增幅达 111.78%。其中，房地产开发经营业就业人数从 2011 年的 225.70 万人增加至 2014 年的 273.85 万人，增幅达 21.33%，2015 年下滑 0.78%，呈先增后减的特点；物业管理业、房地产中介服务业和自有房地产经营活动业就业人数先降后增，其他房地产从业人员数 2011～2015 年有增有降，总体来说较为平稳。

行业增加值逐年提高，对经济增长的贡献有所减弱。"十二五"期间，房地产业行业增加值累计 174713 亿元，2013 年增速为 15.17%，为 5 年内最高值，2014 年开始增速放缓。2011～2015 年，行业增加值总量从 28168 亿元增加到 41308 亿元，增速低于同期房地产业生产总值增速 7.58 个百分点，对经济增长的贡献有所减弱。

第一节 "十二五"期间房地产开发业发展情况

"十二五"期间，我国城镇住房发展主要侧重于推进保障体系建设、加快解决中低收入家庭住房困难。这一政策与同期我国经济和社会发展战略规划基本协调，与我国房地产资源承受能力相适应。城镇居民住房保障水平明显提高，基本实现了住有所居的目标。

（1）保障性住房供应大幅增加，超额完成 3600 万套开工目标。2011～2015 年，全国新开工保障性住房 3970 万套，超额完成开工目标，2015 年全国保障性住房预算支出较 2010 年增长 173%。

（2）住宅用地供应量稳步增长，投资性购房占比下降至 10.1%。供地量稳步上涨，2011～2015 年全国住宅建设用地平均供地量为 12.13 万公顷，较 2009 年、2010 年分别增长 48.9% 和 5.2%。投资客占购房者比例已由 2010 年的 28.3% 下降到 2015 年的10.1%。

（3）房地产调控持续变化，2013 年为分水岭。从实施房地产调控政策以来，房地产调控政策持续收紧，尤其是 2013 年"国五条"颁布以来，国家对房地产调控思路发生转变，推进全面深化改革，促长效机制建立健全。

一 营业规模情况

（一）房地产销售情况

2011～2013 年，房地产市场商品房销售面积一直呈上升趋势。鉴于房地产市场的持续火热背景，2013 年 2 月 20 日，国务院提出五条调控措施即"国五条"，并在 3 月 1日发布国五条细则〔《关于继续做好房地产市场调控工作通知》（国办发〔2013〕17号）〕，强调房地产政策的连续性，稳定市场预期。2014 年房地产市场得到较好的控制，商品房销售面积下降约 1 亿平方米。2015 年随着住房完工面积的增加，刚性需求交易量的增长，商品房销售面积有所回暖，较上一年有明显增长，基本达到 2013 年的销售水平。

从表 1 可见，商品房销售面积由 2011 年的 109366.75 万平方米增长至 2013 年的

130550.59 万平方米，2014 年则降为 120648.54 万平方米，降幅明显，2015 年回升至 128494.96 万平方米；2013 年和 2014 年商品房销售面积增速波动较大，2011～2015 年增速分别为 4.39%、1.77%、17.29%、-7.58%、6.50%；5 年内商品房销售面积总计达 600364.49 万平方米。

表 1 "十二五"期间按用途分的房地产开发企业商品房销售面积

单位：万平方米

类别		2011	2012	2013	2014	2015
住宅	总计	96528.41	98467.51	115722.69	105187.79	112412.29
	别墅、高档公寓	3729.93	3476.00	3632.03	3047.35	3487.40
办公楼		2004.97	2253.65	2883.35	2505.45	2912.59
商业营业用房		7868.65	7759.28	8469.22	9076.93	9254.79
其他		2964.71	2823.21	3475.33	3878.37	3915.29
商品房		109366.75	111303.65	130550.59	120648.54	128494.96

资料来源：《中国房地产统计年鉴》（2012～2016）。

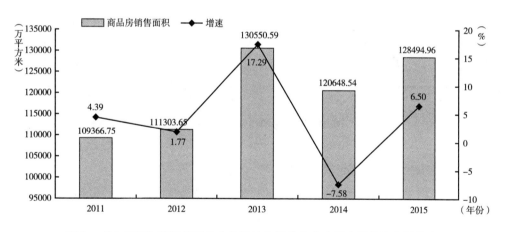

图 1 "十二五"期间按用途分的房地产开发企业商品房销售面积及增速

从表 2 可见，"十二五"期间，我国商品房销售额整体呈上升趋势，与"十二五"期间商品房销售面积变化趋势一致，2011～2013 年商品房销售额逐年递增，由 58588.86 亿元增长至 81428.28 亿元，"国五条"发布后，2014 年商品房销售额下降到 76292.41 亿元，2015 商品房销售额又大幅增加，达 87280.84 亿元。在比 2013 年销售面积减少的情况下，销售额大幅提高。2011～2015 年商品房销售额增速分别为 11.13%、10.01%、26.33%、-6.31%、14.40%；5 年内商品房销售总额达 368046.18 亿元。

表2 "十二五"期间按用途分的房地产开发企业商品房销售额

单位：亿元

类别 \ 年份		2011	2012	2013	2014	2015
住宅	总计	48198.32	53467.18	67694.94	62410.95	72769.82
	别墅、高档公寓	4100.66	3983.56	4573.19	3950.86	5286.00
办公楼		2471.58	2773.43	3747.35	2962.93	3761.42
商业营业用房		6679.08	6999.57	8280.48	8910.62	8852.78
其他		1239.88	1215.60	1705.52	2007.91	1896.81
商品房		58588.86	64455.79	81428.28	76292.41	87280.84

资料来源：《中国房地产统计年鉴》（2012～2016）。

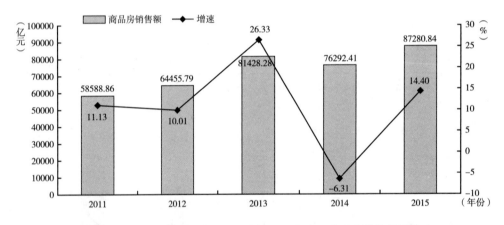

图2 "十二五"期间按用途分的房地产开发企业商品房销售额及增速

（二）开发投资与开工、竣工面积

"十二五"期间，我国商品房新开工面积呈减少趋势，由"十二五"初期的191236.87万平方米下降至"十二五"末期的154453.68万平方米，只有在2013年由于房地产市场销售面积的大幅提升，新开工面积有所提升，达到201207.84万平方米，为5年内的最高水平；2011～2015年商品房新开工面积增速分别为16.86%、-7.27%、13.46%、-10.74%、-14.00%；5年内商品房新开工面积总计达903824.50万平方米。

2011～2014年，我国商品房竣工面积保持稳定增长，由92619.94万平方米增长至107459.05万平方米，2015年则降至100039.10万平方米；5年内商品房竣工面积增长速度呈下降趋势，2011～2015年增速分别为17.62%、7.35%、2.02%、5.94%、-6.90%；5年内商品房竣工面积总计达500978.04万平方米。

表3 "十二五"期间按用途分的房地产开发企业房屋新开工面积

单位：万平方米

类别		2011	2012	2013	2014	2015
住宅	总计	147163.11	130695.42	145844.80	124877.00	106651.30
	别墅、高档公寓	5653.01	4228.31	4454.59	4275.01	3318.41
办公楼		5399.20	5986.46	6887.24	7349.10	6569.12
商业营业用房		20730.78	22006.86	25902.00	25047.73	22530.29
其他		17943.77	18644.89	22573.80	22318.67	18702.96
房屋新开工面积		191236.87	177333.62	201207.84	179592.49	154453.68

资料来源：《中国房地产统计年鉴》（2012~2016）。

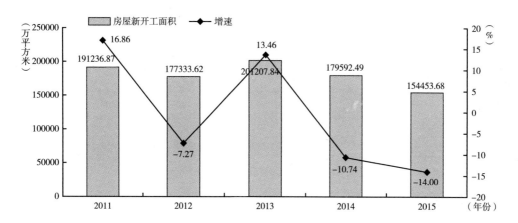

图3 "十二五"期间按用途分的房地产开发企业房屋新开工面积及增速

表4 "十二五"期间按用途分的房地产开发企业房屋竣工面积

单位：万平方米

类别		2011	2012	2013	2014	2015
住宅	总计	7431.91	79043.20	78740.62	80868.26	73777.36
	别墅、高档公寓	3335.27	3167.91	2856.04	2830.20	2634.04
办公楼		2266.79	2315.36	2789.40	3144.18	3419.49
商业营业用房		9472.65	10226.45	10852.42	12084.08	12026.67
其他		6561.45	7839.94	9052.56	11362.54	10815.59
房屋竣工面积		92619.94	99424.96	101434.99	107459.05	100039.10

资料来源：《中国房地产统计年鉴》（2012~2016）。

"十二五"期间，我国房地产计划总投资额和本年完成投资额一直呈上升趋势，但增长速度呈下降趋势。尤其在"十二五"的最后一年，计划总投资额和本年完成投资额增速都达到5年以来的最低水平。

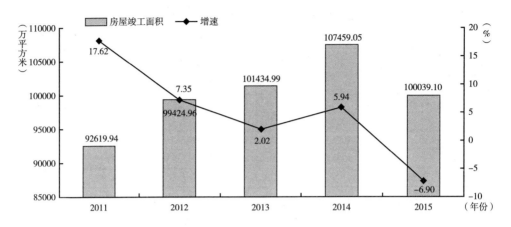

图4 "十二五"期间按用途分的房地产开发企业房屋竣工面积及增速

表5 "十二五"期间房地产开发企业投资规模与完成情况

单位：亿元

类 别　　　　　年 份		2011	2012	2013	2014	2015
计划总投资额		290001.82	358819.77	430922.15	493066.50	536853.75
自开始建设至本年底累计完成投资额		174932.32	223645.54	275881.28	330830.08	378089.48
本年完成投资额	总计	61796.89	71803.79	86013.38	95035.61	95978.85
	配套工程投资额	1157.36	1119.44	—	—	—

资料来源：《中国房地产统计年鉴》（2012～2016）。

房地产计划总投资额由"十二五"初期的290001.82亿元增长至"十二五"末的536853.75亿元；计划总投资额增速呈逐年下降趋势，2011～2015年增速分别为29.57%、23.73%、20.09%、14.42%和8.88%；5年内计划总投资额达2109663.99

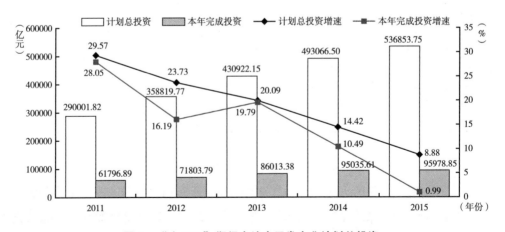

图5 "十二五"期间房地产开发企业计划总投资

亿元。本年完成投资额由"十二五"初期的 61796.89 亿元增长至"十二五"末的 95978.85 亿元;本年完成投资额增速整体呈下降趋势,2011~2015 年本年完成投资额增速分别为 28.05%、16.19%、19.79%、10.49% 和 0.99%;5 年内完成投资总额达 410628.52 亿元。

"十二五"期间,我国房地产开发企业完成投资额总体呈上升趋势,内资、港澳台投资以及外商投资的房地产开发企业完成投资也呈上升趋势,但增长速度呈下降趋势。全国房地产开发企业完成投资总额、内资房地产开发企业完成投资总额、港澳台房地产开发企业完成投资总额以及外商投资房地产开发企业完成投资总额增速在 2015 年达到 5 年以来的最低水平。

从表 6 可见,内资房地产开发企业完成投资总额由"十二五"初期的 55791.96 亿元增长至"十二五"末的 87899.28 亿元;内资房地产开发企业完成投资增速呈下降趋势,其中在 2013 年有小幅回升,2014 年之后下降明显,2011~2015 年增速分别为 29.14%、16.47%、20.42%、10.66% 和 1.51%;5 年内内资房地产开发企业完成投资总额达 373518.85 亿元。港澳台投资房地产开发企业完成投资总额由"十二五"初期的 3894.45 亿元增长至"十二五"末的 5995.32 亿元;港澳台投资房地产开发企业完成投资增速呈下降趋势,2011~2015 年增速分别为 26.73%、16.05%、14.87%、16.10% 和 -0.54%;5 年内港澳台投资房地产开发企业完成投资总额达 25629.23 亿元。外商投资房地产开发企业完成投资总额在 2011~2014 年大致呈逐年递增趋势,由 2011 年的 2110.48 亿元增长至 2014 年的 2414.83 亿元,2015 年降至 2084.25 亿元;2011~2013 年外商投资房地产开发企业完成投资增速逐年递增,2013 年达到 5 年内的最大值,之后出现较大降幅,2011~2015 年增速分别为 6.32%、9.04%、11.67%、-6.03% 和 -13.69%;5 年内外商投资房地产开发企业完成投资总额达 11480.45 亿元。"十二五"期间,全国总体房地产开发企业完成投资总额逐年递增,由"十二五"初期的 61796.89 亿元增长至"十二五"末期的 95978.85 亿元;完成投资总额增速则呈下降趋势,且 2013 年之后下降明显,2011~2015 年增速分别为 28.05%、16.19%、19.79%、10.49% 和 0.99%;5 年内全国总体房地产开发企业完成投资总额达 410628.52 亿元。

(三)房地产价格走势

"十二五"期间,我国商品房平均销售价格保持持续增长态势,2012 年、2013 年价格增长迅速,2013 年颁布调控政策后,2014 年商品房平均销售价格增长速度有所降低,但 2015 年增长速度又达到较高水平。

从表 7 可见,商品房平均销售价格由"十二五"初期的 5357 元/平方米增长至"十二五"末期的 6793 元/平方米;2011~2013 年商品房平均销售价格增速呈上升趋势,

表6　按注册类型分的房地产开发企业完成投资

单位：亿元

类别 \ 年份		2011	2012	2013	2014	2015
	内资总计	55791.96	64982.93	78251.79	86592.89	87899.28
内资	国有	3370.08	4402.61	1843.37	1409.66	1279.06
	集体	431.18	467.90	227.35	172.07	194.45
	股份合作	215.82	241.06	118.66	47.90	58.38
	国有联营	56.69	70.53	4.94	8.06	6.62
	集体联营	7.83	4.48	0.63	7.82	5.30
	国有与集体联营	12.60	7.29	1.56	0.58	0.34
	其他联营	17.52	12.11	8.85	3.69	3.82
	国有独资公司	1103.71	1553.95	3318.08	3211.82	3417.65
	其他有限责任公司	27334.48	31932.57	41387.34	48453.07	50717.44
	股份有限公司	2647.21	2785.32	3419.43	3344.75	3111.94
	私营独资	1071.14	1288.24	196.31	131.91	151.75
	私营合伙	201.26	189.91	14.21	24.55	8.96
	私营有限责任公司	17012.19	19426.94	25786.80	28056.92	27484.47
	私营股份有限公司	1343.14	1370.90	1731.10	1607.76	1323.15
	其他内资企业	967.11	1229.11	193.17	112.34	135.97
	港澳台投资总计	3894.45	4519.64	5191.91	6027.90	5995.32
港澳台投资	合资经营	1537.05	1671.46	2014.02	2205.29	1891.39
	合作经营	316.73	354.40	327.52	256.18	250.34
	独资	1936.76	2353.10	2732.83	3430.07	3719.85
	股份有限	90.46	127.29	103.22	129.26	117.34
	其他	13.46	13.40	14.33	7.11	16.40
	外商投资总计	2110.48	2301.21	2569.69	2414.83	2084.25
外商投资	合资经营	729.04	738.27	822.93	756.55	730.38
	合作经营	188.59	262.96	256.29	258.65	203.05
	独资	1113.11	1199.49	1404.10	1262.28	994.35
	股份有限	77.14	88.88	78.78	72.55	74.76
	其他	2.60	11.61	7.60	64.80	81.70
	全国总计	61796.89	71803.79	86013.38	95035.61	95978.85

资料来源：《中国房地产统计年鉴》（2012～2016）。

2014年出现大幅度下降，2015年回升至5年内的较高水平，2011～2015年商品房平均销售价格增速分别为6.46%、8.10%、7.70%、1.39%和7.42%；5年内商品房平均销售价格平均增速为6.21%。

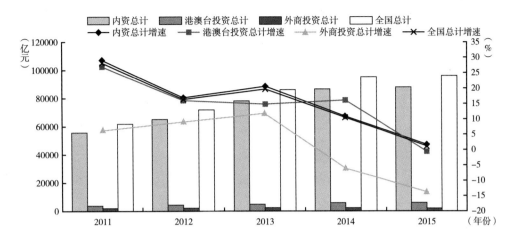

图6 "十二五"期间房地产开发企业投资规模及增速

表7 "十二五"期间房屋平均销售价格

单位：元/平方米

全国总计 \ 年份		2011	2012	2013	2014	2015
住宅	总计	4993	5430	5850	5933	6473
	别墅、高档公寓	10994	11460	12591	12965	15157
办公楼		12327	12306	12997	11826	12914
商业营业用房		8488	9021	9777	9817	9566
其他		4182	4306	4907	5177	4845
商品房		5357	5791	6237	6324	6793

资料来源：《中国房地产统计年鉴》（2012～2016）。

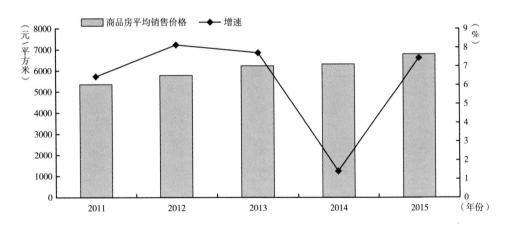

图7 "十二五"期间商品房平均销售价格及增速

（四）中国房地产土地成交情况分析

从表8可见，2011～2014年我国主要城市待开发土地面积大致呈缓慢增长趋势，由 2011 年的 40220.76 万平方米增长至 2014 年的 42136.28 万平方米,2015 年出现明显下降,待开发土地面积为 36638.48 万平方米,达到 5 年内的最低水平;2011 ~ 2015 年待开发土地面积增速分别为 27.86% 、 – 0.06% 、5.19% 、 – 0.34% 和 – 13.05% 。"十二五"期间,本年土地购置面积总体呈下降趋势,由"十二五"初期的 44327.44 万平方米降到"十二五"末期的 22810.79 万平方米,2013 年出现小幅度上升;2011 ~ 2015 年本年土地购置面积增速分别为 10.95% 、 – 19.54% 、8.82% 、 – 13.99% 和 – 31.67% 。2011 ~ 2014 年,本年土地成交价款呈上升趋势,由 2011 年的 8894.03 亿元增长至 2014 年的 10019.88 亿元,2015 年出现明显下降,降为 7621.61 亿元,几乎为 5 年内的最低水平;2011 ~ 2015 年本年土地成交价款增速浮动较大,分别为 8.38% 、 – 16.69% 、33.86% 、1.02% 和 – 23.94% ;5 年内土地成交价款总额达 43863.44 亿元。

表 8 "十二五"期间土地开发及其购置情况

单位:万平方米,亿元

全国总计 年份	2011	2012	2013	2014	2015
待开发土地面积	40220.76	40195.99	42280.47	42136.28	36638.48
本年土地购置面积	44327.44	35666.80	38814.38	33383.03	22810.79
本年土地成交价款	8894.03	7409.64	9918.29	10019.88	7621.61

资料来源:《中国房地产统计年鉴》(2012 ~ 2016)。

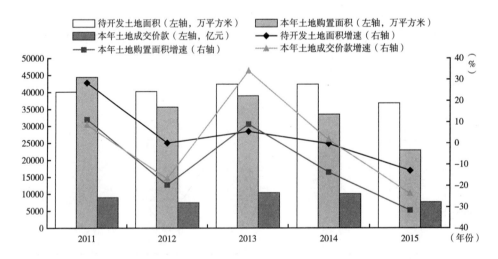

图 8 "十二五"期间土地开发及其购置情况

二 营业规模及资产规模情况

从表 9 可见,"十二五"期间,我国房地产开发企业营业收入从 47507.70 亿元上升到 75119.94 亿元,增长了 58.12%,2011 ~ 2015 年,营业收入分别为 47507.70 亿元、54685.12 亿元、75528.86 亿元、71035.97 亿元和 75119.94 亿元,5 年内营业收入共计 323877.59 亿元;其中,2013 年增长最为明显,增长了 38.12%,2014 年出现了 5.95% 的负增长,2015 年基本恢复至 2013 年水平。2011 ~ 2015 年主营业务收入分别为 44491.28 亿元、51028.41 亿元、70706.67 亿元、66463.80 亿元和 70174.34 亿元,其增长速度与营业收入基本保持一致。

表9 "十二五"期间房地产开发企业主要财务指标

单位:亿元

全国总计 \ 年份	2011	2012	2013	2014	2015
资产总计	284359.44	351858.65	425243.89	498749.92	551968.06
负债合计	214469.96	264597.55	323228.24	384095.53	428729.90
所有者权益合计	69889.73	87261.10	102015.65	114654.40	123238.16
营业收入	47507.70	54685.12	75528.86	71035.97	75119.94
主营业务收入	44491.28	51028.41	70706.67	66463.80	70174.34
土地转让收入	664.66	819.39	671.42	571.95	600.54
商品房销售收入	41697.91	47463.49	66697.99	62535.06	65861.30
房屋收租收入	904.28	1151.55	1364.01	1464.10	1600.42
其他收入	1224.43	1593.98	1973.25	1892.69	2112.08
主营业务成本	30759.23	35562.92	49278.47	47827.21	51449.50
主营业务税金及附加	3832.98	4610.87	6204.18	5968.43	6202.38
其他业务利润	265.63	333.73	369.17	202.72	176.34
销售费用	1491.39	1713.60	2208.11	2403.50	2585.06
管理费用	2589.92	2994.79	3291.56	3520.54	3579.61
财务费用	1026.50	1356.92	1592.85	2026.84	2350.95
营业利润	5798.58	6001.33	9562.67	6143.13	6165.54
营业外收入	262.67	452.32	474.25	615.31	646.43
营业外支出	282.43	298.34	359.30	394.10	377.92
利润总额	5847.51	6300.70	9820.60	6446.06	6473.12
应交所得税	1377.78	1510.31	1937.99	1793.18	1728.91
应付职工薪酬	1286.21	1646.85	1767.69	1930.28	2170.37

资料来源:《中国房地产统计年鉴》(2012 ~ 2016)。

此外,"十二五"期间,我国房地产开发企业总资产呈逐年上升趋势,由 2011 年的 284359.44 亿元增长至 2015 年的 551968.06 亿元。5 年内,我国房地产开发企业总资产增长速度逐年下降,尤其是在"十二五"的最后一年,我国房地产开发企业总资产增速达到 5 年以来的最低水平;2011 ~ 2015 年增速分别为 26.68%、23.74%、20.86%、17.29% 和 10.67%。

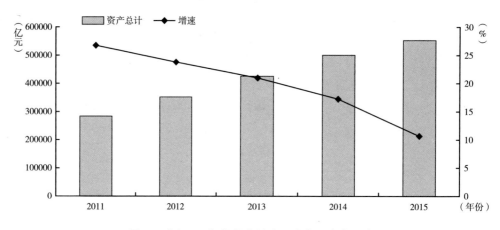

图9 "十二五"期间房地产开发企业资产总计

"十二五"期间，我国房地产开发企业总计资产和内资、港澳台投资以及外商投资的房地产开发企业总资产呈逐年上升趋势，但增长速度则呈下降趋势。全国房地产开发企业总资产增速，内资房地产开发企业、港澳台房地产开发企业以及外商投资房地产开发企业总资产增速在"十二五"最后一年达到5年以来的最低水平。

从表10可见，内资房地产开发企业总资产由"十二五"初期的244074.85亿元增长至"十二五"末的490137.57亿元；内资房地产开发企业总资产增速逐年下降，2011～2015年增速分别为28.22%、25.82%、21.72%、17.99%和11.14%。港澳台投资房地产开发企业总资产由"十二五"期初的25631.34亿元增长至"十二五"期末的42659.75亿元；港澳台投资房地产开发企业总资产呈下降趋势，2011～2015年增速分别为20.78%、13.97%、15.41%、14.93%和10.10%。外商投资房地产开发企业总资产逐年递增，由2011年的14653.26亿元增长至2015年的19170.73亿元；5年内外商投资房地产开发企业总资产增速总体呈下降趋势，2013年达到5年内的最大值，之后降幅明显，2011～2015年增速分别为13.65%、6.18%、14.00%、7.01%和1.01%。"十二五"期间，全国总体房地产开发企业总资产额逐年递增，由"十二五"初期的284359.44亿元增长至"十二五"末期的551968.06亿元；总资产额增速逐年下降，2011～2015年增速分别为26.68%、23.74%、20.86%、17.29%和10.67%。

从全国各地区来看，房地产开发企业营业收入方面，2015年，北京、上海、江苏、浙江、山东、广东5地营业收入均超过4000亿元，江苏、广东、浙江分列前三位，山东、上海、北京分列第四位、第五位、第六位。一线城市仍旧是稀缺资源，供不应求，发展迅猛；二线城市也在崛起中，三、四线城市相对来说，发展稍缓。

表 10 "十二五"期间按登记注册类型分的房地产开发企业资产总计

单位：亿元

全国总计 \ 年份		2011	2012	2013	2014	2015
内资	内资总计	244074.85	307089.66	373796.15	441024.33	490137.57
	国有	25491.55	33640.81	16611.49	12644.43	14436.13
	集体	1861.97	2045.94	1175.11	967.11	1095.53
	股份合作	653.33	867.76	328.49	227.62	282.59
	国有联营	216.77	254.42	99.37	132.26	133.66
	集体联营	36.48	21.06	6.43	13.34	18.02
	国有与集体联营	115.53	77.88	3.94	2.75	3.22
	其他联营	68.13	60.85	15.27	14.5011	19.21
	国有独资公司	10880.87	17608.68	36374.19	42840.94	46984.01
	其他有限责任公司	113426.32	144182.93	189001.08	231927.46	265028.85
	股份有限公司	15053.80	17644.29	22162.39	27358.83	25648.02
	私营独资	3186.64	3770.09	694.99	608.99	602.29
	私营合伙	588.99	691.77	89.44	100.25	64.69
	私营有限责任公司	64124.81	76660.04	100109.29	116719.73	127912.21
	私营股份有限公司	5421.28	5357.86	6563.98	7077.43	7302.81
	其他内资企业	2948.39	4205.29	560.68	388.69	606.33
港澳台投资	港澳台投资总计	25631.34	29211.24	33711.65	38746.29	42659.75
	合资经营	8500.60	9758.61	11780.52	13349.27	14250.55
	合作经营	3269.60	3408.46	3470.51	3221.02	3261.30
	独资	13200.14	15341.72	17696.18	21351.91	24119.55
	股份有限	610.67	651.95	708.13	770.00	970.06
	其他	50.33	50.49	56.31	54.09	58.29
外商投资	外商投资总计	14653.26	15557.75	17736.09	18979.30	19170.73
	合资经营	4698.86	5305.43	5502.83	5718.27	6207.63
	合作经营	1462.23	1587.93	1805.24	1823.16	1735.82
	独资	7635.23	7679.84	9142.05	9928.26	9823.36
	股份有限	854.90	942.30	1155.25	1292.26	1139.04
	其他	2.04	42.26	130.72	217.35	264.89
全国总计		284359.44	351858.65	425243.89	498749.92	551968.06

资料来源：《中国房地产统计年鉴》（2012～2016）。

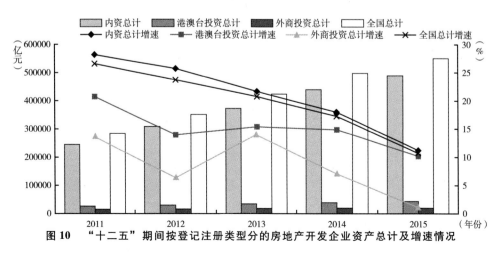

图 10 "十二五"期间按登记注册类型分的房地产开发企业资产总计及增速情况

表11 2015年全国各地区房地产开发企业营业收入

单位：亿元

地　区	营业收入	地　区	营业收入
北　京	4347.01	湖　北	2911.13
天　津	1849.58	湖　南	2048.96
河　北	2423.58	广　东	8707.40
山　西	715.87	广　西	1187.26
内蒙古	698.42	海　南	635.58
辽　宁	2223.90	重　庆	2431.02
吉　林	835.09	四　川	3294.65
黑龙江	877.39	贵　州	974.42
上　海	4733.33	云　南	1123.33
江　苏	8737.57	西　藏	22.47
浙　江	5764.48	陕　西	1470.44
安　徽	2857.72	甘　肃	571.03
福　建	3054.92	青　海	122.37
江　西	1487.62	宁　夏	307.25
山　东	5004.72	新　疆	716.00
河　南	2985.41		

三　法人单位情况

"十二五"期间，我国房地产开发企业数量总体呈增长趋势，2011～2014年逐年递增，2011～2013年增长比较比较平稳，企业数量每年增加1500家左右，2014年呈跳跃式增长，企业数增加将近2800家，是前两年的近两倍，房地产开发企业数达到94197家，为5年内的最高值。高增长之后2015年伴随着负增长，房地产开发企业数降为93426家。这是由市场供求引发的，当前一年的供应急剧增多时，总供应量超过市场的总需求量，造成供过于求的买方市场，就会使卖方处于不利地位，由于开发房地产的成本高、获得收益的周期长，现金流的短缺使有的房地产开发商破产而退出市场，市场中的房地产开发企业数量急剧减少。

表12 房地产开发企业（单位）数

单位：家

年份	2011	2012	2013	2014	2015
企业数	88419	89859	91444	94197	93426

资料来源：《中国房地产统计年鉴》（2012～2016）。

从表13可见,"十二五"期间,我国内资房地产开发企业数量总体呈上升趋势,2011～2014年逐年递增,由83011家增长至89218家,2015年出现负增长,企业数降为88773家;2011～2015年内资房地产开发企业数增速呈下降趋势,2014年出现短期回升,2015年降至5年内最低水平,2011～2015年增速分别为4.43%、2.03%、1.99%、3.29%和-0.50%。"十二五"期间,我国港澳台投资房地产开发企业数总体呈下降趋势,由期初的3565家降至末期的3235家,2014年出现小幅上升;2011～2015年港澳台投资房地产开发企业数增速呈抛物线状,2014年达到5年的最高水平,2011～2015年增速分别为-3.05%、-3.20%、-1.74%、0.68%和-5.24%。我国外商投资房地产开发企业数在"十二五"期间逐年下降,由初期的1843家降至末期的1418家;5年内,外商投资房地产开发企业数降幅呈抛物线状,2013年达到5年的最低水平,2011～2015年增速分别为-10.19%、-7.05%、-2.28%、-6.51%和-9.39%。

表13 "十二五"期间按登记注册类型分的房地产开发企业(单位)数

单位:家

类型\年份		2011	2012	2013	2014	2015
内资总计		83011	84695	86379	89218	88773
内资	国有	3427	3354	1739	1476	1329
	集体	1023	904	570	457	409
	股份合作	416	375	101	81	77
	国有联营	38	34	7	8	6
	集体联营	31	23	4	4	3
	国有与集体联营	34	31	10	4	4
	其他联营	36	26	7	5	6
	国有独资公司	752	804	1534	1640	1706
	其他有限责任公司	33809	35054	38212	41121	41655
	股份有限公司	3830	3627	3689	3426	3150
	私营独资	1884	1904	267	180	173
	私营合伙	469	481	65	41	32
	私营有限公司	33392	34018	37290	38169	37778
	私营股份有限公司	2651	2563	2697	2479	2291
	其他内资企业	1219	1497	187	127	154
港澳台投资总计		3565	3451	3391	3414	3235
港澳台投资	合资经营	1360	1291	1253	1217	1114
	合作经营	393	381	352	327	291
	独资	1748	1710	1725	1810	1765
	股份有限	57	58	51	53	53
	其他	7	11	10	7	12

续表

类型\年份		2011	2012	2013	2014	2015
外商投资总计		1843	1713	1674	1565	1418
外商投资	合资经营	773	719	681	623	558
	合作经营	171	164	149	144	128
	独资	847	780	784	732	663
	股份有限	49	45	50	50	48
	其他	3	5	10	16	21
全国总计		88419	89859	91444	94197	93426

资料来源:《中国房地产统计年鉴》(2012～2016)。

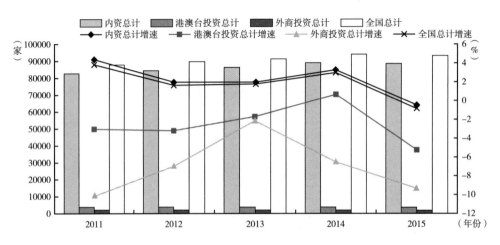

图11 "十二五"期间按登记注册类型分的房地产开发企业数及增速

四 人力资源情况

从表14可见,"十二五"期间,我国房地产开发企业从业人数总体呈上升趋势,2011～2014年逐年递增,由225.70万人增长至276.01万人,2015年出现小幅下降,为273.85万人;2011～2014年我国房地产开发企业从业人数增速变化起伏不大,均速为7.19%,2013年达到最大值,2015年下跌至负值,2011～2015年增速分别为7.93%、5.75%、8.59%、6.49%和-0.78%。2011～2015年的房地产开发企业从业人数总体增长比较平稳,2013年从业人数增长较多,主要是由市场供求引发的,房地产市场需求增加,房地产企业数量也在不断增加,2013年从业人数的增加也是2014年房地产企业数量增加的基础。当2015年住房总供应量超过市场的总需求量时,由于开发房地产的成本高,获得收益的周期长,市场中的房地产开发企业数量急剧减少,从业人员数量有所降低。

表 14 "十二五"期间房地产开发企业(单位)从业人数

单位:万人

年份	2011	2012	2013	2014	2015
从业人数总计	225.70	238.68	259.18	276.01	273.85

资料来源:《中国房地产统计年鉴》(2012~2016)。

从表15可见,"十二五"期间,我国内资房地产开发企业从业人数总体呈增长趋势,2011~2014年逐年递增,由207.55万人增长至256.18万人,2015年出现负增长,从业人数降为255.15万人;5年内内资房地产开发企业从业人数增速呈波浪式变化,2013年达到最大值,2015年降至负值,为五年内的最低值,2011~2015年增速分别为8.72%、5.99%、9.00%、6.84%和-0.40%。"十二五"期间,我国港澳台投资房地产开发企业从业人数总体呈增长趋势,由初期的11.30万人增长至2014年的12.93万人,2015年出现小幅下降,为12.45万人;2011~2015年港澳台投资房地产开发企业从业人数增速分别为6.75%、3.42%、4.24%、6.14%和-3.71%。我国外商投资房地产开发企业从业人数在"十二五"期间总体呈抛物线式增长,2013年达到最大值为7.22万人,2015年达到最小值6.25万人;2011~2015年外商投资房地产企业从业人数增速分别为-10.26%、2.35%、3.05%、-4.54%和-9.41%。

表 15 "十二五"期间按登记注册类型分的房地产开发企业(单位)从业人数

单位:万人

类型	年份	2011	2012	2013	2014	2015
	内资总计	207.55	219.98	239.78	256.18	255.15
内资	国有	13.54	12.36	6.61	6.15	5.73
	集体	2.12	2.04	1.30	1.14	1.08
	股份合作	1.09	1.44	0.39	0.21	0.18
	国有联营	0.11	0.13	0.04	0.05	0.04
	集体联营	0.13	0.10	0.01	0.01	0.01
	国有与集体联营	0.20	0.05	0.01	0.01	0.01
	其他联营	0.08	0.08	0.04	0.04	0.02
	国有独资公司	3.38	3.52	6.55	6.69	7.01
	其他有限责任公司	89.50	94.09	110.43	122.69	124.30
	股份有限公司	11.87	11.66	12.63	12.38	11.92
	私营独资	4.04	4.54	0.78	0.56	0.54
	私营合伙	0.87	0.98	0.12	0.09	0.07
	私营有限公司	71.44	78.15	93.07	98.67	96.98
	私营股份有限公司	5.80	6.84	7.30	7.09	6.73
	其他内资企业	3.36	4.01	0.50	0.41	0.53

续表

类型\年份		2011	2012	2013	2014	2015
港澳台投资总计		11.30	11.68	12.18	12.93	12.45
港澳台投资	合资经营	4.37	4.46	4.44	4.36	4.11
	合作经营	1.09	1.04	1.07	1.13	1.02
	独资	5.45	5.94	6.42	7.16	7.07
	股份有限	0.37	0.21	0.22	0.26	0.21
	其他	0.02	0.03	0.03	0.02	0.04
外商投资总计		6.85	7.01	7.22	6.90	6.25
外商投资	合资经营	2.25	2.52	2.40	2.27	2.00
	合作经营	0.80	0.80	0.63	0.62	0.55
	独资	3.50	3.46	3.88	3.71	3.38
	股份有限	0.29	0.21	0.23	0.22	0.22
	其他	0.01	0.02	0.09	0.08	0.10
全国总计		225.70	238.68	259.18	276.01	273.85

资料来源：《中国房地产统计年鉴》（2012～2016）。

由数据可以看出，2011～2015年，内资房地产开发企业从业人数在数量上始终占绝大多数，并且所占比例不断提高，只是在2015年有小幅的缩减；而港澳台投资房地产企业与外商投资房地产开发企业从业人数所占比例很小（其中，港澳台投资企业从业人数约为外商投资企业从业人数的2倍）。与我国整体房地产开发企业从业人数发展规律一样，2011～2014年，港澳台投资企业与外商投资企业从业人数平稳上升，2015年均有小幅缩减。

"十二五"期间，我国房地产开发企业应付职工薪酬呈逐年上升迅速，由2011年的1286.21亿元增长至2015年的2170.37亿元；我国房地产开发企业应付职工薪酬总

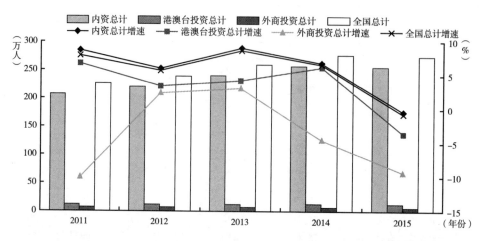

图12 "十二五"期间按登记注册类型分的房地产开发企业（单位）从业人数及增速

额增长速度在 2011～2013 年降幅较大，2014～2015 年则逐年递增，2011～2015 年增速分别为 35.04%、28.04%、7.34%、9.20% 和 12.44%；5 年内我国房地产开发企业应付职工薪酬总额达 8801.41 亿元。

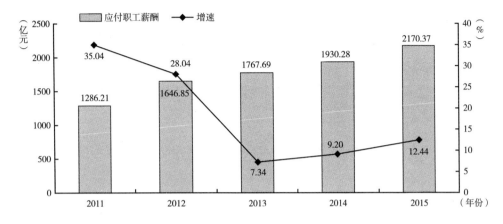

图 13 "十二五"期间房地产开发企业应付职工薪酬及增速

五 固定资产投资情况

"十二五"期间，我国房地产开发企业本年新增固定资产总体呈上升趋势，2011～2014 年逐年递增，由 29045.73 亿元增至 41251.03 亿元，2015 年出现小幅下降，为 40937.81 亿元。5 年内我国房地产开发企业本年新增固定资产增速逐年下降，2015 年达到负值，2011～2015 年增速分别为 29.79%、15.48%、11.51%、10.30% 和 -0.76%；5 年内我国房地产开发企业新增固定资产总额达 182176.55 亿元。

表 16 "十二五"期间按资质等级分的房地产开发企业本年新增固定资产

单位：亿元

级别＼年份	2011	2012	2013	2014	2015
一 级	1760.48	2174.38	2272.07	2717.62	2200.34
二 级	6050.22	7220.75	7654.64	8079.37	8772.28
三 级	8194.98	8099.49	8567.48	9344.12	8328.32
四 级	3497.18	4021.15	4671.52	5423.56	4934.26
暂 定	8692.34	10926.96	12894.64	14218.91	15147.98
其 他	850.52	1098.68	1340.22	1467.45	1554.63
全国总计	29045.73	33541.42	37400.56	41251.03	40937.81

资料来源：《中国房地产统计年鉴》（2012～2016）。

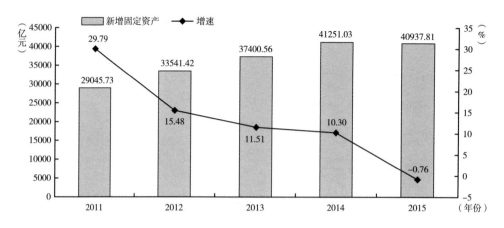

图 14 "十二五"期间按资质等级分的房地产开发企业本年新增固定资产及增速

六 税收情况

到目前为止，我国并没形成一套专门的房地产税制，现行税制中，涉及房地产的税收主要有 12 种，即营业税、房产税、城镇土地使用税、土地增值税、契税、耕地占有税、印花税、企业所得税、个人所得税、城市房地产税、城市维护建设税、外商投资企业和外国企业所得税。我们把这些税种单列出来，按照征税环节的不同可以划分为 4 类，即房地产开发环节征收的税收、房地产保有环节征收的税收、房地产转让环节征收的税收、房地产出租环节征收的税收。

从表 17 可见，"十二五"期间，我国房地产开发经营业税收呈上升趋势，2011～2014 年逐年递增，由 6638.41 亿元增至 12683.97 亿元，2015 年出现小幅下降，为 12499.28 亿元。2012 年的增速最高，为 42.64%，之后逐渐下降，2013 年为 25.83%，2014 年为 6.46%，2015 年下降了 1.46%。5 年内我国房地产开发经营业税收总额达 53204.96 亿元。

表 17 "十二五"期间全国房地产业税收情况

单位：亿元

房地产税收 　　　年份	2011	2012	2013	2014	2015
房地产开发经营业	6638.41	9468.93	11914.37	12683.97	12499.28
房地产业合计	8665.66	12352.36	15559.60	16619.08	16475.19

资料来源：《中国房地产统计年鉴》(2012～2016)。

"十二五"期间，我国房地产业税收呈上升趋势，2011～2014 年逐年递增，由 8665.66 亿元增至 16619.08 亿元，2015 年出现小幅下降，为 16475.19 亿元；5 年内我国房地产业税收增速在 2012 年达到最高水平，之后逐渐下降，且降幅较大，2015 年为负值。2011~2015 年增速分别为 26.40%、42.54%、25.96%、6.81% 和 -0.87%。5 年内我国房地产业税收总额达 69671.89 亿元。

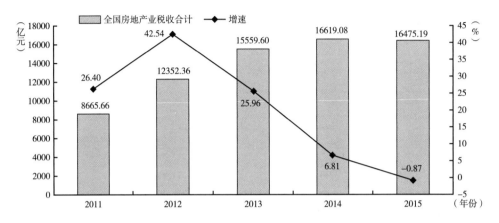

图 15 "十二五"期间全国房地产业税收情况

七 企业利润情况

"十二五"期间，我国房地产开发企业营业利润，呈现波动式发展。内资房地产开发企业、港澳台投资房地产开发企业以及外商投资房地产开发企业营业利润 2011~2013 年逐年递增，2013 年出现跳跃式增长，营业利润达到 5 年里的最高水平，之后在 2014 年出现大幅度下跌，2015 年小幅上涨。5 年内营业利润增速较为复杂，2011~2015 年我国房地产开发企业利润增幅分别为 -5.12%、3.50%、59.34%、-35.76% 和 0.36%；内资房地产开发企业营业利润增幅分别为 -6.13%、1.70%、65.11%、-36.48% 和 0.23%；港澳台投资房地产开发企业营业利润增幅分别为 -4.59%、18.96%、37.65%、-32.08% 和 1.81%；外商投资房地产开发企业营业利润增幅分别为 6.40%、-2.66%、37.77%、-33.42% 和 -0.85%。5 年内我国房地产开发企业营业利润总额达 33671.25 亿元。从不同企业类型统计数据看，2011~2015 年，内资房地产开发企业营业利润总计占比较大，而港澳台投资房地产开发企业与外商投资房地产开发企业所占比例很小（其中港澳台投资房地产开发企业数量稍多于外商投资房地产开发企业），但呈不断上升趋势。

同房地产开发企业营业利润变化趋势，"十二五"期间，我国房地产开发企业利润总额、内资房地产开发企业、港澳台投资房地产开发企业以及外商投资房地产开发企业利润总额在 2011~2013 年逐年递增，2013 年出现跳跃式增长，利润总额达到 5 年里的最高水平，2014 年出现大幅度下跌，2015 年出现小幅上涨。5 年内我国房地产开发企业

表18 "十二五"期间房地产开发企业营业利润

单位：亿元

类型 \ 年份		2011	2012	2013	2014	2015
内资总计		4659.93	4739.26	7824.92	4970.54	4981.92
内资	国有	310.97	381.89	215.18	96.72	96.46
	集体	19.10	7.60	17.15	13.92	6.68
	股份合作	19.93	5.41	10.82	2.97	0.39
	国有联营	7.29	1.92	3.55	-0.78	-0.09
	集体联营	-0.16	1.32	-0.03	0.04	1.18
	国有与集体联营	2.87	5.24	-0.025	-0.01	-0.03
	其他联营	1.50	0.57	-0.51	0.03	0.30
	国有独资公司	108.16	83.91	342.78	250.59	298.72
	其他有限责任公司	2441.11	2744.56	4327.48	3166.39	3299.02
	股份有限公司	607.34	513.03	786.12	591.97	486.77
	私营独资	59.60	43.22	15.27	5.90	-4.20
	私营合伙	22.58	14.59	1.29	-0.32	0.25
	私营有限责任公司	917.70	770.40	1920.00	798.41	692.20
	私营股份有限公司	79.89	121.00	175.08	46.78	99.78
	其他内资企业	62.05	44.61	10.77	-2.07	4.49
港澳台投资总计		711.03	845.82	1164.28	790.77	805.05
港澳台投资	合资经营	287.99	277.52	385.58	284.94	384.10
	合作经营	71.26	136.85	121.45	38.27	33.22
	独资	338.29	400.26	616.75	455.54	385.27
	股份有限	14.24	27.08	39.59	5.56	0.72
	其他	-0.76	4.10	0.90	6.46	1.74
外商投资总计		427.62	416.25	573.47	381.82	378.57
外商投资	合资经营	155.40	138.20	233.87	125.09	89.55
	合作经营	76.52	63.15	90.84	40.32	29.73
	独资	181.38	192.03	232.31	192.87	261.40
	股份有限	14.28	21.12	11.12	21.59	2.92
	其他	0.05	1.75	5.33	1.96	-5.03
全国总计		5798.58	6001.33	9562.67	6143.13	6165.54

资料来源：《中国房地产统计年鉴》（2012～2016）。

利润总额增速较为复杂，2011～2015年我国房地产开发企业利润总额增幅分别为 -6.23%、7.75%、55.87%、-34.36%和0.42%；内资房地产开发企业利润总额增幅分别为 -7.30%、6.48%、60.70%、-34.83%和0.20%；港澳台投资企业营业利润增幅分别为 -3.62%、18.20%、38.36%、-31.90%和3.09%；外商投资企业营业利润增幅分别为2.61%、4.13%、33.64%、-32.84%和 -2.08%。5年内我国房地产开发企业利润总额总计达34887.99亿元。

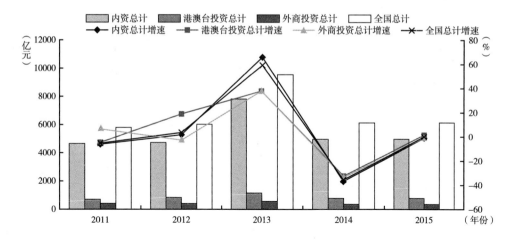

图 16 "十二五"期间房地产开发企业营业利润及增速

表 19 "十二五"期间按登记注册类型分的房地产开发企业利润总额

单位：亿元

类型 \ 年份		2011	2012	2013	2014	2015
内资总计		4720.60	5026.62	8078.00	5264.77	5275.22
内资	国有	379.71	455.37	256.79	150.15	132.39
	集体	21.63	8.19	18.53	15.57	8.13
	股份合作	10.90	6.71	10.84	2.85	0.13
	国有联营	7.29	2.10	3.92	0.09	0.12
	集体联营	-0.14	1.32	-0.05	0.04	1.18
	国有与集体联营	3.20	5.32	-0.03	-0.01	-0.03
	其他联营	1.74	0.84	-0.51	0.07	0.33
	国有独资公司	128.44	133.99	403.84	357.10	386.91
	其他有限责任公司	2444.49	2846.13	4437.38	3259.63	3454.88
	股份有限公司	633.26	543.28	793.03	599.82	496.66
	私营独资	52.96	47.95	15.53	6.39	-4.30
	私营合伙	20.86	13.33	2.59	-0.42	0.18
	私营有限责任公司	889.05	794.21	1949.89	827.04	693.55
	私营股份有限公司	75.10	123.75	175.48	48.68	100.37
	其他内资企业	52.13	44.13	10.76	-2.23	4.72
港澳台投资总计		715.46	845.64	1170.05	796.75	821.37
港澳台投资	合资经营	291.74	280.51	382.88	286.76	383.07
	合作经营	70.20	135.36	124.39	39.56	31.46
	独资	340.30	399.78	622.34	458.53	404.16
	股份有限	13.98	26.01	39.52	5.42	0.87
	其他	-0.76	3.98	0.92	6.47	1.82
外商投资总计		411.45	428.43	572.55	384.54	376.53

续表

类型		2011	2012	2013	2014	2015
外商投资	合资经营	159.25	139.52	236.33	126.27	88.57
	合作经营	75.97	63.62	89.90	39.61	29.10
	独资	162.73	201.83	229.68	193.79	262.24
	股份有限	13.44	21.75	11.31	22.90	1.39
	其他	0.05	1.71	5.33	1.96	4.77
全国总计		5847.51	6300.70	9820.60	6446.06	6473.12

资料来源：《中国房地产统计年鉴》（2012～2016）。

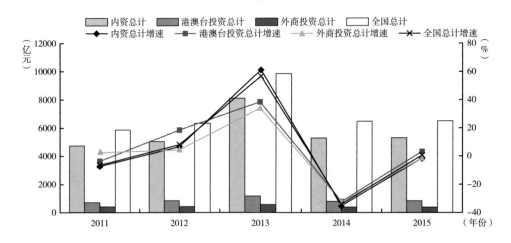

图17 "十二五"期间按登记注册类型分的房地产开发企业利润总额及增速

第二节 "十二五"期间物业管理业发展情况

"十二五"期间，随着房地产市场的持续发展，物业管理业也呈现了新的发展趋势，得到了各方面的关注。2015年，物业管理人员从业平均人数达242.82万人，比2010年增加了217.70万人，增长了866%，从业人数大规模增长，行业劳动密集型特点明显；2015年物业管理单位数达到15043家，比2010年增加了5083家，增长了49.25%，物业管理业单位规模扩大明显；2015年营业收入达到4301.88亿元，比2010年增加了3457.07亿元，增长了409.21%，物业管理业呈现快速发展态势，发展势头良好。

一 营业规模情况

"十二五"期间，我国物业管理业的政策环境和市场环境，都发生了深刻变化。国家推行新型城镇化规划，为新型城市群建设注入了活力，大量住宅引入物业管理。与此同时，物业管理业的服务模式趋于成熟，多元化、个性化需求随之产生，促使营业收入不断提速，5 年内营业收入共计 15998.64 亿元。从表 20 可见，2011～2015 年，营业收入从 1401.52 亿元上升到 4301.88 亿元，增加了 2900.36 亿元，年平均增长 24.44%；其中，2014 年波动较大，2011～2015 年增速分别为 65.90%、84.45%、58.28%、-11.57% 和 18.89%。此外，2011～2015 年主营业务收入分别为 1345.46 亿元、2506.74 亿元、2993.89 亿元、3495.45 亿元和 4150.88 亿元，2011～2015 年增速分别为 65.90%、86.31%、19.43%、16.75% 和 18.75%。

表 20 "十二五"期间按构成分的物业管理业营业规模情况

单位：亿元

类别 \ 年份	2011	2012	2013	2014	2015
营业收入	1401.52	2585.07	4091.69	3618.48	4301.88
其中:主营业务收入	1345.46	2506.74	2993.89	3495.45	4150.88
营业成本	1207.95	2383.42	2882.29	2380.16	2839.30
其中:主营业务成本	815.60	1598.54	1925.14	2272.30	2706.92

资料来源：2013 年普查数据和国家统计局数据（2013～2015）。

从图 18 的对比可知，相对于总营业收入，主营业务发展趋势比较稳定，实现了一路稳定上涨态势。此外，2011～2015 年营业成本的趋势与营业收入趋势基本一致，在 2014 年均有所下降。2011～2015 年的营业成本增速分别为 126.79%、97.31%、20.93%、-17.42% 和 19.29%。

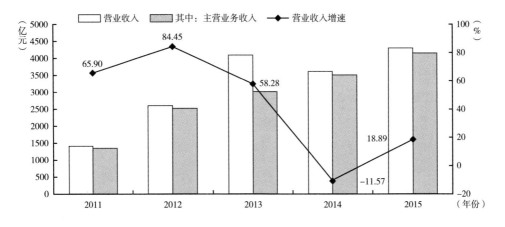

图 18 "十二五"期间按构成分的物业管理业营业收入和主营业务收入情况

从表21可见，从全国各地区来看，物业管理业营业收入方面，2015年，北京、河北、上海、广东4地营业收入均超过400亿元，广东、河北、上海分列前三位，北京位列第四。山东、江苏、黑龙江、湖北、辽宁紧随其后。

表21　2015年全国各地区物业管理业营业收入

单位：亿元

地　区	营业收入	地　区	营业收入
北　京	400.83	湖　北	143.24
天　津	59.45	湖　南	64.56
河　北	433.94	广　东	927.60
山　西	36.45	广　西	35.05
内蒙古	48.59	海　南	16.20
辽　宁	115.71	重　庆	80.03
吉　林	71.94	四　川	105.34
黑龙江	175.94	贵　州	30.52
上　海	407.46	云　南	27.44
江　苏	186.36	西　藏	1.30
浙　江	119.97	陕　西	96.33
安　徽	66.61	甘　肃	30.72
福　建	92.43	青　海	6.92
江　西	39.45	宁　夏	10.88
山　东	238.18	新　疆	31.90
河　南	58.27		

二　资产规模情况

"十二五"期间，得益于旺盛的市场需求，我国物业管理业发展态势良好。从表22可见，总资产额呈逐年上升态势，由2011年的8854.85亿元增长至2015年的22266.12亿元，5年内资产总额共计74681.56亿元。增长速度方面，2011～2015年，增长速度分别为26.68%、34.98%、14.36%、31.26%和24.11%，2013年和2015年增速较其他年度有所放缓。我国物业管理业所有者权益也呈逐年上升态势，由2011年的3984.68亿元增长至2015年的7200.99亿元。2011～2015年，增长速度分别为26.68%、－5.55%、12.38%、49.45%和13.92%，2014年增长速度达到最大值，2015年增速有所放缓。

从表22和图19可见，5年内，固定资产原价处于平稳微增态势，2011～2015年，分别为783.88亿元、1011.21亿元、1152.24亿元、1328.13亿元和1600.95亿元，增长率分别为11.90%、29.00%、13.95%、15.27%和20.54%。

表22　"十二五"期间按构成分的物业管理业资产规模情况

单位：亿元

类别＼年份	2011	2012	2013	2014	2015
固定资产原价	783.88	1011.21	1152.24	1328.13	1600.95
本年折旧	42.09	54.98	63.32	75.25	93.69
资产总计	8854.85	11952.03	13667.89	17940.67	22266.12
负债合计	4870.17	8188.39	9438.22	11619.51	15065.61
所有者权益合计	3984.68	3763.64	4229.67	6321.19	7200.99

资料来源：2013年普查数据和国家统计局数据（2013～2015）。

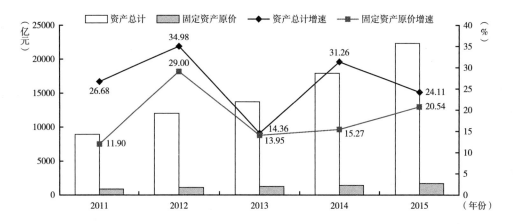

图19　"十二五"期间按构成分的物业管理业资产总计及增速

三　法人单位情况

"十二五"期间，我国物业管理业法人单位数一直处于相对稳定的状态。2015年末，法人单位数量达15043个。2011～2015年物业管理业法人单位数增长率分别为9.42%、2.21%、5.63%、15.27%和7.05%。

表23　"十二五"期间按构成分的物业管理业法人单位情况

单位：个

类别＼年份	2011	2012	2013	2014	2015
单位数	11292	11541	12191	14052	15043

资料来源：2013年普查数据、《中国第三产业统计年鉴》（2011～2015）和国家统计局数据（2014～2015）。

四　就业人数及薪酬情况

从表 24 可见，2011～2015 年从业人员平均数分别是 23.43 万人、20.03 万人、179.07 万人、215.11 万人和 242.82 万人，5 年增长率分别为 -6.74%、-14.51%、794.12%、20.13% 和 12.88%。

表 24　"十二五"期间按构成分的物业管理业就业人数及薪酬情况

单位：亿元，万人

类别＼年份	2011	2012	2013	2014	2015
应付职工薪酬	25.77	26.91	785.00	918.77	1109.77
从业人员平均人数	23.43	20.03	179.07	215.11	242.82

资料来源：2013 年普查数据、《中国第三产业统计年鉴》(2011～2015) 和国家统计局数据 (2013～2015)。

"十二五"期间，应付职工薪酬共计 2866.22 亿元，2011～2015 年应付职工薪酬分别为 25.77 亿元、26.91 亿元、785.00 亿元、918.77 亿元和 1109.77 亿元，增长率分别为 2.58%、4.43%、2817.13%、17.04% 和 20.79%。其中，2014 年实现井喷式增长。从平均工资水平看，物业管理业从业人员平均工资有所上升。

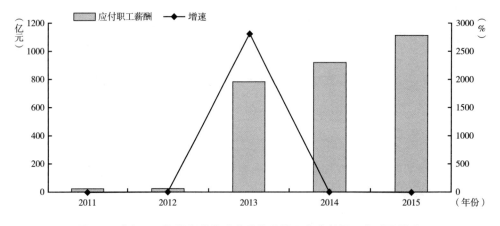

图 20　"十二五"期间按构成分的物业管理业应付职工薪酬及增速

五　固定资产投资情况

"十二五"期间，物业管理业固定资产投资情况整体发展迅猛。从表 25 可见，2011～2015 年，建筑安装工程固定资产投资额分别是 117.67 亿元、211.35 亿元、350.92 亿元、316.74 亿元和 344.90 亿元，2012 年增长 79.62%，2013 年增长 66.03%，2014 年下降 9.74%，2015 年增长 8.89%，基本恢复至 2013 年的水平。

2011～2015年,设备工器具购置固定资产投资在2013年度有个小高峰,增长率高达146%,2015年末达到68.68亿元,比2011年增长近200%,其中,2013年增长146.42%,2014年下降8.47%,2015年超过2013年的金额。此外,2011～2015年的其他费用2013年的增长速度最快,增长了81.42%,最大值出现在2014年,2015年比2014年下降了18.60%。

表25 "十二五"期间按构成分的物业管理业固定资产投资(不含农户)

单位:亿元

类别\年份	2011	2012	2013	2014	2015
投资额	161.71	253.59	443.77	409.04	442.91
建筑安装工程	117.67	211.35	350.92	316.74	344.90
设备工器具购置	22.96	24.95	61.48	56.28	68.68
其他费用	21.09	17.29	31.37	36.02	29.32

资料来源:2013年普查数据和国家统计局数据(2011～2015)。

从图20可见,"十二五"期间,我国物业管理业固定资产投资额有升有降,其中,2013年增长约74.99%,是5年内最大增幅;2014年下降了近8%。5年内增长速度分别为21.73%、56.82%、74.99%、 -7.83%和8.28%。5年内累计投资总额共计1711.02亿元。

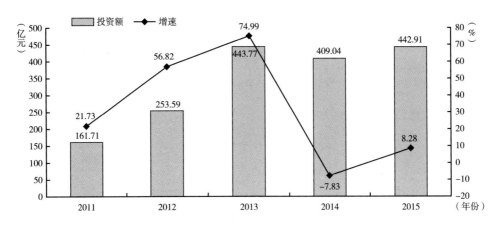

图21 "十二五"期间按构成分的物业管理业固定资产投资额(不含农户)及增速

六 税收情况

从表26数据可见,2011～2015年物业管理业税收分别为116.43亿元、189.47亿元、271.98亿元、330.32亿元和371.36亿元,增长速度分别为45.16%、62.73%、

43.55%、21.45%和12.42%，就增长幅度而言，2012年最高，2015年最为缓慢，5年内累计税收为1359.76亿元。

表26 "十二五"期间按构成分的物业管理业税收情况

单位：亿元

类别 \ 年份	2011	2012	2013	2014	2015
物业管理业税收	116.43	189.47	271.98	330.32	371.36

资料来源：2013年普查数据和国家统计局数据（2013～2015）。

七 企业利润情况

从表27可见，2011～2015年，物业管理业营业利润分别为8.00亿元、13.42亿元、15.83亿元、142.31亿元和197.17亿元，总计达376.74亿元，增长率分别为55.56%、67.67%、17.94%、799.05%和38.55%，其中2014年增长迅猛。利润总额5年内累计达711.98亿元，增长率分别为50.70%、77.85%、60.92%、27.89%和38.73%。

表27 "十二五"期间按构成分的物业管理业企业利润情况

单位：亿元

类别 \ 年份	2011	2012	2013	2014	2015
营业利润	8.00	13.42	15.83	142.31	197.17
利润总额	49.52	88.07	141.72	181.24	251.43

资料来源：2013年普查数据和国家统计局数据（2013～2015）。

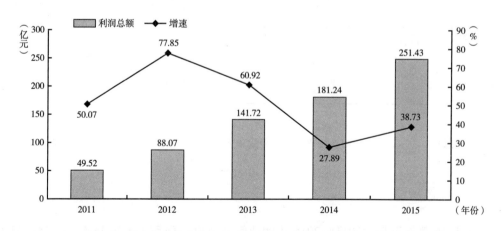

图22 "十二五"期间按构成分的物业管理业利润总额及增速

第三节 "十二五"期间房地产中介服务业发展情况

"十二五"期间,随着房地产市场的持续发展,房地产中介服务业也实现不同程度的增长。2015年,从业人员平均数达28.81万人,比2010年末期增长了22.61万人,增长了364.68%,从业人数大规模增长;2015年从业单位数由2010年的7519个增长到13442个,"十二五"期间房地产中介服务业逐步规范,优胜劣汰,规模经营正在初步显露;2015年营业收入由2010年的566.50亿元增长到10099.93亿元,增长了9533.43亿元。

一 营业规模情况

我国房地产中介服务业在"十二五"期间营业收入从764.31亿元上升到10099.93亿元,增加了9335.62亿元;主营业务收入从346.58亿元增长到9624.68亿元,增加了9278.10亿元,发展迅猛。房地产中介服务业的营业成本在5年内增长率分别为47.26%、48.07%、38.19%、367.75%和46.69%,其中主营业务成本增长率分别为47.77%、49.48%、43.95%、927.16%和51.42%,2014年增长尤为明显。

表28 "十二五"期间按构成分的房地产中介服务业营业规模情况

单位:亿元

类别 \ 年份	2011	2012	2013	2014	2015
营业收入	764.31	1049.36	1275.36	7115.30	10099.93
其中:主营业务收入	346.58	507.42	699.49	6992.35	9624.68
营业成本	337.44	499.66	690.47	3229.66	4737.56
其中:主营业务成本	138.56	207.12	298.15	3062.50	4637.16

资料来源:2013年普查数据和国家统计局数据(2013~2015)。

从表28和图23可见,"十二五"期间,我国房地产中介服务业营业收入累计达20304.26亿元,5年内增长速度分别为34.92%、37.30%、21.54%、457.91%、41.95%。其中主营业务收入共计18170.52亿元,5年内增长速度分别为42.60%、46.41%、37.85%、899.64%、37.65%。

从全国各地区来看,房地产中介服务业营业收入方面,2015年,北京、上海、江苏、山东、广东5地营业收入均超过500亿元,上海、广东、山东分列前三位,北京、江苏分列第四位、第五位,浙江、湖北紧随其后。伴随着房地产业的发展,房地产中介服务业在全国范围迅速发展。在房地产开发行业较成熟的珠三角和长三角地区,由中介

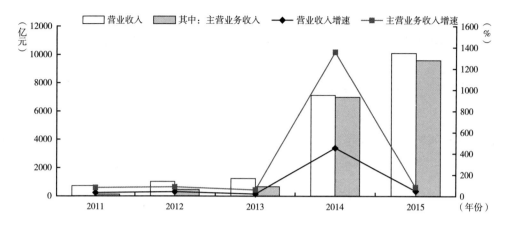

图23 "十二五"期间按构成分的房地产中介服务业营业收入情况及增速

代理的新增商品房的市场份额相对较高，而在房地产开发行业发展相对不成熟的其他区域，由中介代理的新增商品房的市场份额则相对较低。房地产中介服务行业的区域发展不平衡特征显著。随着房地产市场逐渐规范、合理、透明和互联网技术的发展，房地产中介企业也在规范化、专业化建设方面努力，这对整合房地产中介服务业、提升行业集中度有良好的推动作用。

表29 2015年全国各地区房地产中介服务业营业收入

单位：亿元

地区	营业收入	地区	营业收入
北 京	698.47	湖 北	387.16
天 津	169.64	湖 南	88.69
河 北	88.18	广 东	1544.89
山 西	56.29	广 西	89.14
内蒙古	55.45	海 南	66.94
辽 宁	183.46	重 庆	175.68
吉 林	155.58	四 川	252.73
黑龙江	162.96	贵 州	43.28
上 海	1921.97	云 南	66.18
江 苏	552.84	西 藏	1.04
浙 江	431.91	陕 西	170.52
安 徽	204.76	甘 肃	22.25
福 建	229.77	青 海	13.79
江 西	123.69	宁 夏	25.91
山 东	786.67	新 疆	36.21
河 南	203.27		

二 资产规模情况

从表 30 可见,"十二五"期间,我国房地产中介服务资产规模累计达 28018.76 亿元,整体呈现逐年上升态势,2015 年增速有所下降;负债合计由 2011 年的 1673.36 亿元上升到 2015 年的 6021.20 亿元,2011~2015 年增速分别为 33.51%、81.06%、40.41%、38.31%、2.33%;所有者权益合计由 2011 年的 1369.11 亿元上升到 2015 年的 1838.40 亿元,2014 年增长较为明显,增速为 30.10%,2015 年的增速放缓,为 12.75%。

表 30 "十二五"期间按构成分的房地产中介服务业资产规模情况

单位:亿元

类别\年份	2011	2012	2013	2014	2015
固定资产原价	95.14	99.57	104.21	143.78	130.01
本年折旧	8.41	8.80	9.10	12.29	10.56
资产总计	3042.47	4094.58	5507.59	7514.52	7859.60
负债合计	1673.36	3029.85	4254.26	5883.99	6021.20
所有者权益合计	1369.11	1064.66	1253.33	1630.53	1838.40

资料来源:2013 年普查数据和国家统计局数据(2013~2015)。

"十二五"期间,我国房地产中介服务业资产总计分别为 3042.47 亿元、4094.58 亿元、5507.59 亿元、7514.52 亿元和 7859.60 亿元,增长率分别为 33.51%、34.58%、34.51%、36.44% 和 4.59%。

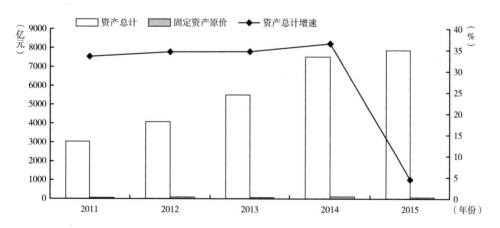

图 24 "十二五"期间按构成分的房地产中介服务业资产总计及其增速和固定资产原价

三 法人单位情况

从表 31 可见,"十二五"期间,按构成分的房地产中介服务业法人单位数从 2011

年的 8530 个增长为 2015 年的 13442 个，2011～2015 年增速分别为 13.45%、- 3.22%、58.15%、6.60% 和 - 3.41%。

表 31 "十二五"期间按构成分的房地产中介服务业法人单位情况

单位：个

类别＼年份	2011	2012	2013	2014	2015
单位数	8530	8255	13055	13916	13442

资料来源：2013 年普查数据、《中国第三产业统计年鉴》（2011～2015）和国家统计局数据（2013～2015）。

四 就业人数及薪酬情况

从表 32 可见，房地产中介服务业 2011～2015 年从业人员平均数分别是 7.16 万人、6.47 万人、22.08 万人、22.46 万人和 28.81 万人，分别增长了 15.39%、- 9.54%、241.10%、1.72% 和 28.30%。2011～2015 年应付职工薪酬分别为 6.68 亿元、6.04 亿元、179.07 亿元、183.28 亿元和 265.63 亿元，分别增长了 15.37%、- 9.58%、2864.74%、2.35% 和 44.93%，2014 年实现了跨越式发展，从平均工资水平看，房地产中介服务业从业人员平均工资有所上升，累计薪酬达 640.70 亿元。

表 32 "十二五"期间按构成分的房地产中介服务业就业人数及薪酬情况

单位：亿元，万人

类别＼年份	2011	2012	2013	2014	2015
应付职工薪酬	6.68	6.04	179.07	183.28	265.63
从业人员平均人数	7.16	6.47	22.08	22.46	28.81

资料来源：2013 年普查数据、《中国第三产业统计年鉴》（2011～2015）和国家统计局数据（2013～2015）。

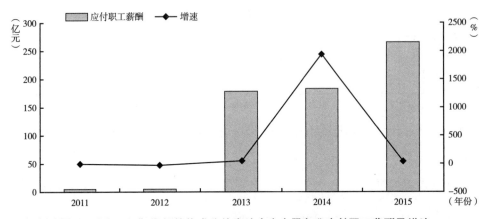

图 25 "十二五"期间按构成分的房地产中介服务业应付职工薪酬及增速

五 固定资产投资情况

从表33可见,"十二五"期间我国房地产中介服务业固定资产投资总额波动较大,2011~2015年投资总额分别为61.48亿元、33.99亿元、41.59亿元、20.01亿元和41.65亿元,其中,2012年下降了44.71%,2013年增长了22.34%,2014年下降幅度最大,下降了51.87%,"十二五"末年回暖,实现了108.10%的增长。其中,2011年投资额度最大,2014年投资为5年内最低值,2015年基本恢复2013年的水平,5年内累计投资额为198.72亿元。

表33 "十二五"期间按构成分的房地产中介服务业固定资产投资(不含农户)

单位:亿元

类别 \ 年份	2011	2012	2013	2014	2015
投资额	61.48	33.99	41.59	20.01	41.65
建筑安装工程	46.98	30.89	34.68	16.22	29.79
设备工器具购置	7.40	1.41	5.28	2.92	4.26
其他费用	7.09	1.70	1.62	0.87	7.60

资料来源:2013年普查数据和国家统计局数据(2011~2015)。

其中,2011~2015年建筑安装工程固定资产投资总额分别为46.98亿元、30.89亿元、34.68亿元、16.22亿元和29.79亿元,呈波动发展的态势,2012年和2014年均是负增长,分别下降了34.26%和53.24%,2014年的投资额度为5年内最低。2011~2015年设备工器具购置投资额分别为7.40亿元、1.41亿元、5.28亿元、2.92亿元和4.26亿元,2013年实现了爆发式的增长,增长了275.27%,2012年和2014年出现了负增长。此外,其他费用在2012年度下降了76.04%,在2014年度下降了46.09%,在"十二五"末年实现了逆袭,反超2011年的数额,比"十二五"开年增长了7.10%。

六 税收情况

从表34数据可见,2011~2015年房地产中介服务业税收分别为77.24亿元、105.76亿元、127.75亿元、130.56亿元和123.51亿元,增长速度分别为32.55%、36.93%、20.79%、2.20%和-5.40%,就增长幅度而言,2012年最高,2015年为负增长,5年内累计税收564.81亿元。

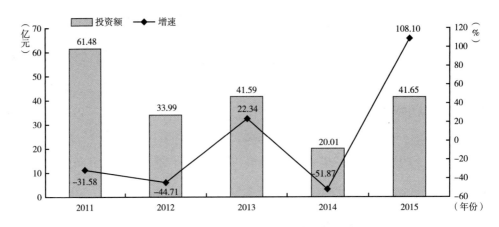

图26　"十二五"期间按构成分的房地产中介服务业
固定资产投资额（不含农户）及增速

表34　"十二五"期间按构成分的房地产中介服务业税收情况

单位：亿元

类别 \ 年份	2011	2012	2013	2014	2015
房地产中介服务业	77.24	105.76	127.75	130.56	123.51

资料来源：2013年普查数据和国家统计局数据（2013～2015）。

七　企业利润情况

从表35可见，2011～2015年，按构成分的房地产中介服务业营业利润分别为3.52亿元、6.01亿元、11.26亿元、200.10亿元和776.47亿元，总计达977.36亿元，增长率分别为26.01%、70.51%、87.39%、1677.75%、288.04%，"十二五"后两年实现了大幅增长。利润总额在5年内累计达1190.22亿元，增长率分别为25.91%、79.47%、105.47%、292.11%、223.43%，其中2015年有所下降。

表35　"十二五"期间按构成分的房地产中介服务业企业利润情况

单位：亿元

类别 \ 年份	2011	2012	2013	2014	2015
营业利润	3.52	6.01	11.26	200.10	776.47
利润总额	17.58	31.55	64.82	254.18	822.09

资料来源：2013年普查数据和国家统计局数据（2013～2015）。

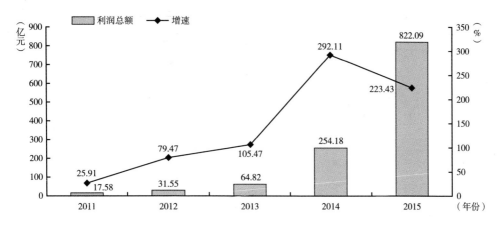

图 27 "十二五"期间按构成分的房地产中介服务业利润总额及增速

第四节 "十二五"期间自有房地产经营活动业发展情况

"十二五"期间,随着房地产市场的持续发展,自有房地产经营活动也实现了不同程度的增长。2015 年,营业收入额达 1258.03 亿元,比 2010 年增长了 113.69%;2015 年资产规模达 15779.24 亿元,比 2010 年增长了 189.09%;从业人员平均数达 4.93 万人,比 2010 年增长了 322.48%,从业人员数量大幅增加;从业单位数有所降低,下降了 32.95%。"十二五"期间,随着房地产市场的高速发展,自有房地产经营活动也取得了不错的成绩,伴随着房地产市场的调控,自有房地产经营活动也在逐步规范。

一 营业规模情况

"十二五"期间,我国自有房地产经营活动业营业收入从 2011 年的 594.71 亿元上升到 2015 年的 1258.03 亿元,增加了 663.32 亿元,增长约 111.54%;主营业务收入从 2011 年的 573.30 亿元增长到 2015 年的 1213.50 亿元,增加了 640.20 亿元,增长了约 111.67%,发展迅猛。自有房地产经营活动业的营业成本逐年稳步提升,2011~2015 年增长率分别为 13.87%、20.00%、30.22%、10.57%、23.91%,其中主营业务成本也呈逐年上升态势。

从表 36 和图 28 可见,"十二五"期间,我国自有房地产经营活动业营业收入累计达 4854.77 亿元,2011~2015 年增长速度分别为 1.02%、42.54%、25.97%、1.75%、15.79%。其中主营业务收入共计 4681.22 亿元,2011~2015 年增长速度分别为 3.81%、42.54%、25.97%、1.79%、15.81%。

表 36 "十二五"期间按构成分的自有房地产经营活动业营业规模情况

单位：亿元

类别 \ 年份	2011	2012	2013	2014	2015
营业收入	594.71	847.71	1067.82	1086.50	1258.03
其中：主营业务收入	573.30	817.19	1029.38	1047.85	1213.50
营业成本	239.65	287.59	374.50	414.09	513.09
其中：主营业务成本	198.58	250.07	307.13	375.24	452.21

资料来源：2013 年普查数据和国家统计局数据（2015）。

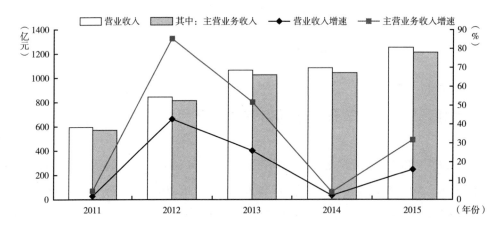

图 28 "十二五"期间按构成分的自有房地产经营活动业营业收入情况及增速

2015 年我国城镇居民家庭住房自有率为 91.2%，城镇居民家庭拥有两套及以上住房的比例达 19.7%，这两项指标显著高于美国、加拿大、法国等发达国家水平。城市发展水平不均，城镇化进程中人口向大中型城市聚拢的趋势不断深化，加之房地产市场多年持续火爆，导致区域性失衡日益加剧，一线城市及部分二线城市住房供应紧张，三、四线城市库存变现面临巨大困难，无房可住、租金暴涨与空置率高企并存。2015年，我国三、四线城市住房空置率达 26%，远高于欧美国家 10% 以下的空置水平。从全国各地区来看，自有房地产经营活动业营业收入方面，2015 年，广东、江苏、上海分列前三位，均超过 100 亿元；北京以 83.94 亿元紧随其后，山东、湖北、浙江分列第五位、第六位、第七位。

二 资产规模情况

从表 38 可见，"十二五"期间，我国自有房地产经营活动业资产规模累计达58246.16 亿元，整体呈现逐年上升态势，2015 年增速有所放缓；负债合计由 2011 年的3848.46 亿元上升到 2015 年的 9296.39 亿元，2011～2015 年增长率分别为 14.01%、

表 37　2015 年全国各地区自有房地产经营活动业营业收入

单位：亿元

地 区	营业收入	地区	营业收入
北 京	83.94	湖 北	49.79
天 津	16.85	湖 南	7.47
河 北	12.69	广 东	236.26
山 西	5.81	广 西	6.77
内 蒙 古	4.65	海 南	1.13
辽 宁	16.27	重 庆	15.93
吉 林	10.18	四 川	17.00
黑 龙 江	7.07	贵 州	3.01
上 海	113.17	云 南	7.31
江 苏	137.20	西 藏	0.01
浙 江	39.91	陕 西	38.40
安 徽	24.76	甘 肃	0.13
福 建	24.37	青 海	0.68
江 西	5.85	宁 夏	0.24
山 东	58.00	新 疆	5.38
河 南	3.09		

30.61%、39.94%、31.83% 和 0.25%；所有者权益合计由 2011 年的 3100.19 亿元上升到 2015 年的 6484.43 亿元，2011 年增长最为明显，2011～2015 年增长率分别为 46.95%、23.74%、20.86%、23.24% 和 13.49%。

表 38　"十二五"期间按构成分的自有房地产经营活动业资产规模情况

单位：亿元

类别 ＼ 年份	2011	2012	2013	2014	2015
固定资产原价	1029.93	1039.82	1049.8	1059.88	1070.12
本年折旧	50.38	50.87	41.99	52.87	56.36
资产总计	6948.65	8862.59	11670.23	14985.45	15779.24
负债合计	3848.46	5026.54	7034.10	9273.08	9296.39
所有者权益合计	3100.19	3836.05	4636.13	5713.76	6484.43

资料来源：2013 年普查数据和国家统计局数据（2015）。

　　"十二五"期间，我国自有房地产经营活动业资产分别为 6948.65 亿元、8862.59 亿元、11670.23 亿元、14985.45 亿元和 15779.24 亿元，增长率分别为 26.68%、27.54%、31.68%、28.41% 和 5.30%。

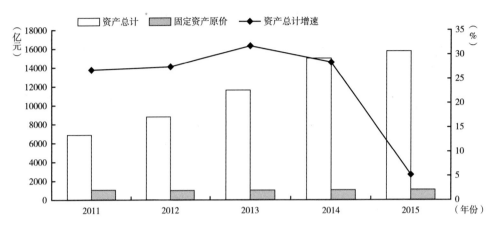

图29 "十二五"期间按构成分的自有房地产经营活动业资产总计及
增速和固定资产原价

三 法人单位情况

从表39可见,"十二五"期间,按构成分的自有房地产经营活动业法人单位数从2011年的1194个下降为2015年的1173个,5年增长率分别为13.71%、-10.13%、9.51%、-9.96%和10.87%。

表39 "十二五"期间按构成分的自有房地产经营活动业法人单位情况

单位:个

类别 \ 年份	2011	2012	2013	2014	2015
单位数	1194	1073	1175	1058	1173

资料来源:2013年普查数据、《中国第三产业统计年鉴》(2011～2015)和国家统计局数据(2015)。

四 就业人数及薪酬情况

从表40可见,2011～2015年按构成分的自有房地产经营活动业从业人员平均数分别是1.89万人、1.19万人、0.98万人、4.52万人和4.93万人,分别增长了62.33%、-36.93%、-18.30%、362.95%和9.10%。2011～2015年应付职工薪酬为2.84亿元、1.85亿元、1.56亿元、42.73亿元和48.75亿元,分别增长了88.08%、-34.86%、-15.68%、2639.10%和14.09%,2014年实现了跨越式发展。从平均工资水平看,按构成分的自有房地产经营活动业从业人员平均工资有所上升,累计薪酬达97.73亿元。

表40　"十二五"期间按构成分的自有房地产经营活动业就业人数及薪酬情况

单位：亿元，万人

类别 年份	2011	2012	2013	2014	2015
应付职工薪酬	2.84	1.85	1.56	42.73	48.75
从业人员平均人数	1.89	1.19	0.98	4.52	4.93

资料来源：2013年普查数据、《中国第三产业统计年鉴》（2011~2015）和国家统计局数据（2015）。

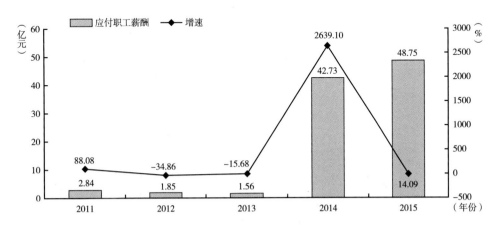

图30　"十二五"期间按构成分的自有房地产经营活动业应付职工薪酬及增速

五　固定资产投资情况

"十二五"期间我国自有房地产经营活动业固定资产投资总额波动较大，2011~2015年投资总额分别为3092.28亿元、1254.51亿元、1490.58亿元、2151.44亿元和2286.36亿元。2012年为负增长，下降了59.43%，2013年增长了18.82%，2014年回暖，增长了44.34%，2015年增长了6.27%。其中，2011年投资额度最大，2012年投资额为5年内最低值，2015年恢复2014年的水平，5年内累计投资额10275.17亿元。

表41　"十二五"期间按构成分的自有房地产经营活动业固定资产投资（不含农户）

单位：亿元

类别 年份	2011	2012	2013	2014	2015
投资额	3092.28	1254.51	1490.58	2151.44	2286.36
建筑安装工程	2500.40	1018.49	1215.18	1724.78	1894.73
设备工器具购置	104.06	60.00	57.10	91.32	67.25
其他费用	487.81	176.02	218.29	335.34	324.38

资料来源：2013年普查数据和国家统计局数据（2011~2015）。

2011～2015年，建筑安装工程固定资产投资总额分别为2500.40亿元、1018.49亿元、1215.18亿元、1724.78亿元和1894.73亿元，也是处于波动的发展状态，2012年是负增长，下降了59.27%，2012年的投资额度为5年内最低。2011～2015年设备工器具购置投资额分别为104.06亿元、60.00亿元、57.10亿元、91.32亿元和67.25亿元，2014年实现了爆发式的增长，增长了59.92%，2011年、2012年和2015年出现负增长。此外，其他费用在2012年度下降了63.92%，在2015年度下降了3.27%，在2013年实现了24.01%的增长。

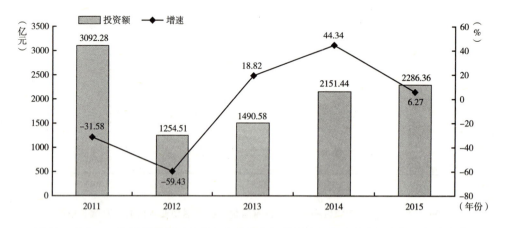

图31 "十二五"期间按构成分的自有房地产经营活动业固定资产投资额（不含农户）

六 税收情况

由表42可见，"十二五"期间，自有房地产经营活动业2011～2015年税收分别为119.92亿元、223.04亿元、365.91亿元、507.92亿元和652.62亿元，增长速度分别为39.94%、85.98%、64.06%、38.81%和28.49%。就增长幅度而言，2012年最高。5年内累计税收为1869.42亿元。

表42 "十二五"期间按构成分的自有房地产经营活动业税收情况

单位：亿元

类别 \ 年份	2011	2012	2013	2014	2015
自有房地产经营活动业	119.92	223.04	365.91	507.92	652.62

资料来源：2013年普查数据和国家统计局数据（2015）。

七 企业利润情况

由表43可见，2011～2015年，按构成分的自有房地产经营活动业营业利润分别为

134. 15 亿元、191. 21 亿元、240. 86 亿元、224. 94 亿元和 304. 79 亿元，总计达 1095. 95
亿元；增长率分别为 19. 97%、42. 53%、25. 97%、- 6. 61%、35. 50%。而利润总额，
5 年累计达 1186. 97 亿元，增长率分别为 19. 96%、42. 53%、25. 97%、- 3. 66%、
35. 57%，其中 2014 年为负增长。

表 43 "十二五"期间按构成分的自有房地产经营活动业企业利润情况

单位：亿元

类别 年份	2011	2012	2013	2014	2015
营业利润	134. 15	191. 21	240. 86	224. 94	304. 79
利润总额	143. 09	203. 94	256. 91	247. 50	335. 53

资料来源：2013 年普查数据和国家统计局数据（2015）。

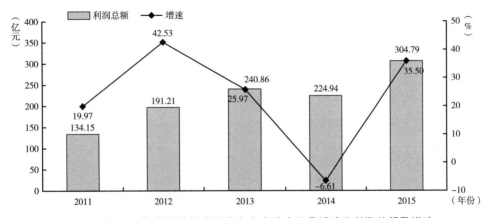

图 32 "十二五"期间按构成分的自有房地产经营活动业利润总额及增速

第五节 "十二五"期间其他房地产业发展情况

"十二五"期间，随着房地产市场的持续发展，其他房地产业也实现了不同程度的
增长。2015 年，营业收入额达 2044. 00 亿元，比 2010 年增长了 1168. 49 亿元，增长了
133. 46%；2015 年资产规模达 30234. 12 亿元，比 2010 年增长了 179. 18%；从业人员
平均数达 2. 17 万人，比 2010 年增长了 8. 80%；从业单位数有所减少。"十二五"期
间，随着房地产市场的不断调控和规范，其他房地产业也逐步规范，优胜劣汰，规模经
营初步显现。

一 营业规模情况

"十二五"期间，我国按构成分的其他房地产业营业收入从 2011 年的 1035. 50 亿元

上升到 2015 年的 2044.00 亿元，增加了 1008.50 亿元，增长约 97.39%；主营业务收入从 2011 年的 878.18 亿元增长到 2015 年的 1826.56 亿元，增加了 948.38 亿元，增长了约 107.99%。按构成分的其他房地产业的营业成本逐年稳步提升，2011～2015 年增长率分别为 24.78%、42.66%、29.89%、10.84%、20.30%，主营业务成本也呈逐年上升态势。

表 44   "十二五"期间按构成分的其他房地产业营业规模情况

单位：亿元

类别 年份	2011	2012	2013	2014	2015
营业收入	1035.50	1409.85	1775.81	1762.58	2044.00
其中：主营业务收入	878.18	1251.94	1576.92	1557.94	1826.56
营业成本	493.52	704.05	914.47	1013.64	1219.41
其中：主营业务成本	388.11	582.20	772.94	852.07	1073.45

资料来源：2013 年普查数据和国家统计局数据（2015）。

从表 44 和图 33 可见，"十二五"期间，我国按构成分的其他房地产业营业收入累计达 8027.74 亿元，5 年增长速度分别为 18.27%、36.15%、25.96%、-0.75%、15.97%。其中主营业务收入共计 7091.54 亿元，2014 年出现轻微下滑。

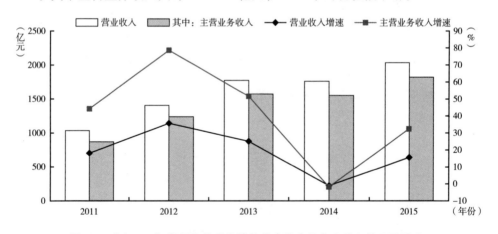

图 33   "十二五"期间按构成分的其他房地产业营业收入情况及增速

从全国各地区来看，其他房地产业营业收入方面，2015 年，广东、江苏、上海、北京分列前四位，均超过 100 亿元；山东、湖北、浙江紧随其后。一线城市发展迅猛；二线城市也在崛起中，三、四线城市发展相对较缓。

二   资产规模情况

"十二五"期间，我国按构成分的其他房地产业资产规模累计达 104141.27 亿元，

表 45 2015 年全国各地区其他房地产业营业收入

单位：亿元

地 区	营业收入	地 区	营业收入
北 京	136.39	湖 北	80.90
天 津	27.37	湖 南	12.14
河 北	20.62	广 东	383.87
山 西	9.43	广 西	11.00
内蒙古	7.55	海 南	1.83
辽 宁	26.43	重 庆	25.89
吉 林	16.54	四 川	27.63
黑龙江	11.49	贵 州	4.90
上 海	183.87	云 南	11.87
江 苏	222.91	西 藏	0.01
浙 江	64.85	陕 西	62.39
安 徽	40.24	甘 肃	0.21
福 建	39.59	青 海	1.10
江 西	9.51	宁 夏	0.39
山 东	94.24	新 疆	8.74
河 南	5.03		

整体呈现逐年上升态势，2014 年增速有所放缓；负债合计由 2011 年的 7545.49 亿元上升到 2015 年的 19794.46 亿元；所有者权益合计由 2011 年的 6173.59 亿元上升到 2015 年的 10439.66 亿元，2014 年出现小幅下滑，下降了 11.12%，2015 年增速明显，恢复至 2013 年的水平。

表 46 "十二五"期间按构成分的其他房地产业资产规模情况

单位：亿元

类别 ＼ 年份	2011	2012	2013	2014	2015
固定资产原价	32.69	37.04	41.97	47.55	41.19
本年折旧	1.96	2.22	2.52	3.86	2.02
资产总计	13719.08	16975.66	20516.23	22696.18	30234.12
负债合计	7545.49	9336.61	11283.93	14490.73	19794.46
所有者权益合计	6173.59	7639.05	9232.30	8205.23	10439.66

资料来源：2013 年普查数据和国家统计局数据（2015）。

由图 34 可见，"十二五"期间，我国按构成分的其他房地产业资产总计分别为 13719.08 亿元、16975.66 亿元、20516.23 亿元、22696.18 亿元、30234.12 亿元，增长率分别为 26.68%、23.74%、20.86%、10.63% 和 33.21%，受房地产市场调控影响，2014 年的增长较为缓慢。

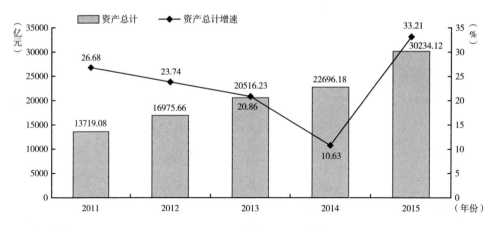

图 34　"十二五"期间按构成分的其他房地产业营业资产总计及增速

三　法人单位情况

由表 47 可见，"十二五"期间，按构成分的其他房地产业法人单位数从 2011 年的 1359 个增长为 2015 年的 1696 个，2011～2015 年增长率分别为 29.43%、9.71%、0.07%、13.27% 和 0.36%，2013 年增长缓慢。

表 47　"十二五"期间按构成分的其他房地产业法人单位情况

单位：个

类别＼年份	2011	2012	2013	2014	2015
单位数	1359	1491	1492	1690	1696

资料来源：2013 年普查数据、《中国第三产业统计年鉴》（2011～2015）和国家统计局数据（2015）。

四　就业人数及薪酬

由表 48 可见，2011～2015 年按构成分的其他房地产业从业人员平均数增长率分别为 5.33%、-3.52%、6.85%、2.60% 和 -2.34%，2013 年增长较为明显，2012 年和 2015 年出现了不同程度的负增长。2011～2015 年应付职工薪酬分别为 7.50 亿元、8.05 亿元、8.60 亿元、9.23 亿元和 9.89 亿元，分别增长了 6.99%、7.33%、6.83%、7.33% 和 7.15%，5 年内增长较为稳定；从平均工资水平看，按构成分的其他房地产业从业人员平均工资有所上升，累计薪酬达 43.27 亿元。

表48 "十二五"期间按构成分的其他房地产业就业人数及薪酬情况

单位:亿元,万人

类别 \ 年份	2011	2012	2013	2014	2015
应付职工薪酬	7.5	8.05	8.6	9.23	9.89
从业人员平均人数	2.10	2.02	2.16	2.22	2.17

资料来源:2013年普查数据、《中国第三产业统计年鉴》(2011~2015)和国家统计局数据(2015)。

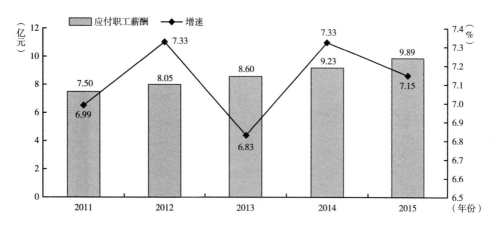

图35 "十二五"期间按构成分的其他房地产业应付职工薪酬及增速

五 固定资产投资情况

由表49可见,"十二五"期间,我国按构成分的其他房地产业固定资产投资总额实现了不同程度的增长,5年累计投资额为85325.55亿元。其中,2013年增长较为迅猛,增长了47.36%,2015年增长稍微缓慢一些,增长了16.12%。"十二五"期间,整体表现良好,末年比首年增长了149.41%。

表49 "十二五"期间按构成分的其他房地产业固定资产投资(不含农户)

单位:亿元

类别 \ 年份	2011	2012	2013	2014	2015
投资额	9396.02	13845.60	17883.61	20766.05	23434.27
建筑安装工程	7861.07	11751.99	15575.65	18037.08	20579.74
设备工器具购置	192.84	331.69	403.50	513.78	537.55
其他费用	1342.12	1761.93	1904.46	2215.19	2316.98

资料来源:2013年普查数据和国家统计局数据(2011~2015)。

2011~2015年建筑安装工程固定资产投资总额分别为7861.07亿元、11751.99亿元、15575.65亿元、18037.08亿元和20579.74亿元,保持增长态势。2012年处于增长高速期；随着市场不断成熟，2014年和2015年增速有所放缓。"十二五"末年比首年增长了161.79%。2011～2015年设备工器具购置投资额分别为192.84亿元、331.69亿元、403.50亿元、513.78亿元和537.55亿元，2012年的增长最为迅猛，2013年开始增速放缓，"十二五"末年比首年增长了178.75%。此外，其他费用累计总额为9540.68亿元，2012年和2014年增长较为明显，"十二五"末年比首年增长了72.64%。

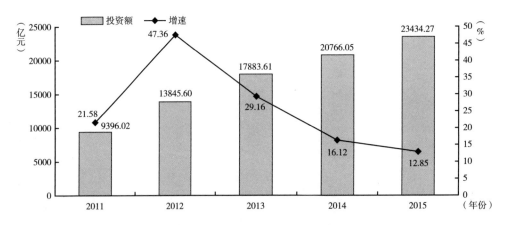

图36 "十二五"期间按构成分的其他房地产业固定资产投资额（不含农户）及增速

六 税收情况

由表50可见，按构成分的其他房地产业2011～2015年税收分别为1713.67亿元、2365.17亿元、2879.60亿元、2966.30亿元和2828.42亿元，增长速度分别为22.53%、38.02%、21.75%、3.01%和-4.65%。就增长幅度而言，2012年最大，2015年为负增长，5年内累计税收为12753.16亿元。

表50 "十二五"期间按构成分的其他房地产业税收情况

单位：亿元

类别 年份	2011	2012	2013	2014	2015
其他房地产业	1713.67	2365.17	2879.60	2966.30	2828.42

资料来源：2013年普查数据和国家统计局数据（2015）。

七 企业利润情况

2011～2015年，按构成分的其他房地产业营业利润分别为133.12亿元、189.78亿元、239.04 亿元、251.43 亿元和 256.55 亿元,总计达 1069.91 亿元,增长率分别为 26.40%、42.56%、25.96%、5.19%和 2.04%。

表 51 "十二五"期间按构成分的其他房地产业企业利润情况

单位:亿元

类别 \ 年份	2011	2012	2013	2014	2015
营业利润	133.12	189.78	239.04	251.43	256.55
利润总额	134.28	191.44	241.13	253.06	259.34

资料来源:2013 年普查数据和国家统计局数据(2015)。

利润总额 5 年内一直处于缓慢上升的态势,5 年内累计达 1079.25 亿元,增长率在 2012 年达到最高值 42.57%,2015 年增长速度最为缓慢,仅 2.48%。

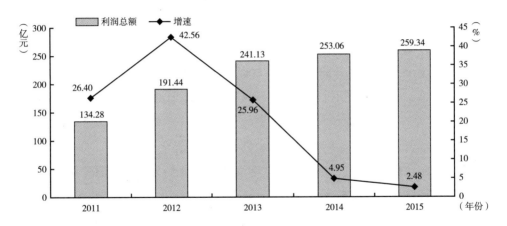

图 37 "十二五"期间按构成分的其他房地产业利润总额及增速

第九章

"十二五"期间中国租赁和
商务服务业发展情况

　　租赁和商务服务业是 2002 年国民经济行业分类的新增门类，是我国国家统计局 2002 年大范围修订国民经济行业分类标准后提出的一个行业名称。根据 2017 版国民经济行业分类标准，租赁业包括机械设备经营租赁、文化和日用品出租、日用品出租三个中类，共包括 13 个小类；商务服务业包括了九个中类——组织管理服务、综合管理服务、法律服务、咨询与调查、广告业、人力资源服务、安全保护服务、会议及展览和其他商务服务，共包括 44 个具体小类。租赁和商务服务业作为生产性服务业的重要组成部分，在国民经济活动中发挥着重要作用。随着我国国际化程度提高和工农业产业化、专业化、标准化快速发展，对各类专业化的租赁和商务服务的需求也快速增长，租赁和商务服务业的作用更加突出。

　　"十二五"期间，中国租赁和商务服务业持续较快发展。2015 年，法人单位数、就业人数、工资总额、固定资产投资、税收收入、营业利润、对外投资、利用外资、全行业增加值和总产出分别是 2011 年的 2.1 倍、1.5 倍、2.8 倍、2.8 倍、2 倍、2.6 倍、1.4 倍、1.2 倍、1.6 倍、1.9 倍。"十二五"期间，租赁和商务服务业累计完成全社会固定资产投资 31338.5 亿元、税收收入 20719.0 亿元、营业收入 110871.6 亿元、营业利润 29703.6 亿元。

　　租赁和商务服务业企业数量众多且发展快速，作用日益突出。法人单位数占第三产业总法人单位数的比重由 2011 年的 10.56% 提高到 2015 年的 15.67%，企业法人单位数占法人单位数的比重由 2011 年的 88.75% 提高到 2015 年的 91.30%。固定资产投资占第三产业全社会固定资产投资的比重由 2011 年的 2.07% 提高到 2015 年的 3.02%。占第三产业增加值的比重由 2011 年的 4.58% 提高到 2014 年的 4.96%。

租赁和商务服务业吸纳就业人数显著增加，吸引外资能力较强。"十二五"期间，累计吸纳就业人数 19242.2 万人，累计利用外资 494.9 亿美元，城镇单位就业人员工资总额累计 11871.1 亿元，截至 2015 年，对外直接投资存量达 4095.7 亿美元。

第一节 "十二五"期间租赁业发展情况

"十二五"期间，租赁业持续快速发展。租赁业法人单位数量稳定持续增加，法人单位数量由"十二五"初期（2011 年）的 34267 个增长至 2015 年的 93522 个。累计吸纳就业人数 41.6 万人，累计完成全社会固定资产投资 2345.1 亿元。2015 年，全社会固定资产投资、税收收入、利润总额分别达到 892 亿、292.9 亿元、169.3 亿元，分别是 2011 年的 3.84 倍、1.68 倍、2.75 倍，资产总计达 8844.6 亿元。

一 营业规模情况

"十二五"期间，租赁业规上企业营业规模有所下降，营业收入由"十二五"初期的 1160.8 亿元下降至 2015 年的 1043.1 亿元，但 2013 年增速达到 7.50%。租赁业占租赁和商务服务业的比重逐步提高，由 2011 年的 1.88% 提高到 2015 年的 3.37%。"十二五"期间，累计实现营业收入 5465.8 亿元。

表 1 "十二五"期间租赁业营业收入

单位：亿元

年份	2011	2012	2013	2014	2015
租赁业	1160.8	1130.2	1215.4	916.3	1043.1

注：本表数据为租赁业规上企业数据。

资料来源：2012~2015 年数据由国家统计局提供；2011 年数据由 2012~2015 年平均增长率推算得出。

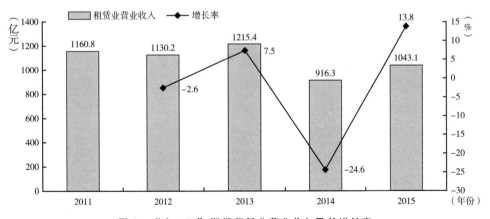

图 1 "十二五"期间租赁业营业收入及其增长率

二 资产规模情况

"十二五"期间，租赁业规上企业资产规模持续增加，2014年增速达88.8%。占租赁和商务服务业的比重由2011年的1.0%提高到2015年的2.8%，2015年租赁业资产总计达8844.6亿元。

表2 "十二五"期间租赁业资产总计

单位：亿元

年份	2011	2012	2013	2014	2015
租赁业	1815.6	3003.7	3709.7	7003.7	8844.6

注：本表数据为租赁业规上企业数据。
资料来源：国家统计局提供。

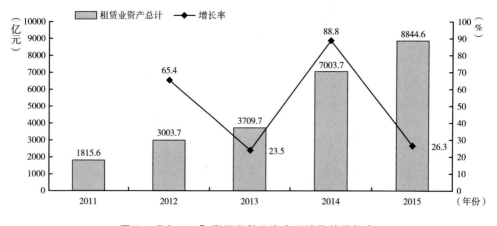

图2 "十二五"期间租赁业资产总计及其增长率

三 法人单位情况

"十二五"期间，租赁业法人单位数稳定持续增加，法人单位数由"十二五"初期（2011年）的34267个增长至2015年的93522个，其中，企业法人数量从2011年的33340个增加到2015年的91122个。租赁业法人单位数占第三产业总法人单位数的比重由2011年的0.53%提高到2015年的0.84%，企业法人单位数占法人单位数的比重由2011年的0.77%提高到2015年的1.09%。按区域划分，2015年，东部地区、中部地区、西部地区和东北地区，租赁业法人单位数占比分别为49.33%、22.61%、21.21%、6.85%。

表3 "十二五"期间租赁业法人单位情况

单位：个，%

年份	2011		2012		2013		2014		2015	
第三产业总计	6514160	企业法人	7225983	企业法人	8110957	企业法人	9683872	企业法人	11178994	企业法人
		4326461		5006878		5465749		6896141		8394346
租赁业	34267	33340	42279	41132	54103	51565	71362	68518	93522	91122
占第三产业比重	0.53	0.77	0.59	0.82	0.67	0.94	0.74	0.99	0.84	1.09

注：本表数据为租赁业企业法人数据，企业法人包括①领取"企业法人营业执照"（或新版"营业执照"）的各类企业；②个人独资企业、合伙企业；③经各级工商行政管理部门核准登记，领取"营业执照"的各类企业产业活动单位或经营单位；④未经有关部门批准但实际从事生产经营活动且符合产业活动单位条件的企业法人的本部及分支机构。

资料来源：《中国第三产业统计年鉴》（2011～2016）。

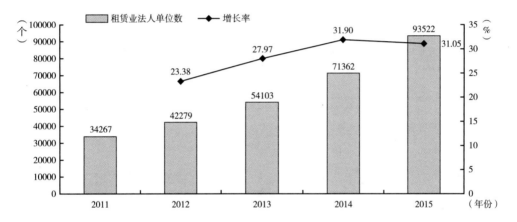

图3 "十二五"期间租赁业法人单位数及增长率

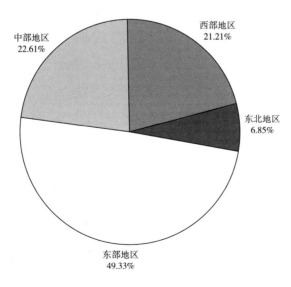

图4 2015年租赁业法人单位区域分布

四　就业人数情况

"十二五"期间，租赁业城镇就业人数持续增加，就业人数由2011年的5.2万人增长至2015年的11.2万人，累计吸纳就业人数41.5万人。2011～2015年增长率分别为1.96%、25%、36.92%、8.99%和15.46%。国有单位和城镇集体单位占租赁业城镇就业人数的比重有所降低，国有单位由2011年的21.15%下降至2015年的9.82%，城镇集体单位由2011年的5.77%下降至2015年的3.57%。

表4　"十二五"期间租赁业城镇单位就业人数按登记注册类型分

单位：万人

年份	合计	国有单位	城镇集体单位	其他单位
2011	5.2	1.1	0.3	3.9
2012	6.5	1.4	0.3	4.8
2013	8.9	1.1	0.5	7.4
2014	9.7	1.0	0.6	8.1
2015	11.2	1.1	0.4	9.7

注：本表数据为租赁业企业法人数据。

资料来源：《中国第三产业统计年鉴》（2011～2016）。

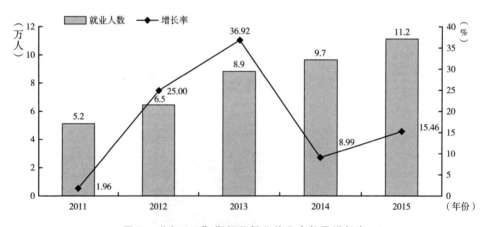

图5　"十二五"期间租赁业就业人数及增长率

五　固定资产投资情况

"十二五"期间，租赁业全社会固定资产投资略微下降后大幅增长，2015年达到892亿元，是2011年的3.84倍。2011～2015年增长率分别为54.76%、-10.63%、44.32%、138.18%和25.00%，占第三产业全社会固定资产投资的比重由2011年的0.14%提高到2015年的0.29%。"十二五"期间，租赁业累计完成全社会固定资产投

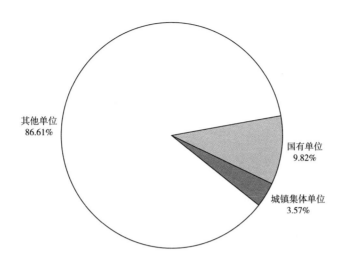

图 6 2015 年租赁业单位就业人数占比

资 2345.1 亿元。2015 年，租赁业新增固定资产 434.1 亿元，是 2011 年 4.51 倍，新增固定资产占第三产业固定资产的比重由 2011 年的 0.11% 提高到 2015 年的 0.22%。

表 5 "十二五"期间租赁业固定资产投资（不含农业）及占第三产业固定资产比重

单位：亿元，%

年份	行业	投资额	占第三产业比重	新增固定资产	占第三产业比重
2011	第三产业	163364.6	—	88838.6	—
	租赁业	232.3	0.14	96.2	0.11
2012	第三产业	198021.8	—	106764.1	—
	租赁业	207.6	0.10	113.4	0.11
2013	第三产业	242089.8	—	134381.4	—
	租赁业	299.6	0.12	180.7	0.13
2014	第三产业	282003.4	—	170110	—
	租赁业	713.6	0.25	663.9	0.39
2015	第三产业	311980.2	—	196716.1	—
	租赁业	892.0	0.29	434.1	0.22

注：本表数据为租赁业企业法人数据。

资料来源：《中国第三产业统计年鉴》（2011～2016）。

六 税收收入情况

"十二五"期间，租赁业税收收入持续增加，2015 年达到 292.9 亿元，是 2011 年的 1.68 倍。2011～2015 年增长率分别为 28.15%、14.93%、19.58%、6.39% 和 14.85%，累计完成税收收入 1162 亿元。2015 年，营业税、国内增值税、内资企业所

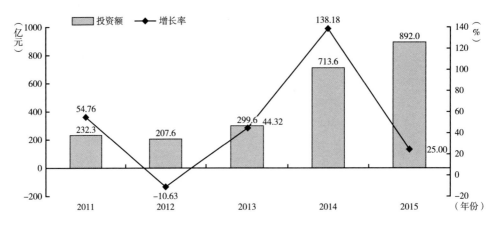

图7 "十二五"期间租赁业固定资产投资额及增长率

得税、外资企业所得税、房产税、个人所得税占比分别为30.95%、28.85%、12.61%、6.80%、5.24%和4.55%。

表6 "十二五"期间租赁业税收收入

单位：万元

项目	2011 年	2012 年	2013 年	2014 年	2015 年
税收收入	1743938	2004356	2396809	2550075	2928717
国内增值税	9870	43360	302740	648285	845049
营业税	917439	1047690	1040949	808552	906461
内资企业所得税	199731	255871	308327	330753	369185
外资企业所得税	70165	105039	120926	165271	199176
个人所得税	141512	123642	126437	118484	133338
城市维护建设税	46792	51799	51219	45208	49439
房产税	229294	186472	202819	174741	153525
印花税	15128	18552	19624	20869	23516
城镇土地使用税	59460	63054	75989	65162	56836
土地增值税	21774	36431	27278	33293	25706
车辆购置税	29774	35385	57826	85828	118533
车船税	2418	2488	2493	2650	2651
耕地占用税	—	22091	27103	12771	15600
契税	—	12110	31938	37326	28761
其他各税	581	372	1141	886	941

资料来源：《中国税务统计年鉴》（2011～2016）。

七 营业利润情况

"十二五"期间，租赁业规上企业营业利润大幅增长，2015年达到144.6亿元，是

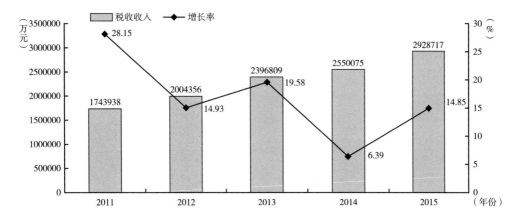

图8 "十二五"期间租赁业税收收入及增长率

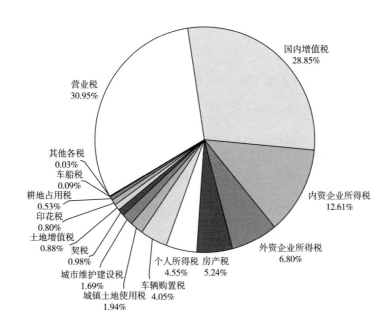

图9 2015年租赁业各税收入占比

2011年的160.7倍。特别是2014年增幅较大，达到2666.7%倍，"十二五"期间累计完成营业利润269.1亿元。

表7 "十二五"期间租赁业营业利润

单位：亿元

年份	2011	2012	2013	2014	2015
租赁业营业利润	0.9	3.2	4.2	116.2	144.6

注：本表数据为租赁业规上企业数据。
资料来源：国家统计局。

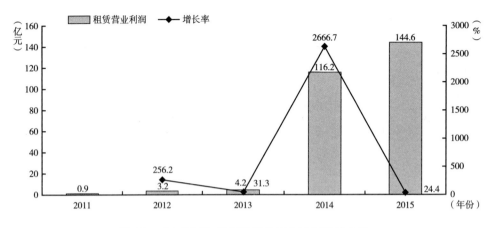

图10 "十二五"期间租赁业营业利润及增长率

八　利润总额情况

"十二五"期间，租赁业规上企业利润总额呈较大幅度增加，2015年达169.3亿元，是2011年的2.75倍，2012～2015年增速分别为28.0%、31.6%、26.4%和29.0%。

表8 "十二五"期间租赁业利润总额

单位：亿元

年份	2011	2012	2013	2014	2015
利润总额	61.64	78.90	103.80	131.20	169.30

注：本表数据为租赁业规上企业数据。

资料来源：2012～2015年数据由国家统计局提供；2011年数据由2012～2015年平均增长率推算得出。

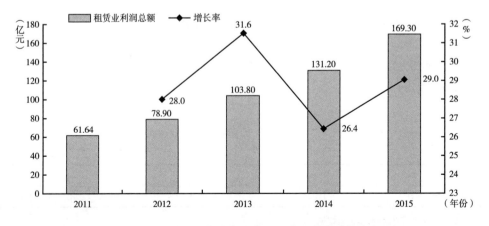

图11 "十二五"期间租赁业利润总额及增长率

第二节　"十二五"期间商务服务业发展情况

"十二五"期间，商务服务业持续稳定发展。资产总计由"十二五"初期的17.6万亿元增长至2015年的31.2万亿元，增长了77.5%。法人单位数由2011年的653308个增长至2015年的1347050个。就业人数由2011年的281.4万人增长至2015年的462.8万人，累计吸纳就业人数1882.8万人。税收收入持续增加，2015年达到5548.7亿元，是2011年的2倍。利润总额每年保持23%以上的增长率，2015年达9711.6亿元，是2011年的2.66倍。2015年，全社会固定资产投资达到8543.8亿元，是2011年的2.7倍。

一　营业规模情况

"十二五"期间，商务服务业规上企业营业规模下降明显，营业收入由"十二五"初期的60503.9亿元下降至2015年的30996.5亿元。仅2013年增速较大，达到20.2%。"十二五"期间，累计实现营业收入233500.1亿元。

表9　"十二五"期间商务服务业营业收入

单位：亿元

年份	2011	2012	2013	2014	2015
营业收入	60503.9	51186.3	61549.2	29264.2	30996.5

注：本表数据为商务服务业规上企业数据。
资料来源：2012~2015年数据由国家统计局提供；2011年数据由2012~2015年平均增长率推算得出。

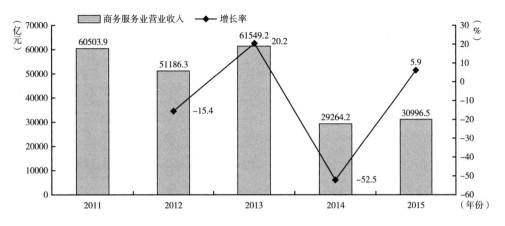

图12　"十二五"期间商务服务业营业收入及增长率

二　资产规模情况

"十二五"期间商务服务业规上企业资产规模持续增加，资产总计由"十二五"初期的 17.6 万亿元增长至 2015 年的 31.2 万亿元，增长了 77.5%，特别是 2014 年增速达到 24.4%。

表 10　"十二五"期间商务服务业资产总计

单位：亿元

年份	2011	2012	2013	2014	2015
资产总计	175776.4	202882.3	228356.0	284139.4	311957.3

注：本表数据为商务服务业规上企业数据。
资料来源：国家统计局提供。

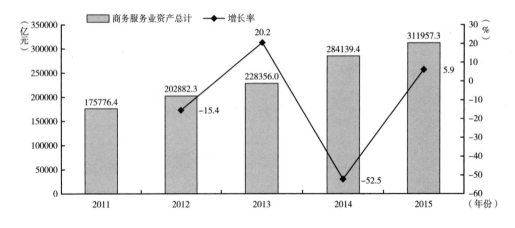

图 13　"十二五"期间商务服务业资产总计及增长率

三　法人单位情况

"十二五"期间，中国商务服务业法人单位数稳定持续增加，法人单位数由 2011 年的 653308 个增长至 2015 年的 1347050 个，其中，法人企业数从 2011 年的 576865 个增加到 2015 年的 1224139 个。商务服务业法人单位数占第三产业总法人单位数的比重由 2011 年的 10.03% 提高到 2015 年的 12.05%，法人企业数占法人单位数的比重由 2011 年的 13.33% 提高到 2015 年的 14.58%。按区域划分，2015 年，东部地区、中部地区、西部地区和东北地区商务服务业法人单位数占比分别为 62.44%、17.33%、15.19%、5.04%。

表 11　"十二五"期间商务服务业法人单位情况

单位：个，%

年份	2011		2012		2013		2014		2015	
第三产业总计	6514160	企业法人	7225983	企业法人	8110957	企业法人	9683872	企业法人	11178994	企业法人
		4326461		5006878		5465749		6896141		8394346
商务服务业	653308	576865	771572	688854	862850	736472	1090585	957214	1347050	1224139
占第三产业比重	10.03	13.33	10.68	13.76	10.64	13.47	11.26	13.88	12.05	14.58

注：本表数据为商务服务业企业法人数据。

资料来源：《中国第三产业统计年鉴》（2011～2016）。

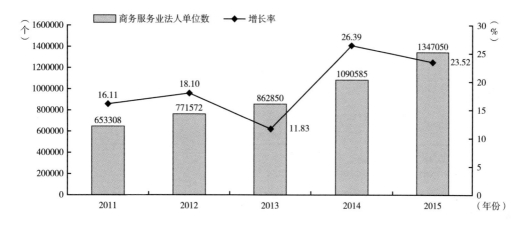

图 14　"十二五"期间商务服务业法人单位数量及增长率

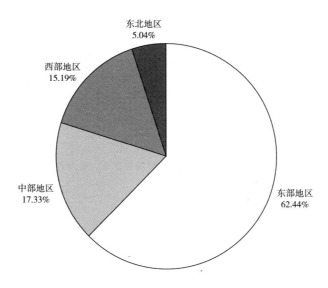

图 15　2015 年商务服务业法人单位地区分布

四　就业人数情况

"十二五"期间，中国商务服务业城镇就业人数持续增加，就业人数由 2011 年的 281.4 万人增长至 2015 年的 462.8 万人，累计吸纳就业人数 1882.8 万人。2011～2015 年增长率分别为 -7.74%、1.56%、44.51%、6.49% 和 5.32%。国有单位就业人数占商务服务业城镇就业人数的比重有所降低，由 2011 年的 45.06% 下降至 2015 年的 25.82%，城镇集体单位就业人数占商务服务业城镇就业人数的比重由 2011 年的 11.23% 下降到 2015 年 6.79%。

表 12　"十二五"期间商务服务业城镇单位就业人数按登记注册类型划分情况

单位：万人

年份	合计	国有单位	城镇集体单位	其他单位
2011	281.4	126.8	31.6	123.0
2012	285.8	115.3	33.4	137.0
2013	413.0	122.5	37.6	253.2
2014	439.8	125.0	35.4	279.3
2015	462.8	119.5	31.4	311.9

注：本表数据为商务服务业企业法人数据。

资料来源：《中国第三产业统计年鉴》（2011～2016）。

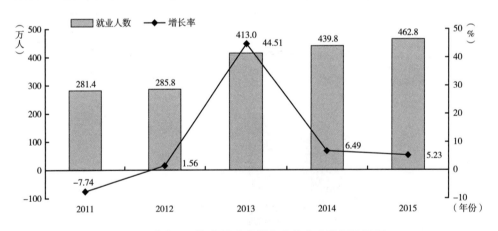

图 16　"十二五"期间商务服务业就业人数及增长率

五　固定资产投资情况

"十二五"期间，中国商务服务业全社会固定资产投资持续增加，2015 年达到 8543.8 亿元，是 2011 年的 2.7 倍。增速呈下降趋势，2011～2015 年增长率分别为 34.73%、42.56%、24.25%、29.86% 和 18.01%。占第三产业全社会固定资产投资比

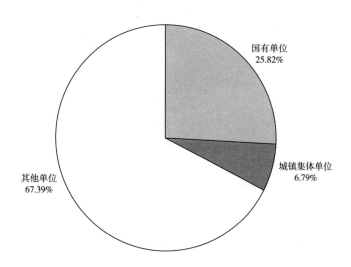

图17 2015年商务服务业单位就业人数占比

重由2011年的1.93%提高到2015年的2.74%。"十二五"期间商务服务业累计完成全社会固定资产投资2893.5亿元。2015年,商务服务业新增固定资产5968.4亿元,是2011年的3.6倍,新增固定资产占第三产业固定资产的比重由2011年的1.87%提高到2015年的3.03%。

表13 "十二五"期间商务服务业固定资产投资(不含农业)

单位:亿元,%

年份	行业	投资额	占第三产业比重	新增固定资产	占第三产业比重
2011	第三产业	163364.6	—	88838.6	—
	商务服务业	3147.6	1.93	1661.4	1.87
2012	第三产业	198021.8	—	106764.1	—
	商务服务业	4487.1	2.27	2274	2.13
2013	第三产业	242089.8	—	134381.4	—
	商务服务业	5575.1	2.30	3028.1	2.25
2014	第三产业	282003.4	—	170110	—
	商务服务业	7239.9	2.57	4543.2	2.67
2015	第三产业	311980.2	—	196716.1	—
	商务服务业	8543.8	2.74	5968.4	3.03

注:本表数据为商务服务业企业法人数据。
资料来源:《中国第三产业统计年鉴》(2011~2016)。

六 税收收入情况

"十二五"期间,中国商务服务业税收收入持续增加,2015年达到5548.7亿元,

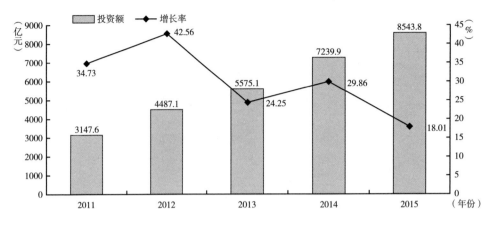

图18 "十二五"期间商务服务业投资额及增长率

是 2011 年的 2 倍。2011～2015 年增长率分别为 44.56%、18.84%、15.59%、19.49%和 25.57%，累计完成税收收入 19556.7 亿元。2015 年，国内增值税、国内消费税、营业税、内资企业所得税、外资企业所得税、个人所得税占比分别为 23.85%、18.29%、18.08%、12.20%、6.77% 和 4.22%。

表14 2010～2016 年商务服务业税收收入

单位：万元

项目	2010 年	2011 年	2012 年	2013 年	2014 年	2015 年
税收收入	18621674	26920170	31992458	36980605	44187249	55486719
国内增值税	453706	631919	1701498	4015691	5743453	6769162
国内消费税	242	50	9	992	226	223
营业税	7112378	9747479	9466030	8706347	8590904	10146875
内资企业所得税	3885616	6253561	6741058	7358906	9437620	13234702
外资企业所得税	1231388	1800604	1965406	2277666	2547934	3755124
个人所得税	4177943	5794315	6676341	7014092	8161353	10029671
城市维护建设税	336376	612388	731520	877956	1008157	1193602
房产税	533292	713551	976231	1195945	1493976	1722042
印花税	213382	281093	344763	429438	502854	562326
城镇土地使用税	300935	417465	674123	874921	1302841	1530442
土地增值税	237381	509645	866942	1297377	1678822	2339019
车辆购置税	87161	116000	105923	135553	112086	110622
车船税	32148	29767	47877	47552	46944	45432
耕地占用税	—	—	906204	1080001	1364767	1878572
契税	—	—	767611	1624221	2163453	2147199
其他各税	19726	12333	20922	43947	31859	21706

资料来源：《中国税务统计年鉴》（2011～2016）。

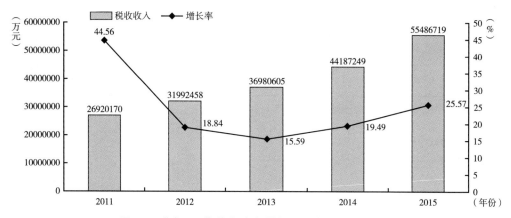

图19 "十二五"期间商务服务业税收收入及增长率

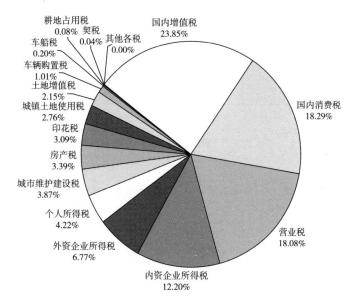

图20 2015年商务服务业各税收占比

七 营业利润情况

"十二五"期间,中国商务服务业营业利润大幅增长,2015年达到9001亿元,是2011年的2.8倍。2012~2015年增长率分别为24.4%、16.6%、25.3%和31.8%,累计完成营业利润29121.9亿元。

八 利润总额情况

"十二五"期间,中国商务服务业利润总额持续增加,2012~2015年,每年保持23%以上的增长率,增速分别为27.7%、27.6%、23.2%和32.7%。2015年达到9711.6亿元,是2011年的2.66倍。

表 15 "十二五"期间商务服务业营业利润

单位：亿元

年份	2011	2012	2013	2014	2015
营业利润	3159.6	4676.6	5453.4	6831.3	9001.0

注：本表数据为商务服务业规上企业数据。

资料来源：国家统计局提供。

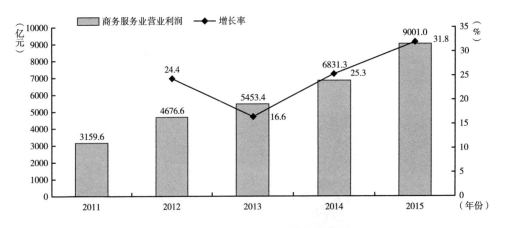

图 21 "十二五"期间商务服务业营业利润及增长率

表 16 "十二五"期间商务服务业利润总额

单位：亿元

年份	2011	2012	2013	2014	2015
利润总额	3647.2	4658.9	5942.9	7320.8	9711.6

注：本表数据为商务服务业规上企业数据。

资料来源：2012～2015年数据由国家统计局提供；2011年数据由2012～2015年平均增长率推算得出。

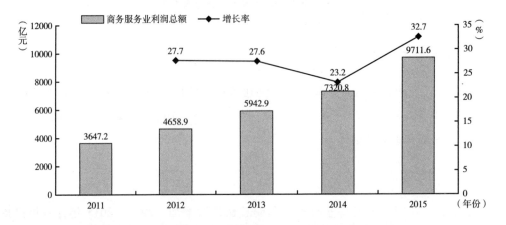

图 22 "十二五"期间商务服务业利润总额及增长率

第十章

"十二五"期间中国科学研究和技术服务业发展情况

"十二五"期间，我国财政科学技术支出保持稳定增长，但增长速度有所波动。第一年增长速度最快，达到16.74%，随后逐年下降，最低增速为4.36%，最后一年增速有所回转，增至8.54%。从总量上来看，科技服务业财政支出累计共有30042.3亿元，从2011年的4797亿元增至2015年的7005.8亿元，增长46.05%。

科技服务业是指《国民经济行业分类》（GB/T4754-2011）中的M门类。首先，根据《国民经济行业分类》，科学研究和技术服务业分为研究和试验发展、专业技术服务业、科技推广和应用服务业三大类。本章将分别描述"十二五"期间科学技术服务业上述三大类的发展情况。

第一节 "十二五"期间研究和试验发展行业发展情况

一 营业规模情况

"十二五"期间我国科技服务业中研究和试验发展大类营业规模统计如表1所示。

表1 "十二五"期间研究和试验发展行业营业规模情况

单位：亿元

年份	总营业收入	规模以上企业营业收入	年份	总营业收入	规模以上企业营业收入
2011	1104.5	423.2	2014	3824.7	1465.4
2012	1571.0	601.9	2015	4191.1	1605.8
2013	2047.1	784.4			

资料来源：国家统计局提供数据及推算。

403

2011~2015年，研究和试验发展行业发展蓬勃。据表1可知，总营业收入从2011年的1104.5亿元增长到2015年的4191.1亿元，总增长率为279.46%，年平均增长率为42.24%。其中2012年的总营业收入为1571.0亿元，相比2011年增加了42.24%；2013年的总营业收入为2047.1亿元，相比前一年增长了30.31%；2014年总营业收入为3824.7亿元，相比2013年增长了86.83%，2014年是这一期间增长速度最快的年份；2015年的总营业收入为4191.1亿元，相比前一年增长了9.58%。2011~2015年，规模以上企业营业收入也在逐年增长，从2011年的423.2亿元增长到2015年的1605.8亿元。总体来说，2011~2015年，我国科技服务业中的研究和试验发展部分得到了快速高效的发展。

二 资产规模情况

"十二五"期间我国科技服务业中研究和试验发展大类营业规模统计如表2所示。

表2 "十二五"期间研究和试验发展行业资产规模情况

单位：亿元

年份	资产总计	规模以上企业资产总计	年份	资产总计	规模以上企业资产总计
2011	6327.9	2424.6	2014	12196.8	4673.3
2012	7856.7	3010.3	2015	13033.5	4993.8
2013	10442.2	4001.0			

资料来源：2013年经济普查年鉴，国家统计局提供数据及推算。

2011~2015年，我国研究和试验发展领域资产总值出现了明显增长。根据表2可知，资产总计从2011年的6327.9亿元增加到2015年的13033.5亿元，总增长率为92.75%，年平均增长率为20.18%。其中，2012年资产总计为7856.7亿元，相比2011年增加了24.16%；2013年资产总计为10442.2亿元，相比2012年增加了32.91%，为2011~2015年增长率最大的年份；2014年资产总计为12196.8亿元，相比2013年增加了16.80%；2015年资产总计为13033.5亿元，相比2014年增加了6.86%。2011~2015年，规模以上企业资产总计也出现了明显增长，从2011年的2424.6亿元增加到2015年的4993.8亿元。其中，2012年规模以上企业资产总计为3010.3亿元；2013年规模以上企业资产总计为4001.0亿元；2014年规模以上企业资产总计为4673.3亿元；2015年规模以上企业资产总计为4993.8亿元。2012年和2013年的年增长率超过平均水平，而2014年和2015年低于平均水平。总体来说，2011~2015年，我国研究和试验发展领域资产总计和规模以上企业资产总计均呈现增长态势。

三 法人单位情况

"十二五"期间我国研究和试验发展行业法人单位数统计如图1所示。

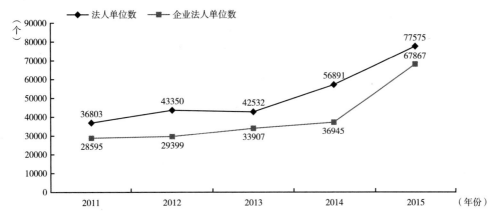

图1 "十二五"期间研究和实验发展行业法人单位数和企业法人单位数

资料来源：《中国第三产业统计年鉴》（2012～2016）。

"十二五"期间，我国研究和试验发展行业法人单位数和企业法人单位数的发展态势呈现波动中上升趋势。法人单位数从2011年的36803个增长到2015年的77575个，五年增长率为110.78%，实现了翻倍增长。2011～2012年度增长率为17.79%，2012～2013年度出现小幅下降，下降率为1.89%。但2013～2014年度，增长率大幅度回升，达到33.76%的高增长率，2014～2015年度继续保持了高增长趋势，增长率为36.36%。总体来看，五年平均增长率为21.51%。

四 就业人数情况

从就业总人数和就业人员结构两个维度来看，"十二五"期间研究和试验发展行业就业人数情况如下所示。

（一）研究和试验发展行业就业人员总量

"十二五"期间，我国研究和试验发展行业就业人员全时当量保持稳定增长，但增长速度呈下降趋势。2011年增长速度最快，达到12.63%，随后逐年下降，2015年增速跌至1.30%。从总量上来看，在"十二五"期间，研究和试验发展行业就业人员共有1713.3万人年，从2011年的288.3万人年增长至2015年的375.9万人年，总体达到30.39%的增长率，年均增长率为6.94%。

表3 "十二五"期间研究和试验发展行业就业人数

单位：万人年

年份	研究和试验发展行业人员全时当量	年份	研究和试验发展行业人员全时当量
2011	288.3	2014	371.1
2012	324.7	2015	375.9
2013	353.3		

资料来源：《中国统计年鉴》（2016）。

（二）就业人员结构

"十二五"期间研究和试验发展行业就业人数由2011年的77万人增加到2015年的81万人，增加5.21%，年均增加1.28%。其中国有单位就业人数几乎一直减少，仅2014年微幅增长，但国有单位就业人数仍占据主体地位，2015年占75%。城镇集体单位就业人数较少，除了2012年有一定的增长外，其余年份都处于下降状态。该大类的其他单位的就业人数变化与整体的其他单位就业人数变化几乎完全一致，都处于飞速增长的状态。由2011年的9.2万人增加到2015年的20万人，总计增长118.03%，年均增长21.51%，同大类一样，几乎贡献了该领域所有的增量。从纵向角度来看，无论是该大类整体的就业人数还是该大类下各所有制下细分的就业人数，占整体就业人数的比例一直下降，说明该领域就业人数的增速小于整体增速。

表4 "十二五"期间研究和试验发展行业就业人员结构

单位：万人

年份	就业人数	国有单位	城镇集体单位	其他单位
2011	77.0	67.3	0.5	9.2
2012	79.0	67.0	0.7	11.4
2013	82.2	65.2	0.6	16.5
2014	84.6	65.4	0.5	18.7
2015	81.0	60.6	0.4	20.0

资料来源：《中国第三产业统计年鉴》（2012～2016）。

五 固定资产投资情况

"十二五"期间我国研究和试验发展行业固定资产投资额数据统计如表5所示。

表5 "十二五"期间研究和试验发展行业固定资产投资额

单位：亿元

年份	固定资产投资额	年份	固定资产投资额
2011	642.7	2014	1337.0
2012	860.9	2015	1414.3
2013	1054.3		

资料来源：《中国统计年鉴》（2012～2016）。

2011～2015年，我国研究和试验发展行业固定资产投资额出现了明显增长。根据表5，固定资产投资额从2011年的642.7亿元增加到2015年的1414.3亿元，总增长率为120.04%，年平均增长率为22.25%。其中，2012年固定资产投资额为860.9亿元，相比2011年增加了33.94%；2013年固定资产投资额为1054.3亿元，相比2012年增加了22.47%；2014年固定资产投资额为1337.0亿元，相比2013年增加了26.82%；2015年固定资产投资额为1414.3亿元，相比2014年增加了5.78%。总体来说，2011～2015年，我国研究和试验发展领域的固定资产投资额呈现增长态势。

六 税收情况

"十二五"期间我国研究和试验发展行业税收情况统计如表6所示。

表6 "十二五"期间研究和试验发展行业税收情况

单位：亿元

年份	应交所得税	营业税金及附加	年份	应交所得税	营业税金及附加
2011	20.2	10.1	2014	28.5	9.6
2012	22.1	10.2	2015	29.0	10.6
2013	24.3	10.3			

资料来源：《国家税收年鉴》（2012～2016）。

2011～2015年，我国研究和试验发展行业应交所得税出现了明显增长。根据表6，应交所得税从2011年的20.2亿元增加到2015年的29.0亿元，总计增长了43.52%，年平均增长率为9.59%。其中，2012年应交所得税为22.1亿元；2013年应交所得税为24.3亿元；2014年应交所得税为28.5亿元，相比2013年增加了17.43%；2015年应交所得税为29.0亿元，相比2014年增长1.76%。2011～2015年，研究和试验发展行业营业税金及附加整体上保持稳定，从2011年的10.1亿元增加到2015年的10.6亿元，总增长率为5.13%，年平均增长率为1.43%。其中，2012年营业税金及附加总额为10.2亿元；2013年营业税金及附加总额为10.3亿元；2014年利润总额为9.6亿元，相比2013年下降了6.81%；2015年利润总额为10.6亿元，相比2014年增长9.66%。总体来说，2011～2015年，我国研究和试验发展领域应交所得税明显增长，营业税金及附加保持稳定。

七 企业利润情况

"十二五"期间我国研究和试验发展行业营业利润及利润总额数据统计如表7所示。

2011～2015年，我国研究和试验发展行业营业利润出现了明显增长。根据表7，营业利润从2011年的142.1亿元增加到2015年的503.0亿元，总增长率为253.99%，年平均增长率为43.66%。其中，2012年营业利润为204.1亿元；2013年营业利润为202.1亿元，相比2012年下降了0.99%；2014年营业利润为439.7亿元，相比2013年

表7 "十二五"期间研究和试验发展行业利润统计

单位：亿元

年份	营业利润	利润总额	年份	营业利润	利润总额
2011	142.1	343.4	2014	439.7	535.7
2012	204.1	383.1	2015	503.0	525.8
2013	202.1	444.1			

资料来源：国家统计局。

增加了117.57%，实现了翻倍增长；2015年营业利润为503.0亿元，相比2014年增加了14.39%。2011～2015年，研究和试验发展领域利润总额也出现了明显增长，从2011年的343.4亿元增加到2015年的525.8亿元，总增长率为53.11%，年平均增长率为11.57%。其中，2012年利润总额为383.1亿元；2013年利润总额为444.1亿元，相比2012年增加了15.92%；2014年利润总额为535.7亿元，相比2013年增长了20.63%，为2011～2015年增长率最大的年份；2015年利润总额为525.8亿元，相比2014年小幅下降1.86%。总体来说，2011～2015年，我国研究和试验发展领域营业利润和利润总额均呈现增长态势。

第二节 "十二五"期间专业技术服务业发展情况

一 营业规模情况

"十二五"期间我国科技服务业中专业技术服务大类营业规模统计如表8所示。

表8 "十二五"期间专业技术服务业营业规模情况

单位：亿元

年份	总营业收入	规模以上企业营业收入	年份	总营业收入	规模以上企业营业收入
2011	7556.2	2388.4	2014	38259.3	12093.4
2012	12515.3	3956.0	2015	41371.6	13077.2
2013	13698.3	4329.9			

资料来源：国家统计局提供数据及推算。

2011～2015年，我国专业技术服务业发展迅猛。总营业收入从2011年的7556.2亿元增长到2015年的41371.6亿元，总增长率为447.46%，年平均增长率为65.63%。

其中，2012 年总营业收入为 12515.3 亿元，相比 2011 年增长了 65.63%；2013 年为 13698.3 亿元，相比前一年增长了 9.45%；2014 年总营业收入为 38259.3 亿元，相比前一年实现了井喷式的增长，增长率为 179.30%；2015 年总营业收入为 41371.6 亿元，在保持前一年优良成果的基础上，增长 8.13%。规模以上企业营业收入也有相应增长，从 2011 年的 2388.4 亿元增长到 2015 年的 13077.2 亿元。总体来看，这五年间，专业技术服务业的增长十分可观，其中 2014 年的增长率最高。

二　资产规模情况

"十二五"期间我国科技服务业中专业技术服务大类营业规模统计如表 9 所示。

表 9　"十二五"期间专业技术服务业资产规模情况

单位：亿元

年份	资产总计	规模以上企业资产总计	年份	资产总计	规模以上企业资产总计
2011	35323.4	11165.4	2014	66347.6	20971.8
2012	46347.6	14650.0	2015	77315.4	24438.6
2013	54177.2	17124.9			

资料来源：根据 2013 年经济普查年鉴，及国家统计局提供的数据推算。

2011～2015 年，我国专业技术服务业资产总计出现了明显增长。根据表 9，资产总计从 2011 年的 35323.4 亿元增加到 2015 年的 77315.4 亿元，总增长率为 87.83%，年平均增长率为 21.77%。其中，2012 年资产总计为 46347.6 亿元，相比 2011 年增加了 31.21%，为 2011～2015 年增长率最大的年份；2013 年资产总计为 54177.2 亿元，相比 2012 年增加了 16.89%；2014 年资产总计为 66347.6 亿元，相比 2013 年增加了 22.46%；2015 年资产总计为 77315.4 亿元，相比 2014 年增加了 16.53%。2011～2015 年，规模以上企业资产总计也出现了明显增长，从 2011 年的 11165.4 亿元增加到 2015 年的 24438.6 亿元。其中，2012 年规模以上企业资产总计为 14650.0 亿元；2013 年规模以上企业资产总计为 17124.9 亿元；2014 年规模以上企业资产总计为 20971.8 亿元；2015 年规模以上企业资产总计为 24438.6 亿元。2011 年和 2014 年的年增长率超过平均水平，而 2012 年和 2013 年低于平均水平。总体来说，2011～2015 年，我国专业技术服务领域资产总计和规模以上企业资产总计均呈现增长态势。

三　法人单位情况

"十二五"期间我国科技服务业中专业技术服务大类法人单位情况统计如表 10 所示。

表10　"十二五"期间专业技术服务业法人单位情况

单位：个

专业技术服务业	法人单位数	企业法人单位数	专业技术服务业	法人单位数	企业法人单位数
2011	135200	107746	2014	257642	195964
2012	159683	116877	2015	296416	253352
2013	220146	180645			

资料来源：《中国第三产业统计年鉴》（2012～2016）。

2011～2015年，我国专业技术服务业法人单位数出现了明显增长。根据表10，法人单位数从2011年的135200个增加到了2015年的296416个，总增长率为119.24%。其中，2012年法人单位数为159683个，相比2011年增加了18.11%；2013年法人单位数为220146个，相比2012年增加了37.86%，为2011～2015年增长率最大的年份；2014年法人单位数为257642个，相比2013年增加了17.03%；2015年法人单位数为296416个，相比2014年增加了15.05%。2011～2015年，企业法人单位数也出现了明显增长，从2011年的107746个增加到2015年的253352个，总增长率为135.14%，年平均增长率为25.20%。其中，2012年企业法人单位数为116877个，相比2011年增加了8.47%；2013年企业法人单位数为180645个，相比2012年增加了54.56%，为2011～2015年增长率最大的年份；2014年企业法人单位数为195964个，相比2013年增长了8.48%；2015年企业法人单位数为253352个，相比2014年增长了29.28%。总体来说，2011～2015年，我国专业技术服务业法人单位数和企业法人单位数呈现增长态势。

四　就业人数情况

"十二五"期间我国专业技术服务业就业人数情况统计如表11所示。

表11　"十二五"期间专业技术服务业法人单位情况

单位：万人

年份	总就业人数	国有单位就业人数	城镇集体单位就业人数	其他单位就业人数
2011	182.9	26.1	2.4	54.3
2012	206.4	135.5	3.5	67.4
2013	249.9	127.6	4.1	118.3
2014	265.6	128.7	3.9	133.0
2015	267.8	122.9	3.5	141.4

资料来源：《中国第三产业统计年鉴》（2012～2016）。

"十二五"期间,专业技术服务业就业人数一直处于增长态势,由 2011 年的 182.9 万人增加到 2015 年的 267.8 万人,总计增长 46.45%,年均增加 10%。其中有单位就业人数略有减少,城镇集体单位就业人数有较大幅度的增长,绝对的就业人数变化很小。其他单位就业人数快速增加,由 2011 年的 54.3 万人增加到 2015 年的 141.4 万人,总计增加 160.34%,年均增加 27.02%。其中,2013 年增速最快,就业人数几乎翻番。从纵向角度看,该领域是整个科技服务业中占比最大的领域,无论是该大类整体的就业人数还是所有制细分下的就业人数,人数占比都在 50% 以上。

五 固定资产投资情况

"十二五"期间我国专业技术服务业固定资产投资情况统计如表 12 所示。

表 12 "十二五"期间专业技术服务业固定资产投资情况

单位:亿元

年份	固定资产投资额	年份	固定资产投资额
2011	500.6	2014	1566.2
2012	926.3	2015	1717.5
2013	1064.8		

资料来源:《中国第三产业统计年鉴》(2012~2016)。

2011~2015 年,我国专业技术服务业固定资产投资额出现了明显增长。根据表 12,固定资产投资额从 2011 年的 500.6 亿元增加到 2015 年的 1717.5 亿元,总增长率为 243.09%,年平均增长率为 39.18%。其中,2012 年固定资产投资额为 926.3 亿元,相比 2011 年增加了 85.04%;2013 年固定资产投资额为 1064.8 亿元,相比 2012 年增加了 14.95%;2014 年固定资产投资额为 1566.2 亿元,相比 2013 年增加了 47.10%;2015 年固定资产投资额为 1717.5 亿元,相比 2014 年增加了 9.66%。总体来说,2011~2015 年,我国专业技术服务领域的固定资产投资额呈现增长态势。

六 税收情况

"十二五"期间我国专业技术服务业税收情况统计如表 13 所示。

2011~2015 年,我国专业技术服务业领域应交所得税出现了明显增长。根据表 13,应交所得税从 2011 年的 20.2 亿元增加到 2015 年的 29.0 亿元,总计增长了 43.52%,年平均增长率为 9.59%。其中,2012 年应交所得税为 22.1 亿元;2013 年应交所得税为 24.3 亿元;2014 年应交所得税为 28.5 亿元,相比 2013 年增加了 17.43%;2015 年应

表13 "十二五"期间专业技术服务业税收情况

单位：亿元

年份	应交所得税	营业税金及附加	年份	应交所得税	营业税金及附加
2011	20.2	10.1	2014	28.5	9.6
2012	22.1	10.2	2015	29.0	10.6
2013	24.3	10.3			

资料来源：《中国税务年鉴》（2012～2016）。

交所得税为29.0亿元，相比2014年增长1.76%。2011～2015年，专业技术服务业营业税金及附加整体上保持稳定，从2011年的10.1亿元小幅增加到2015年的10.6亿元，总增长率为5.13%，年平均增长率为1.43%。其中，2012年营业税金及附加总额为10.2亿元；2013年营业税金及附加总额为10.3亿元；2014年利润总额为9.6亿元，相比2013年下降了6.81%；2015年利润总额为10.6亿元，相比2014年增长9.66%。总体来说，2011～2015年，我国专业技术服务领域应交所得税明显增长，营业税金及附加保持稳定。

七 企业利润情况

"十二五"期间我国专业技术服务业利润情况统计如表14所示。

表14 "十二五"期间专业技术服务业利润情况

单位：亿元

年份	营业利润	利润总额	年份	营业利润	利润总额
2011	190.1	2521.4	2014	3705.7	3871.9
2012	461.2	2838.8	2015	3854.6	3965.5
2013	838.5	3748.3			

资料来源：国家统计局。

"十二五"期间，我国专业技术服务业营业利润出现了明显增长。根据表14，营业利润从2011年的190.1亿元增加到2015年的3854.6亿元，总计增长了约19倍，年平均增长率为142.59%。其中，2012年营业利润为461.2亿元；2013年营业利润为838.5亿元，相比2012年增长了81.81%；2014年营业利润为3705.7亿元，相比2013年增加了341.95%；2015年营业利润为3854.6亿元，相比2014年增长4.02%。2011～2015年，专业技术服务业利润总额也出现了明显增长，从2011年的2521.4亿元增加到2015年的3965.5亿元，总增长率为57.27%，年平均增长率为12.59%。其中，

2012 年利润总额为 2838.8 亿元；2013 年利润总额为 3748.3 亿元，相比 2012 年增加了 32.04%，为 2011～2015 年增长率最大的年份；2014 年利润总额为 3871.9 亿元，相比 2013 年增长了 3.30%；2015 年利润总额为 3965.5 亿元，相比 2014 年增长 2.42%。 2011 年和 2012 年的年增长率超过平均水平，而 2013 年和 2014 年增速明显放缓。总体来说，2011～2015 年，我国专业技术服务业营业利润和利润总额均呈现增长态势。

第三节 "十二五"期间科技推广和应用服务业发展情况

一 营业规模情况

"十二五"期间我国科技推广和应用服务业营业规模情况统计如表 15 所示。

表 15 "十二五"期间科技推广和应用服务业营业规模

单位：亿元

年份	总营业收入	规模以上企业营业收入	年份	总营业收入	规模以上企业营业收入
2011	9697.6	2716.4	2014	8990.2	2518.3
2012	9543.0	2673.1	2015	9868.7	2764.4
2013	10388.5	2910.0			

资料来源：国家统计局提供数据及推算。

2011～2015 年，我国科技推广和应用服务业营业规模呈现波动趋势。总营业收入从 2011 年的 9697.6 亿元增长到 2015 年的 9868.7 亿元，总增长率为 1.76%，平均增长率为 0.89%。其中 2012 年总营业收入为 9543.0 亿元，相比前一年下降了 1.59%；2013 年总营业收入为 10388.5 亿元，相比 2012 年增长了 8.86%；2014 年总营业收入为 8990.2 亿元，相比 2013 年下降了 13.46%；2015 年总营业收入为 9868.7 亿元，增长了 9.77%。规模以上企业营业收入也有所增长，从 2011 年的 2716.4 亿元增长到 2015 年的 2764.4 亿元。相比研究和试验发展以及专业技术服务业两个部门，科技推广和应用服务业的增长速度没有那么快，但总数仍旧在增长，并且从数额上看，高于研究和试验发展部分许多。

二 资产规模情况

"十二五"期间我国科技推广和应用服务业资产规模情况统计如表 16 所示。

"十二五"期间，我国科技推广和应用服务业资产总计增长态势明显。根据表 16 数据，资产总计从 2011 年的 9095.8 亿元增加到 2015 年的 21040.6 元，总增长率为 98.31%，

表16 "十二五"期间科技推广和应用服务业资产规模

单位：亿元

年份	资产总计	规模以上企业资产总计	年份	资产总计	规模以上企业资产总计
2011	9095.8	2547.9	2014	18037.8	5052.7
2012	12141.9	3401.1	2015	21040.6	5893.8
2013	14840.2	4157.0			

资料来源：2013年经济普查年鉴，国家统计局提供数据及推算。

年平均增长率为23.48%。其中，2012年资产总计为12141.9亿元，相比2011年增加了33.49%，为2011～2015年增长率最大的年份；2013年资产总计为14840.2亿元，相比2012年增加了22.22%；2014年资产总计为18037.8亿元，相比2013年增加了21.55%；2015年资产总计为21040.6亿元，相比2014年增加了16.65%。2011～2015年，规模以上企业资产总计也出现了明显增长，从2011年的2547.9亿元增加到2015年的5893.8亿元。其中，2012年规模以上企业资产总计为3401.1亿元；2013年规模以上企业资产总计为4157.0亿元；2014年规模以上企业资产总计为5052.7亿元；2015年规模以上企业资产总计为5893.8亿元。2011年的年增长率超过平均水平，而2012年、2013年和2014年均低于平均水平。总体来说，2011～2015年，我国科技推广和应用服务业领域资产总计和规模以上企业资产总计均呈现增长态势。

三 法人单位情况

"十二五"期间我国科技推广和应用服务业法人单位情况统计如表17所示。

表17 "十二五"期间科技推广和应用服务业法人单位数

单位：个

年份	法人单位数	企业法人单位数	年份	法人单位数	企业法人单位数
2011	107015	67563	2014	229776	132110
2012	121899	71896	2015	287031	202517
2013	193100	130738			

资料来源：《中国第三产业统计年鉴》（2012～2016）。

2011～2015年，我国科技推广和应用服务业法人单位数出现了明显增长。根据表17，法人单位数从2011年的107015个增加到2015年的287031个，总增长率为168.22%，年平均增长率为29.06%。其中，2012年法人单位数为121899个，相比2011年增加了13.91%；2013年法人单位数为193100个，相比2012年增加了

58.41%，为 2011～2015 年增长率最大的年份；2014 年法人单位数为 229776 个，相比 2013 年增加了 18.99%；2015 年法人单位数为 287031 个，相比 2014 年增加了 24.92%。2011～2015 年，企业法人单位数也出现了明显增长，从 2011 年的 67563 个增加到 2015 年的 202517 个，总增长率为 199.75%，年平均增长率为 35.65%。其中，2012 年企业法人单位数为 71896 个，相比 2011 年增加了 6.41%；2013 年企业法人单位数为 130738 个，相比 2012 年增加了 81.84%，为 2011～2015 年增长率最大的年份；2014 年企业法人单位数为 132110 个，相比 2013 年增长了 1.05%；2015 年企业法人单位数为 202517 个，相比 2014 年增长了 53.29%。总体来说，2011～2015 年，我国科技推广和应用服务业法人单位数和企业法人单位数呈现增长态势。

四 就业人数情况

科技推广和应用服务业大类在"十二五"期间就业人员情况统计如表 18 所示。

表 18 "十二五"期间科技推广和应用服务业就业人员情况

单位：万人

年份	就业人数	国有单位就业人数	城镇集体单位就业人数	其他单位就业人数
2011	38.6	24.8	0.9	13.0
2012	45.3	30.0	1.3	14.0
2013	55.7	31.0	0.8	26.4
2014	57.8	30.7	1.0	26.2
2015	61.8	29.7	0.9	31.1

资料来源：《中国第三产业统计年鉴》（2012～2016）。

"十二五"期间，科技推广和应用服务业就业人数一直保持增长，由 2011 年的 38.6 万人增加到 2015 年的 61.8 万人，总计增加 60.1%，其中，国有单位就业人数保持一定增长，由期初的 24.8 万人增加到期末的 29.7 万人，总计增加 19.8%。城镇集体单位就业人数变化幅度很小。其他单位就业人数快速增长，由 2011 年的 13.0 万人增加到 2015 年的 31.1 万人，总计增加 139.54%，年均增加 24.41%，2013 年就业人数几乎翻番。

五 固定资产投资情况

科技推广和应用服务业大类在"十二五"期间固定资产投资情况统计如表 19 所示。

表19　"十二五"期间科技推广和应用服务业固定资产投资情况

单位：亿元

年份	固定资产投资额	年份	固定资产投资额
2011	372.8	2014	1315.9
2012	688.6	2015	1619.7
2013	1014.2		

资料来源：《中国第三产业统计年鉴》（2012 ~ 2016）。

2011 ~ 2015 年，我国科技推广和应用服务业固定资产投资额出现了明显增长。根据表19，固定资产投资额从 2011 年的 372.8 亿元增加到 2015 年的 1619.7 亿元，总增长率为 334.49%，年平均增长率为 46.21%。其中，2012 年固定资产投资额为 688.6 亿元，相比 2011 年增加了 84.72%；2013 年固定资产投资额为 1014.2 亿元，相比 2012 年增加了 47.28%；2014 年固定资产投资额为 1315.9 亿元，相比 2013 年增加了 29.75%；2015 年固定资产投资额为 1619.7 亿元，相比 2014 年增加了 23.09%。总体来说，2011 ~ 2015 年，我国科技推广和应用服务领域的固定资产投资额呈现增长态势。

六　税收情况

科技推广和应用服务业大类在"十二五"期间固定资产投资情况统计如表20所示。

表20　"十二五"期间科技推广和应用服务业税收情况

单位：亿元

年份	应交所得税	营业税金及附加	年份	应交所得税	营业税金及附加
2011	30.7	23.1	2014	33.4	28.0
2012	32.1	24.5	2015	36.7	29.6
2013	33.6	26.1			

资料来源：国家统计局。

2011 ~ 2015 年，我国科技推广和应用服务业应交所得税稳步增长。根据表20，应交所得税从 2011 年的 30.7 亿元增加到 2015 年的 36.7 亿元，总计增长了 19.53%，年平均增长率为 4.62%。其中，2012 年应交所得税为 32.1 亿元；2013 年应交所得税为 33.6 亿元；2014 年应交所得税为 33.4 亿元，相比 2013 年减少了 0.46%；2015 年应交所得税为 36.7 亿元，相比 2014 年增长 9.71%。2011 ~ 2015 年，科技推广和应用服务业营业税金及附加整体上保持稳定，从 2011 年的 23.1 亿元增加到 2015 年的 29.6 亿元，总增长率为 28.11%，年平均增长率为 6.39%。其中，2012 年营业税金及附加总额为 24.5 亿元；2013 年营业税金及附加总额为 26.1 亿元；2014 年营业税金及附加总额为 28.0 亿元，相比 2013 年增长了 7.07%；2015 年营业税金及附加总额为 29.6 亿元，相比 2014 年增长 5.71%。总体来说，2011~2015 年，我国科技推广和应用服务业应交所得税和营业税金及附加均出现增长。

七　企业利润情况

科技推广和应用服务业大类在"十二五"期间企业利润情况统计如图 2 所示。

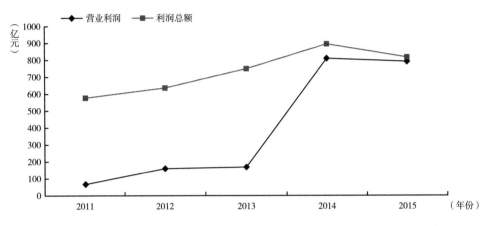

图 2　"十二五"期间科技推广和应用服务业企业利润情况

资料来源：国家统计局。

"十二五"期间，我国科技推广和应用服务业营业利润呈现明显增长趋势。营业利润从 2011 年的 69.4 亿元增加到 2015 年的 790.7 亿元，总计增长了约 10 倍，年平均增长率为 128.57%。其中，2012 年营业利润为 158.7 亿元；2013 年营业利润为 168.6 亿元，相比 2012 年增长了 6.23%；2014 年营业利润为 812.8 亿元，相比 2013 年增加了 382.20%；2015 年营业利润为 790.7 亿元，相比 2014 年小幅下降 2.71%。2011~2015 年，科技推广和应用服务业利润总额也出现了明显增长，从 2011 年的 579.3 亿元增加到 2015 年的 817.9 亿元，总增长率为 57.27%，年平均增长率为 12.59%。其中，2012 年利润总额为 635.0 亿元；2013 年利润总额为 749.0 亿元，相比 2012 年增加了 17.95%，为 2011~2015 年间增长率最大的年份；2014 年利润总额为 895.6 亿元，相比 2013 年小幅增长了 19.57%；2015 年利润总额为 817.9 亿元，相比 2014 年小幅下降 8.67%。2012 年和 2013 年的年增长率超过平均水平，而 2014 年增速明显放缓。总体来说，2011~2015 年，我国科技推广和应用服务业营业利润和利润总额均呈现增长态势。

第十一章

"十二五"期间中国水利、环境和
公共设施管理业发展情况

"十二五"期间，中国水利建设投入不断加大，水利设施建设和管护机制持续完善，城乡抗旱抗洪能力增强，水利改革也取得突出成效，为粮食产量连增和居民生活改善提供了有力支撑；生态保护和防灾减灾体系建设不断加强，环境保护和治理成效显著，对于加快构建资源节约、环境友好的生产方式和消费方式起到推动作用，可持续发展能力得到增强；城乡公共基础设施管理也实现不断优化，道路、桥梁、路灯、公厕等基础设施更为完善，集休闲娱乐、观赏游览、科普教育于一体的公园、景区等不断增加，对城乡容貌的建设管理成效卓越，城乡居民生活更为丰富便利。

从整体来看，"十二五"期间，我国水利、环境和公共设施管理业稳步快速发展，增加值逐年增长，在社会经济发展中作用逐渐增强。法人单位和就业人员规模不断扩大，就业人员受教育程度整体处于提升状态，工资水平稳步提高且高于全国平均水平。固定资产投资持续增长，尤其是新建固定资产投资增长迅速，各项基本建设也处于逐渐扩张发展的态势，展现增长活力。水利、环境和公共设施管理业的快速稳步发展，为拉动经济增长、惠及民生福祉做出了重要贡献。

第一节　"十二五"期间水利管理业发展情况

一　营业规模情况

"十二五"期间，我国水利管理业企业法人单位营业收入稳定增长，从 2011 年的 93.7 亿元增长到 2015 年的 332 亿元，水利管理业企业法人单位营业收入增长了 2.54

倍，营业成本从 2011 年的 95.8 亿元增长至 2015 年的 355.9 亿元。全行业营业收入从 2011 年的 169.9 亿元增长至 2015 年的 601.6 亿元，营业成本从 2011 年的 208 亿元增长至 2015 年的 772.6 亿元。"十二五"期间我国水利管理业企业法人单位营业收入总额达到 1104.4 亿元，全行业营业收入总额达到 2001.3 亿元。

表 1　"十二五"期间水利管理业营业收入及成本

单位：亿元

年份	企业法人单位		全行业	
	营业收入	营业成本	营业收入	营业成本
2011	93.7	95.8	169.9	208.0
2012	128.6	133.3	233.0	289.4
2013	259.1	185.5	469.5	402.7
2014	291.0	233.6	527.3	507.2
2015	332.0	355.9	601.6	772.6

注：企业法人单位营业收入及成本 2011～2012 年数据缺失，由 2013～2015 年增长趋势推导得出。全行业营业收入及成本根据企业法人单位以及规模以上企业资产所占比例推算得出。

资料来源：《中国第三产业统计年鉴》（2012～2016）、《中国经济普查年鉴》（2013）、统计局资料。

"十二五"期间，我国分用途各项水利建设稳定发展。水资源工程从 2011 年的 1284.1 亿元增长至 2015 年的 2708.3 亿元，增长 1.11 倍；防洪工程从 2011 年的 1018.3 亿元增长至 2015 年的 1930.3 亿元，增长 89.6%；水电及其他专项工程在 2011～2012 年发生较大幅度下降，2015 年为 620.7 亿元，相比 2011 年下降 9.8%。水土保持及生态工程完成额增长迅速，从 2011 年的 95.4 亿元增长至 2015 年的 192.9 亿元，增长了

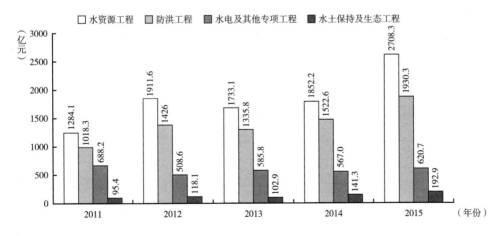

图 1　"十二五"期间水利建设分用途完成情况

资料来源：《中国水利发展统计公报》（2011～2015）。

1.02 倍。可以看出，"十二五"期间，水资源工程以及水土保持及生态工程建设完成额增长最快，水资源工程建设完成总额为 9489.3 亿元，防洪工程建设完成总额为 7233.0 亿元，水电及其他专项工程完成总额为 2970.3 亿元，水土保持及生态工程建设完成总额为 650.6 亿元。

"十二五"期间，全国灌溉面积从 2011 年的 67743 千公顷增长至 2015 年的 72061 千公顷，增长了 6.4%；除涝面积从 2011 年的 21722 千公顷增长至 2015 年的 22713 千公顷，增长 4.6%；水土流失治理面积从 2011 年的 109700 千公顷增长至 2015 年的 115500 千公顷，增长 5.3%。"十二五"期间，全国灌溉总面积达 347717 千公顷，除涝面积为 110604 千公顷，水土流失治理面积为 546700 千公顷。

表2 "十二五"期间水利管理相关管理面积

单位：千公顷

年份	灌溉面积	除涝面积	水土流失治理面积
2011	67743	21722	109700
2012	67780	21857	103000
2013	69481	21943	106900
2014	70652	22369	111600
2015	72061	22713	115500

资料来源：《中国水利发展统计公报》（2011～2015）。

二 资产规模情况

"十二五"期间，我国水利管理业企业法人单位资产总计有所下降，从 2011 年的 3538.6 亿元减少到 2015 年的 2694.9 亿元，其中 2013～2014 年资产总计增长了 14.6%，而 2014～2015 年发生了大幅下降，下降了 49.3%；企业法人单位的负债总计从 2011 年的 498.4 亿元增加至 2015 年的 2796.6 亿元。根据推算，全行业资产总计从 2011 年的 6411.9 亿元减少到 2015 年的 4883.1 亿元，下降了 23.8%，全行业负债总计从 2011 年的 1082.1 亿元增加至 2015 年的 6071.8 亿元。"十二五"期间，水利管理业企业法人单位资产约占全行业资产总计的 55.2%。

"十二五"期间，水库数从 2011 年的 88605 座增长至 2015 年的 97988 座，增长 10.6%；水闸总计数从 2011 年的 44306 座增长至 2015 年的 103964 座，增长 1.35 倍；提防长度 2011～2012 年发生较大幅度下降，此后逐年增长，2015 年堤防长度为 29.1 万公里，相比 2011 年有所下降，减少 3.0%。

表3 "十二五"期间水利管理业资产及负债总计

单位：亿元

年份	企业法人单位		全行业	
	资产总计	负债总计	资产总计	负债总计
2011	3538.6	498.4	6411.9	1082.1
2012	4053.8	784.0	7345.4	1702.1
2013	4644.1	1233.2	8415.1	2677.4
2014	5320.3	2500.0	9640.3	5427.9
2015	2694.9	2796.6	4883.1	6071.8

注：企业法人单位资产及负债2011~2012年数据缺失，由2013~2015年增长趋势推导得出。全行业资产及负债数据根据企业法人单位资产以及规模以上企业资产所占比例推算得出。

资料来源：《中国第三产业统计年鉴》（2012~2016）、《中国经济普查年鉴》（2013）。

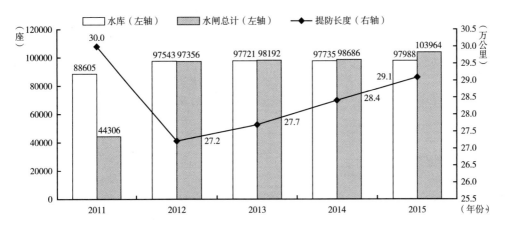

图2 "十二五"期间水利设施建设相关指标

资料来源：《中国水利发展统计公报》（2011~2015）。

三 法人单位情况

"十二五"期间，水利管理业法人单位数和企业法人单位数均稳定增长，法人单位数从2011年的21675个增长到2015年的27287个，共增长25.9%，其中2012~2014年增长速度相对较快，2015年增速减缓；企业法人单位数从2011年的2623个增长到2015年的5688个，增长1.17倍，增长速度较为稳定。水利管理业企业法人单位数在总法人单位数中占比也逐年提高，2011~2015年分别为12.1%、14.5%、15.9%、18.0%和20.8%。

水利管理业企业法人单位中各种控股企业法人单位数均稳定增长，国有控股企业法人单位数从798个增长至2015年的1289个，增长61.5%；集体控股企业法人单位数2015年为439个，增长42.5%。私人控股企业法人单位从2011年的1101个逐年增

表4　"十二五"期间水利管理业法人单位数情况统计

单位：个

年份	法人单位数	企业法人单位数	年份	法人单位数	企业法人单位数
2011	21675	2623	2014	26494	4779
2012	22436	3244	2015	27287	5688
2013	24515	3894			

资料来源：《中国第三产业统计年鉴》（2012～2016）。

长至3154个，增长1.86倍。港澳台商控股和外商控股的企业法人单位数分别增长至2015年的13个和18个；其他控股增长92.8%。从各控股比重来看，2011年国有控股、集体控股、私人控股、港澳台商控股、外商控股和其他控股分别占30.4%、11.7%、42.0%、0.3%、0.3%和15.3%，2015年比重分别变化为22.7%、7.7%、55.5%、0.2%、0.3%和13.6%，其中只有私人控股所占比重增长，增长13.5个百分点，其余控股所占比重均有不同程度的下降。

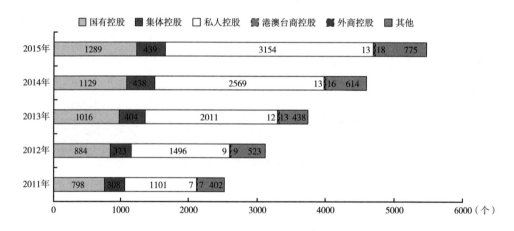

图3　水利管理业按控股情况分企业法人单位

资料来源：《中国第三产业统计年鉴》（2012～2016）。

四　就业人员情况

"十二五"期间水利管理业城镇单位就业人员数始终处于波动状态，整体没有发生大的变化。其中国有单位就业人员数在2011～2012年增长，2012年后一直处于减少态势，"十二五"期间减少了3%，但国有单位就业人员数始终占据城镇单位人员数的绝大比重；城镇集体单位变动不大；其他单位整体增长了1.17倍。

"十二五"期间，水利管理业在岗职工人数在2011～2012年增长，2012～2015年逐年下降，2015年在岗职工人数为94.7万人，相比2011年的102.5万人，减少

7.6%。其中部直属单位的在岗职工人数逐年下降至 2015 年的 6.6 万人，减少 12.0%；地方水利系统的在岗职工人数 2015 年为 88.1 万人，相比 2011 年减少 7.3%。2011 年，部直属单位在岗职工人数占比为 7.3%，地方水利系统在岗职工人数占比为 92.7%，2015 年这一比例分别变为 7.0% 和 93.0%，地方水利系统在岗职工人数占比在"十二五"期间增长 0.3 个百分点。

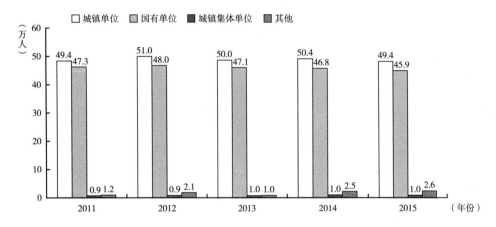

图 4　"十二五"期间水利管理业城镇单位就业人员数

资料来源：《中国第三产业统计年鉴》（2012～2016）。

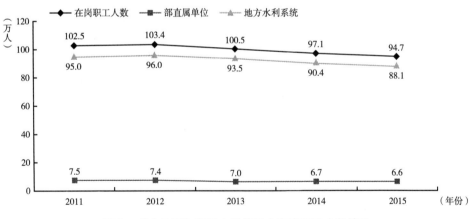

图 5　"十二五"期间水利管理业在岗职工人数情况

资料来源：《中国水利发展统计公报》（2011～2015）。

"十二五"期间，水利管理业在岗职工工资水平以及年平均工资均逐年稳步增长，且 2014～2015 年增长速度加快。水利管理业在岗职工工资从 2011 年的 351.4 亿元增长至 2015 年的 529.4 亿元，增长 50.7%。年平均工资从 2011 年的 34283 元增长至 2015 年的 55870 元，增长 63.0%，说明水利管理业职工工资待遇水平不断提高。

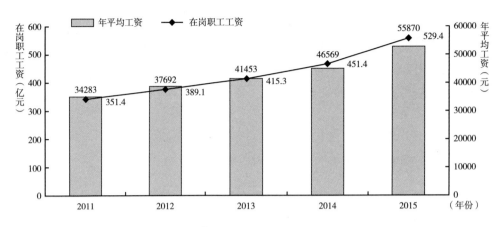

图6 "十二五"期间水利管理业在岗职工工资总额及平均工资水平

资料来源:《中国水利发展统计公报》(2011～2015)。

五 固定资产投资情况

"十二五"期间,水利管理业固定资产投资额从3412.6亿元增长到2015年的7249.9亿元,年均增长约20.8%;新建固定资产投资额年均增长约24.4%,扩建固定资产投资额年均增长约17.7%,改建和技术改造投资额年均增长约12.3%。2015年新建固定资产投资额占67.9%。2011～2015年水利管理业固定资产投资额累计达到26157.5亿元,固定资产投资稳定增长,且新建固定资产比重大,增长快,显示出了较强的投资建设活力。

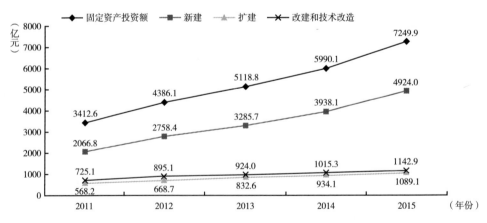

图7 "十二五"期间水利管理业固定资产投资情况

资料来源:《中国第三产业统计年鉴》(2012～2016)。

从登记注册类型看,内资固定资产投资逐年增长,从3407.3亿元增长至7243.0亿元,增长了1.13倍;港澳台商投资呈波动增长态势,从1.0亿元增长至5.6亿元,增长了 4.6 倍；外商投资在 2011～2014 年稳步增长，但是 2015 年大幅下降，相比 2011 年下降 70.5%。内资固定资产投资占据高于 99.0% 的绝大比重。在整个"十二五"期间，水利管理业固定资产投资内资总额累计为 26096.9 亿元，港澳台投资为 18.5 亿元，外商投资为 42.2 亿元。

表 5　"十二五"期间水利管理业按登记注册类型控股情况分固定资产投资

单位：亿元

年份	内资	港澳台商投资	外商投资	国有控股	集体控股	私人控股
2011	3407.3	1.0	4.4	3021.9	238.6	99.5
2012	4373.9	2.7	9.5	3910.1	241.2	149.0
2013	5103.0	1.6	14.2	4485.1	329.2	162.3
2014	5969.7	7.6	12.8	5198.8	392.3	219.5
2015	7243.0	5.6	1.3	6204.7	431.6	343.3

资料来源：《中国第三产业统计年鉴》（2012～2016）。

从控股情况来看，"十二五"期间，国有控股的固定资产投资始终占据内资 80.0% 以上的比重。国有、集体和私人控股的固定资产投资均稳定增长，分别增长 105.3%、80.9% 和 245.0%，私人控股固定资产投资增长要高于国有控股和集体控股。2011 年，国有、集体和私人控股占比分别为 88.7%、7.0% 和 2.9%；2015 年占比为 85.7%、6.0% 和 4.7%。可以看出水利管理业国有和集体控股比例的固定资产投资占比在"十二五"期间有所下降，而私人控股的固定资产投资占比增加。整个"十二五"期间，固定资产投资中国有控股总额累计为 22820.6 亿元，集体控股为 1632.9 亿元，私人控股为 973.6 亿元。

从固定资产投资资金来源看，国家预算资金逐年增长，从 2011 年的 940.3 亿元增长至 2015 年的 2480.9 亿元，增长 1.64 倍；国内贷款处于波动增长态势，2015 年国内贷款资金为 398.7 亿元，增长 11.9%；利用外资除 2013～2014 年有较大幅度增长，其余年份均下降，从 2011 年的 7.4 亿元减少至 2015 年的 5.3 亿元，减少 28.4%；自筹资金逐年增长，由 2011 年 1485.2 亿元增长至 2015 年的 3435 亿元，增长 1.3 倍；其他资金 2015 年为 647.7 亿元，下降了 7.9%。从所占比重来看，2011 年自筹资金、国家预算资金、其他资金、国内贷款和利用外资所占比重分别为 42.5%、26.9%、20.1%、10.2%、0.2%，2015 年变为 49.3%、35.6%、9.3%、5.7%、0.1%。其中自筹资金和国家预算资金在固定资产投资资金来源中所占比重最高，且所占比重均不断提高，国内贷款、其他资金降幅较大，利用外资所占比重最低且进一步下降。"十二五"期间，水利管理业国家预算资金总额 8379.8 亿元，国内贷款 2043.4 亿元，利用外资 35.8 亿元，自筹资金 11677.1 亿元，其他资金 3434.8 亿元。

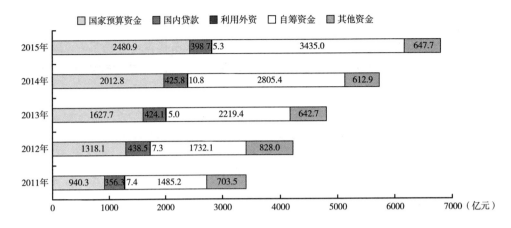

图8　"十二五"期间水利管理业固定资产投资（不含农户）资金来源

资料来源：《中国第三产业统计年鉴》（2012～2016）。

2015年全年水利建设完成投资5452.2亿元，较2011年的3086亿元增长76.7%。其中，建设工程完成投资4150.8亿元，较2011年增加97.4%；安装工程完成投资228.8亿元，较2011年减少3.8%；设备及工器具购置完成投资198.7亿元，较2011年增加72.5%；其他（包括移民征地补偿等）完成投资873.9亿元，较2011年增加17.1%。

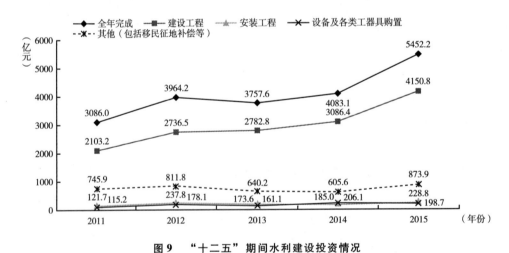

图9　"十二五"期间水利建设投资情况

资料来源：《全国水利发展统计公报》（2011～2015）。

六　税收情况

"十二五"期间，水利管理业营业税金及附加、应交所得税逐年增长，应交增值税则呈现逐年下降的态势。营业税金及附加从7.1亿元增长至19.4亿元，应交所得税从6.6亿元增长至18.7亿元，应交增值税从33.0亿元减少至11.8亿元。

表6 水利管理业税收情况

单位：亿元

年份	营业税金及附加	应交所得税	应交增值税
2011	7.1	6.6	33.0
2012	9.2	8.6	25.9
2013	11.8	11.1	20.3
2014	15.8	14.0	19.5
2015	19.4	18.7	11.8

注：2011~2012年规模以上企业数据通过营业收入比例关系推算得出，全行业税收数据根据规模以上企业法人单位所占比例推算得出。

资料来源：《中国第三产业统计年鉴》（2014~2016）、《中国经济普查年鉴》（2013）。

七 企业利润情况

从表7看出，"十二五"期间，水利管理业的企业利润大幅上涨，2015年规模以上水利管理业企业法人单位的利润总额为24.1亿元；而水利管理业2015年整体企业利润总额为72.6亿元。"十二五"期间，规模以上水利管理业企业法人单位利润总额累计为42.5亿元；整体企业总利润总额累计达到128.1亿元。

表7 水利管理业企业利润

单位：亿元

年份	规模以上企业利润总额	整体企业利润总额
2011	1.3	4.0
2012	2.9	8.7
2013	6.2	18.7
2014	8.0	24.1
2015	24.1	72.6

注：规模以上企业是指全年营业收入1000万元以上或期末从业人员数大于50人的服务业企业，由于规模以上服务业统计制度于2012年初步建立，因此，2012年及以前的数据缺失。2011~2012年规模以上企业数据依据2013~2015年增长趋势推算得出。整体企业利润数据根据规模以上企业法人单位营业收入所占比例推算得出。

资料来源：《中国第三产业统计年鉴》（2014~2016）、《中国经济普查年鉴》（2013），统计局资料。

八 区域分布情况

从法人单位数的区域分布来看，四大区域的法人单位数均逐年增长。其中，西部地区水利管理业的法人单位数最多，其次为东部地区和中部地区，中部地区在2013年反超东部地区，但此后仍低于东部地区。从区域增长速度看，中部地区水利管理业法人单位数增速最快，为37.0%，其次为东北地区24.7%，东部地区24.1%，西部地区增速最慢，约为18.6%。"十二五"期间，东部、中部、西部地区水利管理业法人单位数差距逐渐缩小，发展更为均衡，2015年均占30.0%左右，而东北地区水利管理业法人单位数基数小且增长慢，与东、中、西部地区差异逐年扩大。

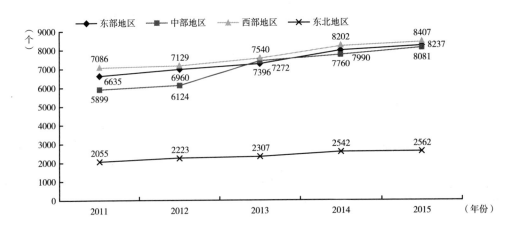

图10　"十二五"期间水利管理业分地区法人单位数

资料来源：《中国第三产业统计年鉴》（2012～2016）。

第二节　"十二五"期间生态保护和环境治理业发展情况

一　营业规模情况

"十二五"期间，我国生态保护和环境治理业企业法人单位营业收入稳定增长，从2011年的197.3亿元增长到2015年的722.8亿元，增长了2.66倍；营业成本从2011年的222.3亿元增长至2015年的485.3亿元，基本维持稳定。全行业营业收入从2011年的231.9亿元增长至2015年的849.6亿元，营业成本从2011年的368.9亿元增长至2015年的805.1亿元。"十二五"期间，生态保护和环境治理业企业法人单位营业收入总额约为2274.0亿元。全行业营业收入总额约为2672.9亿元。

"十二五"期间，全国环境污染治理投资总额从2011年的7114.0亿元增长到2015年的8806.3亿元，增长了23.8%，其中2011～2014年逐步增长，2015年相比2014年减少。全国工业污染治理完成投资总额在2011～2014年逐年增长，从2011年的444.4

表8 "十二五"期间生态保护和环境治理业营业收入及成本

单位：亿元

年份	企业法人单位		全行业	
	营业收入	营业成本	营业收入	营业成本
2011	197.3	222.3	231.9	368.9
2012	276.5	272.3	325.0	451.8
2013	491.9	333.5	578.2	553.4
2014	585.5	479.4	688.2	795.3
2015	722.8	485.3	849.6	805.1

注：企业法人单位营业收入及成本 2011~2012 年数据缺失，由 2013~2015 年增长趋势推导得出。全行业营业收入及成本根据企业法人单位以及规模以上企业资产所占比例推算得出。

资料来源：《中国第三产业统计年鉴》（2012~2016）、《中国经济普查年鉴》（2013）。

亿元增长到 2014 年的 997.7 亿元，增长了 1.25 倍，2015 年下降至 773.7 亿元，相比 2014 年下降 28.9%。

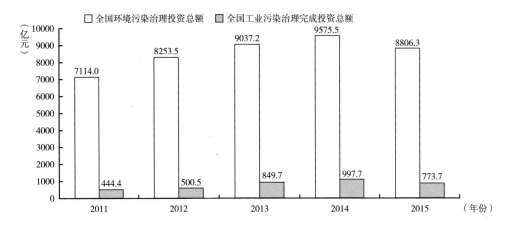

图 11 "十二五"期间全国环境污染治理投资总额

资料来源：《中国统计年鉴》（2015）。

"十二五"期间，造林面积整体处于波动上涨趋势，2015 年造林面积为 768 万公顷，相比 2011 年的 600 万公顷增长 28%。林业有害生物防治面积从 2011 年的 728.5 万公顷波动增长至 2015 年的 877.8 万公顷，增长 20.5%。另外，经过有效的森林火灾管理，"十二五"期间，森林火灾受害面积从 2.7 万公顷减少至 1.3 万公顷，减少 51.9%，表明森林火灾管理成效显著。

自然保护区数从 2011 年的 2640 个增长至 2015 年的 2740 个，增长 3.8%。其中国

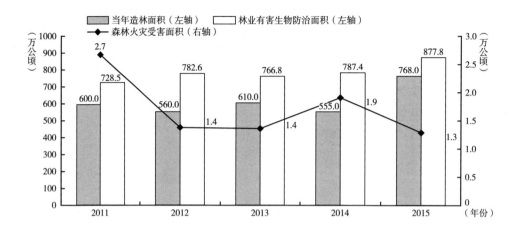

图12　"十二五"期间森林资源保护情况

资料来源:《中国统计年鉴》(2012～2016)。

家级自然保护区数稳定增长,2015年为428个,相比2011年的335个增长27.8%,占比为15.6%,自然保护区面积为14703万公顷,相比2011年的14971万公顷减少1.8%。

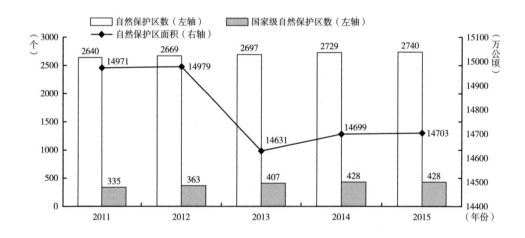

图13　"十二五"期间自然保护区情况

资料来源:《中国统计年鉴》(2012～2016)。

"十二五"期间,城市生活垃圾清运量从2011年的16395万吨增长至2015年的19142万吨,增长了16.8%;城市生活垃圾无害化处理率从2011年的79.7%增长至2015年的94.1%,增长了14.4个百分点;城市污水处理率从2011年的83.6%增长至2015年的91.9%,增长了8.3个百分点。

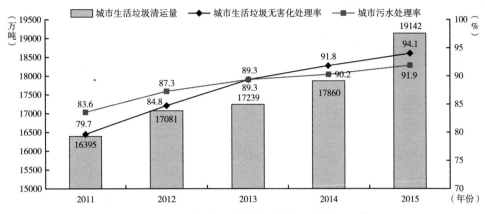

图14 "十二五"期间城市生活垃圾及污水处理情况

资料来源:《中国统计年鉴》(2012~2016)。

二 资产规模情况

"十二五"期间,我国生态保护和环境治理业企业法人单位资产规模总体上升,先升后降。2015年为1979.9亿元相比2011年的1546.8亿元增长28.0%。其中2013~2014年资产总计增长了15.3%,而2014~2015年下降了16.5%。企业法人单位负债总计从2011年的450亿元增加至2015年的1182.6亿元。全行业资产从2011年的1818.2亿元增长至2015年的2327.3亿元,负债总计从2011年的746.5亿元增加到2015年的1961.9亿元。其中企业法人单位资产约占全行业资产的85.1%。

表9 "十二五"期间生态保护和环境治理业资产及负债总计

单位:亿元

年份	企业法人单位		全行业	
	资产总计	负债总计	资产总计	负债总计
2011	1546.8	450.0	1818.2	746.5
2012	1783.3	592.3	2096.2	982.7
2013	2055.8	779.8	2416.5	1293.7
2014	2370.0	1389.3	2785.8	2304.9
2015	1979.9	1182.6	2327.3	1961.9

注:企业法人单位资产及负债2011~2012年数据缺失,由2013~2015年增长趋势推导得出,全行业资产及负债数据根据企业法人单位资产以及规模以上企业资产所占比例推算得出。

资料来源:《中国第三产业统计年鉴》(2012~2016)、《中国经济普查年鉴》(2013)。

三 法人单位情况

"十二五"期间,生态保护和环境治理业法人单位数和企业法人单位数均呈现2011~

2012年增长、2012～2013年大幅下降、2014～2015年逐渐回升的发展态势，2015年法人单位数为12718个，相比2011年15911个减少20.1%，企业法人单位数为8885个，相比2011年增长19.1%。从企业法人单位数占总法人单位数比重来看，生态保护和环境治理业"十二五"期间企业法人单位数占法人单位总数的比重稳定增长，2011～2015年分别为46.9%、50.4%、61.4%、65.1%、69.9%。

表10　"十二五"期间生态保护和环境治理业法人单位数情况

单位：个

年份	法人单位数	企业法人单位数	年份	法人单位数	企业法人单位数
2011	15911	7463	2014	11150	7263
2012	17632	8881	2015	12718	8885
2013	9481	5821			

资料来源：《中国第三产业统计年鉴》（2012～2016）。

"十二五"期间，生态保护和环境治理业的国有控股和集体控股企业法人单位数均有所下降，2015年分别为676个和180个，较2011年分别减少了29.3%和62.9%。私人控股企业法人单位数从2011年的4849个增长至2015年的6831个，增长了40.9%。2015年，港澳台商控股和外商控股的企业法人单位数分别为82个和83个。从各控股比重来看，2011年国有控股、集体控股、私人控股、港澳台商控股、外商控股和其他企业法人占比分别为12.8%、6.5%、65%、0.7%、1.3%和13.7%，2015年比重分别变化为7.6%、2.0%、76.9%、0.9%、0.9%和11.6%，其中私人控股所占比重逐年增长，增长11.9个百分点，港澳台商控股增长0.2个百分点。

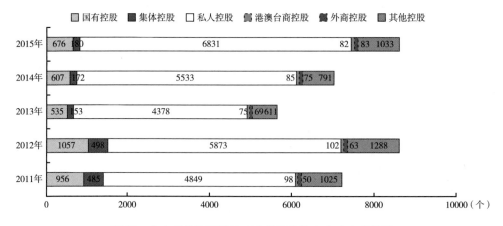

图15　生态保护和环境治理业按控股情况分法人单位数

资料来源：《中国第三产业统计年鉴》（2012～2016）。

四 就业人员情况

2012～2015 年，生态保护和环境治理业城镇单位就业人员数处于稳定增长态势。其中，国有单位就业人员数有所下降，城镇集体单位变动不大，其他单位整体增长 1.5 倍。

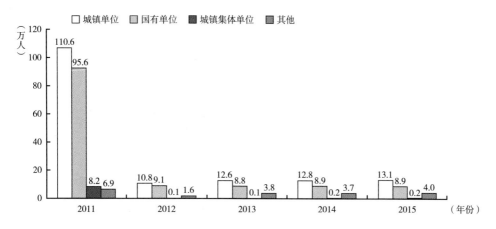

图 16 "十二五"期间生态保护和环境治理业城镇单位就业人员数

资料来源：《中国第三产业统计年鉴》（2012～2016）。

五 固定资产投资情况

"十二五"期间，生态保护和环境治理业固定资产投资额从 2011 年的 1602.5 亿元增长到 2249 亿元，年均增长约 28.1%；新建固定资产投资额年均增长约 34.6%，扩建固定资产投资额年均增长约 22.9%，改建和技术改造投资额年均增长约 14.4%。"十二五"期间，生态保护和环境治理业固定资产投资额累计达到 8165.3 亿元。

从登记注册类型看，"十二五"期间生态保护和环境治理业行业内资固定资产投资从 1596 亿元增长至 2226.3 亿元，增长了 39.5%；港澳台商投资呈波动增长态势，从 1.4 亿元增长至 9.4 亿元，增长了 5.71 倍；外商投资也波动增长，增长 1.6 倍。内资固定资产投资占据约为 99% 的绝对比重。

从控股情况来看，国有、集体和私人控股企业法人的固定资产投资均呈现 2011～2012 年减少、2012～2015 年增长的态势，"十二五"期间分别增长了 16.7%、3.7% 和 147.9%，私人控股固定资产投资增速远远高于国有控股和集体控股。2011 年，国有、集体和私人控股比例分别为 73.1%、9.5% 和 13.0%；2015 年比例为 60.8%、7.0% 和 23.0%。可以看出，生态保护和环境治理业国有和集体控股比例的固定资产投资占比在"十二五"期间有所下降，而私人控股的固定资产投资占比增加 10 个百分点。整个

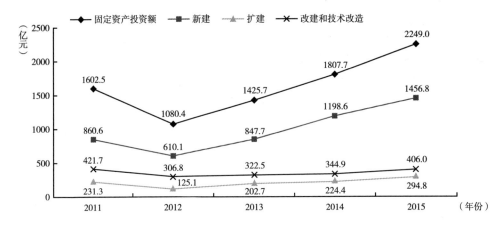

图 17 "十二五"期间生态保护和环境治理业固定资产投资

资料来源:《中国第三产业统计年鉴》(2012～2016)。

表 11 "十二五"期间生态保护和环境治理业按登记注册类型、控股情况分固定资产投资

单位:亿元

年份	内资	港澳台商投资	外商投资	国有控股	集体控股	私人控股
2011	1596.0	1.4	5.1	1170.8	152.5	209.1
2012	1067.8	4.0	8.6	731.3	93.8	196.2
2013	1411.8	3.1	10.8	892.1	139.9	291.8
2014	1790.7	10.8	6.2	1063.3	130.7	478.0
2015	2226.3	9.4	13.2	1366.7	158.2	518.2

资料来源:《中国第三产业统计年鉴》(2012～2016)。

"十二五"期间,固定资产投资中国有控股总额为 5224.1 亿元,集体控股总额为 675.2 亿元,私人控股总额为 1693.2 亿元。

从生态保护和环境治理业的固定资产投资资金的各项来源增长情况看,国家预算资金除 2011～2012 年下降外逐年增长,从 2011 年的 354.4 亿元增长至 394.3 亿元,增长了 11.3%;国内贷款 2011～2012 年以及 2014～2015 年均有所下降,2015 年国内贷款资金 104.7 亿元,相比 2011 年的 188.8 亿元减少 44.5%;利用外资除 2011～2012 年下降,其余年份均增长,从 2011 年的 7 亿元增加至 2015 年的 7.3 亿元,增加 3.8%;自筹资金除2011～2012 年下降外,其余年份均增长,由 961.3 亿元增长至 1542.5 亿元,增长 60.5%;其他资金 2015 年为 138.8 亿元,增加了 10.0%。从所占比重来看,2011 年自筹资金、国家预算资金、国内贷款、其他资金和利用外资所占的比重分别为 58.7%、21.6%、11.5%、7.7%、0.4%,2015 年变为 70.5%、18.0%、4.8%、

6.3%、0.3%。其中自筹资金在固定资产投资资金来源中所占比重最高，且所占比重不断提高，而其余资金来源比重都存在不同程度的下降。"十二五"期间，生态保护和环境治理业国家预算资金总额1504.9亿元，国内贷款638.5亿元，利用外资23.0亿元，自筹资金5443.6亿元，其他资金551.5亿元。

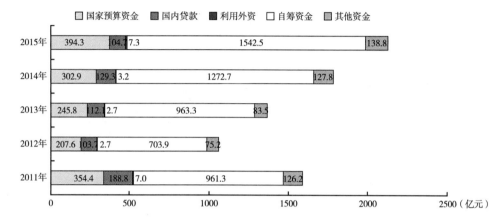

图18 "十二五"期间生态保护和环境治理业固定资产投资（不含农户）资金来源

资料来源：《中国第三产业统计年鉴》（2012～2016）。

六 税收情况

"十二五"期间，生态保护和环境治理业应交所得税与应交增值税均呈现大幅增长态势，营业税金及附加整体变化幅度相对较小。2015年生态保护和环境治理业营业税金及附加为13.2亿元，增长19.4%；2015年应交所得税为32.9亿元，增长1.6倍；2015年应交增值税为19.4亿元，增长16倍。

表12 生态保护和环境治理业税收

单位：亿元

年份	营业税金及附加	应交所得税	应交增值税
2011	11.0	12.8	1.1
2012	11.6	16.2	2.4
2013	12.2	20.5	4.9
2014	11.3	25.0	13.2
2015	13.2	32.9	19.4

注：2011～2012年规模以上企业数据通过营业收入比例关系推算得出。全行业税收数据根据规模以上企业法人单位所占比例推算得出。

资料来源：《中国第三产业统计年鉴》（2014～2016）、《中国经济普查年鉴》（2013）。

七 企业利润情况

"十二五"期间，规模以上生态保护和环境治理业企业法人单位的利润总额从2011年的27.3亿元增长至2015年的68.1亿元。从全行业企业利润来看，利润总额从2011年的47.6亿元增长至2015年的118.8亿元。"十二五"期间生态保护和环境治理业规模以上企业法人单位总利润总额为220.9亿元，全行业企业总利润总额为385.4亿元。

表13 生态保护和环境治理业企业利润

单位：亿元

年份	规模以上企业利润总额	全行业企业利润总额
2011	27.3	47.6
2012	33.0	57.6
2013	44.3	77.3
2014	48.2	84.1
2015	68.1	118.8

注：2011～2012年数据缺失，依据2013～2015年增长趋势推算得出。企业利润数据根据规模以上企业法人单位营业收入所占比例推算得出。

资料来源：《中国第三产业统计年鉴》（2014～2016）、《中国经济普查年鉴》（2013）。

八 国内区域分布情况

从生态保护和环境治理业法人单位数的区域分布来看，四大区域的法人单位数均经

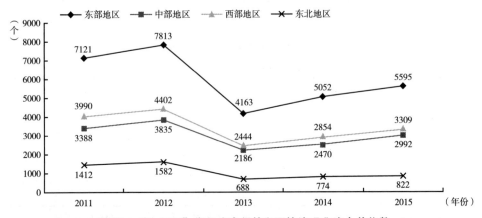

图19 "十二五"期间生态保护和环境治理业法人单位数

资料来源：《中国第三产业统计年鉴》（2012～2016）。

历了增长–下降–回升的过程。其中东部地区法人单位数始终最多，2015 年东部地区法人单位数为 5595 个，占 44.0%；其次为西部地区，3309 个，占 26.0%；中部地区 2992 个，占 23.5%；东北地区法人单位数始终最低，2015 年为 822 个，占 6.5%。从增长速度看，东北地区法人单位数降幅最大，为 41.8%；其次为东部地区 21.4%；西部地区 17.1%；中部地区降幅最低，约为 11.7%。

第三节 "十二五"期间公共设施管理业发展情况

一 营业规模情况

"十二五"期间，人均城市道路面积和人均公园绿地面积均逐年增长。其中，人均城市道路面积从 2011 年的 13.75 平方米增长至 2015 年的 15.6 平方米，增长 13.5%；人均公园绿地面积从 11.8 平方米增长至 13.35 平方米，增长 13.1%。每万人拥有公共厕所数量逐年减少，2015 年为每万人约拥有 2.75 座厕所，相比 2011 年减少 6.7%。每万人拥有公共交通车辆逐年增长，2015 年为 13.29 标台，相比 2011 年增长 12.5%，这也显示了近年来大力发展公共交通的显著成效。

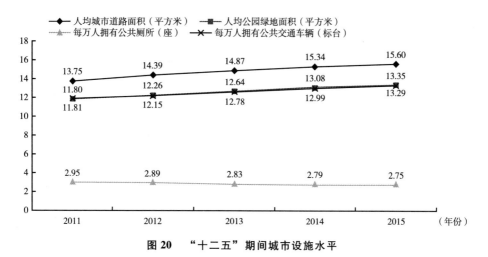

图 20 "十二五"期间城市设施水平

资料来源：《中国第三产业统计年鉴》（2012～2016）。

"十二五"期间，城市用水普及率和燃气普及率均逐年增长。其中，城市用水普及率从 2011 年的 97.0% 增长至 2015 年的 98.1%，增长 1.1 个百分点；城市燃气普及率从 2011 年的 92.4% 增长至 2015 年的 95.3%，增长约 3 个百分点。城市用水及燃气更为普及，覆盖率更高，居民生活更为方便。

表14 "十二五"期间城市用水及燃气普及率

单位：%

年份	城市用水普及率	城市燃气普及率	年份	城市用水普及率	城市燃气普及率
2011	97.0	92.4	2014	97.6	94.6
2012	97.2	93.2	2015	98.1	95.3
2013	97.6	94.3			

资料来源：《中国第三产业统计年鉴》（2012～2016）。

"十二五"期间，我国公共设施管理业企业法人单位营业收入稳定增长，从2011年的2307.6亿元增长到2015年的3566.3亿元，增长了54.5%，营业成本从2011年的1704.5亿元增长至2015年的2391.1亿元。全行业营业收入从2011年的2624.4亿元增长至2015年的4055.9亿元，营业成本从2011年的2548.5亿元增加至2015年的3575.1亿元。公共设施管理业企业法人单位营业收入总额累计达14582.2亿元，全行业营业收入总额达16584.2亿元，营业收入逐年增加，营业利润整体增加，显示行业营业规模持续扩大。

表15 "十二五"期间公共设施管理业营业收入及成本

单位：亿元

年份	企业法人单位		全行业	
	营业收入	营业成本	营业收入	营业成本
2011	2307.6	1704.5	2624.4	2548.5
2012	2585.3	1861.2	2940.3	2782.8
2013	2878.1	2032.3	3273.2	3038.6
2014	3244.9	2474.1	3690.4	3699.2
2015	3566.3	2391.1	4055.9	3575.1

注：企业法人单位营业收入及成本2011～2012年数据缺失，由2013～2015年增长趋势推导得出。全行业营业收入及成本根据企业法人单位以及规模以上企业资产所占比例推算得出。

资料来源：《中国第三产业统计年鉴》（2012～2016）、《中国经济普查年鉴》（2013）。

二 资产规模情况

"十二五"期间，我国公共设施管理业企业法人单位资产总计稳定增长，从2011年的21467.6亿元增加到2015年的40163.1亿元，共增长了87.1%。其中2013～2014年资产总计增长了12.8%，而2014～2015年增长了30.5%，增长速度有加快趋势；企业法人单位负债总计从2011年的9720.8亿元增长至2015年的14835.1亿元。根据推算，全行业资产总计从 2011 年的 24414.9 亿元增长到 45677.1 亿元，全行业负债总计从 2011 年的 14534.1 亿元增长至 2015 年的 22180.9 亿元。"十二五"期间，水利管理业企业法人单位资产约占全行业资产总计的 87.9%。

表16 "十二五"期间公共设施管理业资产及负债总计

单位：亿元

年份	企业法人单位		全行业	
	资产总计	负债总计	资产总计	负债总计
2011	21467.6	9720.8	24414.9	14534.1
2012	24207.8	10805.5	27531.3	16155.9
2013	27297.9	12011.2	31045.7	17958.6
2014	30782.4	13081.2	35008.6	19558.5
2015	40163.1	14835.1	45677.1	22180.9

注：企业法人单位资产及负债 2011~2012 年数据缺失，由 2013~2015 年增长趋势推导得出。全行业资产及负债数据根据企业法人单位资产以及规模以上企业资产所占比例推算得出。

资料来源：《中国第三产业统计年鉴》（2012~2016）、《中国经济普查年鉴》（2013）。

"十二五"期间，道路长度从 308897 公里增长到 364978 公里，增长 18.2%；道路面积从 562523 万平方米增长到 717675 万平方米，增长 27.6%；城市桥梁从 53386 座增长到 64512 座，增长 20.8%；城市道路照明灯从 19492 千盏增加到 24225 千盏，增长 24.3%；排水管道长度从 414074 公里增长到 539567 公里，增长 30.3%。"十二五"期间，城市市政设施不断完善，各项指标都处于稳定增长状态。

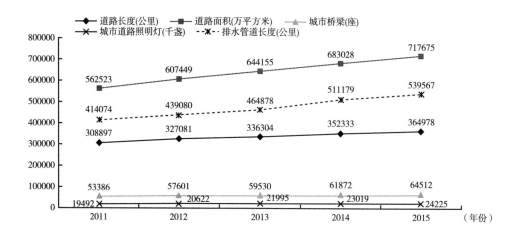

图21 "十二五"期间城市市政设施情况

资料来源：《中国第三产业统计年鉴》（2012~2016）。

三　法人单位情况

"十二五"期间，公共设施管理业法人单位数和企业法人单位数均实现大幅增长，其中法人单位数2012年后增长速度加快，2015年法人单位数达到68064个，比2011年增长115.4%。企业法人单位数从2011年的22784个增长到2015年的51408个，增长125.5%。"十二五"期间企业法人单位数占总法人单位数比重分别为72.1%、74.1%、68.5%、71.1%和75.5%。

表17　"十二五"期间公共设施管理业法人单位数

单位：个

年份	法人单位数	企业法人单位数	年份	法人单位数	企业法人单位数
2011	31600	22784	2014	59878	42574
2012	35913	26598	2015	68064	51408
2013	50807	34778			

资料来源：《中国第三产业统计年鉴》（2012~2016）。

"十二五"期间，公共设施管理业的国有控股企业法人从2478个增长至4480个，增长80.8%。集体控股企业法人从1529个增长至1987个，增长30%。私人控股从15653个增长至39503个，增长了1.52倍。港澳台商控股和外商控股的企业法人单位数2015年分别为240个和105个，比2011年增长了65.5%和0.06%；其他控股企业法人增长76.8%。从各比重来看，2011年国有控股、集体控股、私人控股、港澳台商控股、外商控股和其他控股占比分别为10.9%、6.7%、68.7%、0.6%、0.4%和12.6%，2015年为8.7%、3.9%、76.8%、0.5%、0.2%和9.9%，其中私人控股所占比重增长，增长8.1个百分点，其余的控股方式所占比重均有不同程度的下降。

四　就业人员情况

"十二五"期间，公共设施管理业城镇单位就业人员数增长迅速，2015年城镇单位就业人员数达到210.8万人，增长199.7%。国有单位就业人员数整体增长182.9%，并始终占据城镇单位人员数的绝大比重；城镇集体单位相比2011年增长4.39倍；其他单位整体增长了2.34倍。

五　固定资产投资情况

"十二五"期间，公共设施管理业固定资产投资额从2011年的19505.6亿元增长到

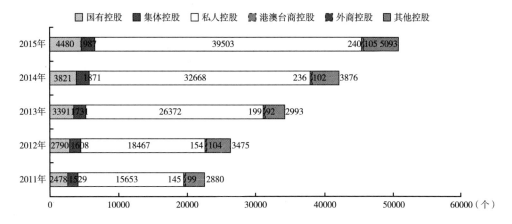

图 22 公共设施管理业按控股情况分法人单位数

资料来源:《中国第三产业统计年鉴》(2012~2016)。

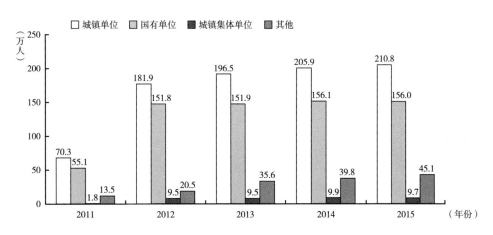

图 23 "十二五"期间公共设施管理业城镇单位就业人员数

资料来源:《中国第三产业统计年鉴》(2012~2016)。

2015 年的 46180.2 亿元,年均增长约 34.2%;新建固定资产投资额年均增长约 41.8%,扩建固定资产投资额年均增长约 17.3%,改建和技术改造投资额年均增长约 19.0%。2015 年新建固定资产投资额占固定资产投资的 76.1%。"十二五"期间,公共设施管理业固定资产投资额总额累计达到 159382.5 亿元,投资稳定增长,且新建固定资产比重大,增长快,显示出了较强的投资建设活力。

从登记注册类型看,"十二五"期间,公共设施管理业行业内资固定资产投资逐年增长,从 19334.6 亿元增长至 46009.8 亿元,增长了 1.38 倍;港澳台商投资额整体呈现减少态势,从 111.3 亿元减少至 90.1 亿元,下降了 19.0%;外商投资先下降后增长,2015 年相比 2011 年增长 34.5%。内资固定资产投资占高于 99% 的绝大比重。在整个

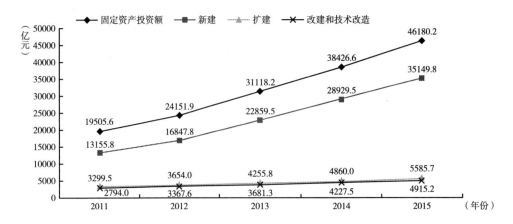

图24 "十二五"期间公共设施管理业固定资产投资

资料来源:《中国第三产业统计年鉴》(2012～2016)。

"十二五"期间,公共设施管理业固定资产投资内资总额为158593.2亿元,港澳台商投资总额为487.1亿元,外商投资总额为302.2亿元。

表18 "十二五"期间公共设施管理业按登记注册类型、控股情况分固定资产投资情况

单位:亿元

年份	内资	港澳台商投资	外商投资	国有控股	集体控股	私人控股
2011	19334.6	111.3	59.7	15357.7	1500.8	2074.3
2012	23993.5	101.2	57.2	18649.1	1695.7	2558.4
2013	30984.8	91.4	42.0	23882.8	2089.8	3471.6
2014	38270.5	93.1	63.0	28493.8	2618.9	4769.4
2015	46009.8	90.1	80.3	33475.8	3349.3	6061.3

资料来源:《中国第三产业统计年鉴》(2012～2016)。

从注册类型来看,国有控股企业法人的固定资产投资始终占据80.0%以上的比重。国有、集体和私人控股企业法人的固定资产投资均稳定增长,分别增长了118.0%、123.2%和192.2%,私人控股企业法人固定资产投资增长高于国有控股和集体控股。2011年,国有、集体和私人控股固定资产投资占比分别为78.7%、7.7%和10.6%。2015年为72.5%、7.3%和13.1%。可以看出,国有和集体控股企业法人的固定资产投资占比有所下降,而私人控股的固定资产投资占比增加。整个"十二五"期间,固定资产投资中国有控股总额为119859.2亿元,集体控股总额为11254.5亿元,私人控股总额为18935亿元。

从公共设施管理业的固定资产投资资金的各项来源增长情况看,国家预算资金逐年

增长，从 2011 年的 2603 亿元增长至 6943.2 亿元，增长 1.7 倍；国内贷款在 2011～
2013 年增加，自 2013～2015 年来不断下降，2015 年国内贷款资金 3480.1 亿元，相比
2011 年的 2969.1 亿元增加 17.2%；利用外资 2014～2015 年发生大幅度下降，2015 年
为 55.5 亿元，相比 2011 年的 90.2 亿元减少 38.5%；自筹资金逐年增长，由 2011 年的
12410.4 亿元增长至 2015 年的 30755.4 亿元，增长 1.48 倍；其他资金逐年增长，2015
年为 2706.5 亿元，增长 85.2%。从所占比重来看，2011 年，自筹资金、国家预算资
金、国内贷款、其他资金和利用外资所占的比重分别为 63.5%、13.3%、15.2%、
7.5%、0.5%，2015 年变为 70.0%、15.8%、7.9%、6.2%、0.1%。其中自筹资金在
固定资产投资资金来源所占比重中最高，且所占比重不断提高，国家预算资金比重也有
所提升，而国内贷款、利用外资和其他资金来源比重都存在不同程度的下降。"十二
五"期间，公共设施管理业国家预算资金总额为 24098.1 亿元，国内贷款为 16784.4 亿
元，利用外资 403.7 亿元，自筹资金为 105242.3 亿元，其他资金为 10712.3 亿元。

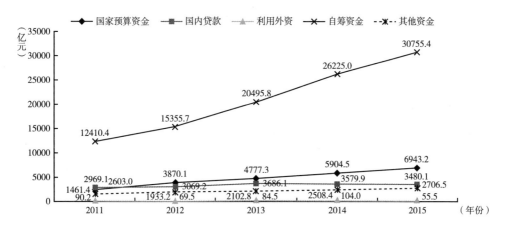

图 25　"十二五"期间公共设施管理业固定资产投资（不含农户）资金来源情况

资料来源：《中国第三产业统计年鉴》（2012～2016）。

六　税收情况

"十二五"期间，公共设施管理业营业税金及附加、应交所得税、应交增值税均整
体增长。2015 年公共设施管理业营业税金及附加为 171.6 亿元，增长 34.4%；应交所
得税为 114.3 亿元，增长 1.2 倍；应交增值税为 21.9 亿元，增长 1.6 倍。

七　企业利润情况

"十二五"期间，规模以上公共设施管理业企业法人单位利润总额从 2011 年的 97.5

表19 "十二五"期间公共设施管理业税收情况

单位：亿元

年份	营业税金及附加	应交所得税	应交增值税
2011	127.7	52.8	8.6
2012	139.0	64.0	10.8
2013	151.2	77.7	13.7
2014	198.0	90.9	17.3
2015	171.6	114.3	21.9

注：2011～2012年规模以上企业数据通过营业收入比例关系推算得出。全行业税收数据根据规模以上企业法人单位所占比例推算得出。

资料来源：《中国第三产业统计年鉴》（2014～2016）、《中国经济普查年鉴》（2013）。

亿元增长至2015年的215.4亿元。从全行业企业利润来看，利润总额从2011年的162.4亿元增长至2015年的358.8亿元。"十二五"期间公共设施管理业规模以上企业利润持续稳定增长，企业法人单位利润总额累计为837.4亿元，全行业企业利润总额达到1394.9亿元。

表20 "十二五"期间公共设施管理业企业利润

单位：亿元

年份	规模以上企业利润总额	全行业企业利润总额	年份	规模以上企业利润总额	全行业企业利润总额
2011	97.5	162.4	2014	206.2	343.5
2012	125.3	208.7	2015	215.4	358.8
2013	193.0	321.5			

注：2011～2012年数据缺失，依据2013～2015年增长趋势推算得出。企业利润数据根据规模以上企业法人单位营业收入所占比例推算得出。

资料来源：《中国第三产业统计年鉴》（2014～2016）、《中国经济普查年鉴》（2013）。

八 国内区域分布情况

从公共设施管理业法人单位数的区域分布来看，四大区域的法人单位数均呈现增长态势。其中东部地区公共设施管理业的法人单位数始终最多，2015年为33651个，占49.4%，其次为中部地区15963个，占23.5%，西部地区13869个，占20.4%，东北地区法人单位数始终最低，2015年为4581个，占6.7%。从区域增长速度看，中部地区公共设施管理业法人单位数增幅最大，为143.2%，其次为西部地区125.9%，东部地区105.7%，东北地区增长最少，约为80.6%。

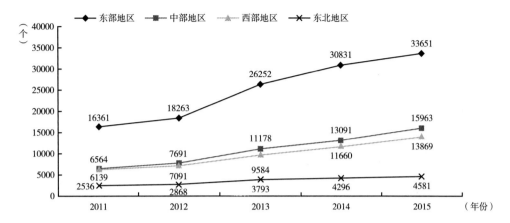

图 26 "十二五"期间公共设施管理业法人单位数区域分布情况

资料来源：《中国第三产业统计年鉴》（2012～2016）。

第十二章

"十二五"期间中国居民服务、修理和其他服务业发展情况

"十二五"期间，我国居民服务、修理和其他服务业发展呈现以下特点。

营业收入增长迅猛，增速较快，地区差异显著。从 2011 年的 2063.2 亿元增长到 2015 年的 4821.8 亿元，增长了 1.3 倍，五年累计 19809.1 亿元。东部地区企业法人单位营业收入较高，而西部地区处于较低水平。

总资产规模增长不多，增速平缓，地区差距极大。从 2011 年 6275.3 亿元稳步增长到 2015 年 10029.1 亿元，增长了 60%，年平均增速为 12.4%。[①] 各地区企业法人单位总资产规模差距极大，整体排名东高西低。

法人单位规模增长快速，区域差异明显。从 2011 年的 17.6 万个增至 2015 年的 29.9 万个，年平均增长率为 13.6%。法人单位增速区域差异大：中部、西部的法人单位规模平均增长率分别为 36.2%、31.9%，大大超过东部地区（10.4%）和东北地区（7.7%）。这一时期，各区域居民生活日益便利。以 2015 年每万人拥有法人单位数来衡量，东部最为便利，为每万人 3.0 个，其他区域每万人 1.6~1.8 个，均比 2011 年有所提高。

总体就业人数[②]稳步增长，城镇就业增速更快，私营企业和个体企业提供 95% 就业岗位。从 2011 年的 1143.0 万人稳步增长到 2015 年的 1630.6 万人，年均增长率为 9.9%。其中，城镇就业规模增长更快，从 2011 年的 629.5 万人增至 2015 年的 1226.8 万人，将近翻一番，年均增长 10.5%，而且城镇就业占比不断增大，从 2011 年的 55.1% 稳步升至 2015 年 75.2%。全门类 95% 左右的就业集中在私营企业和个体，就业

---

① 居民服务、修理和其他服务业企业法人单位的资产只有 2013~2015 年数据，这里根据已有资产数据推算。这一时期该门类总资产增速为 2013~2015 年的增速。

② 总体就业人数＝城镇单位就业人数＋私营企业和个体企业就业人数。城镇单位即城镇非私单位，包括国有、城镇集体和其他单位。

规模从 2011 年的 1083.2 万人增至 2015 年的 1555.5 万人,年均增速高达 10.2%。

工资总额快速增长,私企和个体增长强劲,城镇单位增长波动大;平均工资水平较低,城镇单位高于城镇私营单位。工资总额从 2011 年的 1922.7 亿元增至 2015 年的 5500.8 亿元,年均增速 23.4%,增长较快。其中,私营企业和个体的工资总额增长迅速,从 2011 年的 1754.3 亿元增至 2015 年的 5164.7 亿元,平均增速高达 24.1%。城镇单位工资总额增长波动大。城镇单位平均工资增速较缓,从 2011 年的 28868 元逐步增长到 44802 元,年平均增长率为 9.3%,城镇私营单位平均工资增速超过城镇单位。

固定资产投资规模翻番,增速较快,趋于减缓。固定资产投资额从 2011 年的 1219.1 亿元逐步增长至 2015 年的 2628.2 亿元,翻了一番,累计达 9803.0 亿元。其中 65%~85% 形成新增固定资产,新增固定资产增速可观,年均增长 38.3%。

税收总额增长趋缓,增值税和个人所得税增速波动较大,营业税正在调整中,个人所得税和企业所得税缓慢增长。税收规模稳步增长,税收总额从 1943.0 亿元增至 2818.5 亿元,累计 12076.5 亿元,年均增速为 8.5%。其中,国内增值税从 2011 年的 48.5 亿元增至 2015 年的 144.0 亿元,累计 559.7 亿元,年均增速为 24.3%;营业税是最重要的税种,占 1/3 左右,年均增速为 9.7%;企业所得税额年均增长 7.7%,占比从 2011 年的 19% 降至 2015 年的 15%;个人所得税占比从 2011 年 18.8% 下降到 2015 年的 16.9%,均超过同年企业所得税。

企业利润总额略有增长,但波动较大。企业利润总额从 2011 年的 1748.1 亿元增至 2015 年的 2107.5 亿元,增长了 20.6%,年均增长率为 7.7%。

全行业增加值稳步增长,增速逐步放缓。"十二五"期间全行业增加值分别为 7517.1 亿元、8156.8 亿元、8625.1 亿元、9706.3 亿元和 10282.6 亿元,增速趋于下降,五年间平均增速为 11.0%。

第一节 "十二五"居民服务业发展情况

"十二五"期间,我国的城市化水平不断提高,2011 年城市化率为 51.3%,城镇人口首次超过农村人口,至 2015 年城市化率上升到 56.1%。随着人口日益向城镇集中,居民服务市场需求不断增加,需求日渐多元化,居民服务分工不断细化,服务水平快速提升。

一 营业收入情况

"十二五"期间,我国居民服务业企业法人单位营业收入分别为 994.1 亿元、833.7 亿元、1116.5 亿元、1279.2 亿元和 1552.8 亿元,期末比期初增长了 56%,累计营业收入为 5776.3 亿元。这一阶段,该行业营业收入总体增速很不稳定,2011 年增速为 26.8%，2012 年却出现 16.1% 的负增长，2013 年实现 33.9% 的高速增长，随后两年增速有所回落，分别为 14.6% 和 21.4%，五年平均增速为 14.6%。

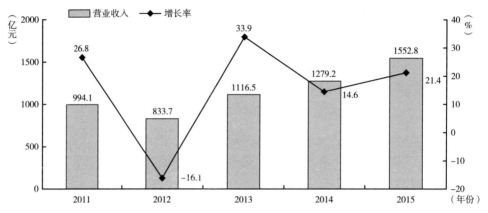

图1　"十二五"期间居民服务业企业法人单位营业收入

注：企业法人单位包括规模以上和规模以下的企业法人单位。

资料来源：根据《中国第三产业统计年鉴》（2011~2016）整理得到。

二　总资产情况

我国居民服务业企业法人单位的总资产从 2011 年的 1599.3 亿元快速增至 2015 年的 3866.7 亿元，增长 1.4 倍，年平均增长率为 24.7%，处于较高增长水平。其中 2013 年、2014 年和 2015 年居民服务业企业单位法人总资产分别为 2486.8 亿元、2836.4 亿元和 3866.7 亿元，2014 年比上年增长了 14.1%，2015 年增速快速提升到 36.3%。[①]

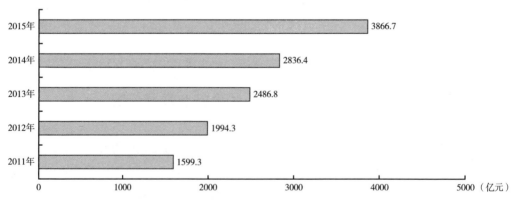

图2　"十二五"期间居民服务业企业法人单位总资产

注：2011~2012 年数据根据 2013~2015 年的平均增长率推算得到。

资料来源：根据《中国第三产业统计年鉴》（2014~2016）整理估算得到。

---

① 居民服务业企业法人单位资产只有 2013~2015 年数据，2011 年、2012 年的相关数据是根据 2013~2015 年数据的平均增长率推算得到。

三 法人单位情况

（一）规模趋于快速增长

"十二五"期间，我国居民服务业法人单位规模总体趋于增长，2011年、2012年分别为77421个、85207个，2013年减少到77854个，2014年又增加到95853个，2015年法人单位规模为115033个。在此期间，居民服务业法人单位规模增幅波动大，前期缓慢增长，2011年、2012年增长率分别为7.9%、10.1%，2013年出现负增长（-8.6%），随后又出现快速增长，2014年、2015年增长率高达23.1%和20.0%，年均增长9.9%。

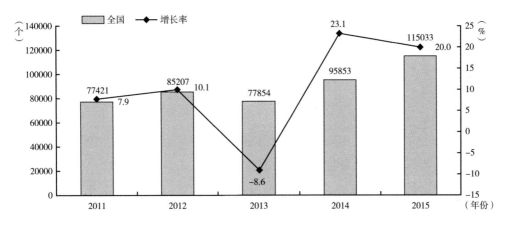

图3 "十二五"期间全国居民服务业法人单位规模及增长率

注：2013年法人单位数来自2013年第三次全国经济普查数据，其余年份数据来自基本单位统计年报数据。

资料来源：根据《中国第三产业统计年鉴》（2011～2016）整理。

（二）中西部增长快速，东部最便利

1. 中部和西部法人单位数增长快速

"十二五"期间，中部和西部地区居民服务业发展较快。除了2013年，西部地区的居民服务业法人单位增速最快，尤其是2014年、2015年增速均超过30%。相比之下，东北地区增长缓慢，除了2012年增速较快外，其他年份的增速都居于末位。从这一期间的年平均增长率来看，西部为18.0%，中部也有11.1%的两位数增速；东部和东北增长较慢，年平均增长率分别为7.7%和4.7%。

从居民服务业法人单位规模比也能看出发展差距。"十二五"期间，东部与中部、西部地区的法人规模差距在缩小，但是与东北地区的差距趋于扩大。"十一五"末即2010年，东部地区的法人规模是中部的3倍、西部的3.8倍、东北地区的6.4倍。至2015年底，东部地区的法人规模与中西地区的差距变小，分别是中部的2.6倍、西部的 2.5 倍、东北的 7.3 倍。东北地区居民服务业法人单位规模增长较慢，与东部地区的差距进一步拉大。

表1　"十二五"期间四大区域居民服务业法人单位数及增长率

单位：个，%

年份	法人单位数				增长率			
	东部	中部	西部	东北	东部	中部	西部	东北
2011	43746	14401	12611	6663	6.4	5.8	19.4	3.2
2012	46548	15713	15169	7777	6.4	9.1	20.3	16.7
2013	42387	15297	13974	6196	-8.9	-2.7	-7.9	-20.3
2014	51591	18607	18371	7284	21.7	21.6	31.5	17.6
2015	59668	23079	24161	8125	15.7	24.0	31.5	11.6

注：2013年法人单位数来自2013年第三次全国经济普查数据，其余年份来源于基本单位统计年报数据。社会组织法人单位数和自治组织单位数由民政部提供。

资料来源：根据《中国第三产业统计年鉴》（2011～2016）整理。

2. 东部地区居民服务便利

居民服务业与居民生活密切相关，居民生活便利程度也是反映居民服务业发展水平的重要方面。我们进一步比较每万人拥有居民服务业法人单位数发现，东部地区居民服务业居民生活比较便利，每万人拥有居民服务业法人单位数从2011年的0.9个增至2015年的1.2个，东北地区基本保持原有水平，中部略有增长，而西部地区从0.3个提高到0.6个，增长了1倍，增速最快；至2015年末，中部、西部和东北地区的每万

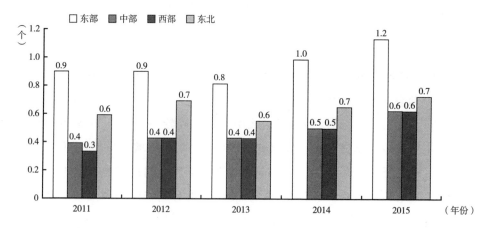

图4　"十二五"期间每万人拥有居民服务业法人单位数区域比较

注：各区域每万人拥有的法人单位数＝各区域法人单位数/各地区年末常住人口。

资料来源：根据《中国第三产业统计年鉴》（2011～2016）和《中国统计年鉴》（2016）有关数据计算。各区域法人单位数来源于《中国第三产业统计年鉴》（2011～2016），各区域年末常住人口由《中国统计年鉴》（2016）汇总得到。

人拥有居民服务业法人单位数基本一致,每万人拥有居民服务业法人单位数约为 0.6 个,仅为东部地区的一半。

四 就业规模和工资水平情况

(一)就业规模

1. 就业规模增长幅度大,私营单位贡献大

"十二五"期间,居民服务业就业规模从 2011 年 446.9 万人增至 2015 年 630.7 万人,增长了 41.2%,年平均增速为 9.7%。其中,私营企业和个体就业规模从 418.1 万人增至 600.4 万人,增长了 43.6%,占大类就业规模比例从 93.6% 增至 95.1%,年均增长 10.2%;相比之下,城镇单位的就业人数非常少,从 28.8 万人增至 30.3 万人,占比从 6% 左右减少到不足 5%,只增长了 5.2%,年平均增速仅仅为 1.0%,大大落后于私营企业和个体。

表 2 "十二五"期间居民服务业分单位性质的就业规模

单位:万人,%

项目	2011 年	2012 年	2013 年	2014 年	2015 年	平均增速
大类	446.9	469.6	497.8	570.2	630.7	9.7
城镇单位	28.8	26	28.1	29.7	30.3	1.0
私营企业和个体	418.1	443.6	469.7	540.6	600.4	10.2

注:①大类私营企业和个体就业人员数为估算值。《中国第三产业统计年鉴》分大类从业人员数据仅有城镇单位人员数,私营企业和个体从业人员数据缺失。这里根据《中国经济普查年鉴》(2013 综合卷)中 2013 年分大类的法人单位从业人员数及其占比进行估算。大类私营和个体从业人员数 = 门类私营和个体从业人员数 × 2013 年大类法人单位从业人员数在门类的占比。

②大类从业人员数 = 大类城镇单位从业人员数 + 大类私营和个体从业人员数。

资料来源:根据《中国第三产业统计年鉴》(2012 ~ 2016)、《中国经济普查年鉴》(2013 综合卷)整理。

2. 城镇单位就业规模

"十二五"期间,居民服务业城镇单位就业规模增长较少,2011 年底为 28.9 万人,2012 年减少至 26 万人,随后又逐渐增至 2015 年的 30.3 万人,五年从业人员规模增长了 1.4 万人,年平均增长率为 1%。分不同性质城镇单位来看,城镇集体单位从业人员规模和比重不断减少,国有单位的规模也趋于萎缩,其他单位的就业规模和占比不断增大。2015 年,其他单位提供了 50% 的就业岗位,国有单位占 44%,城镇集体单位只有 6% 的份额。

(二)工资水平

1. 增长迅猛,靠私营单位拉动

居民服务业工资总额从 2011 年的 959.8 亿元增至 2015 年的 2135.9 亿元,增长

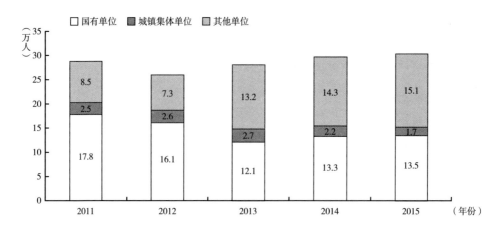

图5　"十二五"期间居民服务业分性质城镇单位就业规模

注：城镇单位包括国有单位、城镇集体单位和其他单位。

资料来源：《中国劳动统计年鉴》（2011～2016）。

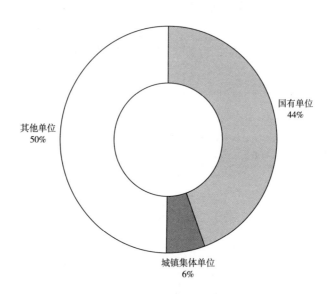

图6　2015年居民服务业分性质城镇单位就业分布

资料来源：根据《中国劳动统计年鉴》（2016）相关数据绘制。

了122.5%，年均增速高达22.9%，增长迅速。其中，私营企业和个体单位的工资总额从2011年的858.9亿元增至2015年的1993.5亿元，年均增长24.1%，增长强劲；城镇单位人员少，工资总额低，从100.9亿元增长到142.4亿元，年均增长11.1%，增速不及前者的一半。居民服务业的工资增长主要是由私营企业和个体单位拉动的。

表3　"十二五"期间居民服务业工资总额

单位：亿元，%

项目	2011年	2012年	2013年	2014年	2015年	平均增速
大类	959.8	1168.6	1402.3	1782.8	2135.9	22.9
城镇单位	100.9	101	111.4	129.6	142.4	11.1
私营企业和个体	858.9	1067.6	1290.9	1653.2	1993.5	24.1

注：①大类城镇单位总工资由各大类国有单位、城镇集体单位和其他单位总工资汇总得到。

②大类私营企业和个体总工资缺失。这里是假定大类私营企业和个体平均工资与门类私营企业平均工资持平，根据估算的私营企业和个体从业人员规模与历年国家统计局公布的分行业城镇私营单位企业人员的平均工资相乘，获得大类私营私营企业和个体总工资。

③大类总工资＝大类城镇单位总工资＋大类私营企业和个体总工资。

资料来源：大类城镇单位总工资来自《中国第三产业统计年鉴》（2011～2016）；大类私营企业和个体总工资为估算值。

2. 城镇单位工资总额

我国居民服务业城镇单位2011年工资总额为100.9亿元，2012年为101.0亿元，略微增长，2013～2015年分别为111.4亿元、129.6亿元和142.4亿元，期末值约为期初的1.4倍。从增速来看，除了2012年几乎处于停滞状态外，其余年份工资总额均为正增长，2011年增速高达20%，其余年份增速在10%左右。在此期间，居民服务业工资总额年均增长达11.1%。

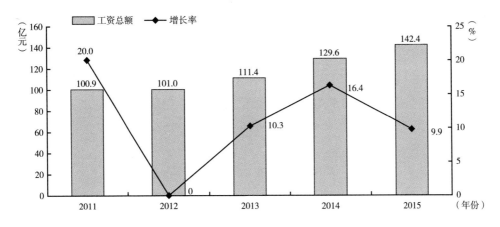

图7　"十二五"期间居民服务业城镇单位工资总额及增长率

注：居民服务业城镇单位工资总额由国有单位、城镇集体单位和其他单位工资总额加总得到。

资料来源：根据《中国劳动统计年鉴》（2011～2016）整理计算。

其他单位增长最快，城镇集体单位停滞。2011～2015年，居民服务业其他单位的工资总额增长最快，其次为国有单位，城镇集体单位处于停滞状态。2011～2015年，国有单位工资总额从68.8亿元增至70.9亿元，仅增长3.0%；城镇集体单位工资总额从 6.2 亿元增至 7.5 亿元，增长了 20.3%，但是受 2011 年、2014 年和 2015 年三年均为负增长的影响，五年年均增速仅为 0.1%；其他单位工资总额增长最快，从 26.0 亿元增至 64.1 亿元，增长了 1.5 倍，除了 2012 年出现负增长，其余年份增速处于较高水平，2013 年增速反弹，高达 89.6%，年均增速较高，为 26.1%，大大超过国有单位和集体单位。

表4 "十二五"期间居民服务业分性质城镇单位工资总额及增长率

单位：亿元，%

年份	工资总额			增长率		
	国有单位	城镇集体单位	其他单位	国有单位	城镇集体单位	其他单位
2011	68.8	6.2	26.0	21.5	－16.4	29.3
2012	69.4	7.2	24.4	0.8	15.9	－5.9
2013	56.8	8.2	46.3	－18.0	14.2	89.6
2014	66.0	7.8	55.8	16.0	－5.0	20.5
2015	70.9	7.5	64.1	7.4	－4.3	14.8

资料来源：根据《中国劳动统计年鉴》（2011～2016）整理计算。

"十二五"期间，从居民服务业城镇单位平均工资比较来看，国有单位平均工资高于其他单位，城镇集体单位最低。国有单位平均工资从 39051 元逐渐增长到 52138 元，增速趋于减缓，从 16.2% 降低到 5.2%，平均增速为 9.2%；城镇集体单位平均工资由 24815 元增至 43458 元，年增长率一直保持两位数，平均年增速为 16.5%；其他单位由 30513 元波动增长到 42638 元，增速也趋于平缓，平均年增速为 12.1%。整个"十二五"期间，国有、城镇集体和其他单位的平均工资水平从 2011 年的 140∶84∶100 调整为 126∶93∶100，不同单位的平均工资差距趋于缩小，表明居民服务业的工资收入分配格局更为合理，同工不同酬的体制性工资差距状况有所减轻。

表5 "十二五"期间居民服务业分性质城镇单位平均工资及增长率

单位：元，%

年份	平均工资			增长率		
	国有单位	城镇集体单位	其他单位	国有单位	城镇集体单位	其他单位
2011	39051	24815	30513	16.2	22.4	26.6
2012	43325	27501	33842	10.9	10.8	10.9
2013	46568	30414	35135	7.5	10.6	3.8
2014	49546	36732	39457	6.4	20.8	12.3
2015	52138	43458	42638	5.2	18.3	8.1

资料来源：根据《中国劳动统计年鉴》（2011～2016）整理计算。

五 固定资产投资情况

"十二五"期间,居民服务业固定资产投资额逐年递增,分别为681.1亿元、874亿元、1121.1亿元、1353.8亿元、1474.3亿元,累计投资5504.3亿元。五年平均投资增长率为32.2%,保持较高的增长水平。从增长率的变动趋势来看,这一阶段,居民服务业固定资产投资呈减速增长:2011年,该大类固定资产投资额比上年增长了86.8%,随后投资增速不断下降,至2015年仅比上年增长了8.9%。

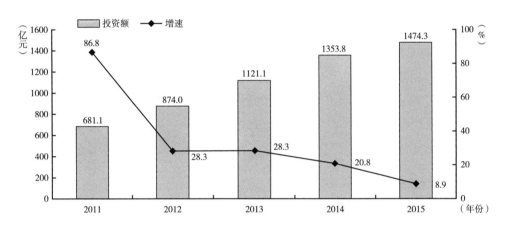

图8 "十二五"期间居民服务业固定资产投资及增速

资料来源:根据《中国第三产业统计年鉴》(2011~2016)计算整理。

居民服务业60%以上的固定资产投资形成新增固定资产。"十二五"期间,我国居民服务业新增固定资产分别为465.8亿元、559.2亿元、748.5亿元、1929.4亿元和1199.5亿元,累计形成新增固定资产5161.2亿元。在此期间,居民服务业新增固定资产增长速度极不稳定,大起大落:2011年增速一度高达80.0%,2012~2013年回落至20%~30%,2014年受居民服务业投资额翻了一番的影响,带动新增固定资产增速突然飙升至157.8%,但是随着2015年固定资产投资额回落,新增固定资产增速也陡降至-38.8%,不过五年平均年增速还是达到36.9%的高位。在这一阶段,新增固定资产占当年固定资产投资额的64%~85%,五年平均新增固定资产占比达到76%,保持较高水平。

表6 "十二五"期间居民服务业新增固定资产情况

单位:亿元,%

年份	投资额	新增固定资产额	新增固定资产增速	新增固定资产占比
2011	681.1	465.8	80.0	68.4
2012	874.0	559.2	20.1	64.0

续表

年份	投资额	新增固定资产额	新增固定资产增速	新增固定资产占比
2013	1121.1	748.5	33.9	66.8
2014	2275.6	1929.4	157.8	84.8
2015	1474.3	1199.5	−37.8	81.4
累计	6790.7	5161.2	—	76.0

资料来源：根据《中国第三产业统计年鉴》（2011～2016）整理计算。

六 税收情况

（一）税收总额

"十二五"期间，居民服务业的税收总额从 2011 年的 334.4 亿元快速增长至 2013 年 443.1 亿元，随后两年规模开始萎缩，2015 年降至 370.3 亿元。就增速而言，前三年加速增长，2014 年、2015 年为负增长，每年都降低 8% 以上。居民服务业五年累计税收总额为 2255.7 亿元，受后面两年负增长的影响，年平均增长率仅为 2.8%。

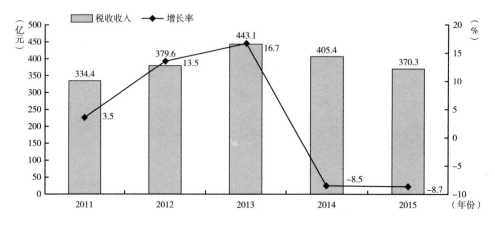

图 9 "十二五"期间居民服务业税收收入总额及增速

注：①原 2010 年、2011 年税收总额不包括耕地占用税和契税。据 2012～2015 年门类的耕地占用税和契税的平均增长率，估算 2010 年、2011 年门类耕地占用税和契税值，并加入原来的税收总额获得新税收总额。②2010 年、2012 年居民服务业税收数据缺失。根据 2012 年居民服务业各税种税收占门类值的比重，推算 2010 年和 2012 年该大类各税种税收额和增长率。

资料来源：根据《中国税务年鉴》（2011～2016）整理估算。

（二）主要税种分析

1. 国内增值税趋于增长

在居民服务业中，国内增值税是非常小的税种，占该大类税收总额的不到 1%。"十二五"期间，居民服务业国内增值税从 2011 年 1.3 亿元猛增至 2012 年的 2.0 亿元，随后缓和地增至 2014 年 2.8 亿元，2015 年基本持平。2015 年以前，国内增值税呈上升趋势，2012 年增速一度高达 53.7%，其余年份也在 12% 以上，2015 年出现负增长，降幅达 1.3%。五年来，居民服务业共贡献国内增值税 12.6 亿元，年平均增长 19.5%。

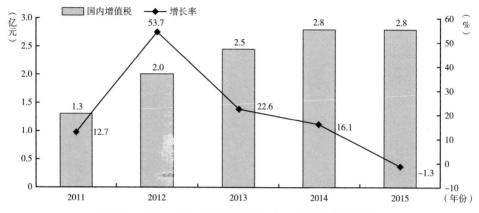

图 10　"十二五"期间居民服务业国内增值税及增速

资料来源：根据《中国税务年鉴》（2011～2016）整理计算。

2. 营业税趋于减少

"十二五"期间，居民服务业营业税从 2011 年 118.0 亿元增至 2013 年 167.2 亿元，2014 年、2015 年营业税规模下降，降至 154.7 亿元、147.1 亿元，增速也降为 -7.4%、-4.9%。营业税是居民服务业的重要税种，占居民服务业税收总额的比重超过 1/3，2012 年占比最高为 41.0%，2013 年降至 37.7%，2015 年又逐渐升至 39.7%，平均占比达 37.2%。在此期间，居民服务业税收总额计 838.2 亿元，年平均增速为 9.0%。

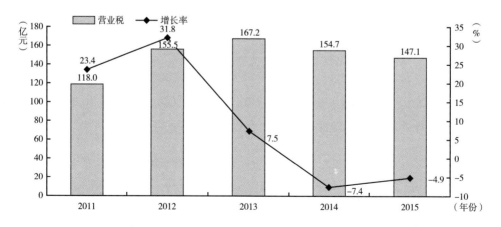

图 11　"十二五"期间居民服务业营业税及增速

资料来源：根据《中国税务年鉴》（2011～2016）整理计算。

3. 企业所得税趋于减少

"十二五"期间，在一系列对小微企业松绑让利的优惠政策影响下，居民服务业的企业所得税总体呈下降趋势，从2011年的56.2亿元逐步减少到2015年的38.8亿元，增速从27.8%降至－14.0%，2015年仅占2011年规模的69.0%。在这一阶段，居民服务业的企业所得税共计278.4亿元，年均增长－2.5%，占居民服务业税收总额的比重从2011年的16.8%不断下降至2013年的9.4%，2015年又再次上升到10.5%，低于期初的份额，平均占比为12.3%。

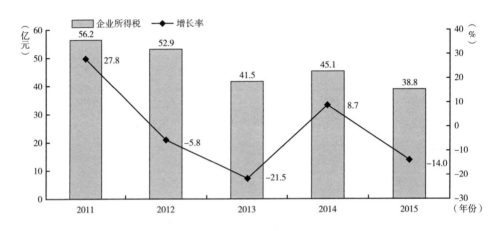

图12 "十二五"期间居民服务业企业所得税及增速

资料来源：根据《中国税务年鉴》（2011～2016）整理计算。

4. 个人所得税起伏不定

居民服务业个人所得税从2011年的63.2亿元缩减至2012年的55.5亿元，2013年骤增至77.9亿元，但是2014年再次萎缩到56.4亿元，2015年略有上升，增至62.6亿元，还没恢复到2011年的规模。在这个阶段，个人所得税呈"W"形增长，2011年增长28.5%，次年便下跌，仅为－12.2%，2013年又骤增40.4%，2014年再次深跌，为－27.6%，2015年才上升11%。受此影响，个人所得税占居民服务业税收总额的比重也从2011年18.9%一度降至2013年13.9%，2015年又再次上升到16.9%。五年来，居民服务业累计贡献个人所得税364.9亿元，年均增长率为4.9%，平均占税收总额的16.2%。

七 利润总额情况

由于居民服务、修理和其他服务业大部分是小微企业和个体单位，享受各类税收优惠政策，对个体单位往往采用"包税"方式进行征税，因此我们认为该门类企业和单位实际所得税税率低于25%的水平，假定实际税率约为20%。我们采用居民服务、修

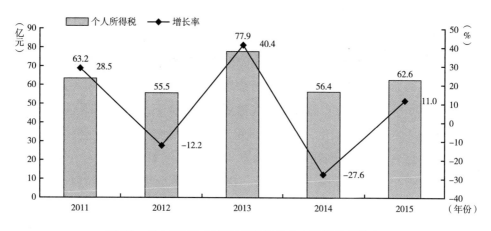

图13 "十二五"期间居民服务业个人所得税及增速

资料来源：根据《中国税务年鉴》（2011~2016）整理计算。

理和其他服务业门类利润估算方法，依据居民服务业企业所得税总额和20%的所得税税率，推算"十二五"期间居民服务业利润总额。

"十二五"期间，居民服务业利润趋于下降。从2011年的280.8亿元下跌至2013年207.5亿元，虽然2014年出现反转，也未能扭转下滑的趋势，2015年利润总额再次减少，仅为193.8亿元。从增速来看，2011年、2014年为正增长，增速为27.8%和8.7%，其余三年均为负增长。这一阶段，居民服务业利润总额合计1391.8亿元，年均增长率为-2.5%。

表7 "十二五"期间居民服务业利润总额及增速

单位：亿元，%

年份	企业所得税	利润总额	增长率
2011	56.2	280.8	27.8
2012	52.9	264.5	-5.8
2013	41.5	207.5	-21.5
2014	45.1	225.5	8.7
2015	38.8	193.8	-14.0

注：根据2010~2015年居民服务业企业所得税及企业所得税税率20%推算利润总额及其增长率。

资料来源：根据《中国税务年鉴》（2011~2016）整理估算。

第二节 "十二五"期间修理业发展情况

机动车、电子产品和日用产品修理业大类包括汽车、摩托车修理与维护，计算机和办公设备维护，家用电器修理，其他日用产品修理。为了表述方便，本节将机动车、电子产品和日用产品修理业简称为修理业。

随着经济日益发展和居民可支配收入的提高，越来越多的电子产品进入生产和生活中，居民家庭拥有的耐用消费品、电子产品的品种不断增多，品质不断提升，摩托车在20世纪90年代就成为我国城乡个人重要的交通工具，汽车消费也在21世纪初开始进入快速井喷期。2015年，我国仅民用汽车保有量就达到1.6亿辆，[①] 居民平均每百户拥有家用汽车30.0辆，电动助力车45.8辆，洗衣机92.3台，电冰箱（柜）94.0台，热水器85.6台，计算机78.5台，特别是彩色电视机、空调和移动电话达到每百户拥有122.3台、114.6台和223.6部。[②] 随之而来的是，对这些产品的修理和维护的服务需求不断增长，机动车、电子产品和日用产品修理业获得快速发展的市场空间。受此影响，《国民经济行业分类》（GB/T 4754－2011）将该行业从其他服务业中独立出来成为新的大类。从2012年起，相关的统计数据开始按机动车、电子产品和日用产品修理业和其他服务业分别统计。在此之前，修理业数据包含在其他服务业中，而且还不含汽车修理这一项。为了尽量保持2010年、2011年统计口径一致，本节针对不同的统计指标，以2011年其他服务业（包含修理业）的统计数据为上限，参考修理业、其他服务业的后续年份统计数据，对2010年、2011年的修理业数据进行估算。

一 营业收入情况

"十二五"期间，修理业企业法人单位的营业收入规模大致可分为两个阶段。2011年、2012年为小规模阶段，企业法人单位的营业收入分别为633.8亿元和703.8亿元，增长率为19.9%和11.1%；2013～2015年为大规模阶段，2013年，修理业企业法人单位的营业收入猛增至2487.3亿元，是2012年的3.5倍，增速高达253.4%，随后2014年、2015年增速骤降至－25.2%和8.3%，但是营业收入规模为1859.6亿元和2013.2亿元，还是非常可观的。

二 总资产情况

我国修理业企业法人单位总资产从2011年的996.9亿元快速增至2015年的2888.9亿元，增长了2.8倍，年平均增长率为30.5%。其中2013年、2014年和2015年企业

---

① 国家统计局网站。
② 《中国统计年鉴》（2016）。

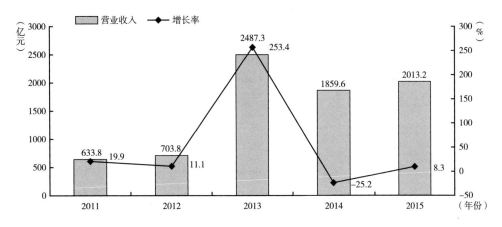

图14 "十二五"期间修理业服务业营业收入

注：①企业法人单位包括规模以上和规模以下的企业法人单位。

②2011年修理业营业收入数据估算方法：

2011年修理业企业法人单位营业收入

$$= \frac{2012 年修理业企业法人单位营业收入}{2012 年修理业企业法人单位营业收入 + 2012 年其他服务业企业法人单位营业收入} \times$$

2011年其他服务业企业法人单位营业收入

资料来源：根据《中国第三产业统计年鉴》（2011~2016）整理估算。

单位法人总资产分别为1697.0亿元、2731.1亿元和2888.9亿元，然而增长极不平稳，2014年的增速为60.9%，但是2015年增速迅速降至5.8%。[①]

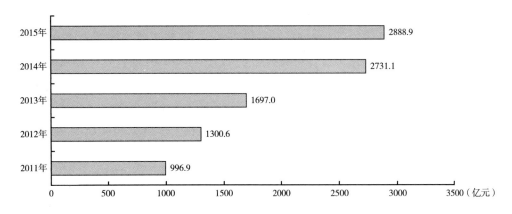

图15 "十二五"期间修理业企业法人单位总资产

注：2011~2012年数据根据2013~2015年的平均增长率倒推得到。

资料来源：根据《中国第三产业统计年鉴》（2014~2016）整理估算得到。

---

① 修理业企业法人单位资产只有2013~2015年数据，2011年、2012年的相关数据是根据2013~2015年数据的平均增长率推算得到。

三 法人单位情况

（一）规模不断增长

"十二五"期间修理业法人单位规模不断增长，从 2011 年的 66119 个增长至 2015 年 100916 个，从增速来看，除了 2013 年增速很低，仅为 1.1% 外，其余年份增长率都超过 10%，年均增长 11.7%。

表 8 "十二五"期间修理业法人单位数及增速

单位：个，%

年份	法人单位	增长率	年份	法人单位	增长率
2011	66119	13.8	2014	88745	17.0
2012	75044	13.5	2015	100916	13.7
2013	75839	1.1			

注：2010～2012 年修理业包含在其他服务业中。假定 2010～2012 年修理业与其他服务业的法人单位数之比，与 2013 年的比例关系一样，由此估算 2010～2012 年修理业、其他服务业的法人单位数。

资料来源：根据《中国第三产业统计年鉴》（2011～2016）整理估算。

（二）西部快速增长，东部便利

1. 西部增长快速

"十二五"期间，四大区域修理业法人单位均趋于增长。东、中、西和东北地区的法人单位规模分别从 2011 年的 39248 个、10860 个、11535 个和 4316 个逐步增长到 2015 年的 52963 个、18767 个、23193 个和 5993 个，期末分别是期初的 1.4 倍、1.7 倍、2.0 倍、1.4 倍。从增速来看，东部地区成 "V" 形增长，2013 年出现负增长，增速降至 -3.0%，其余年份增速达 10% 左右；中部和西部地区不断增长，除了 2013 年增速减缓为 9% 左右外，其他年份中部地区增速在 14% 左右，西部地区增速更快，在 16%～20% 之间；东北地区增速波动大，2011 年、2012 年增速为 10.0% 和 20.1%，2013 年出现负增长，减少了 11.2%，2014 年反弹提速至 14.7%，2015 年又缓慢增长，只有 4.9%。从这一时期修理业法人单位规模年平均增速来看，西部增长最快，为 19.4%；其次是中部，为 15.1%；东北和东部增速接近，分别为 9.1% 和 8.6%。

表 9 "十二五"期间修理业法人单位规模区域比较

单位：个，%

年份	数量				增长率			
	东部	中部	西部	东北	东部	中部	西部	东北
2011	39248	10860	11535	4316	10.5	14.4	17.1	10.0
2012	43149	12622	13788	5404	9.0	14.0	16.3	20.1

续表

年份	数量				增长率			
	东部	中部	西部	东北	东部	中部	西部	东北
2013	41911	13934	15136	4858	-3.0	9.4	8.9	-11.2
2014	48158	16089	18800	5698	13.0	13.4	19.5	14.7
2015	52963	18767	23193	5993	9.1	14.3	18.9	4.9

注：2010~2012年各地区其他服务业法人单位数包括了修理业法人单位数。假定2010~2012年各地区修理业法人单位与其他服务业法人单位的比与2013年的相同，依此估算2010~2012年各地区修理业法人单位数。

资料来源：根据《中国第三产业统计年鉴》（2011~2016）整理计算。

2. 东部便利

对每万人拥有修理业法人单位数进行比较，可以了解不同区域修理业发达程度和居民所享受的修理服务的便利程度。很明显，中部、西部和东北地区属于一个层级，每万人拥有修理业法人单位数一直比较接近，东部地区遥遥领先，最为便利，每万人可拥有修理业法人单位1.0个，是其他区域的2倍左右。从发展趋势来看，各区域居民所享受修理服务都比期初更加便利，中部、西部和东北地区每万人修理业法人单位从2011年0.4个，分别增长至2015年0.5个、0.6个、0.5个，相比来看，西部地区增长更快，东部地区则从0.9个增至1.0个。

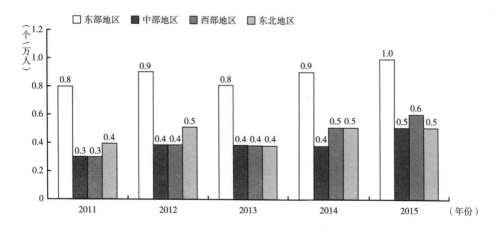

图16 每万人拥有修理业法人单位数区域比较（2011~2015）

注：各区域每万人拥有的法人单位数＝各区域法人单位数/各区域年末常住人口。

资料来源：根据《中国第三产业统计年鉴》（2011~2016）和《中国统计年鉴》（2016）有关数据计算。各区域法人单位数来源于《中国第三产业统计年鉴》（2011~2016）及估算，各区域年末常住人口由《中国统计年鉴》（2016）汇总得到。

四　就业规模和工资水平情况

（一）就业规模

1. 规模增长快，私营单位几乎全覆盖

"十二五"期间，修理业就业规模从2011年的328.4万人增至2015年的472.7万人，增长了43.9%，年平均增速为10.2%。其中，私营企业和个体就业规模从320.6万人增至460.4万人，占大类就业规模比例高达97%，增长了43.6%，年均增长10.2%；相比之下，城镇单位就业人数微乎其微，从7.8万人增至12.3万人，绝对增长仅为4.5万人，但是增幅较大，为57.7%，年平均增速为9.3%。可以说，修理业几乎是私营单位全覆盖。

表10　"十二五"期间修理业分单位性质的就业规模及增速

单位：万人，%

项目	2011年	2012年	2013年	2014年	2015年	平均增速
大类	328.4	349.2	372.1	427.4	472.7	10.2
城镇单位	7.8	9.1	11.9	12.9	12.3	9.3
私营企业和个体	320.6	340.1	360.2	414.5	460.4	10.2

注：①大类私营企业和个体就业人员数为估算值。《中国第三产业统计年鉴》分大类从业人员数据仅有城镇单位人员数，私营企业和个体从业人员数据缺失。这里根据《中国经济普查年鉴》（2013综合卷）中2013年分大类的法人单位从业人员数及其占比进行估算。大类私营和个体从业人员数 = 门类私营和个体从业人员数×2013年大类法人单位从业人员数在门类的占比。

②大类从业人员数 = 大类城镇单位从业人员数 + 大类私营和个体从业人员数。

资料来源：根据《中国第三产业统计年鉴》（2012～2016）、《中国经济普查年鉴》（2013综合卷）整理。

2. 城镇单位就业规模小，先增后减

"十二五"期间，修理业城镇单位的就业规模从2011年的7.8万人逐步增长到2014年的12.9万人后，2015年回落到12.3万人。从增长速度来看，这一阶段增速成"倒V"形增长，2011～2013年加速增长，增速从-1.3%增至11.9%，随后增速减缓，2014年增速为8.0%，2015年出现4.0%的负增长。

不同性质城镇单位的就业状况差异较大。城镇国有单位就业规模先增后减，从2011年的2.1万人增长到2012年的2.3万人，随后降至2.2万人、2.0万人。增长率曲线也显示明显的下降趋势，从2011年的8.3%逐步降至2015年的-10.6%；城镇集体单位就业规模在1.1万人左右浮动，期末与期初持平，增长率也呈"M"形震荡变化；其他单位就业规模大大超过国有单位和城镇集体单位，从2011年快速增长至2014年9.6万人，2015年就业规模略有减少，为9.3万人。

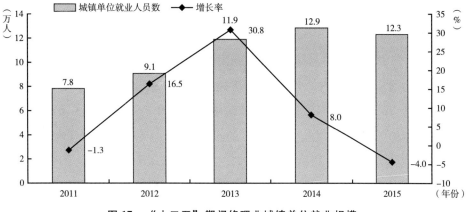

图17 "十二五"期间修理业城镇单位就业规模

注：根据2011年其他服务业城镇单位就业规模和2012年城镇单位修理业和其他服务业就业规模比，估算2010年、2011年修理业城镇单位就业规模。

资料来源：根据《中国劳动统计年鉴》（2011～2016）整理估算。

表11 "十二五"期间修理业分性质城镇单位就业规模

单位：万人

年份	国有单位	城镇集体单位	其他单位
2011	2.1	1.1	4.5
2012	2.3	1.1	5.7
2013	2.2	0.9	8.8
2014	2.2	1.1	9.6
2015	2.0	1.1	9.3

注：根据2011年其他服务业城镇单位就业规模和2012年城镇单位修理业和其他服务业就业规模比，估算2010年、2011年修理业分性质城镇单位就业规模。

资料来源：根据《中国劳动统计年鉴》（2011～2016）整理估算。

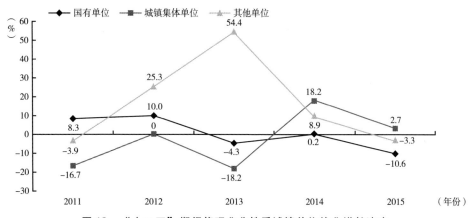

图18 "十二五"期间修理业分性质城镇单位就业增长速度

注：根据2011年其他服务业城镇单位就业规模和2012年城镇单位修理业和其他服务业就业规模比，估算2010年、2011年修理业分性质城镇单位就业规模，进一步计算出增长速度。

资料来源：根据《中国劳动统计年鉴》（2011～2016）整理估算。

（二）工资水平

1. 工资总额增长迅速

修理业工资总额从 2011 年的 684.5 亿元增至 2015 年的 1591.5 亿元,增长了 132.5%,年均增速为 24.0%,增长非常迅速。其中,私营企业和个体的工资总额从 658.6 亿元增至 2015 年的 1528.7 亿元,年均增长 24.1%;城镇单位人员少,工资总额低,从 2011 年的 25.9 亿元增长到 2015 年的 62.8 亿元,年均增长 22.1%。

表12 "十二五"期间修理业工资总额及增速

单位:亿元,%

项目	2011 年	2012 年	2013 年	2014 年	2015 年	平均增速
大类	684.5	851.6	1042.5	1329.2	1591.5	24.0
城镇单位	25.9	33.1	52.6	61.7	62.8	22.1
私营企业和个体	658.6	818.5	989.9	1267.5	1528.7	24.1

注:①大类城镇单位总工资由各大类国有单位、城镇集体单位和其他单位总工资汇总得到。

②大类私营企业和个体总工资缺失。这里是假定大类私营企业和个体平均工资与门类私营企业平均工资持平,根据估算的私营企业和个体从业人员规模与历年国家统计局公布的分行业城镇私营单位企业人员的平均工资相乘,获得大类私营私营企业和个体总工资。

③大类总工资 = 大类城镇单位总工资 + 大类私营企业和个体总工资。

资料来源:大类城镇单位总工资来自《中国第三产业统计年鉴》(2011～2016);大类私营企业和个体总工资为估算值。

2. 城镇单位工资增速较快

"十二五"期间,我国修理业城镇单位工资总额从 2011 年 25.9 亿元增长到 2013 年的 52.6 亿元,增速由 12.2% 增至 58.9%,随后工资总额增速放缓,2014 年回落到 17.3%,2015 年工资总额为 62.8 亿元,增速仅为 1.9%。在此期间,修理业工资总额年平均增速为 22.2%,处于一个较高水平。

表13 "十二五"期间修理业城镇单位工资总额及增速

单位:亿元,%

年份	工资总额	增长率	年份	工资总额	增长率
2011	25.9	12.2	2014	61.7	17.3
2012	33.1	27.8	2015	62.8	1.9
2013	52.6	58.9			

注:根据表14汇总分性质城镇单位工资总额得到城镇单位工资总额并计算增长率。2011 年为估算值,估算方法如表14下注。

资料来源:根据《中国劳动统计年鉴》(2011～2016)整理计算。

从不同性质的城镇单位工资总额来看，不同性质单位表现不一。2011 年国有单位工资总额为 7.3 亿元，但是在 2012 年国有单位就业规模有所增长的情况下，工资总额却降至 7.2 亿元，随后 2013 年、2014 年增长为 8.5 亿元、9.5 亿元，保持 10% 以上的增速；2015 年随着就业规模减小，工资总额也相应减少，为 9.0 亿元，出现 5.9% 的负增长。修理业城镇集体单位工资总额基本保持增长态势，从 2011 年 2.4 亿元逐步增加到 2015 年的 4.0 亿元，除了 2011 年比上年减少了 3.2% 外，其余年份均实现正增长。修理业其他单位工资总额增长飞快，从 2011 年 16.1 亿元增至 2015 年的 50.0 亿元，其中 2012 年、2013 年增长异常迅猛，增速为 43.8% 和 77.8%，随后增速逐渐回落，2015 年增速仅为 2.3%。从年平均增速来看，其他单位增长最快，年均增速高达 27.7%；国有单位和城镇集体单位分别为 9.0% 和 9.7%。

表 14 "十二五"期间修理业分性质城镇单位工资总额及增速

单位：亿元，%

年份	工资总额			增长率		
	国有单位	城镇集体单位	其他单位	国有单位	城镇集体单位	其他单位
2011	7.3	2.4	16.1	25.1	-3.2	9.7
2012	7.2	2.6	23.2	-1.1	8.7	43.8
2013	8.5	2.7	41.3	18.4	3.9	77.8
2014	9.5	3.4	48.7	11.4	22.5	18.2
2015	9.0	4.0	50.0	-5.9	18.5	2.3

注：2011 年为估算数据。2010 年、2011 年修理业包含在其他服务业中。估算方法：计算 2012 年修理业国有单位工资总额在 2012 年修理业与其他服务业的国有单位工资总额之和的占比（16.2%），乘以 2010 年、2011 年其他服务业国有单位工资总额，获得 2010 年、2011 年国有单位工资总和的估算值。同理，估算出 2010 年、2011 年城镇集体单位、其他单位的工资总和，并计算出增长率。

资料来源：根据《中国劳动统计年鉴》（2011～2016）整理计算。

"十二五"期间，修理业国有单位年均工资从 2011 年 34925 元增至 2015 年 45861 元，2012 年比上年略有下降，降幅为 10%，2013 年增长幅度较大，增速达 21.8%。城镇集体单位年均工资从 2011 年 22078 元增至 2015 年 37326 元，大部分年份增速均为两位数，2014 年增速略缓，为 7.4%。其他单位年均工资从 35887 元逐渐增至 2015 年 53690 元，除了 2015 年增速降至 5.2% 外，其他年份保持两位数增长。从这一阶段年平均增速来看，城镇集体单位增长最快，为 14.5%；其次为其他单位 11.6%，国有单位增长最慢，仅为 8.7%。

在修理业城镇单位中，年均工资最低的是城镇集体单位，其次为国有单位，其他单位工资最高。从不同性质城镇单位年均工资的相对差距来看，国有单位、城镇集体单位和其他单位的年均工资比，从 2011 年的 98.3∶62.2∶100，变成 2015 年 85.4∶69.5∶100。

国有单位与其他单位的年均工资差距拉大，城镇集体单位与其他两个单位的差距在缩小。

表15 "十二五"期间修理业城镇单位年均工资及增速

单位：元，%

年份	年均工资			增长率		
	国有单位	城镇集体单位	其他单位	国有单位	城镇集体单位	其他单位
2011	34925	22078	35887	15.5	16.2	14.2
2012	31440	24588	40090	-10.0	11.4	12.9
2013	38286	30720	46265	21.8	24.9	15.4
2014	42357	32952	51056	10.6	7.3	10.4
2015	45861	37326	53690	8.3	13.3	5.2

注：2010年、2011年修理业包含在其他服务业中，2010年、2011年修理业分性质城镇单位的年均工资由分性质城镇单位的工资总额（见表10）除以对应的就业规模得到，并计算其相应的增长率。

资料来源：2012～2015年分性质城镇单位工资来自《中国劳动统计年鉴》（2013～2016）。

五 固定资产投资情况

"十二五"期间，修理业固定资产投资额分别为243.0亿元、366.8亿元、421.9亿元、507.0亿元和649.4亿元，固定资产投资额五年累计为2188.1亿元，2011年、2012年固定资产投资增长率为37.1%、50.9%，2013年后增速有所减慢，分别为15.0%、20.2%和28.1%。五年间，修理业固定资产投资平均年增长率为29.6%，处于较高的增长水平。

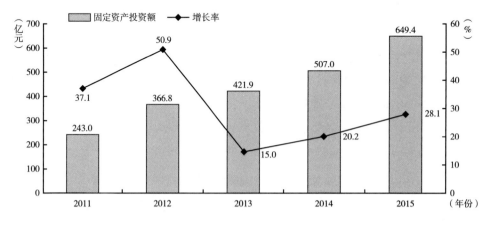

图19 "十二五"期间修理业固定资产投资

注：2011年修理业包含在其他服务业中。这里根据2012年修理业和其他服务业的固定资产投资额的比，以2010年、2011年其他服务业固定资产投资额为上限，估算2010年、2011年的修理业固定资产投资额和2011年的增长率。

资料来源：根据《中国第三产业统计年鉴》（2011～2016）整理估算。

六 税收情况

（一）税收总额

"十二五"期间，修理业税收总额从 80.9 亿元增至 130.6 亿元，增长了 61.3%，除了 2014 年规模略有下降外，其余年份均不断增长。从增速来看，2011～2013 年增速较低，分别为 3.5%、13.5% 和 4.4%，2014 年则为 4.5% 的负增长，2015 年增速急剧提升至 42.6%。五年来，修理业累计贡献税收总额 569.0 亿元，年均增速为 6.1%。

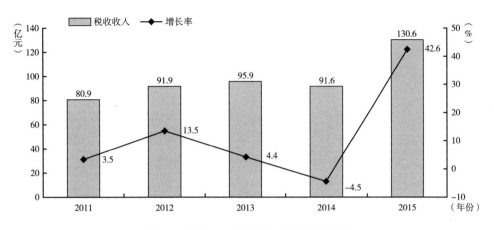

图 20 "十二五"期间修理业税收总额

注：原 2010 年、2011 年税收总额不包括耕地占用税和契税。据 2012～2015 年门类的耕地占用税和契税的平均增长率，估算 2010 年、2011 年门类耕地占用税和契税值，并加入原来的税收总额获得新税收总额值。

资料来源：根据《中国税务年鉴》（2011～2016）整理估算。

（二）主要税种分析

1. **国内增值税大幅增长**

在这一阶段，修理业国内增值税规模不断增大，从 2011 年的 22.9 亿元增加至 2015 年的 46.1 亿元，翻了一番，五年累计 210.9 亿元。就增速来说，2011～2013 年，修理业国内增值税高速增长，2012 年增速一度高达 53.7%；2014 年、2015 年缓慢增长，增速仅为 1.5% 和 5.7%，五年间年均增速为 17.8%。与居民服务业不同，国内增值税是修理业的重要税种，地位举足轻重。在此期间，国内增值税占修理业税收总额的比重从 2011 年的 28.2% 逐步上升到 2014 年的 47.6%，几乎占据半壁江山，至 2015 年又降为 35.3%，平均占比高达 37.1%，超过 1/3。

2. **营业税趋于减少**

修理业的营业税从 2011 年的 9.8 亿元增至 2012 年的 13.0 亿元，随后趋于减少，

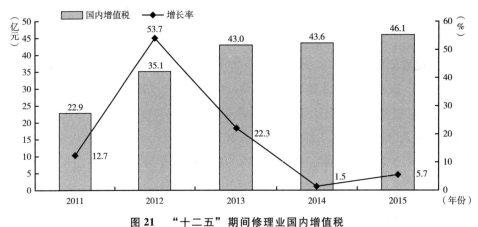

图21　"十二五"期间修理业国内增值税

注：2010年、2011年修理业税收数据缺失。根据2012年修理业各税种税收占门类值的比重，推算2010年和2012年该大类各税种税额和增长率。

资料来源：根据《中国第三产业统计年鉴》（2011～2016）整理估算。

至2015年为10.7亿元。反映到增速上是：2011年、2012年快速增长，增速分别为23.4%和31.8%，2013～2015年均为负增长，增速为－10.4%、－0.8%和－7.2%。在此期间，修理业共贡献营业税64.6亿元，年平均增速为6.1%，平均占修理业的税收总额比重为11.4%。

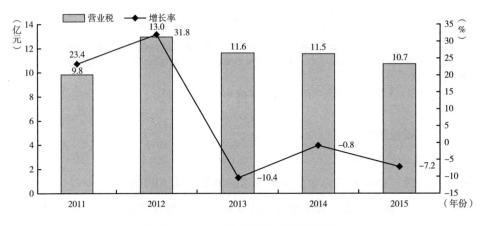

图22　"十二五"期间修理业营业税

注：2010年、2011年修理业税收数据缺失。根据2012年修理业各税种税收占门类值的比重，推算2010年和2012年该大类各税种税额和增长率。

资料来源：根据《中国第三产业统计年鉴》（2011～2016）整理估算。

3. 企业所得税减少

"十二五"期间，修理业企业所得税出现"U"形增长：2011～2014年，修理业企业所得税规模不断缩小，从21.9亿元减少到14.1亿元，2011年增速高达29.4%

外，2012～2014 年均为负增长；2015 年出现反弹，企业所得税税收规模增至 20.5 亿元，增速高达 45.3%，但是还未恢复到 2011 年的水平。五年来，修理业贡献了企业所得税 110.5 亿元，年均增长 3.9%；企业所得税在修理业税收总额中所占比重不断降低，从 2011 年的 27.1% 下降至 2015 年的 15.7%，平均占比为 19.4%，依然占据重要地位。

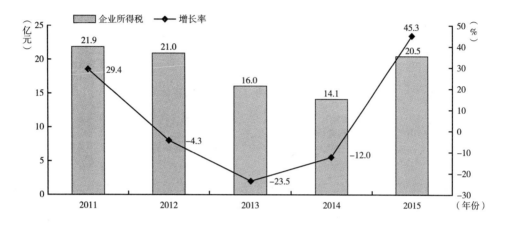

图 23 "十二五"期间修理业国内增值税及增速

注：2010 年、2011 年修理业税收数据缺失。根据 2012 年修理业各税种税收占门类值的比重，推算 2010 年和 2012 年该大类各税种税额和增长率。

资料来源：根据《中国第三产业统计年鉴》（2011～2016）整理估算。

4. 个人所得税微弱增长

修理业个人所得税增长很少，从 2011 年的 8.6 亿元增至 2015 年的 9.5 亿元，仅仅增长了 10.7%，期间还出现两次规模萎缩，五年共贡献个人所得税 50.9 亿元。从增长率看，2011 年、2013 年修理业增速高达 28.5%、22.3%，2012 年、2014 年均出现负增长，2015 年增幅为 3.4%，平均年增长 7.3%。受此影响，个人所得税占修理业税收总额的比重也从 2011 年的 10.6% 逐渐降至 2015 年的 7.3%，平均占比为 8.9%。

七 利润总额情况

"十二五"期间，修理业利润总额总体呈下降趋势。2011 年利润总额为 109.6 亿元，以后三年利润总额不断下滑，至 2014 年降至 70.6 亿元，仅为 2011 年的 64.4%，2015 年快速增长，达到 102.6 亿元，基本接近 2011 年的水平。增长率方面也有同样的表现，2011 年增长率较高，为 29.4%，2012～2014 年连续负增长，2015 年增速高达 45.3%，暂时扭转一路下滑的态势。这一阶段，修理业利润总额合计 552.5 亿元，受到

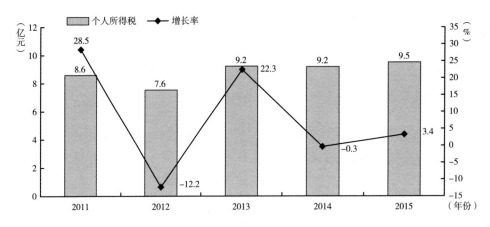

图 24 "十二五"期间修理业个人所得税收入及增速

注：2010 年、2011 年修理业税收数据缺失。根据 2012 年修理业各税种税收占门类值的比重，推算 2010 年和 2011 年该大类各税种税收额和增长率。

资料来源：根据《中国第三产业统计年鉴》（2011～2016）整理估算。

2010 年基期基数较低的影响，加上 2011 年和 2015 年高速增长的拉动，修理业利润年均增长率为 3.9%。

表 16 "十二五"期间修理业利润总额

单位：亿元，%

年份	企业所得税	利润总额	增长率
2011	21.9	109.6	29.4
2012	209.7	104.8	-4.3
2013	16.0	80.2	-23.5
2014	14.1	70.6	-12.0
2015	20.5	102.6	45.3

注：2010 年、2011 年修理业税收数据缺失。根据 2012 年修理业各税种税收占门类值的比重，推算 2010 年和 2012 年该大类各税种税收额和增长率。根据 2010～2015 年修理业企业所得税及企业所得税税率 20% 推算利润总额及其增长率。

资料来源：根据《中国税务年鉴》（2011～2016）整理估算。

第三节 "十二五"期间其他服务业发展情况

其他服务业包括建筑物清洁服务、机器和设备乃至家庭耐用品的清洗活动和其他未列明的服务。

一 营业收入情况

"十二五"期间，其他服务业企业法人单位营业收入震荡上行，从 2011 年的 899.4

亿元起步，2012 年增至 998.9 亿元，2013 年营收比上年减少 97.7 亿元，随后再逐步增长到 2015 年的 1255.9 亿元，五年营收累计为 5134.1 亿元。从增速来看，呈现先降后升趋势，2011～2013 年增速逐年下降，2013 年出现 9.8% 的负增长，除了 2013 年外，其他各年的增速都超过 10%，五年间年平均增速为 10.9%。

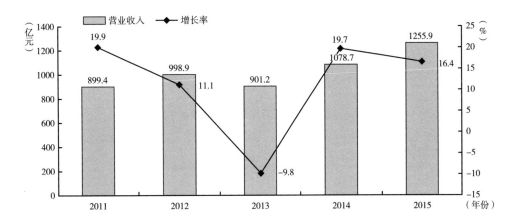

图 25 "十二五"期间其他服务业企业法人单位营业收入及增速

注：①企业法人单位包括规模以上和规模以下的企业法人单位。

②2011 年其他服务业营业收入数据估算方法：

2011 年其他服务业企业法人营业收入

$$= \frac{2012 \text{ 年其他服务业企业法人单位营业收入}}{2012 \text{ 年修理业企业法人单位营业收入} + 2012 \text{ 年其他服务业企业法人单位营业收入}} \times$$

2011 年其他服务业企业法人单位营业收入

③2010 年其他服务业营业收入估算方法同上。

资料来源：根据《中国第三产业统计年鉴》（2011～2016）整理估算。

二 资产情况

其他服务业企业法人单位的总资产从 2011 年的 2674.8 亿元稳步增至 2015 年的 3273.6 亿元，年平均增长率为 5.2%。其中，2013 年、2014 年和 2015 年企业单位法人总资产分别为 2959.1 亿元、3317.2 亿元和 3273.6 亿元，但是增长较不稳定，2014 年比上年增长 12.1%，2015 年出现 1.3% 的负增长。

三 法人单位情况

（一）规模趋于快速增长

"十二五"期间，其他服务业法人单位从 32273 个快速增加到 83009 个，增加了 1.6 倍。2011 年、2012 年增速在 13% 左右，2013 年仅增长 1.0%，2014 年、2015 年高速增长，增速高达 55.8% 和 44.0%，年平均增速为 24.0%。

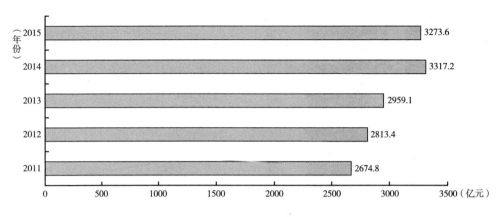

图 26　"十二五"期间其他服务业企业法人单位总资产

注：其他服务业企业法人单位资产只有 2013~2015 年数据。2011~2012 年数据缺失，根据 2013~
2015 年的平均增长率推算得到。

资料来源：根据《中国第三产业统计年鉴》（2014~2016）整理估算。

表 17　"十二五"期间其他服务业法人单位数及增速

单位：个，%

年份	法人单位	增长率	年份	法人单位	增长率
2011	32273	13.8	2014	57653	55.8
2012	36629	13.5	2015	83009	44.0
2013	36999	1.0			

注：2010~2012 年其他服务业法人单位数包含修理业。根据 2013 年修理业法人单位数与其他服务业法人单位
数的比例关系，估算 2010~2012 年其他服务业法人单位数。

资料来源：根据《中国第三产业统计年鉴》（2011~2016）整理估算。

（二）中西部增长快，便利性差异明显

"十二五"期间，四大区域的其他服务业法人单位数都大大增长，2015 年，东部、
中部、西部和东北地区其他服务业法人单位数分别为 42517 个、22060 个、15123 个和
3309 个，分别是 2011 年的 2.1 倍、4.0 倍、3.5 倍和 1.8 倍。其中，中部和西部增长较
快，年均增速达 36.1% 和 33.0%，东部地区和东北地区增速接近，分别为 18.1% 和
14.4%。

各区域其他服务业便利性的差异比较明显。以每万人拥有其他服务业法人单位数指
标进行比较，2011 年东部地区遥遥领先，中部和东北地区仅为东部一半，西部最不便
利，仅为 0.1 个；经过五年的发展，特别是 2014 年、2015 年，四大区域拉开层次，东
部地区每万人拥有其他服务业法人单位 2015 年为 0.8 个，比 2011 年翻了一番，最为便
利；其次为中部地区，西部地区也超过东北地区，东北地区从 2011 年的 0.2 个增至
2015 年的 0.3 个，增长最慢。

表 18 "十二五"期间其他服务业法人单位区域比较

单位：个，%

年份	数量				增长率			
	东部	中部	西部	东北	东部	中部	西部	东北
2011	20662	5518	4381	1872	11.7	16.8	20.7	11.0
2012	22716	6413	5237	2344	9.9	16.2	19.5	25.2
2013	22064	7079	5749	2107	-2.9	10.4	9.8	-10.1
2014	32357	12214	10196	2886	46.7	72.5	77.4	37.0
2015	42517	22060	15123	3309	31.4	80.6	48.3	14.7

注：2010～2012年各地区其他服务业法人单位数包括了修理业法人单位数。假定2010～2012年各地区修理业法人单位与其他服务业法人单位的比与2013年的相同，由此估算2010～2012年各地区其他服务业法人单位数。

资料来源：根据《中国第三产业统计年鉴》（2011～2016）整理计算。

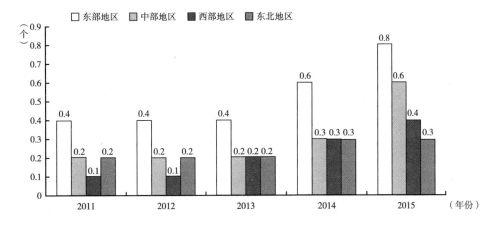

图 27 "十二五"期间每万人拥有其他服务业法人单位区域比较

注：各区域每万人拥有的法人单位数＝各区域法人单位数/各区域年末常住人口。

资料来源：根据《中国第三产业统计年鉴》（2011～2016）和《中国统计年鉴》（2016）有关数据计算。各区域法人单位数来源于《中国第三产业统计年鉴》（2011～2016）及估算，各区域年末常住人口由《中国统计年鉴》（2016）汇总得到。

四 就业规模和工资水平情况

（一）就业规模

1. 就业增长快，私营单位是主力

"十二五"期间，其他服务业就业规模从367.7万人增至519.6万人，增长了41.3%，年平均增速为9.7%。其中，私营企业和个体就业规模从344.5万人增至494.6万人，增长了43.6%，年均增长10.2%；相比之下，城镇单位就业人数增长较少，从23.2万人增至25.0万人，绝对增长仅为1.8万人，年平均增速为1.2%，大大低于私营单位就业增速。私营单位就业占其他服务业就业总数的比例高达95.2%。

表 19　"十二五"期间其他服务业业分性质单位的就业规模及增速

单位：万人，%

项目	2011 年	2012 年	2013 年	2014 年	2015 年	平均增速
大类	367.7	392.4	419.2	478.2	519.6	9.7
城镇单位	23.2	27	32.3	32.9	25.0	1.2
私营企业和个体	344.5	365.4	386.9	445.3	494.6	10.2

注：①大类私营企业和个体就业人员数为估算值。《中国第三产业统计年鉴》分大类从业人员数据仅有城镇单位人员数，私营企业和个体从业人员数据缺失。这里根据《中国经济普查年鉴》（2013 综合卷）中 2013 年分大类的法人单位从业人员数及其占比进行估算。大类私营和个体从业人员数 = 门类私营和个体从业人员数 × 2013 年大类法人单位从业人员数在门类的占比。

②大类从业人员数 = 大类城镇单位从业人员数 + 大类私营和个体从业人员数。

资料来源：根据《中国第三产业统计年鉴》（2012~2016）、《中国经济普查年鉴》（2013 综合卷）整理。

2. 城镇单位就业规模

城镇其他服务业就业规模从 2011 年的 23.2 万人稳步增长到 2014 年的 32.9 万人，2015 年就业人数略有减少，为 32.6 万人。就增速而言，2011~2013 年是快速增长期，从 2011 年 -1.3% 迅速提高到 2012 年、2013 年的 16.5%、19.6%，2014 年增速大幅回落到 1.8%，2015 年就业规模萎缩，出现 1% 的负增长。

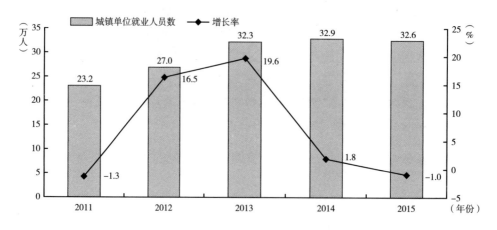

图 28　"十二五"期间其他服务业城镇单位就业

注：根据 2012 年城镇单位修理业和其他服务业就业规模比估算 2010 年、2011 年其他服务业城镇单位就业规模，并计算增长率。

资料来源：根据《中国劳动统计年鉴》（2011~2016）整理估算。

从不同性质的城镇单位就业规模来看，2012 年国有单位就业规模从上年 10.9 万人增至 12.0 万人，之后逐年萎缩，到 2015 年仅为 6.5 万人，增速呈"倒 V"形变化；城镇集体单位就业规模最少，一直在 2 万人左右波动，2011 年、2012 年为 2.4 万人，2013 年减少到 1.7 万人，2014 年又增长到 2.5 万人，2015 年则为 2.1 万人，增长速度变化较大；其他单位就业规模从 2011 年的 10.1 万人增至 2012 年的 12.6 万人，之后成为修理业城镇单位吸纳就业最多的领域，就业规模不断扩大，2013 年与国有单位和城镇集体单位就业规模减小情况相反，其他单位就业规模增加了近 10 万人，达到 22.1 万人，当年增速高达 75.4%，虽然后面两年增速放缓，也依然保持正增长水平。

表 20 "十二五"期间其他服务业分性质城镇单位就业人数

单位：万人

年份	国有单位	城镇集体单位	其他单位
2011	10.9	2.4	10.1
2012	12.0	2.4	12.6
2013	8.5	1.7	22.1
2014	7.0	2.5	23.4
2015	6.5	2.1	24.0

注：根据 2012 年城镇单位修理业和其他服务业就业规模比估算 2010 年、2011 年修理业分性质城镇单位就业规模。
资料来源：根据《中国劳动统计年鉴》（2011~2016）整理估算。

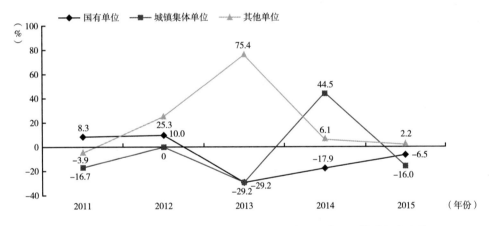

图 29 "十二五"期间其他服务业分性质城镇单位就业规模增长率比较

注：根据 2012 年城镇单位修理业和其他服务业就业规模比估算 2010 年、2011 年修理业分性质城镇单位就业规模，进而计算增长率。
资料来源：根据《中国劳动统计年鉴》（2011~2016）整理估算。

（二）工资水平

1. 工资总额

其他服务业工资总额从 2011 年的 778.8 亿元增至 2015 年的 1753.0 亿元，增长了 125.1%，年均增速高达 23.1%，增长极快。其中，私营企业和个体的工资总额从 2011 年的 707.7 亿元增至 2015 年 1642.2 亿元，年均增长 24.1%，增长强劲；城镇单位从 2011 年的 71.1 亿元增长到 2015 年的 110.8 亿元，年均增长 12.6%。

表21　"十二五"期间其他服务业工资总额

单位：亿元，%

项目	2011 年	2012 年	2013 年	2014 年	2015 年	平均增速
大类	778.8	962.4	1177	1483.3	1753.0	23.1
城镇单位	71.1	83.0	113.7	121.6	110.8	12.6
私营企业和个体	707.7	879.4	1063.3	1361.7	1642.2	24.1

注：①大类城镇单位总工资由各大类国有单位、城镇集体单位和其他单位总工资汇总得到。

②大类私营企业和个体总工资缺失。这里是假定大类私营企业和个体平均工资与门类私营企业平均工资持平，根据估算的私营企业和个体从业人员规模与历年国家统计局公布的分行业城镇私营单位企业人员的平均工资相乘，获得大类私营私营企业和个体总工资。

③大类总工资 = 大类城镇单位总工资 + 大类私营企业和个体总工资。

资料来源：大类城镇单位总工资来自《中国第三产业统计年鉴》（2011～2016）；大类私营企业和个体总工资为估算值。

2. 城镇单位工资水平

其他服务业城镇单位工资总额从 2011 年的 71.1 亿元加速增长到 2013 年的 113.7 亿元，2014 年达到最高值 121.6 亿元，但是 2015 年工资总额出现下滑，为 110.8 亿元。从增速来看，2011～2013 年为加速增长期，增速分别为 15.9%、16.8% 和 37.0%，此后增速开始减慢，2014 年为 7.0%，2015 年出现负增长，降幅为 8.9%。

表22　"十二五"期间其他服务业城镇单位工资总额及增速

单位：亿元，%

年份	工资总额	增长率	年份	工资总额	增长率
2011	71.1	15.9	2014	121.6	7.0
2012	83.0	16.8	2015	110.8	-8.9
2013	113.7	37.0			

注：2011 年为估算值。估算方法如表 23 下注。

资料来源：根据表 23 其他服务业各城镇单位总工资汇总得到其他服务业城镇单位工资总额。

在这一时期，国有单位工资总额从 2011 年 37.7 亿元不断减少，至 2015 年仅有 9.0 亿元，为 2011 年的 23.7%；除了 2011 年比上年增长 25.1% 外，其余年份均是负增长，2015 年下降幅度最大，下降了 67.2%。城镇集体单位工资总额波动比较大，从 2011 年的 6.2 亿元增至 2012 年 6.8 亿元，增长了 9.7%，但是 2013 年下滑到 5.5 亿元，降速为 18.8%，2014 年骤增至 10.2 亿元，陡增 84.8%，2015 年又回落到 9.4 亿元，出现负增长（-8.0%）。其他单位工资总额从 2011 年 27.1 亿元快速增长到 2013 年 77.3 亿元，增速从 9.7% 增至 98.4%，呈加速增长，随后 2015 年工资总额为 92.5 亿元，增速放缓，仅为个位数增长。从五年来年平均增速来看，其他单位最快，年均增长 30.2%，城镇集体单位居中，为 7.6%，国有单位为 -21.6%，规模不断萎缩。

表 23　"十二五"期间其他服务业分性质城镇单位总工资及增速

单位：亿元，%

年份	工资总额			增长率		
	国有单位	城镇集体单位	其他单位	国有单位	城镇集体单位	其他单位
2011	37.7	6.2	27.1	25.1	-3.2	9.7
2012	37.3	6.8	38.9	-1.1	8.7	43.8
2013	31.0	5.5	77.3	-17.0	-18.8	98.4
2014	27.3	10.2	84.1	-11.7	84.8	8.9
2015	9.0	9.4	92.5	-67.2	-8.0	9.9

注：①2012~2016 年各城镇单位工资总额来自《中国劳动统计年鉴》(2013~2016)；②2010 年、2011 年其他服务业城镇单位工资总额还包括修理业，将其减去表 14 修理业各城镇单位 2010 年、2011 年工资总额估算值，得到相应的其他服务业工资总额。

资料来源：根据《中国劳动统计年鉴》(2011~2016) 整理计算。

从其他服务业各城镇单位来看，这一时期，国有单位平均工资从 2011 年的 31545 元提升到 2015 年的 45861 元，除了 2012 年停滞不前外，其余年份均有不同幅度上涨，2015 年涨幅最大，为 20.2%；城镇集体单位则从 2011 年 26002 元逐步增至 2015 年的 42139 元，增长比较稳健，2015 年增幅放缓，为 4.6%；其他单位从 2011 年的 21487 元增长到 2015 年的 39276 元，但是增速波动很大，2011 年比上年减少了 12.0%，2012 年增速迅速提升至 45.4%，随后增速逐步减缓，2015 年仅增长 5.6%。从年平均增速来看，各类单位比较接近，国有单位 10.6%，城镇集体单位 9.4%，其他单位 10.0%。从平均工资的差距来看，国有单位、城镇集体和其他单位的平均工资比从 2011 年的 146:109:100，调整到 2013 年的 97：91:100，2015 年又进一步调整为 116:108:100。可以看出，其他服务业不同城镇单位的平均工资差距趋于减小。

表 24　"十二五"期间其他服务业城镇单位平均工资及增速

单位：元，%

年份	平均工资			增长率		
	国有单位	城镇集体单位	其他单位	国有单位	城镇集体单位	其他单位
2011	31454	26002	21487	13.7	-3.2	-12.0
2012	31222	28601	31244	-0.7	10.0	45.4
2013	35083	32081	35810	12.4	12.2	14.6
2014	38152	40300	37208	8.7	25.6	3.9
2015	45861	42139	39276	20.2	4.6	5.6

注：①2010 年、2011 年其他服务业各城镇单位平均工资由估算的工资总额除以各城镇单位就业规模得到。②2012~2015 年其他服务业各城镇单位平均工资来自《中国统计年鉴》(2013~2016)。

资料来源：根据《中国劳动统计年鉴》(2011~2016) 整理计算。

五 固定资产投资情况

"十二五"期间，其他服务业固定资产投资变化比较大：从 2011 年 294.9 亿元快速增长到 2012 年 445.0 亿元，增速高达 37.1%、50.9%；随后增速迅速放缓，2013 年仅比上年多投资 6.3 万元，增速骤减为 1.4%；2014 年固定资产投资额为 414.9 亿元，规模缩减，出现 8.1% 的负增长；2015 年增至 504.5 亿元，增速又迅速提升到 21.6%。在此期间，其他服务业固定资产投资累计达到 2110.6 亿元，与修理业规模 2188.1 亿元接近，但是年均增速为 18.6%，大大低于居民服务业（32.2%）和修理业（29.6%）。

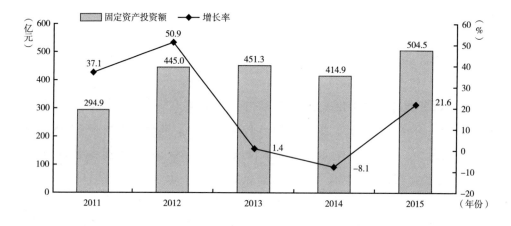

图 30 "十二五"期间其他服务业固定资产投资及增速

注：2011 年修理业包含在其他服务业中。这里根据 2012 年修理业和其他服务业的固定资产投资额的比，以 2010 年、2011 年其他服务业固定资产投资额为上限，估算 2010 年、2011 年的其他服务业固定资产投资额和 2011 年的增长率。

资料来源：根据《中国第三产业统计年鉴》（2011～2016）整理估算。

六 税收情况

（一）税收总额

其他服务业是居民服务、修理和其他服务业的主要税源。"十二五"期间，其他服务业为该门类贡献了超过 3/4 的税收总额，2015 年占比最高，高达 82.2%，平均占比为 79.9%。在此期间，其他服务业税收总额从 2011 年 1527.6 亿元逐渐增长至 2015 年 2317.7 亿元，增长了 51.7%。从增长趋势来看，其他服务业税收总额增速趋于减缓，2012 年从 3.5% 增至 13.5% 后，增速逐渐放缓，2015 年增速降至 8.3%。五年来，其他服务业税收总额累计 9652.9 亿元，年平均增速为 9.5%。

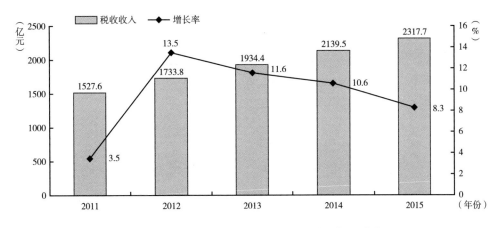

图 31 "十二五"期间其他服务业税收总额及增速

注：①2012～2015 年其他服务业分税种收入值由门类数据减去居民服务业和修理业税收额得到。②原2010 年、2011 年税收总额不包括耕地占用税和契税。据 2012～2015 年其他服务业的耕地占用税和契税的平均增长率，估算 2010 年、2011 年该大类耕地占用税和契税值，并加入原来的税收总额获得 2010 年、2011 年新税收总额值。

（二）主要税种分析

1. 国内增值税不断增长

其他服务业的国内增值税从 2011 年的 30.5 亿元快速增长到 2014 年的 99.5 亿元，2015 年略有下降，为 95.1 亿元，是 2011 年的 3.12 倍。从增速来看，前期出现高度增长，从 2011 年 12.7% 飙升到 2012 年、2013 年的 53.7% 和 83.0%，随后增速趋缓，2014 年仅为 16.1%，2015 年甚至出现 4.4% 的负增长。与居民服务业相似，国内增值税在其他服务业税收中占比较小，介于 2.0%～4.7% 之间，平均占比为 3.7%。在这一阶段，其他服务业累计缴纳国内增值税 357.6 亿元，年均增速为 28.6%。

2. 营业税略有波动

营业税是其他服务业的重要税种。"十二五"期间，其他服务业营业税从 2011 年 528.6 亿元增至 2012 年最高值 696.6 亿元，2013 年、2014 年出现下降，分别为 669.4 亿元、644.8 亿元，2015 年规模略有回升，增加到 690.4 亿元。从增速可以看出，2011 年、2012 年增速为 23.4%、31.8%，均实现了两位数快速增长，2013 年、2014 年为负增长，2015 年增速仅为 7.1%。其他服务业五年累计缴纳营业税 3229.8 亿元，平均年增长 10.0%，占服务业税收总额的 30%～40%，平均占比为 33.5%。

3. 企业所得税缓慢增长

"十二五"期间，其他服务业企业所得税从 2011 年 271.6 亿元萎缩至 2012 年 260.4 亿元，随后不断增长，至 2015 年营业税为 362.2 亿元，是 2011 年的 1.33 倍，五

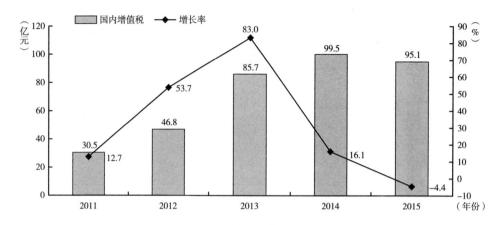

图32　"十二五"期间其他服务业国内增值税及增速

注：①《中国税务年鉴》（2011～2016）没有提供其他服务业分税种收入数据。2012～2015年其他服务业分税种收入值由门类数据减去居民服务业和修理业税收值得到。②2010年、2011年其他服务业业税收数据缺失。根据2012年其他服务业各税种税收总额占门类相应税种税收的比重，及2010年、2011年税收总额，推算出2010年和2012年该大类各税种税收额和增长率。

资料来源：根据《中国税务年鉴》（2011～2016）整理计算。

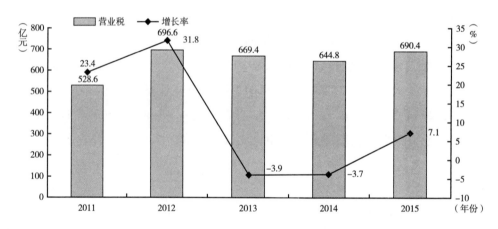

图33　"十二五"期间其他服务业营业税收入及增速

注：①《中国税务年鉴》（2011～2016）没有提供其他服务业分税种收入数据。2012～2015年其他服务业分税种收入值由门类数据减去居民服务业和修理业税收值得到。②2010年、2011年其他服务业税收数据缺失。根据2012年其他服务业各税种税收占门类值的比重，及2010年、2011年税收总额，推算2010年和2012年该大类各税种税收额和增长率。

资料来源：根据《中国税务年鉴》（2011～2016）整理计算。

年累计缴纳企业所得税1515.4亿元。除了2011年的29.6%和2012年－4.1%的增速外，2013～2015年增长相对稳健，为10%左右，年均增长11.6%。企业所得税占其他服务业税收总额的比重从2011年的17.8%慢慢降至2015年的15.6%，平均占比为15.7%，份额变动不大。

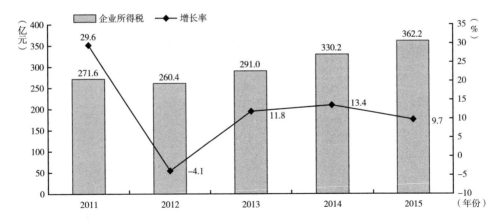

图 34 "十二五"期间其他服务业企业所得税收入及增速

注：①《中国税务年鉴》（2011～2016）没有提供其他服务业分税种收入数据。2012～2015 年其他服务业分税种收入值由门类数据减去居民服务业和修理业税收值得到。②2010 年、2011 年其他服务业税收数据缺失。根据 2012 年其他服务业各税种税收占门类值的比重，及 2010 年、2011 年税收总额，推算 2010 年和 2012 年该大类各税种税收额和增长率。

资料来源：根据《中国税务年鉴》（2011～2016）整理计算。

4. 个人所得税先减后增

"十二五"期间，其他服务业个人所得税从 2011 年的 292.8 亿元缩减为 2012 年的 257.1 亿元，2013～2015 年则加速增长，至 2015 年为 404.9 亿元，增长了 38.3%，共贡献个人所得税 1566.2 亿元。2011 年个人所得税增速最快，为 28.5%；2012 年出现 12.2% 的负增长，随后出现快速增长，2013～2015 年增速分别为 11.9%、12.5% 和

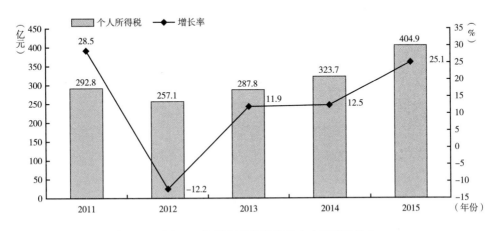

图 35 "十二五"期间其他服务业个人所得税收入

注：①《中国税务年鉴》（2011～2016）没有提供其他服务业分税种收入数据。2012～2015 年其他服务业分税种收入值由门类数据减去居民服务业和修理业税收值得到。②2010 年、2011 年其他服务业税收数据缺失。根据 2012 年其他服务业各税种税收占门类值的比重，及 2010 年、2011 年税收总额，推算 2010 年和 2012 年该大类各税种税收额和增长率。

资料来源：根据《中国税务年鉴》（2011～2016）整理计算。

25.1%，年平均增长率为12.2%。个人所得税在其他服务业税收中份额超过企业所得税，但是占比有所下降，2011年占比为19.2%，2015年减少为17.5%，平均占比为16.2%。

七　企业利润情况

"十二五"期间，其他服务业利润总额从1357.8亿元逐步增长到2015年1811.1亿元，增长了33.4%，五年累计获得利润7577.0亿元。2011年，其他服务业利润增速较高，为29.6%，但是2012年，利润规模出现绝对下滑，为负增长，2013～2015年稳步增长，增速约为10%，年平均增长11.6%。

表25　"十二五"期间其他服务业利润总额及增速

单位：亿元，%

年份	企业所得税	利润总额	增长率
2011	271.6	1357.8	29.6
2012	260.4	1302.1	-4.1
2013	291.0	1455.2	11.8
2014	330.2	1650.8	13.4
2015	362.2	1811.1	9.7

注：根据2010～2015年其他服务业企业所得税及企业所得税税率20%推算利润总额及其增长率。

资料来源：根据《中国税务年鉴》（2011～2016）整理估算。

第十三章
"十二五"期间中国教育发展情况

国家"十二五"规划纲要明确提出按照优先发展、育人为本、改革创新、促进公平、提高质量的要求，推动教育事业科学发展，提高教育现代化水平。加快教育改革发展，统筹发展各级各类教育，大力促进教育公平，全面实施素质教育，深化教育体制改革，培养出更多的高素质人才。从"十二五"期间教育取得的成效来看，我国教育实现稳定发展，九年义务教育普及成果得到巩固，素质教育水平和质量不断提升；高等教育质量稳定提高，人才培养规模全面扩张；职业教育及特殊教育等更为普及且快速发展，教育的多样化水平持续提升。法人单位和就业人员规模不断扩大，行业就业人员整体受教育程度高于其他行业且仍在提升，工资水平稳定增长且高于全国平均水平。固定资产投资尤其是新增固定资产持续增长，显示出较强劲的投资增长活力，教育各项基本建设也处于逐渐扩张发展的态势。

整体而言，教育在"十二五"期间不断深化改革发展，实现稳定快速增长，呈现全面普及、多样发展、活力增长的态势。

一 营业规模情况

"十二五"期间，教育营业收入逐年增长。企业法人单位营业收入从 2011 年的 1072.4 亿元增长到 2015 年的 1816.2 亿元，营业成本逐年增长，从 2011 年的 657.7 亿元增加至 2015 年的 1281.2 亿元。全行业营业收入从 2011 年的 20250.6 亿元增长至 2015 年的 39827.9 亿元，营业成本从 2011 年的 11490.9 亿元增加至 2015 年的 22385.5 亿元。"十二五"期间，教育企业法人单位营业收入总额累计达到 7083.5 亿元，全行业营业收入累计达到 146803.8 亿元，营业规模不断扩大，营业收入增长稳定。

表1 "十二五"期间教育营业收入及成本

单位：亿元

年份	企业法人单位		全行业	
	营业收入	营业成本	营业收入	营业成本
2011	1072.4	657.7	20250.6	11490.9
2012	1223.4	777.2	23984.0	13579.5
2013	1395.6	918.5	28405.7	16047.8
2014	1575.9	1122.6	34335.6	19613.7
2015	1816.2	1281.2	39827.9	22385.5

注：企业法人单位营业收入及成本2011~2012年数据缺失，由2013~2015年增长趋势推导得出。全行业营业收入及成本根据企业法人单位以及规模以上企业资产所占比例推算得出。

资料来源：《中国第三产业统计年鉴》（2012~2016）、《中国经济普查年鉴》（2013）。

"十二五"期间，学校数、在校生数和教育人口均有所下降，教职工数持续增加。学校数2015年为51.2万所，比2011年减少了1.5万所，下降2.8%；在校生数前四年处于减少状态，2015年在校生数为31907.1万人，有所回升，相比2011年减少了849.3万人，下降2.6%；教育人口同样前四年下降，最后一年有回升，2015年教育人口为33822.4万人，相比2011年减少715.7万人，下降2.1%。而教职工数2015年相比2011年增长，增长了133.7万人，增长7.5%。"十二五"期间，学校数以及学生数量有所减少，教职工数持续增加。

表2 "十二五"期间教育业基本情况

单位：万所，万人

年份	学校数	在校生数	教职工数	教育人口
2011	52.7	32756.4	1781.6	34538.1
2012	52.3	32143.4	1810.0	33953.4
2013	52.0	31813.1	1837.3	33650.4
2014	51.4	31734.7	1874.0	33608.7
2015	51.2	31907.1	1915.3	33822.4

资料来源：《中国教育统计年鉴》（2011~2015）。

从专任教师数来看，"十二五"期间，普通高等学校、中学、小学的教师数几乎均处于逐年增长状态，普通高等学校教师数从139.3万人增长至157.3万人，增长12.9%；普通中学教师从508万人增长至517.1万人，增长1.8%；普通小学教师从560.5万人增长至568.5万人，增长1.4%。从在校学生数来看，普通本专科学生从2308.5万人增长至2625.3万人，增长13.7%，普通中学学生从7519万人减少至6686.3万人，减少11.1%；普通小学学生数从9926.4万人减少至9692.2万人，减少了2.4%。

表3 专任教师数及在校学生数

单位：万人

年份	专任教师数			在校学生数		
	普通高等学校	普通中学	普通小学	普通本专科	普通中学	普通小学
2011	139.3	508.0	560.5	2308.5	7519.0	9926.4
2012	144.0	509.8	558.5	2391.3	7228.4	9695.9
2013	149.7	510.9	558.5	2468.1	6875.0	9360.5
2014	153.5	515.1	563.4	2547.7	6785.1	9451.1
2015	157.3	517.1	568.5	2625.3	6686.3	9692.2

资料来源：《中国统计年鉴》(2016)。

从"十二五"期间的各级教育学生数量来看，中等教育的毕业生数和招生数在各级教育中均最高，2015年中等教育毕业生数和招生数分别为28259773人和28088798人，其次为学前教育，2015年毕业生数和招生数分别为15902605人和20088467人。在校生数最多的是初等教育，2015年初等教育在校生数为97869989人，其次为中等教育83833441人。高等教育的学生人数少于中等教育和初等教育学生人数，2015年高等教育的毕业生数、招生数和在校生数分别为11522738人、12552895人和41395905人。工读学校的招生数、毕业生以及在校生人数均最少，特殊教育学生人数略高于工读学校学生人数。从学生人数的增长速度来看，"十二五"期间中等教育、初等教育以及工读学校的学生人数有所下降。高等教育、特殊教育以及学前教育的毕业生数、招生数和在校生数均稳步增长，说明我国教育的深度、广度和普及度不断提高，学生受教育水平稳定提升。

表4 按教育中类分毕业生、招生及在校生数量

单位：人

年份		高等教育	中等教育	初等教育	工读学校	特殊教育	学前教育
2011	毕业生数	9717452	32665962	18417800	4378	44194	11847124
	招生数	11565898	32993759	17367980	5664	64086	18273104
	在校生数	35592411	98078540	100942847	8976	398736	34244456
2012	毕业生数	10049020	32020579	18007271	3653	48590	14335717
	招生数	12022657	31695120	17146640	4547	65699	19119154
	在校生数	37658065	94214196	98602286	10640	378751	36857624
2013	毕业生数	10459327	30887540	16988501	3596	50739	14917314
	招生数	12542950	29935409	16953556	3891	65977	19700271
	在校生数	39443960	88582754	94848050	9307	368103	38946903
2014	毕业生数	11003169	28928894	15882235	3000	49032	15271571
	招生数	12715576	28641793	16584245	3528	70713	19877752
	在校生数	40766458	86015438	95674926	8494	394870	40507145
2015	毕业生数	11522738	28259773	15331734	4141	52899	15902605
	招生数	12552895	28088798	17290429	3811	83314	20088467
	在校生数	41395905	83833441	97869989	7920	442223	42648284

资料来源：《中国第三产业统计年鉴》(2012～2016)。

从各级学校学生入学率可以看出，小学学龄儿童净入学率整体虽有所波动但变化不大，2015 年为 99.9%，增长了 0.1 个百分点；小学升学率整体略有下降，2015 年为 98.2%，相比 2011 年降低 0.1 个百分点。初中升学率整体处于快速增长状态，从 2011 年的 88.9% 增长至 2015 年的 94.1%，增长 5.2 个百分点；高中升学率也处于快速增长状态，从 2011 年的 86.5% 增长至 2015 年的 92.5%，增长 6 个百分点。可以看出由于我国义务教育的有效实施，小学学龄儿童净入学率和小学升学率覆盖了绝大部分学龄人口。而初中升学率和高中升学率也在逐年较快增长，表明我国教育水平不断发展，人口教育素质逐渐提高。

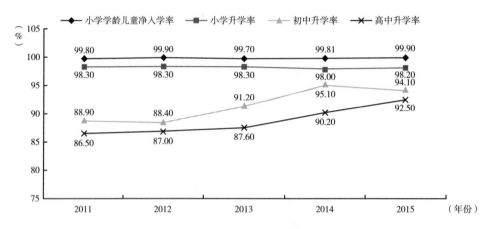

图1   "十二五"期间各级学校学生入学率或升学率

资料来源：《中国统计年鉴》（2016）。

"十二五"期间教育竣工建筑面积从 2011 年的 13654.1 万平方米增长到 2015 年的 15500.1 万平方米，增长了 13.5%。其中教学及辅助用房 2015 年为 9792.6 万平方米，相比 2011 年的 8816.9 万平方米增长 11.1%；行政办公用房面积除 2014 年有所增加，其余年份逐年减少，2015 年为 400.6 万平方米，相比 2011 年的 561.7 万平方米减少 28.7%；2015 年其他竣工建筑面积为 5306.9 万平方米，相比 2011 年 4275.4 万平方米增加 24.1%。从各竣工建筑面积完成比例来看，教学及辅助用房面积占总竣工建筑面积比重超过半数，处于先下降后上升的趋势，2015 年占 63.2%；行政办公用房面积占比处于整体下降的趋势，2015 年占 2.6%；其他面积占比呈现先上升后下降的态势，2015 年占比为 34.2%。"十二五"期间教育竣工建筑面积稳定增加，其中教学及辅助用房面积整体增加，且占主要地位，行政办公用房呈减少态势。

二　资产规模情况

"十二五"期间，教育企业法人单位资产总计逐年增长。"十二五"期间企业法人单位资产从 2348.1 亿元增长到 4083.9 亿元，负债从 2011 年的 1098.5 亿元增长至 2015

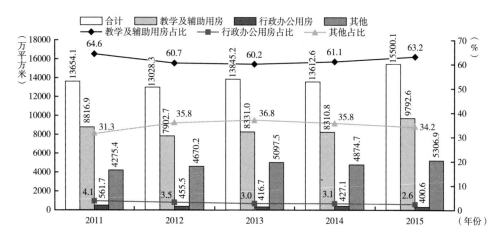

图2 "十二五"期间教育建筑面积

资料来源:《中国教育统计年鉴》(2011~2015)。

年的2534.9亿元。教育全行业资产从2011年的35681.1亿元增长至2015年的82041.4亿元,负债从2011年的19192.9亿元增长至2015年的44290.7亿元,教育企业法人单位资产规模稳步扩大。

表5 "十二五"期间教育资产及负债

单位:亿元

年份	企业法人单位		全行业	
	资产总计	负债总计	资产总计	负债总计
2011	2348.1	1098.5	35681.1	19192.9
2012	2696.6	1354.8	43937.7	23671.0
2013	3096.7	1670.9	54104.9	29194.0
2014	3560.8	2166.0	66482.2	37845.6
2015	4083.9	2534.9	82041.4	44290.7

注:企业法人单位资产及负债2011~2012年数据缺失,由2013~2015年增长趋势推导得出。全行业资产及负债数据根据企业法人单位资产以及规模以上企业资产所占比例推算得出。

资料来源:《中国第三产业统计年鉴》(2012~2016)、《中国经济普查年鉴》(2013)。

"十二五"期间,我国教育经费逐年增长,从2011年的23869.3亿元增长到2015年的36129.2亿元,增长51.4%。国家财政性教育经费从2011年的18586.7亿元增长到2015年的29221.5亿元,增长57.2%。民办学校举办者投入除2013~2014年发生下降外其余年份均实现增长,2015年为139.5亿元,相比2011年111.9亿元增长24.6%;社会捐赠经费逐年减少,2015年为71.2亿元,相比2011年111.9减少36.4%;事业收入逐年增加,从2011年的4424.7亿元增长至2015年的5810.9亿元,增加了31.3%。其中教育经费来源主要是国家财政性教育经费和事业收入，2015年占比分别为80.9%和16.2%。"十二五"期间，国家财政性教育经费总额为121864.6亿元，民办学校举办者投入总额为658.4亿元，社会捐赠经费总额为444.0亿元，事业收入总额为25208.8亿元，其他教育经费为3553.1亿元。

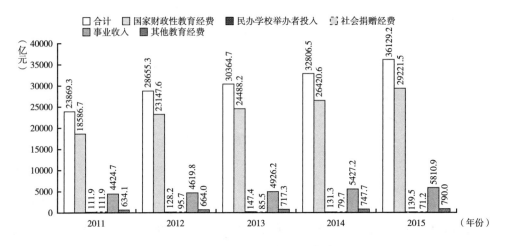

图3　"十二五"期间教育经费情况

资料来源：《中国第三产业统计年鉴》（2012～2016）。

"十二五"期间，教育的固定资产值实现稳定增长，其中，学校产权的固定资产值从2011年的12771.2亿元增长到2015年的17932.1亿元，增长了40.4%；非学校产权独立使用固定资产值从2011年的313.8亿元增长到2015年的1047.2亿元，增长233.7%。学校产权的固定资产值明显高于非学校产权独立使用的固定资产值，但非学校产权独立使用的固定资产值增长速度更快。

表6　"十二五"期间教育固定资产值

单位：亿元

年份	学校产权	非学校产权独立使用	年份	学校产权	非学校产权独立使用
2011	12771.2	313.8	2014	16414.1	928.0
2012	14074.7	338.5	2015	17932.1	1047.2
2013	15160.9	868.0			

资料来源：《中国教育统计年鉴》（2011～2015）。

三　法人单位情况

"十二五"期间，教育法人单位数量和企业法人单位数量均稳步上升，法人单位数从 2011 年的 346390 个增加到 2015 年的 461451 个,增长 33.2%;企业法人单位数 2011 年为 28678 个,2015 年增长到 61974 个,增长 1.16 倍。教育企业法人单位数占法人单位数比重逐年增加,2015 年占比为 13.4%。

表 7 "十二五"期间教育法人单位数情况

单位:个,%

年份	法人单位数	企业法人单位数	企业法人单位数占比
2011	346390	28678	8.3
2012	355072	33746	9.5
2013	413908	40470	9.8
2014	444038	48867	11.0
2015	461451	61974	13.4

资料来源:《中国第三产业统计年鉴》(2012~2016)。

教育企业法人单位中国有控股和集体控股的法人单位数 2013 年有所减少,其余年份均有增长,2015 年分别达到 1859 个和 1383 个,国有控股企业法人单位数增长 17.3%,集体控股企业法人单位数整体减少 0.7%。私人控股企业法人单位数从 2011 年的 20988 个逐年增长至 2015 年的 50173 个,增长 1.39 倍。港澳台商控股增长至 2015 年的 146 个,增长 20.7%;外商控股从 169 个增长至 184 个,增长了 8.9%;其他控股增长 86.1%。从各控股比重来看,2011 年国有控股、集体控股、私人控股、港澳台商控股、外商控股和其他控股占比分别为 5.5%、4.9%、73.2%、0.4%、0.6% 和 15.4%,2015 年比重分别变为 3%、2.2%、81%、0.2%、0.3% 和 13.3%,其中只有私人控股比例增长,增长 7.8 个百分点,其余控股比例均有不同程度的下降。

表 8 "十二五"期间教育按控股情况分企业法人单位数

单位:个

年份	企业法人单位数	国有控股	集体控股	私人控股	港澳台商控股	外商控股	其他
2011	28678	1585	1393	20988	121	169	4422
2012	33746	1689	1454	24568	121	170	5744
2013	40470	1392	1170	33096	116	137	4559
2014	48867	1597	1315	39710	140	162	5943
2015	61974	1859	1383	50173	146	184	8229

资料来源:《中国第三产业统计年鉴》(2012~2016)。

四　人力资源情况

"十二五"期间，教育城镇单位就业人员数逐年上升，2015年达到1736.5万人，相比2011年的1617.8万人增长7.3%；国有单位就业人员从2011年的1540.9万人增长至2015年的1607.3万人，增长4.3%；城镇集体单位就业人员2015年增长至20.9万人，增长9.4%。教育城镇单位就业人员在第三产业城镇单位就业人员中占比最大，为19.3%，也显示了我国教育的庞大就业人员规模。其中国有单位就业人数占教育城镇单位人员数较大比重，而城镇集体单位和其他单位就业人员数占比相对很少。

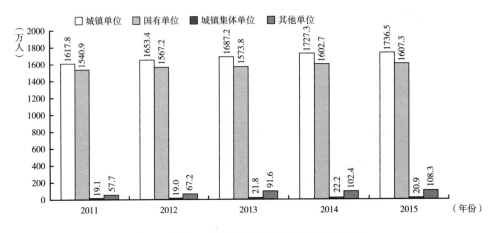

图4　"十二五"期间教育城镇单位就业人员

资料来源：《中国第三产业统计年鉴》（2012～2016）。

从城镇单位就业人员的工资水平来看，"十二五"期间教育城镇单位就业人员的工资总额和平均工资均逐年增加，其中2015年的平均工资涨幅相对前几年有较大提升，涨幅达到17.70%。2015年教育城镇单位就业人员的工资总额为11492.1亿元，相比2011年的6938.8亿元增长65.60%。2015年全国城镇单位工资总额为112007.8亿元，教育业占比为10.26%；2015年教育城镇单位就业人员平均工资为66592元，相比2011年的43194元增长54.20%。2015年全国城镇单位平均工资水平是62029元，可见教育城镇单位平均工资水平要高于全国平均水平的7.36%。教育就业人员工资水平稳步增长，在全国范围内工资待遇相对较高。

从"十二五"期间教育就业人员受教育程度来看，大学本科占主要比重，其中2015年大学本科学历占比为38.5%，其次是大学专科学历，占比为27.7%，教育行业的就业人员受教育程度高于第三产业平均水平。大学本科学历和研究生学历的就业人员比重不断增长，分别增长6.6个和2个百分点。而受教育程度不高于高中的就业人员比重逐年下降，说明"十二五"期间教育就业人员受教育程度稳步提升。

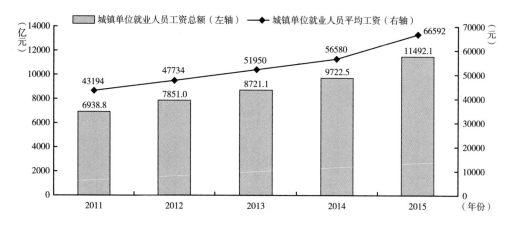

图5　"十二五"期间教育城镇单位工资水平

资料来源:《中国统计年鉴》(2016)。

表9　"十二五"期间教育就业人员受教育程度占比

单位:%

年份	总计	未上过学	小学	初中	高中	大学专科	大学本科	研究生
2011	100.0	0.2	3.0	15.3	18.3	27.4	31.9	3.9
2012	100.0	0.1	3.0	13.0	16.5	28.6	34.3	4.5
2013	100.0	0.4	2.3	13.0	15.8	28.8	35.0	4.8
2014	100.0	0.1	2.1	12.8	15.4	27.6	36.7	5.3
2015	100.0	0.2	1.9	12.1	14.5	27.7	38.5	5.9

注:2015年数据缺失,由2011~2014年数据运用平均增长趋势法推算得出。

资料来源:《中国劳动统计年鉴》(2016)。

五　固定资产投资情况

教育全社会固定资产投资和新增固定资产(不含农户)在"十二五"期间逐年增长,至2015年,全社会固定资产投资达到7726.8亿元,占全国的1.4%;新增固定资产(不含农户)达到6037.7亿元,占全国的1.6%。从增长速度看,2014年全社会固定资产投资和新增固定资产均有较大涨幅,2013~2014年增长最快,增长率分别为23.5%和33.0%。这也表明2013年底召开的十八届三中全会提出的深化教育领域综合改革对教育固定资产投资起到了一定的推动作用。"十二五"期间教育固定资产投资稳定增长,近两年呈现增长加快趋势。"十二五"期间固定资产投资总额累计达28376.1亿元。

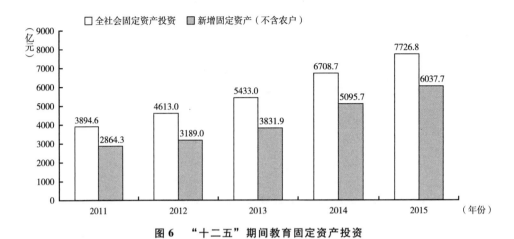

图6 "十二五"期间教育固定资产投资

资料来源:《中国统计年鉴》(2016)。

"十二五"期间,教育固定资产投资额中,新建固定资产投资从2394.7亿元增长至5379.5亿元,增长1.25倍;扩建固定资产投资从808.5亿元增长至1294.7亿元,增长60.1%;改建和技术改造从389.4亿元增长至561.0亿元,增长了44.1%。2011年新建、扩建、改建和技术改造占固定资产投资比重分别为61.6%、20.8%和10.0%,2015年的比重分别变为69.7%、16.8%和7.3%。其中教育新建固定资产投资增长最快,且所占比重不断增加,说明教育的固定资产投资呈现活力增长态势。"十二五"期间教育新建固定资产投资总额累计为19199.3亿元,扩建固定资产投资总额累计为5073.2亿元,改建和技术改造固定资产投资总额累计为2215.8亿元。

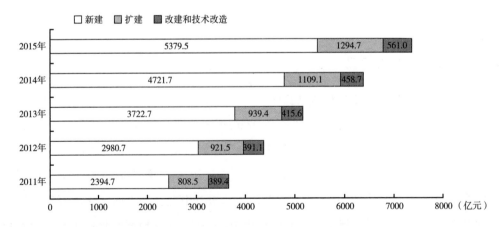

图7 2015年按建设性质分固定资产投资

资料来源:《中国第三产业统计年鉴》(2012～2016)。

表10 按登记注册类型、控股情况分固定资产投资情况

单位：亿元

年份	投资额	内资	港澳台商投资	外商投资	国有控股	集体控股	私人控股
2011	3890.4	3861.3	17.4	11.7	3113.2	269.8	421.4
2012	4608.2	4578.1	18.3	11.7	3496.5	323.0	576.5
2013	5399.9	5369.4	15.7	14.7	4000.4	375.6	696.6
2014	6705.6	6648.0	35.1	22.5	4837.6	420.8	949.7
2015	7723.2	7676.3	31.8	15.1	5569.7	381.2	1232.2

资料来源：《中国第三产业统计年鉴》（2012~2016）。

从登记注册类型看，"十二五"期间教育行业内资固定资产投资逐年增长，从3861.3亿元增长至7676.3亿元，增长了98.8%；港澳台商投资呈波动增长态势，从17.4亿元增长至31.8亿元，增长了82.8%；外商投资2011~2013年稳步增长，2014年加速增长，但是2015年发生小幅下降，2015年为15.1亿元，相比2011年增长29.1%。内资固定资产投资占据高达99.4%的绝大比重。在整个"十二五"期间，教育固定资产投资内资总额累计为28133.2亿元，港澳台商投资总额为118.2亿元，外商投资总额为75.8亿元。

从控股情况来看，2011~2015年国有控股企业法人的固定资产投资始终占据70.0%以上的比重。国有、集体和私人控股企业法人的固定资产投资均稳定增长，分别增长了78.9%、41.3%和192.4%，私人控股增速要远高于国有控股和集体控股。2011年，国有、集体和私人控股占比分别为80.0%、6.9%和10.8%；2015年比例为72.1%、4.9%和16%。可以看出教育国有和集体控股比例的固定资产投资占比在"十二五"期间有所下降，而私人控股的固定资产投资占比增加。整个"十二五"期间，固定资产投资中国有控股总额为21017.4亿元，集体控股总额为1770.4亿元，私人控股总额为3876.5亿元。

从固定资产投资资金来源看，国家预算资金逐年增长，从2011年的838亿元增长至2015年的1935.1亿元，增长1.3倍；国内贷款整体处于增长态势，但2015年有所下降，2015年国内贷款资金为358.4亿元；利用外资除2012年有所增长，近年来不断下降，从2011年的27.2亿元减少至2015年的8.2亿元，减少69.9%；自筹资金逐年增长，由2011年的2492.5亿元增长至2015年的4737.5亿元，增长90.1%；其他资金2015年为481.8亿元，增长了63.7%。从所占比重来看，2011年自筹资金、国家预算资金、其他资金、国内贷款和利用外资所占的比重分别为63%、21.2%、7.4%、7.7%、0.7%，2015年变为63%、25.7%、6.4%、4.8%、0.1%。其中自筹资金和国家预算资金在固定资产投资

资金来源中所占比重中最高，国家预算资金比重逐年增加，自筹资金比重整体未发生变化。国内贷款、利用外资、其他资金比重均有所下降。"十二五"期间，教育国家预算资金总额为28363.4亿元，国内贷款总额为7034.9亿元，利用外资总额为1723.6亿元，自筹资金总额为17602.7亿元，其他资金总额1861.3亿元。

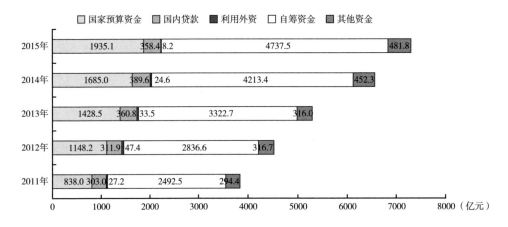

图8　教育固定资产投资（不含农户）资金来源

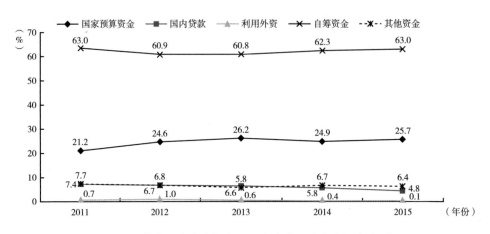

图9　教育固定资产投资（不含农户）资金来源占比

资料来源：《中国第三产业统计年鉴》（2012～2016）。

　　"十二五"期间，教育基本建设投资完成额整体呈上升状态，从2011年的27913919万元增长至2015年的33617717万元，增长20.4%。具体来说，2011～2014年教育基本建设投资完成额逐年增长，2015年相比2014年略微有所下降。就投资组成来看，国家预算资金占多数，2015年国家预算资金为26342473万元，占比为67.3%；自筹资金为6666447万元，占比为50.2%；其他资金占比为4.1%。"十二五"期间教育基本建设投资稳步增长，国家预算资金占主要地位。

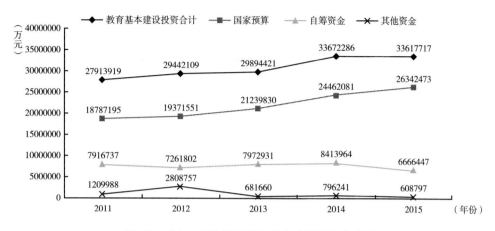

图10 "十二五"期间教育基本建设投资完成额

资料来源:《中国教育统计年鉴》(2011~2015)。

六 税收情况

"十二五"期间,我国教育税收收入在2012年有小幅下降,2013年后均呈现明显的增长态势。2015年教育全国税务收入达到306.1亿元,占第三产业税收收入比重为0.41%。从教育税收构成来看,国家税务局税收收入为23.9亿元,占全国教育税务收入的7.8%。地方税务局税收收入为282.2亿元,占92.2%,占比是国家税务局税收入占比的11.8倍。"十二五"期间教育行业税收实现整体稳定较快增长,全国税务收入总额累计达1107.0亿元,其中国家税务局税收收入总额为82.0亿元,地方税务局税收收入总额为1025.0亿元。

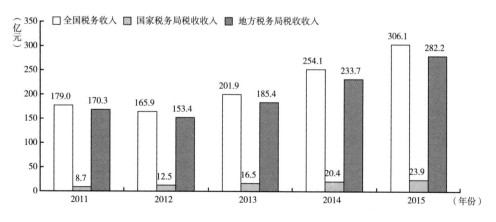

图11 "十二五"期间教育税收收入

资料来源:《中国税务年鉴》(2012~2016)。

"十二五"期间，教育营业税税收收入逐年增长，2015年达到46.9亿元，相比2011年的31.5亿元增长49.0%，占第三产业营业税收入的0.34%。内资企业所得税逐年增长，2011年为10.0亿元，2015年达到24.3亿元，增长1.42倍；外资企业所得税2012~2015年基本维持在稳定水平，2015年为2.7亿元，相比2011年的1.5亿元增长83.4%。

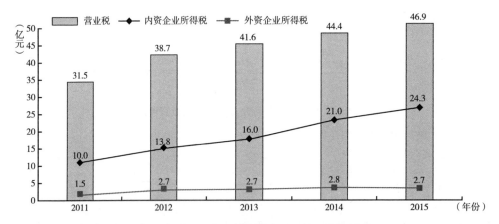

图12 "十二五"期间教育营业税及企业所得税收入

资料来源：《中国税务年鉴》（2012~2016）。

在教育重点税源企业中，应税营业额和应缴税额均呈现震荡上升的趋势。2014年均出现较大幅度下降，2015年再大幅回升。其中2015年的应税营业额达133.2亿元，相比2011年的101.1亿元，增长31.7%。已缴税额2015年达4.3亿元，"十二五"期间增长2.4%。

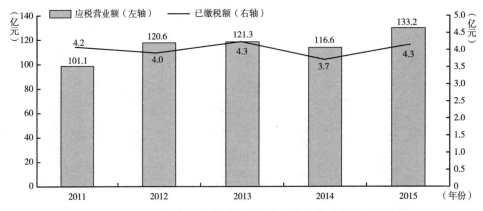

图13 "十二五"期间教育重点税源企业应税营业额及已缴税额

资料来源：《中国税务年鉴》（2012~2016）。

七 企业利润情况

2011年规模以上教育业企业法人单位的利润总额为44.2亿元，2015年增长至99.6亿元；2011年教育全行业企业利润总额为291.9亿元，2015年增长至658.8亿元。"十二五"期间，教育规模以上企业法人单位利润总额累计达到342.6亿元，全行业企业利润总额达到2264.6亿元。

表11 规模以上教育企业法人单位企业利润

单位：亿元

年份	规模以上企业利润总额	全行业企业利润总额	年份	规模以上企业利润总额	全行业企业利润总额
2011	44.2	291.9	2014	78.3	517.6
2012	54.1	357.8	2015	99.6	658.8
2013	66.3	438.5			

注：规模以上企业法人单位利润总额2011~2012年数据缺失，由2013~2015年增长趋势推导得出。全行业企业利润总额根据规模以上企业营业收入所占比例推算得出。

资料来源：《中国第三产业统计年鉴》（2012~2016）、《中国经济普查年鉴》（2013）。

八 全行业增加值情况

"十二五"期间教育全行业增加值实现稳定增长，且呈现指数增长的态势。2015年实现增加值24249.3亿元，相比2011年的14429.4亿元增长68.1%；2015年占GDP比重为3.5%，相比2011年提高了0.5百分点。"十二五"期间教育全行业增加值累计达94962.1亿元。

表12 "十二五"期间教育全行业增加值及占GDP比重

单位：亿元，%

年份	增加值	占GDP的比重	年份	增加值	占GDP的比重
2011	14429.4	3	2014	21159.9	3.3
2012	16172.1	3	2015	24249.3	3.5
2013	18951.4	3.2			

注：2015年增加值数据通过指数趋势预测得出，增加值比重通过预测增加值计算得出。

资料来源：《中国第三产业统计年鉴》（2012~2016）。

九 区域分布情况

从教育法人单位数来看，东部地区最多，其次为中部地区、西部地区和东北地区。"十二五"期间，东北地区法人单位数增速相对其他地区较慢，东部、中部和西部地区

2012~2013 年增速较快，尤其是中部地区法人单位数在 2013 年反超西部地区。从增长率看，2015 年东部地区法人单位数为 174670 个，增长 28.6%；中部地区法人单位数为 129278 个，增长最快，为 50.8%；西部地区法人单位数为 128412 个，增长 27.8%；东北地区法人单位数为 29091 个，增长最慢，为 18.9%。从各地区法人单位数所占比重来看，2011 年东部、中部、西部和东北地区所占比重分别为 39.2%、24.7%、29% 和 7.1%，2015 年这一比例变为 37.9%、28.0%、27.8% 和 6.3%，中部地区占比上升，东部、西部和东北地区比重均有所下降。

表 13   教育分区域法人单位数

单位：个

年份	全国	东部地区	中部地区	西部地区	东北地区
2011	346390	135766	85722	100436	24466
2012	355072	139716	86710	102116	26530
2013	413908	156918	117336	113055	26599
2014	444038	168619	123745	123073	28601
2015	461451	174670	129278	128412	29091

资料来源：《中国第三产业统计年鉴》（2012~2016）。

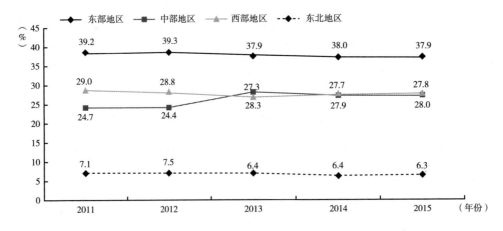

图 14   "十二五"期间教育分区域法人单位数占比

从城镇单位就业人员数来看，东部地区、中部地区和西部地区均处于稳定增长状态，东北地区有所波动，2015 年发生一定程度的下降。东部地区城镇单位就业人员数 2015 年为 656.4 万人，增长 7.8%；中部地区 2015 年为 428 万人，增长 6%；西部地区 2015 年为 503.8 万人，增长 10%；东北地区 2015 年为 138.4 万人，下降 0.4%。从各区域所占全国比重来看，2011 年东部、中部、西部和东北地区所占比重分别为 37.6%、

25.6%、28.3%和8.5%；2015年这一比例变为37.8%、25.2%、29%和8.0%。东部和西部地区所占比重均上升，中部地区和东北地区所占比重下降。

表14 "十二五"期间城镇单位分区域就业人员数

单位：万人

年份	全国	东部地区	中部地区	西部地区	东北地区
2011	1617.8	608.7	413.4	457.8	137.8
2012	1653.4	620.1	420.1	471.3	141.9
2013	1687.2	641.5	419.1	485.3	141.4
2014	1727.3	655.1	430.4	500.0	141.9
2015	1736.5	656.4	438.0	503.8	138.4

资料来源：《中国第三产业统计年鉴》（2012～2016）。

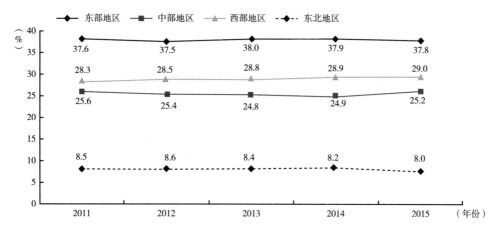

图15 "十二五"期间城镇单位分区域就业人员数占比

各区域固定资产投资额均发生较快增长，东部地区从2011年的1488.1亿元增长至2015年的2944亿元，增长97.8%；中部地区增长至2015年的1771.5亿元，增长87.0%；西部地区增长速度最快，2015年为2555.9亿元，增长122.6%；东北地区增长相对较慢，2015年增长至451.9亿元，增长47.3%。从各区域所占全国比重来看，2011年东部、中部、西部和东北地区所占比重分别为38.2%、24.4%、29.5%和7.9%；2015年这一比例变为38.1%、22.9%、33.1%和5.9%。东部、中部和西部地区所占比重均上升，东北地区所占比重下降2个百分点。"十二五"期间，教育东部地区固定资产投资总额累计为10956.8亿元，中部地区总额为6599.1亿元，西部地区总额为8672.1亿元，东北地区总额为2099.4亿元。

表15 "十二五"期间教育分区域固定资产投资（不含农户）

单位：亿元

年份	全国	东部地区	中部地区	西部地区	东北地区
2011	3890.4	1488.1	947.4	1148.2	306.7
2012	4608.2	1785.0	1148.3	1309.2	365.7
2013	5399.9	2069.5	1248.0	1613.6	468.9
2014	6705.6	2670.3	1483.8	2045.3	506.2
2015	7723.2	2944.0	1771.5	2555.9	451.9

资料来源：《中国第三产业统计年鉴》（2012~2016）。

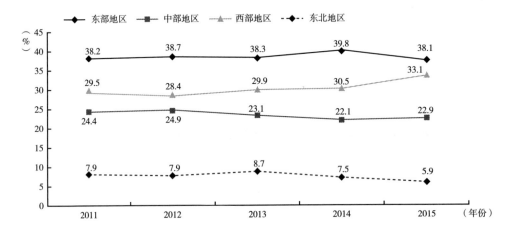

图16 "十二五"期间教育分区域固定资产投资（不含农户）占比

第十四章
"十二五"期间中国卫生和社会工作发展情况

　　"十二五"期间，我国卫生和社会工作营业规模和资产规模不断扩大，有效推动社会经济整体发展，并为社会经济发展提供新动力。我国卫生和社会工作营业收入①由"十二五"初期（2011 年）的 18097.2 亿元增长至"十二五"末（2015 年）的 32736.9 亿元，年均增速②为 14.5%；五年间卫生和社会工作营业收入累计达到 128350.6 亿元。"十二五"期间，我国卫生和社会工作资产③从"十二五"初期的 26877.9 亿元增长至"十二五"末的 43256.6 亿元，年均增速为 11.2%；五年间卫生和社会工作资产累计达到 168495.1 亿元。

　　我国卫生和社会工作法人单位数④、城镇单位就业人员数不断增加，工资总额规模不断扩大，平均工资水平持续提高，有效拉动社会就业。"十二五"期间，我国卫生和社会工作法人单位数由"十二五"初期的 205173 个逐年增长至"十二五"末的 271571 个，占我国法人单位数比重从"十二五"初期的 2.14% 波动下降至"十二五"末的 1.73%；"十二五"期间，卫生和社会工作法人单位数年均增速 7.26%，低于同期我国法人单位数年均增速 5.9 个百分点。卫生和社会工作城镇单位就业人员数由"十二五"初期的 679.1 万人增长至"十二五"末的 841.6 万人，占我国城镇单位就业人员数比重从 2011 年的 4.7% 下降至 2013 年的 4.3% 后开始回升，2015 年比重再次达到 4.7%；"十二五"期间，卫生和社会工作城镇单位就业人员数年均增速为 5.5%，低于同期我国城镇单位就业人员数年均增速 0.3 个百分点。卫生和社会工作城镇单位就业人员工资

---

① 卫生和社会工作营业收入为卫生业营业收入和社会工作业营业收入的和。
② 报告中所有涉及金额的增长速度均通过可比价格计算。
③ 卫生和社会工作资产为卫生业资产和社会工作业资产的和。
④ 法人单位数指执行企业会计制度的法人单位数，其口径小于卫生、社会工作行业统计的机构数。

总额由"十二五"初期的 3078.6 亿元增长至"十二五"末的 5941.3 亿元，占城镇单位就业人员工资总额的比重由 5.1% 波动增长至 5.3%；"十二五"期间，卫生和社会工作城镇单位就业人员工资总额年均增速为 16.4%，高出同期我国城镇单位就业人员工资总额年均增速 0.9 个百分点。卫生和社会工作城镇单位就业人员平均工资由"十二五"初期的 46206 元增长至"十二五"末的 71624 元，高于同期我国城镇单位就业人员平均工资水平。

我国卫生和社会工作固定资产投资保持稳定增长，且增长速度呈上升趋势，对经济稳定增长发挥了较大作用。卫生和社会工作固定资产投资额由"十二五"初期的 2330.3 亿元增长至"十二五"末的 5175.6 亿元，占全社会固定资产投资额比重由"十二五"初期的 0.8% 波动上升至"十二五"末的 0.9%；卫生和社会工作固定资产投资额增长速度持续提高，且高于同时期全社会固定资产投资额增长速度，"十二五"期间年均增速为 20.6%，高于同期我国全社会固定资产投资额年均增速 6.1 个百分点，2015 年卫生和社会工作固定资产投资额增长速度达到 30.2%，高于同期全社会固定资产投资额增长速度 20.0 个百分点。

我国卫生和社会工作营业税金及附加金额从"十二五"初期的 710.8 亿元[1]下降至"十二五"末的 4.3 亿元，其中主营业务税金及附加金额从"十二五"初期的 7.7 亿元下降至"十二五"末的 4.0 亿元。卫生和社会工作营业利润则从"十二五"初期的 -2.5 亿元增长至"十二五"末的 44.6 亿元。

我国卫生和社会工作增加值快速增长，成为新的经济增长点。卫生和社会工作增加值由"十二五"初期的 7428.8 亿元增长至"十二五"末的 15245.0 亿元[2]，占 GDP 比重由 1.5% 上升至 2.2%。"十二五"期间，卫生和社会工作增加值年均增速为 18.2%，高于同期 GDP 年均增速 10.7 个百分点。

第一节 "十二五"期间卫生发展情况

一 营业规模情况

（一）营业收入情况

"十二五"期间，我国卫生营业收入持续增长。收入从 2011 年的 17445.3 亿元增长至 2015 年的 31490.8 亿元，五年间累计达到 124094.7 亿元，年均增速为 14.5%，2012

---

① 受税改影响，数据变动较大，该数据为规模以上企业法人单位数据。
② 假定 2011～2014 年增长率平均值为 2015 年增长率推算出 2015 年卫生和社会工作业全行业增加值。

~2015年增速分别为20.6%、13.4%、13.7%和10.4%。2011~2013年卫生营业收入占卫生和社会工作的比重持续上升,2014年和2015年有所下降,2011~2015年卫生营业收入占卫生和社会工作营业收入的比重分别为96.4%、96.7%、97.1%、97.0%和96.2%。

表1 "十二五"期间卫生营业收入情况

单位:亿元

年份	营业收入	年份	营业收入
2011	17445.3	2014	28636.2
2012	21548.1	2015	31490.8
2013	24974.3		

注:该处营业收入为推算数值,推算方法:通过常规统计资料《中国卫生计生统计年鉴》中医疗卫生机构总收入减财政补助收入获得医疗卫生机构营业收入,结合国民经济行业分类进行口径调整后,根据2013年《中国经济普查年鉴》中公布的卫生业营业收入(卫生企业法人营业收入 + 卫生非企业法人支出)获得测算比例进行计算〔卫生业营业收入 = 医疗卫生机构营业收入/(2013年医疗卫生机构营业收入/2013年卫生业营业收入)〕。

资料来源:在国家统计局及《中国卫生计生统计年鉴》数据基础上推算所得数据。

(二)卫生总费用

"十二五"期间,我国卫生总费用保持持续增长,但增长速度有所波动。2015年卫生总费用的增速达到五年以来的最高水平。

我国卫生总费用由"十二五"初期的24345.9亿元增长到"十二五"末的40974.6亿元;2011~2015年卫生总费用增速分别为12.7%、12.8%、10.2%、10.6%和16.5%,年均增速为12.5%,高于GDP的年均增速(7.5%);卫生总费用在同期GDP增量中的贡献率保持在6.0%~7.0%,2015年达到13.6%。这一方面反映了全社会对健康的重视程度不断加大,健康投入不断增加;另一方面也反映了卫生总费用在国民经济中的作用越来越大,有效地拉动了经济增长,助力经济转型升级和结构优化。

表2 "十二五"期间卫生总费用情况

单位:亿元

年份	卫生总费用	年份	卫生总费用
2011	24345.9	2014	35312.4
2012	28119.0	2015	40974.6
2013	31668.9		

资料来源:《中国卫生计生统计年鉴》(2011~2015)。

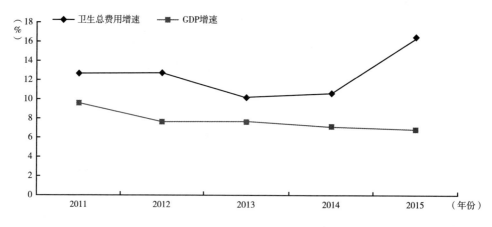

图1　"十二五"期间卫生总费用增速与 GDP 增速比较

（三）医疗卫生机构总收入和业务收入

"十二五"期间，我国医疗卫生机构总收入和业务收入保持稳定增长，但从 2012 年开始增长速度呈放缓趋势。

我国医疗卫生机构总收入由"十二五"初期的 16473.0 亿元增长至"十二五"末的 29537.9 亿元；医疗卫生机构总收入增速 2012 年出现下降后基本稳定，始终高于同期 GDP 增速，2011～2015 年增速分别为 11.0%、18.5%、13.3%、13.3% 和 12.2%，年均增速为 14.3%；五年内收入总额达 115579.1 亿元。医疗卫生机构医疗收入（事业收入）由 13926.8 亿元增长至 24144.0 亿元；医疗收入（事业收入）增速趋势同总收入增速趋势类似，除 2011 年外，其他年份均高于 GDP 增速；2011～2015 年增速分别为 8.7%、16.0%、13.3%、13.8% 和 10.4%，年均增速为 13.3%；五年医疗卫生机构医疗收入（事业收入）总额达 95730.0 亿元。

表3　"十二五"期间医疗卫生机构收入变化情况

单位：亿元

年份	总收入	医疗收入（事业收入）	年份	总收入	医疗收入（事业收入）
2011	16473.0	13926.8	2014	26434.9	21972.1
2012	19985.8	16539.5	2015	29537.9	24144.0
2013	23147.5	19147.5			

注：该处医疗卫生机构收入为卫生行业统计数据，与国民经济行业分类略有差异（国民经济行业分类中卫生未统计医学科研机构、卫生监督等机构），由于上述机构占比极小，文中直接采用已有统计数据，下文中有关医疗卫生机构指标统计均同此处口径。

资料来源：《中国卫生计生统计年鉴》（2011～2015）。

（四）医疗卫生机构诊疗人次数、出院人数

"十二五"期间，我国医疗卫生机构服务量保持增长趋势，但增长速度自 2012 年

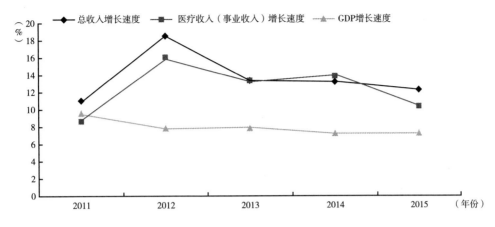

图2 "十二五"期间医疗卫生机构收入增长速度变化情况

起呈现明显下降趋势,尤其是最后一年,医疗卫生机构诊疗人次数和出院人数的增速均为五年以来的最低水平。

我国医疗卫生机构诊疗人次数由"十二五"初期的62.7亿人次增长至2015年的76.9亿人次;诊疗人次数增速整体呈下降趋势,2011～2015年医疗卫生机构诊疗人次数增速分别为7.4%、9.8%、6.2%、3.9%和1.2%,年均增速为5.2%;五年内诊疗人次总数达到357.7亿人次。出院人数从1.5亿人次增长至2.1亿人次;出院人数增速在2012年上升后出现下降,2011～2015年出院人数增速分别为8.0%、16.9%、7.2%、6.5%和2.9%,年均增速为8.2%;五年内累计出院人数总额为9.4亿人次。

表4 "十二五"期间医疗卫生机构服务量变化情况

单位:亿人次

年份	诊疗人次数	出院人数	年份	诊疗人次数	出院人数
2011	62.7	1.5	2014	76.0	2.0
2012	68.9	1.8	2015	76.9	2.1
2013	73.1	1.9			

资料来源:《中国卫生计生统计年鉴》(2011～2015)。

二 资产规模情况

"十二五"期间,我国卫生资产规模呈不断增长态势,资产增长速度稳步提高。

我国卫生资产从"十二五"初期的25780.8亿元增长至"十二五"末的41128.5亿元,五年间我国卫生资产累计达到160459.6亿元。五年年均增速11.0%,其中2012～2014年卫生资产增速持续上升,2015年略有下降,2012～2015年增速分别为

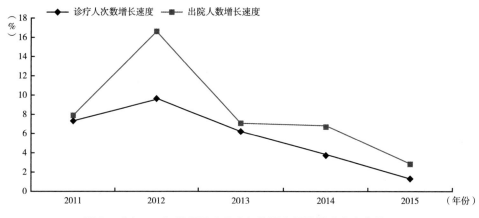

图3 "十二五"期间医疗卫生机构服务量增长速度变化情况

0.8%、14.0%、15.0%和14.9%。2011～2013年卫生资产占卫生和社会工作资产的比重持续下降，2014年有所上升，2015年保持平稳，2011～2015年卫生资产占卫生和社会工作资产的比重分别为95.9%、95.3%、94.9%、95.1%和95.1%。

表5 "十二五"期间卫生资产变化情况

单位：亿元

年份	资产	年份	资产
2011	25780.8	2014	35945.1
2012	26602.4	2015	41128.5
2013	31002.7		

注：资产为推算数值，推算方法：通过常规统计资料《中国卫生计生统计年鉴》中医疗卫生机构总资产，结合国民经济行业分类进行口径调整后，根据2013年《中国经济普查年鉴》中公布的卫生业资产获得测算比例进行计算［卫生业资产＝医疗卫生机构资产/（2013年医疗卫生机构资产/2013年卫生业资产）］。

资料来源：在国家统计局及《中国卫生计生统计年鉴》数据基础上推算所得数据。

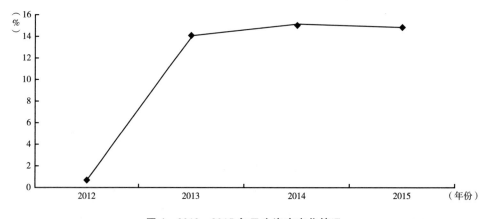

图4 2012～2015年卫生资产变化情况

"十二五"期间,我国医疗卫生机构净资产整体呈增长态势,2012年增长速度出现下降后再次提高,在2013年后增速保持稳定。

医疗卫生机构净资产由13782.9亿元增长至18865.0亿元;医疗卫生机构净资产增速同样在2012年下降后开始回升并保持稳定,2011~2015年净资产增速分别为6.6%、-9.2%、11.9%、14.1%和12.3%,年均增速为6.8%;五年内净资产总额达到77001.6亿元。

表6 "十二五"期间医疗卫生机构净资产变化情况

单位:亿元

年份	净资产	年份	净资产
2011	13782.9	2014	16876.2
2012	12814.8	2015	18865.0
2013	14662.8		

资料来源:《中国卫生计生统计年鉴》(2011~2015)。

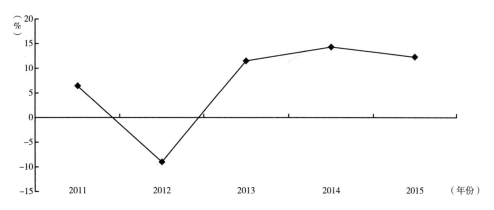

图5 "十二五"期间医疗卫生机构净资产增速变化情况

三 机构单位情况

"十二五"期间,我国医疗卫生机构数量呈现波动式增长,但增长速度总体呈下降趋势,不同类型机构增长速度变化情况有明显差异。

我国医疗卫生机构由954389个增长至983528个;医疗卫生机构增速呈波动式下降,2011~2015年增速分别为1.9%、-0.4%、2.5%、0.7%和0.2%,年均增速为0.8%;五年新增医疗卫生机构总数为29139个。医院数由21979个增长至27587个;医院数增速基本平稳并呈波动式上升,2011~2015年增速分别为5.1%、5.4%、6.6%、4.7%和6.7%,年均增速为5.9%;五年新增医院总数为5608个。

表7 "十二五"期间医疗卫生机构数变化情况

单位：个

年份	医疗卫生机构数	医院	基层医疗卫生机构	专业公共卫生机构	其他机构
2011	954389	21979	918003	11926	2481
2012	950297	23170	912620	12083	2424
2013	974398	24709	915368	31155	3166
2014	981432	25860	917335	35029	3208
2015	983528	27587	920770	31927	3244

注：2013年起，专业公共卫生机构数包括原计生部门主管的计划生育技术服务机构。

资料来源：《中国卫生计生统计年鉴》（2011～2015）。

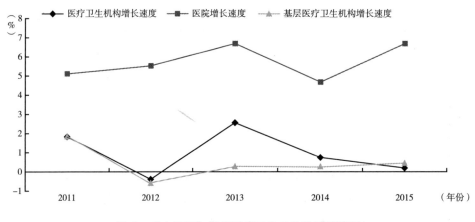

图6 "十二五"期间医疗卫生机构数增速情况

四 就业人数、人才结构情况

（一）就业人数

"十二五"期间，我国医疗卫生机构卫生人员数稳步增长，增长速度在2011～2013年逐年上升，2013年后出现下降。

卫生人员数由861.6万人增长至1069.4万人；卫生人员数增速在波动中下降，2011～2015年增速分别为5.0%、5.8%、7.4%、4.5%和4.5%，年均增速为5.6%；五年内新增卫生人员总数达到207.8万人。卫生技术人员数由620.3万人增长至800.8万人；卫生技术人员数增速同样在波动中下降，2011～2015年增速分别为5.6%、7.6%、8.0%、5.3%和5.5%，年均增速为6.6%；五年内新增卫生技术人员数为180.5万人。

表8 "十二五"期间医疗卫生机构人员数变化情况

单位：万人

年份	卫生人员数	其中,卫生技术人员数	年份	卫生人员数	其中,卫生技术人员数
2011	861.6	620.3	2014	1023.4	759.0
2012	911.6	667.6	2015	1069.4	800.8
2013	979.1	721.1			

注：该处结合卫生行业特点,采用卫生人员数用于反映卫生机构就业人数情况。

资料来源：《中国卫生计生统计年鉴》(2011~2015)。

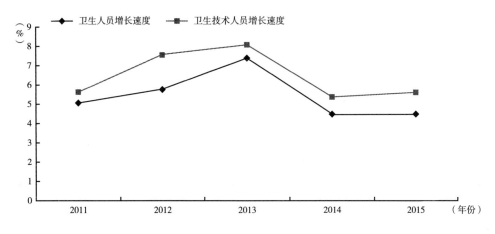

图7 "十二五"期间医疗卫生机构人员数增速情况

（二）人才结构

1. 年龄结构

从年龄结构看,"十二五"期间我国卫生技术人员年龄结构出现细微变化,25~34岁卫生技术人员占全部卫生技术人员比重由2011年的35.0%增长至2015年的37.9%,60岁及以上卫生技术人员比重由2011年的3.6%增长至2015年的5.1%。而35~44岁卫生技术人员比重则由2011年的29.5%降至2015年的26.8%,55~59岁卫生技术人员比重由2011年的5.5%降至2015年的3.9%。

2. 工作年限

从工作年限看,"十二五"期间我国卫生技术人员工作5年以下和5~9年的卫生技术人员占全部卫生技术人员比重明显上升,其中5年以下卫生技术人员比重由2011年的21.1%增长至2015年的23.7%,5~9年卫生技术人员比重由2011年的14.7%增长至2015年的20.0%。而工作10年以上的卫生技术人员比重则出现下降,整体由2011年的64.2%下降至2015年的56.2%。

表9　"十二五"期间卫生技术人员年龄结构变化情况

单位：%

年份	卫生技术人员					
	25岁以下	25~34岁	35~44岁	45~54岁	55~59岁	60岁及以上
2011	8.2	35.0	29.5	18.2	5.5	3.6
2012	8.7	35.6	29.2	17.3	5.2	4.0
2013	7.7	36.7	28.3	17.8	4.5	5.0
2014	9.0	36.8	27.8	17.3	4.3	4.8
2015	8.1	37.9	26.8	18.1	3.9	5.1

资料来源：《中国卫生计生统计年鉴》（2011~2015）。

表10　"十二五"期间卫生技术人员工作年限构成变化情况

单位：%

年份	卫生技术人员				
	5年以下	5~9年	10~19年	20~29年	30年及以上
2011	21.1	14.7	27.9	20.8	15.5
2012	22.8	15.6	25.6	20.7	15.2
2013	22.7	18.8	23.5	20.0	15.1
2014	24.5	18.4	23.1	19.5	14.4
2015	23.7	20.0	22.4	19.6	14.2

资料来源：《中国卫生计生统计年鉴》（2011~2015）。

3. 学历构成

从学历构成看，"十二五"期间我国卫生技术人员学历结构明显上移，研究生、大学本科和大专学历卫生技术人员占全部卫生技术人员比重出现明显提升，其中研究生比重由2011年的3.4%上升至2015年的4.7%；大学本科的比重由2011年的22.3%上升至2015年的25.9%；大专的比重由2011年的37.0%上升至2015年的38.9%。而中专和高中及以下学历卫生技术人员比重明显下降，整体由2011年的37.2%下降至2015年的30.5%。

表11　"十二五"期间卫生技术人员学历构成变化情况

单位：%

年份	卫生技术人员				
	研究生	大学本科	大专	中专	高中及以下
2011	3.4	22.3	37.0	33.4	3.8
2012	3.7	23.0	37.6	32.3	3.4
2013	4.2	24.4	38.8	30.0	2.7
2014	4.4	24.8	38.8	29.5	2.6
2015	4.7	25.9	38.9	28.2	2.3

资料来源：《中国卫生计生统计年鉴》（2011~2015）。

五 固定资产投资情况

(一)固定资产投资情况

2011~2015年,我国卫生固定资产原价和本年折旧额均保持增长,固定资产原价增长速度整体有所提升,本年折旧增长速度高于固定资产原价增长速度。

卫生固定资产原价从2011年的759.1亿元增长至2015年的1352.9亿元,占卫生和社会工作资产原价比重始终保持在98.0%以上;增长速度整体有所提升,2012~2015年增长速度分别为12.8%、12.9%、15.4%和15.4%,"十二五"期间年均增速为14.1%;五年间固定资产原价累计达到5178.2亿元。卫生本年折旧额从2011年的58.2亿元增长至2015年的154.5亿元;增长速度高于同期卫生固定资产原价增长速度,2012~2015年增长速度分别为24.6%、24.5%、30.6%和24.8%,五年年均增速达到26.1%;五年间本年折旧额累计达到505.8亿元。

表12 "十二五"期间我国卫生固定资产变化情况

单位:亿元

年份	固定资产原价	本年折旧	年份	固定资产原价	本年折旧
2011	759.1	58.2	2014	1177.3	124.3
2012	877.0	74.2	2015	1352.9	154.5
2013	1012.0	94.5			

注:数据为规模以上企业法人单位固定资产原价和本年折旧情况。
资料来源:国家统计局。

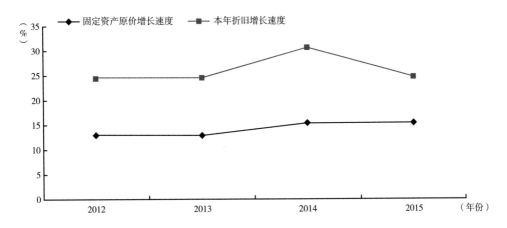

图8 2012~2015年我国卫生固定资产增速情况

（二）固定资产投资（不含农户）实际到位资金和新增固定资产

"十二五"期间，我国卫生固定资产投资（不含农户）实际到位资金和新增固定资产保持持续增长。

卫生固定资产投资（不含农户）实际到位资金由2018.7亿元增长至3948.2亿元；实际到位资金增速整体呈增长趋势，2011～2015年增速分别为4.7%、13.3%、10.4%、23.7%和20.3%，年均增速为16.8%；五年内卫生固定资产投资（不含农户）实际到位资金总额达到14250.7亿元。新增固定资产由1293.9亿元增长至2927.9亿元；增速整体呈增长趋势，2011～2015年增速分别为16.4%、13.5%、12.2%、29.5%和30.5%，年均增速为21.1%；五年内新增固定资产总额为9702.6亿元。

表13 "十二五"期间卫生固定资产投资（不含农户）实际到位资金和新增固定资产变化情况

单位：亿元

年份	卫生固定资产投资（不含农户）实际到位资金	新增固定资产
2011	2018.7	1293.9
2012	2342.4	1503.4
2013	2644.2	1724.7
2014	3297.2	2252.7
2015	3948.2	2927.9

资料来源：《中国统计年鉴》（2011～2015）。

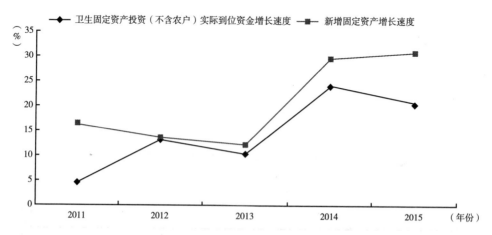

图9 "十二五"期间卫生固定资产投资（不含农户）实际到位资金和新增固定资产增速情况

（三）房屋建筑面积

"十二五"期间，我国医疗卫生机构房屋建筑面积（包括租房面积）除2012年出现下降外,其他年份保持增长,2013 年后基本平稳。

我国医疗卫生机构房屋建筑面积(包括租房面积)整体由 61302.7 万平方米增长至 70002.2 万平方米;医疗卫生机构房屋建筑面积增速在 2013 年前波动明显,2013 年后基本平稳,2011~2015 年增速分别为 16.1%、-4.5%、5.7%、6.0% 和 6.7%,年均增速为 3.4%;五年内新增房屋建筑面积达到 8699.5 万平方米。

表 14 "十二五"期间医疗卫生机构房屋建筑面积变化情况

单位:万平方米

年份	房屋建筑面积	年份	房屋建筑面积
2011	61302.7	2014	65604.1
2012	58541.7	2015	70002.2
2013	61883.5		

资料来源:《中国卫生计生统计年鉴》(2011~2015)。

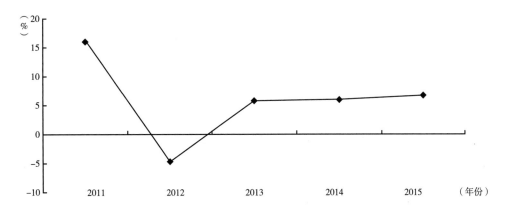

图 10 "十二五"期间医疗卫生机构房屋建筑面积变化情况

(四)万元以上设备台数和总价值

"十二五"期间,我国医疗卫生机构万元以上设备台数和总价值平稳增长,其中万元以上设备台数增长速度在波动中出现下降,万元以上设备总价值增长速度在波动中呈上升趋势。

我国医疗卫生机构万元以上设备台数由 317.6 万台增长至 529.1 万台;医疗卫生机构万元以上设备台数增速在 2013 年后出现下降,2011~2015 年增速分别为 12.5%、12.9%、16.3%、15.9% 和 9.5%,年均增速为 13.6%;五年内新增万元以上设备台数达到 211.4 万台。医疗卫生机构万元以上设备总价值由 4453.0 亿元增长至 8548.3 亿元;2011~2015 年增速分别为 7.2%、15.0%、21.5%、

13.1% 和 15.7% ，年均增速为 16.3% ；五年内新增万元以上设备总价值达到 4095.3 亿元。

表 15　"十二五"期间医疗卫生机构万元以上设备变化情况

单位：万台，亿元

年份	万元以上设备台数	万元以上设备总价值	年份	万元以上设备台数	万元以上设备总价值
2011	317.6	4453.0	2014	483.4	7423.3
2012	358.7	5241.6	2015	529.1	8548.3
2013	417.2	6510.6			

资料来源：《中国卫生计生统计年鉴》（2011～2015）。

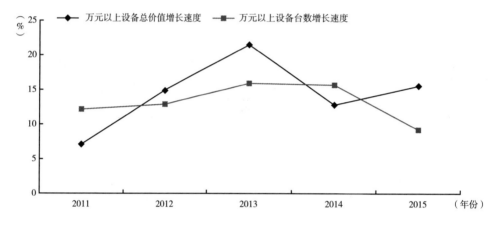

图 11　"十二五"期间医疗卫生机构万元以上设备台数及总价值增长情况

六　税收缴纳或应纳税情况

2011～2015 年我国卫生营业税金及附加金额波动显著，主要业务税金及附加金额持续下降，增长速度出现较为明显波动。

我国卫生营业税金及附加从 2011 年的 690.9 亿元上升至 2013 年的 891.6 亿元，之后下降至 2015 年的 4.1 亿元；"十二五"期间，卫生营业税金及附加金额占卫生和社会工作营业税金及附加比重从 2011 年的 97.2% 波动下降至 2015 年的 96.5% ；增长速度于 2014 年后变为负增长，2012～2015 年增长速度分别为 12.4% 、9.7% 、-99.5% 和 -6.1% ，年均增速为 -72.5% ；五年间，我国卫生营业税金及附加金额累计为 2386.4 亿元。其中，我国卫生主要业务税金及附加从 2011 年的 7.4 亿元下降至 2015 年的 3.9 亿元；2012～2015 年增长速度分别为 -16.5% 、-15.9% 、-27.5% 和 -6.1% ，"十二五"期间年均增速为 -15.8% ；五年间，我国卫生主营业务税金及附加金额累计为 27.1 亿元。

表16　"十二五"期间卫生应纳税金额变化情况

单位：亿元

年份	营业税金及附加	主营业务税金及附加	年份	营业税金及附加	主营业务税金及附加
2011	690.9	7.4	2014	4.4	4.0
2012	795.4	6.3	2015	4.1	3.9
2013	891.6	5.4			

注：受税改影响，数据变动较大。

资料来源：国家统计局。

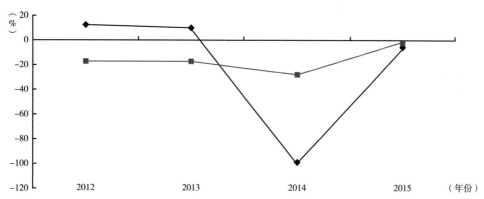

图12　"十二五"期间卫生应纳税金额增长情况

七　企业利润情况

2011～2015 年，我国卫生营业利润波动上升。从 2011 年的 −2.5 亿元增长至 2014 年的 57.0 亿元，之后下降至 2015 年的 44.6 亿元；五年间我国卫生营业利润累计为 94.8 亿元。

表17　"十二五"期间卫生营业利润变化情况

单位：亿元

年份	营业利润	年份	营业利润
2011	−2.5	2014	57.0
2012	−3.1	2015	44.6
2013	−1.2		

注：该处营业利润仅指规模以上企业法人单位营业利润规模。

资料来源：国家统计局。

"十二五"期间，我国医疗卫生机构收支差额在 2015 年之前保持持续增长，2015 年出现负增长情况，增长速度波动明显。

我国医疗卫生机构收支结余由 2011 年的 655.8 亿元增长至 2014 年的 1264.5 亿元后，2015 年下降至 1124.5 亿元；医疗卫生机构收支差额增速总体呈下降趋势，2011～2015 年增速分别为 -1.8%、49.6%、2.3%、19.4% 和 -10.7%，年均增速为 13.0%；五年收支差额总额为 5099.4 亿元。

表 18 "十二五"期间医疗卫生机构收支结余变化情况

单位：亿元

年份	总收入	总支出	收支差额
2011	16473.0	15817.2	655.8
2012	19985.8	18981.2	1004.6
2013	23147.6	22097.5	1050.1
2014	26434.9	25170.4	1264.5
2015	29537.9	28413.4	1124.5

注：由于卫生行业的特殊性，统计局提供数据中营业利润的口径同卫生行业已有统计中医疗卫生机构收支差额差别较大，该处在保留国家统计局提供的营业利润的同时，通过医疗卫生机构收支差额来进一步反映卫生行业现状及变化情况。

资料来源：《中国卫生计生统计年鉴》（2011～2015）。

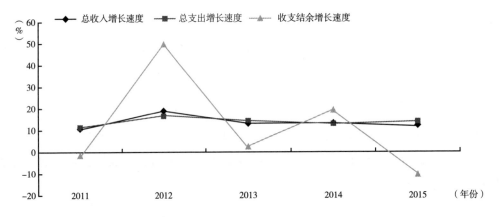

图 13 "十二五"期间医疗卫生机构收入、支出及收支结余增速变化情况

八 国内区域分布情况

（一）医疗卫生机构总收入区域分布情况

"十二五"期间，我国东、中、西部地区经营规模呈现区域差异。东部地区医疗卫生机构收入占全国医疗卫生机构总收入比重由 54.6% 下降至 52.5%，中部地区和西部地区医疗卫生机构收入比重均呈现上升趋势，中部地区由 23.8% 上升至 24.4%，西部地区由 21.6% 上升至 23.1%。按可比价格计算，东、中、西部医疗卫生机构总收入年均增速分别为 13.2%、15.0% 和 16.2%。

表 19 "十二五"期间医疗卫生机构总收入区域分布变化情况

单位：亿元，%

年份	医疗卫生机构总收入	东部地区占全国比重	中部地区占全国比重	西部地区占全国比重
2011	16473.0	54.6	23.8	21.6
2012	19985.8	53.6	24.2	22.2
2013	23147.6	52.9	24.3	22.8
2014	26434.9	52.7	24.4	22.9
2015	29537.9	52.5	24.4	23.1

资料来源：《中国卫生计生统计年鉴》（2011~2015）。

分省份看，按照 2015 年各地区总收入情况进行排序，不同区域由于地理、人口、经济等多方面差异，医疗卫生机构总收入差距明显，从"十二五"期间不同地区年均增速来看，部分医疗卫生机构收入规模相对较小的地区，如西藏、青海、贵州等年均增速较快。

表 20 "十二五"期间各地区医疗卫生机构总收入变化情况

单位：亿元，%

省份	总收入					年均增速
	2011 年	2012 年	2013 年	2014 年	2015 年	
西　藏	21.8	24.3	27.6	36.9	46.4	19.3
青　海	60.0	76.0	94.9	107.2	126.0	18.9
宁　夏	78.3	92.2	113.3	132.4	150.9	16.4
海　南	101.2	123.3	141.6	153.2	178.2	13.8
甘　肃	194.0	238.3	282.9	355.4	373.4	16.3
内蒙古	274.4	341.5	387.2	427.1	463.9	12.6
贵　州	244.3	328.1	414.4	477.3	541.1	20.5
吉　林	307.9	378.9	423.8	490.9	542.4	13.8
山　西	320.5	398.3	460.6	510.8	548.6	13.0
新　疆	337.9	379.1	432.4	489.8	548.6	11.5
天　津	348.0	401.8	449.5	511.8	573.2	11.9
重　庆	325.4	406.1	488.7	573.7	667.5	18.2
江　西	355.7	444.6	506.3	588.9	673.5	15.9
黑龙江	405.4	481.3	554.4	609.8	695.4	13.0
陕　西	366.7	461.5	546.3	623.8	715.7	16.8

省份	总收入					年均增速
	2011 年	2012 年	2013 年	2014 年	2015 年	
云　南	412.5	504.1	589.0	678.7	777.5	15.7
福　建	430.4	517.9	612.9	696.1	781.9	14.7
广　西	427.9	538.0	659.9	737.7	819.4	16.2
辽　宁	555.3	657.4	753.9	816.1	896.6	11.3
安　徽	503.0	616.7	714.6	811.3	915.6	14.7
河　北	631.6	764.8	896.6	1013.8	1114.0	13.8
湖　南	632.3	773.9	927.0	1041.0	1168.4	15.2
湖　北	649.3	796.2	918.3	1086.8	1216.9	15.6
上　海	864.6	1006.5	1102.4	1244.7	1404.1	11.5
河　南	745.2	945.0	1120.9	1311.6	1451.4	16.7
四　川	815.2	1050.6	1232.7	1408.2	1594.3	16.8
北　京	974.5	1184.3	1355.0	1509.5	1678.8	13.2
浙　江	1157.0	1359.8	1544.5	1776.7	1931.0	12.3
山　东	1095.6	1325.6	1513.8	1780.9	1972.4	14.4
江　苏	1238.4	1510.4	1741.6	1982.6	2217.4	14.3
广　东	1598.7	1859.3	2140.5	2450.2	2753.6	13.2

资料来源：《中国卫生计生统计年鉴》（2011～2015）。

（二）医疗卫生机构区域分布情况

1. 机构数

"十二五"期间，我国东、中、西部医疗卫生机构数占全国医疗卫生机构总数比重变化并不明显。东部地区医疗卫生机构数占全国医疗卫生机构总数比重由35.9%略升至36.1%，西部地区由31.1%略升至31.7%，中部地区则由33.0%略降至32.1%。东、中、西部地区"十二五"期间医疗卫生机构数年均增速分别为0.9%、0.1%和1.3%。

表21 "十二五"期间医疗卫生机构区域分布变化情况

单位：个，%

年份	医疗卫生机构数	东部地区占全国比重	中部地区占全国比重	西部地区占全国比重
2011	954389	35.9	33.0	31.1
2012	950297	36.1	32.3	31.6
2013	974398	36.0	32.3	31.7
2014	981432	36.1	32.0	31.8
2015	983528	36.1	32.1	31.7

资料来源：《中国卫生计生统计年鉴》（2011～2015）。

2. 每百万人医院数

"十二五"期间各地区每百万人医院数均有所增长,其中贵州年均增速达到17.1%,而海南年均增速仅为0.6%。从绝对值差异来看,每百万人医院数最高地区和最低地区的差值从27.1个上升至31.9个。

表22 "十二五"期间各地区每百万人医院数变化情况

单位:个,%

省份	每百万人口医院数					年均增速
	2011 年	2012 年	2013 年	2014 年	2015 年	
西 藏	34.0	33.8	34.0	35.2	42.9	6.0
青 海	23.1	24.8	25.1	31.7	30.8	7.5
宁 夏	23.8	22.1	23.9	24.3	25.1	1.4
海 南	21.7	22.2	21.3	21.2	22.2	0.6
甘 肃	15.0	15.6	16.2	16.5	17.0	3.2
内蒙古	19.7	20.8	22.7	25.5	28.0	9.2
贵 州	17.9	22.2	28.3	30.4	33.7	17.1
吉 林	20.4	20.9	20.9	21.1	22.4	2.4
山 西	33.6	33.6	33.6	33.8	34.8	0.9
新 疆	37.1	37.4	38.0	38.2	38.7	1.1
天 津	21.8	21.5	22.6	24.6	26.0	4.4
重 庆	14.8	15.7	17.9	18.9	20.9	9.0
江 西	12.1	12.2	12.1	12.4	12.4	0.7
黑龙江	23.8	26.0	25.9	26.1	26.5	2.8
陕 西	23.3	23.7	24.9	25.9	26.7	3.5
云 南	18.2	19.9	21.3	22.5	23.2	6.2
福 建	13.0	13.8	14.3	14.6	14.8	3.5
广 西	10.0	10.0	10.1	10.2	11.0	2.4
辽 宁	19.0	19.6	20.6	21.9	23.3	5.3
安 徽	15.3	15.5	15.6	15.9	16.6	1.9
河 北	17.2	17.1	17.3	18.2	20.8	4.8
湖 南	11.9	12.0	13.8	15.1	17.3	9.9
湖 北	10.6	11.2	12.3	13.3	14.8	8.9
上 海	13.1	13.4	13.6	13.7	14.0	1.6
河 南	13.0	13.7	14.9	15.0	16.0	5.4
四 川	17.2	19.1	21.2	22.3	23.7	8.3
北 京	27.2	27.7	28.2	28.3	29.1	1.6
浙 江	13.4	14.3	15.3	17.0	18.9	9.1
山 东	15.5	16.0	18.3	18.9	19.6	6.1
江 苏	16.2	18.0	18.8	19.1	19.8	5.1
广 东	10.7	11.2	11.5	11.7	12.2	3.3

资料来源:《中国卫生计生统计年鉴》(2011~2015)。

3. 医疗卫生机构床位数

按照地区医疗卫生机构收入进行排序，"十二五"期间，各省份医疗卫生机构床位数绝对数均为增长趋势，但各地区年均增速表现出明显差异，其中贵州、湖南、湖北、重庆和青海年均增速均高于10.0%。

表23 "十二五"期间各地区医疗卫生机构床位数变化情况

单位：张，%

省份	医疗卫生机构床位数					年均增速
	2011年	2012年	2013年	2014年	2015年	
西 藏	9592	8352	11003	6795	14013	9.9
青 海	23117	26018	29529	6241	34546	10.6
宁 夏	25805	27765	31134	4255	33804	7.0
海 南	28465	30289	32100	5075	38698	8.0
甘 肃	94907	112296	116064	27916	127743	7.7
内蒙古	100633	110788	120065	23426	133889	7.4
贵 州	117534	139211	166724	28995	196422	13.7
吉 林	121240	127756	133245	19891	144500	4.5
山 西	157132	165309	172620	40777	183209	3.9
新 疆	125391	131592	137325	18873	150263	4.6
天 津	49423	53509	57743	4990	63693	6.6
重 庆	115627	130813	147436	18767	176549	11.2
江 西	135570	163721	174299	38873	197837	9.9
黑龙江	165255	178210	189183	21229	212590	6.5
陕 西	153847	169230	185139	37247	211885	8.3
云 南	173434	194707	210125	24281	237597	8.2
福 建	124232	139341	156149	28030	173007	8.6
广 西	152039	168691	187216	34667	214485	9.0
辽 宁	215815	230962	241860	35441	266986	5.5
安 徽	204210	222315	235959	24824	267405	7.0
河 北	266479	284359	303497	78895	342096	6.4
湖 南	257687	287013	314090	61571	396950	11.4
湖 北	223980	252991	288169	36077	343147	11.3
上 海	107130	109784	114314	4984	122813	3.5
河 南	349612	393993	429810	71154	489621	8.8
四 川	334663	390147	426635	81070	488755	9.9
北 京	94735	100167	104011	9638	111555	4.2
浙 江	194759	213286	230056	30358	272509	8.8
山 东	416148	473768	489737	77012	519369	5.7
江 苏	296390	333118	368287	31995	413612	8.7
广 东	325038	355274	378367	48085	435666	7.6

资料来源：《中国卫生计生统计年鉴》（2011～2015）。

从每千人医疗卫生机构床位数看，"十二五"期间，除北京、上海和天津出现负增长外，其他地区均呈现增长态势。从不同年份最大值和最小值差值变化来看，各地区之间床位配置差距正在缩小，每千人医疗卫生机构床位数差值从 4.8 张下降至 2.4 张。

表 24 "十二五"期间各地区医疗卫生机构每千人医疗卫生机构床位数变化情况

单位：张，%

省份	每千人口医疗卫生机构床位数					年均增速
	2011 年	2012 年	2013 年	2014 年	2015 年	
西 藏	3.2	2.7	3.5	3.8	4.3	8.1
青 海	4.2	4.5	5.1	5.7	5.9	9.1
宁 夏	4.0	4.3	4.8	4.9	5.1	6.3
海 南	3.1	3.4	3.6	3.8	4.3	7.9
甘 肃	3.5	4.4	4.5	4.7	4.9	9.0
内蒙古	4.1	4.5	4.8	5.2	5.3	6.9
贵 州	2.8	4.0	4.8	5.2	5.6	19.1
吉 林	4.5	4.6	4.8	5.1	5.3	4.2
山 西	4.5	4.6	4.8	4.9	5.0	2.7
新 疆	5.7	5.9	6.1	6.2	6.4	2.9
天 津	4.9	3.8	3.9	4.0	4.1	-4.4
重 庆	3.5	4.4	5.0	5.4	5.9	14.0
江 西	2.9	3.6	3.9	4.1	4.3	11.0
黑龙江	4.3	4.7	4.9	5.3	5.6	6.7
陕 西	3.9	4.5	4.9	5.3	5.6	9.1
云 南	3.8	4.2	4.5	4.8	5.0	7.2
福 建	3.5	3.7	4.1	4.3	4.5	6.5
广 西	2.8	3.6	4.0	4.2	4.5	12.1
辽 宁	5.1	5.3	5.5	5.8	6.1	4.7
安 徽	3.0	3.7	3.9	4.1	4.4	10.0
河 北	3.6	3.9	4.1	4.4	4.6	6.2
湖 南	3.6	4.3	4.7	5.3	5.9	12.8
湖 北	3.6	4.4	5.0	5.5	5.9	12.7
上 海	7.6	4.6	4.7	4.8	5.1	-9.4
河 南	3.2	4.2	4.6	4.9	5.2	12.7
四 川	3.7	4.8	5.3	5.7	6.0	12.7
北 京	7.4	4.8	4.9	5.1	5.1	-8.7
浙 江	4.1	3.9	4.2	4.5	4.9	4.9
山 东	4.3	4.9	5.0	5.1	5.3	5.0
江 苏	3.9	4.2	4.6	4.9	5.2	7.1
广 东	3.8	3.4	3.6	3.8	4.0	1.7

资料来源：《中国卫生计生统计年鉴》（2011～2015）。

4. 卫生人员数

从卫生人员数占全国卫生人员总数比重看，东部地区该比重由"十二五"初期的 43.3% 下降至"十二五"末的 42.9%，中部地区该比重由 31.0% 下降至 30.0%，西部地区该比重由 25.7% 上升至 27.1%。东、中、西部地区"十二五"期间卫生人员数年均增速分别为 5.3%、4.7% 和 7.0%。

表 25　"十二五"期间卫生人员数区域分布变化情况

单位：万人，%

年份	卫生人员数	东部地区占全国比重	中部地区占全国比重	西部地区占全国比重
2011	861.6	43.3	31.0	25.7
2012	911.6	43.4	30.6	26.1
2013	979.1	43.2	30.2	26.6
2014	1023.4	43.0	30.0	27.0
2015	1069.4	42.9	30.0	27.1

资料来源：《中国卫生计生统计年鉴》（2011～2015）。

同每千人口医疗卫生机构床位数类似，"十二五"期间，北京、上海和天津每千人卫生技术人员数呈现负增长，其他地区均为正增长趋势，其中，贵州、重庆、广西、河南和四川年均增速均高于 10.0%。

表 26　"十二五"期间各地区医疗卫生机构每千人卫生技术人员变化情况

单位：人，%

省份	每千人卫生技术人员数					年均增速
	2011 年	2012 年	2013 年	2014 年	2015 年	
西　藏	3.6	3.0	3.7	4.1	4.4	5.4
青　海	4.9	5.1	5.7	5.8	6.0	5.0
宁　夏	4.9	5.3	5.6	6.0	6.2	6.0
海　南	4.8	5.1	5.3	5.6	6.0	5.9
甘　肃	3.9	4.3	4.3	4.9	5.0	6.6
内蒙古	5.3	5.6	6.0	6.2	6.5	5.0
贵　州	2.7	3.7	3.6	4.9	5.3	18.6
吉　林	5.1	5.2	5.5	5.5	5.8	3.3
山　西	5.5	5.5	5.8	5.7	5.8	1.5
新　疆	5.9	6.1	6.4	6.7	6.9	3.9
天　津	7.3	5.5	8.1	5.6	5.9	−5.3
重　庆	3.6	4.5	4.2	5.2	5.5	11.1
江　西	3.5	4.0	3.9	4.4	4.6	7.2

省份	每千人卫生技术人员数					年均增速
	2011 年	2012 年	2013 年	2014 年	2015 年	
黑龙江	5.1	5.3	5.5	5.5	5.6	2.4
陕　西	5.0	5.8	6.0	6.7	7.0	8.6
云　南	3.3	3.6	4.2	4.4	4.8	9.7
福　建	4.5	4.7	5.4	5.4	5.5	5.3
广　西	3.8	4.7	4.4	5.4	5.7	10.7
辽　宁	5.5	5.6	6.0	5.8	6.0	2.0
安　徽	3.2	3.9	3.7	4.4	4.6	9.8
河　北	4.1	4.3	4.4	4.8	5.0	5.0
湖　南	4.0	4.5	4.5	5.1	5.5	8.6
湖　北	4.4	5.0	5.0	5.8	6.3	9.7
上　海	9.9	6.2	11.0	6.8	7.0	- 8.4
河　南	3.6	4.6	4.2	5.2	5.5	11.0
四　川	3.9	4.8	4.7	5.6	5.8	10.5
北　京	14.2	9.5	15.5	9.9	10.4	- 7.5
浙　江	6.4	6.0	7.3	6.8	7.3	3.3
山　东	5.0	5.5	6.2	6.2	6.3	5.8
江　苏	4.7	5.0	5.6	5.8	6.1	6.9
广　东	5.6	4.9	6.3	5.4	5.7	0.4

资料来源:《中国卫生计生统计年鉴》(2011~2015)。

九 医疗卫生行业发展情况国际比较

(一)每千人口医院床位数

2015 年我国每千人医院床位数为 3.9 张,高于印度(0.5 张,2014 年),也高于加拿大(2.7 张,2013 年)、英国(2.7 张,2014 年)、美国(2.9 张,2013 年)等部分发达国家,但低于日本(13.2 张,2014 年)、韩国(11.7 张,2014 年)、俄罗斯(8.8 张,2014 年)、德国(8.2 张,2014 年)、法国(6.2 张,2014 年)等国家。

表 27 2011~2015 年不同国家每千人医院床位数变化情况

单位:张

国家	2011 年	2012 年	2013 年	2014 年	2015 年
中国	2.8	3.1	3.4	3.6	3.9
印度	0.6	0.5	0.5	0.5	—
哥伦比亚	1.5	1.5	1.5	1.6	—
墨西哥	1.6	1.6	1.6	1.6	—
智利	2.2	2.2	2.2	2.1	—
瑞典	2.7	2.6	2.6	2.5	—

国家	2011 年	2012 年	2013 年	2014 年	2015 年
爱尔兰	2.6	2.6	2.6	2.6	—
土耳其	2.5	2.7	2.7	2.7	—
丹麦	3.1	—	3.1	2.7	2.5
英国	2.9	2.8	2.7	2.7	—
新西兰	2.8	2.8	2.8	2.8	2.7
西班牙	3.1	3.0	3.0	3.0	—
以色列	3.1	3.1	3.1	3.1	3.1
冰岛	3.3	3.3	3.2	3.2	3.2
葡萄牙	3.4	3.4	3.4	3.3	—
挪威	4.2	4.0	3.9	3.8	—
希腊	4.5	4.5	4.2	4.2	—
芬兰	5.5	5.3	4.9	4.5	—
斯洛文尼亚	4.6	4.5	4.6	4.5	—
瑞士	4.9	4.8	4.7	4.6	—
卢森堡	5.3	5.2	5.1	4.9	4.9
爱沙尼亚	5.4	5.5	5.0	5.0	—
拉脱维亚	5.9	5.9	5.8	5.7	—
斯洛伐克共和国	6.1	5.9	5.8	5.8	—
法国	6.4	6.3	6.3	6.2	—
比利时	6.4	6.3	6.3	6.2	6.2
捷克共和国	6.8	6.7	6.5	6.5	—
波兰	6.6	6.6	6.6	6.6	—
匈牙利	7.2	7.0	7.0	7.0	—
立陶宛	7.4	7.4	7.3	7.2	—
奥地利	7.7	7.7	7.7	7.6	—
德国	8.2	8.3	8.3	8.2	—
俄罗斯	9.4	9.3	9.1	8.8	—
韩国	9.6	10.3	11.0	11.7	—
日本	13.4	13.4	13.3	13.2	—
澳大利亚	3.8	3.8	3.7	—	—
加拿大	2.8	2.8	2.7	—	—
意大利	3.5	3.4	3.3	—	—
美国	3.0	2.9	2.9	—	—
巴西	2.3	2.3	—	—	—
印度尼西亚	0.6	0.8	1.0	—	—

资料来源：OECD 统计数据。

（二）每千人执业医师数

2015 年我国每千人执业医师数为 1.8 人，在 OECD 公布的国家中，处于最低水平，其中冰岛每千人执业医师数达到 7.5 人（2015 年），意大利为 6.3 人（2014 年），德国为 5.9 人（2014 年），英国为 3.6 人（2015 年），美国为 3.3 人（2013 年）。

表 28　2011～2015 年不同国家每千人执业医师数变化情况

单位：人

国家	2011 年	2012 年	2013 年	2014 年	2015 年
中　国	1.5	1.6	1.7	1.7	1.8
智　利	1.6	1.7	1.9	2.0	2.2
新 西 兰	3.2	3.2	3.3	3.3	3.3
英　国	3.7	3.7	3.7	3.7	3.6
以 色 列	4.1	4.1	4.1	4.2	4.2
爱 尔 兰	4.1	4.0	4.0	4.1	4.4
卢 森 堡	4.0	3.8	3.9	4.1	4.4
立 陶 宛	4.5	4.7	5.0	4.9	4.9
比 利 时	4.9	5.0	5.1	5.2	5.3
冰　岛	6.9	7.1	7.2	7.3	7.5
澳 大 利 亚	3.9	4.0	4.1	4.2	—
加 拿 大	2.6	2.7	2.7	2.8	—
丹　麦	5.7	5.8	5.9	—	—
爱 沙 尼 亚	4.4	4.6	4.7	4.8	—
芬　兰	3.9	3.9	3.9	4.0	—
德　国	5.5	5.7	5.8	5.9	—
希　腊	6.3	6.3	6.3	6.3	—
匈 牙 利	4.9	5.0	5.2	5.4	—
意 大 利	6.4	6.4	6.4	6.3	—
韩　国	2.5	2.6	2.6	2.7	—
拉 脱 维 亚	5.2	5.3	5.5	5.7	—
荷　兰	3.9	4.1	4.2	4.3	—
挪　威	5.4	5.6	5.7	5.8	—
波　兰	3.6	3.6	3.7	3.7	—
葡 萄 牙	4.0	4.1	4.3	4.4	—
西 班 牙	4.8	4.9	5.0	5.1	—
瑞　典	5.8	6.0	6.1	6.3	—
美　国	3.2	3.3	3.3	—	—

资料来源：OECD 统计数据。

（三）每百万人医院数

2015 年，我国每百万人医院数为 20.1 家，高于美国（18.0 家，2013 年）、比利时（16.7 家，2014 年）、荷兰（16.2 家，2014 年）等国家，但低于韩国（72.8 家，2014

年)、日本(66.7家,2014年)、澳大利亚(58.8家,2013年)、法国(47.0家,2014年)、德国(38.8家,2014年)等国家。

表29 2011～2015年不同国家每百万人医院数变化情况

单位:家

国家	2011 年	2012 年	2013 年	2014 年	2015 年
中国	16.3	17.1	18.2	18.9	20.1
澳大利亚	60.2	59.3	58.8	—	—
奥地利	32.5	32.9	32.8	32.7	—
比利时	17.7	17.3	17.1	16.7	—
加拿大	21.1	20.7	20.5	—	—
智利	22.3	22.0	22.1	20.4	—
捷克共和国	24.3	24.0	24.1	24.4	—
爱沙尼亚	41.4	42.3	23.5	22.8	—
芬兰	51.0	48.6	47.6	47.2	—
法国	41.2	40.6	48.6	47.0	—
德国	40.1	40.2	39.5	38.8	—
希腊	28.3	27.3	26.5	26.0	—
匈牙利	17.4	17.7	17.5	17.6	—
冰岛	25.1	24.9	24.7	24.4	24.3
爱尔兰	21.4	20.7	—	—	—
以色列	11.2	10.9	10.7	10.4	10.1
意大利	19.9	19.4	18.8	—	—
日本	67.3	67.2	67.1	66.7	—
韩国	61.6	66.0	68.7	72.8	—
拉脱维亚	34.0	32.4	32.3	32.1	—
卢森堡	25.1	24.5	23.9	21.6	21.3
墨西哥	38.3	37.8	37.6	38.0	—
荷兰	15.5	15.5	16.0	16.2	—
新西兰	37.4	36.5	36.0	35.9	35.9
波兰	25.4	27.3	28.5	28.8	—
葡萄牙	21.4	21.8	21.6	21.6	—
斯洛伐克共和国	25.9	25.3	25.1	24.7	—
斯洛文尼亚	14.1	14.1	14.1	14.1	14.1
西班牙	16.3	16.2	16.4	16.4	—
瑞士	37.9	37.3	36.2	35.3	—
土耳其	19.0	19.7	19.9	19.8	—
美国	18.4	18.2	18.0	—	—
立陶宛	34.7	35.1	33.5	32.1	—

资料来源:OECD 统计数据。

第二节 "十二五"期间社会工作发展情况

一 营业规模情况

"十二五"期间,我国社会工作营业收入逐年增长,从651.9亿元增长至1246.1亿元,五年间社会工作营业收入累计达到4256.0亿元,年均增速达到16.1%,2012~2015年增速分别为10.3%、-0.9%、16.6%和42.8%。2011~2013年社会工作营业收入占卫生和社会工作营业收入比重有所下降,2014年和2015年有所上升,2011~2015年社会工作营业收入占卫生和社会工作营业收入比重分别为3.6%、3.4%、2.9%、3.0%和3.8%。

表30 "十二五"期间社会工作营业收入变化情况

单位:亿元

年份	营业收入	年份	营业收入
2011	651.9	2014	876.4
2012	736.0	2015	1246.1
2013	745.5		

注:营业收入为推算的全口径数据,通过2013年《中国经济普查年鉴》中获得社会工作业从业人员人均营业收入情况(2013年),采用公式进行测算:社会工作业营业收入 = 从业人员数 × 从业人员人均营业收入(2013年)。

资料来源:在国家统计局数据基础上推算数据。

2015年,全国城市居民最低生活保障月人均标准达到450.1元,比2010年末的251.2元增长79.2%,年均增长率为12.5%;全国农村最低生活保障年人均标准达到3182.3元,比2010年末的1404元增长126.7%,年均增长率为17.2%。城乡低保月人均支出水平分别为303.4元和144.6元;农村五保集中供养和分散供养年人均标准分别为5883元和4388元,有力地保障了6611.1万城乡低保对象、517.5万农村五保对象的基本生活。"十二五"期间,直接实施医疗救助1.1亿人次。

残疾人、孤儿福利不断发展完善,成效较为显著。国务院出台全面建立困难残疾人生活补贴和重度残疾人护理补贴制度,建立了国家层面第一个残疾人福利补贴制度。儿童福利制度继续向艾滋病病毒感染儿童和事实无人抚养困境儿童拓展,全国普遍实现机构集中养育儿童每人每月不低于1000元、散居孤儿不低于600元的养育标准。

综合防灾减灾体系建设不断加强，有效应对自然灾害。启动38次救灾预警响应和158次应急响应，转移安置受灾群众4510.1万人次，高效有序应对四川芦山地震、甘肃岷县漳县地震、云南鲁甸地震，以及暴雨洪涝、台风、山体滑坡、干旱等重特大自然灾害；减灾救灾能力进一步加强，为中西部1096个多灾易灾县购置民政救灾应急专用车辆，创建了6551个全国综合减灾示范社区，建立了68.3万人的灾害信息员队伍。

二 资产规模情况

"十二五"期间，我国社会工作资产规模呈不断增长态势，从1097.1亿元增长至2128.1亿元，五年累计达到8035.5亿元，年均增速为16.6%。2013年社会工作资产增速较2012年出现增长后，2014年增速下降，2015年再次上升，2012～2015年增速分别为16.3%、24.2%、10.3%和15.9%。2011～2013年社会工作资产占卫生和社会工作资产比重有所上升，2014年和2015年则出现下降，2011～2015年社会工作资产占卫生和社会工作资产的比重分别为4.8%、4.8%、5.1%、4.7%和4.6%。

表31 "十二五"期间社会工作资产规模变化情况

单位：亿元

年份	资产	年份	资产
2011	1097.1	2014	1844.5
2012	1307.0	2015	2128.1
2013	1658.9		

注：该处资产为推算的全口径数据，计算方法：全口径资产＝规模以上企业法人单位资产／〔规模以上企业法人单位资产／（企业法人单位资产＋事业法人单位及非企业法人单位资产）〕。

资料来源：在国家统计局数据基础上推算数据。

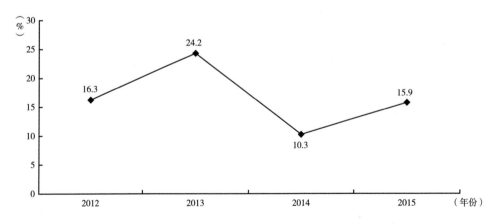

图14 2012～2015年社会工作资产增速变化情况

三 机构单位情况

"十二五"期间,我国社会服务机构单位数稳步增长,增长速度在 2013 年前呈增长趋势,2013 年后呈下降趋势。

我国社会服务机构单位数由 129.4 万个增加到 176.5 万个;社会服务机构单位数增长速度波动明显,整体呈上升趋势,2011~2015 年增速分别为 2.0%、5.6%、14.3%、6.8% 和 5.8%;五年内新增社会服务机构数达到 47.1 万个。

表 32 "十二五"期间社会服务机构单位数变化情况

单位:万个

年份	社会服务机构数	提供住宿的社会服务机构	不提供住宿的社会服务机构	成员组织和其他社会服务机构
2011	129.4	4.6	10.0	114.8
2012	136.7	4.8	13.1	118.5
2013	156.2	4.6	27.7	123.7
2014	166.8	3.7	27.5	129.5
2015	176.5	3.1	38.2	135.0

资料来源:《中国统计年鉴》(2011~2015)。

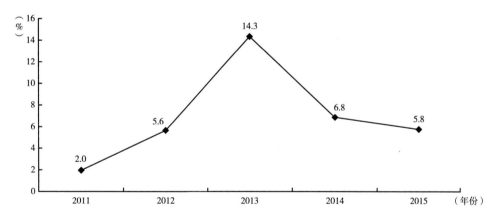

图 15 "十二五"期间社会服务机构单位数增速变化情况

四 就业人数、人才结构及工资总额情况

"十二五"期间,我国社会服务机构职工人数保持持续增长态势,增长速度在 2013 年前迅速提升,之后保持平稳,其中 2015 年增长速度达到五年以来的最高水平。

我国社会服务机构职工人数由 1120.8 万人增加到 1309.0 万人；社会服务机构单位数增长速度提升迅速，并于 2013 年后保持平稳，2011～2015 年增速分别为 -1.5%、2.1%、4.6%、4.4% 和 4.6%；五年内新增社会服务机构职工人数为 188.2 万人。

表33 "十二五"期间社会服务机构职工人数变化情况

单位：万人

年份	社会服务机构 职工人数	提供住宿的社会 服务机构职工人数	不提供住宿的社会 服务机构职工人数	成员组织和其他社会 服务机构职工人数
2011	1120.8	37.4	198.3	885.1
2012	1144.7	39.8	201.6	901.1
2013	1197.8	42.4	226.9	926.5
2014	1251.0	40.3	222.5	971.8
2015	1309.0	38.5	243.5	1025.2

注：该处结合社会工作业特点，采用社会服务机构职工人数用于反映社会工作业就业人数情况。
资料来源：《中国统计年鉴》（2011～2015）。

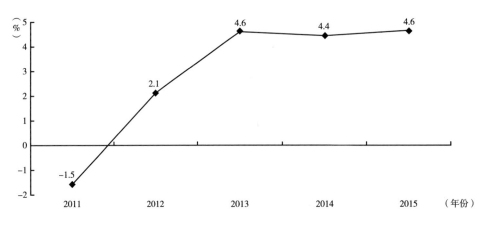

图16 "十二五"期间社会服务机构职工人数变化情况

五 固定资产投资情况

（一）固定资产投资情况

2011～2015 年我国社会工作固定资产原价持续上升，本年折旧金额波动中有所上升。

我国社会工作固定资产原价从 13.2 亿元增长至 23.3 亿元；社会工作固定资产原价占卫生和社会工作固定资产原价比重除 2013 年和 2014 年分别为 1.8% 和 1.6% 外，其他年份均为 1.7%；增长速度波动明显，2012～2015 年增长速度分别为 12.8%、

21.7%、0.7%和21.3%，年均增速为13.8%；五年累计固定资产总计达到90亿元。社会工作本年折旧从0.4亿元增长至0.9亿元；增长速度在波动中下降，2012～2015年增长速度分别为24.6%、90.9%、-20.6%和4.7%，"十二五"期间年均增速为18.6%，五年间社会工作本年折旧累计为3.6亿元。

表34 "十二五"期间社会工作固定资产变化情况

单位：亿元

年份	固定资产原价	本年折旧	年份	固定资产原价	本年折旧
2011	13.2	0.4	2014	19.3	0.8
2012	15.3	0.5	2015	23.3	0.9
2013	19.0	1.0			

资料来源：国家统计局。

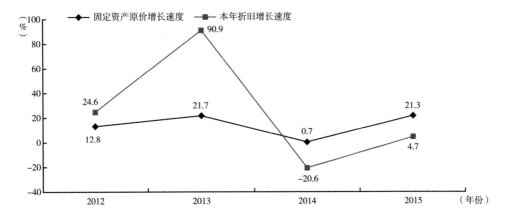

图17 2012～2015年社会工作固定资产增速变化情况

（二）固定资产投资实际到位资金和新增固定资产

"十二五"期间，我国社会工作固定资产投资（不含农户）实际到位资金和新增固定资产持续增长，增长速度在波动中呈上升趋势。"十二五"末，社会工作固定资产投资（不含农户）实际到位资金增速达到五年以来的最高水平。

社会工作固定资产（不含农户）实际到位资金由"十二五"初期的434.7亿元增长至"十二五"末的1205.7亿元；增速整体波动明显，并呈增长趋势，2011～2015年增速分别为34.6%、0.4%、23.7%、40.3%和51.6%，年均增速为27.5%；五年内社会工作固定资产投资（不含农户）实际到位资金总额为3450.8亿元。新增固定资产由257.1亿元增长至900.7亿元；增速整体呈增长趋势，2011～2015年增速分别为22.3%、-2.0%、64.2%、28.8%和61.0%，年均增速为35.1%；五年内新增固定资产总额为2410.3亿元。

表35 "十二五"期间社会工作固定资产投资（不含农户）实际到位资金变化情况

单位：亿元

年份	社会工作固定资产投资（不含农户）实际到位资金	社会工作新增固定资产
2011	434.7	257.1
2012	446.7	257.9
2013	564.7	432.7
2014	799.0	561.9
2015	1205.7	900.7

注：采用卫生和社会工作固定资产投资总量扣除卫生固定资产投资计算得到。

资料来源：《中国统计年鉴》（2011～2015）。

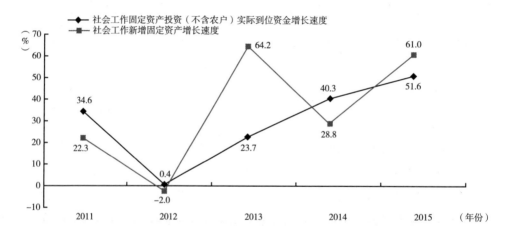

图18 "十二五"期间社会工作固定资产投资（不含农户）实际到位资金变化情况

六 税收缴纳或应纳税情况

2011～2015年，我国社会工作营业税金及附加和主营业务税金及附加均呈下降趋势。

我国社会工作营业税金及附加金额从2011年的7.6亿元上升至2012年的8.8亿元后，之后持续下降至2015年的0.1亿元；"十二五"期间，社会工作营业税金及附加占卫生和社会工作营业税金及附加比重从2011年的1.1%波动增长至2015年的3.5%，年均增速为－63.1%；五年累计完成营业税金及附加20.7亿元。其中，主营业务税金及附加从2011年的0.2亿元下降至2015年的0.1亿元，年均增速为－18.8%；五年累计完成主营业务税金及附加0.9亿元。

表 36 "十二五"期间社会工作营业税金及附加金额变化情况

单位：亿元

年份	营业税金及附加	主营业务税金及附加	年份	营业税金及附加	主营业务税金及附加
2011	7.6	0.2	2014	0.2	0.2
2012	8.8	0.2	2015	0.1	0.1
2013	3.9	0.2			

资料来源：国家统计局。

七 企业利润情况

2011~2015 年，我国社会工作营业利润波动巨大。

我国社会工作业营业利润从 2011 年的 -36.6 万元增长至 2014 年的 8138.1 万元，之后下降至 2015 年的 216.6 万元；五年间，社会工作营业利润累计达到 15749.7 万元。

表 37 "十二五"期间社会工作业营业利润变化情况

单位：万元

年份	营业利润	年份	营业利润
2011	-36.6	2014	8138.1
2012	-44.4	2015	216.6
2013	7476.0		

注：2013 年、2014 年数据不连续，应为统计口径变动所致。

资料来源：国家统计局。

第十五章
"十二五"期间中国文化、体育和娱乐业发展情况

"十二五"时期是我国文化、体育和娱乐业发展较快、变化较大的时期，党中央国务院先后做出了重要决策部署，先后出台多项鼓励政策和专项规划，将其作为经济社会发展重要支柱之一，管理制度和标准体系逐步建立，促进与整治同时推进，优化与调整多措并举，行业发展环境不断改善，规模日益扩大，整体仍呈现积极向上的发展势头。

营业规模不断扩大。2011～2015年，文化、体育和娱乐业营业收入翻倍增长，从2605.1亿元增加到5995.0亿元，增幅达130.1%，平均每年增长25.0%左右，其中，广播影视业营业增速尤为明显，五年约增长2倍。法人单位数从期初的10.3万个增加到期末的29.7万个，增长近2倍，市场参与主体日益增多，行业竞争更加充分。同时，作为行业发展的基础，针对文化、体育、娱乐场所的固定资产投资和交付使用数量不断增加，推动行业向规模化、规范化方向发展。

就业人员日益增加。以城镇单位就业人员为例，2011年文化、体育和娱乐业就业人员为135.0万人，到2015年增至149.1万人，增加14.1万人，增幅为10.4%。从就业类型看，国有单位就业人员占据主导地位，占就业总人数的60%～80%，受文化体育领域体制改革影响，私营单位就业人员占比增长迅速，外资单位进驻限制较多，就业人员较少，占比较小。

增加值稳步提升。2011～2015年，文化、体育和娱乐业增加值从3007.1亿元增加到4808.8亿元，增加1801.7亿元，增幅为59.9%。其中2012年增速较快，达到17.4%。从各行业看，文化艺术、广播影视和娱乐业增速较快，期末比期初增长均在1倍以上，其发展成果较为丰富，为经济发展和社会建设发挥了积极作用。

经营效益缓中有异。受经济社会发展形势以及行业投资回收期较长等因素影响，"十

二五"时期，文化、体育和娱乐业经营效益仍尚未充分显现，整体效益下滑，个别行业处于亏损状态，不同行业情况各有不同。其中，新闻出版业、文化艺术业、娱乐业利润不断下滑，体育业盈利状况日益恶化，而广播影视业利润迅猛增加，行业之间差异较大。

第一节 "十二五"期间新闻和出版业发展情况

"十二五"期间，为推进新闻出版体制改革、促进结构优化升级，我国先后出台了多项针对性措施，较早启动了供给侧改革。在文化体制改革和新媒体融合发展的多重推动下，我国新闻和出版业整体快速发展，种类和数量不断扩展，新闻出版由追求数量转向提高质量，整顿图书出版特别是教辅类图书出版秩序已初见成效。

一 营业规模情况

"十二五"期间，我国新闻和出版业营业收入呈波动上升态势，各类新闻出版物数量不断增加。2011～2015年，法人企业单位营业收入增长57.2%，其中2011～2013年不断增加，2014年收入下滑，2015年再次实现增长，而且增长幅度较大，同比增加19.8%。从出版发行种类和数量看，图书出版种类和数量持续保持高速增长，期刊、报纸、音像制品、电子出版物增速较慢，个别行业波动较大，产业结构调整特点明显，这与新闻出版物市场需求弹性较大、经济周期反应较为剧烈有关。

表1 "十二五"期间新闻和出版业营业收入

单位：亿元

指标	2011年	2012年	2013年	2014年	2015年
法人企业单位营业收入	1039.3	1168.2	1411.6	1363.1	1633.3
其中:规模以上法人企业单位营业收入	847.0	952.1	1207.6	1162.3	1202.3

注：2011年数据根据2013～2015年平均增速推算。

资料来源：2012～2015年规模以上法人企业营业收入来源于《中国第三产业统计年鉴》（2013～2016）和《中国经济普查年鉴》（2013）。

表2 "十二五"期间新闻和出版业营业规模

单位：种，万册（个）

指标		2011年	2012年	2013年	2014年	2015年
种类	图书	369523	414005	444427	448431	475768
	期刊	9849	9867	9877	9966	10014
	报纸	1928	1918	1915	1912	1906
	音像制品	19408	18485	16972	15355	15372
	电子出版物	11154	11822	11708	11823	10091
	合计	411862	456097	484899	487487	513151

续表

指标		2011 年	2012 年	2013 年	2014 年	2015 年
数量	图书	770500	792464	831000	818465	866233
	期刊	328522	335000	327243	309452	287833
	报纸	4674000	4822568	4824000	4638987	4300869
	音像制品	46431	39366	40605	32839	29418
	电子出版物	21322	26345	35220	35049	21438
	合计	5840775	6015743	6058068	5834792	5505791

资料来源:《中国文化及相关产业统计年鉴》(2011～2016)。

二 资产规模情况

"十二五"期间,随着新闻和出版业改革措施不断落实,行业发展环境进一步优化,投资规模不断扩大,企业资产规模持续平稳增长,为行业发展提供了有力保障。2011～2015 年,法人企业资产总额从 3210.3 亿元增加到 5028.2 亿元,增长 56.7%,年均增长率超过 10%,2015 年资产总规模创下历史新高。其中,规模以上企业资产占全行业资产比重在 70%～85% 之间,且呈不断上升态势,从 2011 年的 72.3% 提高到 2015 年的 83.0%。

表3 "十二五"期间新闻和出版业资产情况

单位:亿元

指标	2011 年	2012 年	2013 年	2014 年	2015 年
法人企业资产总计	3210.3	3591.4	4017.8	4520.6	5028.2
其中:规模以上法人企业资产总计	2321.0	2687.4	3111.6	3571.3	4171.2

注:2011～2012 年数据根据 2014～2015 年平均增长率推算。

资料来源:2013～2015 年规模以上法人企业资产和法人企业资产数据来源于《中国第三产业统计年鉴》(2014～2016)。

三 法人单位情况

"十二五"期间,我国新闻和出版业法人单位数量持续增长。2015 年为 9299 个,比 2011 年增加 2075 个,增幅为 28.7%。其中,企业法人单位数增速较快,2015 年比 2011 年增加 1853 家,增幅为 55.4%。企业法人单位数占法人单位总数的比例不断提高,从 2011 年的 46.3% 提高到 2015 年的 55.9%,五年提高近 10 个百分点,规模化、规范化发展特征明显。

从法人企业类型看,国有控股企业数量最多,占比最大。2015 年国有控股企业有

2240 家,占法人企业总数的 43.1%;其次是私人控股企业,共 2189 家,占法人企业总数的 42.1%。国有控股和私人控股合计 4429 家,占法人企业总数的 85.2%,集体控股、港澳台商控股、外商控股等其他类型企业数量较少。

表4 "十二五"期间新闻和出版业法人单位情况

单位:个,家

指标	2011 年	2012 年	2013 年	2014 年	2015 年
法人单位总数	7224	7814	8172	8967	9299
企业法人单位数	3343	3841	4354	4733	5196

资料来源:《中国第三产业统计年鉴》(2012~2016)。

表5 2015 年新闻和出版业不同类型法人企业数量

单位:家

指标	国有控股	集体控股	私人控股	港澳台商控股	外商控股	其他
企业数量	2240	267	2189	9	12	479

资料来源:《中国第三产业统计年鉴》(2016)。

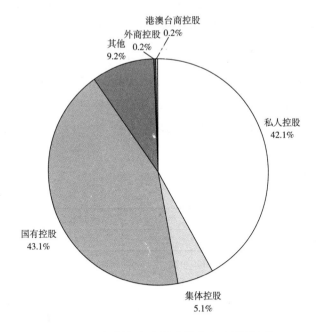

图1 2015 年新闻和出版业法人企业类型占比

资料来源:《中国第三产业统计年鉴》(2016)。

四 就业人数及工资情况

"十二五"期间,新闻和出版业就业人数稳步增长,2015 年末达到 32.9 万人,比

2011年增加8.6万人，增幅为35.4%，占文化、体育和娱乐业就业人员总数的22%。就业人员工资总额快速增长，从2011年的115.6亿元增长到2015年的239.6亿元，五年增长1.1倍；就业人员工资水平稳步提高，年均工资从2011年的47563元提高到2015年的72837元，居全国各行业平均工资中等水平。

表6 "十二五"期间新闻和出版业就业人数

单位：万人

指标	2011年	2012年	2013年	2014年	2015年
法人企业就业人员数	24.3	26.2	29.2	30.5	32.9

注：2011年数据根据2013～2015年平均增长率推算。

资料来源：2012～2015年数据主要来源于《中国第三产业统计年鉴》（2013～2016）。

表7 "十二五"期间新闻和出版业就业人员工资情况

单位：亿元，元

指标	2011年	2012年	2013年	2014年	2015年
工资总额	115.6	139.9	172.4	196.4	239.6
年平均工资	47563	53406	59034	64385	72837

注：工资总额根据新闻和出版业就业人数占文化、体育和娱乐业城镇单位就业人数的比例，结合文化、体育和娱乐业城镇单位就业人员工资总额推算。

资料来源：文化、体育和娱乐业城镇单位就业人员和工资总额资料来源于《中国统计年鉴》（2016）。

五 固定资产投资情况

"十二五"期间，我国新闻和出版业固定资产投资持续增长。固定资产投资额（不含农户）和建成投产项目个数均呈上升趋势，发展基础和态势良好。2011～2015年，新闻和出版业固定资产投资额累计达487亿元，累计全部建成投产项目283个；年度固定资产投资额呈上升态势，2011年为81.6亿元，到2015年增加到129.8亿元，增长59.1%。建成投产项目数由2011年的44个增长至2015年的63个，增长43.0%。

表8 "十二五"期间新闻和出版业固定资产投资情况

单位：亿元，%

指标	2011年	2012年	2013年	2014年	2015年
固定资产投资额	81.6	69.4	103.8	102.4	129.8
实际到位资金	93.8	74.5	106.6	106.3	133.0
新增固定资产	35.5	31.1	47.4	64.8	99.7
固定资产交付使用率	43.5	44.9	45.7	63.3	76.8

资料来源：《中国统计年鉴》（2012～2016）。

六 税收缴纳情况

"十二五"期间，随着新闻和出版业营业规模不断扩大，行业纳税总额稳定增长，并在 2013 年跃上 80 亿元新台阶，2015 年纳税总额达到 84.5 亿元，比 2011 年增长 39.7%。其中，在营改增政策的影响下，营业税金及附加呈下降态势，从 2011 年的 25.5 亿元下降到 2015 年的 16.6 亿元，减少 34.9%；同时，应交增值税不断增加，从 2011 年的 25.5 亿元增加到 2015 年的 54.7 亿元，增长 114.5%。

表 9　"十二五"期间新闻和出版业税收情况

单位：亿元

指标	2011 年	2012 年	2013 年	2014 年	2015 年
法人企业纳税总额	60.5	67.8	81.9	85.9	84.5
其中:营业税金及附加	25.5	28.7	22.3	17.3	16.6
应交所得税	9.5	10.4	12.6	18.7	13.2
应交增值税	25.5	28.7	47.0	49.9	54.7

注：2011 年和 2012 年为推算数据，其中纳税总额和应交所得税根据相应年份营业收入增速推算。

资料来源：2013～2015 年规模以上数据来源于《中国第三产业统计年鉴》（2015～2016）和《中国经济普查年鉴》（2013）。

七 行业利润情况

"十二五"期间，我国新闻和出版业营业利润整体下滑，盈利水平降低，但由于其他相关业务支撑，利润总额基本稳定，波动幅度不大。2011～2015 年，营业利润从 177.4 亿元降低到 105.0 亿元，降低 59.2%；规模以上利润总额从 170.6 亿元降低到 170.4 亿元，下降幅度不大，为 0.1%，其中 2012 年和 2013 年小幅增加，2014 年出现下滑，降幅为 6.3%，2015 年再次回升，基本与 2011 年持平。

表 10　"十二五"期间新闻和出版业利润情况

单位：亿元

指标	2011 年	2012 年	2013 年	2014 年	2015 年
营业利润	177.4	155.6	136.4	121.5	105.0
其中:规模以上法人企业单位营业利润	144.6	126.8	111.2	99.0	85.6
利润总额	209.3	209.4	209.7	196.6	209.1
其中:规模以上法人企业单位利润总额	170.6	170.7	170.9	160.2	170.4

注：2011 年和 2012 年数据根据 2014～2015 年平均增速推算。由规模以上法人企业数据推算全部法人企业数据根据"2013～2015 年规模以上法人企业单位营业收入与法人企业单位营业收入的平均比例 81.5%"推算。

资料来源：2013～2015 年规模以上数据来源于《中国第三产业统计年鉴》（2014～2016）。

八 行业增加值情况

"十二五"期间，随着文化、体育和娱乐业快速发展，以及现代科技逐步成熟，应用日益广泛，我国新闻和出版业行业创造发展能力快速提升，行业增加值不断快速提升，从2011年的541.3亿元增加到2015年的1061.1亿元，五年增长96.0%，其中2014年增速最快，达到24.1%，2015年突破1000亿元，创下历史新高。

表11 "十二五"期间新闻和出版业增加值

单位：亿元

指标	2011年	2012年	2013年	2014年	2015年
新闻和出版业增加值	541.3	671.6	768.3	896.3	1061.1
文化、体育和娱乐业增加值	3007.1	3529.6	3867.7	4274.5	4808.8

注：新闻和出版业增加值按照新闻和出版业就业人数占文化、体育和娱乐业就业人数的比重推算。

资料来源：文化、体育和娱乐增加值数据来源于《中国第三产业统计年鉴》（2012~2016），其中2015年数据缺失，根据2012~2014年平均增长率推算。

九 区域分布情况

根据2015年《新闻出版产业分析报告》，2015年我国新闻和出版业总体经济规模评价得分前十位的地区为广东、北京、浙江、江苏、山东、上海、河北、安徽、福建和江西。从营业收入看，广东省占比最大，为12.9%，其次是山东和江苏，分别为10.8%和10.1%，排名前十的省市营业收入总额占全国的比重接近3/4，达到74.7%；

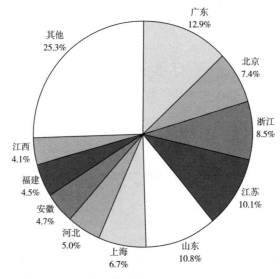

图2 2015年新闻与出版业营业收入的地区结构

资料来源：《新闻出版产业分析报告》（2015）。

从资产总额看，广东、浙江、北京资产总额占全国的比重分别为 11.5%、10.9%、10.7%，居全国前三位，排名前十的省市资产总额占全国的比重为 71.2%；从利润总额看，山东利润总额最大，占全国的 12.5%，其次是北京，占 9.1%，排名前十的省市利润总额占全国的 68.4%，新闻和出版业行业发展较为集中。

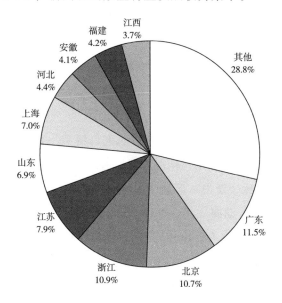

图 3 2015 年新闻与出版业资产总额的地区结构

资料来源：《新闻出版产业分析报告》（2015）。

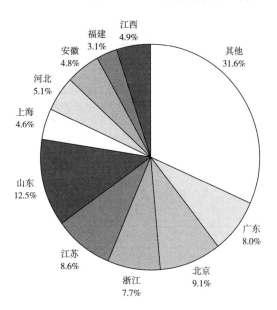

图 4 2015 年新闻与出版业利润总额的地区结构

资料来源：《新闻出版产业分析报告》（2015）。

第二节 "十二五"期间广播、电视、电影和影视录音制作业发展情况

"十二五"期间,随着居民收入不断提高,文化消费需求日益扩大升级,我国广播、电视、电影和影视录音制作业发展迅速,迎来全面发展黄金时期,作品数量和质量与"十一五"相比均有大幅度上升,受众覆盖面日益广泛,行业发展步入快车道。

一 营业规模情况

"十二五"期间,广播电视在城市及农村的人口覆盖率稳步上升,基本实现了全面覆盖。从全国有线广播电视实际用户情况来看,有线广播电视实际用户数占家庭总户数的比重自2013年后上升比较缓慢,但数字电视开始普及。从全国广播电视节目制作和播出情况来看,"十二五"期间广播、电视节目制作和播出总量依然很大,制作时间长度和播出时间长度均在稳步提升。电影市场在"十二五"期间得到了迅速发展,尤其在"十二五"后两年的发展获得了飞跃式进步,无论影片的产量还是银幕数量和电影票房,均有了飞速增长。

表12 "十二五"期间广播、电视、电影和影视录音制作业营业收入

单位:亿元

指标	2011年	2012年	2013年	2014年	2015年
法人企业营业收入	714.7	826.3	1248.2	1422.4	2089.9
其中:规模以上法人企业营业收入	538.9	689.8	883.0	1113.6	1446.7

注:2011年规模以上法人企业营业收入根据2013~2015年平均增长率推算,2011年全部法人企业营业收入根据"2012~2015年规模以上法人企业营业收入与法人企业营业收入的平均比例75.4%"推算。

资料来源:2012~2015年规模以上法人企业和法人企业数据来源于《中国第三产业统计年鉴》(2013~2016)和《中国经济普查年鉴》(2013)。

表13 "十二五"期间全国广播电视综合人口覆盖情况

单位:%

指标	2011年	2012年	2013年	2014年	2015年
广播节目综合人口覆盖率	97.06	97.51	97.79	97.99	98.17
农村广播节目综合人口覆盖率	96.09	96.60	97.00	97.29	98.53
电视节目综合人口覆盖率	97.82	98.20	98.42	98.60	98.77
农村电视节目综合人口覆盖率	97.10	97.55	97.86	98.11	98.32

资料来源:《中国文化及相关产业统计年鉴》(2012~2016)。

表14 "十二五"期间全国有线广播电视实际用户情况

单位：万户，%

指标	2011 年	2012 年	2013 年	2014 年	2015 年
有线广播电视实际用户数	20264.4	21509.0	22893.8	23458.2	23566.8
农村有限广播电视实际用户数	8123.2	8532.3	8911.3	7986.4	8250.5
数字电视实际用户	11489.0	14303.0	17159.7	19143.2	19775.6
有线广播电视用户数占家庭总户数的比重	49.40	51.50	54.14	54.82	54.63

资料来源：《中国文化及相关产业统计年鉴》（2012～2016）。

表15 "十二五"期间全国广播电视节目制作和播出情况

单位：小时

指标	2011 年	2012 年	2013 年	2014 年	2015 年
广播节目制作时间	6936960	7188245	7391245	7647267	7718163
公共广播节目播出时间	13057496	13383651	13795461	14058328	14218253
电视节目制作时间	2950490	3436301	3397834	3277394	3520190
公共电视节目播出时间	16753029	16985291	17057212	17476126	17796010

资料来源：《中国文化及相关产业统计年鉴》（2012～2016）。

表16 "十二五"期间电影行业综合情况

指标	2011 年	2012 年	2013 年	2014 年	2015 年
电影故事片厂（个）	31	31	31	31	31
生产故事片（部）	558	745	638	618	686
生产动画影片（部）	24	33	29	40	51
生产科教影片（部）	76	74	121	52	96
生产纪录影片（部）	26	15	18	25	38
生产特种影片（部）	5	26	18	23	17
电影院线数量（条）	39	40	42	45	46
银幕数量（块）	9286	13118	18195	23600	31600
全国电影票房（亿元）	131.15	170.73	217.69	296.36	440.69

资料来源：《中国文化及相关产业统计年鉴》（2012～2016）。

二 资产规模情况

"十二五"期间，随着广播电视不断普及以及三网融合快速推进，全国广播、电视、电影和影视录音制作业资产规模迅速扩大。2011～2015 年企业法人资产规模从 2864.7 亿元增加到 6271.2 亿元，增长 118.9%，增速居文化、体育和娱乐业前列，行业发展基础日益牢固。其中，规模以上企业资产总额占全部法人企业资产总数的 55%～65%，且相对稳定，波动幅度不大。这说明广播、电视、电影和影视录音制作业规模以下企业数量相对较多，市场集中度相对较低。

表17　"十二五"期间广播、电视、电影和影视录音制作业资产情况

单位：亿元

指标	2011 年	2012 年	2013 年	2014 年	2015 年
企业法人资产总计	2864.7	3484.6	4238.7	5105.3	6271.2
其中:规模以上企业法人资产总计	1779.0	2163.9	2787.8	2850.1	4052.3

注：2011～2012 年数据根据 2014～2015 年平均增长率推算。

资料来源：2013～2015 年规模以上法人企业资产和全部法人企业资产数据来源于《中国第三产业统计年鉴》（2014～2016）。

三　法人单位情况

"十二五"期间，由于娱乐消费不断增加，提供广播、电视、电影和影视录音制作的市场主体快速增多，供给能力快速提升。法人单位总数从 2011 年的 15935 个增长到 2015 年的 25773 个，五年增加 9838 个；企业法人单位数从 8175 个增加到 19309 个，增加 11134 个，增加了一倍还多，其中 2015 年增量最大，年增加 4329 个，增速十分迅猛。从法人企业类型看，私人控股企业居行业主导地位，国有企业其次，集体、港澳台、外商等类型企业较少。2015 年全国私人控股企业 14160 家，占全国法人企业总数的 73.3%，远超其他企业类型占比。

表18　"十二五"期间广播、电视、电影和影视录音制作业法人单位情况

单位：个

指标	2011 年	2012 年	2013 年	2014 年	2015 年
法人单位总数	15935	17957	18993	22117	25773
企业法人单位数	8175	10007	12618	14980	19309

资料来源：《中国第三产业统计年鉴》（2012～2016）。

表19　2015 年广播、电视、电影和影视录音制作业不同类型法人企业数量

单位：家

指标	国有控股	集体控股	私人控股	港澳台商控股	外商控股	其他
企业数量	2637	507	14160	133	44	1828

资料来源：《中国第三产业统计年鉴》（2016）。

四　就业人数及工资情况

"十二五"期间，随着居民对影视娱乐需求不断增加，从事广播、电视、电影和影视

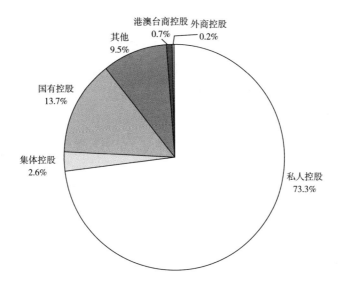

**图5 2015年广播、电视、电影和影视录音制
作业法人企业类型占比**

制作的人员迅速增多。2011~2015年，城镇单位就业人数由17.2万人增加到33.3万人，增长93.6%，占文化、体育和娱乐业城镇单位就业人员的比重从12.7%提高到22.3%，提高了9.6个百分点，说明广播影视业日益受到重视，就业吸引力越来越强。从工资水平看，与就业人数扩张相伴随，就业人员工资总额增长十分迅猛，从2011年的81.8亿元增加到2015年的242.5亿元，五年增长近2倍；就业人员年均工资稳步提升，从2011年的47563元提高到2015年的72837元，居全国各行业平均工资中等水平。

表20 "十二五"期间广播、电视、电影和影视录音制作业就业人数

单位：万人

指标	2011年	2012年	2013年	2014年	2015年
法人企业就业人员数	17.2	19.2	26.8	29.4	33.3

资料来源：《中国第三产业统计年鉴》（2013~2016），其中2011年数据根据2012~2015年平均增长率估算。

表21 "十二五"期间广播、电视、电影和影视录音制作业就业人员工资情况

单位：亿元，元

指标	2011年	2012年	2013年	2014年	2015年
工资总额	81.8	102.5	158.2	189.3	242.5
年平均工资	47563	53406	59034	64385	72837

注：工资总额根据广播、电视、电影和影视制作业就业人数占文化、体育和娱乐业城镇单位就业人数的比例，结合文化、体育和娱乐业城镇单位就业人员工资总额推算。其中，文化、体育和娱乐业城镇单位就业人员和工资总额数据来源于《中国统计年鉴》（2016）。

五 固定资产投资情况

"十二五"期间,广播、电视、电影和影视录音制作业固定资产投资大幅增长,资金到位迅速,资产交付使用率较高,行业投资建设成效较好。2011～2015年固定资产投资额从不足 200 亿元增长到接近 500 亿元,其中 2014 年超过 500 亿元,投资规模平均每年以30% 的速度增加;实际到位资金充足,年度计划投资基本实现 100% 到位,甚至超出预算;年新增固定资产从 125.5 亿元增加到 317.5 亿元,期末是期初的 2.5 倍;固定资产交付使用率平均达到 60%,交付使用率较高,为行业蓬勃发展提供了有力支撑。

表 22 广播、电视、电影和影视录音制作业固定资产投资情况

单位:亿元,%

指标	2011 年	2012 年	2013 年	2014 年	2015 年
固定资产投资额	194.6	246.5	311.1	565.0	492.0
实际到位资金	194.8	272.0	347.3	586.8	480.5
新增固定资产	125.5	142.8	198.9	252.1	317.5
固定资产交付使用率	64.5	57.9	63.9	44.6	64.5

资料来源:《中国文化及相关产业统计年鉴》(2012～2016)和《中国统计年鉴》(2012～2016)。

六 税收情况

"十二五"期间,随着广播、电视、电影和影视录音制作业营业规模不断扩大,行业纳税总额稳定增长,期末超过 100.0 亿元。2015 年纳税总额为 114.2 亿元,比 2011年增长 154.3%,期末是期初的 2.5 倍。其中,企业所得税和增值税增速较快,分别增长 1.8 倍、3.1 倍,行业税收贡献明显增加。从税种占比看,受营改增政策影响,增值税占行业税收总额的比重逐步提高,从 2011 年的 25.2% 提高到 2015 年的 40.3%,提高 15.1 个百分点;营业税占比持续下降,从 2011 年的 42.3% 下降到 2015 年的19.1%,下降 23.2 个百分点,二者此消彼长特征比较突出。

表 23 "十二五"期间广播、电视、电影和影视录音制作业纳税情况

单位:亿元

指标	2011 年	2012 年	2013 年	2014 年	2015 年
法人企业纳税总额	44.9	56.7	71.6	92.3	114.2
其中:营业税金及附加	19.0	19.7	20.4	19.0	21.8
应交所得税	16.5	21.5	27.9	32.4	46.4
应交增值税	11.3	16.2	23.3	41.0	46.0

注:2011 年和 2012 年为推算数据,其中纳税总额和应交所得税根据相应年份营业收入增速推算。

资料来源:2013～2015 年规模以上数据来源于《中国第三产业统计年鉴》(2015～2016)和《中国经济普查年鉴》(2013)。

七 行业利润情况

"十二五"期间，广播、电视、电影和影视录音制作业营业利润和利润总额增长较快，行业经营效益不断提升。营业利润从 2011 年的 129.4 亿元增加到 2015 年的 349.3 亿元，增长 1.7 倍；利润总额从 168.7 亿元增长到 375.6 亿元，增长 1.2 倍。其中，主营业务利润占利润总额的比重从 2011 年的 76.7% 提高到 2015 年的 93.0%，提高了 16.3 个百分点，行业主营业务更加突出，专业化发展已成主流。

表 24 "十二五"期间广播、电视、电影和影视录音制作业利润情况

单位：亿元

指标	2011 年	2012 年	2013 年	2014 年	2015 年
营业利润	129.4	166.0	212.9	260.1	349.3
其中：规模以上法人企业营业利润	97.6	125.1	160.5	196.1	263.4
利润总额	168.7	206.9	253.7	272.1	375.6
其中：规模以上法人企业利润总额	127.2	156.0	191.3	205.2	283.2

注：由规模以上数据推算全行业，主要根据 2013～2015 年规模以上法人企业营业收入与法人企业营业收入的平均比例的 75.4% 进行。

资料来源：2013～2015 年规模以上数据来源于《中国第三产业统计年鉴》（2015～2016）和《中国经济普查年鉴》（2013），2011 年和 2012 年数据根据 2014～2015 年平均增长率推算。

八 行业增加值情况

"十二五"时期是我国广播、电视、电影和影视录音制作业快速发展阶段，由于投资和营业规模不断扩大，行业生产能力快速提高，对经济增长的贡献日益显现。2011～2015 年，广播、电视、电影和影视录音制作业增加值约扩大 2 倍，从期初的 383.1 亿元增加到期末的 1074.0 亿元，突破千亿元大关，创下历史新高，为经济增长和社会进步发挥了重要作用。

表 25 "十二五"期间广播、电视、电影和影视录音制作业增加值

单位：亿元

指标	2011 年	2012 年	2013 年	2014 年	2015 年
广播、电视、电影和影视录音制作业增加值	383.1	492.1	705.1	863.7	1074.0
文化、体育和娱乐业增加值	3007.1	3529.6	3867.7	4274.5	4808.8

注：广播、电视、电影和影视录音制作业增加值按照当年广播、电视、电影和影视录音制作业就业人数占文化、体育和娱乐业就业人数的比重推算。

资料来源：文化、体育和娱乐业增加值数据来源于《中国第三产业统计年鉴》（2012～2016），其中 2015 年数据缺失，根据 2012～2014 年平均增长率推算。

九 区域分布情况

"十二五"期间，从各地区广播和电视综合人口覆盖情况来看，北京、天津、上海均保持了广播电视100%全覆盖。江苏、浙江、广东等省实现了99%以上的覆盖率，其中江苏省2015年已实现广播、电视100%的覆盖率。从广播电视节目收入看，北京、上海始终保持在前列，浙江、江苏、广东等省份稳居前五名。其中，浙江省自2013年后广播电视节目收入增加，超过江苏。2015年，湖南省广播电视节目收入增长至232.5万元，增速较快。

表26　各地区广播和电视综合人口覆盖情况排名

排名	2011年		2012年		2013年		2014年		2015年	
	广播	电视	广播	电视	广播	电视	广播	电视	广播	电视
1	北京	北京	北京	北京	北京	北京	北京	北京	北京	北京
2	天津	天津	天津	天津	天津	天津	天津	天津	天津	天津
3	上海	上海	上海	上海	上海	上海	上海	上海	上海	上海
4	江苏	江苏	江苏	江苏	江苏	江苏	江苏	广东	江苏	江苏
5	河北	浙江	浙江	浙江	广东	广东	广东	江苏	广东	广东

表27　各地区广播电视节目收入情况排名

排名	2011年	2012年	2013年	2014年	2015年
1	北京	北京	北京	北京	北京
2	上海	上海	上海	浙江	上海
3	浙江	江苏	浙江	上海	浙江
4	江苏	浙江	江苏	江苏	江苏
5	广东	广东	广东	广东	广东

注：2011年排名为推算结果，通过各省份排名平均数推算得到。

第三节　"十二五"期间文化艺术业发展情况

"十二五"期间，随着文化艺术市场需求快速增长，行业发展空间获得新的拓展，规模不断扩大，表现形式日益多样，现代公共文化服务体系初步形成，服务均等化程度稳步提高，增值服务取得明显进展，数量和质量不断提升，为经济增长和社会进步做出了重要贡献。

一 营业规模情况

"十二五"期间,文化艺术业营业规模总体呈上升态势,前期快速扩大,后期略有缩减。从营业收入方面看,2015 年为 675.8 亿元,比 2011 年增长 19.8%,其中 2014 年收入最高,达到 714.2 亿元,2015 年略有减少。服务机构方面,博物馆、图书馆、表演场馆等机构数量不断增加,文化艺术业载体日益丰富多样。2015 年末,各种服务机构数量达到 64212 个,比 2011 年增加 6451 个,增长 11.2%,其中博物馆数量增加 1202 个,增长 45.4%。

表 28 "十二五"期间文化艺术业营业收入

单位:亿元

指标	2011 年	2012 年	2013 年	2014 年	2015 年
法人企业单位营业收入	563.7	591.3	620.2	714.2	675.8

注:2011 年和 2012 年数据根据 2014~2015 年平均增长率推算。

资料来源:2013~2015 年数据来源于《中国第三产业统计年鉴》(2013~2016)和《中国经济普查年鉴》(2013)。

表 29 "十二五"期间全国主要文化艺术服务机构数量情况

单位:个

指标	2011 年	2012 年	2013 年	2014 年	2015 年
主要文化机构总数	57761	58621	60369	61305	64212
博物馆机构数	2650	3069	3473	3658	3852
公共图书馆机构数	2952	3076	3112	3117	3139
群众文化机构数	43675	43876	44260	44423	44291
艺术表演团体机构数	7055	7321	8180	8769	10787
艺术表演场馆机构数	1429	1279	1344	1338	2143

资料来源:《中国统计年鉴》(2012~2016)。

二 资产规模情况

"十二五"期间,文化艺术业资产总规模总体上升,先增后减。2011~2014 年,资产规模从 2180.2 亿元提高到 2966.8 亿元,增长 36.1%,2015 年资产规模缩小,比上年减少 546.2 亿元,降幅达 18.4%。其中,在规模以上企业中,文艺创作与表演和文化艺术培训占主导地位,但随着培训制度改革不断推进,自 2013 年起,培训服务业资产规模直线式下跌。在规模以下企业中,除文艺创作与表演、文化遗产保护资产规模基本保持稳定外,中小型群众文化服务、文化研究和社团服务类资产明显增加,呈十倍甚至几十倍速度扩张。这与文化艺术业管理制度创新与改革紧密相关，自2013年以来，全国范围内启动文化团体改制，大型国企解散为文工团体，民营中小型文化艺术服务业得到了快速发展。

表30 "十二五"期间文化艺术业资产情况

单位：亿元

指标	2011年	2012年	2013年	2014年	2015年
法人企业资产总计	2180.2	2415.6	2676.5	2966.8	2420.6
其中：规模以上法人企业资产总计	721.6	799.6	939.0	783.6	917.3

注：2011～2012年规模以上企业法人数据推算方法：根据营业收入上升趋势，假定企业法人资产总计逐年增加，取2014年增长率作为平均增长率推算；2011～2012年全部法人企业资产总计根据2013～2015年"规模以上企业法人资产总计占企业法人资产总计的平均占比33.1%"推算。

资料来源：2013～2015年数据来源于《中国第三产业统计年鉴》（2014～2016）。

表31 "十二五"期间主要文化艺术服务业规模以上企业资产情况

单位：亿元

类别	2011年	2012年	2013年	2014年	2015年
文艺创作与表演服务	463.8	470.1	563.6	357.8	431.8
文化艺术培训服务	721.5	1231.7	16.5	21.7	82.3

注：2011年数据根据2013～2015年平均增长率推算。

资料来源：2012～2015年数据来源于《中国统计年鉴》（2012～2016）。

表32 "十二五"期间主要文化艺术服务业规模以下企业资产情况

单位：亿元

类别	2011年	2012年	2013年	2014年	2015年
文艺创作与表演服务	594.9	601.7	426.1	439.4	569.0
文化遗产保护服务	400.2	420.1	184.7	269.9	337.0
群众文化服务	29.3	61.5	257.0	215.5	274.8
文化研究和社团服务	6.4	49.3	29.9	640.2	713.7

注：2011年数据根据2013～2015年平均增长率推算。

资料来源：2012～2015年数据来源于《中国统计年鉴》（2012～2016）。

三 法人单位情况

"十二五"期间，文化艺术业法人单位数增长十分迅速，尤其是企业法人单位数量急剧增加。2011～2015年法人单位数从43199个增长到96696个，2015年接近10万个，平均每年增加约2万个。其中，企业法人单位数从15815个增加到55712个，增长2.5倍。从企业类型看，私人控股企业居行业主导地位，国有企业其次，集体、港澳台、外商等类型企业较少，由于文化艺术业开放政策限制，外资投资企业数量极少。2015 年全国私人控股文化艺术企业为 47866 个，占全国法人企业总数的 85.9%，占绝对主导地位，远超其他企业类型占比。

表 33　"十二五"期间文化艺术业法人单位情况

单位：个

指标	2011 年	2012 年	2013 年	2014 年	2015 年
法人单位总数	43199	51735	69975	80521	96696
企业法人单位数	15815	20521	32160	39903	55712

资料来源：《中国第三产业统计年鉴》（2012～2016）。

表 34　2015 年文化艺术业不同类型法人企业数量

单位：家

指标	国有控股	集体控股	私人控股	港澳台商控股	外商控股	其他
企业数量	1697	848	47866	104	73	5124

资料来源：《中国第三产业统计年鉴》（2016）。

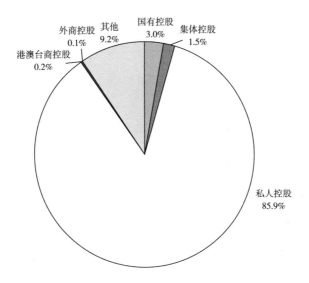

图 6　2015 年文化艺术业法人企业类型占比

资料来源：《中国第三产业统计年鉴》（2016）。

四　就业人数及工资情况

"十二五"期间，文化艺术业就业人数持续增加，尤其是自 2013 年起就业人数迅速超过 30 万人，文化艺术队伍日益壮大。2011～2015 年，文化艺术业就业人数由 13.7 万人增加到 47.1 万人，增长 2.4 倍，其中 2013 年增速最快，同比增长 91.7%。从就业占比看，文化艺术业占文化、体育和娱乐业城镇单位就业人员的比重不断增加，从2011年的10.1%增加到2015年的31.6%，就业吸引力越来越强。从工资水平看，就业人员工资总额高速增长，从2011年的65.0亿元增加至2015年的343.1亿元，五年增长4.3倍，平均工资从2011年的47563元提高到2015年的72837元，五年提高25274元，增幅达53.1%。

表35   "十二五"期间文化艺术业城镇单位就业人数

单位：万人

指标	2011年	2012年	2013年	2014年	2015年
就业人员数	13.7	16.8	31.4	35.2	47.1

注：2011年数据根据2014～2015年平均增长率推算。

资料来源：2012～2015年数据来源于《中国第三产业统计年鉴》（2013～2016）。

表36   "十二五"期间文化艺术业城镇单位就业人员工资情况

单位：亿元，元

指标	2011年	2012年	2013年	2014年	2015年
工资总额	65.0	89.7	185.4	226.6	343.1
年平均工资	47563.0	53406.0	59034.0	64384.9	72837.0

注：工资总额根据文化艺术业就业人数占文化、体育和娱乐业城镇单位就业人数的比例，结合文化、体育和娱乐业城镇单位就业人员工资总额推算。其中，文化、体育和娱乐业城镇单位就业人员和工资总额数据来源于《中国统计年鉴》（2016）。

五 固定资产投资情况

"十二五"期间，随着产业结构升级和服务业的快速发展，文化艺术业固定资产投资结构不断优化，投资总额和新增固定资产投资额逐年增加。2011～2015年固定资产投资总额从1216.1亿元增加到3077.8亿元，增长153%，平均每年增长30%左右，且实际到位资金及时充足，为固定资产投资建设提供了有效保障。年度新增固定资产持续保持快速增加态势，交付使用率平均超过60%。

表37   "十二五"期间文化艺术业固定资产投资

单位：亿元，%

指标	2011年	2012年	2013年	2014年	2015年
固定资产投资额	1216.1	1972.2	2381.7	2705.3	3077.8
实际到位资金	1234.8	2059.9	2571.2	2822.8	2970.5
新增固定资产	748.5	1122	1534.8	1784.4	2207.7
固定资产交付使用率	61.6	56.9	64.4	66.0	71.7

资料来源：《中国文化及相关产业统计年鉴》（2012～2016）和《中国统计年鉴》（2012～2016）。

六 税收情况

"十二五"期间,受营改增税收政策影响,文化艺术业税收总体规模持续减小,行业发展税收压力不断减轻。2011~2015年文化艺术业纳税总额降低55.7%,其中营业税降低幅度最大,从63.7亿元减少到13.9亿元,减少78.2%,而增值税呈上升态势,从2.3亿元增长到7.4亿元,增加221.4%。但由于增值税占行业纳税总额的比重较小,其大幅增加并未影响行业纳税总额不断下降的趋势。

表38 "十二五"期间文化艺术业纳税情况

单位:亿元

指标	2011 年	2012 年	2013 年	2014 年	2015 年
纳税总额	81.9	62.7	50.0	47.4	36.3
其中:营业税金及附加	63.7	43.9	30.3	25.0	13.9
应交所得税	15.9	15.7	15.5	16.4	15.0
应交增值税	2.3	3.1	4.2	6.0	7.4

注:2011年和2012年为推算数据,其中纳税总额和应交所得税根据相应年份营业收入增速推算。
资料来源:2013~2015年规模以上数据来源于《中国第三产业统计年鉴》(2015~2016)和《中国经济普查年鉴》(2013)。

七 行业利润情况

"十二五"期间,文化艺术企业营业利润呈快速下降趋势,利润总额小幅上升,先增加后减少。2011~2015年,营业利润从100.0亿元降到30.8亿元,总体呈下降趋势,其中2011~2014年降幅相对较小,2015年大幅下降,降幅为61.3%;利润总额从期初的83.7亿元增加到期末的89.1亿元,呈微幅增长趋势,增幅为6.5%,其中2011~2014年不断增长,并达到最高峰123.0亿元,随后的2015年利润总额出现下滑,减少27.6%。营业利润总体下降和利润总额总体上升的趋势说明,随着政策变化,业内企业不断灵活调整策略,开展多元化经营,拓展非主营业务,提升盈利能力。

八 行业增加值情况

"十二五"时期,受一系列党中央国务院文化促进政策影响,我国文化艺术业增加值快速扩大,对经济增长的贡献不断提高。2015年文化艺术业增加值为1519.1亿元,是2011年的5倍,其中2013年增速最快,达到91.9%,2014年行业增加值突破1000亿元,进入发展新阶段。

表39　"十二五"期间文化艺术业利润情况

单位：亿元

指标	2011 年	2012 年	2013 年	2014 年	2015 年
营业利润	100.0	80.7	65.0	79.5	30.8
其中：规模以上法人企业营业利润	33.1	26.7	21.5	26.3	10.2
利润总额	83.7	87.0	90.6	123.0	89.1
其中：规模以上法人企业利润总额	27.7	28.8	30.0	40.7	29.5

注：2011～2012 年规模以上数据为推算数据，其中 2011 年，考虑到规模以上企业经营形式先增后减趋势，故按照 2014 年增长率推算，2012 年数据按照 2014～2015 年平均增长率推算。由规模以上数据推算全行业，主要根据 2011～2015 年"规模以上法人企业营业收入与法人企业营业收入的平均比例 33.1%"进行。

资料来源：2013～2015 年规模以上数据来源于《中国第三产业统计年鉴》（2014～2016）。

表40　"十二五"期间文化艺术业增加值

单位：亿元

指标	2011 年	2012 年	2013 年	2014 年	2015 年*
文化艺术业增加值	305.2	430.6	826.2	1034.1	1519.1
文化、体育和娱乐业增加值	3007.1	3529.6	3867.7	4274.5	4808.8

注：文化艺术业增加值按照本年文化艺术业就业人数占文化、体育和娱乐业就业人数的比重推算。

资料来源：文化、体育和娱乐业增加值数据来源于《中国第三产业统计年鉴》（2012～2016），其中 2015 年数据缺失，根据 2012～2014 年平均增长率推算。

九　区域分布情况

分省份看，2011～2015 年，固定资产投资额排名基本稳定，依次为山东、江苏、河北。其中，山东固定资产投资最多，居全国第一位，但其占全国固定资产投资总额的比重逐年降低，由 2011 年的 13.5% 下降到 2015 年的 9.7%；江苏省固定资产投资额增长率较快，尤其在 2014 年和 2015 年，明显缩小了与山东省投资额差距；广东省虽固定资产投资额绝对值逐年上升，但增速低于湖南、河南等省，名次逐年下降，从固定资产总投资额角度而言，文化艺术业具有稳定上升与投资分散化的趋势特点。

表41　2011～2015 年各地文化艺术业固定资产投资实际到位资金占比

单位：%

排名	2011 年		2012 年		2013 年		2014 年		2015 年	
	地区	占比	地区	占比	地区	占比	地区	占比	地区	占比
1	山东	13.5	山东	12.9	山东	11.7	山东	10.6	山东	9.7
2	江苏	8.3	江苏	9.2	江苏	9.6	江苏	10.2	江苏	9.1
3	广东	6.8	河北	6.2	河北	7.0	河北	6.2	河北	6.7
4	河南	6.5	广东	5.6	湖南	5.5	河南	5.9	河南	6.4
5	河北	5.3	湖南	5.5	河南	5.5	广东	5.2	湖南	5.8

资料来源：根据国家统计局数据计算整理。

第四节 "十二五"期间体育业发展情况

"十二五"时期是我国体育业发展取得较大成绩的五年。体育业发展乘势而上,规模逐步扩大,产业体系日益健全,产业结构明显优化,为国民经济发展和全民健康发挥了重要作用。

一 营业规模情况

"十二五"期间,我国的体育业得到快速发展,营业收入稳定增长。2011～2015年,体育业营业收入从216.5亿元增加到356.1亿元,增长64.5%,平均每年增长在10.0%以上。从体育机构数量看,国家级体育机构数量保持稳定,省级体育机构五年增加54个,地级体育机构呈不断减少趋势,县级体育机构不断增加,五年增加233个,为我国体育产业发展发挥重要的主体作用。事实表明,目前我国体育业规模和质量已超过全球平均水平,并逐步接近美国。2015年我国运动员在世锦赛、世界杯总决赛中共获得127个世界冠军,创造12项世界纪录,除在跳水、举重、乒乓球、羽毛球等传统优势项目上继续保持优势外,在田径、游泳、帆船帆板等项目上也有突出表现。

表42 "十二五"期间体育业营业收入

单位:亿元

指标	2011年	2012年	2013年	2014年	2015年
法人企业营业收入	216.5	244.7	279.6	311.2	356.1
其中:规模以上法人企业营业收入	120.8	136.5	160.7	169.1	197.6

注:2011年和2012年规模以上法人企业营业收入根据2014～2015年平均增长率推算;2011～2012年全部法人企业营业收入根据2013～2015年"规模以上法人企业营业收入与法人企业营业收入的平均比例55.8%"推算。

资料来源:2013～2015年规模以上数据来源于《中国第三产业统计年鉴》(2013～2016)和《中国经济普查年鉴》(2013)。

表43 "十二五"期间全国体育机构数

单位:个

指标	2011年	2012年	2013年	2014年	2015年
国家级	44	44	44	44	44
省级	656	647	707	734	710
地级	1981	1991	1892	1859	1862
县级	4220	4205	4446	4469	4453

资料来源:《中国统计年鉴》(2012～2016)。

表44 "十二五"期间中国运动员获世界冠军情况

指标	2011 年	2012 年	2013 年	2014 年	2015 年
项数(项)	24	24	22	22	25
人数(人)	198	140	164	206	214
个数(个)	138	107	124	98	127

资料来源:《中国统计年鉴》(2012～2016)。

二 资产规模情况

"十二五"期间,随着我国全民健身倡议不断深入人心,全国各地体育产业规划和政策陆续出台,体育业投资受到重视,体育资产总体规模迅速扩大。2011～2015年,资产规模从1030.6亿元增加到3535.0亿元,增长2.4倍。尤其是2015年体育业资产规模翻倍增长,达到空前规模。

表45 "十二五"期间体育业资产情况

单位:亿元

指标	2011 年	2012 年	2013 年	2014 年	2015 年
法人企业资产总额	1030.6	1189.3	1372.4	1584.0	3535.0
其中:规模以上企业法人资产总计	608.2	686.7	775.3	875.1	2201.3

注:2011～2012年根据2014～2015年平均增长率推算。
资料来源:2013～2015年数据来源于《中国第三产业统计年鉴》(2014～2016)。

三 法人单位情况

"十二五"期间,我国体育业法人单位数增长十分迅速,是我国体育法人单位增速较快的五年,尤其是法人企业数量增加更加明显。2011～2015年体育业法人单位数从9175个增长到23858个,共增加14683个,增长1.6倍,平均每年约增加3000个。其中,法人企业单位数从2609个增加到15220个,增长4.8倍。从企业类型看,私人控股企业居行业主导地位,国有和集体企业较少,港澳台和外商投资企业数量更少。2015年,全国私人控股体育企业12885个,占全国法人企业总数的84.7%,占绝对主导地位,国有和集体企业占4.4%,港澳台和外商投资企业仅占2.4%。

表46 "十二五"期间体育业法人单位情况

单位：个

指标	2011年	2012年	2013年	2014年	2015年
法人单位总数	9175	9778	17568	20144	23858
法人企业单位数	2609	2891	10020	12069	15220

资料来源：《中国第三产业统计年鉴》（2012～2016）。

表47 2015年体育业不同类型法人企业数量

单位：家

指标	国有控股	集体控股	私人控股	港澳台商控股	外商控股	其他
企业数量	392	273	12885	193	168	1309

资料来源：《中国第三产业统计年鉴》（2016）。

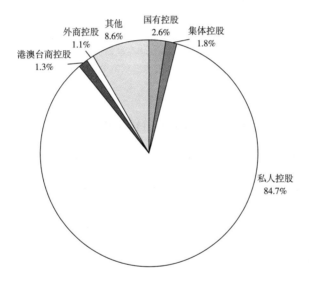

图7 2015年体育业法人企业类型占比

四 就业人数及工资情况

"十二五"期间，体育业就业人员数量先减后增，总体呈增长趋势。2011～2015年，体育业就业人数由19.7万人增加到21.0万人，增加1.3万人，增长6.6%。其中2012年和2013年就业人数同比减少，分别减少2.5%、9.4%，2014年和2015年恢复增长趋势，分别增长13.3%、2.9%。体育业就业人数占文化、体育和娱乐业城镇单位就业人数的比重基本稳定在14.0%左右。从工资水平看，体育业就业人员工资总额增速较快，2011～2015年，从93.7亿元增加153.0亿元，增长63.3%，平均工资从2011年的47563元提高到2015年的72837元，五年提高25274元，增幅达53.1%。

表 48   "十二五"期间体育业就业人数

单位：万人

指标	2011 年	2012 年	2013 年	2014 年	2015 年
就业人员数	19.7	19.2	18.0	20.4	21.0

注：2011 年数据为 2012～2015 年就业人员数平均值。

资料来源：2012～2015 年数据来源于《中国第三产业统计年鉴》（2013～2016）。

表 49   "十二五"期间体育业城镇单位就业人员工资情况

单位：亿元，元

指标	2011 年	2012 年	2013 年	2014 年	2015 年
工资总额	93.7	102.5	106.3	131.3	153.0
年平均工资	47563	53406	59034	64385	72837

注：工资总额根据体育业就业人数占文化、体育和娱乐业城镇单位就业人数的比例，结合文化、体育和娱乐业城镇单位就业人员工资总额推算。

资料来源：文化、体育和娱乐业城镇单位就业人员和工资总额数据来源于《中国统计年鉴》（2016）。

五　固定资产投资情况

"十二五"时期，我国体育项目建设保持稳定增长，全民健身和城市建设紧密结合，设施覆盖率明显提高。2015 年体育业固定资产投资额为 1031.8 亿元，是 2011 年的 2.2 倍，期间 2012 年增速最快，同比增长 81.3%，2013 年固定资产投资额超过 1000 亿元，此后连续三年相对稳定。新增固定资产从 2011 年的 272.9 亿元增加到 2015 年的 753.7 亿元，增长 1.8 倍，为行业发展奠定了坚实基础。

表 50   "十二五"期间体育业固定资产投资情况

单位：亿元，%

指标	2011 年	2012 年	2013 年	2014 年	2015 年
固定资产投资额	462.8	839.0	1041.0	1041.6	1031.8
实际到位资金	499.8	886.5	1008.4	1025.0	1008.3
新增固定资产	272.9	503.0	755.9	738.9	753.7
固定资产交付使用率	59.0	60.0	72.6	70.9	73.0

资料来源：《中国文化及相关产业统计年鉴》（2012～2016）和《中国统计年鉴》（2012～2016）。

六　税收情况

"十二五"期间，我国体育业纳税总额呈小幅下降趋势，受营改增政策影响，增值税纳税额不断上升，营业税纳税额不断减少。2011～2015 年体育业纳税总额从 30.1 亿元降到 2015 年的 29.4 亿元，降幅为 2.3%，缓慢下降。其中，营业税从 23.4 亿元降低到 20.9 亿元，降低 10.6%；所得税从 4.7 亿元降到 4.2 亿元，降幅为 10.6%；增值税从 2.0 亿元增加到 4.2 亿元，增长 110.0%，占行业纳税总额的比例从 6.6% 提高到 14.3%。

表 51　"十二五"期间体育业纳税情况

单位：亿元

指标	2011 年	2012 年	2013 年	2014 年	2015 年
纳税总额	30.1	29.8	29.6	31.1	29.4
其中:营业税金及附加	23.4	22.8	22.2	23.8	20.9
应交所得税	4.7	4.6	4.4	4.0	4.2
应交增值税	2.0	2.4	2.9	3.3	4.2

资料来源：《中国第三产业统计年鉴》（2015～2016）和《中国经济普查年鉴》（2013）。

七　行业利润情况

"十二五"时期，是我国体育业重要的投入阶段。行业投入不断增加，但由于投资大、回收期长以及竞争激烈等，经营效果欠佳，亏损面较大。其中营业利润从 2011 年亏损 21.5 亿元扩大到 2015 年亏损 66.3 亿元，扩大 2 倍多。由于相关业务发展，企业利润总额比营业利润情况略好，但亏损局面持续整个"十二五"期间，而且亏损额度不断扩大，从 2011 年的 15.4 亿元扩大到 2015 年的 52.7 亿元。

表 52　"十二五"期间体育业利润情况

单位：亿元

指标	2011 年	2012 年	2013 年	2014 年	2015 年
营业利润	-21.5	-28.7	-38.0	-55.9	-66.3
其中:规模以上法人企业营业利润	-12.0	-16.0	-21.2	-31.2	-37.0
利润总额	-15.4	-21.0	-28.5	-40.1	-52.7
其中:规模以上法人企业利润总额	-8.6	-11.7	-15.9	-22.4	-29.4

注：2011 年和 2012 年数据根据 2014～2015 年平均增长率推算；由规模以上数据推算全行业，主要根据 2011～2015 年"规模以上法人企业营业收入占全部法人企业营业收入的平均比重 55.8%"进行。

资料来源：2013～2015 年规模以上数据来源于《中国第三产业统计年鉴》（2014～2016）。

八　行业增加值情况

"十二五"期间，随着体育业投资规模不断扩大，体育、休闲以及城市建设联动发展，体育业创造能力充分发挥，产业增加值不断扩大。2011～2015 年，我国体育业增加值保持连续上升态势，从268.5亿元增加到385.9亿元，增幅达43.7%，平均每年增加在10.0%左右，高于全国GDP平均速度。其中，"十二五"最后两年，由于投资力度加大，体育业增加值快速扩大，2014年超过300亿元，2015年接近400亿元。

表53 "十二五"期间体育业增加值

单位：亿元

指标	2011年	2012年	2013年	2014年	2015年
体育业增加值	268.5	284.9	294.7	326.9	385.9
文化、体育和娱乐业行业增加值	3007.1	3529.6	3867.7	4274.5	4808.8

注：体育业增加值按照本年体育业法人单位数占文化、体育和娱乐业法人单位数的比重推算。

资料来源：文化、体育和娱乐业增加值数据来源于《中国第三产业统计年鉴》（2012～2016），其中2015年数据缺失，表中数据根据2012～2014年平均增长率推算。

第五节 "十二五"期间娱乐业发展情况

"十二五"时期，随着行业治理不断深入以及党风廉政建设全面推进，我国娱乐业发展受到不小影响，波动较大，发展进入调整阶段，经济效益有所下滑，倒闭破产时有发生，但同时行业规范程度明显提高，行业发展环境得到进一步净化，秩序进一步规范，为未来持续健康发展创造了良好条件。

一 营业规模情况

"十二五"期间，娱乐业营业收入呈先增后减趋势，2011～2014年营业收入不断增加，从923.3亿元扩大到1509.9亿元，增幅达63.5%，2015年收入大幅下降，降幅为17.9%。从娱乐场所数量看，"十二五"期间，全国娱乐场所数量不断减少，规模有所缩减，从2011年的92577个减少到2015年的79816个，减少12761个。"互联网＋"广泛应用，新媒体飞速发展，娱乐场所的减少正是娱乐业与互联网日益密切结合、与影视产业交叉融合的结果。

表54 "十二五"期间娱乐业营业收入

单位：亿元

指标	2011年	2012年	2013年	2014年	2015年
法人企业营业收入	923.3	1087.8	1281.6	1509.9	1240.0

注：2011年和2012年为推算数据，考虑到娱乐业利润和税收指标先增后减趋势，用2014年增长率和2013年数据测算。

资料来源：2013～2014年数据来源于《中国第三产业统计年鉴》（2013～2016）和《中国经济普查年鉴》（2013）。

表55 "十二五"期间娱乐场所数量情况

单位：个

指标	2011 年	2012 年	2013 年	2014 年	2015 年
娱乐场所机构数	92577	90271	89652	84179	79816

资料来源：《中国文化及相关产业统计年鉴》（2012~2016）。

二 资产规模情况

"十二五"期间，我国娱乐业资产规模呈快速增加趋势。2011~2015 年，娱乐业资产规模不断扩大，尤其是 2013 年，增幅达到 52.9%，资产总额在 2015 年达到最大值 3540.2 亿元。其中规模以上企业资产总额占全行业企业资产的比例约为 45.6%，不足一半，另外超过一半的企业为规模以下的中小型企业，市场集中度相对较小，中小型企业占多数。

表56 "十二五"期间娱乐业资产情况

单位：亿元

指标	2011 年	2012 年	2013 年	2014 年	2015 年
企业法人资产总计	1402.2	1844.1	2819.7	3400.8	3540.2
其中：规模以上企业法人资产总计	639.4	840.9	1105.9	1477.3	1912.2

注：2011~2012 年规模以上企业法人资产根据 2014~2015 年平均年增长率推算；2011~2012 年全部企业法人资产总计根据 2013~2015 年"规模以上企业法人资产总计占企业法人资产总计平均比例 45.6%"推算。

资料来源：《中国第三产业统计年鉴》（2014~2016）。

三 法人单位情况

"十二五"期间，娱乐业法人企业单位数量规模增加。文化产业的泛娱乐化以及娱乐业与其他文化行业的融合吸引了越来越多的企业关注并进入娱乐市场，法人企业单位数量迅速增加，从万级上升至十万级。2011 年法人企业单位数为 23721 个，到 2015 年这一数字增加到 134583 个，是 2011 年的 5.7 倍。从企业类型看，2013~2015 年法人企业单位结构较为稳定，私人控股占比达 90% 以上，集体控股和国有控股平均占比为 0.62%、0.49%，外商控股和港澳台控股分别占 0.11%、0.15%。

四 就业人数及工资情况

"十二五"期间，娱乐业就业人员规模相对稳定，仅有小幅波动。娱乐场所就业人

表57　"十二五"期间娱乐业法人单位情况

单位：个

指标	2011年	2012年	2013年	2014年	2015年
法人单位总数	27242	33842	115836	131635	141648
法人企业单位数	23721	29689	109799	124265	134583
文化、体育和娱乐业法人单位数	102775	121126	230544	263384	297274

资料来源：《中国第三产业统计年鉴》（2012～2016）。

表58　2015年娱乐业分控股情况和注册类型不同类型法人企业数量

单位：家

指标	国有控股	集体控股	私人控股	港澳台商控股	外商控股	其他
企业数量	744	808	122643	197	137	10054

资料来源：《中国第三产业统计年鉴》（2016）。

表59　娱乐业不同类型法人企业数量

单位：个

年份	国有控股	集体控股	私人控股	港澳台商控股	外商控股	其他
2015	744	808	122643	197	137	10054
2014	612	777	113946	196	140	8594
2013	452	702	101743	162	116	6624
2011	509	728	19127	309	298	2750

注：2012年数据缺失。

资料来源：《中国第三产业统计年鉴》（2012～2016）。

员规模没有随着娱乐场所机构数量的下降而发生大幅减少，也从侧面说明了"十二五"期间娱乐业没有进入市场低迷或发生骤变，而是在转型过程中出现的合理波动。从工资情况看，就业人员工资总额保持稳定增长态势，平均工资处于国民经济主要行业的中等水平。

表60　"十二五"期间娱乐业就业人数

单位：万人

指标	2011年	2012年	2013年	2014年	2015年
就业人员数	81.4	85.2	89.2	102.2	96.9

注：2011～2012年数据根据2014～2015年平均增长率推算。

资料来源：2013～2015年数据来源于《中国第三产业统计年鉴》（2014～2016）。

表 61 "十二五"期间娱乐业就业人员工资情况

单位：亿元，元

指标	2011 年	2012 年	2013 年	2014 年	2015 年
工资总额	387.1	455.0	526.6	658.0	705.8
年平均工资	47563	53406	59034	64385	72837

资料来源：文化、体育和娱乐业城镇单位就业人员和工资总额数据来源于《中国统计年鉴》（2016）。

注：工资总额和平均工资按照娱乐业就业人数占文化、体育和娱乐业就业人数的比例，结合文化、体育和娱乐业城镇单位就业人员工资总额推算。

五 固定资产投资情况

"十二五"期间，娱乐业固定资产投资额稳步增加，新增固定资产规模同步增长。2015 年娱乐业固定资产投资额为 1992.7 亿元，比 2011 年增长 66.0%，其中 2012 年略有下降，2013~2015 年保持快速增长，2014 年增速最快，达到 26.8%。新增固定资产从 2011 年的 686.0 亿元增长到 2015 年的 1274.1 亿元，增长 85.7%。

表 62 "十二五"期间娱乐业固定资产投资情况

单位：亿元，%

指标	2011 年	2012 年	2013 年	2014 年	2015 年
固定资产投资额	1200.5	1141.0	1388.0	1759.8	1992.7
实际到位资金	1313.0	1232.6	1492.5	1849.6	1891.3
新增固定资产	686.0	568.0	810.1	966.3	1274.1
固定资产交付使用率	57.1	49.8	58.4	54.9	63.9

资料来源：《中国文化及相关产业统计年鉴》（2012~2016）和《中国统计年鉴》（2012~2016）。

六 税收缴纳情况

2012~2015 年全国娱乐业总体税收收入相对稳定，2015 年税收收入为 56.8 亿元，相比 2012 年仅下降 0.52%；营业税、个人所得税、企业所得税是娱乐业三大主要税种，合计约占全行业纳税总额的 80.00% 以上。就各税种而言，增减情况不一，其中国内增值税、外资企业所得税、个人所得税、印花税、城镇土地使用税、耕地占用税、契税等税收 2015 年相较于 2012 年有明显增长，而营业税、城市维护建设税、土地增值税、车辆购置税等税收 2015 年相较于 2012 年则有明显减少。

565

表 63 "十二五"期间全国娱乐业税收情况

单位：万元

指标	2011 年	2012 年	2013 年	2014 年	2015 年
税收总额	57.0	57.1	63.7	58.2	56.8
其中:国内增值税	0.2	0.3	0.5	0.7	0.8
国内消费税	0.0	0.0	0.0	0.0	0.0
营业税	34.3	30.0	28.6	23.5	19.8
内资企业所得税	4.9	4.9	5.3	4.7	4.8
外资企业所得税	1.3	1.8	2.0	2.2	4.5
个人所得税	10.8	12.2	16.6	16.8	17.0
城市维护建设税	2.0	1.8	1.9	1.6	1.4
房产税	1.6	1.6	1.7	1.5	1.5
印花税	0.1	0.1	0.2	0.1	0.2
城镇土地使用税	2.5	3.1	4.6	4.4	5.2
土地增值税	0.7	0.7	1.2	1.8	0.2
车辆购置税	0.4	0.3	0.2	0.1	0.1
车船税	0.0	0.0	0.0	0.0	0.0
耕地占用税	0.0	0.1	0.2	0.2	0.4
契税	0.1	0.2	0.6	0.5	1.0
其他各税		0.0	0.1		0.0

注：2011 年娱乐业与文化、体育并为一项统计税收数据；2011 年娱乐业税收数据根据平均增长率推算得出。
资料来源：《中国税务年鉴》。

七 行业利润情况

"十二五"期间，在娱乐场所机构数量缩减的同时，我国娱乐市场环境得到整治、规范化、中高端娱乐得到发展，推动行业利润不断增加，但在"十二五"末出现大幅调整。2011～2014 年娱乐业营业利润从 193.9 亿元增加到 260.3 亿元，增幅达 34.2%；利润总额从 225.7 亿元增加到 327.4 亿元，增幅达 45.1%。2015 年，随着经济调整不断深化以及反腐倡廉工作不断推进，娱乐业利润急剧下滑，其中营业利润下滑 47.8%，利润总额下滑 49.1%，行业进入深度调整阶段。

八 行业增加值情况

"十二五"期间，娱乐业市场主体数量快速增加，在文化、体育和娱乐业中的占比不断提升，增加值也随之不断增加。2015 年行业增加值为 2291.3 亿元，比 2011 年增加 187.5%，增长迅速。其中 2013 年增幅最大，从 2012 年的 986.2 亿元增加到 1943.3 亿元，同比增加 97.0%。

表 64 "十二五"期间娱乐业利润情况

单位：亿元，%

指标	2011 年	2012 年	2013 年	2014 年	2015 年
营业利润	193.9	198.2	222.5	260.6	136.2
其中：规模以上法人企业单位营业利润	17.7	18.1	24.0	19.5	40.1
利润总额	225.7	231.1	231.8	327.4	166.8
其中：规模以上法人企业单位利润总额	20.6	21.1	25.0	24.5	49.1
利润率	34.3	32.8	25.2	23.6	24.4

注：2011 年和 2012 年规模以上数据根据 2014 ~ 2015 年平均增长率推算；全部法人企业数据根据 2013 ~ 2015 年规模以上法人企业营业利润与利润比例关系结合营业利润推算。

资料来源：2013 ~ 2015 年规模以上数据来源于《中国第三产业统计年鉴》（2014 ~ 2016）。

表 65 "十二五"期间娱乐业增加值

单位：亿元

指标	2011 年	2012 年	2013 年	2014 年	2015 年
娱乐业增加值	797.1	986.2	1943.3	2136.3	2291.3
文化、体育和娱乐业增加值	3007.1	3529.6	3867.7	4274.5	4808.8

注：娱乐业增加值按照本年娱乐业法人单位数占文化、体育和娱乐业法人单位数的比重推算。

资料来源：文化、体育和娱乐业增加值数据来源于《中国第三产业统计年鉴》（2012 ~ 2016），其中 2015 年数据缺失，表中数据根据 2012 ~ 2014 年平均增长率推算。

九 区域分布情况

"十二五"期间，与全国娱乐业法人单位快速增加趋势相同，各地区法人单位数量均增长迅速，其中中西部地区增速极快，五年内增加 6 倍以上，而东部地区增速相对较慢，为 2.5 倍，但仍然属于高速增长。从存量构成看，东部地区法人单位数量居四大区域之首，占全国娱乐业法人单位数量的比重超过 40%，甚至为 50% 左右，其他各区域占比较为稳定，经过"十二五"期间的发展，东部地区娱乐业法人单位数量占比略有下降，东部地区与其他地区的差距有所缩减。

表 66 "十二五"期间各区域娱乐业法人单位数

单位：个

指标	2011 年	2012 年	2013 年	2014 年	2015 年
全国	27242	33842	115836	131635	141648
东部地区	16105	18571	47207	53984	57448
中部地区	4756	6226	32319	36435	38339
西部地区	4732	6782	28427	32847	37209
东北地区	1649	2263	7883	8369	8652

资料来源：《中国第三产业统计年鉴》（2012 ~ 2016）。

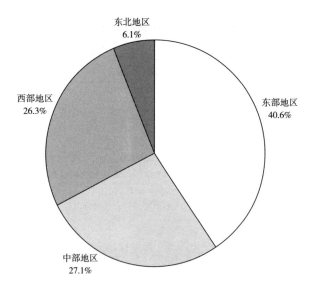

图 8　2015 年娱乐业法人单位区域结构

资料来源：《中国第三产业统计年鉴》（2016）。

第十六章

"十二五"期间中国农、林、牧、渔服务业发展情况

农林牧渔服务业指对农、林、牧、渔业生产活动进行的各种支持性服务活动，不包括各种科学技术和专业技术服务活动。根据国家统计局国民经济行业分类（GB/T 4754－2011），农业服务业是指农业生产活动进行的各种支持性服务，具体包括农业机械服务、灌溉服务、农产品初加工服务、农业病虫害防治服务等。林业服务业是指为林业生产服务的病虫害的防治、林地防火等各种辅助性活动，具体包括有害生物防治、森林防火、林产品初级加工等。牧业服务业指提供牲畜繁殖、圈舍清理、畜产品生产和初级加工等服务。渔业服务业指对渔业生产活动进行的各种支持性服务，包括鱼苗及鱼种场、水产良种场和水产增殖场等进行的活动。因此农、林、牧、渔服务业是具有生产辅助功能的产业部门，该部门的发展一方面需要以农、林、牧、渔业为根基，另一方面农、林、牧、渔服务业的发展也能促进农、林、牧、渔业的发展，两个产业部门相辅相成。国际组织和多数国家一般都将其随农、林、牧、渔业一同归入第一产业。从2003年开始，我国也遵循这一做法。

"十二五"期间，我国农、林、牧、渔服务业保持稳步发展。农、林、牧、渔服务业增加值和产值均创历史新高，并保持高速增长趋势。其中，东部地区农、林、牧、渔服务业发展领先于其他地区，对全国农、林、牧、渔服务业的发展起到重要的推动作用。农、林、牧、渔服务业固定资产投资额连年增长，虽然增速有所放缓，但是增速趋于平稳。投资效率显著提高，建成投产项目数明显增加，交付使用率明显提高。重点行业发展势头良好，农业机械化装备和作业服务水平进一步提高，农产品产地初加工服务工作稳步推进，农业科研、农业病虫害防治、农产品质量安全监管、农业保险等农业发展支持体系逐渐建立。同时，中国农、林、牧、渔服务业发展也面临政策环境不完善、地区间发展不平衡、与国际接轨程度较低、专业化服务人才缺乏、产业标准化建设落后等诸多挑战。长远来

看，我国农、林、牧、渔服务业的发展仍有较大的增长空间，未来的发展重心应集中在平衡区域发展、加强国际合作、推进产业标准化体系建设、提升从业队伍素质等方面。此外，随着农村土地规模经营和农业服务规模经营并存的现代农业发展路径逐步展开，专业化的农业服务行业将迎来巨大的市场契机，从而将推动农业服务业的跨越式发展。短期看，育种、化肥、饲料、农业设备、农机等子行业的市场潜力已经初现端倪。长期看，基于专业化和标准化的农业生产模式将大大提高种植业和养殖业的产能并优化产品结构，作为农业服务业的销售、物流、品牌营销等细分行业也将拥有源源不断的增长点。农业服务业与信息技术、生物科技、循环经济、旅游观光、物联网、现代企业管理、互联网等新兴且具有高附加值行业的跨界融合将激发出不可限量的创新能量。

本书首先运用国家统计数据，从纵向视角对"十二五"期间我国农、林、牧、渔服务业的发展全貌进行描述。然后借鉴国际产业划分标准，从"为农业提供生产性服务"和"农业自身为消费者或其他产业提供的服务"两个层面，将农业服务业划分为农机服务、农产品产地初加工、农业科研/推广与教育、农业病虫害防治、农产品质量安全监管等九大重点行业，从横向视角对"十二五"期间我国农、林、牧、渔服务业的发展情况进行深入剖析。

第一节 "十二五"期间农林牧渔业整体发展情况

"十二五"期间，在农、林、牧、渔业规模经营的带动下，农、林、牧、渔服务业增加值和产值快速增长，为第三产业的发展注入了新兴力量。"十二五"期间，第三产业增加值年均增速为11.4%，而农、林、牧、渔服务业增加值年均增速为12.5%，快于第三产业1.1个百分点。但各地区农、林、牧、渔服务业发展仍存在一定的差距，主要表现为中东部省份累计增加值和累计产值均相对高于其他区域省份。相应的，法人单位也主要集中于东部和中部地区，两地区法人单位合计占总数的63%，东北地区法人单位数及占比最低。"十二五"期间，农、林、牧、渔服务业新增固定资产比"十一五"期间增加了2.83倍，固定资产投资增速相对稳定，投资总量大幅增长，2015年比2010年增加了2倍多。固定资产投资建成投产项目数（不含农户）增长明显，且交付使用率较"十一五"时期有所提高。

一 增加值年均增速高于第三产业，江苏省增长最为迅速

近年来，在农、林、牧、渔业规模经营的带动下，相关服务业发展规模也随之扩大。"十二五"期间，农、林、牧、渔服务业增加值快速增长，尤其最后一年增加值再创历史新高。

"十二五"期间，农、林、牧、渔服务业增加值逐年增长，年均增量为174.1亿元，2015年增加值突破2000亿元。农、林、牧、渔服务业增加值五年累计8329.6亿元，占第三产业增加值的0.6%，占比变化幅度不大。农、林、牧、渔服务业增加值增速先降后升，2015年增速尚未恢复到2011年的水平。"十二五"期间，第三产业增加值年均增速为11.4%，农、林、牧、渔服务业增加值年均增速为12.5%，快于第三产业1.1个百分点。2014年和2015年，农、林、牧、渔服务业增加值同比增速与服务业整体水平相当。

表1 农、林、牧、渔服务业增加值增速及占服务业比例

单位：亿元，%

年份	增加值		同比增速	
	农、林、牧、渔服务业	第三产业	农、林、牧、渔服务业	第三产业
2011	1332.9	216098.6	13.0	18.7
2012	1481.0	244821.9	11.1	13.3
2013	1644.3	277959.3	11.0	13.5
2014	1821.9	308058.6	10.8	10.8
2015	2049.5	346149.7	12.5	12.4
合计	8329.6	1393088.1	—	—

资料来源：根据《中国第三产业统计年鉴》（2012~2016）整理。

各省份"十二五"期间农、林、牧、渔服务业累计增加值存在一定的差距，主要表现为中东部省份与西部省份的差距。

"十二五"期间，江苏省农、林、牧、渔服务业增加值累计超过900亿元，在全国各省份中排名第一。山东省农、林、牧、渔服务业增加值仅次于江苏省，五年累计达876.7亿元。其余各省份"十二五"期间农、林、牧、渔服务业增加值累计均不及600亿元。各省份农、林、牧、渔服务业年均增加值在100亿元以上的省份为江苏、山东、河北、湖南、辽宁，这五个省份"十二五"期间农、林、牧、渔服务业增加值年均增速分别为11.9%、9.2%、8.7%、11.3%、9.8%。整体来看，中东部省份农、林、牧、渔服务业累计增加值相对高于其他区域省份。

分区域来看，各地区增加值发展不平衡。东部地区农、林、牧、渔服务业在"十二五"时期的增加值达到3327.7亿元，占全国农、林、牧、渔服务业增加值的40%，是增加值最高的区域。东北地区"十二五"时期农、林、牧、渔服务业增加值累计不足1000亿元，仅占同期全国增加值的11%。

表2　各省份"十二五"期间农、林、牧、渔服务业累计增加值

单位：亿元，%

地区	累计	占比	排名	地区	累计	占比	排名
全　国	8329.6	100	—	黑龙江	214.7	2.6	16
江　苏	902.0	10.8	1	贵　州	198.3	2.4	17
山　东	876.7	10.5	2	山　西	178.1	2.1	18
河　北	593.7	7.1	3	甘　肃	174.9	2.1	19
湖　南	539.3	6.5	4	云　南	172.7	2.1	20
辽　宁	520.3	6.2	5	新　疆	165.8	2.0	21
河　南	475.7	5.7	6	浙　江	136.6	1.6	22
安　徽	403.5	4.8	7	内蒙古	110.8	1.3	23
湖　北	361.9	4.3	8	海　南	102.6	1.2	24
广　东	350.9	4.2	9	重　庆	72.0	0.9	25
福　建	325.7	3.9	10	宁　夏	57.1	0.7	26
陕　西	318.2	3.8	11	上　海	20.6	0.2	27
四　川	285.2	3.4	12	青　海	14.4	0.2	28
广　西	269.7	3.2	13	西　藏	11.1	0.1	29
江　西	242.4	2.9	14	北　京	10.9	0.1 *	30
吉　林	215.6	2.6	15	天　津	8.0	0.1	31

资料来源：根据《中国第三产业统计年鉴》（2012～2016）整理。

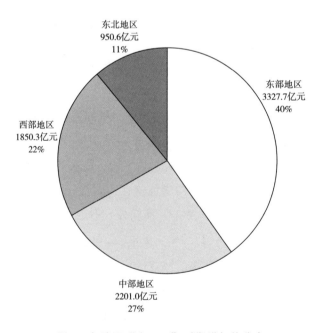

图1　各地区"十二五"时期增加值分布

资料来源：根据《中国第三产业统计年鉴》（2012～2016）整理。

各地区增加值增长存在一定差距，中部和西部增速相对较快。"十二五"期间，东部地区年均增加值为665.5亿元，增加值年均增量为60.9亿元，东北地区增加值年均增量仅有17.6亿元。虽然东部地区的增加值年均增量相对较大，但是从增长速度来看，东部地区的年均增速为9.7%，落后于其他三个区域。"十二五"期间中部地区和西部地区增加值的年均增速分别为13.2%和13.0%，年均增量分别为55.3亿元和45.4亿元，中部地区的增加值在2015年突破500亿元，达到566.1亿元。另外，东北地区增加值年均增速为9.9%，略高于东部地区。

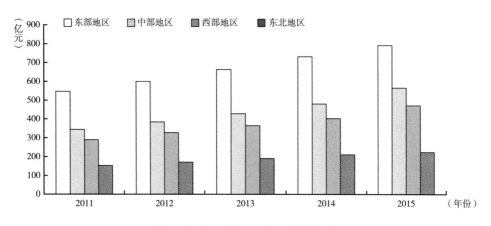

图2 各地区"十二五"时期增加值

资料来源：根据《中国第三产业统计年鉴》（2012～2016）整理。

二 产值增速逐渐放缓，山东省累计产值位列第一

"十二五"期间，农、林、牧、渔服务业产值增加，但是各年度增速放缓，增长动力不足。具体的，"十二五"期间，农、林、牧、渔服务业产值逐年增长，五年累计增加17782.6亿元，年均增加产值为3556.5亿元，年均增速为10.9%。分年度来看，农、林、牧、渔服务业产值增速放缓，2011年增速为12.7%，2015年增速下降至10.6%。

中国各省份"十二五"期间农、林、牧、渔服务业累计产值存在一定差异，主要表现为中东部地区与西部地区发展差距较大，以及部分农业大省的农、林、牧、渔服务业发展相对落后。具体来看，山东省农、林、牧、渔服务业累计产值占全国的10.2%，位列全国各省份农、林、牧、渔服务业累计产值第一。产值累计在1000亿元以上的省份有山东、江苏、河南、河北、湖南、湖北，该六个省份农、林、牧、渔服务业累计产值合计占全国累计产值的47.8%。其余各省份累计产值均在900亿元以下，合计占全国累计产值的52.2%。

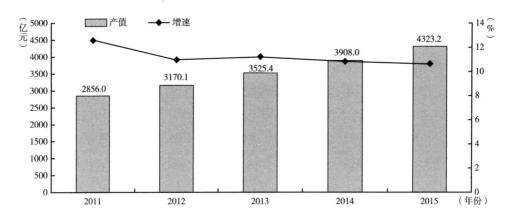

图3 农、林、牧、渔服务业"十二五"期间产值

资料来源：根据《中国第三产业统计年鉴》（2012～2016）整理。

表3 各省份"十二五"期间农、林、牧、渔服务业累计产值、占比及排名

单位：亿元，%

地区	累计	占比	排名	地区	累计	占比	排名
全 国	17782.6	100.0	—	江 西	435.9	2.5	16
山 东	1816.5	10.2	1	黑龙江	420.9	2.4	17
江 苏	1596.0	9.0	2	贵 州	392.5	2.2	18
河 南	1343.2	7.6	3	吉 林	382.2	2.1	19
河 北	1335.7	7.5	4	山 西	381.1	2.1	20
湖 南	1247.0	7.0	5	新 疆	313.8	1.8	21
湖 北	1157.1	6.5	6	浙 江	277.8	1.6	22
辽 宁	862.1	4.8	7	海 南	188.7	1.1	23
广 东	850.1	4.8	8	内蒙古	186.5	1.0	24
安 徽	814.2	4.6	9	重 庆	102.0	0.6	25
甘 肃	672.6	3.8	10	宁 夏	89.2	0.5	26
广 西	669.0	3.8	11	上 海	54.6	0.3	27
陕 西	582.6	3.3	12	天 津	52.3	0.3	28
福 建	562.4	3.2	13	北 京	39.1	0.2	29
四 川	462.1	2.6	14	青 海	24.7	0.1	30
云 南	454.4	2.6	15	西 藏	16.4	0.1	31

资料来源：根据《中国第三产业统计年鉴》（2012～2016）整理。

各地区"十二五"期间农、林、牧、渔服务业累计产值如图4所示，东部地区产值累计6773.2亿元，占全国累计产值的38%，而东北地区的累计产值不足2000亿元，仅占全国产值的10%。

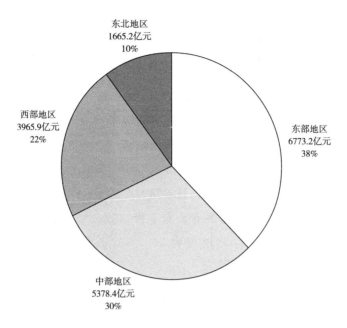

图4 各地区"十二五"时期累计产值分布

资料来源：根据《中国第三产业统计年鉴》整理。

　　中部和西部地区"十二五"期间农、林、牧、渔服务业产值增长较快。整体上看，东部地区的产值体量较大，2015年东部地区产值达到1615.0亿元，年均增量为125.6亿元，年均增速为9.8%。中部地区农、林、牧、渔服务业产值虽然不如东部地区大，但是"十二五"期间的年均增速达到12.4%，产值年均增加125.9亿元，2015年的产值达到1347.5亿元，增长势头强劲。西部地区2015年农、林、牧、渔服务业产值尚未达到1000亿元，但是"十二五"期间年均增量为84.0亿元，年均增速为11.3%，高

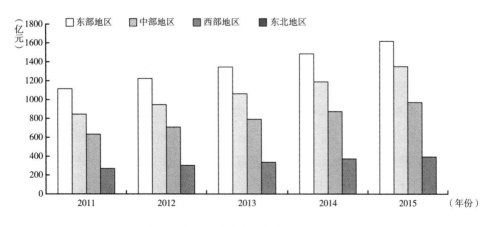

图5 各地区"十二五"时期产值情况

资料来源：根据《中国第三产业统计年鉴》（2012～2016）。

于东部地区。东北地区农、林、牧、渔服务业产值增长相对缓慢，年均增量仅有31.3亿元，年均增速为10.9%，略低于西部地区。

三 固定资产总量大幅增长，投资建成投产项目数明显增加

"十二五"期间，农、林、牧、渔服务业新增固定资产较"十一五"时期大幅增长。"十二五"期间，农、林、牧、渔服务业新增固定资产逐年增长，五年累计9913.7亿元，年均增加1982.7亿元，2015年突破3000.0亿元。"十一五"期间，农、林、牧、渔服务业新增固定资产累计2589.4亿元，"十二五"期间比"十一五"期间增加了两倍左右。从增速来看，农、林、牧、渔服务业新增固定资产增长率波动较大，"十二五"期间年均增速为26.2%，其中2011年增速高达53.1%，2014年仅为18.8%。

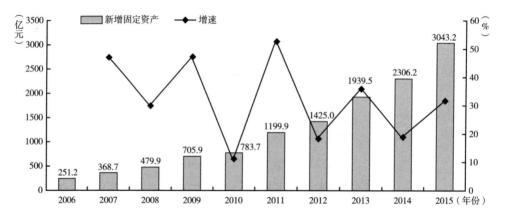

图6 农、林、牧、渔服务业新增固定资产及增速

资料来源：根据国家统计局数据整理。

"十二五"期间，农、林、牧、渔服务业固定资产投资规模逐年增长，五年累计11829.3亿元，年均增速为24.3%，年均增长492.9亿元。其中，2015年突破3000亿元，达到3500.5亿元，占第三产业固定资产投资的1.1%。与"十一五"时期相比，固定资产投资增速相对稳定，投资总量大幅增长，2015年比2010年增加了两倍多。

"十二五"期间，农、林、牧、渔服务业固定资产投资建成投产项目数（不含农户）增长明显，且交付使用率较"十一五"时期有所提高。具体来看，"十二五"期间，农、林、牧、渔服务业固定资产投资建成投产项目数（不含农户）呈现V形发展趋势，2015年建成投产项目数（不含农户）为8506个，达到历史新高。2013～2015年，建成投产项目数（不含农户）年增量均超过1000个，三年年均增量为1462.3个。

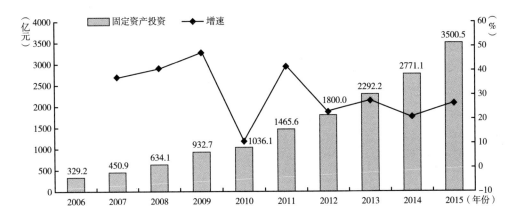

图7　农、林、牧、渔服务业固定资产投资及增速（不含农户）

资料来源：根据国家统计局数据整理。

"十二五"期间，固定资产平均交付使用率为83.1%。除了2012年，其他年份交付使用率均在80.0%以上，2015年交付使用率达86.9%，为历年最高水平。

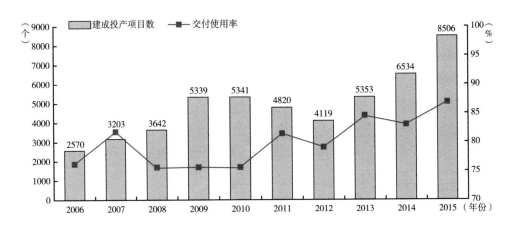

图8　农、林、牧、渔服务业固定资产投资（不含农户）建成投产项目数及交付使用率

资料来源：根据国家统计局数据整理。

四　不同地区法人单位数差距较大，企业法人以私人控股为主

我国农、林、牧、渔服务业法人单位主要集中于东部和中部地区。截至2015年底，农、林、牧、渔服务业共有法人单位199494个，占当年第三产业法人单位数的1.8%。根据区域分布，东部地区和中部地区法人单位数均在6万个以上，合计占农、林、牧、渔服务业法人单位的63%，东北地区法人单位数及占比最低。整体来看，西部、东北部与中部、东部的法人单位数差距较大。

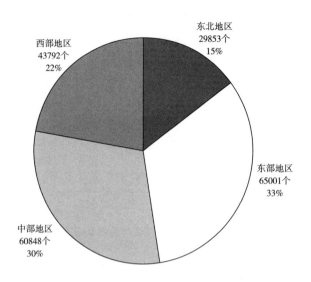

图9 2015 年各地区农、林、牧、渔服务业法人单位数

资料来源：根据《中国第三产业统计年鉴》（2016）整理。

从农、林、牧、渔服务业企业法人控股情况来看，企业法人主要以私人控股为主。2015 年，农、林、牧、渔服务业企业法人合计 84396 个，占第三产业企业法人单位数的 1.0%。农、林、牧、渔服务业企业法人中，私人控股企业法人单位数占 67.9%，位列所有控股类别第一。

表4 2015 年农、林、牧、渔服务业企业法人控股情况

单位：个，%

控股类别	国有控股	集体控股	私人控股	港澳台商控股	外商控股	其他	合计
法人数	1616	3125	57315	87	45	22208	84396
占比	1.9	3.7	67.9	0.1	0.1	26.3	100.0

资料来源：根据《中国第三产业统计年鉴》整理。

根据资金来源进一步细分，2015 年农、林、牧、渔服务业企业法人单位主要以内资企业为主，合计 84233 个。其中私营有限责任公司和私营独资企业法人个数均在10000 个以上，分别占当年内资企业法人个数的 16.5% 和 12.5%。港澳台投资企业法人单位数合计 97 个，其中合资经营和独资企业法人单位数各占 20.6% 和 66.0%。外商投资企业法人单位数合计 66 个，其中合资经营和独资企业法人单位数各占 37.9% 和42.4%。

表5 2015年农、林、牧、渔服务业企业法人分类情况

单位：个

投资来源	经营类别	企业法人单位数
内资	国有	967
	集体	785
	股份合作	268
	国有联营	14
	集体联营	66
	国有与集体联营	5
	其他联营	48
	国有独资公司	100
	其他有限责任公司	6031
	股份有限公司	568
	私营独资	10565
	私营合伙	1278
	私营有限责任公司	13994
	私营股份有限公司	806
	其他内资企业	48738
	合计	84233
港澳台投资	合资经营	20
	合作经营	4
	独资	64
	股份有限	7
	其他	2
	合计	97
外商投资	合资经营	25
	合作经营	3
	独资	28
	股份有限	1
	合计	66

资料来源：根据《中第三产业统计年鉴》（2016）整理。

第二节 "十二五"期间农林牧渔服务业重点行业发展情况

根据国家统计局公布的"国民经济行业分类标准"中，第一产业下的农林牧渔服务业，尚不能充分体现现代农业与其他产业之间的广泛联系，实为狭义的农业生产性服务业。本节在借鉴国际产业划分标准基础上，从"为农业提供生产性服务"和"农业自身为消费者或其他产业提供的服务"两个层面，将农业服务业划分为9个重点行业。

前者表现在农业基础设施服务和公共服务，具体划分为农业机械化服务、农产品加工、农业科研/推广与教育（技术推广，新兴职业农民培训等）、农业病虫害防治、农产品质量安全监管、农业信息等 6 项。后者是农产品衍生出来的价值需要通过服务形式来加以实现，为农业衍生服务业，包括农业保险、休闲农业和种子服务（种子生产、品种审定与推广）。

从重点行业发展情况看，"十二五"期间，农业机械化服务在装备水平、作业水平、安全水平、社会化服务水平等方面均实现了稳步提升；农产品产地初加工在补助政策的引导下，提高了农业质量效益，带动了农民增收，增强了产业竞争力，促进了新型经营主体的培育；农业科研、教育与推广事业保持了良好发展态势，为保障国家粮食安全、支撑农业可持续发展提供了有力支撑；农业病虫害防治事业在农作物病虫害严峻的发生形势下，开展防病治虫夺丰收行动，大力推进统防统治、绿色防控和科学用药，最大限度地降低了危害损失；农产品质量安全总体保持稳中有升、持续向好的发展态势，监管体系建设进一步加强，乡镇农产品质量安全监管机构基本覆盖全国所有涉农乡镇，基层监管能力快速提升；农业信息化服务业取得显著成效，信息技术在农业生产、经营、管理和服务各个环节中的应用不断深入；农业保险服务实现了较大发展，农业保险品种不断创新，农业保险在防灾减灾、生产调节和担保增信等方面的功能得到充分发挥；休闲农业与乡村旅游发展迅速，在促进农业提质增效、带动农民就业增收、传承中华农耕文明、建设美丽乡村、推动城乡一体化发展等方面发挥了重要作用；种子服务业发生质的变化，国务院下发文件，首次把农业物种业定位为国家战略性、基础性核心产业，农业部种子管理局正式组建完成。

一　农业机械化服务

"十二五"期间，我国农业机械化装备水平、作业水平、安全水平、社会化服务水平稳步提升。2015 年，我国农作物耕种收综合机械化率达到 63%，超过"十二五"规划目标 3 个百分点，超额完成了 1333.33 万公顷深松整地任务，为巩固农业农村经济发展好形势做出了积极贡献。

1. 农业机械化装备和作业服务水平进一步提高

"十二五"期间，我国农机装备水平、作业水平、科技水平、安全水平和社会化服务水平实现了前所未有的快速提升，确保了《国民经济和社会发展"十二五"规划纲要》《农业机械化发展"十二五"规划》有关农机化目标任务的全面完成，再现了农机化发展的又一个黄金期。一是农机装备结构显著优化。2015 年全国农机总动力达到 11 亿千瓦，大中型拖拉机、联合收获机、水稻插秧机保有量分别是"十一五"末的 1.55 倍、1.75 倍和 2.18 倍，小型拖拉机占比持续下降，粮食生产环节高性能机具占比持续提高。二是主要农作物薄弱环节机械化快速推进。耕种收综合机械化率达到63%，年均提高2个百分点；水稻种植、玉米收获机械化率分别超过40%、63%，比"十一五"末分别提高19个百分点、37个百分点，棉油糖主要经济作物机械化取得实质性进展。三是农机化科技迈出新步伐。高效、精准、节能型装备研发制造取得重大突破，农机农艺融合成为广泛共识，适应机械化的良种、良法加快应用，农机深松等重点技术大范围推广。四是农机社会化服务纵深发展。由以耕种收环节为主向产前产中产后全环节加快拓展，各类新型主体不断涌现，服务模式不断创新，农机专业合作社超过5.65万个。全程机械化服务能力明显增强，农机深松整地等农机化生产大会战顺利开展，农业机械化安全水平进一步提升。农业机械化成为"十二五"时期农业现代化发展的突出亮点，对保障粮食产能持续增强、农业农村经济持续向好发挥了重要的支撑保障作用。

2. 农业机械化支持政策进一步强化

"十二五"期间，国务院将现代农机装备列入《中国制造2025》重点支持领域，为提高国产农机产品有效供给能力开辟了新途径。支持适宜地区统筹一定比例的农机购置补贴资金用于深松整地作业补助试点，积累了大范围实施农机作业补助政策的经验。在新疆、广西开展了大型农机具金融租赁贴息试点，开辟了金融支持农机化发展的新途径。积极争取将机耕道、全程机械化技术试验基地及科学观测站等纳入"十三五"相关基本建设规划。各地加大了政策创设力度，湖南省每年财政奖补建设1000个较高标准的农机合作社，山东省每年安排4000万元在全省实施农机装备研发创新计划，甘肃省将4500万元省级购机补贴资金拓展用于示范推广、体系建设等方面，四川省投入9500万元建设机耕道等农机化基础设施，江苏省开展农机综合保险。这些新的探索，极大地丰富了农机化支持政策体系。

3. 农业机械化改革创新深入推进

"十二五"期间，农业部门认真贯彻落实国务院关于推进简政放权、放管结合、转变政府职能的部署要求，积极开展了购机补贴、试验鉴定、安全监理等3个方面制度的改革完善。一是持续推进农机购置补贴政策改革。力求从顶层设计上优化程序、管控风险，提升政策实施的针对性、公平性和安全性。制定发布了《2015～2017年农机购置补贴实施指导意见》，着力于五突出、一加强：突出稳定性，一定管三年，稳定预期；突出保重点，选择重点机具敞开补贴；突出市场化，补贴机具资质与支持推广目录脱钩，补贴操作与经销商脱钩；突出鼓励创新，探索农机新产品补贴试点；突出便民，简化操作程序；加强了信息公开和违规惩处，优化政策实施环境。二是积极推进鉴定制度改革。力求进一步统一责权、提高效能。修订完善了农机试验鉴定办法及推广鉴定实施办法，强化鉴定机构主体责任，精简推广鉴定内容，简化换证手续。加强监督检查及结果运用，促进鉴定规范化。三是积极推进安全监理制度改革。力求务实管用可操作。开展农机检验制度改革研究，启动修订拖拉机、联合收割机有关牌证管理规章，明确了进一步整合规章制度、落实管理责任、下放管理权限、优化业务流程、方便农民群众的改革方向。这些改革措施，便民利民效果明显，促进了政策目标和管理目标的实现，营造了公平竞争市场秩序，全年补贴政策实施总体规范有序，各方反映良好。

二 农产品产地初加工

农产品产地初加工即在农产品产后进行的首次加工，使农产品性状适于进入流通和精深加工的过程，主要包括产后净化、分类分级、干燥、预冷、储藏、保鲜、包装等环节。其作用是减损、增供、保质、增效；目的是农民生产的农产品存得住、卖得出、挣得多。"十二五"期间，农业部启动了农产品产地初加工补助政策（2012年）。自政策启动实施以来，在财政部和农业部的大力支持下，坚持聚焦优势特色产业、突出重点、集中连片、整体推进的基本原则，积极推动农产品产地初加工补助政策规范有效实施，取得了良好成效。

1. 不断加大补助力度，提高了农业质量效益

"十二五"期间，财政部和农业部启动实施了农产品产地初加工补助政策（2012年开始），四年共安排中央转移支付资金26亿元，在20个省（区、市）463个县（区）开展试点，共计补助4.9万农户和5200个农民专业合作社建设8.4万座初加工设施。新型贮藏窖、冷藏库不仅改善了马铃薯、果蔬的贮藏条件，大大延长了贮藏时间，而且减少了农产品产后损失，提高了农产品品质。补助政策的实施，引导农民合作社、家庭农场等新型农业经营主体将农业生产的关注点转移到数量质量效益并重、农业新技术使用和集约生产上来，促进了农业生产方式的转变。

2. 有效带动农民增收，促进了精准扶贫

通过补助建设产地初加工设施，给农民提供了更多的创业就业机会，培育了一批优秀的农村职业经纪人，壮大了一批农民专业合作社，吸纳了更多农民就地就业，走出了一条以创业带就业的致富路。截至2015年末，农产品产地初加工补助政策累计为农民减损增收16.5亿元，错季销售增收77.7亿元。农产品产地初加工补助政策的实施还对精准扶贫发挥了积极作用。2015年，补助政策的近2.7亿元用于支持贫困地区改善农产品初加工条件，占总资金规模的30%。其中，2.2亿元用于支持河北等的11个集中连片特殊困难地区的80个县区，1300万元用于支持四省藏区连片特殊困难地区的4个县区，3200万元用于支持新疆南疆三地州特殊困难地区的21个县区，覆盖全国集中连片特困地区20%以上的县区。补助政策支持建设的农产品产地初加工设施有效改善了当地农产品产地初加工条件，大幅减少了农产品产后损失，促进了贫困农民的就业增收。

3. 延伸了产业链、价值链，增强了产业竞争力

各地通过集中建设农产品产地初加工设施，促进了种植、贮藏、加工、销售各环节有机结合，还推动了一些农民合作社、家庭农场等新型农业经营主体建设果蔬加工中心，延长了农业的产业链、价值链，有力地推动了当地优势特色农产品产加销一体化发展。此外，以产地初加工设施建设为平台，推广了一批具有较高科技含量的农产品初加工机械装备，普及了一批先进适用的农产品初加工技术，培训了一批技术素质高、市场观念强的农村致富能手，促进了农产品初加工科技进步，增强了产业竞争力。

4. 稳定了农产品市场供给，促进了新型经营主体培育

通过延长农产品贮藏期、加工期，有效地解决了农产品收获期集中上市而导致的价低、卖难等问题，实现了农产品的错季销售和均衡供应。各级农业主管部门通过引导初加工设施的集中建设，有效地推动了专业市场发展和市场信息服务体系建设，促进了产加销协调发展。特别是随着"互联网＋"的快速发展，各地依托初加工设施大力发展电子商务，为地方优势特色农产品走进国内千家万户、走向国际市场开辟了"快车道"。"十二五"时期，初加工补助政策不断向新型经营主体倾斜，对农民合作社的支持资金从 2012 年的 1.53 亿元逐步增加到 2015 年的近 4.5 亿元，占资金总额的比例从 30.6% 增加到近 50%，年度支持的合作社数量从 1100 余个增加到 2700 多个，建设的设施数量从 3700 余座增加到近 8200 座，仅 2015 年就增加农民合作社初加工能力 48 万吨，降低了市场波动对农业生产产生的影响，解决了部分新型农业经营主体规模生产后对农产品市场波动的担忧，在一定程度上推动了农业规模化经营的进程。

三 农业科研、推广与教育

"十二五"期间，农业科技创新驱动发展战略全面实施，在完善体制机制、提高创新能力、增强服务效率等方面进行了新的探索和实践，农业科技事业保持了良好发展态势，我国农业科技进步贡献率达到 56%，为保障国家粮食安全、支撑农业可持续发展提供了有力支撑。

1. 聚焦农业科技重大问题，切实增强自主创新能力

一是稳步推进农业科技管理改革。加强专业机构建设，推动农业部科技发展中心成为首批 7 家"中央财政科技计划管理专业机构"试点单位之一。实施国家重点研发计划"化肥农药减施增效综合技术研发"试点专项，遴选提出"十三五"农业领域重点专项建议 27 项。参与基地与人才项目改革，推动建立国家海洋实验室。二是扎实做好农业科研项目管理。抓好转基因生物新品种培育重大专项管理，在自主基因、自主技术、自主品种方面，形成金字塔形的成果储备，编制完成专项"十三五"实施计划，完善上中下游研发链条，加快生物研发及产业化进程。三是着力加强农业科研条件能力

建设。全面开展30个重点实验室学科群建设。组织开展6个学科群、104个农业部重点实验室（站）评估。推动中国农科院成为国家首批10个科技基础设施和大型仪器设备向社会开放试点。

2. 加快技术推广与成果转化，不断提升服务效能

一是围绕产业需求扎实开展全年全程科技服务。按照"专家定点联系到县、农技人员包村联户"的总体要求，组织全国农业科研、教学和推广单位的科技人员，下乡进村，深入生产一线，查苗情，查墒情，查病虫情，因时、因地、因苗、因墒落实好粮食生产管理措施。在全国实施科技人员包村联户行动，确保村村都有技术人员指导，大力推进农技人员与村户的责任对接。二是启动建设全国农业科技成果转移服务中心。开发农业专利价值分析系统和农业技术价值评估系统。对植物新品种权数据库、农业专利文献数据库、农业技术转移服务平台、全球知识产权数据库进行整合对接。三是推动国家农业科技创新与集成示范基地建设。完成100个国家农业科技创新与集成示范基地规划编制。每个基地根据国家或区域产业技术发展需求和自身功能定位，确定了资源整合方向、示范推广规模、人员培训模式、技术服务重点等具体建设内容。

3. 着眼未来农业人才支撑，加快新型职业农民培育

一是新型职业农民培育成效显著。截至"十二五"末，新型职业农民培育规模扩展到4个整省、其他省份的21个整市和487个示范县，全年培育100万人。二是启动"现代青年农场主培养计划"。联合教育部、团中央启动"现代青年农场主培养计划"，通过为期3年的培养计划，吸引农村青年务农创业，申报人数1.7万人，其中1.3万人被列入2015年培育对象。三是强化农民教育培训体系。健全完善县域农民教育培训体系，构建以农业广播电视学校为主体、多种教育培训资源积极参与的"一主多元"农民教育培训格局。加强师资、教材、规范建设。利用现代化手段开展新型职业农民培育工作。四是积极推动农业职业教育。联合教育部成立中国现代农业校企联盟，已成立现代农业、现代畜牧业、都市现代农业、现代农业装备和现代渔业五大职教集团，吸纳涉农企业、职业院校、科研院所500余家。举办农学结合弹性学制中等职业教育，招收务农农民学员6万人。

四 农业病虫害防治

"十二五"期间，我国主要农作物病虫害呈中等或偏重发生态势。特别是"十二五"末期，受厄尔尼诺气候事件影响，病虫害明显重于前几年。针对农作物病虫害发生的严峻形势，农业部门组织开展防病治虫夺丰收行动，大力推进统防统治、绿色防控和科学用药，最大限度地降低了危害损失。

1. 切实加强病虫监测预警

"十二五"期间，农业部门针对病虫害防治的严峻形势，加大了监测预警力度。在全国1030个农作物重大病虫测报区域站加强了迁飞性、流行性、暴发性重大病虫定点系统监测和大面积普查，并组织生产、科研、教学方面专家会商发生趋势，及时发布"植物病虫情报"，分别在中央电视台、中央人民广播电台《三农早报》栏目、中国农技推广网等发布病虫预报信息，通过手机平台发布重大病虫彩信报。同时，继续推进病虫害监测预警数字化，强化考核，严格监测调查和信息填报制度。到"十二五"末期，县级、省级植保机构按时填报率分别达88.3%和99.8%。

2. 大力推进统防统治与绿色防控融合

"十二五"期间，农业部印发了《农作物病虫专业化统防统治与绿色防控融合推进试点方案》，组织各地植物保护机构与农药生产企业、新型农业经营主体、病虫防治服务组织合作共建示范基地，集聚资源，集中力量，集成示范农作物病虫害统防统治与绿色防控融合技术模式，辐射带动病虫综合治理、农药减量控害技术的大面积推广应用。截至"十二五"末期，全国农企合作共建示范基地1218个，核心示范面积779.33千公顷，辐射带动面积5640.67千公顷。全国建立专业化防治服务组织11.3万个，"五有"规范化组织达3.76万个，从业人员近162万人，拥有大中型植保机械26万台（套），日作业能力6154.67千公顷，累计实施面积9386.67万公顷，全国水稻、小麦、玉米三大作物病虫害专业化统防统治覆盖率达到32.7%。

3. 强化重大植物疫情防控阻截

"十二五"期间，农业部门在强化检疫工作基础、持续推进植物检疫宣传与执法检查的同时，突出新发和重发植物疫情治理，有力地强化了农业安全屏障。积极推进农业植物检疫信息化建设进程，启动了全国植物检疫信息化管理系统开发工作，努力构建集日常管理、疫情调度、行政审批于一体的综合性检疫工作系统。印发了《全国农业植物检疫性有害生物联合监测与防控协作组工作规范》，召开重大植物疫情阻截防控现场会，扎实推进重大植物疫情联防联控，切实加强应急防控和检疫监管。

4. 大力推进科学安全用药

"十二五"期间，农业部门继续将安全用药知识培训纳入为农民办实事重要内容，组织实施"百县万名农民骨干科学用药培训行动"。建立高效低毒农药和现代植保机械应用示范区近300个，组织开展新型农药、药械对比试验示范，辐射带动应用高效低毒农药和现代植保机械，示范推广安全、高效、环保的新农药品种60多个，应用面积近2000万公顷；建立了水稻、小麦、苹果病虫害农药减量控害万亩示范区7个，组装和推广成熟的病虫害防控技术，优化药剂使用方法，形成作物全生育期减量控害技术规程。组织农药利用率测算研究、农药使用情况监测调查和重大病虫抗药性监测，及时发布监测、调查结果，分析掌握农药使用结构、施药水平和抗药性形势，指导农民科学用药。

五　农产品质量安全监管

"十二五"期间，我国农产品质量安全总体保持稳中有升、持续向好的发展态势。监管体系建设进一步加强，总体上没有发生重大农产品质量安全事件，乡镇农产品质量安全监管机构基本覆盖全国所有涉农乡镇，基层监管能力快速提升。

1. 农产品质量安全专项整治深入开展

"十二五"期间，强化了投入品源头监管，在全国范围内部署开展农药使用、"瘦肉精"、生鲜乳违禁物质、兽用抗菌药、生猪屠宰、水产品禁用药物、农资打假等专项治理行动，组织督查组对部分省份进行了专项督查。启动全国兽药（抗菌药）综合治理五年行动计划，严厉打击违法违规行为，提高兽用抗菌药科学规范使用水平。针对"三鱼两药"问题，加大水产品监督抽查力度，重点打击养殖及育苗过程使用孔雀石绿、硝基呋喃、氯霉素等禁用药物等违法行为。启动了国家农产品质量安全县创建工作。制定农产品质量安全县管理办法和考核评价规范，确定首批107个国家农产品质量安全县（市）作为创建试点单位，带动全国25个省市同步开展省级创建活动。

2. 基层监管体系建设取得突破性进展

"十二五"期间，农业部门全力推动乡镇监管机构建设，建立月报、定期通报和经验交流制度，组织召开现场交流会，采取督导检查和向省领导致函等方式予以督促，加快乡镇监管机构建设步伐。经过努力，截至2015年底，全国所有的省、88%的地市、75%的县、97%的乡镇建立了监管机构，落实专兼职监管人员11.7万人。农业部制定了农产品质量安全监管示范县创建的指导意见，明确了监管示范县认定的基本条件，选择了一批产业集中的县进行试点，有力地提升了县域的监管能力。

3. 风险监测评估稳步开展

"十二五"期间，农业部门深入开展农产品质量安全例行监测，例行监测范围扩大到152个大中城市、117个品种、94项指标，基本涵盖主要城市、产区和品种、参数。强化分析会商和综合研判，结合发现的问题督促各地整改并跟进开展监督抽查。针对农兽药残留、重金属、生物毒素、非法添加物等风险隐患，对蔬菜、粮油、畜禽、奶产品等重点食用农产品进行风险评估，初步摸清风险隐患及分布范围、产生原因，对下一步锁定监管重点、加快标准制定、科学指导生产、正确引导消费发挥了基础性的作用。

六　农业信息化服务

农业信息化建设得到中央高度重视。"十二五"期间，国务院发布《关于大力推进信息化发展和切实保障信息安全的若干意见》，明确指出要推进农业农村信息化建设，实现信息强农惠农。总体来看，"十二五"期间，我国农业信息化建设取得显著成效，信息技术在农业生产、经营、管理和服务各个环节中的应用不断深入。

1. 农业信息化服务深入推进

"十二五"期间，各级农业部门通过开展12316农业信息服务，强化了市场信息职能和体系建设，汇聚了一批科研院校和企业参与农业信息化建设，带动了信息产业发展，营造了农业信息化发展的良好氛围。一是基层服务体系逐步建立。2014年农业部开始在全国10个省（市）22个县开展信息进村入户试点，以满足农民生产生活信息为出发点和落脚点，打通信息服务"最后一公里"。二是信息资源日益丰富。各地在农业信息服务中，面向基层，面向农业信息服务工作，积极整合相关部门信息资源，积累了一批宝贵的专业、特色及满足个性化需求的信息资源。三是服务领域不断拓展。除为农民提供与生产和生活息息相关的科技、市场、政策、价格、假劣农资投诉举报等信息外，12316服务范围已延伸到法律咨询、民事调解、电子商务、文化节目点播等方面。四是服务机制不断完善。分别与中国移动、中国联通、中国电信签署了战略合作协议，各地也与电信运营和有关企业开展了多种形式的合作，统筹利用各自工作体系和资源，共同打造为农服务平台。

2. 农产品电子商务蓬勃发展

"十二五"期间，全国农产品网上交易量迅猛增长。电子商务交易的农产品主要是地方名特优、"三品一标"农产品等，这部分产品交易占农产品电子商务交易总额的80%以上。交易模式多样化发展。入驻淘宝、京东、1号店等成熟电商平台开设网店模式是当前农产品电子商务的主流模式，此外，还有企业自建平台模式、垂直电商模式、网络代销模式、供应链整合模式等。服务和支撑体系加快发展，城市冷链物流、宅配体系以企业自建方式快速发展，农村物流网点迅速增加，部分地方利用农村信息员开展草根物流服务，在很大程度上弥补了农村物流的空缺。

3. 农业生产智能化水平不断提高

"十二五"期间，农业生产智能化水平不断提高。一是在农业资源的精细监测和调度方面，利用卫星搭载高精度感知设备，获取土壤、墒情、水文等极为精细的农业资源信息；二是在农业生产环境的监测和管理方面，利用传感器感知技术、信息融合传输技术和互联网技术，构建农业生态环境监测网络，实现对农业生态环境的自动监测；三是在农业生产过程的精细管理方面，应用于大田种植、设施农业、果园生产、畜禽水产养殖作业，实现生产过程的智能化控制和科学化管理；四是在农产品质量溯源方面，通过对农产品生产、流通、销售过程的全程信息感知、传输、融合和处理，实现农产品"从农田到餐桌"的全程追溯；五是在农产品物流方面，利用条形码技术和视频识别技术实现产品信息的采集跟踪，提高农产品在仓储和货运中的效率。

七 农业保险服务

农业保险是建设现代农业的重要制度保障。"十二五"期间，我国农业保险实现了较大发展。2012年，国务院通过了《农业保险条例》，标志着我国农业保险进入法制发展的新阶段。2014年，国务院下发《关于加快发展现代保险服务业的若干意见》（国发〔2014〕29号），对大力发展"三农"保险提出进一步要求。目前，我国已发展成为全球第二、亚洲第一的农业保险市场。

1. 农业保险市场发展迅速

截至"十二五"末，我国农业保险实现保费年收入374.7亿元，参保农户约2.3亿户次，提供风险保障近2万亿元。关系国计民生和粮食安全的15个大宗农产品都纳入补贴目录，地方财政还对特色农业保险给予保费补贴。全国承保的主要农作物突破15亿亩，占播种面积的61.6%，其中水稻、小麦和玉米的保险覆盖率分别为69.5%、49.3%和68.7%。

2. 农业保险品种不断创新

"十二五"期间，农业保险条款全面升级，大幅拓宽保险责任，提高保障水平和赔付标准，降低保险费率并简化理赔流程。农产品价格保险试点扩展到26个省份，承保农作物增加到18种。农房保险已覆盖全国所有省市，参保农房9358万间，提供风险保障达1.4万亿元。中国农业保险再保险共同体承保能力扩大到2400亿元，可满足国内96%以上的分保需求。

3. 农业保险补贴资金的"杠杆撬动"作用日益明显

"十二五"期间，每年农业保险为"三农"提供超过1.5万亿元的风险保障，财政资金的放大效应达80倍以上。2011～2014年，农业保险的赔付资金为654.4亿元，而同期农民上缴的保费仅为247亿元。农业保险在防灾减灾、生产调节和担保增信等方面的功能也得以充分发挥。

八 休闲农业与乡村旅游

"十二五"期间，随着我国经济发展进入新常态，农业和旅游发展进入新阶段，休闲农业和乡村旅游作为农村一、二、三产业发展的融合体发展迅猛，已成为一种新型产业形态和消费业态，在促进农业提质增效、带动农民就业增收、传承中华农耕文明、建设美丽乡村、推动城乡一体化发展等方面发挥了重要作用。

1. 产业规模日益扩大，发展内涵不断提升

"十二五"期间，我国休闲农业和乡村旅游迅速发展。截至2015年底，全国休闲农业专业村已达9万个，休闲农业园超过10万家，各类经营主体已超180万家，年接待人数达11亿人次，经营收入达3500亿元，带动3300万农民受益。与此同时，各地按照资源产品化、产品乡土化、市场差异化的理念，通过规划设计和创意策划，赋予农业生产过程、农民劳动生活和农村风情风貌商品属性，使休闲农业不仅具备吃住行游购娱各要素，而且促进了农业文化的传承、农业知识的科普和农业技术的推广，农业多功能性得以全面体现。

2. 发展类型逐步丰富，发展方式逐步转变

截至"十二五"末，我国休闲农业基本形成了农家乐、休闲农庄、休闲观光园、民俗村等四种成熟的休闲农业类型。同时，着力培育休闲农业创意园区、农家乐专业村和农事景观美丽田园，各种特色突出的休闲农业类型使农业产业"不待收获就有收益"。此外，休闲农业的发展动力从农民自发向各级政府规划引导转变，经营规模从零星分布向集群分布转变，功能定位从单一体验向休闲教育等多功能转变，空间布局从城市郊区和景区周边向更多适宜发展区域拓展，经营主体从农户向农民合作组织等多元主体拓宽。

3. 品牌建设不断推进，农业多功能性充分体现

"十二五"期间，农业部和各地通过典型带动和示范拉动，广辟渠道，不断提升休闲农业的社会影响力，品牌建设呈现"百花齐放"的良好态势。截至2015年，农业部牵头组织认定了254个全国休闲农业与乡村旅游示范县、636个示范点，推介了260个中国最美休闲乡村、247个中国美丽田园和1万余件创意精品，认定了62个中国重要农业文化遗产，形成了强大的示范带动作用。

休闲农业的发展，已充分彰显了其促进增收的经济功能、带动就业的社会功能、保护传承农耕文明的文化功能、美化乡村环境的生态功能，促使农区变景区、田园变公园、空气变人气、劳动变运动、农产品变商品，让农村闲置的土地利用起来，让农民闲暇的时间充实起来，让富余的劳动力流动起来，让传统的文化活跃起来，在农业农村经济社会发展中发挥了不可替代的重要作用。

九 种子服务

我国是农作物生产用种大国，常年用种量100多亿千克，种子市值600亿元以上，是世界第二大种业市场。"十二五"期间，我国种子服务业发生质的变化，2011年4月，国务院印发《关于加快推进现代农作物种业发展的意见》（国发〔2011〕8号），首次把农业物种业定位为国家战略性、基础性核心产业，同年9月，农业部召开种子管理局成立大会，种子管理局正式组建完成。我国种业发展与服务翻开新的一页。

1. 农作物用种供大于求，种子价格总体平稳

"十二五"期间，我国农作物用种总体处于供大于求的态势，种子价格平稳。据统计，"十二五"末（2015年），全国玉米需种12.2亿千克，可供种20亿千克；杂交水稻需种2亿千克，可供种3.37亿千克；常规稻需种7亿千克，可供种8.3亿千克；棉花需种1.01亿千克，可供种1.47亿千克；大豆需种3亿千克，可供种4.9亿千克。冬小麦需种约35亿千克，可供种50亿千克；冬油菜杂交种需种950万千克，可供种1140万千克。

种子市场价格总体保持稳定，平均售价涨跌幅在5%左右。以2015年为例，杂交水稻种子三系均价较上年上涨3%，两系均价下降5.1%；常规稻种子全国均价为6.6元/千克，较上年下降0.9%。玉米种子东北春玉米区、黄淮夏玉米区较上年分别上涨5.3%、0.5%，南方玉米区、西北春玉米区较上年分别下降5%、0.5%。大豆种子，东北区均价为6.1元/千克，较上年上涨4.3%；黄淮区均价为7.7元/千克，较上年上涨2.1%。

2. 植物新品种保护力度加大，申请新品种权数量显著增加

自1997年我国颁布《植物新品种保护条例》以来，植物新品种保护事业从无到有取得长足发展。"十二五"期间，我国农业植物新品种权申请量显著增加。其中，2015年申请量为2069件，同比增长17%，比2011年增加64.9%；授权量1413件，同比增长71%，比2011年增加489%；年度申请量仅次于欧盟，居UPOV成员第二位。从申请主体来看，水稻、玉米、小麦三大粮食作物仍是申请品种权的主体，超过申请总量的70%，花卉、蔬菜、果树等非主要农作物申请量增长明显，申请作物结构不断优化。2015年来自海外申请184件，同比增长133%，占我国建立植物新品种保护制度以来海外申请量的近两成。

3. 种子质量稳定在较高水平，市场监管保持高压态势

"十二五"期间，主要农作物种子质量稳定在较高水平。2014～2015年农业部冬季种子企业监督抽查结果显示，玉米、水稻和棉花种子质量抽检总体合格率为99.6%；2015年农业部春季种子市场专项检查结果显示，种子质量抽检合格率为98.5%。在市场监管方面，农业部每年均开展专项行动，打击种业违法行为。例如，2011年开展种子执法年活动，依法吊销、注销或撤销不合格企业许可证500多个，责成700多家问题企业限期整改，依法清理不合格企业1200多家。2015年农业部联合公安部、国家工商总局，继续在全国组织开展打击侵犯品种权和制售假劣种子行为专项行动，并启动了区域性制假售假专项治理打击行动，先后组织实施种子企业督查、春季市场检查、生产基地整治、秋季市场检查等行动。

第十七章

"十二五"期间中国公共管理、社会保障和社会组织发展情况

　　"十二五"期间，我国社会保障领域单位，群众团体、社会团体和其他成员组织、基层群众自治组织的发展状况良好，主要特点如下。

　　总体规模不断扩大，法人数逐年增加。"十二五"期间，我国社会保障卡持有人数增加3.4倍。基本养老保险、基本医疗保险、工伤保险、失业保险、生育保险参保人数分别增加39.4%、40.64%、23.87%、21.02%和22.97%。此外，五年内，我国社会保障领域单位法人数增加37.04%，群众团体、社会团体和其他成员组织增加47.51%，基层群众自治组织增加0.21%。

　　就业人员总体增加，其中，社会保障和群众团体、社会团体和其他成员组织城镇从业人数波动明显。社会保障领域城镇从业人数呈U形增长，表现为从2011年的18.0万人下降到2013年的15.6万人，降低13.33%。2015年社会保障城镇从业人数为17.6万人，较2013年增加了12.82%。群众团体、社会团体和其他成员组织城镇从业人员数则是先增后降，但总体呈增长趋势。基层群众自治组织从业人数变化不大，但有略微增长，2015年人数较2011年增加了1.30%。

　　固定资产投资总体逐年增加，群众团体、社会团体和其他成员组织固定资产投资有略微波动。社会保障固定资产投资从2011年的179.2亿元增加到2015年的285.2亿元，增加了59.15%。群众团体、社会团体和其他成员组织的固定资产从2011年至2012年增加了156.66%，但2012~2014年则降低了1.64%，2014~2015年上升了14.13%。基层群众自治组织固定资产投资则稳步上升，2015年较2011年增加了81.91%。

　　法人单位数区域分布比重略有改变，但总体是东北地区最少，中部次之。社会保障

行业法人单位数表现为西部多，中东部次之，东北地区最少；群众团体、社会团体和其他成员组织法人单位数则是东部多，西部和中部次之，东北最少；基层群众自治组织法人单位数是东部多，中西部次之，东北地区最少。

第一节 "十二五"期间社会保障发展情况

根据《国民经济行业分类》（GB/T 4754—2011），社会保障属于93大类，主要包括社会保险、社会救助、社会福利、社会优抚和安置等。学者郑功成（2014）曾给出现代社会保障的定义，即"国家或社会依法建立的、具有经济福利性的、社会化的国民生活保障系统的统称，包括法定的社会救助、社会保险、社会福利、社会优抚系统和非法定的各种补充保障措施"。[①] 新中国成立以来，我国社会保障制度经历了较为曲折的发展历程，大致可以划分为四个阶段：1985年之前的改革准备阶段，1986～1992年为国有企业改革配套阶段，1993～1997年为市场经济体系支柱之一的阶段，1998年以来作为一项基本社会制度逐渐得到确立的阶段。[②] 我国社会保障体系在保障劳动者基本生活、维持社会和谐稳定、促进经济发展等方面有不可替代的作用。本书主要围绕国民经济分类对社会保障的界定来分析。

2015年末，我国基本养老保险、基本医疗保险、失业保险、工伤保险、生育保险参保人数分别为85833.4万人、66581.6万人、17326.0万人、21432.5万人、17771.0万人，社会救助困难群众共计7121.3万人，国家重点优抚对象897.0万人。此外，截至2015年末我国社会保障大类的法人单位共有16396个，城镇从业人数为17.6万人，固定资产投资285.2亿元，新增固定资产272.7亿元，基金收入46012.1亿元，基金支出38988.1亿元，累计结余38988.1亿元。

一 营业规模情况

我国社会保障体系由社会保险、社会救助、社会福利、社会优抚以及各种具有互助共济功能的社会保障机制构成。其中，社会保险包括养老保险、医疗保险、工伤保险、失业保险和生育保险。需要说明的是，2017年1月19日国务院办公厅发布了《国务院办公厅关于印发生育保险和职工基本医疗保险合并实施试点方案的通知》（国办发〔2017〕6号），将在2017年6月底前启动试点工作，但两险合并还是会保留各自功能，并实一体化运作管理。

---

① 郑功成：《中国社会保障演进的历史逻辑》，《中国人民大学学报》2014年第28（1）期。
② 郑功成：《从国家—单位保障制走向国家—社会保障制——近30年来中国社会保障改革与制度变迁》，《经济思想史评论》2008年第2期。

根据《人力资源和社会保障事业发展统计公报》，2011～2015 年我国社会保障卡持卡人数由 1.99 亿人增加到 8.84 亿人，持卡人数增加了 3.4 倍。

表 1 2011～2015 年社会保障卡持卡人数

单位：亿人

年 份	2011	2012	2013	2014	2015
持卡人数	1.99	3.41	5.40	7.12	8.84

资料来源：人力资源和社会保障部《人力资源和社会保障事业发展统计公报》（2011～2015），http://www.mohrss.gov.cn/SYrlzyhshbzb/zwgk/szrs/。

（一）基本养老保险

2011～2015 年，我国基本养老保险的规模得到了快速扩张，无论是参加城镇职工基本养老保险人数还是参加城乡居民基本养老保险人数均实现了较大增长，尤其是城乡居民基本养老保险的人数，增长明显快于城镇职工基本养老保险人数。

根据表 2，参加基本养老保险的人数从 2011 年的 61573.3 万人增加到 2015 年的 85833.4 万人，增长比例为 39.40%。其中，2011 年城镇职工基本养老保险人数为 28391.3 万人，约占 2011 年末参加基本养老保险人数的 46.11%；2015 年城镇职工基本养老保险人数为 35361.2 万人，比 2011 年增加了 6969.9 万人，约占 2015 年末参加基本养老保险人数的 41.20%，比 2011 年降低了 4.91 个百分点。2011 年城乡居民基本养老保险人数为 33182.0 万人，约占 2011 年末参加基本养老保险人数的 54.89%，2015 年城乡居民基本养老保险人数为 50472.2 万人，比 2011 年增加了 17290.2 万人；参加

表 2 2011～2015 年基本养老保险参保情况

单位：万人

年份	年末参加基本养老保险人数	城镇职工基本养老保险			城乡居民基本养老保险	
		合计	职工	离退休人员	参保人数	实际领取待遇人数
2011	61573.3	28391.3	21565.0	6826.2	33182.0	13340.3
2012	78796.3	30426.8	22981.1	7445.7	48369.5	13792.4
2013	81968.4	32218.4	24177.3	8041.0	49750.1	14122.3
2014	84231.9	34124.4	25531.0	8593.4	50107.5	14741.7
2015	85833.4	35361.2	26219.2	9141.9	50472.2	14800.3
总计	392403.3	160522.1	120473.6	40048.2	231881.3	70797.0

注：2011 年与 2012 年城乡居民基本养老保险实际领取待遇人数根据 2013～2015 年度数据移动平均法推算得出。

资料来源：《中国第三产业统计年鉴》（2012～2016）。

城乡居民基本养老保险的人数约占 2015 年末参加基本养老保险人数的 58.80%，比 2011 年增加了 3.91 个百分点。从实际领取城乡居民基本养老保险的人数看，2013 年为 14122.3 万人，而到 2015 年，这一数字则增加到 14800.3 万人，比 2013 年增加了 678 万人。

（二）基本医疗保险

2011～2015 年，我国基本医疗保险覆盖面进一步扩展，参加基本医疗保险人数的增速基本与养老保险类似。我国参加基本医疗保险的城镇职工和城镇居民的数量都在不断增加，且参加基本医疗保险的城镇职工所占比例在不断下降，而城镇居民占比一直处于上升趋势。这与我国城镇化水平不断提升、城镇居民数量增加有一定的关系。

根据图 1，我国参加基本医疗保险的人数从 2011 年的 47343.2 万人增加到 2015 年的 66581.6 万人，增加了 19238.4 万人，增长比例为 40.64%。其中，2011 年城镇职工基本医疗保险人数为 25227.1 万人，约占 2011 年末参加基本医疗保险人数的 53.29%，2015 年城镇职工基本养老保险人数为 28893.1 万人，比 2011 年增加 3666 万人；参加城镇职工基本养老保险人数约占 2015 年末参加基本养老保险人数的 43.40%，比 2011 年下降 9.89 个百分点。2011 年城镇居民基本医疗保险人数为 22116.1 万人，约占 2011 年末参加基本养老保险人数的 46.71%；2015 年城镇居民基本养老保险人数为 37688.5 万人，比 2011 年增加 15572.4 万人；2015 年城镇居民基本养老保险人数约占 2015 年末参加基本养老保险人数的 56.60%，比 2011 年增加 9.89 个百分点。

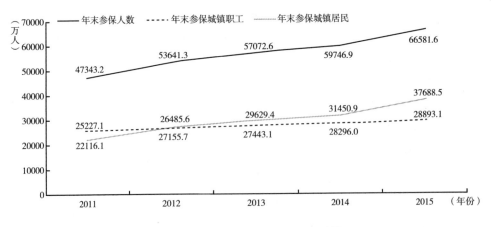

图 1 2011～2015 年城镇基本医疗保险情况

资料来源：《中国第三产业统计年鉴》（2012～2016）。

（三）工伤保险

2011~2015年，我国工伤保险覆盖面进一步扩展，参加工伤保险和享受工伤保险的人数逐年增加。

根据图2，年末参加工伤保险的人数由2011年的17695.9万人增加到2015年的21432.5万人，增加了3736.6万人，增长比例为21.12%。年末享受工伤待遇的人数从2011年的163.0万人增加到2015年的201.9万人，增加了38.9万人，增长比例为23.87%。

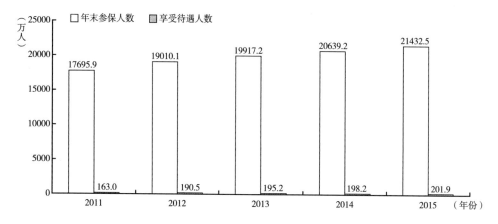

图2 2011~2015年工伤保险情况

资料来源：《中国第三产业统计年鉴》（2016）。

（四）失业保险

2011~2015年，我国失业保险参保人数和领取失业保险的人数均实现了较大增长，参加失业保险的增速低于参加基本养老保险、基本医疗和生育保险的增速，但与工伤保险的增速基本持平；全年发放失业保险金的人数和发放金额均有所增加。这意味着我国失业保险的保障水平在日益提高。

根据图3，我国失业保险参保人数由2011年的14317.1万人增加到2015年的17326.0万人，比2011年增加了3008.9万人，增速为21.02%。其中，全年发放失业保险金人数由2011年的394.4万人增加到2015年的456.8万人，全年发放金额也从2011年的159.9亿元增加到2015年的269.8亿元，人数增加了15.82%，而发放金额增加了68.73%。而发放金额增加比例高于发放人数比例的原因在很大程度上是由于不同地区失业保险发放金额不同，有些地区保险金和本地最低工资水平相挂钩，五年来，最低工资水平有所提高，所以同等享受失业保险金的人数不变的情况下，发放金额也会增加。

图3　2011～2015年失业保险情况

资料来源：《中国第三产业统计年鉴》（2016）。

（五）生育保险

2011～2015年，我国生育保险的覆盖人群的规模正逐步扩大，享受生育保险待遇的人数占参保人数的比重也在逐年增加。

根据表3，我国参加生育保险的人数由2011年的13892.0万人增加到2015年的17771.0万人，增加了3879.0万人，增速为27.92%；享受待遇的人数由2011年的411.2万人增加到2015年的641.9万人，增加了230.7万人，增速为56.10%；享受待遇人数占年末参保人数的比重也由2011年的2.96%上升到2015年的3.61%，增加了0.65个百分点。

表3　2011～2015年生育保险人数

单位：万人

年份	年末参保人数	享受待遇人数	年份	年末参保人数	享受待遇人数
2011	13892.0	411.2	2014	17038.7	613.4
2012	15428.7	469.9	2015	17771.0	641.9
2013	16392.0	522.0	总计	80522.4	2658.4

注：2011年与2012年享受生育保险待遇人数根据2013～2015年度数据移动平均法推算得出。

资料来源：《中国第三产业统计年鉴》（2012～2016）。

（六）困难群众脱困

2011～2015年，我国困难群众生活水平逐步提高，享受最低生活保障和救助的人数逐步减少。其中，享受城市最低生活保障人数的下降比例最高，其次为享受农村最低生活保障的人，下降比例最低的是农村特困人员。

根据图4，我国困难群众人数从2011年的8133.5万人减少到2015年的7121.3万人，减少了1012.2万人，相当于2011年的12.44%。其中，城市最低生活保障人数从2011年的2276.8万人减少到2015年的1701万人，减少了575.8万人，相当于2011年的25.29%；农村最低生活保障人数由2011年的5305.7万人减少到2015年的4903.6万人，减少了402.1万人，相当于2011年的7.58%；农村特困人员救助供养人数从2011年的551万人减少到2015年的516.7万人，减少了34.3万人，相当于2011年的6.23%。

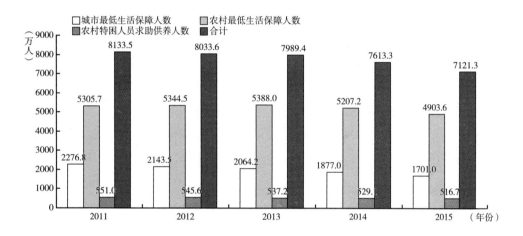

图4　2011～2015年困难群众基本生活救助情况

资料来源：《2015年社会服务发展统计公报》，民政部官网，2016年7月11日，http://www.mca.gov.cn/article/sj/tjgb/201607/20160700001136.shtml。

（七）国家抚恤、优抚对象

2011～2015年，我国国家抚恤、优抚对象数量呈现先上升后下降的趋势，在2013年达到最高值950.5万人，随后开始下降。但是，抚恤事业费则是逐年上升，增长率先升后降，反映出我国在国家抚恤、优抚方面的投入强度在增加。

从表4可以看出，我国国家抚恤、补助优抚对象从2011年的852.5万人增加到2015年的897.0万人，增加了44.5万人，增长率为5.22%；抚恤事业费从2011年的428.3亿元增加到2015年的686.8亿元，增加了258.5亿元，增长率为60.35%；抚恤事业费年增长率由2011年的18.1%变为2015年的7.9%。根据表4的具体数字可以看出，2011～2015年，国家抚恤、补助优抚对象人数经历了先增后减的变化过程，而抚恤事业费用则一直处于上升趋势，抚恤事业费年增长率同国家抚恤、补助优抚对象人数的变化相似，均为先升后降。

二 法人单位情况

2011～2015年，社会保障领域的法人单位数量逐年上升，5年间增长了37.04%。当年开业（成立）的法人数在2012年达到最高值，随后下降。

表4 2011～2015年国家抚恤、补助优抚对象

年份	2011	2012	2013	2014	2015	总计
国家抚恤、补助优抚对象（万人）	852.5	944.4	950.5	917.3	897.0	4561.7
抚恤事业费（亿元）	428.3	517	618.4	636.6	686.8	2887.1
抚恤事业费年增长率（%）	18.1	20.7	19.6	2.9	7.9	69.2

资料来源：《2015年社会服务发展统计公报》，民政部官网，2016年7月11日，http://www.mca.gov.cn/article/sj/tjgb/201607/20160700001136.shtml。

根据表5，我国社会保障领域2011年末法人数为11964个，2015年为16396个，比2011年增加了4432个，增长比例为37.04%。2011年开业（成立）法人数为887个，2015年为355个，平均开业法人数为670个。

表5 社会保障2011～2015年单位法人数

单位：个

年份	年末法人数	当年开业（成立）法人数	年份	年末法人数	当年开业（成立）法人数
2011	11964	887	2014	16272	499
2012	12374	1032	2015	16396	355
2013	15767	579			

注：2011年与2012年当年开业（成立）法人数根据2013～2015年度数据移动平均法推算得出。
资料来源：《中国经济普查年鉴》（2013）、《中国第三产业统计年鉴》（2012～2016）。

三 行业人力资源情况

2011～2015年，社会保障领域的城镇从业人数呈现先下降后上升的趋势，2013年从业人数下降到最低点的15.6万人，随后开始上升。在从业结构上，绝大多数在国有单位从业。

根据表6，2011年末我国社会保障城镇单位从业人数为18.0万人，其中在国有单位从业的人数为17.5万人，占社会保障年末从业人数的97.22%；2015年末我国社会保障城镇单位从业人数为17.6万人，其中，国有单位从业人数为17.2万人,占年末从业人数的97.72%。2011~2015年平均新开业社会保障组织的从业人数为8478.4人。

表6 社会保障城镇从业人数

年份	年末城镇单位从业人数(万人)				按开业(成立)时间分的法人单位从业人数(人)
	合 计	国有单位	城镇集体单位	其他单位	
2011	18.0	17.5	0.2	0.2	9988
2012	15.8	15.5	0.15	0.15	11608
2013	15.6	15.3	0.15	0.15	7843
2014	17.2	16.8	0.2	0.2	7207
2015	17.6	17.2	0.15	0.15	5746

注:因数据缺失较多,2012~2015年城镇集体单位和其他单位年末从业人数以及2014年、2015年按开业(成立)时间分的法人单位从业人数根据2011年度数据及经验推算得出。

资料来源:《中国经济普查年鉴》(2013)、《中国第三产业统计年鉴》(2012~2016)。

四 固定资产投资情况

2011~2015年,我国社会保障固定资产投资(不含农户)规模快速扩大,5年间增加了59.15%。在投资资金来源上,全部为内资,以国有控股为主,其次是集体控股投资,最后是私人控股。

根据表7,2011年我国社会保障固定资产投资为179.2亿元,按登记注册类型分,全来自内资,其中,国有控股投资占64.01%,集体控股投资占21.37%,私人控股投资占11.77%;2015年,社会保障固定资产投资(不含农户)为285.2亿元,同样全来自内资,其中,国有控股投资占59.43%,集体控股投资占33.81%,私人控股投资占42.58%。

从固定资产投资(不含农户)资金来源看,2011年我国社会保障新得到的固定资产投资资金共计185.8亿元,其中,国家预算资金34.3亿元,国内贷款13.3亿元,自筹资金118.6亿元,其他资金19.6亿元;2015年,社会保障新得到的固定资产投资资金共计275.7亿元,其中,国家预算资金62.4亿元,国内贷款9.5亿元,自筹资金168.5亿元,其他资金35.3亿元。新增固定资产由2011年的114.5亿元增加到2015年的272.7亿元。由此可以看出,我国社会保障固定资产投资资金总额、新得投资资金、新增固定资产投资均呈上升趋势。

表7 社会保障固定资产投资（不含农户）情况

单位：亿元

年份		2011	2012	2013	2014	2015	合计
分注册类型和控股情况固定资产投资	投资总额	179.2	217.4	217.0	251.5	285.2	1150.3
	内资	179.2	217.2	217.0	251.2	285.2	1149.8
	港澳台商投资	—	—	—	0.3	—	0.3
	外商投资	—	0.2	—	—	—	0.2
	国有控股	114.7	140.9	125.1	141.2	169.5	691.4
	集体控股	38.3	56.3	40.9	54.0	57.3	246.8
	私人控股	21.1	15.6	38.3	28.9	24.4	128.3
固定资产投资资金来源	本年资金来源合计	185.8	218.4	218.8	258.8	275.7	1157.5
	国家预算资金	34.3	45.0	38.7	54.2	62.4	234.6
	国内贷款	13.3	12.4	10.6	19.7	9.5	65.5
	利用外资	—	—	—	—	—	0
	自筹资金	118.6	147.8	143.4	155.2	168.5	733.5
	其他资金	19.6	13.3	26.1	29.7	35.3	124
新增固定资产		114.5	177.6	154.0	192.0	272.7	910.8

资料来源：《中国第三产业统计年鉴》（2012～2016）。

五　资金使用情况

2011～2015 年，我国社会保险基金收入、支出和结余都保持了大幅增长。其中，社会保险基金收入在 5 年间增长了 82.9%；相比来说，社会保险基金支出增长更快，5 年间增长了 109.0%；计结余资金规模增长了 96.9%。

根据表 8，2011 年我国社会保险基金收入为 25153.3 亿元，支出为 18652.9 亿元，累计结余 30233.1 亿元；2015 年社会保险基金收入为 46012.1 亿元，基金支出 38988.1 亿元，累计结余 59532.5 亿元，五年内基金收入、基金支出和累计结余的增长率分别为 82.9%、109.0%、96.9%。2011～2015 年，基本养老保险平均基金收入为 24876.6 亿元，平均基金支出为 20229.7 亿元，平均累计结余为 30765.5 亿元；失业保险平均基金收入为 1219.7 亿元，平均基金支出为 553.2 亿元，平均累计结余为 3677.9 亿元；城镇基本医疗保险平均基金收入为 8321.3 亿元，平均基金支出为 6844.3 亿元，平均累计结余为 9225.7 亿元；工伤保险平均基金收入为 611.4 亿元，平均基金支出为 466.8 亿元，平均累计结余为 1003.0 亿元；生育保险平均基金收入为 368.0 亿元，平均基金支出为 284.2 亿元，平均累计结余为 512.4 亿元。

表8 社会保险基金收支及累计结余

单位：亿元

年 份	合 计	基本养老保险	失业保险	城镇基本医疗保险	工伤保险	生育保险
基金收入						
2011	25153.3	18004.8	923.1	5539.2	466.4	219.8
2012	30738.8	21830.2	1138.9	6938.7	526.7	304.2
2013	35252.9	24732.6	1288.9	8248.3	614.8	368.4
2014	39827.7	27619.9	1379.8	9687.2	694.8	446.1
2015	46012.1	32195.5	1367.8	11192.9	754.2	501.7
总计	176984.9	124383.0	6098.5	41606.3	3056.9	1840.2
基金支出						
2011	18652.9	13363.2	432.8	4431.4	286.4	139.2
2012	23331.3	16711.5	450.6	5543.6	406.3	219.3
2013	27916.3	19818.7	531.6	6801.0	482.1	282.8
2014	33002.7	23325.8	614.7	8133.6	560.5	368.1
2015	38988.1	27929.4	736.4	9312.1	598.7	411.5
总计	141891.3	101148.7	2766.1	34221.7	2334.0	1420.8
累计结余						
2011	30233.1	20727.8	2240.2	6180.0	742.6	342.5
2012	38106.6	26243.5	2929.0	7644.5	861.9	427.6
2013	45588.1	31274.8	3685.9	9116.5	996.2	514.7
2014	52462.3	35644.5	4451.5	10644.8	1128.8	592.7
2015	59532.5	39937.1	5083.0	12542.8	1285.3	684.4
总计	205378.2	153827.8	18389.6	46128.5	5014.8	2562.0

资料来源：《中国第三产业统计年鉴》（2016）。

六 区域分布情况

从区域分布看，我国社会保障行业法人单位在西部最多，其次为中部地区和东部地区，东北地区最少。2011～2015年，四个地区的法人单位的数量有所变化，但分布比例变化大不。

如表9所示，我国社会保障行业法人单位数在东部、中部、西部、东北部地区2011年的占比分为29.40%、24.95%、37.01%、8.64%，2015年的占比分别为25.39%、29.01%、36.92%、8.67%。我国东部、西部地区社会保障组织数量虽然在5年内不断增加，但是在全国所占的比重却在下降，而西部和东北地区的社会保障组织数量和占比均呈上升趋势。

表9 社会保障行业东、中、西部以及东北地区分组的法人单位数及占比

单位：个，%

年份	2011		2012		2013		2014		2015		总计
法人单位数	11964	100	12374	100	15767	100	16272	100	16396	100	72773
东部地区	3517	29.40	3584	28.96	3875	24.58	4057	24.93	4163	25.39	19196
中部地区	2985	24.95	3052	24.66	4705	29.84	4744	29.15	4757	29.01	20243
西部地区	4428	37.01	4674	37.77	5774	36.62	6026	37.03	6054	36.92	26956
东北地区	1034	8.64	1064	8.60	1413	8.96	1445	8.88	1422	8.67	6378

资料来源：《中国第三产业统计年鉴》（2016）。

七 社会保障基本情况

根据上述分析，我们可以发现，2011～2015年社会保障行业发展呈现如下特点。

第一，社会保障的覆盖面不断扩大。具体来看，基本养老保险的规模得到了快速扩张，无论是参加城镇职工基本养老保险人数还是参加城乡居民基本养老保险人数均实现了较大增长；参加城镇基本医疗保险的人数同样不断增加，但是参加城镇职工医疗保险的占比不断下降，而参加城镇居民保险的占比不断上升；参加生育保险、失业保险、工伤保险和享受社会优抚的人数也同样处于不断上升的趋势。

第二，社会保障行业单位法人规模较大，主要分布在西部地区，东部和中部大约各占1/4，而东北部则相对较少。2011～2015年，西部和东北部地区法人单位占比相对稳定，而中部地区占比则相对下降，东部地区占比相应增加。

第三，从投资情况看，2011～2015年，我国社会保障固定资产投资（不含农户）规模快速扩大，5年间增加了59.15%。投资资金全部为内资，以国有控股为主，其次是集体控股投资，最后是私人控股。固定资产投资（不含农户）资金主要为自筹资金，少量依靠国家预算资金、国内贷款、外资和其他资金。社会保险的基金收支处于相对平衡状态，基金累计结余不断增加。

在从业方人员方面，社会保障领域的城镇单位从业人数呈现先下降后上升的趋势，2013年，从业人数下降到最低点15.6万人，随后开始上升。在从业结构上，绝大多数在国有单位从业。

第二节 "十二五"期间群众团体、社会团体和其他成员组织发展情况

一 资产规模情况

2011年我国基金会原始基金数量为183.04亿元，2015年较2011年增加了218.99

亿元，增长了 119.64%。2011 年我国基金会资产总额为 784.87 亿元，2015 年达到
1501.70 亿元，比 2011 年增加了 91.33%。

表 10 基金会资产规模情况

单位：亿元

年份	原始基金数量	基金会资产总额	年份	原始基金数量	基金会资产总额
2011	183.04	784.87	2014	330.24	1276.84
2012	222.83	923.09	2015	402.03	1501.70
2013	271.27	1085.65	总计	1409.41	5572.15

注：2013~2015 年原始基金数量和基金会资产总额根据 2011 年、2012 年度数据增长率推出。

资料来源：刘忠祥主编基金会蓝皮书《中国基金会发展报告（2013）》，社会科学文献出版社，2014。

二 法人单位情况

根据表 11，2011~2015 年，我国群众团体、社会团体和其他成员组织的法人数量
保持了快速增长的势头，5 年间增加了 47.51%。2011~2015 年，新开业法人数增长也
比较快，5 年间平均新开业法人单位数约 28474 个，其中，群众团体平均新开业法人单
位数为 2977.8 个，社会团体平均新开业法人单位数为 24152.2 个，基金会平均新开业
法人单位数为 363.4 个，宗教组织平均新开业法人单位数为 1117.4 个。

表 11 群众团体、社会团体和其他成员组织 2011~2015 年法人单位数

单位：个

年份	年末法人数	当年开业（成立）法人数				
		开业（成立）法人数	群众团体	社会团体	基金会	宗教组织
2011	257071	23955	2258	19771	298	1628
2012	262817	29165	2723	24648	351	1443
2013	333729	27906	2917	23590	358	1041
2014	369244	30338	3321	25993	393	837
2015	379218	31006	3670	26759	417	638
合计	1602079	142370	14889	120761	1817	5587

注：2014 年和 2015 年当年开业（成立）法人数根据 2011~2013 年度数据移动平均算法推算。

资料来源：《中国经济普查年鉴》（2013）、《中国第三产业统计年鉴》（2012~2016）。

社会团体和基金会的具体数量如图 5 所示，我国社会团体数量从 2011 年的 25.5 万
个增加到 2015 年的 32.9 万个，增长率为 29.02%。基金会数量从 2011 年的 2614 个增
加到 2015 年的 4784 个，增长率为 83.01%。

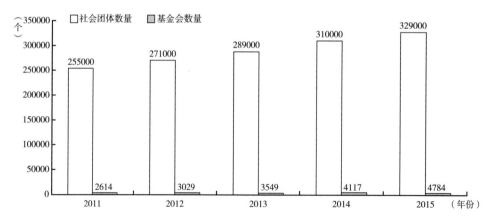

图5　2011～2015年年末社会团体、基金会数量

资料来源:《2015 年社会服务发展统计公报》,民政部官网,2016 年 7 月 11 日,http://www.mca.gov.cn/article/sj/tjgb/201607/20160700001136.shtml。

三　人力资源情况

2011～2015 年,我国群众团体、社会团体和其他成员组织城镇从业人数增长较快,5 年间增长了 26.46%。在从业结构上,以国有单位从业为主。5 年间,国有单位从业人数呈现波动性增长的趋势,而城镇集体单位和其他单位从业人数则呈现波动性下降的趋势。

根据表12,2011～2015 年,我国群众团体、社会团体和其他成员组织城镇从业人数由 29.1 万人增至 36.8 万人,增长了 26.46%。其中,国有单位从业人数增长率为 40.77%,城镇集体单位从业人数增长率为 -28.57%,其他单位从业人数增长率为 -31.37%。此外,2011～2015 年,新成立的群众团体平均从业人数为 73002.8 人;2011～2013 年,新成立的社会团体平均从业人数为 310467 人,新成立的基金会平均从业人数为 1771 人,新成立的宗教组织平均从业人数为 13641 人。

表 12　群众团体、社会团体和其他成员组织城镇从业人数

年份	年末法人城镇从业人数(万人)				按开业(成立)时间分的城镇单位从业人数(人)			
	合计	国有单位	城镇集体单位	其他单位	群众团体	社会团体	基金会	宗教组织
2011	29.1	23.3	0.7	5.1	81937	264794	1726	16918
2012	40.5	37.5	0.3	2.6	62856	338906	1735	14407
2013	34.6	31.3	0.4	2.9	113274	327701	1852	9598

年份	年末法人城镇从业人数（万人）				按开业（成立）时间分的城镇单位从业人数（人）			
	合计	国有单位	城镇集体单位	其他单位	群众团体	社会团体	基金会	宗教组织
2014	34.1	30.3	0.5	3.2	44013	—	—	—
2015	36.8	32.8	0.5	3.5	62934	—	—	—
合计	175.1	155.2	2.4	17.3	252681	—	—	—

注：2014年和2015年群众团体按开业（成立）时间分的法人单位从业人数根据2011～2013年度数据及相应年末法人单位比例推算得出。

资料来源：《中国经济普查年鉴》（2013）、《中国第三产业统计年鉴》（2012～2016）。

四 固定资产投资情况

2011～2015年，我国群众团体、社会团体和其他成员组织固定资产投资保持快速增长，5年间增长了188.12%。从登记注册类型来看，以内资为主。按控股情况分，以私人控股的比重最大，国有和集体次之。在资金来源上，自筹资金占据主导地位。

根据表13，2011年我国群众团体、社会团体和其他成员组织固定资产投资（不含农户）为223.1亿元，从登记注册类型来看，内资占99.37%，港澳台商投资占0.40%，外商投资占0.18%。从控股情况来看，对国有控股投资占30.70%，集体控股投资占17.12%，私人控股占32.14%；2015年，群众团体、社会团体和其他成员组织固定资产投资为642.8亿元，从登记注册类型来看，内资占99.28%，港澳台商投资占0.56%，外商投资占0.16%；从控股情况来看，国有控股投资占48.72%，集体控股投资占10.87%，私人控股占14.22%。

从固定资产投资（不含农户）资金来源看，2011年我国群众团体、社会团体和其他成员组织新得到的固定资产投资资金共计244.3亿元，其中，国家预算资金19.0亿元，国内贷款7.5亿元，利用外资0.3亿元，自筹资金185.8亿元，其他资金31.7亿元；2015年，新得到的固定资产投资资金共计688.0亿元，其中，国家预算资金174.6亿元，国内贷款8.3亿元，利用外资0.2亿元，自筹资金456.2亿元，其他资金48.7亿元。新增固定资产由2011年的150.1亿元增加到2015年的493.9亿元。由此可以看出，我国群众团体、社会团体和其他成员组织固定资产投资资金总额、新得投资资金、新增固定资产投资均呈上升趋势。

表13　群众团体、社会团体和其他成员组织固定资产投资（不含农户）情况

单位：亿元

年份		2011	2012	2013	2014	2015	合计
按登记注册类型和控股情况分固定资产投资	投资总额	223.1	572.6	571.0	563.2	642.8	2572.7
	内资	221.7	567.4	567.2	560.8	638.2	2555.3
	港澳台商投资	0.9	3.2	2.7	1.7	3.6	12.1
	外商投资	0.4	2.0	1.1	0.7	1.0	5.2
	国有控股	68.5	334.8	332.7	289.8	313.2	1339
	集体控股	38.2	51.2	55.0	47.1	69.9	261.4
	私人控股	71.7	84.3347	71.5	82.6	91.4	401.5347
固定资产投资资金来源	本年资金来源合计	244.3	600.6	603.8	575.2	688.0	2711.9
	国家预算资金	19.0	94.5	86.6	73.8	174.6	448.5
	国内贷款	7.5	13.6	20.5	23.2	8.3	73.1
	利用外资	0.3	3.0	0.6	0.1	0.2	4.2
	自筹资金	185.8	415.3	423.8	407.9	456.2	1889
	其他资金	31.7	74.2	72.3	70.3	48.7	297.2
新增固定资产		150.1	382.6	404.6	493.4	493.9	—

注：2016年《中国第三产业统计年鉴》的指标名称为"群众团体、社会团体和其他成员组织"，但国家统计局官网上显示的指标名称为"群众团体、社会团体和宗教组织"，为保持前后数据的统一性，这里使用2016年《中国第三产业统计年鉴》上的说法。

资料来源：《中国第三产业统计年鉴》（2012～2016）。

五　企业利润情况

2011～2015年，各类基金会总收入下降，而总支出则出现了增长。截至2011年末，全国基金会总收入为447.61亿元，全国基金会总支出为288.88亿元，2015年全国基金会收入比2011年下降了9.63%，而支出总额增长了60.75%。

表14　全国基金会收支情况

单位：亿元

年份	总收入	总支出	当年净收入
2011	447.61	288.88	158.73
2012	436.42	325.28	111.14
2013	425.51	366.27	77.82
2014	414.87	412.42	54.49
2015	404.50	464.38	38.15
总计	2128.91	1857.23	440.33

注：2013～2015年全国基金会收支情况根据2011年和2012年度增长率推算得出。

资料来源：刘忠祥主编基金会蓝皮书《中国基金会发展报告（2013）》，社会科学文献出版社，2014。

六 全行业增加值情况

根据表 15,2011 年,我国社会组织增加值为 660.0 亿元,2015 年社会组织较 2011 减少了 0.25 亿元,五年平均增加值为 611.01 亿元。但是整体来看,2011~2015 年,我国社会组织增加值经历了先减后增的发展阶段。

表 15 2011~2015 年社会组织增加值情况

单位:亿元

年份	2011	2012	2013	2014	2015	总计
增加值	660.0	525.6	571.1	638.6	659.75	3055.05

注:2015 年社会组织增加值根据 2011~2014 年增加值的平均增长率计算得出。

资料来源:《社会服务发展统计公报》(2011~2014),民政部官网,http://www.mca.gov.cn/article/sj/。

七 区域分布情况

2011~2015 年,我国东部、中部地区的群众团体、社会团体和其他成员组织数量和占比均有所增加,而西部和东北地区的群众团体、社会团体和其他成员组织数量虽然有所增加,但占比有所下降。

如表 16 所示,2011 年我国群众团体、社会团体和其他成员组织法人单位数在东部、中部、西部、东北部地区的占比分别为 37.86%、20.97%、33.75%、7.41%,2015 年占比分别为 39.51%、21.37%、33.22%、5.90%。

表 16 群众团体、社会团体和其他成员组织东、中、西部以及东北地区分组的法人单位数及占比

单位:个

年份	2011		2012		2013		2014		2015		总计
法人单位数	257071	100	262817	100	333729	100	369244	100	379218	100	1602079
东部地区	97334	37.86	100043	38.07	132278	39.64	145244	39.34	149835	39.51	624734
中部地区	53910	20.97	54590	20.77	70784	21.21	78619	21.29	81033	21.37	338936
西部地区	86770	33.75	87572	33.32	110504	33.11	122847	33.27	125994	33.22	533687
东北地区	19057	7.41	20612	7.84	20613	6.18	22534	6.10	22356	5.90	105172

资料来源:《中国第三产业统计年鉴》(2016)。

第三节 "十二五"期间基层群众自治组织发展情况

根据《国民经济行业分类》(GB/T 4754—2011),基层群众自治组织为 95 大类，主要包括社区自治组织和村民自治组织。它们的存在与基层群众自治制度密切相关。所谓基层群众自治制度是我国城乡居民以法律法规政策为依据，在城乡基层党组织领导下，在居住地范围内依托群众自治组织，直接行使民主选举、民主决策、民主管理和民主监督等权利，实行自我管理、自我服务、自我教育、自我监督的制度。[①] 基层群众自治制度的具体实行主要依靠集成群众自治组织，即社区自治组织和村民自治组织。《中华人民共和国宪法》第一百一十一条规定，社区自治组织是城市按居民居住地区设立的居民委员会。《中华人民共和国居委会组织法》第二条进一步明确，居民委员会是居民自我管理、自我教育、自我服务的城市群众性自治组织。同样的，村民自治组织就是农村按居民居住地区设立的村民委员会。《中华人民共和国村委会组织法》第二条也指出，村民委员会是村民自我管理、自我教育、自我服务的基层群众性自治组织，实行民主选举、民主决策、民主管理、民主监督。

截至 2015 年，我国基层群众自治组织共有 702267 个，成员数量约为 280.9 万人，固定资产投资 1645.2 亿元，新增固定资产 1429.5 亿元。

一 法人单位情况

2011~2015 年，我国基层群众自治组织法人有所增长，变化不大。社区居委会增加了 1 万多个，而村民居委会减少了将近 9000 个。

如表 17 所示，我国基层群众自治组织法人数从 2011 年的 679133 个增加到 2015 年的 680535 个，共增加了 1042 个基层群众自治组织，增加了 0.21%。其中，2011~2015 年，社区居委会共增加了 10199 个，而村民居委会则减少了 8797 个。2011~2015 年五年基层群众自治组织平均新开业法人数为 7359.4 个，社区居委会平均开业法人数为 3009.2 个，村民居委会平均开业法人数为 4350.2 个。

表 17　基层群众自治组织 2011~2015 年单位法人数

单位：个

年份	年末法人数			当年开业（成立）法人数		
	合计	社区居委会	村民委员会	合计	社区居委	村民委员会
2011	679133	89480	589653	10697	3026	7671
2012	679628	91153	588475	7194	3564	3630
2013	683167	94620	588547	6989	2913	4076

---

① 李学举：《我国基层群众自治制度地位的重大提升》，《求是》2008 年第 3 期。

年份	年末法人数			当年开业（成立）法人数		
	合计	社区居委会	村民委员会	合计	社区居委会	村民委员会
2014	682144	96693	585451	6159	2906	3253
2015	680535	99679	580856	5758	2637	3121
合计	—	471625	2932982	—	15046	21751

注：2014 年和 2015 年当年开业（成立）法人单位数根据 2011~2013 年度增长率推算得出。

资料来源：《中国经济普查年鉴》（2013）、《中国第三产业统计年鉴》（2012~2016）。

二 人力资源情况

2011~2015 年，我国基层群众自治组织从业人数变化不大，略有增长。在从业人员结构上，男性居多；村民委员会占比较大，占 4/5 还多。

根据表 18，2011 年末，我国基层群众自治组织从业人数为 277.3 万人。在从业人员结构上，以农村居委会为主，社区居委会从业人员只占 16.37%；从性别结构来看，以男性为主，女性只占 26.47%。2015 年末，我国基层群众自治组织从业人数为 280.9 万人。在从业人员结构上，社区居委会从业人员占 18.23%；从性别比来看，女性占 27.70%。2011~2015 年，我国新成立的基层群众自治组织平均从业人数为 63207.8 人；在 2011~2013 年 3 年中，新成立的社区居委会平均从业人数为 34098 人，村民委员会平均从业人数为 40601.67 人。由此可以看出，我国基层群众自治组织从业人数大致处于不断上升的趋势，且女性比例和社区居委会从业比例也在不断上升。

表 18 基层群众自治组织从业人数

年份	年末法人单位从业人数（万人）				按开业（成立）时间分的法人单位从业人数（人）		
	成员总数	女性	社区居委会	农村委员会	基层群众自治组织	社区自治组织	村民自治组织
2011	277.3	73.4	45.4	231.9	95600	34825	60775
2012	279.2	74.2	46.9	232.3	67237	38960	28277
2013	280.7	76.1	48.4	232.3	61262	28509	32753
2014	280.2	76.7	49.7	230.5	49452	—	—
2015	280.9	77.8	51.2	229.7	42488	—	—
合计	1398.3	378.2	241.6	1156.7	316039	—	—

注：2014 年和 2015 年基层群众自治组织按开业（成立）时间分的法人单位从业人数根据 2011~2013 年度数据移动平均算法推算得出。

资料来源：《中国经济普查年鉴》（2013）、《中国第三产业统计年鉴》（2012~2016）。

三　固定资产投资情况

2011～2015年，我国基层群众自治组织固定资产投资（不含农户）规模增长较快，增加了81.91%。在投资方向上，以对内投资为主。从接受投资企业的性质看，以集体控股为主。在投资资金来源上，以自筹资金为主，国家预算资金、国内贷款、外资比例很小。

根据表19，2011年我国基层群众自治组织固定资产投资为904.4亿元，从登记注册类型来看，内资占99.97%，港澳台商投资占0.01%，外商投资占0.02%，从控股情况来看，国有控股投资占14.78%，集体控股投资占60.90%，私人控股占19.46%；2015年，基层群众自治组织固定资产投资（不含农户）为1645.2亿元，从登记注册类型来看，内投资占99.56%，港澳台商投资占0.74%，外商投资占0.44%，从控股情况来看，国有控股投资占34.11%，集体控股投资占43.09%，私人控股占6.77%。

从固定资产投资（不含农户）资金来源看，2011年我国基层群众自治组织新得到的固定资产投资资金共计979.5亿元，其中，国家预算资金37.7亿元，国内贷款23.1亿元，利用外资0.8亿元，自筹资金831.4亿元，其他资金86.5亿元；2015年，基层群众自治组织新得到的固定资产投资资金共计1604.6亿元，其中，国家预算资金149.8亿元，国内贷款37.4亿元，利用外资0.6亿元，自筹资金1288.8亿元，其他资金128.1亿元。新增固定资产由2011年的694.4亿元增加到2015年的1429.5亿元。

表19　基层群众自治组织固定资产投资（不含农户）情况

单位：亿元

	年份	2011	2012	2013	2014	2015	合计
按登记注册类型和控股情况分固定资产投资	投资总额	904.4	885.5	930.5	1097.3	1645.2	5462.9
	内资	904.1	884.0	922.7	1094.5	1637.9	5443.2
	港澳台商投资	0.1	1.4	6.8	1.9	12.1	22.3
	外商投资	0.2	0.1	1.0	0.9	7.3	9.5
	国有控股	133.7	133.0	166.2	244.1	561.2	1238.2
	集体控股	550.8	588.7	574.0	616.2	708.9	3038.6
	私人控股	176.0	82.6	82.0	92.7	111.3	544.6
固定资产投资资金来源	本年资金来源合计	979.5	933.1	960.9	1104.9	1604.6	5583
	国家预算资金	37.7	38.0	55.7	62.0	149.8	343.2
	国内贷款	23.1	32.8	28.1	38.7	37.4	160.1
	利用外资	0.8	2.2	0.9	1.9	0.6	6.4
	自筹资金	831.4	777.0	794.1	906.0	1288.8	4597.3
	其他资金	86.5	83.2	82.1	96.2	128.1	476.1
新增固定资产		694.4	673.6	714.5	858.9	1429.5	4370.9

资料来源：《中国第三产业统计年鉴》（2012～2016）。

四 全行业增加值情况

2011～2015 年，我国基层群众自治组织增加值逐年上升。根据表 20 可知，2011 年基层群众自治组织增加值为 363.2 亿元，2015 年为 412.8 亿元，较 2011 年增加了 10.08%。

表 20 2011～2015 年基层群众自治组织增加值情况

单位：亿元

年份	2011	2012	2013	2014	2015	合计
增加值	363.2	375.0	387.2	399.8	412.8	1938.0

注：2013～2015 年基层群众自治组织增加值根据 2011 年和 2012 年数据平均增长率推算得出。

资料来源：国家统计局官网，http：//data.stats.gov.cn/easyquery.htm？cn = C01&zb = A060G01&sj = 2015。

五 区域分布情况

2011～2015 年，我国基层群众自治组织法人单位东部地区数量最多，中部和西部次之，且数量基本相当。东部、中部地区基层群众自治组织数量虽然在 5 年内不断增加，但是在全国所占比重却有略微下降，西部和东北地区的社会保障组织数量增加，占比均无大变化。

根据表 21，2011 年我国基层群众自治组织法人单位数在东部、中部、西部、东北部地区的占比分为 37.32%、28.42%、28.58%、5.69%，2015 年的占比分别为 36.73%、29.02%、28.59%、5.66%。

表 21 基层群众自治组织东、中、西部以及东北地区分组的法人单位数

单位：个，%

年份	2011		2012		2013		2014		2015		总计
法人单位数	684729	100	683025	100	683375	100	704043	100	702267	100	3457439
东部地区	255540	37.32	254674	37.29	251238	36.76	257012	36.51	257917	36.73	1276381
中部地区	194570	28.42	194039	28.41	196157	28.71	204661	29.07	203817	29.02	993244
西部地区	195683	28.58	195205	28.58	197080	28.84	202128	28.71	200759	28.59	990855
东北地区	38936	5.69	39107	5.73	38900	5.69	40242	5.72	39774	5.66	196959

资料来源：《中国第三产业统计年鉴》（2016）。

第十八章

"十二五"期间中国开采辅助活动与金属制品、机械和设备修理业发展情况

开采辅助活动行业作为我国服务业的分支之一，较其他直接面向消费者的服务业有显著差异，该行业的景气程度高度依赖煤炭、石油和天然气、黑色金属、有色金属及非金属矿物等采掘业的发展，同样，金属制品、机械和设备修理服务业则重点依托金属制品制造、机械和设备制造行业的发展。因此，国家产业政策、技术创新趋势、市场需求波动在影响采掘业、金属制品和机械设备制造业的同时，也对上述两大类服务业形成了间接影响。

"十二五"期间，我国开采辅助活动行业总体呈现在波动中规模、影响收缩的趋势。其中，煤炭、石油及天然气、黑色金属开采辅助活动行业受国家能源结构调整、供给侧结构性改革推动的钢铁去产能等影响，与所依附的行业呈现了同步波动，但有色金属、非金属矿产采掘业由于下游制造产业发展态势良好，尤其是新材料、新能源汽车、轨道交通装备、航空航天装备等战略性新兴产业和《中国制造2025》重点行业的发展，对有色金属、非金属矿产的高端下游产品需求增大，带来了采掘环节的良性发展，随之也使与上游采掘相关的开采辅助活动行业发展加快。但总体上，"十二五"期间，我国开采辅助行业的规模仍然非常有限，未来，开采辅助活动行业有望搭载新一代信息技术、面向高精尖产品制造业实现服务升级，从而进一步向产业链高价值环节转移。

"十二五"期间，以信息物理融合系统应用为标志的新一轮工业革命在全球范围内引发了生产、管理、治理等各个体系的深刻变革，从而为人类社会开启了生产与服务智能化、生活信息化及智能化的全新时代。物联网、大数据、云计算、人工智能、3D打印、清洁能源、无人控制、量子信息等一大批新技术的涌现和发展，正将与之密切相关

的产品、装备制造业推向创新密集和产业转型升级的新阶段。在这一全球性的技术演进趋势影响下，我国金属制品行业吸收利用更多的新兴技术、生产工艺并实践定制化的商业模式，日益走向产品种类逐步多元化、产品附加值持续提高、产品创新周期不断缩短的高阶发展阶段。同时，我国机械和设备制造行业则呈现制造服务化的发展趋势——设备生产商向下游延伸产业链，提供设备的同时也为客户提供设备使用的全生命周期服务，包括设备运行基本维护、故障维修和基于设备运行数据的价值挖掘等，且服务收入占比正在整体解决方案中不断提高，为设备生产厂商贡献了更多的利润空间。总体而言，金属制品、机械和设备维修服务业受双向的动力、阻力影响，仍在艰难摸索阶段，目前来看，机械和设备制造行业去产能的影响相对更大，相关的服务行业总体规模短期内增长乏力，但长期大有可期。

第一节 "十二五"期间开采辅助活动行业发展情况

开采辅助活动指为煤炭、石油和天然气等矿物开采提供的服务，包括煤炭开采和洗选辅助活动、石油和天然气开采辅助活动、黑色金属矿采选辅助活动、有色金属矿采选辅助活动、非金属矿采选业辅助活动以及地热资源、矿泉水资源、其他未列明的自然资源（不包括利用这些资源建立的热电厂和矿泉水厂）开采辅助活动。其中，黑色金属包括铁、锰、铬三类，行业主要涉及铁及其合金，如钢、生铁、铁合金、铸铁等；有色金属包括铜、铝、铅、锌、镍、锡、锑、汞、镁、钛等十种常用有色金属，以及钨、钼、锂、黄金、锆、铟、锗、镓、钴等主要稀贵金属；非金属矿包括石墨、萤石、高岭土、菱镁矿、硅藻土、硅灰石、碳酸钙等重要非金属矿产。

一 营业规模情况

"十二五"期间，受全球经济形势、国际市场能源价格、我国能源结构调整策略等诸多因素的影响，我国采掘业发展规模较不稳定，我国开采辅助活动行业的营业规模波动显著，呈现先小幅下降，而后大幅增长，再大幅下降的不稳定发展状态。尤其在2015年，营业收入总额、出口交货值的总额都降到"十二五"的最低水平。

（一）营业收入

在"十二五"的最后一年，开采辅助活动行业规模以上企业营业收入总额为"十二五"时期的最低水平，由2011年的1910.9亿元降至1700.5亿元。营业收入增速呈现比较明显的波动，2012~2015年增速分别为－2.2%、－0.5%、12.9%和－19.0%；"十二五"期间行业规模以上企业营业收入总额累计为9440.0亿元。

此外，根据对全口径开采辅助活动行业营业收入的推算，"十二五"期间，开采辅

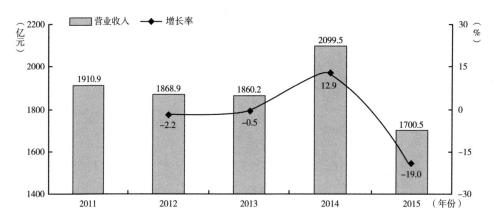

图1 "十二五"期间开采辅助活动行业营业收入及增长率

注：统计数据为规模以上企业。

资料来源：《中国统计年鉴》（2012~2016）。

助活动行业企业营业收入呈现大幅下降、缓慢回升而后又大幅下降的情况。根据估算，2011~2015年，开采辅助活动行业全口径营业收入分别为2797.8亿元、2261.4亿元、2257.0亿元、2540.4亿元以及2057.6亿元，"十二五"期间，开采辅助活动行业全口径营业收入总额合计达11914.0亿元。

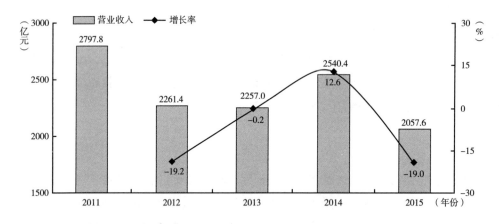

图2 "十二五"期间开采辅助活动行业全口径营业收入及增长率

注：开采辅助活动行业全口径营业收入数据=开采辅助活动行业规模以上企业营业收入÷（2013年规模以上企业营业收入÷2013年普查数据营业收入）。

资料来源：《中国经济普查年鉴》（2013）。

（二）工业销售产值

"十二五"期间，开采辅助活动行业规模以上企业的工业销售产值呈现先增后降的波动趋势，由2011年的1482.6亿元小幅上升至2012年的1511.8亿元，随后大幅上升至2013年的1798.4亿元，增幅近20.0%，但2014年又下跌0.7%，并于2015年大幅回落 14%，降至与"十二五"初相近的水平，仅比 2011 年高 3.6%。工业销售产值波动较大说明了行业风险加大，处于不稳定发展状态。

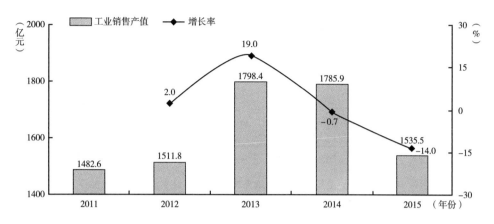

图 3　"十二五"期间开采辅助活动行业工业销售产值及增长率

注：统计数据为规模以上企业。

资料来源：《中国统计年鉴》（2012～2016）。

（三）出口交货值

行业规模以上企业的出口交货值总额与营业收入的变化趋势基本一致，呈现显著的波动状态，总体上出现了显著下滑，由 2011 年的 35.9 亿元降至 2015 年的 13.5 亿元，缩减近 2/3，出口市场呈现低迷状态，在"十二五"的最后一年，行业出口交货值总额达到"十二五"的最低水平；出口交货值的增速呈现比较明显的波动，2012～2015 年增速分别为 -18.4%、-45.4%、19.4% 和 -29.2%；"十二五"期间出口交货值总额为 113.8 亿元。出口交货值的波动揭示出两个问题，一是我国大部分采掘业的国际影响力均较小，相应的服务业全球市场规模也较小，且我国采掘业受国际市场波动影响较大；二是从侧面反映出在全球传统石化能源枯竭危机正在加剧的背景下，我国作为全球对石油、天然气等能源进口依存度最高的国家，面临的能源安全隐患巨大。

二　资产规模情况

"十二五"期间，开采辅助活动行业的资产规模总体呈现小幅上升趋势。行业资产总额、流动资产平均余额、净资产总额的各年增速保持在 -2%～5%，且各项资产数值在"十二五"末均达到五年来的最高水平。

（一）资产总额

开采辅助活动行业规模以上企业资产总额由 2011 年的 2606 亿元增长至 2015 年的

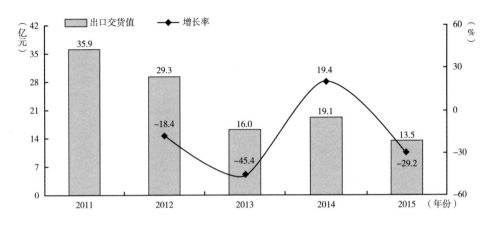

图4　"十二五"期间开采辅助活动行业出口交货值及增长率

注：统计数据为规模以上企业。

资料来源：《中国统计年鉴》（2012～2016）。

2760.8亿元，总体呈小幅上升趋势；资产总额增速呈现明显波动，2012年较2011年下降2.4%，2013年较2012年增长11.0%，2014年增速再次下滑至-5.7%，并于2015年回升至3.7%。在行业营业收入呈现波动的情况下，行业资产总额持续上升意味着以央企、国企为主要代表的采掘行业仍然对本行业保持一定信心，行业具有转型升级的资本储备，但增长速度十分有限则折射出业内企业对未来行业走势仍保持谨慎态度。

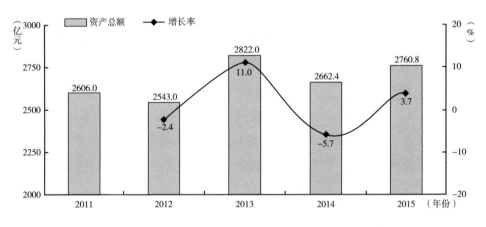

图5　"十二五"期间开采辅助活动行业资产总额及增长情况

注：统计数据为规模以上企业。

资料来源：《中国统计年鉴》（2012～2016）。

根据开采辅助活动行业规模以上企业资产数据以及2013年普查数据推算，可得出2011～2015年开采辅助活动行业全口径资产总额。根据推算，至2015年开采辅助活动行业全口径资产总额为3754.7亿元。

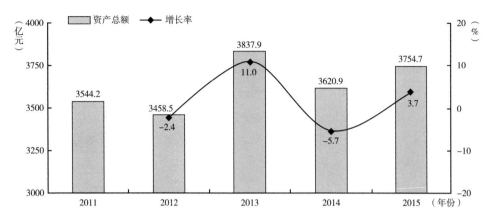

图6 "十二五"期间开采辅助活动行业全口径资产总额及增长情况

注：开采辅助活动行业全口径资产总额数据＝开采辅助活动行业规模以上企业资产总额÷（2013
年规模以上企业资产总额÷2013年普查数据资产总额）。

资料来源：《中国经济普查年鉴》（2013）。

（二）流动资产平均余额

行业规模以上企业流动资产平均余额大体持续上升，由2011年的1339.3亿元上升
至2015年的1390.7亿元；波动强度弱于资产总额，2012～2015年流动资产平均余额增
速分别为2.0%、3.0%、－1.4%和4.3%，整体与资产总额的变化趋势保持一致。从
行业流动资产平均余额占资产总额比重来看，"十二五"期间，行业流动资产平均余额
基本维持在总资产的50%左右。这说明开采辅助活动行业的现金流较为充足，资产流
动性相对较高，较采掘业本身或其他制造业的比例相对更高，体现了服务业流动性较好
的特性。

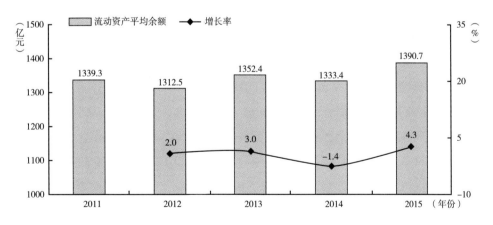

图7 "十二五"期间开采辅助活动行业流动资产平均余额及增长率

注：统计数据为规模以上企业。

资料来源：《中国统计年鉴》（2012～2016）。

（三）净资产总额

行业规模以上企业净资产从2011年的1184.8亿元增长至2015年的1292.5亿元；与资产总额和资产平均余额的波动趋势趋同，2012~2015年净资产总额的增速分别为2.2%、3.4%、-1.4%和4.7%。行业净资产占总资产比重在"十二五"期间基本保持在46%左右，说明开采辅助活动行业的净资产占比较高，资产负债率相对较低，同时，这一方面体现出行业总体资产安全性高，另一方面也体现出行业债务杠杆较低、业内企业外部融资策略相对保守的特点。

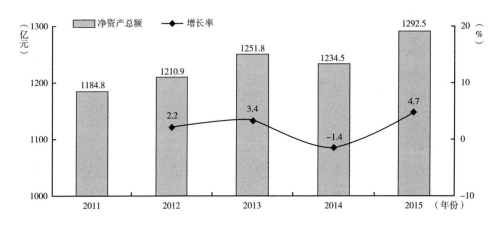

图8 "十二五"期间开采辅助活动行业净资产总额及增长率

注：统计数据为规模以上企业。

资料来源：《中国统计年鉴》（2012~2016）。

三 法人单位情况

（一）企业总数

"十二五"期间，受内外因素导致的行业波动、行业先期垄断性强等影响，开采辅助活动行业的新增规模以上企业不多，从2011年的156家增长至2015年的169家，仅增长13家；企业数量增幅较小，2012~2015年分别为2.1%、1.9%、2.5%和1.8%。

同期，开采辅助活动行业全口径企业数量保持稳定增长，五年企业总数分别达到2016家、2243家、2531家、3125家和3735家，2012~2015年行业全口径企业总数增速分别达到11.3%、12.8%、23.5%和19.5%，明显高于规模以上企业数量增速。

（二）大中型企业数量

"十二五"期间，开采辅助活动行业大中型企业数量从46家增长至62家，共增长16家，超过开采辅助活动行业同期企业总数增长规模；主要增长时间为2014年，较

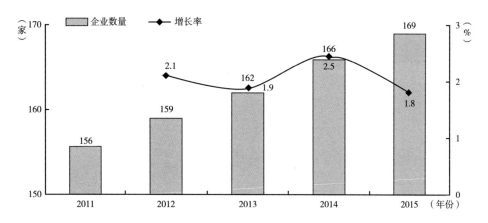

图9 "十二五"期间开采辅助活动行业企业数量及增长率

注：统计数据为规模以上企业。

资料来源：《中国统计年鉴》（2012~2016）。

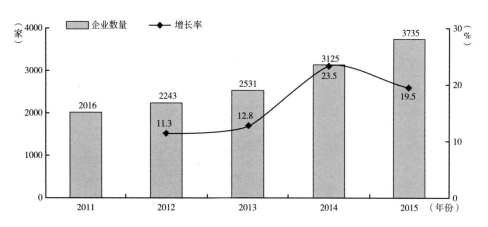

图10 "十二五"期间开采辅助活动行业全口径企业数量及增长率

注：2011年、2012年开采辅助活动行业全口径企业数量数据＝开采辅助活动行业全口径企业数量÷（2013年规模以上企业数量÷2013年普查数据企业数量）。

资料来源：2013~2015年数据来自《中国第三产业统计年鉴》（2014~2016），2011年、2012年数据为估算数据。

2013年增长了11家；"十二五"末，大中型企业数量占全口径企业数量的36.7%。这一比例特点符合我国以大中型企业为主的开采辅助活动行业企业类型构成特点，与一般制造业90.0%以上为中小企业相比，差异显著。

（三）不同注册类型企业数量

"十二五"期间，从企业注册类型来看，在规模以上企业中，国有控股企业、私营企业、外商和港澳台商投资企业数量均变化不大：国有控股企业分别为33家、35家、37家、35家、39家，私营企业分别为38家、39家、40家、47家、43家，外商和港

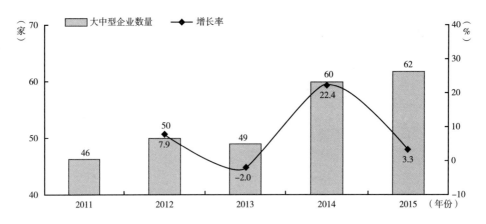

图11　"十二五"期间开采辅助活动行业大中型企业数量及增长率

注：统计数据为规模以上企业。

资料来源：《中国统计年鉴》（2012～2016）。

澳台商投资企业分别为8家、11家、11家、10家、9家；其中，国有控股企业、私营企业数量占比较高，2015年，这两类企业分别占全部企业（169家）的23.1%、25.4%，外商和港澳台商投资企业数量相对较少，2015年占比为5.3%。国有控股企业相对较多，与我国开采辅助活动行业过去形成的国资主导地位有关。私营企业数量的逐步增多但增量有限，证明该行业逐步向民营资本开放，但进程相对缓慢。

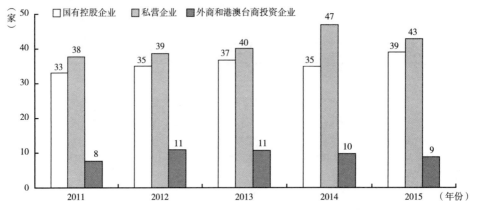

图12　"十二五"期间开采辅助活动行业企业注册类型及数量

注：统计数据为规模以上企业。

资料来源：《中国统计年鉴》（2012～2016）。

四　人力资源情况

（一）从业人员数量

"十二五"期间，开采辅助活动行业全口径从业人员规模由2011年的34.1万人下降至 2015 年的 29.5 万人，增速呈现先小幅上升后大幅下降，再小幅下降的变化，"十二五"末从业人员规模创五年来新低；2012～2015 年，行业从业人员总规模增幅分别为 8.0%、7.9%、-25.1% 和 -0.8%，行业整体就业人数规模不大。

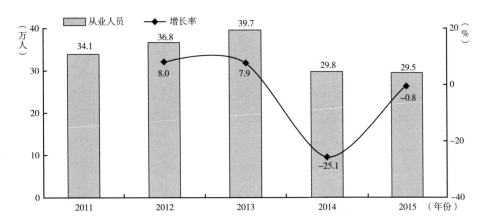

图 13 "十二五"期间开采辅助活动行业全口径从业人员数量及增长

资料来源：2013～2015 年数据来自《中国第三产业统计年鉴》（2014～2016）中行业城镇单位就业人数，2011 年、2012 年数据为结合单位平均从业人员数量变化的估算数据。

（二）行业工资水平

根据《中国劳动统计年鉴》2015 年数据及"十二五"期间行业发展变化情况估算，2011～2015 年五年间，开采辅助活动行业人均工资分别为 5.5 万元/人、6.1 万元/人、6.7 万元/人、7.4 万元/人、7.9 万元/人，结合全口径从业人员规模，可得出开采辅助活动行业全口径工资总额五年分别为 187.6 亿元、224.5 亿元、266.0 亿元、220.5 亿元和 230.9 亿元，总体呈现先大幅上升后大幅下降再小幅回升的趋势，2012～2015 年，行业工资总额增速分别为 19.7%、18.5%、-17.1% 和 4.7%。

五 固定资产投资情况

（一）固定资产投资总额

"十二五"期间，开采辅助活动行业规模以上企业的固定资产投资总额呈现"大起大落"的态势，由 2011 年的 267 亿元大幅上升至 2013 年的 517.6 亿元，又在 2014 年小幅下跌至 508.3 亿元，并于 2015 年进一步下跌至 424.5 亿元；固定资产投资总额增速在 2013 年高达 66.9%，而 2014 年、2015 年行业固定资产投资均处于负增长状态，且 2015 年较 2014 年下降更多，增速分别为 -1.8% 和 -16.5%。

（二）固定资产投资性质、构成

2015 年，行业规模以上企业固定资产投资总额为 424.5 亿元，其中中央投资 31.9

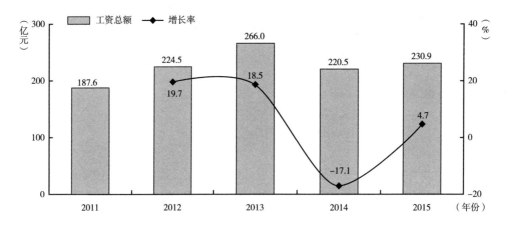

图14 "十二五"期间开采辅助活动行业全口径工资总额及增长率

资料来源：2015 年数据来自《中国劳动统计年鉴》（2016），其他年份数据来自结合平均人员工资的估算数据。

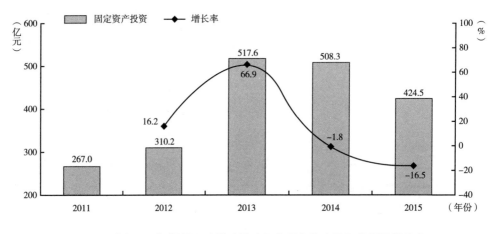

图15 "十二五"期间开采辅助活动行业固定资产投资总额及增长率

注：统计数据为规模以上企业。

资料来源：《中国统计年鉴》（2012～2016）。

亿元，地方投资 392.6 亿元。从投资性质看，用于新建的投资额为 287.1 亿元，在投资总额中占比最高，达 67.6%，其他两项——扩建、改建和技术改造的投资占比悬殊——用于扩建的投资额为 34.7 亿元，仅占全部投资的 8.2%，改建和技术改造投资额为 102.7 亿元，占比达到 24.2%。

从投资构成看，建筑安装工程的支出总额为 283.9 亿元，占比最高，达 66.9%，设备工器具购置次之，支出额为 103.1 亿元，占总投资的比重为 24.3%，用于其他费用支出的投资额为 37.5 亿元，占比最小，仅为 8.8%。

表1 2015年开采辅助活动行业固定资产投资类型、用途、来源

单位:亿元

固定资产投资类型		固定资产投资用途	
新建	287.1	建筑安装工程投资	283.9
扩建	34.7	设备工器具购置	103.1
改建和技术改造	102.7	其他费用	37.5
固定资产投资来源			
国有控股		186.5	
集体控股		74.6	
私人控股		129.6	
其他内资		26.2	
港澳台商投资		7.5	

注:统计数据为规模以上企业。
资料来源:《中国统计年鉴》(2016)。

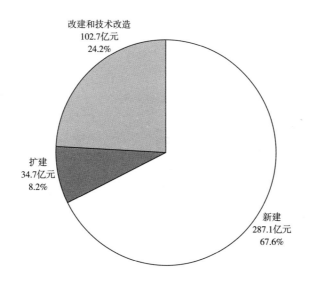

图16 2015年开采辅助活动行业固定资产投资性质结构

注:统计数据为规模以上企业。
资料来源:《中国统计年鉴》(2016)。

从投资来源看,国有控股、集体控股、私人控股、其他内资、港澳台商投资企业均有参与开采辅助活动行业的固定资产投资。其中,国有控股投资额为186.5亿元,占比最高,接近45%,私人控股投资129.6亿元,占30.5%,集体控股投资74.6亿元,占17.6%,其他内资投资26.2亿元,占6.2%,港澳台商投资7.5亿元,占比最低,不足2.0%,没有任何外商投资。

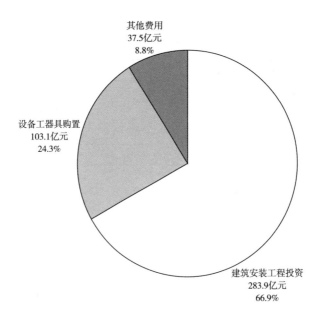

图17　2015年开采辅助活动行业固定资产投资构成结构

注：统计数据为规模以上企业。

资料来源：《中国统计年鉴》（2016）。

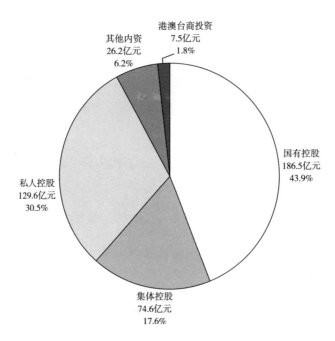

图18　2015年开采辅助活动行业固定资产投资结构

注：统计数据为规模以上企业。

资料来源：《中国统计年鉴》（2016）。

六 税收情况

"十二五"期间，开采辅助活动行业规模以上企业的税收总额与营业收入的变化保持一致，均呈现涨落交替的状态。"十二五"期间，税收总额分别为 127.0 亿元、124.9 亿元、103.4 亿元、125 亿元和 99.1 亿元，"十二五"末的税收规模为五年来最低，五年间税收总额为 579.4 亿元；2012～2015 年，行业税收总额的增幅分别为 -1.7%、-17.2%、20.9% 和 -8.7%，涨跌幅度均较明显。

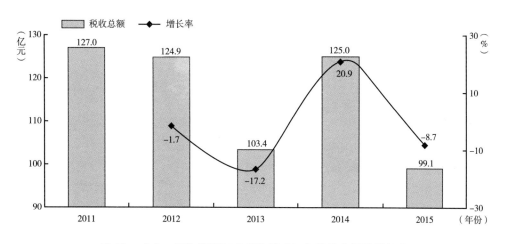

图 19 "十二五"期间开采辅助活动行业税收总额及增长率

注：统计数据为规模以上企业。

资料来源：《中国统计年鉴》（2012～2016）。

七 企业利润情况

"十二五"期间，开采辅助活动行业规模以上企业的利润总额呈现大起、大落、大起、小幅回落的局势，利润总额从 2011 年的 13.4 亿元大幅上升至 2012 年的 37.5 亿元，再大幅下跌到 2013 年的 -0.1 亿元，而后又大幅上升至 2014 年的 52.4 亿元，于"十二五"末小幅下跌至 50 亿元。从增速看，2012 年，行业利润总额增速为 179.9%，2014 年，行业利润较上年增长超过 500 倍，而 2015 年又开始小幅下降，增速为 -4.6%。结合行业营业收入，得出"十二五"期间行业利润率分别 0.7%、2.0%、0.4%、2.5% 和 2.9%，行业盈利能力不高。

根据开采辅助活动行业规模以上企业利润占营业收入总额比重及行业全口径营业收入总额，可估算出"十二五"期间开采辅助行业全口径利润总额。2011～2015 年，行业全口径利润总额分别为 19.6 亿元、45.4 亿元、-0.2 亿元、64.4 亿元以及 60.5 亿元。

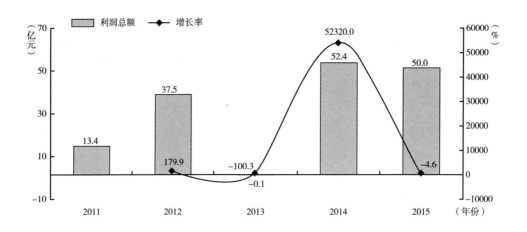

图20 "十二五"期间开采辅助活动行业利润总额及增长率

注：统计数据为规模以上企业。

资料来源：《中国统计年鉴》（2012～2016）。

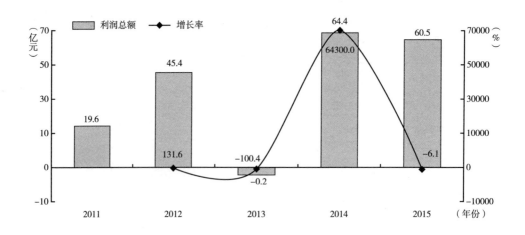

图21 "十二五"期间开采辅助活动行业全口径利润总额及增长率

注：根据《中国统计年鉴》（2012～2016）得出的行业规模以上企业营业收入、利润总额及行业全口径营业收入估算。

资料来源：《中国统计年鉴》（2012～2016）。

八 行业增加值情况

"十二五"期间，开采辅助活动行业规模以上企业工业增加值先小幅下降再小幅上升而后大幅下跌，从2011年的471.9亿元上升至2014年的498.8亿元，而后2015年又降至465.0亿元，低于2011年水平。行业本身景气程度及对经济增长的贡献度均较低。2012～2015年，行业增加值增速分别为 -0.3%、0.7%、5.3%、-6.8%。

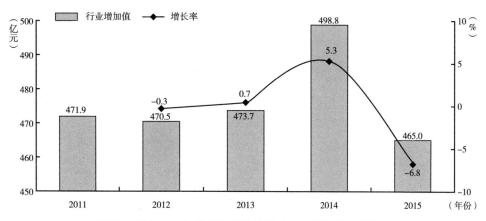

图 22 "十二五"期间开采辅助活动行业增加值及增长率

注：统计数据为规模以上企业。

资料来源：《中国统计年鉴》（2012~2016）。

九 区域分布情况

（一）企业区域分布

"十二五"期间，我国开采辅助活动行业规模以上企业主要分布在东北地区和西部地区。"十二五"期间，东北地区的企业占比从39.1%下降到34.3%，西部地区则从37.8%上升到45.6%；东部地区占比从2011年的12.2%下降到10.1%，中部地区企业占比稍有下降，从10.9%下降到10.1%。总体上，东北地区降幅明显，西部地区增幅突出，而东部、中部小幅缩减，这与我国开采辅助活动行业的布局及变化趋势基本一致。

表 2 "十二五"期间开采辅助活动行业企业区域分布（地区）

单位：家，%

地区		2011 年	2012 年	2013 年	2014 年	2015 年
东北地区	数量	61	66	62	65	58
	占比	39.1	41.5	38.3	39.2	34.3
东部地区	数量	19	19	19	17	17
	占比	12.2	12.0	11.7	10.2	10.1
中部地区	数量	17	15	18	16	17
	占比	10.9	9.4	11.1	9.6	10.1
西部地区	数量	59	59	63	68	77
	占比	37.8	37.1	38.9	41.0	45.6
全国	合计	156	159	162	166	169

注：统计数据为规模以上企业。

资料来源：《中国统计年鉴》（2012~2016）。

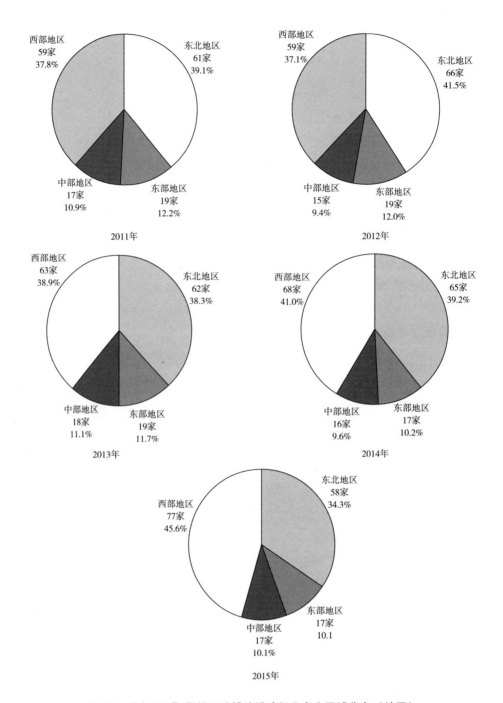

图23 "十二五"期间开采辅助活动行业企业区域分布（地区）

注：统计数据为规模以上企业。

资料来源：《中国统计年鉴》（2012～2016）。

"十二五"期间，开采辅助活动行业规模以上企业主要分布于新疆、陕西、吉林、辽宁、黑龙江、甘肃、天津、湖北、安徽、四川、广东、北京、河南等13个省份。

2015 年,行业企业分布地区前三位分别是新疆(30 家,占 17.8%)、陕西(28 家,占 16.6%)、吉林(21 家,占 12.4%)。

表 3 "十二五"期间开采辅助活动行业企业区域分布(省份)

单位:家

地区	省份	2011 年	2012 年	2013 年	2014 年	2015 年
东北地区	黑龙江	19	21	19	20	17
	辽 宁	21	22	21	22	20
	吉 林	21	23	22	23	21
东部地区	北 京	5	5	5	5	4
	天 津	9	9	7	7	9
	广 东	5	5	7	5	4
中部地区	河 南	6	5	6	5	3
	湖 北	6	6	7	6	8
	安 徽	5	4	5	5	6
西部地区	新 疆	20	21	23	28	30
	陕 西	26	25	26	26	28
	甘 肃	6	6	10	10	14
	四 川	7	7	4	4	5
全国	合 计	156	159	162	166	169

注:统计数据为规模以上企业。

资料来源:《中国统计年鉴》(2012~2016)。

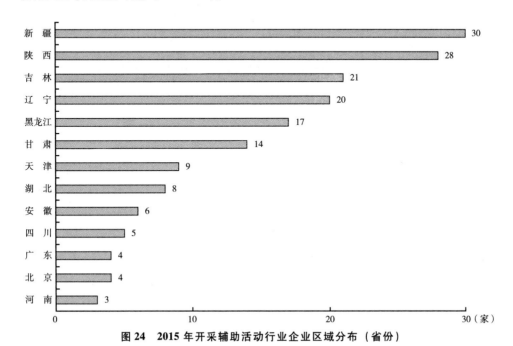

图 24 2015 年开采辅助活动行业企业区域分布(省份)

注:统计数据为规模以上企业。

资料来源:《中国统计年鉴》(2016)。

（二）营业收入区域分布

"十二五"初期，我国开采辅助活动行业规模以上企业的营业收入分布呈现西部较高，东北、东部、中部均衡发展的状态，占比分别为39.4%、21%、19.1%、20.5%，到"十二五"末，占比变化为43.5%、33.9%、13.5%、9.1%。其中，西部地区分布有一定上升，东北地区占比明显提升，东部、中部均明显下降。与我国开采辅助活动行业的行业布局及变化趋势基本一致。结合企业分布，西部地区企业占比上升且营业收入占比上升，东北区企业数量占比下降而营收占比上升，这说明西部企业的盈利能力弱于东北地区。

表4 "十二五"期间开采辅助活动行业营业收入区域分布（地区）

单位：亿元，%

地区		2011年	2012年	2013年	2014年	2015年
东北地区	数值	401.4	389.4	404.8	633.4	576.4
	占比	21.0	20.8	21.8	30.2	33.9
东部地区	数值	365.2	378	399.3	327.5	230
	占比	19.1	20.2	21.5	15.6	13.5
中部地区	数值	391.3	395.9	279.9	210.9	154.6
	占比	20.5	21.2	15.0	10.0	9.1
西部地区	数值	753	705.6	776.2	927.7	739.5
	占比	39.4	37.8	41.7	44.2	43.5
全国	总计	1910.9	1868.9	1860.2	2099.5	1700.5

注：统计数据为规模以上企业。

资料来源：《中国统计年鉴》（2012～2016）。

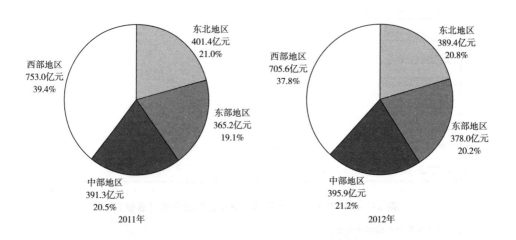

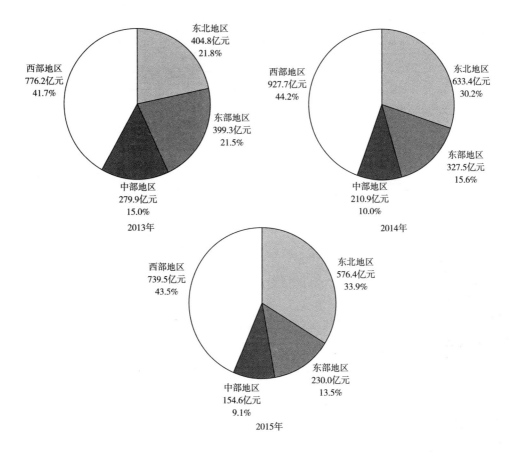

图25 "十二五"期间开采辅助活动行业营业收入区域分布情况（地区）

注：统计数据为规模以上企业。

资料来源：《中国统计年鉴》（2012～2016）。

"十二五"期间，从规模以上企业的营业收入看，开采辅助活动行业主要分布于四川、辽宁、新疆、黑龙江、吉林、北京、河南、天津、陕西、湖北、广东、甘肃、安徽等13个省份。2015年，行业营业收入分布地区前三位分别是四川（485.3亿元，占28.5%）、辽宁（304.2亿元，占17.9%）、新疆（176.8亿元，占10.4%）。

表5 "十二五"期间开采辅助活动行业营业收入区域分布（省份）

单位：亿元

地区	省份	2011 年	2012 年	2013 年	2014 年	2015 年
东北地区	黑龙江	165	167	170.4	179.7	162.2
	辽 宁	88.6	89.6	98	325.6	304.2
	吉 林	147.8	132.8	136.4	128.1	110

续表

地区	省份	2011 年	2012 年	2013 年	2014 年	2015 年
东部地区	北　京	236.1	249.1	255.4	181.6	109.6
	天　津	100.5	100.7	105.4	102.1	82.6
	广　东	28.6	28.2	38.5	43.8	37.8
中部地区	河　南	191.9	191.9	162.8	135.7	103.4
	湖　北	198.1	202.7	115.5	73.5	49.5
	安　徽	1.3	1.3	1.6	1.7	1.7
西部地区	新　疆	186.7	186.7	223.5	318.4	176.8
	陕　西	124.9	102.9	85.1	82.3	58.7
	甘　肃	16.1	16.1	28.7	29.4	18.7
	四　川	425.3	399.9	438.9	497.6	485.3
全国	合　计	1910.9	1868.9	1860.2	2099.5	1700.5

注：统计数据为规模以上企业。

资料来源：《中国统计年鉴》（2012～2016）。

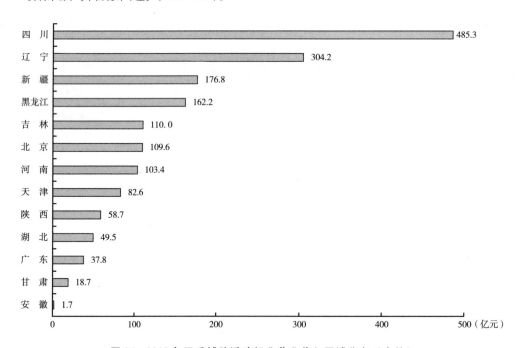

图 26　2015 年开采辅助活动行业营业收入区域分布（省份）

注：统计数据为规模以上企业。

资料来源：《中国统计年鉴》（2016）。

第二节　“十二五”期间金属制品、机械和设备修理业发展情况

金属制品、机械和设备修理业包括金属制品修理，通用设备修理，专用设备修理，

铁路、船舶、航空航天等运输设备修理，电气设备修理，仪器仪表修理，其他机械和设备修理业。其中，铁路、船舶、航空航天等运输设备修理又包括以下几类：一是铁路运输设备修理，但不包括火车机车回厂修理和发动机修理活动；二是船舶修理，但不包括船舶回厂修复、发动机修理以及船舶拆除活动；三是航空航天器修理，不包括航空航天器回厂修理和发动机修理活动；四是其他运输设备修理。其中，金属制品涉及众多的与钢铁行业相关的分支行业，包括结构性金属制品、金属工具、集装箱及金属包装容器、不锈钢及类似日用金属制品等。

一 营业规模情况

"十二五"期间，金属制品、机械和设备修理业的营业收入、工业销售产值总体呈上升趋势。

（一）营业收入

行业规模以上企业营业收入总额由 2011 年的 905.4 亿元经小幅上升、大幅下降、大幅上升后达到"十二五"末（2015 年）的 947.8 亿元，在"十二五"的最后一年，行业营业收入总额低于 2013 年所实现的最高水平；营业收入增速呈现比较明显的波动，2012~2015 年增速分别为 1.4%、5.0%、-9.5% 和 8.6%；"十二五"期间营业收入总额为 4608.3 亿元。行业营业收入波动的原因，一方面是冶金、金属制品行业去产能抑制相关服务业发展，另一方面机械和设备制造走向迭代、升级阶段，对服务提出了更高的要求，也创造了更多的服务价值提升空间。

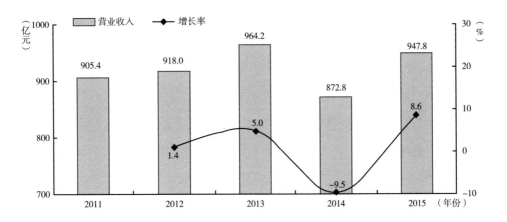

图 27　"十二五"期间金属制品、机械和设备修理业营业收入及增长率

注：统计数据为规模以上企业。

资料来源：《中国统计年鉴》（2012~2016）。

此外，根据对全口径金属制品、机械和设备修理业营业收入的推算，"十二五"期间，金属制品、机械和设备修理业营业收入呈现小幅增长、大幅下跌又迅速回升的情况。根据估算，2011～2015年，金属制品、机械和设备修理业营业收入分别为1321.9亿元、1340.3亿元、1407.1亿元、1273.7亿元以及1383.0亿元，"十二五"期间，金属制品、机械和设备修理业行业整体的营业收入总额达6726.0亿元。

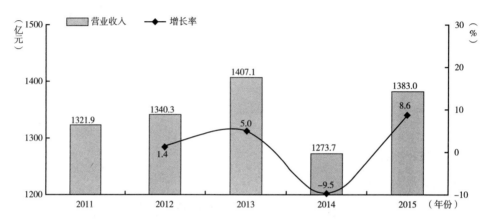

图28　"十二五"期间金属制品、机械和设备修理业全口径营业收入及增长率

注：全口径营业收入数据＝规模以上企业营业收入÷（2013年规模以上企业营业收入÷2013年营业收入普查数据）。

资料来源：《中国经济普查年鉴》（2013）以及规模以上金属制品、机械和设备修理业企业数据推算。

（二）工业销售产值

"十二五"期间，金属制品、机械和设备修理业规模以上企业的工业销售产值总体呈上升趋势，由2011年的768.4亿元明显上升至2012年的886.5亿元和2013年的936.5亿元，随后于2014年下降8.3%，降至859.0亿元，并于"十二五"末的2015年又大幅回升14.7%，增长985.6亿元，较2011年高28.3%。行业工业销售产值总体平稳，行业呈现稳健发展态势。

二　资产规模情况

"十二五"期间，金属制品、机械和设备修理业的资产规模总体呈现小幅上升、大幅下降又大幅上升的波动状态。行业资产总额、流动资产平均余额在"十二五"末均达到五年来的最高水平。

（一）资产总额

"十二五"期间，金属制品、机械和设备修理业规模以上企业的资产总额整体呈上升趋势，由2011年的868.1亿元增长值2012年的1170.8亿元，再增长至2013年的

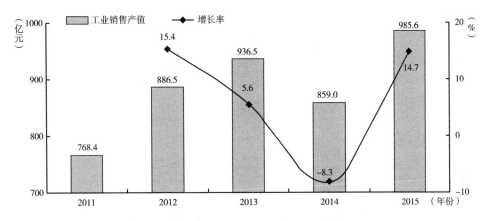

图29 "十二五"期间金属制品、机械和设备修理业工业销售产值及增长率

注：统计数据为规模以上企业。

资料来源：《中国统计年鉴》(2012～2016)。

1184.1亿元，虽然于2014年下跌至1096.2亿元，但又于2015年回升至1303.9亿元；除2014年出现 -7.4% 的负增长外，2012年、2013年、2015年均保持正向增长，增幅分别为34.9%、1.1%、18.9%。对比行业营业收入呈现波动的情况，行业资产总额总体保持上升态势意味着以民营资本为主的金属制品、机械和设备修理业对行业保持一定信心，行业具有转型升级的资本储备。

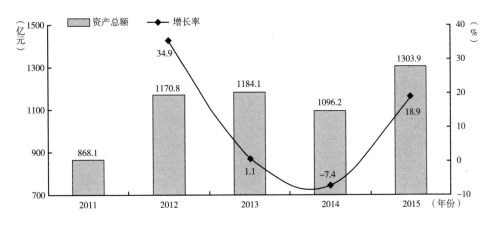

图30 "十二五"期间金属制品、机械和设备修理业资产总额及增长率

注：统计数据为规模以上企业。

资料来源：《中国统计年鉴》(2012～2016)。

根据金属制品、机械和设备修理业规模以上工业企业资产数据以及2013年普查数据推算的2011～2015年金属制品、机械和设备修理业全口径资产总计如图31所示。根据推算，至2015年，金属制品、机械和设备修理业资产总计为1955.9亿元。

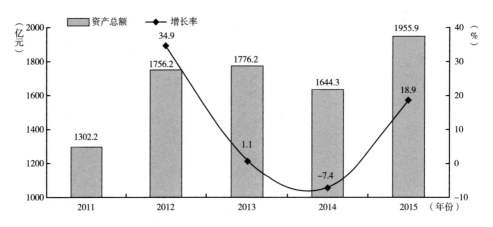

图31 "十二五"期间金属制品、机械和设备修理业全口径资产总额及增长率

注：全口径资产总额数据＝规模以上企业资产总额÷（2013年规模以上企业资产总额÷2013年资产总额普查数据）

资料来源：《中国经济普查年鉴》（2013）以及规模以上金属制品、机械和设备修理业数据推算。

（二）流动资产平均余额

行业规模以上企业流动资产平均余额由2011年的583.7亿元经波动最终上升至2015年的755.3亿元；2012～2015年，流动资产平均余额增速分别为7.5%、2.8%、-9.2%和28.9%，整体与资产总额的变化趋势保持一致，但波动更为剧烈。从行业流动资产平均余额占资产总额比重来看，"十二五"期间，行业流动资产平均余额基本维持在总资产的50.0%以上，说明金属制品、机械和设备修理业的现金流较为充足，资产流动性相对较高，体现了该服务行业流动性较好的特性。

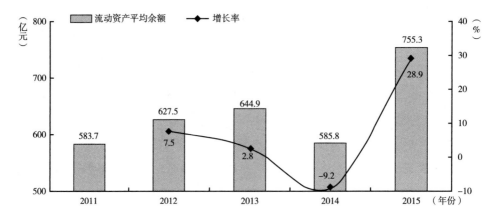

图32 "十二五"期间金属制品、机械和设备修理业流动资产平均余额及增长率

注：统计数据为规模以上企业。

资料来源：《中国统计年鉴》（2012～2016）。

（三）净资产总额

行业规模以上企业净资产从 2011 年的 471.6 亿元增长至 2015 年的 551.2 亿元，与资产总额、流动资产平均余额波动趋势基本相同；2012～2015 年，行业净资产增长率分别为 4.7%、3%、23.3% 和 -12.1%，波动也较为显著。行业净资产占总资产比重在"十二五"期间基本保持在 40% 左右，说明金属制品、机械和设备修理业的资产负债率达到 60.0% 左右，行业整体杠杆率较为合理，一方面体现出行业总体资产安全性较高，另一方面也体现出行业内企业的外部融资策略更为灵活。

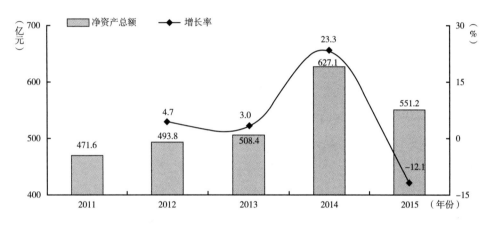

图 33 "十二五"期间金属制品、机械和设备修理业净资产总额及增长率

注：统计数据为规模以上企业。

资料来源：《中国统计年鉴》（2012～2016）。

三 法人单位情况

（一）企业总数

"十二五"期间，金属制品、机械和设备修理业规模以上企业数量有所减少，2015年为 397 家，较 2011 年的 429 家减少了 32 家，主要减幅出现在 2014 年，较 2013 年减少了 21 家。与行业转型升级阻力巨大、企业商业模式探索进入困局有强关联；2012～2015 年，行业企业总数增速分别为 -1.9%、-1.2%、-5.0% 和 0.5%。

"十二五"期间，金属制品、机械和设备修理业全口径企业数量呈现总体增长态势，五年间企业总数分别达到 13776 家、13514 家、13391 家、15719 家和 17473 家，2012～2015 年行业全口径企业总数增速分别为 -1.9%、-0.9%、17.4%、11.2%。

（二）大中型企业数量

"十二五"期间，金属制品、机械和设备修理业大中型企业数量从 145 家减少至111 家，共减少 34 家，超过金属制品、机械和设备修理业同期企业总数减少规模；主

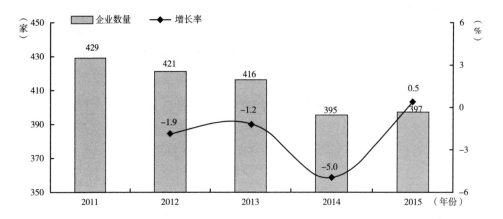

图34 "十二五"期间金属制品、机械和设备修理业企业数量及增长率

注：统计数据为规模以上企业。

资料来源：《中国统计年鉴》（2012～2016）。

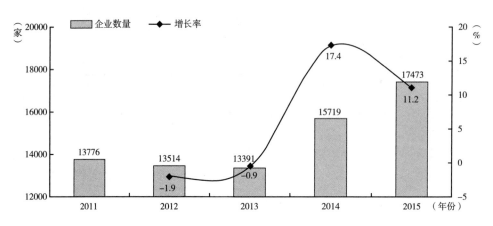

图35 "十二五"期间金属制品、机械和设备修理业全口径企业数量及增长率

注：2011年、2012年全口径企业数量数据＝规模以上企业数量÷（2013年规模以上企业数量÷2013年企业数量普查数据）。

资料来源：2013～2015年数据来自《中国第三产业统计年鉴》（2014～2016），2011年、2012年数据为估算数据。

要减少时间为2014年，较2013年减少了13家；"十二五"末，大中型企业数量占比为全部规模以上企业的28%，小微企业是行业的主要构成主体，发挥着重要的作用，这一特性与金属制品、机械和设备修理业的特点基本一致。

（三）不同注册类型企业数量

"十二五"期间，从企业注册类型看，行业规模以上企业中国有控股企业、私营企业、外商和港澳台商投资企业数量变化均较大，2011～2015年，国有控股企业分别为72家、74家、75家、83家、89家，私营企业分别为159家、162家、164家、141家、

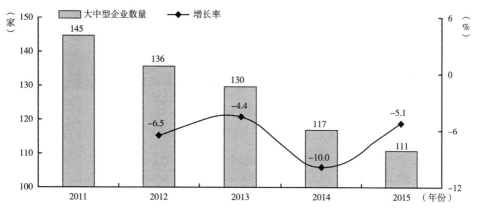

图 36 "十二五"期间金属制品、机械和设备修理业大中型企业数量及增长率

注：统计数据为规模以上企业。

资料来源：《中国统计年鉴》（2012~2016）。

139 家，外商和港澳台商投资企业分别为 74 家、72 家、68 家、64 家、65 家；其中，私营企业占比最高，2015 年，占全部企业（397 家）的 35.0%，国有控股企业、外商和港澳台商投资企业数量较为接近，2015 年，占比分别为 22.4% 和 16.4%。行业私营企业较多，外商投资企业相对其他行业更多，说明金属制品、机械和设备修理业面向社会资本、外资的开放程度相对更高。

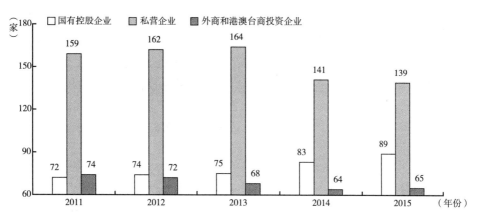

图 37 "十二五"期间金属制品、机械和设备修理业企业注册类型及数量

注：统计数据为规模以上企业。

资料来源：《中国统计年鉴》（2012~2016）。

四 人力资源情况

（一）从业人员数量

"十二五"期间，金属制品、机械和设备修理业城镇单位从业人员规模由 2011 年的

41.3万人下将至2015年的11.7万人，从业人员规模缩减明显，增速呈现先小幅上升后大幅下降的变化，"十二五"末从业人员规模创五年来新低；2012～2015年，行业从业人员总规模增速分别为－1.9%、－0.4%、－41.6%和－50.4%，行业整体就业人数规模不大，虽然行业企业数量有所增长，但就业人数总量下降说明员工人数较少的企业新增量较大。

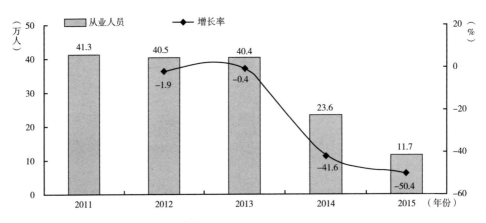

图38 "十二五"期间金属制品、机械和设备修理业城镇单位从业人员数量及增长率

资料来源：2013～2015年数据来自《中国第三产业统计年鉴》（2014～2016）中行业城镇单位就业人数，2011年、2012年数据为结合单位平均从业人员数量变化的估算数据。

（二）行业工资总额

根据《中国劳动统计年鉴》2015年数据及"十二五"期间行业发展变化情况估算，2011～2015年五年间，金属制品、机械和设备修理业人均工资分别为5.5万元/人、6.0万元/人、6.6万元/人、7.3万元/人、8.0万元/人，结合城镇单位从业人员规模，可得出金属制品、机械和设备修理业工资总额五年分别为227.2亿元、243.0亿元、266.6亿元、172.3亿元、93.9亿元，总体呈现先小幅上升后大幅下降的趋势，增速分别为7.0%、9.7%、－35.4%和－45.5%。

五 固定资产投资情况

（一）固定资产投资总额

"十二五"期间，金属制品、机械和设备修理业规模以上企业的固定资产投资总额呈现先增后降再增的波动状，总体上由2011年的292.5亿元增长至2015年的337.5亿元；其中，2013年增长率较高，为8.2%，而2014年又进入负增长状态，为－0.4%，至2015年又恢复到正向增长，增幅为3.2%。

（二）固定资产投资性质和构成

2015年，行业规模以上企业固定资产投资总额为337.5亿元，其中中央投资4.1亿

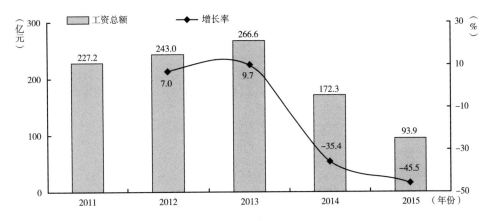

图 39　"十二五"期间金属制品、机械和设备修理业城镇单位工资总额及增长率

资料来源：2015 年数据来自《中国劳动统计年鉴》(2016)，其他年份数据来自结合平均人员工资的估算数据。

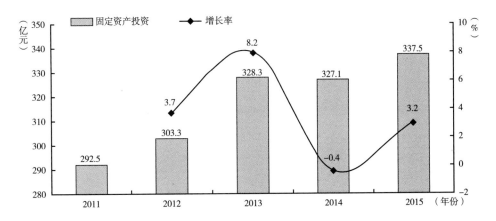

图 40　"十二五"期间金属制品、机械和设备修理业固定资产投资总额及增长率

注：统计数据为规模以上企业。
资料来源：《中国统计年鉴》(2012～2016)。

元，地方投资 334.4 亿元。从投资类型看，投资总额中用于新建的投资额为 128.9 亿元，在投资总额中占比最高，为 41.6%，用于扩建的投资额为 69.5 亿元，占 22.4%，用于改建和技术改造的投资额为 111.6 亿元，占比为 36.0%，三类投资类型分别相对均衡。

表 6　2015 年金属制品、机械和设备修理业固定资产投资投资类型、用途、来源

单位：亿元

固定资产投资类型	金额	固定资产投资用途	金额
新建	128.9	建筑安装工程投资	223.5
扩建	69.5	设备工器具购置	102.1
改建和技术改造	111.6	其他费用	11.9

续表

固定资产投资来源	金额
国有控股	113.3
集体控股	17.7
私人控股	174.6
其他内资	25.5
港澳台商投资	2.8
外商投资	3.6

注：统计数据为规模以上企业。

资料来源：《中国统计年鉴》（2012～2016）。

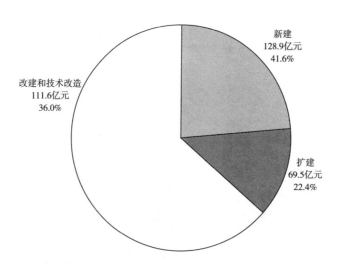

图41　2015年金属制品、机械和设备修理业固定资产投资性质结构

注：统计数据为规模以上工业企业。

资料来源：《中国统计年鉴》（2016）。

从投资构成看，建筑安装工程的支出总额为223.5亿元，占比最高，达66.2%，设备工器具购置次之，支出额为102.1亿元，占总投资的比重为30.3%，用于其他费用支出的投资额为11.9亿元，占比最小，仅为3.5%。

从投资来源看，国有控股、集团控股、私人控股、其他内资、港澳台商投资、外商投资企业均有参与金属制品、机械和设备修理业的固定资产投资。其中，私人控股投资174.6亿元，占比最高，接近52%，国有控股投资额为113.3亿元，占33.6%，其他内资企业投资25.5亿元，占7.6%，集体控股投资17.7亿元，占5.2%，港澳台商投资占比最低，不足1.0%，低于外商投资企业占比的1.1%。

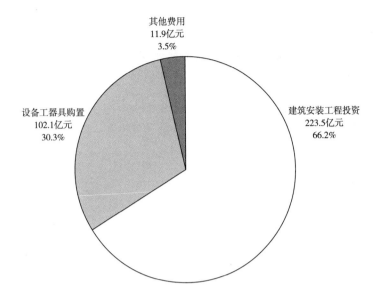

图 42 2015 年金属制品、机械和设备修理业固定资产投资构成结构

注：统计数据为规模以上企业。

资料来源：《中国统计年鉴》（2016）。

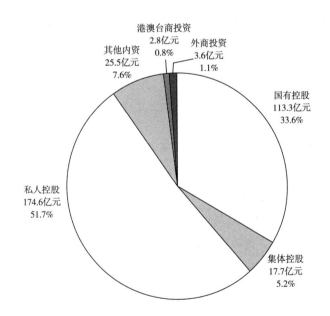

图 43 2015 年金属制品、机械和设备修理业固定资产投资来源结构

注：统计数据为规模以上企业。

资料来源：《中国统计年鉴》（2016）。

六 税收情况

"十二五"期间,金属制品、机械和设备修理业规模以上企业的税收总额与营业收入的变化保持一致,均呈现先涨后跌再涨的波动趋势。2011～2015年,税收总额分别为23.5亿元、24.6亿元、28.4亿元、25.6亿元、27.7亿元,五年间税收总额为129.8亿元;2012～2015年,行业税收总额的增幅分别为4.6%、15.4%、-9.9%和8.2%,涨跌幅度均较明显。

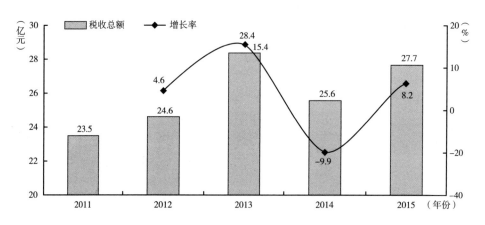

图44 "十二五"期间金属制品、机械和设备修理业税收总额及增长率

注:统计数据为规模以上企业。

资料来源:《中国统计年鉴》(2012～2016)。

七 企业利润情况

"十二五"期间,金属制品、机械和设备修理业规模以上企业的利润总额呈现稳健增长、大落、大起的局势,利润总额从2011年的38.1亿元增长至2012年的45.2亿元,再小幅上升至2013年的49.4亿元,而后又大幅下降至2014年的36.6亿元,最后大幅上升至2015年的48.2亿元;从增速看,2012年,行业利润总额增速为18.6%,2013年增速放缓,2014年,行业利润较上年下跌25.9%,而2015年又开始大幅上升,增速为31.7%。结合行业营业收入,得出2012～2015年间行业利润率分别5.1%、5.3%、4.3%和5.3%,行业盈利能力低于服务业其他行业,但高于与之密切相关的金属制品、机械及设备制造行业等。

根据金属制品、机械和设备修理业规模以上企业利润占营业收入比重及行业全口径营业收入规模,可估算出"十二五"期间金属制品、机械和设备修理业全口径利润总额,2011～2015年,行业全口径利润总额分别为55.6亿元、66.0亿元、72.1亿元、53.4亿元以及70.3亿元。

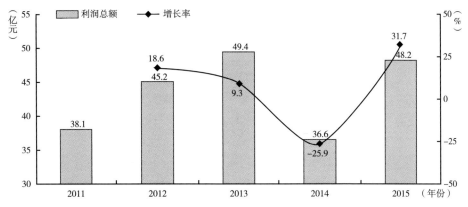

图45 "十二五"期间金属制品、机械和设备修理业利润总额及增长情况

注：统计数据为规模以上企业。

资料来源：《中国统计年鉴》（2012～2016）。

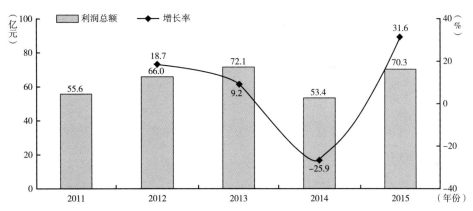

图46 "十二五"期间金属制品、机械和设备修理业全口径利润总额及增长率

资料来源：根据《中国统计年鉴》（2012～2016）得出的行业规模以上企业营业收入、利润总额及行业全口径营业收入估算。

八 行业增加值情况

"十二五"期间，金属制品、机械和设备修理业规模以上工业增加值先小幅上升后大幅下跌再大幅上升，从2011年的191.3亿元上升至2013年的209.1亿元而后又下降至2014年的191.7亿元，再上升至2015年的205.6亿元。行业本身景气程度及对经济增长的贡献度均较低；2012～2015年，行业增加值增速分别为6.5%、2.6%、-8.3%和7.2%。

九 区域分布情况

（一）企业区域分布

"十二五"期间，在企业区域分布方面，我国金属制品、机械和设备修理业规模

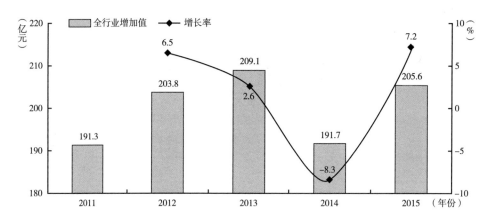

图47　"十二五"期间金属制品、机械和设备修理业行业增加值及增长率

注：统计数据为规模以上企业。

资料来源：《中国统计年鉴》（2013～2015）。

以上企业主要分布在东部沿海地区，占比接近60%；中部地区企业占比逐渐提升，从2011年的占11.9%上升到"十二五"末的15.9%；东北、西部地区企业占比则均出现了下降，分别从2011年的16.0%、13.7%降低到"十二五"末的11.6%、12.8%。总体上，东部地区占比保持稳定，中部地区产业稳步提升，东北、西部地区则均在下滑，其中，东北地区下滑更为明显。这与我国金属制品、机械和设备制造行业布局基本一致。

表7　"十二五"期间金属制品、机械和设备修理业企业区域分布（地区）

单位：家，%

地区		2011 年	2012 年	2013 年	2014 年	2015 年
东北地区	数量	69	59	77	58	46
	占比	16.1	14.0	18.5	14.7	11.6
东部地区	数量	250	252	235	232	237
	占比	58.3	59.9	56.5	58.7	59.7
中部地区	数量	51	51	55	57	63
	占比	11.9	12.1	13.2	14.4	15.9
西部地区	数量	59	59	49	48	51
	占比	13.7	14.0	11.8	12.2	12.8
全国	合计	429	421	416	395	397

注：统计数据为规模以上企业。

资料来源：《中国统计年鉴》（2012～2016）。

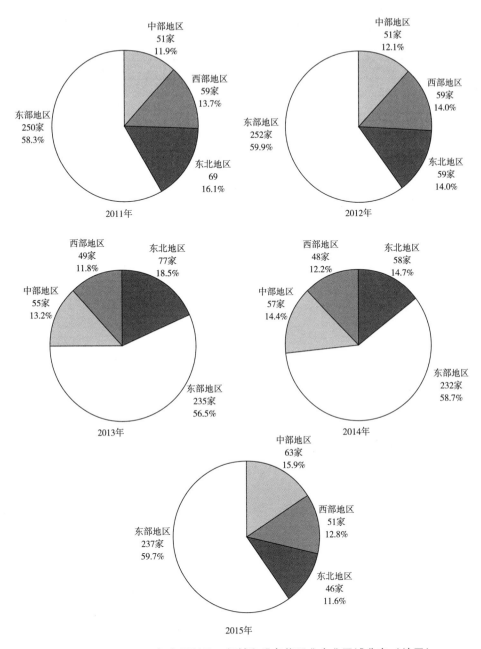

图48 2011～2015年金属制品、机械和设备修理业企业区域分布（地区）

注：统计数据为规模以上企业。

资料来源：《中国统计年鉴》（2012～2016）。

"十二五"期间，金属制品、机械和设备修理业规模以上企业主要分布于广东、浙江、上海、辽宁、江苏、福建、湖北、山东、山西、北京、河北、安徽等12个省份，呈现集中于沿海地区及内陆相对发达地区的状态。2015年，行业企业分布地区前三位分别是广东（43家，占10.8%）、浙江（42家，占10.6%）、上海（37家，占9.3%）。

表8 "十二五"期间金属制品、机械和设备修理业企业区域分布（省份）

单位：家

地区	省份	2011 年	2012 年	2013 年	2014 年	2015 年
东北地区	黑龙江	6	4	5	5	5
	辽 宁	52	47	64	47	34
	吉 林	11	8	8	6	7
东部地区	北 京	12	12	13	14	15
	天 津	8	9	12	8	9
	上 海	33	34	34	34	37
	河 北	20	20	19	13	13
	山 东	24	24	20	20	20
	江 苏	30	30	31	26	29
	浙 江	43	43	47	45	42
	福 建	21	21	22	22	22
	广 东	53	53	35	44	43
	海 南	6	6	2	6	7
中部地区	山 西	5	5	10	11	15
	河 南	9	9	10	9	9
	湖 北	18	18	17	20	21
	安 徽	10	10	11	11	10
	湖 南	6	6	5	3	4
	江 西	3	3	2	3	4
西部地区	内蒙古	5	5	3	3	7
	青 海	—				
	新 疆	4	4	2	1	5
	宁 夏	—	—	—	—	—
	陕 西	10	10	7	6	6
	甘 肃	6	6	4	8	8
	青 海	4	4	1	1	3
	重 庆	8	8	7	7	7
	四 川	15	15	20	15	6
	西 藏	—	—	—	—	—
	广 西	4	4	3	4	5
	贵 州	3	3	2	3	4
	云 南	—	—	—	—	—
全国	合 计	429	421	416	395	397

注：统计数据为规模以上企业。

资料来源：《中国统计年鉴》（2012～2016）。

（二）营业收入区域分布

"十二五"期间，在规模以上企业营业收入区域分布方面，我国金属制品、机械和设备修理业主要分布在东部沿海地区，2011 年占比为 53.2%，到"十二五"末占比已

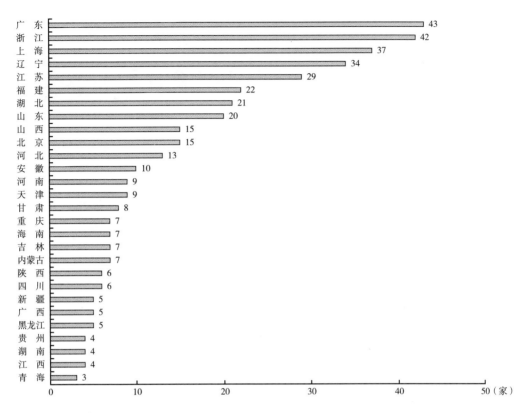

图49 2015年金属制品、机械和设备修理业企业区域分布情况（省份）

注：统计数据为规模以上企业。

资料来源：《中国统计年鉴》（2016）。

达到64.6%，与我国金属制品、机械和设备制造行业布局基本一致；东北、中部、西部地区则均出现了下降，分别从2011年的占比14.9%、15.6%、16.3%降低到"十二五"末的9.5%、14.8%、11.1%。结合企业分布，东部地区企业占比没有明显变化而营业收入占比明显提升，中部地区企业占比提升而营业收入占比下降，另外，主营业务布局中，东部、西部地区占比下降明显，降幅超过中部地区。

表9 "十二五"期间金属制品、机械和设备修理业营业收入区域分布（地区）

单位：亿元，%

地区		2011年	2012年	2013年	2014年	2015年
东北地区	数值	134.8	140	215.0	146.9	89.7
	占比	14.9	15.2	22.3	16.8	9.5
东部地区	数值	481.7	498.2	475.2	507.9	611.9
	占比	53.2	54.2	49.3	58.2	64.6
中部地区	数值	141.7	143.1	121.9	117.6	140.0
	占比	15.6	15.6	12.6	13.5	14.8

续表

地区		2011 年	2012 年	2013 年	2014 年	2015 年
西部地区	数值	147.2	137.4	152.1	100.3	105
	占比	16.3	15.0	15.8	11.5	11.1
全国	合计	905.4	918.7	964.2	872.7	946.6

注：统计数据为规模以上企业。

资料来源：《中国统计年鉴》（2012～2016）。

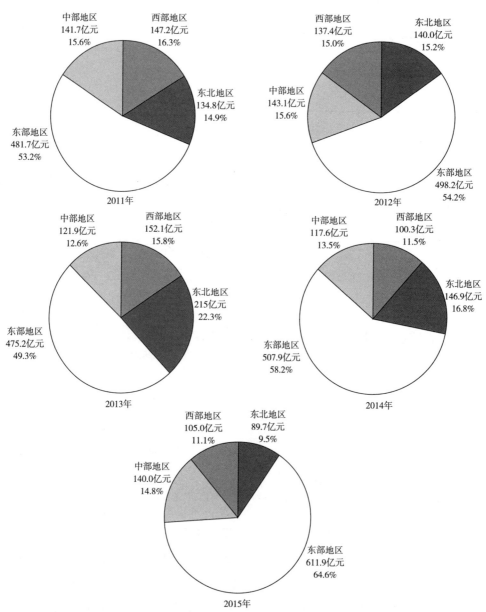

图 50 "十二五"期间金属制品、机械和设备修理业营业收入区域分布（地区）

注：统计数据为规模以上企业。

资料来源：《中国统计年鉴》（2012～2016）。

"十二五"期间，从规模以上企业营业收入看，金属制品、机械和设备修理业同样主要分布于上海、福建、广东、辽宁、四川、浙江、北京、河南、安徽、山东、湖北、天津等12个省份。与企业分布略有不同，2015年，行业营业收入分布地区前三位分别是上海（145.4亿元，占15.4%）、福建（138.8亿元，占14.7%）、广东（97.4亿元，占10.3%）。

表10 "十二五"期间金属制品、机械和设备修理业营业收入区域分布（省份）

单位：亿元

地区	省份	2011年	2012年	2013年	2014年	2015年
东北地区	黑龙江	2.6	3.3	5	4.7	2.9
	辽宁	118.5	123	195.4	134.6	82.8
	吉林	13.7	13.7	14.6	7.6	4.0
东部地区	北京	38.4	38.5	35.6	36.6	56.9
	天津	11.9	11.9	13.6	19.3	20.6
	上海	73	73	77.3	83.9	145.4
	河北	37.9	37.8	37.8	34.1	15.2
	山东	33.4	33.4	37	35.9	38.5
	江苏	30.8	29.2	29.4	30	35.7
	浙江	47.1	47.1	47.6	55.2	63.4
	福建	93.3	93.3	111.2	118.3	138.8
	广东	115.9	134	85.7	94.6	97.4
中部地区	山西	6.6	6.5	7	7.1	8.6
	河南	53.5	55	42	33.3	50.1
	湖北	40.5	40.5	31.8	36.1	32.4
	安徽	31.5	31.5	30.5	34.6	46.3
	湖南	7.9	7.9	9.8	5.8	1.8
	江西	1.7	1.7	0.8	0.7	0.8
西部地区	内蒙古	3.2	3.2	3.3	2.4	1.9
	新疆	1.6	1.6	3.4	1.3	1.8
	陕西	47.7	42	36	5	2.7
	甘肃	5.8	3.4	17.6	17.2	15.8
	青海	4	4	2.7	1.1	1.0
	重庆	16.7	12.3	11.5	15.1	15.3
	四川	64.8	67	74	55.6	63.9
	广西	1.4	3.4	2.5	2.2	2.1
	贵州	2	0.5	1.1	0.4	0.5
全国	合计	905.4	918.7	964.2	872.7	946.6

注：统计数据为规模以上企业。

资料来源：《中国统计年鉴》（2012～2016）。

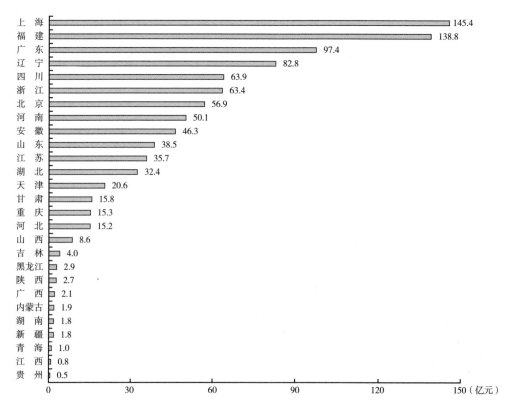

图51　2015年金属制品、机械和设备修理业营业收入区域分布（省份）

注：统计数据为规模以上企业。

资料来源：《中国统计年鉴》（2016）。

第十九章

"十二五"期间中国国际服务贸易及承接国际服务外包发展情况

"十二五"期间是中国服务贸易和服务外包快速发展的时期。服务贸易规模不断跃升，从"十二五"初期的4191亿美元升为"十二五"末期的7130亿美元，年均增长14.2%；服务贸易在世界的排名上升，从第四上升为第二；服务贸易对中国外贸的作用逐步提升，从"十二五"初期的10.3%升为"十二五"末期的15.3%；服务进口增速明显快于服务出口，导致贸易逆差规模快速增长，与服务贸易强国相比，国际竞争力有待提升。中国服务外包规模高速增长，合同执行金额从"十二五"初期的323.9亿美元增为"十二五"末期的966.9亿美元，年均增长31.4%；离岸服务外包规模保持世界第二，占世界离岸外包市场规模的份额从23.2%升为32.3%；服务外包产业结构不断优化，信息技术外包比例明显下降，知识流程外包比例明显提升；服务外包示范城市持续发挥引领示范作用，2015年21个示范城市合同执行金额占全国的84.4%；服务外包对中国构建外向型经济的作用日益增强，中国离岸服务外包执行金额占服务出口总额的比重从"十二五"初期的13.1%上升为"十二五"末期的25.9%；对大学生就业吸纳能力稳步提升，年均新增就业人员104.1万人。

第一节 "十二五"期间国际服务贸易发展情况

党的十八大以来，中国深入推进服务业改革开放，加快建立开放型经济新体制，为服务贸易发展营造了良好的政策环境。"十二五"时期，中国服务贸易快速发展，在国民经济中的地位显著提升，成为外贸转型升级的重要支撑和供给侧结构性改革的主要力量。

一　贸易规模快速扩张

"十二五"期间中国服务贸易连续跨越 4000 亿美元、5000 亿美元、6000 亿美元和7000 亿美元大关，基本上一年实现上一个台阶，合计达到 27466 亿美元。2015 年服务进出口总额达 7130 亿美元，同比增长 14.6%，而货物贸易同比下降 8.0%。2011～2015 年中国服务贸易额从 4191 亿美元增为 7130 亿美元，年均增长 14.2%，远高于同期中国货物贸易 2.1% 的增速，服务贸易在中国外贸（货物和服务进出口之和）中的占比逐步提升，由"十二五"初期的 10.3% 增为"十二五"末期的 15.3%，提高了 5 个百分点。与此同时，中国服务进出口额在世界中的影响不断扩大，占世界服务贸易总额的比重从 2011 年的 5.2% 增至 2015 年的 7.6%，世界排名从第四升为第二。

表 1　2011～2015 年我国服务贸易发展情况

单位：亿美元，%

年份		2011	2012	2013	2014	2015
中国进出口额	金额	4191	4706	5396	6043	7130
	同比增长	15.6	12.3	14.7	12.6	14.6
	占世界比重	5.2	5.6	6.0	6.3	7.6
	世界排名	4	3	3	2	2
中国出口额	金额	1821	1904	2106	2222	2882
	同比增长	7.0	4.6	10.6	7.6	9.2
	占世界比重	4.4	4.4	4.6	4.6	6.1
	世界排名	4	5	5	5	5
中国进口额	金额	2370	2801	3291	3821	4248
	同比增长	23.3	18.2	17.5	15.8	11.1
	占世界比重	6.1	6.8	7.6	8.1	9.2
	世界排名	3	3	2	2	2

资料来源：中国商务部及 WTO 秘书处。

从服务出口看，规模不断扩大。金额从"十二五"初期的 1821 亿美元增为"十二五"末期的 2882 亿美元，年均增长 12.1%。出口增幅高于世界平均水平，带动中国服务出口占世界服务出口总额的比重从"十二五"初期的 4.4% 升为"十二五"末期的6.1%。从图 1 可以看出，尽管"十二五"时期，中国服务出口规模不断扩大，但增幅呈现较大波动，2012 年从 2011 年的 7.0% 降为 4.6%，2013 年又升为 10.6%。

"十二五"期间，中国服务进口规模远高于出口规模，并且平均增幅也远快于出口。金额从 2011 年的 2370 亿美元升为 2015 年的 4248 亿美元，年均增长 15.7%，占世界的比重相应从"十二五"初期的 6.1% 增为"十二五"末期的 9.2%，在世界上的排名前进一位，由第三升为第二。当然也应该看到，"十二五"期间，中国服务进口增幅逐步降低，2011 年增幅达 23.3%，2015 年增幅仅为 11.1%。

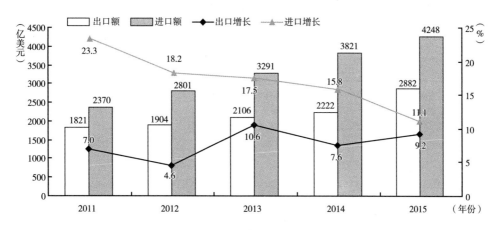

图1 2011～2015 年中国服务出口和进口情况

资料来源：中国商务部。

二 传统行业依旧占据主导地位

"十二五"时期，运输、旅行、建筑三大传统行业在中国服务贸易中依旧占据主导地位，三大行业合计进出口额分别为 2555.1 亿美元、2926.4 亿美元、3267.6 亿美元、4946.6 亿美元和 5473.7 亿美元，年均增长 21.0%，在服务贸易总额中的比重逐年上升，分别为 56.9%、60.6%、60.8%、67.5% 和 72.5%。

表2 中国主要行业服务进出口总额

单位：亿美元

年份	2011	2012	2013	2014	2015
总计	4488.9	4828.8	5376.1	7333.1	7554.4
与货物有关的服务	267.2	258.7	233.4	215.4	255.2
其中:加工服务	267.0	258.0	234.0	215.0	206.0
维护和维修服务	0.0	0.0	0.0	0.0	39.0
运输服务	1160.1	1247.7	1319.7	1344.0	1142.1
其中:海运	722.2	870.4	964.5	772.7	710.1
空运	246.3	264.7	307.2	495.5	472.7
旅行	1210.5	1520.1	1802.4	3400.4	4063.1
其中:旅游	—	—	—	1950.2	2181.5
建筑服务	184.5	158.6	145.5	202.2	268.5
保险和养老金服务	227.6	239.3	260.9	270.3	143.0
金融服务	16.0	38.1	68.8	94.7	49.8

续表

年份	2011	2012	2013	2014	2015
知识产权使用费	154.5	187.9	219.2	232.9	231.1
通信服务	189.4	217.4	247.2	309.2	359.6
个人、文化和娱乐服务	5.2	6.9	9.3	10.5	26.3
其他商业服务	1055.7	933.8	1045.6	1222.7	979.5

资料来源：大分类数据根据联合国贸发会议数据库整理。其中细项分类数据中加工服务及维护和维修服务数据来自国家外汇管理局国际平衡收支表数据；旅游数据来自国家旅游局的《旅游业统计公报》；海运和空运2011～2013年数据来自UN Service Trade Datdbase，2015数据来自商务部统计数据，2014年数据是根据商务部2015年增幅计算出来的数额。

旅行是中国服务贸易第一大行业，进出口总额从2011年的1210.5亿美元升为2015年的4063.1亿美元，年均增长35.3%，远高于同期服务贸易平均增幅，带动旅行服务进出口额占服务贸易总额的比重从27.0%增为53.8%。旅行服务中旅游占据重要地位，从可获取数据看，2014年和2015年旅游服务进出口额分别为1950.2亿美元和2181.5亿美元，分别占同年旅行总额的57.4%和53.7%。位居第二的是运输服务，其进出口规模从2011年的1160.1亿美元增为2015年的1142.1亿美元，基本保持不动，但在服务贸易总额中的比重呈现不断下降趋势，从25.8%降为15.1%。运输服务中海运份额最重，2011～2015年海运占运输服务的比重分别为62.3%、69.8%、73.1%、57.5%和62.2%；其次是空运，并且份额有较大提升，2011～2015年占运输服务的比重分别为21.2%、21.2%、23.3%、26.9%和41.4%。建筑服务在"十二五"期间平稳增长，从2011年的184.5亿美元升为268.5亿美元，年均增幅17.7%，占服务贸易总额的比重基本保持在3.0%～4.0%。

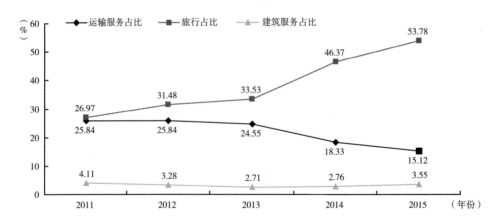

图2 2011～2015年三大传统行业进出口额占比变化

资料来源：根据联合国贸发会议数据库整理。

三 高技术含量服务进出口呈现快速增长态势

以技术贸易、文化贸易、计算机和信息服务、咨询服务、金融、中医药等为代表的高技术、高附加值的新兴服务贸易优势逐步积累，发展进程加快。"十二五"期间，除了旅行服务进出口快速增长外，个人、文化和娱乐服务，金融服务及通信服务进出口都表现出色，分别从 2011 年的 5.2 亿美元、16.0 亿美元和 189.4 亿美元增为 26.3 亿美元、49.8 亿美元和 359.6 亿美元，年均增幅为 49.7%、32.9% 和 17.4%。其中，2015年通信服务出口额为 245.5 亿美元，占 8.6%，比 2011 年提高 0.5 个百分点；保险服务出口额为 50 亿美元，占 1.7%，比 2011 年提高近 0.1 个百分点。

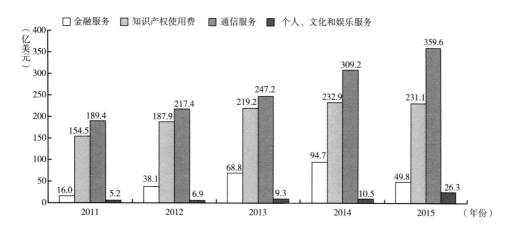

图 3 2011～2015 年高技术含量行业进出口额变化

资料来源：根据联合国贸发会议数据库整理。

四 服务贸易逆差持续扩大

"十二五"期间，中国服务进口增幅远快于出口增幅，导致服务贸易逆差呈现快速扩张态势，从 2011 年的 468 亿美元增为 2015 年的 1823.6 亿美元，年均增幅高达 40.5%，但增幅逐步收窄，2011～2015 年的逆差增幅分别为 64.7%、70.4%、55.0%、39.4% 和 5.8%。从行业看，中国除了与货物相关的服务、建筑服务、保险服务、通信服务及其他商业服务等少数几个行业保持顺差外，其他行业都是逆差。

旅行是中国逆差第一大来源行业，2011～2015 年逆差额分别为 241.2 亿美元、519.5 亿美元、769.1 亿美元、1292.8 亿美元和 1780.9 亿美元，同比分别增长 166.1%、115.4%、48.1%、68.1% 和 37.8%。中国旅行逆差额主要来自旅游和海外留学，近年来旅行的逆差趋势基本能反映出服务贸易逆差总体趋势，"十二五"初期旅行占中国同期逆差总额的比重仅为 51.5%，"十二五"末期这一比重已升为 97.7%。运输

表3　2011～2015年中国主要行业逆差额

单位：亿美元

行业	2011年	2012年	2013年	2014年	2015年
总计	-468.0	-797.2	-1236.0	-1723.6	-1823.6
运输服务	-448.7	-469.5	-566.8	-579.2	-370.2
旅行	-241.2	-519.5	-769.1	-1292.8	-1780.9
保险服务	-167.2	-172.7	-181.0	-178.8	-43.5
金融服务	1.0	-0.4	-5.1	-4.1	-3.1
知识产权使用费	-139.6	-167.0	-201.5	-219.4	-209.4
个人、文化和娱乐服务	-2.8	-4.4	-6.4	-7.0	-11.6

资料来源：根据联合国贸发会议数据库整理。

服务是中国第二大逆差行业，2011～2015年逆差额分别为448.7亿美元、469.5亿美元、566.8亿美元、579.2亿美元和370.2亿美元，占服务贸易逆差总额的比重分别为95.9%、58.9%、45.9%、33.6%和20.3%；知识产权使用费是第三大逆差行业，2011～2015年逆差额分别为139.6亿美元、167.0亿美元、201.5亿美元、219.4亿美元和209.4亿美元，占比分别为29.8%、21.0%、16.3%、12.7%和11.5%。

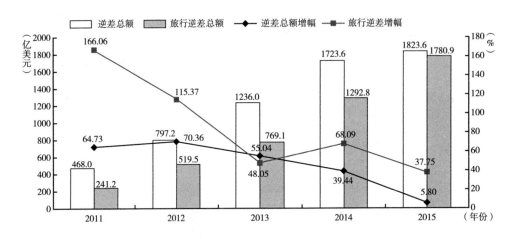

图4　2011～2015年中国逆差总额和旅行逆差总额变化

资料来源：根据联合国贸发会议数据库整理。

从地区看，中国除了对新加坡和瑞士呈现顺差外，与主要地区服务贸易基本呈现逆差，其中来自美国、澳大利亚、加拿大、中国澳门及日本的逆差居于前五位，2015年金额分别为453.4亿美元、205.4亿美元、172.8亿美元、163.4亿美元和131.9亿美元，分别占当年中国逆差总额的24.9%、11.3%、9.5%、9.0%和7.2%。

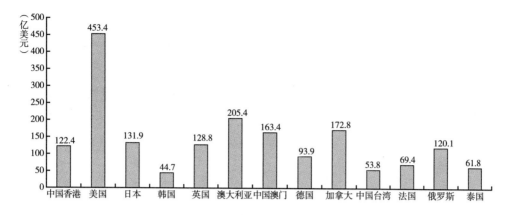

图 5　2015 年中国来自主要贸易伙伴的逆差额

资料来源：中国商务部。

五　区域发展更趋协调

以北京、上海、广东为核心的东部地区是中国服务贸易发展最为集中的区域，"十二五"期间，前十大服务贸易省份中前九位都是东部省份，因此东部省份是我国参与国际服务贸易竞争合作和打造中国服务品牌的主体力量，中西部地区成为拉动我国服务贸易快速增长的新生力量。2015 年东部和中西部服务进出口占比分别为 85.8% 和 14.2%，中西部地区比"十一五"末提高 6 个百分点，重点战略布局区域服务贸易增势良好，"十二五"期间长江经济带沿线 11 个省份、京津冀地区和东北地区服务进出口额分别比"十一五"末增长 77.1%、64.6%、133.1%。总体来看，中国服务贸易东中西差距仍然显著，但差距在进一步缩小。

表 4　2011~2015 年全国服务进出口总额前十省份

单位：亿美元

省份	2011 年	2012 年	2013 年	2014 年	2015 年
上海	1292.8	1515.6	1718.5	1017.4	1338.8
广东	619.9	713.1	906.3	1005.3	1317.3
北京	895.4	1000.2	1023.3	1106.1	1302.8
江苏	275.6	282.0	352.9	477.2	541.1
浙江	238.8	266.3	453.1	307.7	397.3
山东	179.6	183.7	227.5	273.8	308.3
福建	115.9	126.7	150.6	206.8	265.5
天津	146.1	157.3	188.5	182.8	206.8
辽宁	112.8	128.3	172.7	177.2	206.6
四川	56.6	66.4	96.0	116.5	143.2

资料来源：中国商务部。

"十二五"期间,上海、广东、北京、江苏、浙江、山东、福建、天津、辽宁和四川一直保持在中国服务贸易前十列,上海、广东和北京一直保持在前三名,但相互之间的排名有变动,如上海在2014年排名第二,其余年份一直处于第一;北京2011年处于第二,2014年是第一,2015年被上海和广东超越,处于第三;广东在第二和第三之间转换。中西部的四川省表现出色,一直在前十之列,并且服务贸易额从2011年56.6亿美元增为2015年的143.2亿美元,年均增长26.1%,远高于同期服务贸易总额以及前九省市的平均增幅。

六 市场开拓成效显著

中国前十大服务贸易伙伴地区服务贸易集中度进一步上升,2015年服务进出口总额为4446.2亿美元,占服务贸易总额的比重为62.4%,比"十一五"末高2.1个百分点。其中,中国香港、美国和日本是中国前三大服务贸易伙伴,2015年服务进出口额分别为1225.6亿美元、1074.6亿美元和405.5亿美元。"十二五"期间,中国与中国香港、日本等传统市场服务进出口额增速放缓,导致其份额逐步下降,分别从"十一五"末的25.7%和8.1%降到17.2%和5.7%;而与美国、欧盟和东盟的服务进出口额快速增长,比重不断上升,从"十一五"末的8.2%、11.6%和7.4%分别上升到15.1%、13.9%和7.7%。截至目前,中国与6个地区建立了服务贸易工作组,并签署了服务贸易合作备忘录,务实开展双边合作。

表5 2011～2015年中国与主要贸易伙伴服务进出口额

单位:亿美元

地区	2011年	2012年	2013年	2014年	2015年
中国香港	1122.1	1345.5	1406.4	1144.4	1225.6
美 国	361	415.1	750.8	989.4	1074.6
日 本	337.7	346	326.4	430.5	405.5
韩 国	233.3	260.3	270.6	311.2	344.9
英 国	118.4	128.9	134.3	192.6	260.8
澳大利亚	136.9	163.8	171.3	167.1	248.4
中国澳门	88.1	101.6	120.8	135.5	237.6
德 国	153.3	166.6	192.5	325	228.8
加 拿 大	74.2	77.3	86.6	89.5	210.4
新 加 坡	171.2	181.9	192.6	390.7	209.5
中国台湾	138.1	158	168.3	189.3	209.6
法 国	77.9	86.2	91.6	122.4	143.6
俄 罗 斯	71.4	77.4	76.9	76.8	143.2
瑞 士	73.3	103.8	113.3	118.3	115.1

资料来源:中国商务部。

七 政策体系日趋完善

建立国务院服务贸易发展部际联席会议制度,加强服务贸易领导与统筹协调。初步形成商务部归口管理、其他部门密切分工合作的服务贸易管理与协调机制。相继出台《关于加快发展服务贸易的若干意见》、《关于促进服务外包产业加快发展的意见》以及《关于加快发展对外文化贸易的意见》三个政策文件。服务贸易促进政策和公共服务体系逐步建立,财税、金融支持服务贸易发展的范围和领域不断扩大,服务贸易便利化取得成效,以京交会为龙头的服务贸易展会平台影响力增强,行业协会、中介组织、公共智库和新闻媒体等机构对服务贸易的促进、服务和宣传功能不断显现。

八 国际比较看中国服务贸易竞争力亟待提升

从表6可以看出,尽管中国是世界第二大服务贸易大国,但服务出口仅位居第三,与第一位的美国和第二位的英国从国际市场占有率看,差距不小。同时,从服务贸易比较优势指数看,与其他服务贸易强国相比,中国具有明显的竞争劣势,而美国、英国和印度具有较强的竞争优势。

表6 2015年主要国家服务贸易竞争力比较

单位:亿美元,%

主要国家	服务出口	服务进口	服务出口国际市场占有率	服务贸易比较优势指数(TC)
美 国	7102	4906	14.72	0.18
英 国	3491	2117	7.23	0.24
中 国	2865	4689	5.94	−0.24
德 国	2522	2911	5.23	−0.07
法 国	2404	2286	4.98	0.03
日 本	1622	1756	3.36	−0.04
印 度	1558	1231	3.23	0.12
韩 国	979	1136	2.03	−0.07
澳大利亚	491	546	1.02	−0.05

注:TC指数=(出口−进口)/(出口+进口),TC指数大于零,表明国际竞争力越强,越接近于1,竞争力越强;TC指数小于零,表明国际竞争力越弱,越接近于−1,竞争力越弱。

资料来源:根据联合国贸发会议数据库整理。

从具体行业看,中国与发达国家相比,最具有技术含量的知识产权使用服务国际竞争力最弱,其竞争力指数接近−1,基本上完全不具备竞争力,而美国、英国、日本竞争力指数都是正,美国、日本具有较强的竞争力。同时,在服务贸易中占据主导地位的旅游服务和运输服务,中国在国际上都不具备竞争力,个人文化娱乐服务受开放水平的限制，国际竞争力业较弱。相比之下，中国在与制造业相关的服务以及技术含量相对较低的偏劳动密集型的行业上具备较强的国际竞争力，如货物相关服务，电信、计算机和信息服务以及建筑服务的竞争力指数都较高。

表7　中、美、英、日四国服务行业竞争力指数

TC 指数	中国	日本	美国	英国
服务贸易	－ 0.241	－ 0.039	0.182	0.245
货物相关服务	0.884	－ 0.796	0.445	0.726
运输服务	－ 0.324	－ 0.071	－ 0.069	0.077
旅游服务	－ 0.438	0.231	0.193	－ 0.198
建筑服务	0.240	0.132	－ 0.120	－ 0.135
知识产权使用服务	－ 0.906	0.371	0.526	0.198
电信、计算机和信息服务	0.365	－ 0.558	0.054	0.299
个人文化娱乐服务	－ 0.442	－ 0.330	－ 0.148	－ 0.117

资料来源：根据 Unctad 数据库计算整理。

从服务出口结构看，中国旅行、运输和建筑服务占据主导地位，2015 年占比达到59.1%，而世界服务出口中三大传统行业平均占比仅为 45.4%，服务贸易强国占比更低，欧美国家在 40% 以下，其中美国为 37.2%，英国仅为 24.6%。这说明，欧盟等服务贸易强国 60% 甚至 70% 的服务出口是来自知识产权使用费、金融服务、保险服务、通信服务等新兴及高技术含量、高知识密集型服务行业；相比之下中国服务出口能力依旧集中在传统行业，与世界服务贸易强国差距明显。

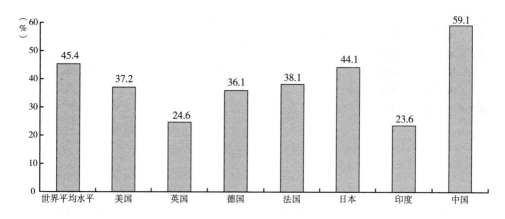

图6　2015 年主要国家三大传统服务行业出口占比

注：三大行业指旅行、运输和建筑服务。

资料来源：根据联合国贸发会议数据库整理。

第二节 "十二五"期间服务外包发展情况

"十二五"期间，全球服务外包市场的稳步增长为中国服务外包产业快速发展提供了良好的外部市场，中国国际服务外包产业（离岸外包）规模稳居世界第二位。美国管理咨询公司 A. T. Kearney 发布的 2016 年全球离岸服务外包目的地指数，印度以工程、产品研发、制造业领域极具投资吸引力以及房地产、劳动力等方面相对便利性而位居榜首；中国因治理改善和金融市场自由化等因素位居第二，但其知识产权保护方面仍有待加强；马来西亚位居第三。

一 全球服务外包市场持续扩大

自 2008 年以来，全球离岸服务外包市场规模持续扩大，平均每年增长速度为 8% ~ 10%。新时期，数字技术，尤其是互联网、云计算、大数据、机器人、3D 打印等技术的快速发展和运用给全球离岸服务外包创新和发展带来了新驱动。2015 年，全球服务外包市场规模约为 13925.2 亿美元，同比增长 1.7%，其中，离岸服务外包规模为 2000.4 亿美元，同比增长 9.3%，增速远超服务外包市场。ITO、BPO 和 R&D 规模分别约为 961.9 亿美元、432.7 亿美元和 605.8 亿美元，占比为 48.1%、21.6% 和 30.3%，增速为 7%、9% 和 13.5%。发达国家仍是发包中心，美国是全球最大的离岸业务发包市场，2015 年占全球离岸发包规模的 60%；欧洲是全球第二大离岸发包市场，约占全球离岸外包市场规模的 18%；日本是亚洲最大的发包地，约占全球离岸外包市场规模的 10%。印度、中国、爱尔兰、菲律宾、马来西亚、墨西哥、波兰等发展中国家是全球离岸业务的主要接包主体。

二 中国服务外包产业规模稳步增长

国内丰富的人力资源、完善的基础设施、完备的产业基础及良好的政策环境支撑了中国服务外包产业的高速发展。"十二五"期间，中国服务外包合同金额合计 4096.4 亿美元，从"十二五"初期的 447.3 亿美元增至"十二五"末期的 1309.3 亿美元，年均增长 30.8%。执行金额合计 3207.4 亿美元，从"十二五"初期的 323.9 亿美元增至"十二五"末期的 966.9 亿美元，年均增长 31.4%。

"十二五"期间中国离岸执行金额合计 2234.4 亿美元，从 2011 年的 238.3 亿美元增至 2015 年的 646.4 亿美元，年均增长 28.3%；在岸执行金额合计 973 亿美元，从 2011 年的 85.5 亿美元增至 2015 年的 320.6 亿美元，年均增长 39.1%。离岸服务外包逐渐从美欧港日拓展至东南亚、大洋洲、中东、拉美和非洲等 197 个国家和地区，比"十一五"末增加 29 个。

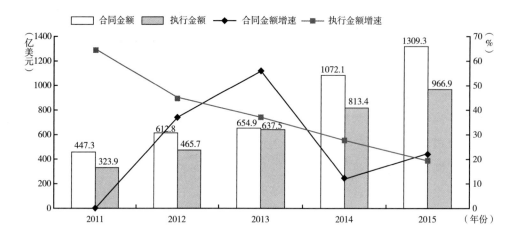

图7　2011～2015年服务外包合同和执行金额情况

资料来源：根据中国商务部数据整理。

表8　2011～2015年中国服务外包情况

单位：亿美元，%

年份	2011	2012	2013	2014	2015
合同金额	447.3	612.8	654.9	1072.1	1309.3
合同金额增速	—	37	55.8	12.2	22.1
执行金额	323.9	465.7	637.5	813.4	966.9
执行金额增速	63.6	43.8	37.1	27.4	18.9
其中:离岸金额	238.3	336.4	454.1	559.2	646.4
离岸增速	65	41.1	35	23.1	15.6
在岸金额	85.6	129.3	183.4	254.2	320.5
在岸增速	—	151.1	141.8	138.6	26.1

资料来源：商务部。

　　从图8可以看出，"十二五"期间，中国服务外包产业政策的支持方向和重点是离岸外包，离岸外包也占据主导地位。尽管没有政策支持，但在岸外包增速更快，显示中国国内服务外包市场潜力很大。

　　三　结构不断优化

　　产业结构不断优化。"十二五"时期，中国信息技术外包（ITO）、业务流程外包（BPO）、知识流程外包（KPO）的离岸服务外包执行金额比例从58.2∶16.0∶25.8调整为49.0∶14.2∶36.8，信息技术外包比例明显下降，而知识流程外包的比例明显提升。2015年，中国承接以知识和研发为主要特征的离岸知识流程外包业务237.8亿美元。

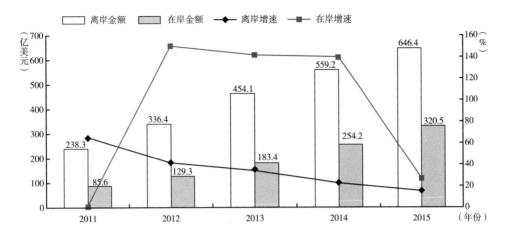

图8 2011～2015年我国外包在岸和离岸情况

资料来源：根据中国商务部数据整理。

云计算、大数据、移动互联等新技术的创新和运用，逐渐推动我国服务外包产业由中低端向中高端迈进。

表9 中国服务外包结构

年份	合同类别	合同数（份）	同比增长（%）	协议金额（亿美元）	同比增长（%）	执行金额（亿美元）	同比增长（%）
2013	总　计	93119	7.9	623.4	42.2	454.1	35.0
	信息技术外包	47939	-4.4	311.7	36.8	248.0	31.4
	业务流程外包	12854	-19.2	97.2	25.8	63.5	22.1
	知识流程外包	32326	59.9	214.5	60.8	142.6	49.1
2014	总　计	203852	21.8	1072.1	12.2	813.4	27.4
	信息技术外包	106896	21.1	563.5	22.6	449.2	24.8
	业务流程外包	30421	14.2	173.0	13.5	121.1	29.0
	知识流程外包	66532	26.6	335.6	-2.3	243.1	31.7
2015	总　计	219751	7.8	1309.3	22.1	966.9	18.9
	信息技术外包	108556	1.6	623.5	10.7	493.0	9.8
	业务流程外包	32881	8.1	255.5	47.6	163.5	35.0
	知识流程外包	78314	17.7	430.3	28.2	310.3	27.7

资料来源：根据中国商务部数据整理。

从2015年数据来看，ITO领域，软件研发及外包占据主导地位，全年完成合同执行金额为330.7亿美元，占比为67.1%；其次是信息技术服务外包，合同执行金额为85.9亿美元，占17.4%；运营和维护服务合同执行金额为73.0亿美元，占14.8%。BPO领域，业务运营外包服务份额最大，2015年合同执行金额为84.9亿美元，占

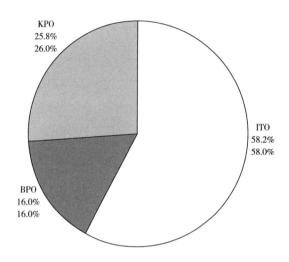

图 9　2011 年 ITO、BPO、KPO 结构

资料来源：根据中国商务部数据整理。

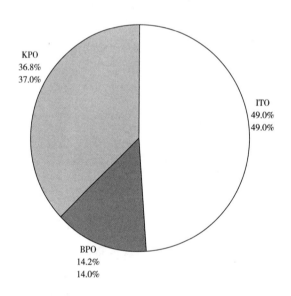

图 10　2015 年 ITO、BPO、KPO 结构

资料来源：根据中国商务部数据整理。

51.9%；供应链外包服务合同执行金额为 46.6 亿美元，占 28.5%；内部管理服务外包服务合同执行金额 18.4 亿美元，占 11.3%。KPO 领域，技术服务外包、研发服务外包以及商务服务外包合同执行金额分别为 187.4 亿美元、90.7 亿美元和 12.4 亿美元，分别占 60.4%、29.2% 和 4.0%（见表 9）。

表 9　2015 年中国承接服务外包按合同类别分类

合同类别	合同数（份）	同比增长（%）	协议金额（亿美元）	同比增长（%）	执行金额（亿美元）	同比增长（%）
总　计	219751	7.80	1309.28	22.12	966.91	18.88
信息技术外包（ITO）	108556	1.55	623.51	10.66	493.01	9.76
软件研发及外包	69230	-2.58	413.63	8.59	330.74	9.14
软件研发及开发服务	46236	4.48	286.96	21.63	224.77	19.91
软件技术服务	22805	-14.95	125.48	-13.45	105.08	-9.09
其他软件研发外包业务	189	—	1.18	—	0.88	—
信息技术服务外包	14027	40.69	109.08	47.50	85.90	42.44
集成电路和电子电路设计	5752	33.36	63.24	34.93	54.60	28.91
电子商务平台服务	5258	16.92	11.57	73.65	9.24	66.20
测试外包服务	1425	22.84	19.31	-5.48	11.81	-4.74
IT 咨询服务	242	—	1.04	—	0.76	—
IT 解决方案	428	—	4.15	—	2.14	—
其他信息技术服务外包业务	922	—	9.78	—	7.36	—
运营和维护服务	25122	1.00	96.51	-0.88	72.99	-4.15
信息系统运营和维护服务	16736	19.08	68.72	10.47	50.84	4.78
基础信息技术运营和维护服务	8120	-24.95	26.96	-23.34	21.63	-21.72
其他运营和维护服务	266	—	0.83	—	0.52	—
业务流程外包（BPO）	32881	8.09	255.47	47.64	163.52	35.00
内部管理服务外包服务	5155	-2.42	24	-5.41	18.41	16.26
人力资源管理服务	1958	—	7	—	3.98	—
财务与会计管理服务	994	—	3	—	1.50	—
其他内部管理外包服务	952	—	5	—	2.53	—
业务运营外包服务	13911	41.01	150.07	148.75	84.88	96.07
数据处理服务	2496	—	30.43	—	9.75	—
互联网营销推广服务	2019	—	5.59	—	4.40	—
客户服务	1280	—	32.82	—	21.83	—
专业业务外包服务	3514	—	27.23	—	18.09	—
其他业务运营外包服务	2289	—	7.16	—	5.86	—
供应链外包服务	11738	24.81	67.92	27.51	46.57	28.26
供应链管理服务	10393	10.51	62.13	16.64	42.15	16.08
采购外包服务	1194	—	5.19	—	3.96	—
其他供应链管理服务	151	—	0.60	—	0.46	—
知识流程外包（KPO）	78314	17.71	430.30	28.21	310.34	27.67
商务服务外包	11783	446.27	19.67	196.16	12.39	134.06
知识产权外包服务	1199	391.39	1.43	314.65	1.16	433.18
数据分析服务	1757	-8.15	6.87	9.04	4.75	-6.45
管理咨询服务	600	—	4.11	—	2.00	—
检验检测外包服务	6561	—	6.16	—	3.82	—
法律流程外包服务	1200	—	0.27	—	0.22	—

续表

合同类别	合同数 （份）	同比增长 （%）	协议金额 （亿美元）	同比增长 （%）	执行金额 （亿美元）	同比增长 （%）
其他商务服务外包	466	—	0.83	—	0.44	—
技术服务外包	41525	40.82	268.11	57.51	187.39	52.65
工业设计外包	25929	114.45	108.47	146.13	84.04	137.08
工程技术外包	9360	33.60	119.88	64.10	70.01	56.38
其他技术服务外包	6236	-39.99	39.76	-25.11	33.35	-21.61
研发服务外包	22650	3.40	125.58	5.87	90.72	13.38
医药和生物技术研发外包	9620	26.21	73.56	29.23	46.61	50.90
动漫及网游设计研发外包	4019	5.10	9.95	18.40	8.18	26.96
其他研发服务外包	9011	-13.84	42.07	-21.06	35.93	-15.81

资料来源：《中国商务统计年鉴》（2016）。

区域结构逐步完善。中国服务外包主要集中在东部沿海地区，其中江苏、广东和浙江的发展最为集中，截至 2015 年底，三省聚集了服务外包企业 15642 家，从业人员 316.4 万人，分别占全国总数的 46.3% 和 43.0%。但是，一线城市人力、租金等成本的攀升，推动了服务外包向中西部转移。从 2015 年的数据看，执行金额增幅超过 100% 的省份有河南、河北和黑龙江；新增服务外包企业数量上同比增长超过 100% 的省份有河南、河北、云南和黑龙江。

表10　2015 年中国承接离岸服务外包前十五位省份

省份	合同份数 （份）	同比增长 （%）	协议金额 （亿美元）	同比增长 （%）	执行金额 （亿美元）	同比增长 （%）
江 苏 省	27238	0.91	253.01	21.34	214.13	22.55
广 东 省	8891	29.61	108.46	15.54	79.10	25.21
浙 江 省	29275	16.24	78.52	7.76	70.83	25.70
山 东 省	11998	8.13	70.75	11.20	62.09	14.75
上 海 市	6313	14.30	78.50	-5.16	59.85	-0.15
北 京 市	3450	-10.88	118.76	82.46	44.99	-12.37
辽 宁 省	4590	-7.29	18.79	-31.21	15.04	-24.22
四 川 省	2394	13.03	20.14	10.43	14.05	17.01
福 建 省	1762	-20.02	14.50	22.36	14.00	38.17
重 庆 市	4853	-26.37	16.50	-9.54	13.98	-6.40
黑龙江省	695	69.93	19.14	285.37	13.35	111.25
天 津 市	1891	8.37	12.62	-31.76	9.25	22.47
湖 北 省	1172	45.95	16.42	109.99	9.05	33.77
河 北 省	1364	21.79	17.79	4796.80	7.85	2209.04
陕 西 省	965	-17.52	7.27	18.23	5.72	39.96

资料来源：《中国商务统计年鉴》（2016）。

四 地区市场持续拓展

"十二五"初期,与中国有服务外包往来的地区市场还不到200个,到"十二五"末期,已经达到212个。美国、欧盟、中国香港和日本一直是中国离岸外包的主要来源地,但集中度有所下降。2011年我国承接来自美国、欧盟、中国香港和日本的离岸外包合同执行金额为164.3亿美元,占同期离岸外包合同执行总额的68.9%;2015年中国承接这四个地区的服务外包合同执行金额合计398.4亿美元,占比为61.6%。从具体地区看,美国、中国香港和日本是中国离岸外包的前三大来源地,2015年承接上述地区的合同执行金额分别为150.6亿美元、95.0亿美元和54.8美元,占当年中国离岸外包合同执行总额的23.3%、15.2%和8.5%。此外,新加坡、韩国、中国台湾、德国、英国和荷兰也是中国离岸外包的主要来源地。"一带一路"倡议实施后,沿线市场的重要性不断提升。2014年中国承接"一带一路"沿线国家服务外包合同金额和执行金额分别为125亿美元和98.4亿美元,同比分别增长25.2%和36.3%。其中承接东南亚国家的服务外包执行金额为53.8亿美元,同比增长58.3%。2015年中国承接"一带一路"沿线国家服务外包合同金额和合同执行金额分别为178.3亿美元和121.5亿美元,同比增长42.6%和23.4%,增速超过全国平均水平,占比分别为18.8%和18.9%。其中承接东南亚服务外包合同执行金额占63.2%,同比增长17.3%,新加坡、马来西亚和印度尼西亚是主要的发包国家。

表11 2015年中国承接离岸服务外包前二十位地区

地区	合同数(份)	同比增长(%)	协议金额(亿美元)	同比增长(%)	执行金额(亿美元)	同比增长(%)
总　　计	109032	6.04	872.86	21.52	646.36	15.58
美　　国	18599	14.39	190.58	18.71	150.56	17.46
欧　　盟	16209	-62.49	152.51	-46.05	98.05	17.56
中国香港	14470	10.21	116.97	13.28	94.97	28.00
日　　本	20235	-2.26	64.94	-10.95	54.81	-9.77
新加坡	2644	3.81	50.44	35.90	33.08	11.94
韩　　国	3866	6.85	43.09	23.12	29.98	17.56
中国台湾	4792	13.66	33.47	26.39	28.75	31.41
德　　国	3620	31.06	28.70	44.67	20.12	9.78
英　　国	2761	-8.12	19.59	7.37	15.40	15.13
荷　　兰	1128	42.78	15.73	30.55	12.21	15.63
印　　度	2406	-4.98	11.78	9.88	9.86	9.67
瑞　　士	593	2.60	16.00	43.28	8.88	29.07
芬　　兰	246	-4.28	13.44	26.03	8.75	73.19
马来西亚	1261	32.32	9.44	29.83	7.88	22.40

续表

地区	合同数 （份）	同比增长 （%）	协议金额 （亿美元）	同比增长 （%）	执行金额 （亿美元）	同比增长 （%）
法　　国	1766	9.96	11.29	28.54	7.84	30.60
爱　尔　兰	308	4.41	30.05	204.74	7.46	-13.84
沙特阿拉伯	699	13.29	9.10	53.02	6.69	73.74
印度尼西亚	973	-1.42	8.23	24.40	6.35	22.08
瑞　　典	587	34.02	10.12	49.87	6.22	23.11
俄　罗　斯	1121	-16.96	7.08	-26.25	5.38	-38.86

资料来源：《中国商务统计年鉴》（2016）。

五　服务外包市场主体不断壮大

2015年中国服务外包产业新增外包企业5644家，"十二五"期间，共新增21065家服务外包企业。截至2015年底，全国共有服务外包企业33771家，企业认证数量累计达14203个，十三项国际认证达8774个。其中，2015年离岸接包额超过1亿美元的企业有86家，比2011年增加64家，9家企业入选2014年全球服务外包100强。服务外包企业数量超过1000家的省份增至12个，其中江苏省是服务外包数量最多的地区，达8841家，其次是浙江、广东、山东、河北、上海、江西、河南、辽宁、北京、黑龙江和重庆。上海、江苏、浙江三省集聚了全国43.2%的服务外包企业。

图11　2011～2015年中国服务外包企业数量

资料来源：《中国服务外包发展报告》（2016）。

六　服务外包示范城市持续发挥引领示范作用

受政府推动和市场引导的影响，中国服务外包示范城市资源聚集，规模效应不断显现，在全国持续发挥引领示范作用。2015年，全国21个服务外包示范城市共完成服务外包合同签约和执行金额 1117.3 亿美元和 816.3 亿美元，分别占全国的 85.3% 和 84.4%。其中完成离岸合同签约和执行金额 765.3 亿美元和 561.2 亿美元，占全国的 87.7% 和 86.8%。截至 2015 年底，21 个外包示范城市共有服务外包企业 20920 家，从业人员 443.7 万人，累计认证数量 9356 个，获得十三项国际认证 5354 个，分别占全国的 61.9%、60.4%、65.9% 和 61.0%。

七 服务外包发展效益不断显现

对中国构建外向型经济的作用日益增大。2011～2015 年，中国离岸服务外包执行金额占服务贸易进出口总额的比重从 5.7% 升为 9.8%，占服务出口总额的比重从 13.1% 上升为 25.9%。

对大学生就业的吸纳能力稳步提升。2011～2015 年，中国服务外包累计从业人员从 318.2 万人增为 734.7 万人，年均新增就业人员 104.1 万人，其中服务外包大学生累计从业人员从 223.2 万人增为 471.6 万人，服务外包大学生从业人员占比为 64.2%。

表 12 截至 2015 年中国服务外包企业从业人员结构

单位：万人，%

指标	从业人数	比重	指标	从业人数	比重
合　计	734.74	100.00	其中:本科	226.48	30.82
大学学历	471.57	64.18	硕士	35.88	4.88
其中:专科	198.04	26.95	博士	11.16	1.52
本科以上	273.52	37.23	其他	263.17	35.82

资料来源：《中国商务年鉴》（2015）。

八 与世界第一的印度相比差距较大

中国由于缺乏大型国际化、集团化的本土服务外包企业，本土企业国际承接能力弱，一手发包业务比重低，产业附加值低，与印度相比差距大。从接包对象地区看，2015 年印度有 80% 左右的业务是来自美国和英国，而中国仅不到 40.0%（38.5%）是来自美国和欧盟，其他的主要来自中国香港、日本、新加坡、韩国等地，业务偏中低端。从大企业规模和承接离岸外包能力看，尽管中国已经出现了一些上千人的外包企业，但是印度的前五大外包企业都在 5 万人以上；2015 年中国服务外包企业数量为 33771 家，是印度的 2.1 倍，但是当年中国离岸执行金额仅为印度的 59.9%。从世界市场份额看，印度作为全球最大的离岸服务接包国，2015 年其离岸外包产值（1080 亿美元）占全球的（2000.4 亿美元）54.0%，中国离岸外包仅占全球的 32.3%，差距明显。

第二十章
"十二五"期间中国服务业
国际投资合作发展情况

"十二五"时期，中国服务业国际投资合作表现抢眼，服务业超越制造业成为中国吸收外资的主导产业，中国对外直接投资也不断向服务行业集聚，中国服务业国际投资行业结构和国别结构呈现优化。当然，中国服务业吸收外资结构还需要不断完善，服务业对外直接风险还需要加大防范。

第一节　"十二五"期间服务业吸收外商投资情况

"十二五"时期，伴随中国服务业开放进程的不断推进，服务业吸收外资顺势而为，快速增长，一举超越制造业，成为中国吸收外商投资的亮点和主导力量。

一　服务业成为中国吸收外资的亮点

"十二五"期间，全球处于国际金融危机后的艰难复苏中，全球 FDI 流入呈现大幅波动。2011~2015 年，全球 FDI 流入量从 15668.4 亿美元增为 17621.6 亿美元，年均增长 3.0%，从具体年份看，2012 年、2013 年和 2014 年都下降，而 2015 年却大幅增长，增长了 38.0%。与此同时，中国吸收外商投资进入平稳期，2011~2015 年，实际金额从 1239.9 亿美元增为 1356.1 亿美元，年均增长 2.3%，远低于"十一五"期间 12.1% 的平均增幅。从具体年份看，中国仅 2012 年实际吸收外资金额下降了 2.3%，其余年份均呈现了正向增长。截至 2015 年底，中国吸收外商投资企业数达 836595 家，实际使用外资金额为 17409.1 亿美元。从全球比较看，"十二五"期间，中国保持了全球吸收外商投资大国的地位，连续 23 年居于发展中国家吸收外商投资的首位，依旧是全球最具吸引力的投资目的地之一。

表1 2011～2015年中国吸收外商直接投资

单位：亿美元，%

年份	世界FDI流入额	增幅	中国吸收FDI	增幅	中国占世界的比重	中国在世界排名
2011	15668.4	12.8	1239.9	8.1	7.9	2
2012	15109.2	-3.6	1210.8	-2.3	8.0	2
2013	14271.8	-5.5	1239.1	2.3	8.7	2
2014	12770.0	-10.5	1285.0	3.7	10.1	1
2015	17621.6	38.0	1356.1	5.5	7.7	3

资料来源：《2016年世界投资报告》。

服务业吸收外商投资保持快速增长。从全口径数据看[1]，2011～2015年，中国服务业设立外商投资企业数从15222家增为20994家，年均增幅为8.4%，同期，全国新设立企业数年均下降1.0%；服务业实际使用外资金额从662.3亿美元增为904.5亿美元，年均增长8.1%，同期，全国实际外资金额仅增长2.3%；服务业实际使用外资金额占全国的比重从53.5%升为66.7%，上升13.2个百分点，相应的，第二产业实际外资占比从45.0%降为32.2%，下降12.8个百分点，第一产业实际外资占比从1.6%降为1.1%，下降0.5个百分点。"十二五"期间，中国全口径服务业外商投资设立企业总数为83404家，实际投资金额达3788.1亿美元。

表2 2011～2015年中国服务业吸收外商直接投资

年份	全国外商投资企业数（家）	全国实际外资金额（亿美元）	服务业外商投资企业数（家）	服务业外商投资企业数占比（%）	服务业实际外资金额（亿美元）	服务业实际外资金额占比（%）
2011	27717	1239.9	15222	54.9	662.3	53.5
2012	24934	1210.7	14633	58.7	665.5	55.0
2013	22819	1239.1	15131	66.3	725.4	58.5
2014	23794	1285.0	17424	73.2	830.4	64.6
2015	26584	1355.8	20994	79.0	904.5	66.7

资料来源：《中国商务年鉴》（2012～2015）。

从商务部公布的非金融领域吸收外资看，"十二五"期间，中国服务业实际吸收外资除了2012年呈现小幅下降外，一直保持快速增长态势，年均增幅为9.6%；与此同时，制造业实际外资额不断下降，年均下降4.4%。从图1可以明显看出，2011年中国服务业实际外资占比第一次超过制造业比重，此后逐步上升，2013年比重进一步超过

---

[1] 包括金融领域吸收外资。

50.0%，为52.3%，2015年又上了一个台阶，达到61.1%。同时，制造业实际吸收外资比重逐年下降，从2011年的44.9%降到2015年的31.4%，下降了13.5个百分点。

表3　2011～2015年中国服务业和制造业吸收外商直接投资

单位：亿美元，%

年份	服务业实际外资金额	同比增长	服务业外资占比	制造业实际外资金额	同比增长	制造业实际外资占比
2011	552.4	20.5	47.6	521.0	5.1	44.9
2012	538.4	-2.3	48.2	488.7	-6.2	43.7
2013	614.5	14.1	52.3	455.6	-6.8	38.7
2014	662.3	7.8	55.4	399.4	-12.3	33.4
2015	771.8	17.3	61.1	395.4	-1.0	31.4

资料来源：中国商务部外资统计。

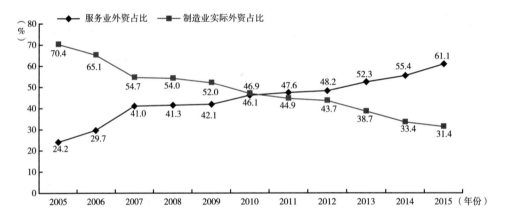

图1　2011～2015年服务业和制造业实际外资占比

资料来源：中国商务部外资数据。

二　服务业吸收外资行业不断完善

房地产业是中国服务业吸收外资的最主要的行业，但所占份额有所下降。由于房地产业受政府利率政策的影响较大，同时也是吸引国际"热钱"的主要行业，因此，流向房地产的外商直接投资容易呈现波动，2011年房地产实际吸收外资金额同比增长12.1%，2012年下降10.3%，2013年和2014年分别增长19.4%和20.0%，2015年又下降16.3%；相应的，房地产吸收外资占服务业外资总额的比重也呈现波动，2011年和2014年份额超过40%，分别为40.6%和41.7%，2012年、2013年和2015年份额低于40%，分别为36.2%、39.7%和32.1%。但总体来说，在"十二五"期间，房地产吸收外资保持了明显的扩张，从2011年的268.8亿美元升为2015年的289.8亿美元，

2014年实际外资金额还达到346.3亿美元,合计吸收外资金额达到1434.3亿美元,平均占同期服务业吸收总额的38.1%。

金融业是中国服务业吸收外资的第二大行业,所占份额大幅提升。"十二五"期间,金融领域的加速开放带动了其吸收外资的高速增长,从2011年的98.8亿美元增为2015年的242.8亿美元,年均增幅为25.2%,远高于服务业实际吸收外资8.1%的平均增幅,相应的,金融业实际外资金额占同期服务业外资总额的比重也不断上升,从2011年的14.9%增为2015年的26.8%。"十二五"期间,金融业实际吸收外资总额为674.2亿美元。

表4 2011~2015年中国服务业分行业吸收外资

单位:亿美元,%

年份	2011		2012		2013		2014		2015	
行业	金额	占比	金额	占比	金额	占比	金额	占比	金额	占比
服务业合计	662.3	100	665.5	100	725.4	100	830.3	100	904.5	100
交通运输、仓储和邮政业	31.9	4.8	34.7	5.2	42.2	5.8	44.6	5.4	41.9	4.6
信息传输、计算机服务和软件业	27.0	4.1	33.6	5.0	28.8	4.0	27.6	3.3	38.4	4.2
批发和零售业	84.3	12.7	94.6	14.2	115.1	15.9	94.6	11.4	120.2	13.3
住宿和餐饮业	8.4	1.3	7.0	1.1	7.7	1.1	6.5	0.8	4.3	0.5
金融业	98.8	14.9	114.8	17.2	86.6	11.9	131.2	15.8	242.8	26.8
房地产业	268.8	40.6	241.2	36.2	288.0	39.7	346.3	41.7	289.9	32.1
租赁和商务服务业	83.8	12.7	82.1	12.3	103.6	14.3	124.9	15.0	100.5	11.1
科学研究、技术服务和地质勘查业	24.6	3.7	31.0	4.7	27.5	3.8	32.5	3.9	45.3	5.0
水利、环境和公共设施管理业	8.6	1.3	8.5	1.3	10.4	1.4	5.7	0.7	4.3	0.5
居民服务和其他服务业	18.8	2.8	11.6	1.7	6.6	0.9	7.2	0.9	7.2	0.8
教育	0.0	0.0	0.3	0.1	0.2	0.0	0.2	0.0	0.3	0.0
卫生、社会保障和社会福利业	0.8	0.1	0.6	0.1	0.1	0.0	0.8	0.1	1.4	0.2
文化、体育和娱乐业	6.4	1.0	5.4	0.8	8.2	1.1	8.2	1.0	7.9	0.9

资料来源:《中国商务年鉴》(2012~2015)。

批发和零售业以及租赁和商务服务业是中国开放度较高的服务领域,也是中国服务业领域吸收外资的重要的两大行业。批发和零售业实际吸收外资从2011年的84.3亿美元增为2015年的120.2亿美元,年均增幅为9.3%,占服务业吸收外资份额呈现一定的波动,2011年为12.7%,此后逐步上升,达到2013年的15.9%,随后出现下降,2014年为11.4%,2015年升为13.3%。"十二五"期间,批发和零售业实际吸收外资总额为508.8亿美元,平均占服务业吸收外资总额的比重为13.4%。租赁和商务服务业实际外资吸收呈现了先升后降趋势,从2011年的83.8亿美元先是增为2014年的124.9亿美元,相应的占服务业吸收外资总额的比重也从12.7%升为15.0%,但是2015年实际外资金额仅为 100.5 亿美元，同比下降 19.5%，占服务业外资总额比重也降为11.1%。"十二五"期间，租赁和商务服务业实际吸收外资总额为 494.9 亿美元，平均占服务业吸收外资总额的比重为 13.1%。同时这两个行业吸收外资也有一个共同的特征，那就是进入的外资企业以中小企业为主，尤其是批发和零售行业表现明显。"十二五"时期，批发和零售业及租赁和商务服务业新设立外商投资企业总数分别为 38771 家和 18534 家，分别占服务业外资新设立企业总数的 46.5% 和 22.2%，平均单个项目规模为 131 万美元和 267 万美元，远低于服务业外资平均单项 454 万美元规模，更是远远低于金融和房地产领域平均 1683 万美元和 6233 万美元的单项规模。

表5 2011～2015 年中国服务业分行业企业数

单位：家，%

年份	2011		2012		2013		2014		2015	
行业	企业数	比重	企业数	比重	企业数	比重	企业数	比重	企业数	比重
服务业合计	15221	100	14630	100	15131	100	17424	100	20989	100
交通运输、仓储和邮政业	413	2.7	397	2.7	401	2.7	376	2.2	449	2.1
信息传输、计算机服务和软件业	993	6.5	926	6.3	796	5.3	981	5.6	1311	6.2
批发和零售业	7259	47.7	7029	48.0	7349	48.6	7978	45.8	9156	43.6
住宿和餐饮业	513	3.4	505	3.5	436	2.9	567	3.3	611	2.9
金融业	161	1.1	291	2.0	555	3.7	986	5.7	2012	9.6
房地产业	466	3.1	472	3.2	530	3.5	446	2.6	387	1.8
租赁和商务服务业	3518	23.1	3229	22.1	3359	22.2	3963	22.7	4465	21.3
科学研究、技术服务和地质勘查业	1357	8.9	1287	8.8	1241	8.2	1611	9.2	1970	9.4
水利、环境和公共设施管理业	151	1.0	122	0.8	107	0.7	99	0.6	84	0.4
居民服务和其他服务业	212	1.4	192	1.3	166	1.1	181	1.0	217	1.0
教育	15	0.1	11	0.1	22	0.1	20	0.1	38	0.2
卫生、社会保障和社会福利业	11	0.1	24	0.2	18	0.1	22	0.1	51	0.2
文化、体育和娱乐业	152	1.0	145	1.0	151	1.0	194	1.1	238	1.1

资料来源：《中国商务年鉴》（2012～2015）。

与此同时，除金融领域外，其他高技术含量的服务领域也保持了较快增长。科学研究、技术服务和地质勘查业实际吸收外资从 2011 年的 24.6 亿美元增为 2015 年的45.3 亿美元，年均增幅达 16.5%，占服务业外资总额的比重从 3.7% 升为 5.0%，"十二五"期间，总共实际吸收外资总额为 160.9 亿美元。信息传输、计算机服务和软件业从 2011 年的 27.0 亿美元增为 2015 年的 38.4 亿美元，年均增幅为 9.2%，占服务业实际外资的份额保持在 4% 左右，"十二五"期间，合计实际吸收外资总额为155.3 亿美元。

三 东部沿海是服务业外资投向的最主要区域

东部沿海地区一直是中国吸收外商投资最主要的区域。中国商务部外资统计显示，东部地区实际吸收外资额从 2011 年的 966 亿美元增为 2015 年的 1058.7 亿美元，年均增长 2.3%，占全国外资总额的份额呈现先下降后回升的趋势，2011 年为 83.3%，一直下降到 2014 年的 81.9%，2015 年进一步上升为 83.8%。"十二五"期间，东部地区新设立外商投资企业总计 108313 家，占全国总数的 86.1%；实际外资金额合计 4897.9 亿美元，占全国总额的 82.9%。中部地区实际吸收外资从 2011 年的 78.4 亿美元增为 2015 年的 104.4 亿美元，年均增长 7.4%，远高于全国平均 2.1% 的增幅，因此，中部地区吸收外资在全国中的比重也呈现上升趋势，从 2011 年的 6.8% 升为 2015 年 8.3%，最高 2014 年还达到 9.1%。"十二五"期间，中部地区新设立外商投资企业总计 11534 家，占全国总数的 9.2%；实际外资金额合计 485.3 亿美元，占全国总额的 8.2%。"十二五"期间，西部地区实际吸收外资呈现下降趋势，从 2011 年的 115.7 亿美元降为 2015 年的 99.6 亿美元，年均下降 3.7%，相应的，在全国的比重也不断下降，从 2011 年的 10.0% 降为 2015 年的 7.9%。"十二五"期间，西部地区新设立外商投资企业总计 5916 家，占全国总数的 4.7%；实际外资金额合计 528 亿美元，占全国总额的 8.9%。

表 6 2011～2015 年中国外商投资分区域情况

区域	年份	2011	2012	2013	2014	2015
全国	项目数（项）	27712	24925	22773	23778	26575
	实际金额（亿美元）	1160.1	1117.2	1175.9	1195.6	1262.7
东部	项目数（项）	23602	21492	19251	20466	23502
	项目占比（%）	85.2	86.2	84.5	86.1	88.4
	实际金额（亿美元）	966.0	925.1	968.8	979.2	1058.7
	金额占比（%）	83.3	82.8	82.4	81.9	83.8
中部	项目数（项）	2727	2327	2400	2208	1872
	项目占比（%）	9.8	9.3	10.5	9.3	7.0
	实际金额（亿美元）	78.4	92.9	101.0	108.6	104.4
	金额占比（%）	6.8	8.3	8.6	9.1	8.3
西部	项目数（项）	1383	1106	1122	1104	1201
	项目占比（%）	5.0	4.4	4.9	4.6	4.5
	实际金额（亿美元）	115.7	99.2	106.1	107.8	99.6
	金额占比（%）	10.0	8.9	9.0	9.0	7.9

资料来源：中国商务部外资数据。

总体看，中国服务业吸收外资区域投向和全行业外资区域布局保持了一致。东部是服务业吸收外资最主要的地区，"十二五"期间，由于服务业进一步开放主要集中在上海、天津、广东和福建等沿海地区的自贸试验区内，服务业吸收外资有进一步向东部地区集聚的趋势。2011~2015年，东部地区服务业外资项目数占服务业外资项目总数的份额每年都超过90%，实际吸收外资金额呈现较快增长，从2011年的486.3亿美元增为2015年的706.4亿美元，年均增长9.8%，高于全国平均8.4%的增速，占全国服务业外资总额的比重相应从2011年的83.5%升为87.1%。"十二五"时期，东部地区服务业合计新设立外商企业总数为75973家，占全国服务业外资企业总数的91.2%；实际吸收外资总额2856.8亿美元，占服务业吸收外资总额的84.8%。中部地区服务业吸收外资同样呈现了快速增长，从2011年的23.7亿美元升为42.9亿美元，年均增长16.0%，占全国服务业吸收外资总额的比重从4.1%升为5.3%，2013年还一度达到5.9%。"十二五"期间，中部地区服务业合计新设立外商投资企业3681家，平均占全国服务业外资企业总数的4.4%；实际吸收外资总额181.5亿美元，占全国服务业实际吸收外资比重平均为5.4%。与全国外资区域分布相比，中部地区服务业外资占比明显低于外商投资在中部平均8.2%的比重，这也反映出，相比服务业，中部地区制造业更为发达和完善，对外资也更具吸引力。西部地区服务业吸收外资呈现明显下降，从2011年的72.5亿美元下降为62亿美元，年均下降3.8%，占全国服务业外资总额的比重从2011年的12.4%下降为7.6%。"十二五"期间，西部地区服务业合计新设立外商投资企业3656家，平均占全国服务业外资企业总数的4.4%；实际吸收外资总额330.6亿美元，占全国服务业实际吸收外资比重平均为9.8%。

表7 2011~2015年中国服务业外商投资分区域情况

区域	年份	2011	2012	2013	2014	2015
全国	项目数(项)	15216	14621	15085	17408	20980
	实际金额(亿美元)	582.5	571.9	662.2	740.9	811.3
东部	项目数(项)	13756	13311	13606	15841	19459
	项目占比(%)	90.4	91.0	90.2	91.0	92.8
	实际金额(亿美元)	486.3	477.7	557.1	629.2	706.4
	金额占比(%)	83.5	83.5	84.1	84.9	87.1
中部	项目数(项)	731	664	762	816	708
	项目占比(%)	4.8	4.5	5.1	4.7	3.4
	实际金额(亿美元)	23.7	33.4	39.0	42.5	42.9
	金额占比(%)	4.1	5.8	5.9	5.7	5.3
西部	项目数(项)	729	646	717	751	813
	项目占比(%)	4.8	4.4	4.8	4.3	3.9
	实际金额(亿美元)	72.5	60.8	66.1	69.2	62.0
	金额占比(%)	12.4	10.6	10.0	9.3	7.6

资料来源：中国商务部外资数据。

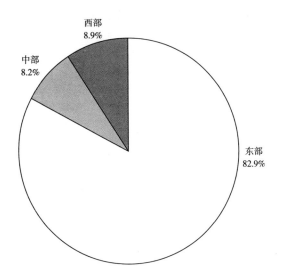

图 2 "十二五"时期全国外资区域分布

资料来源：中国商务部外资数据。

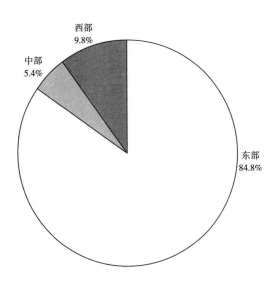

图 3 "十二五"时期服务业外资区域分布

资料来源：中国商务部外资数据。

从服务业外资具体行业分布看，东部地区结构最为合理。尽管房地产业依旧是其吸收外资最大行业，实际金额也呈现小幅上涨，但比重却不断下降，从 2011 年的 42.9% 降为 2015 年的 33.1%。而与此相反的是金融业吸收外资大幅增长，从 2011 年的 15.2 亿美元增为 2015 年的 135.9 亿美元，年均增长 73.0%，远高于东部服务业外资平均 9.8% 的增幅，带动其在东部服务业外资中的比重从 2011 年的 3.1% 升为 2015 年的

19.2%。同时，批发和零售业、租赁和商务服务业以及科学研究、技术服务和地质勘查业都是东部地区服务业吸收外资的重要行业。

表8   2011～2015年中国东部地区服务业实际吸收外资及占比

单位：亿美元，%

年份	2011		2012		2013		2014		2015	
行业（产业）	金额	占比	金额	占比	金额	占比	金额	占比	金额	占比
服务业合计	486.3	100.0	477.7	100.0	557.1	100.0	629.2	100.0	706.4	100.0
交通运输、仓储和邮政业	26.0	5.3	26.7	5.6	32.9	5.9	36.3	5.8	31.5	4.5
信息传输、计算机服务和软件业	26.0	5.3	28.6	6.0	27.2	4.9	25.9	4.1	37.1	5.2
批发和零售业	79.1	16.3	86.4	18.1	100.8	18.1	88.5	14.1	113.5	16.1
住宿和餐饮业	6.6	1.4	5.7	1.2	6.1	1.1	5.3	0.8	3.5	0.5
金融业	15.2	3.1	19.1	4.0	21.7	3.9	37.7	6.0	135.9	19.2
房地产业	208.6	42.9	185.4	38.8	226.1	40.6	274.6	43.6	233.8	33.1
租赁和商务服务业	72.7	14.9	74.5	15.6	94.1	16.9	110.2	17.5	89.3	12.6
科学研究、技术服务和地质勘查业	23.4	4.8	27.6	5.8	26.2	4.7	31.1	4.9	43.1	6.1
水利、环境和公共设施管理业	6.1	1.3	6.9	1.4	7.6	1.4	4.5	0.7	3.7	0.5
居民服务和其他服务业	15.9	3.3	10.9	2.3	5.8	1.0	6.6	1.0	6.3	0.9
教育	0.04	0.0	0.3	0.1	0.2	0.0	0.2	0.03	0.3	0.04
卫生、社会保障和社会福利业	0.8	0.2	0.6	0.1	0.6	0.1	0.7	0.1	1.3	0.2
文化、体育和娱乐业	6.0	1.2	5.0	1.0	7.7	1.4	7.9	1.2	7.2	1.0

资料来源：中国商务部外资数据。

房地产业是中部地区服务业吸收外资主导行业，带动了中部"十二五"时期服务业吸收外资快速增长。2011～2015年，房地产业吸收外资额从13.4亿美元增为26.7亿美元，年均增长18.9%，占中部服务业吸收外资总额份额从56.4%升为62.3%。同时，租赁和商务服务业、金融业、批发和零售业及交通运输、仓储和邮政业也是中部服务业吸收外资的主要行业，2015年分别占中部服务业吸收外资总额的9.7%、7.9%、7.2%和6.4%。

表9   2011～2015年中国中部地区服务业实际吸收外资及占比

单位：亿美元，%

年份	2011		2012		2013		2014		2015	
行业（产业）	金额	占比	金额	占比	金额	占比	金额	占比	金额	占比
服务业合计	23.7	100.0	33.4	100.0	39.0	100.0	42.5	100.0	42.9	100.0
交通运输、仓储和邮政业	0.7	3.1	2.9	8.6	3.7	9.6	2.1	4.9	2.8	6.4
信息传输、计算机服务和软件业	0.6	2.5	0.7	2.1	0.3	0.8	0.5	1.2	0.0	0.1
批发和零售业	2.4	10.1	4.6	13.7	5.8	15.0	3.7	8.7	3.1	7.2
住宿和餐饮业	1.0	4.1	1.0	2.9	1.1	2.8	0.9	2.0	0.6	1.4

续表

年份	2011		2012		2013		2014		2015	
行业（产业）	金额	占比	金额	占比	金额	占比	金额	占比	金额	占比
金融业	1.0	4.0	1.1	3.3	1.1	2.8	1.4	3.3	3.4	7.9
房地产业	13.4	56.4	19.2	57.3	19.7	50.7	26.9	63.4	26.7	62.3
租赁和商务服务业	2.3	9.6	2.3	6.9	4.5	11.7	4.9	11.5	4.2	9.7
科学研究、技术服务和地质勘查业	0.3	1.2	0.7	2.1	1.0	2.7	1.1	2.6	1.7	4.1
水利、环境和公共设施管理业	1.8	7.6	0.4	1.3	0.6	1.4	0.5	1.2	0.0	0.1
居民服务和其他服务业	0.1	0.4	0.3	0.8	0.6	1.6	0.3	0.8	0.1	0.1
文化、体育和娱乐业	0.2	1.0	0.3	0.9	0.4	0.9	0.1	0.3	0.3	0.7

资料来源：中国商务部外资数据。

西部地区服务业吸收外资中尽管房地产业依旧是主导领域，但已经呈现了明显的下降，实际金额从 2011 年的 46.9 亿美元降为 2015 年的 29.4 亿美元，年均降幅为 11.0%，占中部服务业外资总额的比重也从 2011 年的 64.7% 降为 47.5%。与此同时，金融业，交通运输、仓储和邮政业以及租赁和商务服务业分别是西部地区服务业吸收外资的第二、第三和第四大行业，2015 年所占比重分别是 16.8%、12.2% 和 11.3%。

表 10　2011～2015 年中国西部地区服务业实际吸收外资及占比

单位：亿美元，%

年份	2011		2012		2013		2014		2015	
行业（产业）	金额	占比	金额	占比	金额	占比	金额	占比	金额	占比
服务业合计	72.5	100.0	60.8	100.0	66.1	100.0	69.2	100.0	62.0	100.0
交通运输、仓储和邮政业	5.2	7.1	5.2	8.5	5.5	8.3	6.2	8.9	7.6	12.2
信息传输、计算机服务和软件业	0.4	0.6	4.2	6.9	1.3	1.9	1.2	1.7	1.2	2.0
批发和零售业	2.8	3.9	3.6	6.0	8.5	12.8	2.5	3.6	3.6	5.8
住宿和餐饮业	0.9	1.2	0.4	0.6	0.6	0.9	0.4	0.5	0.2	0.4
金融业	3.0	4.1	0.9	1.6	0.5	0.7	2.8	4.0	10.4	16.8
房地产业	46.9	64.7	36.7	60.3	42.1	63.7	44.7	64.7	29.4	47.5
租赁和商务服务业	8.9	12.2	5.3	8.8	5.0	7.6	9.8	14.2	7.0	11.3
科学研究、技术服务和地质勘查业	0.9	1.2	2.7	4.4	0.3	0.4	0.4	0.6	0.5	0.8
水利、环境和公共设施管理业	0.7	1.0	1.2	2.0	2.2	3.3	0.7	1.1	0.6	1.0
居民服务和其他服务业	2.8	3.9	0.5	0.8	0.1	0.2	0.3	0.4	0.9	1.4
教育	0.00	0.0	0.0	0.0	0.0	0.0	0.0	0.01	0.0	0.00
卫生、社会保障和社会福利业	0.0	0.0	0.0	0.0	0.0	0.0	0.1	0.1	0.1	0.2
文化、体育和娱乐业	0.1	0.1	0.1	0.1	0.1	0.2	0.2	0.3	0.4	0.6

资料来源：中国商务部外资数据。

四　服务业吸收外资来源高度集中于香港

香港一直是我国吸收外资重要的来源地，其重要性在"十二五"时期进一步凸显。2011~2015年，来自香港地区的外资从770.1亿美元增为926.7亿美元，年均增长4.7%，占我国吸收外资总额的比重从66.4%上升到73.4%，一直稳居我国外资来源头把交椅。新加坡是我国吸收外资第二来源地，实际外资金额基本保持的60.0亿美元左右，占比在5.5%左右。其他前十大来源地主要有中国台湾、日本、韩国、美国、德国、英国、法国等。"十二五"时期，我国外资前十大来源地实际外资金额占全国外资总额的比重超过90.0%，2015年达到94.0%，比2011年上升2.4个百分点。

表11　2011~2015年中国利用外资主要来源地

单位：亿美元，%

年份		中国香港	新加坡	日本	美国	韩国	中国台湾
2011	金额	770.1	63.3	63.5	30.0	25.5	67.3
	占比	66.4	5.5	5.5	2.6	2.2	5.8
2012	金额	712.9	65.4	73.8	31.3	30.7	61.8
	占比	63.8	5.9	6.6	2.8	2.7	5.5
2013	金额	783.0	73.3	70.6	33.5	30.6	52.5
	占比	66.6	6.2	6.0	2.8	2.6	4.5
2014	金额	857.4	59.3	43.3	26.7	39.7	51.8
	占比	71.7	5.0	3.6	2.2	3.3	4.3
2015	金额	926.7	69.7	32.1	25.9	40.4	44.1
	占比	73.4	5.5	2.5	2.1	3.2	3.5

资料来源：中国商务部外资数据。

服务业利用外资的来源结构基本和全国外资国别/地区结构保持了一致。香港是服务业外资最主要的来源地，但集中度更高。2011~2015年，来自香港的服务业实际外资从418.3亿美元升为658.7亿美元，一直保持快速增长态势，年均增幅为12.0%，占我国服务业外资总额的比重从67.9%升为77.2%，增加了近10个百分点；新加坡是我国服务业外资第二大来源，实际外资额从37.2亿美元增为54.3亿美元，年均增长9.9%，所占份额保持在6%左右。日本、美国、韩国和中国台湾也都是我国服务业外资的重要来源，但"十二五"时期都呈现较为明显的波动，以来自日本的服务业投资为例，从初期的22.7亿美元降为末期的10.3亿美元，所占比重也相应地从3.7%降到1.2%，但在2012年和2013年实际金额升到了28亿美元和32.8亿美元，占比都达到4.7%。

表 12　2011~2015 年中国服务业利用外资主要来源地

单位：亿美元，%

年　份		中国香港	新加坡	日本	美国	韩国	中国台湾
2011	金额	418.3	37.2	22.7	9.8	5.5	5.4
	占比	67.9	6.0	3.7	1.6	0.9	0.9
2012	金额	395.4	40.3	28	12.9	9.5	5.4
	占比	65.6	6.7	4.7	2.1	1.6	0.9
2013	金额	495.8	41.3	32.8	14.1	4.1	7.4
	占比	70.7	5.9	4.7	2.0	0.6	1.1
2014	金额	596.9	39.3	19.8	13.1	4.1	9.1
	占比	76.7	5.1	2.5	1.7	0.5	1.2
2015	金额	658.7	54.1	10.3	12.5	5.3	3.9
	占比	77.2	6.4	1.2	1.5	0.6	0.4

资料来源：中国商务部外资数据。

五　服务业开放程度不断提升

中国服务业开放经历了不同阶段。中国吸收外资是从建设（合资）合作国际旅游饭店开始的。改革开放初期中国就开始试点服务业对外开放，同时，在 1992~2001 年，为了更好地复关和加入世界贸易组织（WTO），中国尝试逐步扩大了服务业开放。但是中国服务业整体开放新格局的形成还是在 2011 年加入 WTO 后，中国在加入 WTO 协定中对服务贸易总协定中 12 个大类中的 9 个大类、近 100 个小类进行了开放承诺，并且分两个阶段（第一个是 2002~2006 年服务业开放的过渡阶段，另一个是 2007 年以后的全面开放阶段）全面对服务业进行了开放。来自世界贸易组织秘书处的数据显示，在 155 个具体子部门中，发达国家平均承诺开放子部门是 108 个，比重约 70%，美国为 110 个，德国和英国为 115 个；转型经济体为 52%；发展中经济体为 16%。中国开放了 93 个子部门，居于第二档（81~100 个），是部门减让最多的发展中国家。从图 4 可以看出，中国在 WTO 中承诺开放的服务子部门数量在金砖五国中排名第二，只低于俄罗斯（122 个），略高于南非（91 个），远高于其他两个国家，印度只承诺开放 37 个服务子部门，巴西承诺开放 43 个。从亚洲看，中国服务业承诺开放部门也是居于较高水平，除日本、韩国承诺开放数量略高于中国外，中国比东盟大部分国家都高，马来西亚承诺开放子部门数量为 73 个，新加坡为 67 个，菲律宾和印度尼西亚分别仅为 51 个和 45 个。

"十二五"时期，尤其是 2013 年 11 月 9~12 日中共十八届三中全会的召开，通过《中共中央关于全面深化改革若干重大问题的决定》，为新时期中国服务业的进一步开放指明了道路和方向。从服务业开放的重点来看，集中在金融、教育、文化、医疗、育

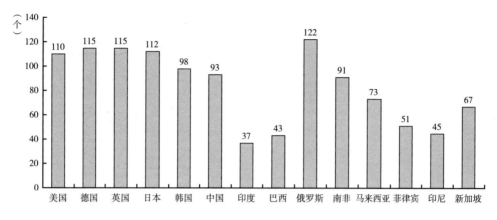

图4 各国对WTO承诺开放的服务子部门

资料来源：WTO服务数据库，http：//stat.wto.org/ServiceProfile/WSDBServicePFReporter.aspx？Language＝E。

幼养老、建筑设计、会计审计、商贸物流、电子商务等9大领域。但对于不同的领域，有不同的开放策略，育幼养老、建筑设计、会计审计、商贸物流、电子商务等服务领域可以允许外资充分进入；对于金融、教育、文化、医疗等与国家经济安全密切相关并且是中国的短板行业应逐步有序地开放，不能完全放开。从开放的路径看，自主开放和协议开放并行，通过上海等自贸试验区的建立积极探索服务业"准入前国民待遇＋负面清单"的开放新模式，通过双边投资协定和自贸区建设将服务业自主开放新模式推进协议开放中，并在进一步的内陆沿边开放战略中，纳入服务业开放新模式，促进东中西部经济的协调发展。

通过自贸试验区负面清单的形式，中国服务业在特定区域对外开放不断深入。2013年上海自贸试验区成立，并出台了中国自贸试验区第一版的负面清单，由于当年的负面清单实际上是《外商投资产业指导目录》的翻版，尤其是服务业实质上突破开放的内容极为有限，因此，在2013年和2014年，国务院分别批准上海自贸试验区进一步扩大开放措施，2013年涉及金融、航运、商贸、专业服务、文化和社会服务六大领域的23项进一步开放措施，2014年进一步在批发零售、交通运输、房地产、商务服务、专业技术服务、卫生等领域出台了14条开放措施。2013年版自贸试验区负面清单尽管出台意义重大，但问题也比较突出，其中，服务业特别管理措施93条，小分类措施达246条。因此，2014年和2015年中国根据服务业发展现状以及自贸试验区的拓展，进一步修订了自贸试验区负面清单，大幅压缩了服务业特别管理措施，并细化了金融和文化娱乐等重点领域的特别管理措施，进一步提高了服务业开放程度和透明度。2014年服务业特别管理措施为67条，2015年为83条，完全取消了对外资进入房地产业，信息传输、软件和信息技术服务业，融资租赁等领域的限制，并进一步降低了外商进入批发和零售业、电信业等领域的限制。

表13 三版自贸试验区负面清单服务业限制

单位：个

年份	2013			2014			2015		
行业	合计	限制	禁止	合计	限制	禁止	合计	限制	禁止
服务业合计	95	69	26	67	48	19	83	57	26
批发和零售业	13	10	3	9	8	1	4	2	2
交通运输、仓储和邮政业	21	19	2	15	13	2	19	15	4
信息传输、计算机服务和软件业	8	4	4	8	4	4	4	2	2
金融业	5	5	0	4	4	0	14	14	0
房地产业	4	3	1	3	2	1	0	0	0
租赁和商务服务业	13	12	1	9	8	1	9	7	2
科学研究、技术服务和地质勘查业	12	8	4	4	2	2	4	1	3
水利、环境和公共设施管理业	3	1	2	3	1	2	2	0	2
教育	3	2	1	3	2	1	2	2	0
卫生、社会保障和社会福利业	1	1	0	1	1	0	1	1	0
文化、体育和娱乐业	12	4	8	8	3	5	24	13	11

资料来源：根据2013年、2014年及2015年自贸试验区负面清单进行整理。

六 服务业吸收外资还需要进一步优化

"十二五"期间，中国服务业吸收外资取得了突破性进展，服务业已经成为吸收外资的绝对主导产业。但是应该看到，中国服务业吸收外资依旧存在较为明显的问题。

首先，从行业结构看，房地产业依旧是中国吸收外资的主导领域，这点在中西部表现上尤其明显。而中国房地产业的发展并不完全是正常健康的，是纯逐利的外资"热钱"最愿意投资的领域，也进一步推高了中国房地产价格。

其次，从区域结构看，中国服务业吸收外资过度集中于东部地区，中西部尤其是中部服务业吸收外资明显不足。这一方面反映出中西部在中国整体经济中发展水平的滞后，尤其是服务业市场化发展的滞后，另一方面也反映出中西部营商投资和东部沿海相比还存在不足，除了特定的行业如房地产、金融及运输等行业外，批发零售、商贸租赁等服务业外商投资主要以中小私营企业为主，而中小企业对市场和营商环境更为敏感。

最后，与国际尤其是发达国家相比，我国服务业开放程度偏低。来自世界银行2015年发布的服务贸易限制指数显示，中国所有行业的平均分值为0.45，远高于40个国家平均值0.22，同时每一个具体行业的分值都高于平均值，这说明中国服务业的开放度是在40个国家平均之下。当然由于OECD发布的服务贸易指数主要是基于发达国家的数据和标准，与中国发展中国家的阶段并不完全一致。但是也在一定程度上反映出中国服务业开放水平低。

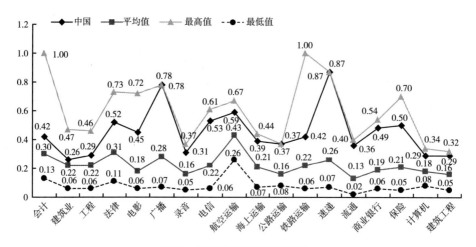

图 5　中国服务贸易限制指数

资料来源：OECD 服务贸易数据库。

从中国与其他非 OECD 国家服务贸易限制指数看，中国在电影、广播、录音、电信、公路运输、铁路运输、速递、流通、商业银行、保险等领域的服务开放度也不高。服务业开放度不高也对相关领域吸收外资产生直接制约，从而影响中国服务业吸收外资行业结构的优化。

表 14　新兴经济体服务贸易限制指数

行业	中国	巴西	印度	印度尼西亚	俄罗斯	南非
会　　计	0.42	0.32	0.55	0.43	0.34	0.35
建 筑 业	0.26	0.31	0.36	0.31	0.31	0.37
工　　程	0.29	0.29	0.2	0.33	0.25	0.37
法　　律	0.52	0.39	0.73	0.72	0.31	0.56
电　　影	0.45	0.3	0.27	0.72	0.32	0.2
广　　播	0.78	0.5	0.51	0.47	0.27	0.51
录　　音	0.31	0.18	0.25	0.37	0.29	0.25
电　　信	0.53	0.43	0.47	0.61	0.43	0.38
航空运输	0.59	0.64	0.65	0.65	0.67	0.65
海上运输	0.39	0.28	0.32	0.44	0.4	0.4
公路运输	0.37	0.17	0.14	0.37	0.24	0.29
铁路运输	0.42	0.37	1	0.4	0.35	0.38
速　　递	0.87	0.51	0.54	0.44	0.35	0.48
流　　通	0.36	0.14	0.35	0.4	0.22	0.17
商业银行	0.49	0.43	0.51	0.55	0.38	0.3
保　　险	0.5	0.35	0.64	0.52	0.46	0.22
计 算 机	0.29	0.24	0.29	0.32	0.34	0.33
建筑工程	0.29	0.24	0.24	0.31	0.31	0.28

资料来源：OECD 服务贸易数据库。

第二节 "十二五"期间服务业对外投资合作情况

"十二五"期间,中国服务业对外直接投资保持高速增长,中国对外直接投资进一步向服务业集聚,服务业投资领域不断优化,投资区域分布更加广泛。对外工程承包和对外劳务合作保持平稳增长。

一 服务业是中国对外直接投资的主导产业

"十二五"时期,随着中国综合国力的不断提升、"一带一路"倡议的实施、国际产能合作的加速推进以及对外投资政策的不断完善,中国企业"走出去"步伐不断加速,对外直接投资保持高速增长。从对外投资流量看,2011~2015 年,中国从 746.5 亿美元增为 1456.7 亿美元,年均增幅高达 18.2%,同期世界对外投资流量年均下降 1.4%,中国对外投资流量占世界流量的比重从 4.8% 升为 9.9%,中国流量在世界的位次也从第 6 升为 2015 年的第 2。"十二五"期间中国对外直接投资总额为 5390.8 亿美元,是"十一五"时期的 2.4 倍。2015 年中国对外投资流量规模达 1456.7 亿美元,仅次于美国(2999.6 亿美元),并超过日本跃居世界第二,对外投资首次超过吸收外资 100.7 亿美元,中国开始正式步入资本净输出的新阶段。从对外投资存量看,2011~2015 年,中国从 4247.8 亿美元增为 10978.6 亿美元,占全球存量的份额从 2.0% 升为 4.4%,中国存量在全球的位次也从第 13 升为第 8,排在美国、德国、英国、中国香港、法国、日本和瑞士之后。"十二五"期末,中国对外投资存量首次突破万亿美元大关,是"十一五"期末的 3.5 倍。截至 2015 年末,中国境外投资企业 3.08 万家,分布在全球 188 个国家和地区,年末境外企业资产总额 4.37 万亿美元。亚洲是中国对外直接投资最主要的区域,2015 年末,投资存量为 7689 亿美元,占 70%,其次是拉丁美洲,占 11.5%,同时"十二五"时期,中国对"一带一路"沿线国家投资不断上升,2013 年、2014 年和 2015 年,中国企业对"一带一路"沿线国家的投资流量分别为 131.7 亿美元、144.6 亿美元和 189.3 亿美元,分别占当年投资流量总额的 2.2%、11.7% 和 13.0%。截至 2015 年,中国对"一带一路"沿线国家的直接投资存量为 1156.8 亿美元,占中国对外投资存量的 10.5%。

当然,中国对外投资与世界第一的美国相比,差距还比较大,尤其是在投资存量方面,2015 年,美国已经接近 6 万亿美元,中国刚刚超过 1 万亿美元。

服务业是中国对外投资的绝对主导行业,并且在"十二五"时期,这一趋势越发明显。2011~2015 年,中国服务业对外投资流量从 488.5 亿美元增为 1059.9 亿美元,年均增幅 21.4%,明显高于全国平均 18.2% 增幅,服务业投资流量占全国的比重基本呈现绝对上升,从 65.4% 增为 72.8%,上升了 7.4 个百分点。"十二五"期间,服务业

表15 2011~2015年中国对外直接投资情况

单位：亿美元，%

年份	2011	2012	2013	2014	2015
世界流量	15576.4	13088.2	13106.2	13184.7	14742.4
增幅	11.9	-16	0.1	0.6	11.8
中国流量	746.5	878	1078.4	1231.2	1456.7
增幅	8.5	17.6	22.8	14.2	18.3
中国流量占全球份额	4.8	6.7	8.2	9.3	9.9
中国流量全球位次	6	3	3	3	2
全球存量	211684.9	235927.4	263126.4	258747.6	250449.2
中国存量	4247.8	5319.4	6604.8	8826.4	10978.6
中国存量占全球份额	2.0	2.3	2.5	3.4	4.4
中国存量全球位次	13	13	11	8	8

资料来源：《2015年度中国对外直接投资统计公报》及《世界投资报告》（2012~2016）。

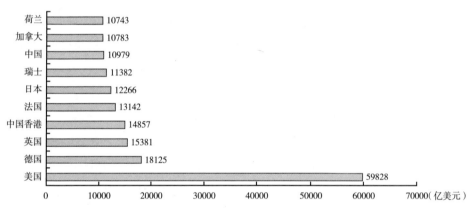

图6 2015年世界对外投资存量前十大地区

资料来源：《世界投资报告》（2016）。

对外直接投资总额为3725.5亿美元，是"十一五"时期的2.2倍。2011~2015年，服务业对外投资存量从3122.1亿美元增为8226.9亿美元，占中国对外投资存量总额的比重基本保持在74%左右。

表16 2011~2015中国服务业对外直接投资

单位：亿美元，%

年份	中国对外投资流量	服务业对外投资流量	占比	中国对外投资存量	服务业对外投资存量	占比
2011	746.5	488.5	65.4	4247.8	3122.1	73.5
2012	878.0	589.5	67.1	5319.4	3962.0	74.5
2013	1078.4	689.8	64.0	6604.8	4745.1	71.8
2014	1231.2	897.9	72.9	8826.4	6592.5	74.7
2015	1456.7	1059.9	72.8	10978.6	8226.9	74.9

资料来源：《中国商务年鉴》（2016）。

二 服务业对外直接投资领域不断优化

"十二五"时期，金融业、房地产业、交通运输等行业对外直接投资的大幅增长带动了中国服务业对外直接投资行业结构的不断优化。租赁和商务服务业依旧是中国服务业对外直接投资的第一大行业，对外投资流量从 2011 年的 256 亿美元增为 2015 年的 362.6 亿美元，年均增幅为 9.1%，仅远低于服务业对外直接投资流量的平均增速，占服务业对外投资流量的份额从 2011 年 52.4% 降为 2015 年的 34.2%，下降了近 20 个百分点。"十二五"时期，租赁和商务服务业对外直接投资总量为 1524.8 亿美元，占服务业对外直接投资总额的平均比重为 40.9%。金融业超越批发和零售业成为中国服务业对外直接投资第二大行业，2011~2015 年，投资流量从 60.7 亿美元增为 242.5 亿美元，年均增幅高达 41.4%，占服务业投资流量的比重也从 12.4% 升为 22.9%，上升了 10 个多百分点。"十二五"期间，金融业对外直接投资总额为 714.1 亿美元。批发和零售业是中国服务业对外直接投资第三大行业，投资流量从 2011 年的 103.2 亿美元增为 192.2 亿美元，年均增幅为 16.8%，占服务投资流量的比重出现小幅下降，从 2011 年的 21.1% 降为 2015 年 18.1%，"十二五"期间，对外投资总额达 755.3 亿美元。此外，"十二五"期间，中国文化、体育和娱乐业，卫生和社会工作，信息传输、软件和信息技术服务业，住宿和餐饮业，水利、环境和公共设施管理业，居民服务、修理和其他服务业，科学研究和技术服务业对外直接投资都保持了高速增长，年均增幅分别为 102.0%、90.3%、72.2%、57.7%、52.1%、48.5% 和 47.5%。

表 17 2011~2015 年中国服务业具体领域对外直接投资流量及占比

单位：亿美元，%

行业分类	2011 年	占比	2012 年	占比	2013 年	占比	2014 年	占比	2015 年	占比
服务业合计	488.5	100.0	589.5	100.0	689.8	100.1	897.9	100.0	1059.9	100.0
批发和零售业	103.2	21.1	130.5	22.1	146.5	21.2	182.9	20.4	192.2	18.1
交通运输、仓储和邮政业	25.6	5.2	29.9	5.1	33.1	4.8	41.7	4.6	27.3	2.6
住宿和餐饮业	1.2	0.2	1.4	0.2	0.8	0.1	2.4	0.3	7.2	0.7
信息传输、软件和信息技术服务业	7.8	1.6	12.4	2.1	14.0	2.0	31.7	3.5	68.2	6.4
金融业	60.7	12.4	100.7	17.1	151.1	21.9	159.2	17.7	242.5	22.9
房地产业	19.7	4.0	20.2	3.4	39.5	5.7	66.0	7.4	77.9	7.3
租赁和商务服务业	256.0	52.4	267.4	45.4	270.6	39.2	368.3	41.0	362.6	34.2
科学研究和技术服务业	7.1	1.4	14.8	2.5	17.9	2.6	16.7	1.9	33.5	3.2
水利、环境和公共设施管理业	2.6	0.5	0.3	0.1	1.4	0.2	5.5	0.6	13.7	1.3

续表

行业分类	2011 年	占比	2012 年	占比	2013 年	占比	2014 年	占比	2015 年	占比
居民服务、修理和其他服务业	3.3	0.7	8.9	1.5	11.3	1.6	16.5	1.8	16.0	1.5
教育	0.2	0.0	1.0	0.2	0.4	0.1	0.1	0.0	0.6	0.1
卫生和社会工作	0.1	0.0	0.1	0.0	0.2	0.0	1.5	0.2	0.8	0.1
文化、体育和娱乐业	1.0	0.2	2.0	0.3	3.1	0.5	5.2	0.6	17.5	1.6

资料来源：《中国商务年鉴》（2016）。

从对外直接投资存量看，租赁和商务服务占据绝对近半壁江山，2015 年存量额为 4095.7 亿美元，占服务对外投资总量的 49.5%；金融业位居第二，2015 年投资存量为 1596.6 亿美元，占比为 19.3%；批发和零售业投资存量为 1219.4 亿美元，占比为 14.8%。2015 年，前三大行业对外直接投资存量占服务业对外直接投资总额的 83.6%。

表18　2011～2015 年中国服务业具体领域对外直接投资存量及占比

单位：亿美元，%

行业分类	2011 年	占比	2012 年	占比	2013 年	占比	2014 年	占比	2015 年	占比
服务业合计	3122.1	100	3962.0	100	4745.1	100	6592.5	100	8226.9	100
批发和零售业	490.9	15.7	682.1	17.2	876.5	18.5	1029.6	15.6	1219.4	14.8
交通运输、仓储和邮政业	252.6	8.1	292.3	7.4	322.3	6.8	346.8	5.3	399.1	4.8
住宿和餐饮业	6.0	0.2	7.6	0.2	9.5	0.2	13.1	0.2	22.3	0.3
信息传输、软件和信息技术服务业	95.5	3.1	48.2	1.2	73.8	1.6	123.3	1.9	209.3	2.5
金融业	673.9	21.6	964.5	24.3	1170.8	24.7	1376.2	20.9	1596.6	19.3
房地产业	89.9	2.9	95.8	2.4	154.2	3.2	246.5	3.7	334.9	4.1
租赁和商务服务业	1422.9	45.6	1757.0	44.3	1957.3	41.2	3224.4	48.9	4095.7	49.5
科学研究和技术服务业	43.9	1.4	67.9	1.7	86.7	1.8	108.7	1.6	144.3	1.7
水利、环境和公共设施管理业	24.0	0.8	0.7	0.0	3.4	0.1	13.3	0.2	25.4	0.3
居民服务、修理和其他服务业	16.2	0.5	35.8	0.9	76.9	1.6	90.4	1.4	142.8	1.7
教育	0.7	0.0	1.6	0.0	2.0	0.0	1.8	0.0	2.9	0.0
卫生和社会工作	0.2	0.0	0.5	0.0	0.6	0.0	2.3	0.0	1.8	0.0
文化、体育和娱乐业	5.4	0.2	7.9	0.2	11.0	0.2	16.0	0.2	32.5	0.4

资料来源：《中国商务年鉴》（2016）。

从 2015 年中国具体行业对外投资存量的区域分布看，总计 4095.7 亿美元的租赁和商务服务业，其中 3135.0 亿美元是投向了中国香港地区，占比达 76.5%；160.9 亿美元是投向了东盟国家，占比为 3.9%；63.1 亿美元投向了欧盟，占比为 1.5%。批发和

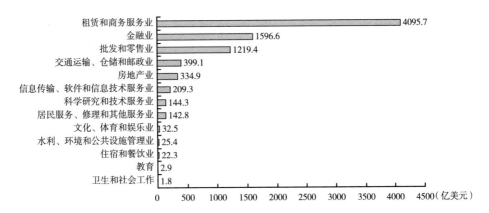

图7 2015年服务业具体行业对外直接投资存量

资料来源:《中国商务年鉴》(2016)。

零售服务总计1219.4亿美元中901.5亿美元投向中国香港地区,占比达73.9%;投向东盟地区75.4亿美元,占6.2%;投向欧盟地区52.5亿美元,占4.3%;投向美国34.1亿美元,占2.8%。金融业有898.6亿美元投向了香港,占比为56.3%;投向欧盟地区150.2亿美元,占9.4%;投向美国103.2亿美元,占6.5%。交通运输、仓储和邮政业对外投资存量中有72.8%投向香港;4.5%投向东盟;2.9%是投向欧盟;另有1.7%和1.1%分别投向了美国和澳大利亚。房地产业对外投资存量中有60.8%投向香港;10.2%投向美国;8.9%是投向欧盟;8.4%投向澳大利亚,3.5%投向东盟。

表19 2015年中国服务业对外投资存量区域分布及占比

单位:亿美元,%

行业	中国	中国香港地区	占比	欧盟	占比	东盟	占比	美国	占比	澳大利亚	占比
服务业总计	8226.9	5717.3	69.5	328.8	4.0	329.6	4.0	252.0	3.1	93.1	1.1
租赁和商务服务业	4095.7	3135.0	76.5	63.1	1.5	160.9	3.9	37.2	0.9	21.6	0.5
批发和零售业	1219.4	901.5	73.9	52.5	4.3	75.4	6.2	34.1	2.8	8.0	0.7
金融业	1596.6	898.6	56.3	150.2	9.4	43.6	2.7	103.2	6.5	24.5	1.5
交通运输、仓储和邮政业	399.1	290.7	72.8	11.7	2.9	17.8	4.5	6.7	1.7	4.3	1.1
房地产业	334.9	203.8	60.8	29.8	8.9	11.6	3.5	34.1	10.2	28.3	8.4
居民服务、修理和其他服务业	142.8	121.4	85.0	2.8	2.0	1.8	1.3	3.6	2.5	1.7	1.2
信息传输、软件和信息技术服务业	209.3	116.0	55.4	2.6	1.2	2.5	1.2	5.5	2.6	—	—
科学研究和技术服务业	144.3	26.1	18.1	15.4	10.7	7.4	5.1	18.2	12.6	1.3	0.9

续表

行业	中国	中国香港地区	占比	欧盟	占比	东盟	占比	美国	占比	澳大利亚	占比
文化体育和娱乐业	32.5	14.7	45.2	0.7	2.2	0.5	1.5	5.3	16.3	—	—
水利、环境和公共设施管理业	25.4	9.5	37.4	—	—	8.1	31.9	4.1	16.1	3.4	13.4
住宿和餐饮业	22.3	—	—	7.5	33.6	1.0	4.5	3.1	13.9	0.8	3.6
教育	2.9	—	—	1.0	34.5	0.1	3.4	0.8	27.6	—	—

资料来源：根据《2016年度中国对外直接投资统计公报》数据整理。

三 香港是服务业对外直接投资最集中地区

中国服务业对外投资主要集中在中国香港、东盟、欧盟、美国和澳大利亚。2015年这五个区域的服务业投资存量达6720.8亿美元，占中国当年服务业对外直接投资存量的81.7%。其中对香港地区的服务业投资存量达5717.3亿美元，占比达69.5%；对欧盟的服务业投资存量为328.8亿美元，占4.0%；对东盟国家的服务业投资存量为329.6亿美元，占比为4.0%；对美国服务业投资存量为252亿美元，占比为3.1%；对澳大利亚服务业投资存量为93.1亿美元，占比为1.1%。

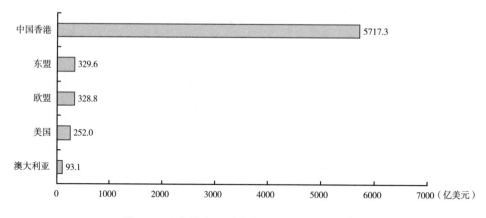

图8 2015年服务业对外直接投资存量分布情况

资料来源：根据《2016年度中国对外直接投资统计公报》数据整理。

中国内地对香港地区截至2015年的服务业对外直接投资存量行业分布主要集中在租赁和商务服务业、批发和零售业、金融业。这三大行业的投资存量分别为3135.5亿美元、901.5亿美元和898.6亿美元，分别占中国大陆对香港服务业投资存量总额的54.8%、15.8%和15.7%。

截至2015年，中国对欧盟服务业投资存量第一大领域是金融业，投资额为150.2亿美

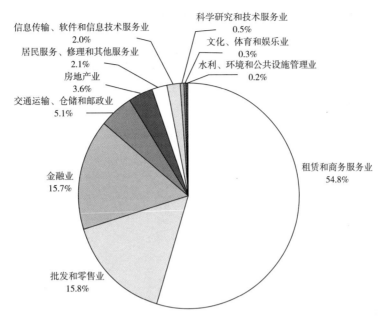

图9 2015年对香港服务业投资存量具体行业分布

资料来源：根据《2016年度中国对外直接投资统计公报》数据整理。

元，占对欧盟投资存量总额的45.7%；第二大和第三大领域分别是租赁和商务服务业及批发和零售业，投资存量分别是63.1亿美元和52.5亿美元，占比分别是19.2%和16.0%。

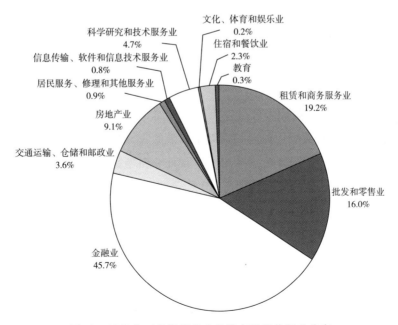

图10 2015年对欧盟服务业投资存量具体行业分布

资料来源：根据《2016年度中国对外直接投资统计公报》数据整理。

中国对东盟服务业投资领域也主要集中在租赁和商务服务业、批发和零售业以及金融业。截至2015年，中国对东盟租赁和商务服务业直接投资存量为160.9亿美元，占对东盟服务业投资存量总额的48.8%；批发和零售业投资存量为75.4亿美元，占22.9%；金融业投资存量为43.6亿美元，占13.2%。

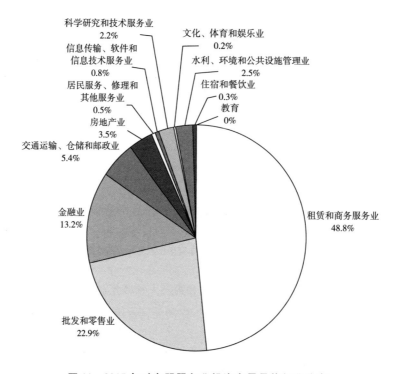

图11　2015年对东盟服务业投资存量具体行业分布

资料来源：根据《2016年度中国对外直接投资统计公报》数据整理。

金融业是中国对美国服务业直接投资的第一大领域，截至2015年，投资存量为103.2亿美元，占中国对美国服务业投资存量总额的41.0%；租赁和商务服务业是第二大领域，投资存量为37.2亿美元，占14.8%；批发和零售业及房地产业并列第三大领域，投资存量都为34.1亿美元，占比均为13.5%。

中国对澳大利亚服务业投资领域分布集中在房地产业、金融业及租赁和商务服务业。截至2015年，在房地产领域的投资存量为28.3亿美元，占中国对澳大利亚服务业投资存量的30.4%；在金融业及租赁和商务服务业的投资存量紧随其后，分别为24.5亿美元和21.6亿美元，占比分别为26.3%和23.2%。

从中国服务业对不同国家和区域的具体行业分布看，对亚洲投资最多的领域是租赁和商务服务业，对欧盟及美国等经济更为发达的国家投资时，金融是第一大领域。澳大利亚受华人私人投资较多的影响，房地产业成为第一大行业。

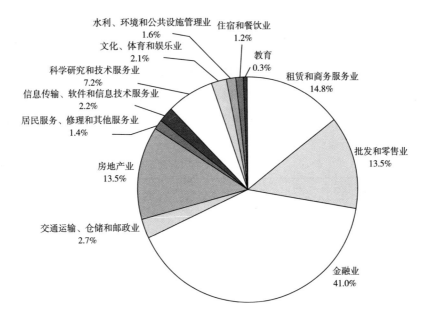

图 12　2015 年对美国服务业投资存量具体行业分布

资料来源：根据《2016 年度中国对外直接投资统计公报》数据整理。

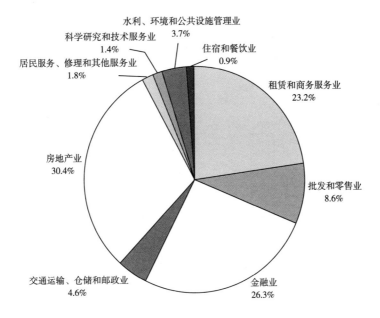

图 13　2015 年对澳大利亚服务业投资存量具体行业分布

资料来源：根据《2016 年度中国对外直接投资统计公报》数据整理。

四　对外承包工程和对外劳务合作稳步发展

2011～2015 年，中国对外承包工程合同金额从 1423.3 亿美元增为 2100.7 亿美元，年均增长10.2%；完成营业额从1034.2亿美元增为1540.7亿美元，年均增长10.5%。"十二五"期间，中国对外承包工程完成营业额累计达6536.5亿美元，是"十一五"期间的2.2倍；新签合同额累计达8722.3亿美元，是"十一五"期间的1.7倍。截至2015年底，对外承包工程业务累计签订合同15717亿美元，完成营业额10892亿美元，中国企业在对外承包工程中的整体实力不断增强。

表20   "十二五"期间中国对外承包工程

年份	合同数（份）	合同金额（亿美元）	完成营业额（亿美元）	年末在外人数（万人）
2011	6381	1423.3	1034.2	32.4
2012	6710	1565.3	1166.0	34.5
2013	11578	1716.3	1371.4	37.0
2014	7740	1917.6	1424.1	40.9
2015	8662	2100.7	1540.7	40.9

资料来源：《中国统计年鉴》（2016）。

2011～2015年，中国派出劳务人员从20.9万人增为27.7万人，年均增长7.3%；年末在外人数从48.8万人增为61.8万人，年均增长6.1%。"十二五"期间中国合计派出劳务人员131.3万人，是"十一五"期间的1.3倍；"十二五"期末中国在外劳务人员61.8万人，是"十一五"期末的1.3倍。

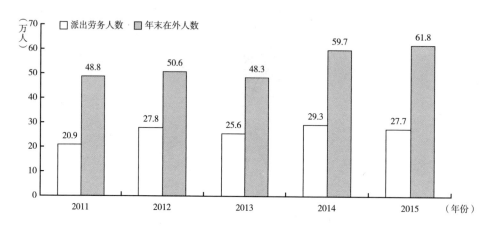

图14   2011～2015年中国对外劳务合作情况

资料来源：《中国统计年鉴》（2016）。

五   加大服务业对外投资合作风险防范

"十二五"时期，中国对外直接投资尤其是服务业直接投资保持高速增长，同时，相应的，对外投资风险也不断增多。从国外看，受全球金融危机的影响，世界经济复苏缓慢，贸易投资保护主义明显抬头，中国企业海外投资面临的各类显性和隐性的投资壁垒也不断增加；同时，地缘政治风险和国际恐怖主义也对中国企业海外投资造成较大风险。从国内看，与对外投资合作相关的对外政策的临时调整也对中国企业"走出去"构成风险，如外汇政策的突然转向就已经对不少"走出去"企业造成了违约风险。因此，中国政府应建立并不断完善海外直接投资整体保护框架和风险防范体系。

参考文献

[1] 财政部、税务总局：《财政部国家税务总局关于小型微利企业所得税优惠政策有关问题的通知》（财税〔2014〕34 号），国家税务总局网站，http：//hd. chinatax. gov. cn/guoshui/action/GetArticleView1. do？id＝480996&flag＝1。

[2] 财政部、税务总局：《财政部税务总局关于小型微利企业所得税优惠政策有关问题的通知》（财税〔2011〕117 号），税务总局网站，http：//hd. chinatax. gov. cn/guoshui/action/GetArticleView1. do？id＝158159&flag＝1。

[3] 财政部、税务总局：《关于扩大小型微利企业所得税优惠政策范围的通知》（财税〔2017〕43 号，国家税务总局网站，http：//www. chinatax. gov. cn/n810341/n810755/c2660828/content. html。

[4] 陈伟：《我国软件和信息技术服务业发展现状及未来展望》，《信息资源管理学报》2013 年第 3 期。

[5] 陈晓华、黄延信、姜文胜：《农村劳动力转移就业现状、问题及对策》，《农业经济问题》2005 年第 8 期。

[6] 陈晓宇、陈良焜、夏晨：《20 世纪 90 年代中国城镇教育收益率的变化与启示》，《北京大学教育评论》2003 年第 2 期。

[7] 范随艾伦·汉森、戴维·普瑞斯：《变化中的劳动力市场：公共就业服务》，中国劳动社会保障出版社，2002。

[8] 冯梅、王成静：《我国各地区软件与信息技术服务业绩效评价研究》，《经济问题》2015 年第 8 期。

[9] 冯正好、潘文富：《浅论欧盟的公共就业服务机构》，《齐齐哈尔大学学报》2015 年第 9 期。

[10] 符平、唐有财、江立华：《农民工的职业分割与向上流动》，《中国人口科学》，2012 年第 6 期。

［11］高敏雪：《中国统计年鉴 30 年观察》，中国统计出版社，2011。

［12］葛相安、刘世禄：《我国渔业发展现状、问题及出路》，《中国渔业经济》2009 年第 4 期。

［13］国家科学技术奖励工作办公室，http：//www. nosta. gov. cn/web/index. aspx。

［14］国家旅游局：《中国旅游业统计公报》（历年），2011 ~ 2015。

［15］国家税务总局：《中国税务年鉴》（历年），中国税务出版社，2011 ~ 2016。

［16］国家统计局、科学技术部：《中国科技统计年鉴》（历年），中国统计出版社，2012 ~ 2016。

［17］国家统计局、中国指数研究院：《中国房地产统计年鉴》（历年），中国统计出版社，2012 ~ 2016。

［18］国家统计局、中宣部：《中国文化及相关产业统计年鉴》（历年），中国统计出版社，2011 ~ 2016。

［19］国家统计局： 《2011 全国年度统计公报》，http：//www. stats. gov. cn/tjsj/tjgb/ndtjgb/qgndtjgb/201202/t20120222_ 30026. html。

［20］国家统计局： 《2012 全国年度统计公报》，http：//www. stats. gov. cn/tjsj/tjgb/ndtjgb/qgndtjgb/201302/t20130221_ 30027. html。

［21］国家统计局： 《2013 全国年度统计公报》，http：//www. stats. gov. cn/tjsj/zxfb/201402/t20140224_ 514970. html。

［22］国家统计局： 《2014 全国年度统计公报》，http：//www. stats. gov. cn/tjsj/zxfb/201502/t20150226_ 685799. html。

［23］国家统计局： 《2015 全国年度统计公报》，http：//www. stats. gov. cn/tjsj/zxfb/201602/t20160229_ 1323991. html。

［24］国家统计局： 《2013 年全国农民工监测调查报告》，http：//www. stats. gov. cn/tjsj/zxfb/201405/t20140512_ 551585. html. 2014 – 05 – 12。

［25］国家统计局： 《2015 年全国农民工监测调查报告》，http：//www. stats. gov. cn/tjsj/zxfb/201604/t20160428_ 1349713. html. 2016 – 04 – 28。

［26］国家统计局：《国民经济行业分类标准》（GB/T4754 – 2011、GB/T 4754 – 2002），国家统计局网站。http：//www. stats. gov. cn/tjsj/tjbz/hyflbz/201310/P020131211525473492921. pdf。

［27］国家统计局：《中国第三产业统计年鉴》（历年），中国统计出版社，2011 ~ 2016。

［28］国家统计局：《中国建筑业统计年鉴》（历年），中国统计出版社，2012 ~ 2016。

［29］国家统计局：《中国统计年鉴》（历年），中国统计出版社，2011 ~ 2017。

［30］国家统计局：《中华人民共和国 2016 年国民经济和社会发展统计公报》，http：//

www. stats. gov. cn/tjsj/zxfb/201702/t20170228_ 1467424. html。

[31] 国家统计局：城镇私营单位就业人员平均工资，城镇非私营单位就业人员平均工资，国家统计局网站，2011～2016。

[32] 国家统计局：《中国贸易外经统计年鉴》（历年），中国统计出版社，2011～2016。

[33] 国家统计局人口和就业统计司、人力资源和社会保障部规划财务编《中国劳动统计年鉴》（历年），中国统计出版社，1996～2016。

[34] 国家统计局数据，http：//www. stats. gov. cn。

[35] 国家新闻出版广电总局：《新闻出版产业分析报告》（历年），中国新闻出版研究院，2011～2015。

[36] 国务院第三次全国经济普查领导小组办公室：《2013 年普查数据》，中国统计出版社，http：//www. stats. gov. cn/tjsj/pcsj/jjpc/3jp/indexch. htm。

[37] 国务院第三次全国经济普查领导小组办公室：《中国经济普查年鉴》，中国统计出版社，2013。

[38] 国务院法制办公室：《中华人民共和国企业所得税法》法律出版社，2008。

[39] 郝爱民：《提升农业生产性服务业外溢效应的路径选择》，《农业现代化研究》2015 年第 36（4）期。

[40] 姜长云：《关于发展农业生产性服务业的思考》，《农业经济问题》2016 年第 5 期。

[41] 姜长云：《中国农业发展的问题趋势与加快农业发展方式转变的方向》，《江淮论坛》2015 年第 273（05）期。

[42] 交通运输部：《交通运输行业发展统计公报》（历年）。

[43] 交通运输部：《中国道路运输发展报告》（历年），人民交通出版社，2011～2015。

[44] 教育部发展规划司：《中国教育统计年鉴》（历年），人民教育出版社，2011～2015。

[45] 赖德胜：《教育，劳动力市场与收入分配》，《经济研究》1998 年第 5 期。

[46] 李博、韩增林：《基于投入产出法的大连市生产性服务业与制造业互动研究》，《地理科学》2012 年第 2 期。

[47] 李实、丁赛：《中国城镇教育收益率的长期变动趋势》，《中国社会科学》2003 年第 6 期。

[48] 李实、马欣欣：《中国城镇职工的性别工资差异与职业分割的经验分析》，《中国人口科学》2006 年第 5 期。

[49] 联合国贸发会议：《世界投资报告》（历年），2012～2016。

[50] 刘明国：《农产品产地初加工补助政策实施这四年》，《农产品市场周刊》2016 年

第 14 期。

[51] 农业部：《中国农业发展报告》（历年），中国农业出版社，2011～2016。

[52] OECD 国家数据，http：//stats. oecd. org。

[53] 人力资源和社会保障部：《2010 年度人力资源和社会保障事业发展统计公报》，《中国组织人事报》2011 年 5 月 25 日。

[54] 人力资源和社会保障部：《2011 年度人力资源和社会保障事业发展统计公报》，《中国组织人事报》2012 年 6 月 6 日。

[55] 人力资源和社会保障部：《2012 年度人力资源和社会保障事业发展统计公报》，《中国组织人事报》2013 年 5 月 29 日。

[56] 人力资源和社会保障部：《2013 年度人力资源和社会保障事业发展统计公报》，《中国劳动保障报》2014 年 5 月 30 日。

[57] 人力资源和社会保障部：《2014 年度人力资源和社会保障事业发展统计公报》，《中国劳动保障报》2015 年 5 月 29 日。

[58] 人力资源和社会保障部：《中国基本形成覆盖城乡的公共就业服务体系》，2012，http：//news. cntv. cn/china/20121102/103755. shtml。

[59] 任英华、邱碧槐：《现代服务业空间集聚特征分析》，《经济地理》2010 年第 3 期。

[60] 商务部、国家统计局、国家外汇管理局：《中国对外直接投资统计公报》（历年），2011～2016。

[61] 商务部：《国内贸易流通"十三五"发展规划》，商务部网站，http：//www. mofcom. gov. cn/article/guihua/201611/20161101779114. shtml。

[62] 商务部：《居民生活服务业"十三五"发展规划》，商务部网站，http：//www. mofcom. gov. cn/article/guihua/201701/20170102495671. shtml。

[63] 商务部：《中国服务贸易统计报告》（历年），2011～2015。

[64] 商务部：《中国服务外包发展报告》中国商务出版社，2016。

[65] 商务部：《中国商务年鉴》（历年），中国商务出版社，2011～2016。

[66] 商务部：《中国外商投资报告》，2016。

[67] 上海鲁班企业管理咨询有限公司，《中国建筑业 2016 年年度报告》。

[68] 石峰、揭昌亮、张忠涛：《新常态下林业产业发展面临的形势与挑战》，《林产工业》2015 年第 42（2）期。

[69] 水利部：《2015 年全国水利发展统计公报》（历年），中国水利水电出版社，2012～2016。

[70] 田永坡：《工作搜寻与失业问题研究》，中国社会科学出版社，2010。

［71］ 王大鹏：《我国劳动力市场行业分割问题研究》，《现代管理科学》2006 年第 11 期。

［72］ 王金环、胡求光：《我国渔业标准化问题及对策研究》，《中国渔业经济》2016 年第 34（5）期。

［73］ 王俊能、许振成、杨剑：《我国畜牧业的规模发展模式研究——从环保的角度》，《农业经济问题》2012 年第 8 期。

［74］ 王亚柯、罗楚亮：《经济转轨背景下的中国劳动力市场发育》，《中国人民大学学报》2012 年第 3 期。

［75］ 卫生和计划生育委员会：《中国卫生计生统计年鉴》（历年），中国协和医科大学出版社，2011～2015。

［76］ 夏杰长、姚战琪、李勇坚：《中国服务业发展报告 2014——以生产性服务业推动产业升级》，社会科学文献出版社，2014。

［77］ 熊励、徐建平、李医群、罗旭：《以内容创新推动上海信息服务业协调发展》，《上海经济研究》2007 年第 2 期。

［78］ 杨云彦、陈金永：《转型劳动力市场的分层与竞争——结合武汉的实证分析》，《中国社会科学》2000 年第 5 期。

［79］ 姚先国、瞿晶、钱雪亚：《劳动力市场的职业隔离——基于浙江省的分析》，《人口与经济》2009 年第 1 期。

［80］ 岳冬冬、王鲁民：《我国渔业发展战略研究现状分析与初步思考》，《中国农业科技导报》2013 年第 4 期。

［81］ 张伟：《国有林地流转制度研究》，东北农业大学博士学位论文，2012。

［82］ 张昭时：《中国劳动力市场的城乡分割——形式、程度与影响》，浙江大学经济学院，2009。

［83］ 中国互联网络信息中心：《中国互联网络发展状况统计报告》，http：//www. cnnic. net. cn/hlwfzyj/hlwxzbg/201502/P020150203551802054676. pdf。

［84］ 中国人力资源社会保障部：《我国劳动力市场"三化"建设试点工作成效显著》，2001 年第 12 期。

［85］ 中国物业管理协会：《2013 年物业管理行业发展报告》，http：//www. ecpmi. org. cn/ZwxMember/RCenter/RCenterNewsInfo. aspx？ ClassID = 501050&NewsID = 4850。

［86］ 中国物业管理协会：《2015 全国物业管理行业发展报告》，http：//www. ecpmi. org. cn/ZwxMember/RCenter/RCenterNewsInfo. aspx？ ClassID = 501050&NewsID = 4852。

［87］ 中国物业管理协会：《2016 中国物业服务百强企业研究报告》，http：//www.

ecpmi. org. cn/ZwxMember/RCenter/RCenterNewsInfo. aspx？ ClassID = 501050&News
ID = 4853。

[88]《中国金融年鉴》编辑部编《中国金融年鉴》（历年），中国金融出版社，2012 ~
2016。

[89] Desheng Dash Wu, Yong Zhou. "Modeling Risk Management for Resources and
Environment in China", *Springer Berlin Heidelberg*, 2011, 43 (1): 140 - 1

[90] Desheng Dash Wu. "Service Quality, Outsourcing and Upward Channel
Decentralization", *Journal of The Operational Research Society*, 2014, 67: 240 - 247.

[91] Zhang J, Zhao Y, Park A, et al. "Economic returns to schooling in urban China,
1988 to 2001", *Journal of Comparative Economics*, 2005, 33 (4): 730 - 752.

特别鸣谢

本书编写及课题研究过程中得到以下各方大力支持，在此郑重鸣谢。

感谢国家统计局服务业司、商务部政策研究室、交通部政策法规司、教育部规划司、科技部政策法规与监督司、国家税务总局综合司、国家工商总局个体私营企业司、中国银监会宣传部等单位为课题研究提供了数据、资料支持或业务指导。

感谢清华大学经管学院教授、国家统计局原副局长许宪春同志为本书作序。

感谢中国科学院大学经济与管理学院院长汪寿阳教授、厦门大学经济学院院长洪永淼教授对课题的支持和指导。

感谢社会科学文献出版社社长谢寿光、皮书出版分社社长邓泳红、编辑宋静等对本报告出版倾注的巨大心血。

感谢中国科学院大学经济与管理学院杨蕊科研助理为课题完成和本书出版所做的大量协调、组织和服务工作。

图书在版编目（CIP）数据

2011－2016 年中国服务业与服务经济全景报告／沈丹阳，吴德胜主编. －－北京：社会科学文献出版社，2017.12

ISBN 978－7－5201－1791－3

Ⅰ.①2… Ⅱ.①沈… ②吴… Ⅲ.①服务业－经济发展－研究报告－中国－2011－2016②服务经济－研究报告－中国－2011－2016 Ⅳ.①F719

中国版本图书馆 CIP 数据核字（2017）第 281020 号

2011~2016 年中国服务业与服务经济全景报告

主　　编／沈丹阳　吴德胜
执行主编／陈丽芬

出 版 人／谢寿光
项目统筹／邓泳红
责任编辑／宋　静

出　　版／社会科学文献出版社·皮书出版分社（010）59367127
　　　　　　地址：北京市北三环中路甲 29 号院华龙大厦　邮编：100029
　　　　　　网址：www.ssap.com.cn
发　　行／市场营销中心（010）59367081　59367018
印　　装／三河市东方印刷有限公司

规　　格／开　本：787mm×1092mm　1/16
　　　　　　印　张：45　字　数：926 千字
版　　次／2017 年 12 月第 1 版　2017 年 12 月第 1 次印刷
书　　号／ISBN 978－7－5201－1791－3
定　　价／298.00 元

本书如有印装质量问题，请与读者服务中心（010－59367028）联系